Beschreibungsmodi für Finanzsysteme

Europäische Hochschulschriften

Publications Universitaires Européennes
European University Studies

Reihe V
Volks- und Betriebswirtschaft

Série V Series V
Sciences économiques, gestion d'entreprise
Economics and Management

Bd./Vol. 2431

PETER LANG
Frankfurt am Main · Berlin · Bern · New York · Paris · Wien

Holger Papenfuß

Beschreibungsmodi für Finanzsysteme

Wie beschreibt man Finanzsysteme?

PETER LANG
Europäischer Verlag der Wissenschaften

Die Deutsche Bibliothek - CIP-Einheitsaufnahme

Papenfuß, Holger:

Beschreibungsmodi für Finanzsysteme : wie beschreibt man Finanzsysteme? / Holger Papenfuß. - Frankfurt am Main ; Berlin ; Bern ; New York ; Paris ; Wien : Lang, 1999
(Europäische Hochschulschriften : Reihe 5, Volks- und Betriebswirtschaft ; Bd. 2431)
Zugl.: Frankfurt (Main), Univ., Diss., 1998
ISBN 3-631-33917-8

D 30
ISSN 0531-7339
ISBN 3-631-33917-8

VORWORT

Die Arbeit *Beschreibungsmodi für Finanzsysteme* stellt einen Baustein des von Prof. Dr. Reinhard H.Schmidt geleiteten Forschungsprojektes *Angleichung von Finanzsystemen in der Europäischen Gemeinschaft* an der Johann Wolfgang Goethe-Universität in Frankfurt am Main dar. Dieses Forschungsprojekt vergleicht die Entwicklung von Finanzsystemen in Europa unter der Fragestellung, ob und warum in Europa in den letzten Jahren eine Angleichung von Finanzsystemen stattgefunden hat oder derzeit stattfindet. Im Rahmen dieses Forschungsprojektes stellt sich mit aller Deutlichkeit die Frage, was das „Finanzsystem" eines Landes charakterisiert und wie man es beschreiben sollte. Hierzu liefert die vorliegende Arbeit eine Reihe von Antworten. Den Kern der Arbeit bildet das Schalenmodell des Finanzsystems, als Formulierung einer detaillierten Strukturvorstellung des Realitätsausschnittes Finanzsystem.

Im November 1998 wurde die vorliegende Arbeit vom Fachbereich Wirtschaftswissenschaften der Johann Wolfgang Goethe-Universität als Dissertation angenommen. Meinem Doktorvater, Herrn Prof. Dr. Reinhard H. Schmidt, danke ich herzlich für die intensive Betreuung und konstruktive Kritik der Arbeit. Gleichzeitig möchte ich Herrn Prof. Malcolm H. Dunn für die Übernahme des Zweitgutachtens danken. Freundlicherweise haben Herr Prof. Dr. Ulrich P. Ritter als volkswirtschaftlicher Prüfer und Herr Prof. Dr. Martin Nell als Vorsitzender die Prüfungskommission vervollständigt, wofür ich mich bei beiden herzlich bedanke.
Die Mitglieder des Forschungsprojektes haben mit ihren engagierten Diskussionsbeiträgen die Arbeit mitgeprägt. Hier gilt mein Dank insbesondere Marcel Tyrell und Andreas Hackethal. Für konstruktive Anregungen bedanke ich mich auch bei den übrigen Mitarbeitern der Wilhelm Merton-Professur, Sofia Ehrnborg und Stefanie Grohs. Marion Schnellrieder danke ich für die stets freundliche Aufnahme an der Wilhelm Merton-Professur.
Weiterhin danke ich allen Freunden und Bekannten für die große Diskussionsbereitschaft und Hilfestellung. Insbesondere meinen Korrekturleserinnen, Marlene Pietsch und Eva Frank, schulde ich großen Dank für Ihren schier unermüdlichen Eifer. Für die überaus großzügige Bereitstellung von Working Papers bedanke ich mich bei den Professoren Giangiacomo Nardozzi (Politecnico di Milano), Jenny Corbett (University of Oxford) und Ross Levine (World Bank).
Diese Arbeit wurde vom Land Hessen durch ein Promotionsstipendium zur Förderung von Nachwuchswissenschaftlern unterstützt. Dafür möchte ich mich an dieser Stelle ebenfalls bedanken.

Meinen Eltern, Christa und Günter Papenfuß, die mich stets in meinem Forschungsvorhaben bestärkt haben, Alexandra Burger und meiner ganzen Familie danke ich besonders herzlich für die konstruktive Unterstützung während der gesamten Promotion, insbesondere für ihre Geduld und Zuversicht.

Hanau, im Dezember 1998 Holger Papenfuß

INHALTSVERZEICHNIS

ABBILDUNGSVERZEICHNIS

VERZEICHNIS DER VERWENDETEN ABKÜRZUNGEN

BFI	Bankfinanzintermediär
DM	Deutsche Mark
DSU	Deficit Spending Unit (Defiziteinheit)
EWS	Europäisches Währungssystem
FDL	Finanzdienstleistungen
KWG	Kreditwesengesetz
Mio.	Millionen
Mrd.	Milliarden
NBFI	Nichtbankfinanzintermediär
OECD	Organization for Economic Cooperation and Development
o.V.	ohne Verfasser
SSU	Surplus Spending Unit (Überschußeinheit)
tend.	tendenziell
u.a.	unter anderem
WpHG	Wertpapierhandelsgesetz
z.B.	zum Beispiel

KAPITEL A.: DAS FINANZSYSTEM ALS UNTERSUCHUNGSGEGENSTAND

I.EINLEITENDE BETRACHTUNGEN DES FINANZSYSTEMS

1.AUSWIRKUNGEN DER EUROPÄISCHEN INTEGRATION[1]

Nach der Schaffung eines *Gemeinsamen Marktes* 1992 vollziehen die Mitgliedstaaten der *Europäischen Union* mit der stufenweisen Verwirklichung einer *Wirtschafts- und Währungsunion* einen weiteren tiefgehenden Schritt zur Integration ihrer Volkswirtschaften.[2] Die Auswirkungen dieses Integrationsprozesses auf die *Finanzsysteme* der Mitgliedsstaaten stehen im Blickpunkt des wissenschaftlichen Interesses, wobei recht unterschiedliche Finanzsystemaspekte diskutiert werden.[3]

Welche Aspekte des „Finanzsystems" werden im Zusammenhang mit der Europäischen Integration beziehungsweise mit der Schaffung der Wirtschafts- und Währungsunion diskutiert? Im Blickpunkt stehen vor allem die Veränderungen in den *Finanzsektoren* der Mitgliedsstaaten. Denn der europäische Integrationsprozeß wird von zahlreichen Veränderungen im Regulierungsrahmen der Mitgliedsstaaten (*Harmonisierungsbestrebungen*) begleitet, durch die (unter anderem) ein *integrierter europäi-*

---

1 Den Anstoß für die Auseinandersetzung mit *Beschreibungsmodi für Finanzsysteme* hat das von Professor Reinhard H.SCHMIDT geleitete Forschungsprojekt *Angleichung von Finanzsystemen in der Europäischen Gemeinschaft* an der Johann Wolfgang Goethe-Universität in Frankfurt am Main gegeben. Dieses Forschungsprojekt vergleicht die Entwicklung von Finanzsystemen in Europa unter der Fragestellung, ob und warum in Europa in den letzten Jahren eine Angleichung von Finanzsystemen stattgefunden hat oder derzeit stattfindet. Dabei wird eine Angleichung von Finanzsystemen unter dem Aspekt des Finanzsystems als zusammenhängendem Ganzen (Systemaspekt) untersucht. Dieses Forschungsprogramm ist Bestandteil des DFG-Schwerpunktprogramms *Effiziente Gestaltung von Finanzmärkten und Finanzinstitutionen*.

2 Spätestens zum 1.1.1999 soll die Endstufe der Wirtschafts- und Währungsunion beginnen. Voraussetzung für die Teilnahme ist die im letzten Jahr vor dem Start an vier Kriterien (anhaltende Preisstabilität, öffentliche Defizite und Neuverschuldung, Nominalzinssatz, Wechselkursentwicklung) festgestellte Konvergenz der Mitgliedsstaaten. Vgl.o.V.(1993a), S.1043 und KESTING(1992), S.903 für einen Überblick über die Konvergenzkriterien.

3 Tatsächlich ist zu konstatieren, daß in der allgemeinen Diskussion des Finanzsystems oftmals einzelne *Finanzsystemaspekte* (und nicht das System als Ganzes) im Vordergrund des Interesses stehen: FRIEDMANN(1988), S.79-91 betrachtet die Bedeutung der *Mindestreserve* im deutschen Finanzsystem, GOODHART(1993), S.269-291 thematisiert die Bedeutung von *zinstragendem Geld* zur Verbesserung der Struktur von Finanzsystemen und BRYAN(1987), S.45-51 diskutiert den drohenden *Kreditkollaps* im amerikanischen Finanzsystem.
Auch unter vielsagenden Überschriften werden oft Einzelaspekte des Finanzsystems diskutiert: NAISBITT(1994), S.41-43 und NAISBITT(1995), S.45-46 diskutieren Einzelaspekte wie Inflation, Geldpolitik, allgemeine Wirtschaftslage usw. unter der Überschrift *The Monetary and Financial System*. Von ROSEN(1991), S.114-117 diskutiert Auswirkungen der Schaffung des europäischen Binnenmarktes, der deutschen Vereinigung und der Stabilisierung der osteuropäischen Transformationsländer unter der Überschrift *The German Financial System after Unification*.

scher Finanzsektor geschaffen werden soll.[4] Diskutiert werden die Auswirkungen auf die *Bankenmärkte*, auf die *Wertpapiermärkte* und auf den Bereich *Zentralbank und Zentralbankpolitik*, das heißt die gesamte institutionelle Struktur des Finanzsektors. Im Rahmen dieser Diskussion werden *Regulierung*, *Stabilität* und *Wettbewerb* als Eigenschaften des Finanzsektors angesprochen.[5] Im Zusammenhang mit der Integration der *Bankenmärkte* liegen Schwerpunkte der Diskussion beispielsweise auf Fragestellungen, in welchem Umfang und in welcher Art und Weise Banken - zur Gewährleistung der *Stabilität des Finanzsektors* und eines *angemessenen Wettbewerbs* - staatlich zu *regulieren* und zu überwachen sind oder wie die Aspekte der *Einlagensicherung* und des *„lender of last resort"* zu handhaben sind. Diskutiert werden diese Fragestellungen insbesondere bezüglich der Behandlung „nichtheimischer" (europäischer) Banken in „heimischen" Märkten.[6] Für die Banken werden beispielsweise auch die durch die europäische Integration ausgelösten erheblichen Umstellungskosten sowie die (erwarteten) Veränderungen der Ertragsstrukturen diskutiert.[7]

Die Konzentration der Diskussion der durch die europäische Integration ausgelösten Finanzsystemveränderungen auf die *Finanzsektoren* findet eine Parallele in der Diskussion von *internationalen Trends* als weiteren und dauerhaft wirkenden Veränderungsfaktoren für Finanzsysteme.[8] Denn im Rahmen dieser Diskussion werden vor allem die Wirkungen von internationalen Trends auf die *Finanzsektoren* der Volkswirtschaften thematisiert. Unter die internationalen Trends werden vor allem die als *Deregulierung* bezeichnete Liberalisierung nationaler Kapitalmärkte, die als *Securiti-*

---

[4] Vgl.HAWAWINI/JACQUILLAT(1991), S.67-68. Als Richtlinien für die Harmonisierung des *Finanzsektors* seien z.B. die *Zweite Bankrechtskoordinierungsrichtlinie*, die *Eigenmittelrichtlinie* und die *Solvabilitätsrichtlinie* genannt. Vgl.HÖLZLE(1992), S.497-499. RUDOLPH(1994) thematisiert Konsequenzen der Umsetzung der *Kapitaladäquanzrichtlinie* für Wertpapierhäuser und Universalbanken.

[5] Vgl.beispielsweise AGLIETTA/MOUTOT(1993) für die Auswirkungen der europäischen Integration auf die *finanziellen Infrastrukturen* (im Sinne der Finanzsektoren) und deren *Stabilität*, HAWAWINI/JAQUILLAT(1991) für die Auswirkungen der europäischen Integration auf die europäischen *Aktienmärkte*, WALTER/SMITH(1991) für die Auswirkungen der europäischen Integration auf die *Investmentbanken* und EUROPEAN MONETARY INSTITUTE(1997) zum Aspekt der einheitlichen *Geldpolitik*.

[6] Vgl.hierzu z.B. die Studien von BALTENSPERGER/DERMINE(1991), BISIGNANO(1992); MAYER(1991), VIVES(1991). Auswirkungen der europäischen Integration auf einzelne nationale Bankensysteme diskutieren beispielsweise De BOISSIEU(1991), RUDOLPH(1991).

[7] Vgl.CHRISTL(1992), S.1059-1064; GOLDSCHMIDT(1994), S.6.

[8] LEVITT(1983), S.92-93 identifiziert zu Beginn der achtziger Jahre technologischen Fortschritt und dessen Auswirkungen auf Kommunikation, Transport und Reisen als Antriebsfeder für die Herausbildung einer angleichenden Gemeinsamkeit in der Welt, die sich in der Herausbildung globaler Märkte für standardisierte Konsumgüter manifestiert und zu einer unumkehrbaren Konvergenz der nationaltypischen Bedürfnisse und Präferenzen führt. Diese führt zur Entwicklung von weltweiten und durch globale Gemeinsamkeiten geprägten Märkten, auf denen Unternehmen standardisierte Produkte - vor allem Konsumgüter, aber auch Bank- und Versicherungsdienstleistungen - überall in der gleichen Art und Weise verkaufen. Diese Konvergenz müßte sich - nach Ansicht des Verfassers - als eine Art allgemeine *Angleichungstendenz* in den unterschiedlichen nationalen Institutionen und Regulierungen, u.a. in den Finanzsektoren, niederschlagen.

sierung bezeichnete Verbriefung von Zahlungsverpflichtungen, die als *Globalisierung* bezeichnete dynamische Ausweitung der internationalen Kapitalströme und die starke *Internationalisierung* beziehungsweise *Globalisierung des Bankwesens* subsumiert.[9] Als deren Folge finden seit Mitte der achtziger Jahre auf zahlreichen Finanzmärkten und Börsenplätzen weitgehende Reform- und Modernisierungsmaßnahmen statt.

Im Zusammenhang mit der Diskussion der Auswirkungen der Europäischen Integration wird jedoch deutlich hervorgehoben, daß die Schaffung einer Wirtschafts- und Währungsunion den Zusammenschluß von Ländern mit unterschiedlichen *Finanzsystemen* und unterschiedlichen *Finanzierungsgewohnheiten* (der nichtfinanziellen Sektoren der Volkswirtschaften) bedeutet.[10] Eine derartige Betrachtungsweise geht über die obige Diskussion der Veränderungen der *Finanzsektoren* hinaus und wirft zunächst die Frage auf, wie unterschiedlich die *Finanzsysteme* der Länder der Europäischen Union sind beziehungsweise in welchen Aspekten sie sich signifikant unterscheiden. Von der Hypothese ausgehend, daß die Finanzsysteme der Länder der Europäischen Union tatsächlich unterschiedlich sind, ist zu hinterfragen, ob sich die Finanzsysteme im Sinne der oben genannten Regulierungsharmonisierung verändert haben, beziehungsweise ob es darüber hinausgehende Veränderungen (*Konvergenz* versus *Spezialisierung* der Finanzsysteme) gibt und in welchen *Finanzsystemaspekten* sich diese manifestieren.
Die Unterschiedlichkeit der (historisch gewachsenen) *Finanzsysteme* wird durch Typologiebildungen hervorgehoben. In bezug auf die *Bedeutung externer Finanzierungsquellen* für die *Unternehmensfinanzierung* werden Finanzsysteme in *bankorientierte Finanzsysteme* und in *kapitalmarktorientierte Finanzsysteme* unterschieden. Bezugnehmend auf die Modi der *Unternehmenskontrolle* werden Finanzsysteme in *Insidersysteme* und in *Outsidersysteme der Corporate Governance* unterschieden. Gegenübergestellt werden diesen Typologien folgend die *bankorientierten Finanzsysteme* beziehungsweise *Insidersysteme der Corporate Governance* Deutschlands, Frankreichs und Japans den *kapitalmarktorientierten Finanzsystemen* beziehungsweise *Outsidersystemen der Corporate Governance* der Vereinigten Staaten und Großbritanniens.[11]
Im Hinblick auf die Unterschiedlichkeit der *Finanzsystemtypen* der Länder der Europäischen Union wird beispielsweise die Frage gestellt, welche Bedeutung diese Unterschiede für die *Geldpolitik der europäischen Zentralbank* haben können.[12]

---

9 Vgl.hierzu z.B. BRYANT(1987), S.15-57; GARDENER/MOLYNEUX(1990), S.130-137; GERKE/RAPP(1994), S.5-6; HEINTZELER(1992), S.68-72; KRUGMAN/OBSTFELD(1991), S.599-600; LEVI(1990), S.6-10; SHAPIRO(1992), S.569-571.

10 Vgl.GRUBER/OHR(1996), S.646.

11 Vgl.für die Unterscheidung von *bankorientierten* und *kapitalmarktorientierten Finanzsystemen* beispielsweise die Arbeiten von ALLEN/GALE(1995), S.179-187; CONTI(1992), S.207-209; DEWATRIPONT/MASKIN(1990), S.1-8; EDWARDS/FISCHER(1994), S.1-7; HELLWIG(1991), S.35-37; MAYER(1990), S.307-309 und für eine Gegenüberstellung von *Insidersystemen* und *Outsidersystemen* beispielsweise die Arbeiten von MAYER(1994), S.187-193; WALTER(1993), S.6-10. In Kapitel B.III.2.1. werden diese Typologiebildungen näher erläutert.

12 Vgl.GRUBER/OHR(1996), S.646.

Die Ausführungen zu den Auswirkungen der europäischen Integration auf die Finanzsysteme der Mitgliedsstaaten haben gezeigt, daß unter den Begriff Finanzsystem eine Vielzahl von unterschiedlichen Sachverhalten subsumiert werden. Dies legt nahe zu hinterfragen, welche Aspekte des Finanzsystems im Zusammenhang mit anderen Fragestellungen angesprochen werden und mit welchen Inhalten (dann) der Begriff *Finanzsystem* gefüllt wird.

2.DAS FINANZSYSTEM IM KONTEXT DER ENTWICKLUNGSLÄNDER

Das Finanzsystem als Bestandteil der Volkswirtschaft wird auch im Kontext der sogenannten *Entwicklungsländer* diskutiert. Deren Finanzsysteme werden als nicht entwikkelt, fragmentiert und technisch rückständig bezeichnet und stecken nach allgemeiner Ansicht noch vollkommen „in den Kinderschuhen“.[13]

Welche Aspekte des „Finanzsystems“ werden im Zusammenhang mit der Thematik der Entwicklungsländer diskutiert? In den Blickpunkt treten zunächst die *Finanzsektoren der Entwicklungsländer*, die sich erheblich von den Finanzsektoren der Industrieländer unterscheiden. Typischerweise reduzieren sich die Finanzsektoren der Entwicklungsländer auf die *Zentralbank* und das *Bankensystem*, wobei die Bankendichte tendenziell gering ist und die vorhandenen Banken sich auf die Städte konzentrieren. In ländlichen Gebieten der Entwicklungsländer finden sich noch nicht einmal Banken. *Wertpapiermärkte, Geldmärkte* und *Aufsichtsbehörden* fehlen tendenziell als weitere Finanzsektorbestandteile, so daß vom Finanzsektor nur eine geringe Anzahl an *Finanzinstrumenten* bereitgestellt wird.[14]
Die Finanzsektoren der Entwicklungsländer werden - anders als die Finanzsektoren der Industrieländer - durch eine dualistische Struktur charakterisiert. Denn neben dem wenig entwickelten *(formellen)* Finanzsektor existiert (flächendeckend) ein sogenannter nicht regulierter *informeller Finanzsektor*, der in populärer Sicht vor allem mit mächtigen Geldverleihern gleichgesetzt wird, welche die Armen mit Wucherzinsen ausbeuten.[15] Tatsächlich handelt es sich bei dem informellen Finanzsektor um ein vielschichtigeres Phänomen. Neben gewerblichen Geldleihern stellen Pfandleiher, Geschäftsleute, Sparvereine und vor allem Familienmitglieder und Verwandte *Kredite* zur Verfügung. Transaktionskosten und Kreditrisiken werden nicht durch *formale rechtliche Kontrollmechanismen*, sondern durch persönliche Bekanntschaft, Sanktionen der örtli-

---

[13] Vgl.hinsichtlich der *Finanzsysteme der Entwicklungsländer* WELTBANK(1989), S.3. Nicht zuletzt spiegeln sich in der Struktur der Finanzsysteme der Entwicklungsländer die Konsequenzen der Ansichten von drei Jahrzehnten *„Entwicklungshilfe als Kapitaltransfer“* wider. Ohne überhaupt Möglichkeiten der Ressourcenakkumulation in den Entwicklungsländern zu überprüfen, wurde das für die Entwicklungsprojekte veranschlagte Kapital als Kredit importiert, so als ob es sich dabei um ein beliebiges „Konsumgut“ handeln würde. Vgl.für einen Überblick zu den Stadien der *Entwicklungsfinanzierung* SCHMIDT(1995), S.522-531 und zum Scheitern der *Entwicklungsbanken* SCHMIDT(1994), S.B13.

[14] Vgl.BHATT/MEERMAN(1978), S.52; HANKEL(1991), S.52; SCHMIDT(1995), S.523.

[15] Vgl.SCHMIDT(1995), S.523; SEIBEL(1990), S.551-552; WELTBANK(1989), S.137-138.

chen Gemeinschaft oder das gesellschaftliche Ansehen reduziert. Typischerweise bleiben die tendenziell kurz- bis mittelfristig orientierten flexibel und variabel ausgestalteten informellen *Kreditbeziehungen* regional begrenzt und die *Ersparnissammlung* - beispielsweise in Sparvereinen - auf kleine Gruppen beschränkt.[16]
Angesichts der zuvor charakterisierten Struktur der Finanzsektoren der Entwicklungsländer ist die *Interaktion zwischen Finanzsektor und Realsektor* und insbesondere die Bedeutung des Finanzsektors sowie von Finanzinstitutionen für das *Wirtschaftswachstum* in den Blickpunkt des wissenschaftlichen Interesses getreten. Beispielsweise haben GURLEY/SHAW hervorgehoben, daß der Prozeß wirtschaftlicher Entwicklung von einer Institutionalisierung des *Spar- und Investitionsprozesses* begleitet wird („institutionalization of saving and investment"), die dadurch gekennzeichnet ist, daß die Kanäle für die *Transmission finanzieller Ressourcen* (zwischen „finanziellen Überschußeinheiten" und „finanziellen Defiziteinheiten") diversifiziert werden und die Anzahl der zur Verfügung stehenden *Finanztitel* vergrößert wird. Der wirtschaftliche Entwicklungsprozeß umfaßt in der Sichtweise von GURLEY/SHAW sowohl die Güterebene (reale Faktoren) als auch die Finanzierungsebene.[17]
Jedoch erst mit den bahnbrechenden Arbeiten von GOLDSMITH(1969), SHAW(1973) und McKINNON(1973) haben die positiven Effekte *finanzieller Entwicklung* in bezug auf das *Wirtschaftswachstum* größere Beachtung (in der Literatur zur Entwicklungsfinanzierung) gefunden.[18] In den Finanzsystemen der Entwicklungsländer, die allgemein durch eine geringere *Tiefe des Finanzsystems* (gemessen als Quotient aus liquiden Verbindlichkeiten und Bruttosozialprodukt) gekennzeichnet sind, geht die wirtschaftliche Entwicklung in dieser Sichtweise mit einer *finanziellen Vertiefung* einher.[19] Als Konsequenz der positiven Beziehung zwischen finanzieller Entwicklung und Wirtschaftswachstum wird in den aktuellen Ansätzen zur Entwicklungsfinanzierung dem Aspekt *Finanzsystementwicklung* eine große Bedeutung beigemessen.[20] Dies impliziert die Frage, was unter dem Aspekt *Finanzsystementwicklung* zu verstehen ist. Nahe liegt, darunter vor allem die Entwicklung des fragmentierten *formellen Finanzsektors* zu subsumieren. Konkret heißt dies, *Finanzinstitutionen*, im Sinne von einem *flächendeckendem Bankensystem*, *Wertpapiermärkten*, einem *Geldmarkt*, einer funktionierenden *Zentralbank* und *Aufsichtsbehörden* zu schaffen. Dies spiegelt auch in groben Zü-

---

[16] Vgl.SEIBEL(1990), S.552-554; WELTBANK(1989), S.137-142.

[17] Vgl.GURLEY/SHAW(1955), S.515 und die Ausführungen in Kapitel B.III.2.2.1.und B.IV.

[18] GOLDSMITH(1969), McKINNON(1973) und SHAW(1973) sehen in der *finanziellen Infrastruktur* eines Landes einen kausalen Faktor für sein Wirtschaftswachstum. Vgl.hierzu die kritisch referierenden Ausführungen von MATTESINI(1993), S.15-17. Zur Korrelation zwischen *finanzieller* und *ökonomischer Entwicklung* vergleiche z.B. die Studien von GOLDSMITH(1955), GOLDSMITH(1983), GOLDSMITH(1985), sowie zur *Bedeutung von Finanzinstitutionen im wirtschaftlichen Entwicklungsprozeß* die historisch orientierten Studien von CAMERON/PATRICK(1967) und GERSCHENKRON(1962), GERSCHENKRON(1969) sowie KINDLEBERGER(1958), KINDLEBERGER(1978).

[19] Vgl.WELTBANK(1989), S.36. FISCHER(1992), S.13 weist darauf hin, daß ein weiteres Kriterium zur Messung *finanzieller Tiefe* das Vorhandensein langfristiger Kredite darstellt. Vgl.für eine Abgrenzung und Auseinandersetzung mit der Kennzahl *finanzielle Tiefe* auch Kapitel B.IV.3.2.2.

[20] Vgl.BHATTACHARYAY(1988), S.309; BUNDESMINISTERIUM für WIRTSCHAFTLICHE ZUSAMMENARBEIT und ENTWICKLUNG(1994), S.1; HANNIG(1992), S.1.

gen die Sichtweise des BUNDESMINISTERIUMS für WIRTSCHAFTLICHE ZUSAMMENARBEIT und ENTWICKLUNG wider, welches das Finanzsystem folgendermaßen charakterisiert: *„Unter dem Begriff Finanzsystem sind...die Gesamtheit aller Finanzinstitute, Finanzmärkte und -instrumente wie auch die ordnungspolitischen Rahmenbedingungen, finanzwirtschaftlichen Normen und Verhaltensweisen zu verstehen. Es besteht aus Teilsystemen, die für eine praxisbezogene Grobunterscheidung wie folgt differenziert werden können:*

- Bankensystem (Geschäftsbanken, Sparkassen, Genossenschaftsbanken);
- Finanzmärkte, insbesondere Wertpapiermärkte, Börsen und Bankengeldmarkt;
- Sonstige Finanzinstitute des formalen Sektors, incl. Versicherungen, Pensionskassen;
- Spezialkreditinstitute (z.B.Entwicklungsbanken für Industrie und Landwirtschaft);
- Sonstige Finanzinstitute des semiformellen und informellen Sektors, incl. Ansätze der finanziellen Selbsthilfe.

Diese Teilsysteme des Finanzwesens haben häufig zugeordnete Subsysteme, z.B. Netze von Kreditgenossenschaften, Banken mit Filialen, Börsensegmente und Zusammenschlüsse von finanziellen Selbsthilfeeinrichtungen. Den Teilsystemen formeller Art sind jeweils auch Regulierungssysteme und Hilfsinstitutionen zugeordnet. Regulierungsinstanzen sind in der Regel Finanzministerium, Zentralbank und Bankenaufsicht, Kapitalmarkt- und Versicherungsaufsicht. Zu den Hilfsinstitutionen i.e.S. zählen Verbände, Zahlungsverkehrs- und Sicherungseinrichtungen, Beratungs- und Informationsdienste sowie Institutionen der beruflichen Aus- und Fortbildung.“[21]

Hervorzuheben ist die Bedeutung von *Rahmenbedingungen* als wichtiger Finanzsystembestandteil. Das Finanzsystem umfaßt neben dem Finanzsektor auch *ordnungspolitische Rahmenbedingungen und finanzwirtschaftliche Normen* wie beispielsweise das Schuld-, Sachen-, Gesellschafts- und Bankrecht.[22]

Angesichts der in Kapitel A.I.1. vorgestellten Dichotomie *bankorientierte* versus *kapitalmarktorientierte Finanzsysteme* ist jedoch unklar, welcher *Typ* von Finanzsystem vorteilhafterweise in einem Entwicklungsland implementiert werden sollte. Teilweise wird in der wissenschaftlichen Literatur die These vertreten, daß im Kontext der *Entwicklungsländer* sowie der (ehemals sozialistischen) *Transformationsländer* die Einführung *bankorientierter Finanzsysteme* beziehungsweise von *Insidersystemen der Corporate Governance* vorteilhaft erscheint. Diese Handlungsempfehlung ist im Zusammenhang mit den Erkenntnissen des positiven Beitrages von Banken zum wirtschaftlichen Entwicklungsprozeß und in ihrer Bedeutung als Element von Insidersystemen der Unternehmenskontrolle zu sehen.[23]

---

21 Vgl.BUNDESMINISTERIUM für WIRTSCHAFTLICHE ZUSAMMENARBEIT und ENTWICKLUNG(1994), S.1-2.

22 Vgl.BUNDESMINISTERIUM für WIRTSCHAFTLICHE ZUSAMMENARBEIT und ENTWICKLUNG(1994), S.1. Auf die Bedeutung von Rahmenbedingungen als Finanzsystembestandteil weisen auch GEIS(1975), S.7-75; HAMMEL(1975), S.60; WOLF(1984), S.16-19 hin.

23 Vgl.CORBETT/MAYER(1991), S.1-4; WALTER(1993), S.40-42. Vgl.zu dem Problemkreis der *Transformationsländer* beispielsweise CORBETT(1990), CORRIGAN(1990), GROSFELD(1994), LANE(1994), STIGLITZ(1992), SHMELEVA(1994), SZÉKELY(1990).

Zusammengefaßt betrachtet richtet sich die Diskussion des Finanzsystems im Kontext der Entwicklungsländer schwerpunktmäßig auf andere Aspekte des Finanzsystems als im Zusammenhang mit der europäischen Integration. Dies zeigt sich beispielsweise an der Diskussion der Beziehung zwischen Finanzsektor und Realsektor sowie an der Bedeutung von *Finanzsektorentwicklung* („finanzieller Vertiefung") für *Wirtschaftswachstum*. Weiterhin zeigt sich dies an der Betonung von *Rahmenbedingungen* als Finanzsystembestandteil und an der Unterscheidung *formeller* versus *informeller Finanzsektor*. Zu überlegen ist, ob informelle Finanzierungsbeziehungen nicht auch eine signifikante Bedeutung in Industrieländern besitzen.

3.DAS FINANZSYSTEM IM KONTEXT DER THEORIEBILDUNG

Die Ausführungen zum Finanzsystem im Zusammenhang mit den Auswirkungen der europäischen Integration und im Zusammenhang mit den Entwicklungsländern deuten auf ein recht heterogenes und komplexes Gebilde *Finanzsystem*. Dies wirft folgende Fragen auf: *Was ist unter dem Begriff Finanzsystem zu verstehen? Welche Bestandteile enthält eine möglichst vollständige Abgrenzung des Begriffs Finanzsystem? Gibt es überhaupt eine einheitliche und vollständige Abgrenzung des Begriffs Finanzsystem oder existieren unterschiedliche Abgrenzungen nebeneinander?*

Zur Beantwortung dieser Fragen fördert ein exemplarischer Blick in die Theoriebildung recht unterschiedliche Aussagen zum *Finanzsystem* zutage. Insbesondere in der *klassisch-neoklassischen Makroökonomie* ist die Bedeutung des Finanzsystems oder von Finanzsystemaspekten stark in den Hintergrund der Betrachtung der Volkswirtschaft gedrängt worden. Eine Auseinandersetzung mit der institutionellen Finanzsystemstruktur hat in dieser theoretischen Sichtweise nicht stattgefunden. In dieser Sichtweise reduziert sich das Finanzsystem auf die kostenlos und friktionslos funktionierenden *Kapitalmärkte*. *Geld* liegt als *„Schleier"* über der Realwirtschaft. Nur in Krisen wird „finanziellen Einflußgrößen" (in Sinne von „Geld") überhaupt ein Einfluß auf die Volkswirtschaft zugesprochen.[24]
Beispielsweise läßt sich dieser Standpunkt in der theoretischen Literatur bis zu John Stuart MILL zurückverfolgen.[25] Dieser thematisiert die Bedeutung und den Einfluß von *Geld* in der Volkswirtschaft: *„Money...is a machine for doing quickly and commodiously what would be done, though less quickly and commodiously, without it; and like many other kinds of machinery, it exerts a distinct and independent influence of its own only when it gets out of order."*[26]

---

[24] Vgl. die Ausführungen zur *klassisch-neoklassischen Makroökonomie* in FELDERER/HOMBURG(1991), S.51-95. GREENWALD/STIGLITZ(1992), S.11 und GERTLER/ROSE(1994), S.16 weisen darauf hin, daß auch in der auf SOLOW basierenden *neoklassischen Wachstumstheorie* vollkommen die Existenz von Finanzinstitutionen ignoriert wird. Wachstum hängt nur von realen Faktoren, wie Veränderungen in der Technologie oder Veränderungen im Angebot an Produktivfaktoren, ab.

[25] Vgl.SUMMERS(1994), S.xiii.

[26] MILL, rezitiert nach CAPRIO(1994), S.1.

In der aktuellen Literatur vertritt beispielsweise LUCAS die Auffassung, daß *Geld* beziehungsweise *monetäre Aspekte* in seiner Betrachtung wirtschaftlicher Entwicklung im Sinne eines Wirtschaftswachstums vernachlässigt werden können. Darüber hinaus vertritt er die Ansicht, daß nicht nur die Bedeutung *monetärer*, sondern auch *finanzieller Faktoren* in der zeitgenössischen Literatur stark überschätzt wird. In diesem Zusammenhang drängt sich geradezu die Frage auf, wie *monetäre Aspekte* und *finanzielle Faktoren* abzugrenzen sind. *„I will also be abstracting from all monetary matters, treating all exchange as though it evolved goods-for-goods. In general I believe that the importance of financial matters is very badly over-stressed in popular and even much professional discussion and so am not inclined to be apologetic for going to the other extreme."*[27]

Während MILL *Geld* in Krisen eine Bedeutung zugesprochen hat, vertreten in der aktuellen Literatur beispielsweise DORNBUSCH/REYNOSO die Ansicht, daß *finanzielle Faktoren* nur in Krisen - im Sinne finanzieller Instabilität - eine Rolle spielen. Wiederum drängt sich die Frage auf, wie *finanzielle Faktoren* und *Geld* abzugrenzen sind. *„Financial factors are important only when financial instability becomes a dominant force in the economy. In this respect, financial factors operate much in the same way as the foreign trade regime: unless it is very distorted indeed, it does not make much difference to the level of per capita GDP."*[28]

Für die Betrachtung der Unternehmung bildet die *neoklassische Finanzierungstheorie* das Pendant zur Betrachtung der Volkswirtschaft auf der Grundlage der klassisch-neoklassischen Makroökonomie. Faktisch wird in der neoklassischen Finanzierungstheorie von der real zu beobachtenden Vielfalt institutioneller Gestaltungsmerkmale von Finanzierungsformen abstrahiert. Die institutionelle Ausgestaltung unterschiedlicher Finanzierungsformen oder die institutionelle Ausgestaltung von Finanzsystemen werden nicht problematisiert.[29] Dies liegt vor allem daran, daß die theoretische Grundlage der neoklassischen Finanzierungstheorie ein walrasianischen System anonym, friktionslos und perfekt funktionierender (Kapital-)Märkte ist, welches als Institution a priori als gegeben angenommen wird, wodurch kein Raum für die vergleichende Analyse unterschiedlicher Institutionen bleibt.[30] Faktisch bleibt in der neoklassischen Finanzierungstheorie die Struktur von *Finanzintermediation* unbestimmt und irrelevant, so daß *Banken* und andere *Finanzintermediäre* als *„Schleier"* über dem realen Wirtschaftsgeschehen betrachtet werden.[31] Eine Kernaussage der neoklassi-

---

[27] LUCAS(1988), S.6.

[28] DORNBUSCH/REYNOSO(1989), S.204.

[29] Vgl.GERTLER/ROSE(1994), S.16-17; NEAVE(1991), S.3-4, SCHMIDT(1981), S.186-187.

[30] Vgl.HELLWIG(1991), S.35.

[31] Vgl.FAMA(1980), S.39-57 und dazu kritisch referierend GERTLER(1988), S.575. In einem weiteren Aufsatz hinterfragt FAMA(1985), S.29-39 jedoch explizit die „Besonderheiten" von Banken als Finanzinstitutionen. In diesem Aufsatz werden Banken von FAMA nicht mehr als Institutionen gesehen, die als „Schleier" über dem realen Wirtschaftsgeschehen liegen. Vgl.in diesem Zusammenhang auch die Ausführungen in Kapitel B.IV.

schen Finanzierungstheorie bildet die These von der *Irrelevanz der Kapitalstruktur* einer Unternehmung, die durch die Irrelevanztheoreme vom MODIGLIANI/MILLER postuliert worden ist: „*The average cost of capital to any firm is completely independent of its capital structure and is equal to the capitalization rate of a pure equity stream of its class.*"[32]

Allerdings existieren auch andere theoretische Vorstellungen, in denen die Bedeutung des Finanzsystems oder von Finanzsystemaspekten für die Volkswirtschaft hervorgehoben und betont werden. SCHUMPETER hat in seinen Analysen die volkswirtschaftliche Bedeutung eines gut entwickelten Finanzsystems hervorgehoben. Dabei wurde stets die Existenz eines effizienten Finanzsystems als gegeben betrachtet und nicht hinterfragt, wie ein Finanzsystem entsteht und was die Existenz im einzelnen begründet.[33] Konkret wurde beispielsweise, wie das folgende Zitat belegt, die wichtige Bedeutung der *Banken* im Wirtschaftsprozeß angesprochen und auf deren Rolle als „delegated monitors" hingewiesen:[34] „*...the banker must not only know what the transaction is which he is asked to finance and how it is likely to turn out but he must also know the customer, his business and even his private habits, and get, by frequently talking things over with him, a clear picture of the situation.*"[35]

GURLEY/SHAW haben dagegen mit ihrer Theorie der Finanzintermediation für die Aspekte, wie ein Finanzsystem entsteht und was dessen Effizienz begründet, einen konkreten Lösungsansatz vorgestellt. Im Mittelpunkt dieses Denkansatzes steht die Bedeutung von *Finanzintermediären* (gleichberechtigt neben den *Finanzmärkten*) als Mechanismus der Transmission finanzieller Ressourcen von finanziellen Überschußeinheiten zu finanziellen Defiziteinheiten.[36] Darüber hinausgehend haben DIAMOND und DIAMOND/DYBVIG in bahnbrechenden Arbeiten die Existenz von Finanzintermediären über die von diesen ausgeübten *Funktionen* (Monitoringfunktion, Versicherungsfunktion) modelltheoretisch begründet.[37]

Das *Finanzsystem als Gesamtgebilde* bleibt in den zitierten theoretischen Vorstellungen im Hintergrund. Vielmehr wird die Aufmerksamkeit in den betrachteten Ausfüh-

---

[32] MODIGLIANI/MILLER(1958), S.268. Vgl.MODIGLIANI/MILLER(1958), S.261-297 zur Darstellung des Theorems und für eine ausführliche Auseinandersetzung mit diesem Theorem STIGLITZ(1974), S.851-866; FAMA(1978), S.272-284; HELLWIG(1981), S.155-170.

[33] Vgl.TIMMERMANN(1985), S.228-229 für diese Einschätzung von SCHUMPETERs Arbeiten. Dieser bezieht sich auf SCHUMPETERs Theorie der wirtschaftlichen Entwicklung (1912), in der 5. Auflage, Berlin(1952), S.88ff.

[34] Vgl.hierzu SUMMERS(1994), S.xiii.
Der Begriff „delegated monitor" wurde von DIAMOND(1984), S.393 geprägt.

[35] SCHUMPETER(1939), S.116.

[36] Vgl.zu dieser Einschätzung des Ansatzes von GURLEY/SHAW die Ausführungen von TIMMERMANN(1985), S.228-229. Vgl.zum Ansatz von GURLEY/SHAW grundlegend GURLEY/SHAW(1960). In Kapitel B.IV.2.1. wird der Ansatz von GURLEY/SHAW ausführlich gewürdigt.

[37] Vgl.grundlegend DIAMOND(1984) und DIAMOND/DYBVIG(1983) sowie Kapitel B.IV.2.3.

rungen aufgrund verschiedener theoretischer Vorstellungen von der Volkswirtschaft auf sehr unterschiedliche und heterogene *Einzelaspekte des Finanzsystems* gelenkt: MILL spricht davon, daß *Geld* keine Bedeutung (für den Realsektor) besitzt. LUCAS abstrahiert von der Bedeutung *monetärer Angelegenheiten* für wirtschaftliche Entwicklung beziehungsweise Wirtschaftswachstum. DORNBUSCH/REYNOSO billigen *finanziellen Faktoren* nur im Rahmen finanzieller Instabilität einen (negativen) Einfluß auf das Bruttosozialprodukt zu. MODIGLIANI/MILLER sprechen dagegen von der Irrelevanz der *Kapitalstruktur* der Unternehmung. Im Mittelpunkt der neoklassischen Finanzierungstheorie stehen *Kapitalmärkte* als Instrument zur Allokation finanzieller Ressourcen. SCHUMPETER wiederum unterstreicht die Bedeutung eines gut entwikkelten Finanzsystems für die Volkswirtschaft und thematisiert die Rolle der *Bankiers* für die Überwachung von Unternehmern. GURLEY/SHAW heben die Bedeutung von *Finanzintermediären* für die Transmission finanzieller Ressourcen hervor. DIAMOND und DIAMOND/DYBVIG stellen die von bestimmten *Finanzinstitutionen* bzw. *Finanzintermediären* ausgeübten Funktionen in den Mittelpunkt ihrer Überlegungen.

II.PROBLEMSTELLUNG

Was ist „das Finanzsystem"? Die einleitenden Ausführungen zum Finanzsystem legen nahe, daß es sich bei dem Begriff Finanzsystem um einen typischen *„Vielfaltbegriff"* beziehungsweise *„Komplexbegriff"* handelt, mit welchem ein *komplexer*, *vernetzter*, *intransparenter* und *dynamischer* Realitätsausschnitt bezeichnet wird.[38] Diese Charakterisierung des Realitätsausschnittes ist von zentraler Bedeutung für die folgenden Überlegungen. Konkret impliziert sie, daß bei der Auseinandersetzung mit dem Vielfaltbegriff „Finanzsystem" folgende Aspekte zu berücksichtigen sind:[39]

a) die *Komplexität* des zu beschreibenden Realitätsausschnittes,
b) die *Vernetzung* beziehungsweise Verknüpfung der Systemkomponenten,
c) die *Intransparenz* der Strukturen und Wirkungszusammenhänge,
d) die *Dynamik* (der Entwicklung) des zu beobachtenden Realitätsausschnittes.

Für den unter dem Vielfaltbegriff *Finanzsystem* bezeichneten Realitätsausschnitt existiert keine allgemein akzeptierte einheitliche Abgrenzung (Definition).[40] Tatsächlich existieren viele unterschiedliche Abgrenzungen des Finanzsystems nebeneinander, von denen nachfolgend nur zwei beispielhaft skizziert werden. Oftmals wird das Finanzsystem mit dem *Finanzsektor* gleichgesetzt.[41] Auf der Grundlage einer solchen Sichtweise erscheint es plausibel, daß im Zusammenhang mit der Fragestellung nach den Auswirkungen der europäischen Union (sowie der internationalen Trends) und der Problematik der Entwicklungsländer die Aufmerksamkeit vor allem auf die Finanzsektoren

---

38 Vgl.grundlegend zu komplexen Situationen DÖRNER(1994), S.58-59 und S.81.

39 Vgl.grundlegend DÖRNER(1994), S.59-64 und S.156-161 zu dieser Charakterisierung.

40 Vgl.Kapitel A.III.1. für eine Arbeitsdefinition des Finanzsystems.

41 Vgl.Kapitel B.II. für eine derartige Finanzsystembetrachtung.

der betrachteten Länder gerichtet wird. Das Finanzsystem wird jedoch auch als die *Gesamtheit der Finanzmärkte, Finanzinstitutionen, Regulierungen, Mechanismen und Techniken begriffen, mit denen finanzielle Ressourcen von finanziellen Überschußeinheiten zu finanziellen Defiziteinheiten transferiert werden.*[42] In einer solchen Betrachtungsweise erscheint es naheliegend, den Beitrag des Finanzsystems zum Wirtschaftswachstum zu thematisieren. Dies wurde im Rahmen der Ausführungen zu den Entwicklungsländern näher erläutert.

Woher resultiert diese Unterschiedlichkeit in der Betrachtung des Finanzsystems?
Es wird die Hypothese aufgestellt, daß zwei unterschiedliche Faktoren gemeinsam die Abgrenzung des Finanzsystems bestimmen. Einerseits beeinflußt die *theoretische Vorstellung beziehungsweise das theoretische Weltbild*, auf deren Grundlage eine wissenschaftliche Untersuchung geführt wird, und andrerseits die *Fragestellung*, welche einer wissenschaftlichen Untersuchung als Leitbild dient, die Abgrenzung des Begriffs Finanzsystem. Beide Faktoren generieren die Vielzahl der unterschiedlichen Abgrenzungen des Finanzsystems, die in der Literatur vorzufinden sind.

Die Verwendung kontextabhängiger Finanzsystemabgrenzungen erscheint einerseits im Rahmen der Auseinandersetzung mit einem Vielfaltbegriff wie dem Finanzsystem als sinnvoll, da sie erlaubt, sich im Rahmen der jeweils angegangenen Fragestellung auf die aus der theoretischen Vorstellung (oder aus der Fragestellung selbst) als wesentlich erachteten Aspekte des Finanzsystems zu konzentrieren und Aussagen zu diesen Aspekten zu treffen. Andrerseits birgt gerade die Generierung und Verwendung kontextabhängiger Abgrenzungen bei der Auseinandersetzung mit einem Vielfaltbegriff wie dem Finanzsystem eine gewisse Problematik. Da mit dem Begriff Finanzsystem ein hochkomplexer Realitätsausschnitt bezeichnet wird, besteht die Gefahr der stark übertriebenen Vereinfachung der Abgrenzung des Beobachtungsgegenstandes, in welcher die Vernetzung der Systemkomponenten negiert und aufgrund der Intransparenz der Strukturen und Wirkungszusammenhänge diese übersehen und gar nicht erst erkannt werden. Darüber hinaus erschwert die Dynamik (der Veränderung) des Beobachtungsgegenstandes dessen Erfassung.

Neben der Gefahr, daß durch eine stark vereinfachende Abgrenzung des Finanzsystems und deren Verwendung als Arbeitsgrundlage einer Untersuchung möglicherweise wichtige Aspekte übersehen werden, besteht die Gefahr, daß Untersuchungen oder Studien, denen sehr unterschiedliche, (oftmals sogar theoretisch detailliert begründete), Vorstellungen vom Finanzsystem zugrunde liegen, beispielsweise zu sehr unterschiedlichen Handlungsempfehlungen (Aussagen) bezüglich der Gestaltung von Finanzsystemen oder der als vorteilhaft erachteten Eingriffe in Finanzsysteme kommen. Ein markantes Beispiel liefert die traurige Geschichte der *Entwicklungsfinanzierung*, die nach zahlreichen Desastern (Entwicklungshilfe als Kapitaltransfer im Sinne des „trickle down" sowie wirtschaftlich nicht lebensfähigen Entwicklungsbanken als

---

42 Vgl.Kapitel B.III.respektive B.IV. für eine derartige Finanzsystembetrachtung.

Finanzinstitutionen für den Entwicklungsprozeß) erst in jüngster Zeit dem Aspekt *Finanzsystementwicklung* Aufmerksamkeit schenkt.[43]
In dieser Arbeit wird nicht postuliert, daß alle Studien, die sich mit dem Finanzsystem beschäftigen, die gleiche Abgrenzung dieses Begriffs verwenden sollen. Vielmehr weist diese Arbeit auf den Mißstand hin, daß in der wissenschaftlichen Diskussion in einer wenig reflektierten Art und Weise (teilweise sehr) unterschiedliche Abgrenzungen des Begriffs Finanzsystem nebeneinander verwendet werden. Zumindest für den (wissenschaftlichen) Laien ist die Vielfalt der Verwendung dieses Begriffs schwer zu durchschauen. Viel schwerer wiegt jedoch, daß auch in wissenschaftlichen Abhandlungen eine gewisse Unsicherheit bezüglich der Abgrenzung des Finanzsystems besteht, was sich in einer markanten Art und Weise in der Vielfalt an unterschiedlichen Finanzsystemabgrenzungen manifestiert.
Im Gegensatz zur Vielfalt an Finanzsystemabgrenzungen existiert kaum Literatur, in der die Frage gestellt wird, wie Finanzsysteme sinnvollerweise zu beschreiben sind oder in der die sinnvolle Wahl eines Abbildungsinstrumentes zur Beschreibung des Finanzsystems thematisiert wird.[44] Darüber hinaus wird die Verwendung unterschiedlicher Finanzsystemabgrenzungen in der Literatur nicht thematisiert, was auf ein geringes Problembewußtsein bezüglich dieser Thematik schließen läßt.

Was jedoch ist „das Finanzsystem" und durch welche Merkmale wird es charakterisiert? Welche Abgrenzung des Finanzsystems ergibt sich daraus? Wie sollen Finanzsysteme demzufolge beschrieben werden? Dieser Fragenkomplex bildet den Kern der vorliegenden Arbeit.

Naheliegend ist, zur Beantwortung dieser Fragen eine Betrachtung der Literatur über Finanzsysteme durchzuführen. Konkret heißt dies zu hinterfragen, welche (unterschiedlichen) typischen Arten von Finanzsystembeschreibungen in der Literatur existieren und welche Abgrenzungen (Definitionen) des Finanzsystems durch diese typischen Arten der Finanzsystembeschreibung generiert werden. Typische Arten von Finanzsystembeschreibungen werden als *Beschreibungsmodi des Finanzsystems* bezeichnet. Ein Beschreibungsmodus bezeichnet eine charakteristische Art und Weise (lateinisch: „Modus" = Art und Weise) der Betrachtung eines Realitätsausschnittes. Beschreibungsmodi können einerseits mit bestimmten theoretischen Vorstellungen

---

43 Vgl.zu den Stadien der Entwicklungsfinanzierung SCHMIDT(1995), S.524-526. Welche Folgen Eingriffe in das Finanzsystem auf der Grundlage stark vereinfachender Hypothesen über den Realitätsausschnitt Finanzsystem haben können, hat das Debakel der *amerikanischen Savings and Loans* gezeigt. So kostete die Deregulierung und anschließende Reregulierung der amerikanischen Savings and Loans ohne Beachtung des entsprechenden Finanzsystemzusammenhangs aufgrund der implizierten Moral Hazard Probleme den amerikanischen Steuerzahler nach Schätzungen von STIGLITZ(1992), S.162 ungefähr einen Betrag von 300 Milliarden US-Dollar. Vom IMF(1993), S.2 werden die Kosten dieser Krise dagegen auf 180 Mrd.US-Dollar und von KAUFMAN(1992), S.8 auf 250 Mrd.US-Dollar geschätzt. Die durch die aktuelle *Krise des japanischen Bankensystems* entstandenen Schäden sind dagegen noch gar nicht vollständig abzuschätzen. Als bereits sichtbarer Schaden müssen die japanischen Banken bei der Refinanzierung an den „Euroanleihemärkten" einen Risikoaufschlag hinnehmen.

44 Vgl.als Ausnahmen BHATTACHARYAY(1988), S.308 sowie BENTIL u.a.(1988), S.1-5.

über die Struktur, Beschaffenheit und Wirkung des Beobachtungsgegenstandes und andrerseits mit bestimmten Fragestellungen bezüglich des Realitätsausschnitts verbunden sein und produzieren, beeinflußt durch diese beiden Faktoren, eine bestimmte charakteristische Beschreibung (Abgrenzung) des Realitätsausschnittes.[45]
Der Blick auf die im Zusammenhang mit der Finanzsystembeschreibung verwendeten Theorien erscheint um so notwendiger zu sein, da gerade ein schwaches theoretisches Fundament bisher ein wesentliches Charakteristikum der allgemeinen Diskussion von Finanzsystemen und Finanzsystemzusammenhängen darstellt. Oftmals werden bei der Diskussion des Finanzsystems in einer wenig greifbaren und unpräzisen Art und Weise Tatsachen, stilisierte Fakten, ideologische Prinzipien und normative Anforderungen zusammen in einen Topf geworfen und als neue Erkenntnis über den Untersuchungsgegenstand „Finanzsystem" präsentiert.[46]
Für die Beantwortung des oben angeführten Fragenkomplexes ist neben der Literaturdiskussion die Generierung einer umfassend angelegten *Landkarte des Finanzsystems* notwendig, die diesen Realitätsausschnitt in seinen sämtlichen Dimensionen erfaßt und beschreibt. Bei der Erstellung einer derartigen Landkarte ist zu berücksichtigen, daß für die Charakterisierung eines Vielfaltbegriffs die bloße „Enumerierung der Bestandteile", welche die Bildung eines „Informationshaufen" darstellt, nicht genügt. Benötigt wird systematisches „Strukturwissen", das über die Variablen des Systems und ihre Interdependenzen Auskunft gibt und ein „Verstehen" des Realitätsausschnittes ermöglicht. Als Hypothese wird unterstellt, daß es sich bei den Abhängigkeiten des Finanzsystems weniger um ein (vom Finanzsektor ausgehendes) „sternförmiges" Geflecht von Abhängigkeiten handelt, sondern daß das Abhängigkeitsverhältnis vielmehr dem einer „Sprungfedermatraze" gleicht, bei dem alle Systemkomponenten in einem gegenseitigen Abhängigkeitsverhältnis stehen.[47]
Die *Landkarte des Finanzsystems* muß die wesentlichen Dimensionen des Realitätsausschnittes erfassen. Darunter fallen *institutionelle Bestandteile* des Finanzsystems (Zentralbank, Finanzintermediäre, Finanzmärkte, Finanzinstrumente usw.) und die von ihnen ausgeübten *Funktionen* (beispielsweise die Finanzierungsfunktion, die Geldanlagefunktion oder die Risikenallokationsfunktion des Finanzsektors). Gerade die Berücksichtigung des Aspektes, *für wen* beziehungsweise für welche anderen Institutionen einer Volkswirtschaft (beispielsweise für den Unternehmenssektor, für den Haushaltssektor) die Finanzinstitutionen (oder der Finanzsektor in seiner Gesamtheit) diese Funktionen ausüben, weist auf den Umfang des Finanzsystems hin, wobei die Frage der Trennung zwischen finanzieller und nichtfinanzieller Seite der Volkswirtschaft und den zwischen beiden Seiten bestehenden Wechselwirkungen (beispielsweise Wirtschaftswachstum, Konjunkturschwankungen) aufgeworfen wird. Weiterhin sind be-

---

45 Der Begriff *Beschreibungsmodus* wird in der wirtschaftswissenschaftlichen Literatur nach Wissen des Verfassers bisher nicht verwendet. Das Konzept des *Beschreibungsmodus* wird in Kapitel A.III.2. näher erläutert.

46 Vgl.für diese Charakterisierung der Literatur zu Finanzsystemen GOUX(1994), S.220. Dieser unterstreicht, daß - bis auf wenige Ausnahmen - oftmals eher die Aneinanderreihung stilisierter Fakten als die Formulierung tatsächlicher theoretischer Modelle die Untersuchungen zum Finanzsystem kennzeichnen.

47 Vgl.DÖRNER(1994), S.64-73 und S.131-132.

stimmte *Eigenschaften* des Finanzsystems oder seiner Bestandteile (z.B. Stabilität des Finanzsektors) herauszuarbeiten. Vor allem ist der *Systemcharakter des Gesamtgebildes* zu berücksichtigen beziehungsweise die zwischen den Bestandteilen bestehenden *Interdependenzen* aufzuzeigen. Eine derartige Landkarte erlaubt die Systematisierung und Einordnung der in der Literatur vorhanden Finanzsystemabgrenzungen. Gleichzeitig stellt sie selbst einen sehr weit gefaßten Beschreibungsmodus des Finanzsystems dar. Dieser Beschreibungsmodus steht aufgrund seiner weiten Abgrenzung auf einer als eklektisch zu bezeichnenden Theoriegrundlage und ist durch den im Zentrum der vorliegenden Arbeit stehenden Fragenkomplex (vgl.S.14) motiviert. Ob der skizzierte weit reichende Beschreibungsmodus des Finanzsystems diesen Realitätsausschnitt tatsächlich in einer aussagekräftigen Art und Weise charakterisieren kann, ist durch seine Anwendung auf die Beschreibung eines Finanzsystems zu überprüfen.

Zusammengefaßt besteht das Ziel der vorliegenden Arbeit darin, in einem ersten Schritt (Kapitel B) zunächst auf der Grundlage der wissenschaftlichen Literatur zum Finanzsystem dessen unterschiedliche Abgrenzungen und die damit verbundenen theoretischen Vorstellungen in verschiedene Beschreibungsmodi des Finanzsystems zu systematisieren, in einem zweiten Schritt (Kapitel C) eine umfassende Landkarte des Finanzsystems zu generieren, die gleichzeitig einen weitreichenden Beschreibungsmodus des Finanzsystems darstellt, und schließlich in einem dritten Schritt (Kapitel D) diesen Beschreibungsmodus auf die Beschreibung eines real existierenden Finanzsystems anzuwenden und im Hinblick auf seine Tauglichkeit (Operationalisierbarkeit) zu überprüfen.

III.GRUNDLAGEN DER FINANZSYSTEMBETRACHTUNG

1.ARBEITSDEFINITION DES FINANZSYSTEMS

In der Literatur existiert keine einheitliche und allgemein anerkannte Definition des (Vielfalt-)Begriffs *Finanzsystem.*[48] Tatsächlich existieren, wie bereits in der Problemstellung (Kapitel A.II.) betont wurde, unterschiedliche Abgrenzungen des Realitätsausschnittes Finanzsystem nebeneinander, die teilweise sehr ähnlich, aber teilweise auch extrem unterschiedlich sind. Synonym zum Begriff „Finanzsystem" werden in der Literatur oftmals die Begriffe „Finanzsektor", „finanzielle Infrastruktur",

[48] Obwohl das Finanzsystem beispielsweise im Zusammenhang mit der europäischen Integration oder im Zusammenhang mit den Entwicklungsländern intensiv diskutiert wird, findet es in den deutschen Lehrbüchern zur Investitions- und Finanzierungstheorie erstaunlicherweise keine Beachtung. Vgl.z.B. die Register in DRUKARCZYK(1989); FRANKE/HAX(1990), SCHMIDT(1989); SCHMIDT/TERBERGER(1996), BUSSE Von COLBE/LAßMANN(1990).
Auch in amerikanischen Standardwerken zur Investitions- und Finanzierungstheorie wird das Finanzsystem nicht thematisiert. Vgl.z.B. die Register von BREALEY/MYERS(1991), COPELAND/WESTON(1988), SHARPE/ALEXANDER(1990). Auch in einschlägigen Lexika wird dieser Begriff nicht thematisiert. Vgl.etwa NEWMAN/MILGATE/EATWELL(1987); GERKE/STEINER(1995).

„Bankensystem", „monetäre Infrastruktur", „Finanzierungssystem" usw. verwendet. Die im Zusammenhang mit den genannten Bezeichnungen diskutierten Sachverhalte unterscheiden sich jedoch (teilweise) erheblich.[49]

Der Begriff *internationales Finanzsystem* weist die gleiche Unbestimmtheit auf wie der Begriff Finanzsystem. In der Literatur werden darunter beispielsweise verschiedene *Wechselkursmechanismen* (Goldstandard, Bretton-Woods-System der festen Wechselkurse, freie Wechselkurse usw.), *internationale Finanzierungsbeziehungen* oder auch Einzelaspekte wie die *Schuldenkrise der Entwicklungsländer* thematisiert.[50]

Das Finanzsystem bezeichnet in der vorliegenden Arbeit „mehr" als bloß den Finanzsektor. Als *Finanzsektor* werden die Gesamtheit der Finanzinstitutionen, das heißt die *Zentralbank*, die *Finanzintermediäre* (Bankfinanzintermediäre und Nichtbankfinanzintermediäre), die *Finanzmärkte* (Kapitalmärkte, Geldmärkte, Terminmärkte) sowie die von diesen Finanzinstitutionen angebotenen *Finanzinstrumente* abgegrenzt. Der Finanzsektor generiert somit weitestgehend das Angebot an Finanzdienstleistungen. Vernachlässigt wird in dieser Abgrenzung jedoch die Frage, für wen - im Sinne der Nachfrage - der Finanzsektor das Angebot an Finanzdienstleistungen erbringt und für wen der Finanzsektor bestimmte Funktionen ausübt. Die Nachfrage nach Finanzdienstleistungen und die Auseinandersetzung mit Fragen, wie in einer Volkswirtschaft beispielsweise Investitionen oder Staatsausgaben finanziert, Ersparnis gebildet, Alterssicherung betrieben, Risiken abgesichert werden, erweitert die Betrachtung über den Finanzsektor hinausgehend. Das Finanzsystem wird im Rahmen der vorliegenden Arbeit in einer „weiten" Form abgegrenzt, so daß das Finanzsystem wesentlich facettenreicher ist, als dies durch die häufig in der Literatur anzutreffende Gleichsetzung des Finanzsystems mit dem Finanzsektor impliziert wird.[51]

---

[49] In Kapitel B wird anhand der Abgrenzung von vier unterschiedlichen *Beschreibungsmodi des Finanzsystems* die Mehrdeutigkeit des Begriffs Finanzsystem herausgearbeitet und dokumentiert.
Wie uneinheitlich der Begriff *Finanzsystem* in der Literatur verwendet wird, zeigt sich einerseits am Beispiel von WEBSTER(1995), S.35-48, der unter diesem Begriff die Einführung eines neuen Kostenrechnungs-, Budgetierungs- und Abrechnungssystems in der „Library of Congress" in Washington thematisiert und andrerseits an einigen Beispielen aus der finanzwissenschaftlichen Literatur, in der der Begriff *Finanzsystem* wiederum mit ganz anderen Inhalten gefüllt wird. Beispielsweise betrachten KAMP/LANGHEINRICH/STAMM(1969), unter dem Titel *„Das optimale Finanzsystem"* die Struktur von Finanzverfassung (Finanzausgleich, Budget und Budgetrecht, Finanzverwaltung) und der öffentlichen Finanzwirtschaft (öffentliche Ausgaben, Einnahmen und Verschuldung). HICKEL/ROTH/TROOST (1988) thematisieren das *förderale Finanzsystem* und MIERA(1994) das *kommunale Finanzsystem* jeweils im Sinne der Gesamtheit der öffentlichen Einnahmen und Ausgaben. Eine historisch orientierte Betrachtung der Fisci in der frühen (römischen) Kaiserzeit stellt die Betrachtung des *nachrepublikanischen Finanzsystems* von ALPERS(1995) dar.

[50] Vgl.GIBSON(1996), Kapitel 1 und PIESSE/PEASNELL/WARD(1995), S.99-101 für eine Diskussion verschiedener Wechselkursmechanismen, FAUGÈRE/VOISIN(1992), S.9-11 für eine Diskussion internationaler Finanzierungsbeziehungen beziehungsweise Finanzintermediation und GUTH(1984), S.11-25 für eine Diskussion der Verschuldungs- und Finanzierungsprobleme der Dritten Welt unter dem Terminus *„internationales Finanzsystem"*.

[51] Vgl.Kapitel B.II.1. zur Gleichsetzung des Finanzsystems mit dem Finanzsektor.

Unter dem Finanzsystem wird die Gesamtheit von Angebot und Nachfrage nach Finanzdienstleistungen sowie das ganze Beziehungsgeflecht zwischen Anbietern und Nachfragern nach Finanzdienstleistungen verstanden. Somit wird in die Betrachtung nicht nur der Finanzsektor mit eingeschlossen, welcher mit seinen Institutionen und deren Organisationsformen sowie deren Verhaltensnormen das Angebot an Finanzdienstleistungen produziert, sondern auch der Realsektor, der entweder als direkter Nachfrager des Angebots des Finanzsektors auftritt oder dessen Leistungen durch Eigenproduktion ersetzt.[52]

2.KONZEPT BESCHREIBUNGSMODUS

2.1.Die Rolle von Beschreibungsmodi

Ein Beschreibungsmodus bezeichnet eine typische Art und Weise der Beschreibung eines *Realitätsausschnittes*, das heißt der Schaffung einer *Abbildung und Abgrenzung* eines Realitätsausschnittes. Der *Realitätsausschnitt* ist sorgfältig von seiner *Abbildung und Abgrenzung* zu unterscheiden. Denn der Abbildungsprozeß wird durch zwei verschiedene Faktoren beeinflußt. Erstens wird die Beschreibung eines Realitätsausschnittes durch die zugrunde gelegte *Fragestellung* und zweitens durch die verwendeten *theoretischen Grundlagen* beeinflußt.[53]

Gerade die theoretische Vorstellung, auf deren Grundlage ein Realitätsausschnitt beschrieben wird, beeinflußt sehr stark die Wahrnehmung des Realitätsausschnittes und prägt dementsprechend stark dessen Abbildung und Abgrenzung. Die theoretische Vorstellung fungiert somit als „Theoriefilter" für die Beschreibung eines Realitätsausschnittes. Selbst, wenn Forscher nur empirisch forschen, Tatsachen beschreiben und keine Theorien bilden wollen, geben sie nur ihre subjektive Sicht des Realitätsausschnittes und nicht „den Realitätsausschnitt" wieder. Diese subjektive Sicht kann durch Werturteile und Vorurteile verschiedenster Art verzerrt sein und manifestiert sich beispielsweise daran, welche Aspekte des Realitätsausschnittes der Forscher wegläßt beziehungsweise überhaupt nicht wahrnimmt.[54] Die Fragestellungen, von denen ausgehend sich die Forscher dem Realitätsausschnitt nähern, verraten viel über ihre subjektive Sicht des betrachteten Realitätsausschnittes.

Beide Faktoren, verwendete *Theoriegrundlagen* und *Fragestellung*, charakterisieren einen Beschreibungsmodus und kennzeichnen mit anderen Worten die Perspektive - im Sinne einer verwendeten Optik - der Betrachtung eines Realitätsausschnittes, die sich schließlich in der Beschreibung beziehungsweise Abbildung und Abgrenzung des Realitätsausschnittes manifestiert. Abbildung A.1. verdeutlicht den erläuterten Zusammenhang.

---

[52] Vgl.hierzu auch SCHMIDT/KRAHNEN(1993), S.3-4.
Das Finanzsystem entspricht dem „Finanzwesen" von SCHMIDT(1995), S.522-523.

[53] Vgl.auch grundlegend die Ausführungen von SCHNEIDER(1987), S.34-37 für eine Darstellung der Beziehung zwischen Realitätsausschnitt („Wirklichkeit"), dessen subjektiver Wahrnehmung (mit oder ohne theoretischen Hintergrund) und der entstehenden Abbildung.

[54] Vgl.SCHNEIDER(1987), S.34-35.

Abbildung A.1.:
Konzept Beschreibungsmodus

	Beschreibungsmodus	
Realitätsausschnitt →	a) Fragestellung	**→ Abbildung und Abgrenzung**
	b) Theoretische Grundlagen (Theoriefilter)	

Quelle: Eigene Darstellung.

Die Beschreibung eines Realitätsausschnittes bildet den ersten Schritt der Auseinandersetzung mit diesem. Beschreiben bedeutet in seiner allgemeinen sprachlichen Bedeutung die „Feststellung dessen, was ist". Feststellen meint einerseits „konstatieren, darstellen" und andrerseits „ermitteln, erkunden". Beschreiben im Rahmen der vorliegenden Arbeit umfaßt nicht nur die sprachliche Darstellung bestimmter Sachverhalte im Sinne der Benennung bestimmter Erscheinungsformen und Merkmale, sondern gerade auch das, was getan werden muß, (etwas beobachten, auszählen, messen), um derartige Aussagen tätigen zu können, das heißt, feststellen im Sinne von „ermitteln". Die Art und Weise der Beschreibung kann sich im Bereich von sehr konkret (im Sinne der Wiedergabe einzelner Beobachtungen) bis sehr abstrakt (im Sinne der Wiedergabe einschätzender Urteile) bewegen. Zu Beschreibungen kann auch die Wiedergabe quantitativer Angaben gehören, so daß dann von Messungen gesprochen wird. Zur Ebene der Beschreibung gehört auch die Klassifizierung und Ordnung der Vielfalt von Erscheinungsformen und Merkmalen eines Realitätsausschnittes.[55]
Gerade in dem Fall, in dem komplexe und unscharf abgegrenzte Realitätsausschnitte beschrieben werden sollen, wird es sehr schwierig, diese durch Beobachtungen zu beschreiben. Eine Beschreibung eines komplexen Realitätsausschnittes erfordert die Zusammenfassung einer Fülle von Einzelbeobachtungen, die in ihrer Gesamtschau eine „Beurteilung" des Realitätsausschnittes generieren. Beurteilungen können einerseits in Einschätzungen und andrerseits in Bewertungen differenziert werden. Nur Einschätzungen, im Sinne einer subjektiven Angabe darüber, wie ein Phänomen aussieht, stellen „Beschreibungen" dar. Bei der Charakterisierung bestimmter Aspekte eines Realitätsausschnittes durch Eigenschaftswörter handelt es sich konkret um Einschätzungen und weniger um Beobachtungen. Diese Einschätzungen stellen Versuche dar, eine Reihe von Einzelwahrnehmungen unter einem Begriff zusammenzufassen, der dafür als treffend angesehen wird. (Beispiel: Der deutsche Finanzsektor ist „stabil"). Ein Betrachter versucht zunächst, den Realitätsausschnittes im zuvor skizzierten Sinn zu beschreiben, dann die beobachteten Phänomene zu erklären, darauffolgend die Veränderungen des beobachteten Realitätsausschnittes vorherzusagen und schließlich Veränderungen in diesem Realitätsausschnitt zu bewirken. Tendenziell werden in diesem Zusammenhang auch Wertungen abgegeben. Beispielsweise können diese ausdrücken, ob der Betrachter Aspekte des Realitätsausschnittes „problematisch" oder „angemessen" findet.[56] Ein Beschreibungsmodus konkretisiert von den oben genannten Tätigkeiten vor allem das „Beschreiben" eines betrachteten Realitätsausschnittes.

[55] Vgl.hierzu grundlegend NOLTING/PAULUS(1993), S.166-167.

[56] Vgl.hierzu die Ausführungen von NOLTING/PAULUS(1993), S.165-175.

Dabei wird der Beobachtungsgegenstand jedoch nicht nur beschrieben im Sinne einer sprachlichen Fassung eines Sachverhalts, sondern in einer typischen Art und Weise gekennzeichnet. Im Idealfall enthält der Beschreibungsmodus Strukturinformationen über den Beobachtungsgegenstand und liefert eine strukturelle Beschreibung über das Erkenntnisobjekt.

2.2. Anforderungen an einen Beschreibungsmodus

Anforderungen an Beschreibungsmodi werden - ebenso wie Beschreibungsmodi selbst - stark durch die übergeordnete Fragestellung und durch die zugrunde gelegte theoretische Vorstellung determiniert und sind somit stark kontextabhängig. Beide Faktoren reflektieren sich in der *Allgemeinheit* und der *Theoriekompatibilität* von Beschreibungsmodi. Motiviert werden die nachfolgend skizzierten Anforderungen an einen Beschreibungsmodus durch die Fragestellung nach der *Angleichungen von Finanzsystemen in der Europäischen Gemeinschaft*, das heißt durch das dieser Arbeit übergeordnete Forschungsprojekt.[57] Mit dem für diese Fragestellung gesuchten Beschreibungsmodus sollen Vergleiche zwischen Ländern (der Europäischen Union) und im Zeitablauf möglich werden. Daraus ergibt sich ein großes Maß an *Allgemeinheit* des gesuchten Beschreibungsmodus und eine Offenheit für unterschiedliche (fruchtbare) Theorieansätze. Dies erfordert eine *eklektische Theoriegrundlage* des Beschreibungsmodus.[58] Aus diesem Zusammenhang ergeben sich, abgeleitet aus dem „common sense", die Kriterien der *Vollständigkeit*, der *Komplexitätsreduktion*, des *Sichtbarmachens von Finanzsystemzusammenhängen* und der *Berücksichtigung empirischer Aspekte* als Anforderungen an den gesuchten Beschreibungsmodus.

Das Finanzsystem soll von dem gesuchten Beschreibungsmodus vollständig und in seiner Gesamtheit erfaßt werden. Der Beschreibungsmodus soll idealerweise das *Gesamtgebilde Finanzsystem*, wie es in Kapitel A.III.1. abgegrenzt worden ist, erfassen und nicht nur den *Finanzsektor*. Konkret heißt dies, daß über den Finanzsektor hinausgehend alle wichtigen Aspekte finanzieller Beziehungen zwischen den Haushalten, den Unternehmen, dem Staat sowie dem Finanzsektor berücksichtigt werden sollen. Das Kriterium der *Vollständigkeit* der Erfassung des Gesamtgebilde Finanzsystem stellt einen wichtigen Aspekt für Finanzsystembeschreibungen und eine wichtige Voraussetzung für die vergleichende Finanzsystembetrachtung dar.
Das Finanzsystem bezeichnet als Vielfaltbegriff einen sehr umfangreichen und heterogenen Realitätsausschnitt. Eine vollständige Finanzsystembeschreibung droht angesichts dieses Umstands sehr schnell überfrachtet und überladen zu werden. Die Schaffung eines „Informationshaufens" über das Finanzsystem ist die beste Garantie dafür, wichtige Wirkungsbeziehungen zu übersehen und wichtige Interdependenzen zu übergehen. In diesem Fall droht trotz der generierten Informationsflut insbesondere bezüg-

---

[57] Vgl.hierzu die Ausführungen in Fußnote 1.

[58] Vgl.hierzu die Ausführungen in Kapitel C.I.3.

lich des Strukturwissens über das Erkenntnisobjekt eine Informationsarmut. Daher ergibt sich als weitere Anforderung an den gesuchten Beschreibungsmodus die Notwendigkeit der *Komplexitätsreduktion* zur Gewährleistung der Überschaubarkeit von Finanzsystembeschreibungen.
Der gesuchte Beschreibungsmodus soll zum *Sichtbarmachen von Finanzsystemzusammenhängen* geeignet sein. Gerade Wirkungszusammenhänge und Interdependenzen zwischen Finanzsystembestandteilen stellen wichtige Strukturinformationen dar und sollen von dem gesuchten Beschreibungsmodus erfaßt werden können. Ein Beschreibungsmodus sollte beispielsweise Hilfe bei der Beantwortung der Frage liefern, welche Veränderungen sich im deutschen Finanzsystem aufgrund der Zulassung von Geldmarktfonds ergeben haben.
Der gesuchte Beschreibungsmodus soll unter *Berücksichtigung empirischer Aspekte* formuliert werden; d.h. in der Art und Weise formuliert sein, daß dessen Operationalisierung mit dem vorhandenen und verfügbaren empirischen Datenmaterial möglich ist.

IV.GANG DER UNTERSUCHUNG

An die in Kapitel A durchgeführten einleitenden Betrachtungen zum Finanzsystem als Untersuchungsgegenstand schließen sich drei Hauptteile an, die jeweils unter einer bestimmten Fragestellung stehen.

Kapitel B bildet den ersten Hauptteil und steht unter der übergeordneten Fragestellung, *was als Finanzsystem in der Literatur beschrieben wird.* Dies beinhaltet eine Auseinandersetzung mit der Frage, welche Vorstellung (beziehungsweise Abgrenzung) des Finanzsystems die (vermutlich) relevanten Theorien beinhalten respektive voraussetzen. Aus der Literatur werden vier grundlegend verschiedene Beschreibungsmodi des Finanzsystems herausgearbeitet. Ihre Unterschiedlichkeit manifestiert sich vor allem darin, was als Finanzsystem wahrgenommen wird. Dies ist besonders deutlich an der jeweils verwendeten Abgrenzung (Definition) des Finanzsystems erkennbar. Für jeden der vier Beschreibungsmodi wird konkret gezeigt, in welchem Zusammenhang dieser verwendet wird. Das heißt, es werden besonders fruchtbare Fragestellungen und die entsprechenden theoretischen Ansätze diskutiert, in deren Rahmen das für den Beschreibungsmodus typische Bild vom Finanzsystem jeweils verwendet wird. Es handelt sich um die Beschreibungsmodi *Finanzsektorperspektive* (Kapitel B.II.), *Finanzsektor-Realsektor-Perspektive* (Kapitel B.III.), *Intermediationsperspektive (*Kapitel B.IV.) und *funktionale Perspektive (*Kapitel B.V.).
Die vier Beschreibungsmodi bilden eine grundlegende - wenn auch nicht unproblematische - Systematisierung der Finanzsystembetrachtung.[59] Für jeden der vier Beschreibungsmodi wird erstens die verwendete *Abgrenzung* (Definition) des Finanzsystems herausgearbeitet und hervorgehoben, welche Dimensionen des Finanzsystems

---

[59] Vgl.Kapitel B.I. zur Problematik der Systematisierung von Finanzsystembetrachtungen.

(Institutionen, Funktionen, Eigenschaften, Wirkungsbeziehungen usw.) angesprochen werden. Zweitens werden die *Grundlagen* (relevante Theorien und Fragestellungen) des Beschreibungsmodus umrissen. Drittens werden die sich daraus ergebenden typischen *Abbildungsinstrumente* für das Finanzsystem aufgezeigt. Abschließend und viertens erfolgt jeweils eine *Würdigung* in bezug auf die in Kapitel A.III.2.2. thematisierten Anforderungen an einen Beschreibungsmodus.

Kapitel C bildet den zweiten Hauptteil und steht unter der Fragestellung, *wie das Finanzsystem als Gesamtgebilde umfassend und systematisch beschrieben werden sollte.* Als umfassende und differenzierte Strukturvorstellung für den Realitätsausschnitt Finanzsystem wird in Kapitel C das Schalenmodell des Finanzsystems vorgestellt. Das Schalenmodell des Finanzsystems stellt eine Art „Landkarte des Finanzsystems" dar und bildet die Grundlage für umfassende und differenzierte Finanzsystembeschreibungen. Als Beschreibungsmodus Schalenmodell wird die Beschreibung von Finanzsystemen auf der Grundlage des Schalenmodell des Finanzsystems bezeichnet. Den meisten Raum des Kapitel C nimmt die Darstellung des Schalenmodell des Finanzsystems ein: Drei Finanzsystemdimensionen *(Institutionen, Funktionen, Eigenschaften)* werden im Schalenmodell des Finanzsystems unterschieden und zueinander ins Verhältnis gesetzt. Unterstellt wird im Rahmen dieses Modells eine die Finanzsystemdimension der *Institutionen* prägende Schalenstruktur, in welche die Finanzsystemdimensionen der *Funktionen* und der *Eigenschaften* (unterschieden in *Finanzsektoreigenschaften* und *Systemeigenschaften*) integriert werden.

Kapitel D bildet den dritten Hauptteil und steht unter der Fragestellung, *wie (und ob) die Anwendung beziehungsweise die Umsetzung des in Kapitel C skizzierten Beschreibungsmodus Schalenmodell gelingt.* Angewendet wird der in Kapitel C konzipierte Beschreibungsmodus Schalenmodell auf das deutsche Finanzsystem. Dieses wurde für die Finanzsystembeschreibung ausgewählt, da bisher erstaunlicherweise keine ausführlichen und umfassenden Beschreibungen des deutschen Finanzsystems existieren.[60] Begleitet wird die Beschreibung des deutschen Finanzsystems durch eine kritische Reflexion der technischen und inhaltlichen Operationalisierbarkeit des Beschreibungsmodus Schalenmodell.

Kapitel E bildet den Schlußteil der vorliegenden Arbeit. Die wichtigsten Ergebnisse der drei Hauptteile werden in diesem Schlußteil zusammenfassend reflektiert. Daran schließt sich ein kurzer Ausblick über die im Rahmen der vorliegenden Arbeit aufgezeigten Forschungsperspektiven an.

---

60 Eine Ausnahme bildet die Studie von EDWARDS/FISCHER(1994), in der die Bedeutung der deutschen Banken bezüglich der Unternehmensfinanzierung und der Corporate Governance ausführlich untersucht wird. Dagegen existieren zahlreiche Beschreibungen des britischen und des französischen Finanzsystems. Beispielsweise wird das britische Finanzsystem von BAIN(1992), BUCKLE/THOMPSON(1995), GILBODY(1988), PIESSE/PEASNELL/WARD(1995) und das französische Finanzsystem von FAUGÈRE/VOISIN(1994), FERRANDIER/KOEN(1994) De MOURGUES(1988), PATAT(1987), SAINT-ÉTIENNE(1990), ZERAH(1993) beschrieben.

KAPITEL B.: PERSPEKTIVEN DER FINANZSYSTEMBETRACHTUNG

I.SYSTEMATISIERUNG DURCH BESCHREIBUNGSMODI

Das Kapitel B bildet den ersten Hauptteil der vorliegenden Arbeit und steht unter der Fragestellung, *was als Finanzsystem in der Literatur beschrieben wird.* Das Ziel der Literaturdiskussion besteht darin, die grundlegenden in der Literatur verwendeten Beschreibungsmodi für Finanzsysteme herauszuarbeiten und die das Finanzsystem behandelnde Literatur bezüglich der verwendeten Beschreibungsmodi zu systematisieren.

Welche Schwierigkeiten wirft eine Systematisierung von Finanzsystembeschreibungen durch Beschreibungsmodi auf? Die größte Schwierigkeit stellt die Heterogenität und Komplexität des Realitätsausschnitts Finanzsystem dar. Auf einer *Landkarte des Finanzsystems* ist erkennbar, daß sich Finanzsystembeschreibungen auf verschiedene Dimensionen des Realitätsausschnittes Finanzsystem richten können. Finanzsystembeschreibungen beziehen sich fast immer auf die Dimension der *Institutionen des Finanzsystems.* Darüber hinaus können sowohl die Dimension der *Finanzsystemfunktionen* als auch die Dimension *Eigenschaften des Finanzsystems* angesprochen werden. Die Dimension Eigenschaften unterscheidet sich in typische Merkmale des Finanzsektors *(Finanzsektoreigenschaften)* einerseits und charakteristische Beziehungen zwischen verschiedenen Finanzsystembestandteilen *(Systemcharakteristika)* andrerseits.[61] Typischerweise werden in Finanzsystembeschreibungen unterschiedliche Aspekte des Finanzsystems angesprochen. Gerade *Finanzsysteminstitutionen,* insbesondere des Finanzsektors, werden häufig in die Beschreibung aufgenommen. Oftmals werden auch einige *Finanzsystemfunktionen* oder *Eigenschaften,* insbesondere *Finanzsektoreigenschaften,* thematisiert. Häufig wird die Zusammensetzung der (externen) *Unternehmensfinanzierung* angesprochen. Faktisch werden in unterschiedlichen Finanzsystembeschreibungen in einer wenig systematischen Art und Weise alle möglichen Aspekte des Finanzsystems angesprochen. Im Rahmen von Finanzsystembeschreibungen in Form von Monographien werden oft alternative makroökonomische Theorieansätze, z.B. für die Erklärung des „Zinses“ oder unterschiedlicher geldtheoretischer Konzeptionen, „menueartig“ vorgestellt, so daß nicht von einer einheitlichen theoretischen Grundlage dieser Arten von Finanzsystembeschreibungen gesprochen werden kann.[62]

---

[61] Eine umfassende Landkarte des Finanzsystems stellt das Schalenmodell des Finanzsystems dar. In dieser Systematik werden Institutionen, Funktionen und Eigenschaften als Finanzsystemdimensionen unterschieden. Vgl.grundlegend zu dieser Systematik Kapitel C.I. Der Literaturbetrachtung des Kapitel B wird die Systematik des Schalenmodell des Finanzsystems zugrunde gelegt.

[62] Vgl.z.B. den Aufbau der Beschreibung des amerikanischen Finanzsystems von ROSE(1992). Für die Bestimmung des Zinssatzes (Kapitel 7) werden menueartig die klassische Zinstheorie, die keynesianische Liquiditätspräferenztheorie, die Theorie der Loanable Funds und die Theorie rationaler Erwartungen nebeneinander gestellt. Für die Erläuterung der Geldpolitik (Kapitel 24) werden die monetaristische Theorie, die neokeynesianische Theorie und der angebotsorientierte Ansatz vorgestellt.

Tatsächlich findet sich in den meisten Finanzsystembeschreibungen *von allem etwas*: Sowohl einige Aspekte der Dimensionen *Institutionen*, *Funktionen* und *Eigenschaften* als auch einige *Theorieaspekte* finden sich in vielen Finanzsystembeschreibungen.[63] Dieses Faktum erschwert einerseits grundlegend die Abgrenzung und Definition von Beschreibungsmodi und andrerseits die systematische, eindeutige und problemlose Einordnung verschiedener Aufsätze oder Monographien, die sich mit dem Finanzsystem beschäftigen, unter die verschiedenen Beschreibungsmodi.[64]

Können angesichts der Tatsache, daß in den meisten Finanzsystembeschreibungen von allen Finanzsystemdimensionen (Institutionen, Funktionen, Eigenschaften) einige Aspekte angesprochen werden, überhaupt grundlegend unterschiedliche Beschreibungsmodi des Finanzsystems in einer sinnvollen Art und Weise abgegrenzt werden?

Unbestreitbar enthalten viele Finanzsystembeschreibungen *von allem etwas*. Tatsächlich lassen sich jedoch aus der Literatur vier grundlegend unterschiedliche Beschreibungsmodi des Finanzsystems herausarbeiten, nämlich die *Finanzsektorperspektive* (Kapitel B.II.), die *Finanzsektor-Realsektor-Perspektive* (Kapitel B.III.), die *Intermediationsperspektive* (Kapitel B.IV.) und die *Funktionale Perspektive* (Kapitel B.V.). Diese vier Beschreibungsmodi unterscheiden sich grundlegend dadurch, daß sie jeweils in einer spezifischen Art und Weise bestimmte Bestandteile oder Aspekte des Finanzsystems thematisieren und dadurch eine typische Abbildung des Finanzsystems produzieren. Faktisch liegt jedem der vier Beschreibungsmodi eine eigene charakteristische *Abgrenzung des Finanzsystems* (Finanzsystemdefinition) zugrunde.[65]

---

63 Typische Beispiele für Finanzsystembeschreibungen, in denen sich *von allem etwas* findet, stellen die Beschreibungen des britischen Finanzsystems von BEECHEM(1990), CHECKLEY(1990) und DUNKLEY/GUTMAN(1992) dar, welche (erstaunlicherweise) exakt den gleichen Aufbau aufweisen. Bei den genannten Monographien handelt es sich um *Studien des britischen Finanzsektors*. Jedoch wird im Rahmen der Betrachtung von Finanzintermediären in allen drei Monographien der *intermediationstheoretische Ansatz von GURLEY/SHAW* - freilich ohne explizit auf diese Autoren zu verweisen - skizziert. Vgl.BEECHEM(1990), S.25-26; CHECKLEY(1990), S.24-26, DUNKLEY/GUTMAN(1992), S.10-12. Dennoch werden intermediationstheoretische Überlegungen nicht weiter in die Finanzsystembeschreibungen integriert. Menueartig werden zudem unterschiedliche *makroökonomische Theorieelemente skizziert*. Beispielsweise stellt CHECKLEY(1990), S.9-12 die keynesianische und die monetaristischen Geldtheorie gegenüber. Schließlich thematisieren alle drei Autoren *Unternehmensfinanzierung und Risikenmanagement*. Vgl.BEECHEM(1990), Kapitel 11; CHECKLEY(1990), Kapitel 10; DUNKLEY/GUTMAN(1992), Kapitel 10.

64 Möglich ist es jedoch, die in Kapitel C dargestellte Strukturhypothese des Schalenmodells des Finanzsystems, die eine ausführliche Landkarte des Finanzsystems darstellt, als eine Art „Checkliste der Finanzsystembetrachtung" zu verwenden. Mit dieser Checkliste kann jeder Aufsatz oder jede Monographie auf die darin angesprochen Finanzsystembestandteile überprüft werden.

65 Anzumerken ist, daß mit der Abgrenzung von vier grundlegenden Beschreibungsmodi keineswegs die Behauptung aufgestellt wird, daß diese immer nur in ihrer Reinform verwendet werden. Teilweise werden in der Literatur bei der Betrachtung des Finanzsystems zwei Beschreibungsmodi gleichzeitig verwendet. Oftmals werden auch Elemente eines Beschreibungsmodus in einen anderen integriert, so daß sich in der Literatur recht oft „gemischte Beschreibungsmodi" finden. Die Gruppierung derartiger Ansätze unter einen bestimmten Beschreibungsmodus bleibt problematisch und ist teilweise durch vom Verfasser (subjektiv) interpretierte Schwerpunkte der jeweiligen Ansätze bedingt.

Die Unterschiedlichkeit dieser vier Beschreibungsmodi kann durch folgendes Bild verdeutlicht werden: Der (im Dunkeln) liegende Realitätsausschnitt Finanzsystem wird von vier unterschiedlichen Standpunkten jeweils mit einer Taschenlampe beleuchtet, wobei jede der Taschenlampen auf bestimmte Konturen des Realitätsausschnittes (im Sinne einer „finanziellen Landschaft“) gerichtet wird und mit unterschiedlicher Helligkeit strahlt. Von jedem der vier Standpunkte ergibt sich ein bestimmtes typisches Bild des Realitätsausschnittes Finanzsystem, wobei sich diese vier Bilder in wesentlichen Zügen unterscheiden, jedoch in bestimmten Aspekten Gemeinsamkeiten aufweisen. Mit den vier unterschiedlichen Beschreibungsmodi werden unterschiedliche *Fragestellungen* und unterschiedliche *theoretische Vorstellungen* verbunden. Zur Gewährleistung der Überschaubarkeit der vorliegenden Arbeit werden für jeden der vier Beschreibungsmodi nur die jeweils (relevanten) fruchtbarsten theoretischen Ansätze und Fragestellungen skizziert. Erstaunlicherweise implizieren recht unterschiedliche Fragestellungen und/oder theoretische Vorstellungen bisweilen eine deckungsgleiche Vorstellung vom Finanzsystem.[66]

In den folgenden Abschnitten des Kapitel B wird jeder der vier genannten Beschreibungsmodi nach folgendem Ablaufschema charakterisiert. In einem *ersten Schritt* (Charakterisierung) wird der betrachtete Beschreibungsmodus erläutert und dessen Abgrenzung des Finanzsystems vorgestellt. In einem *zweiten Schritt* (Grundlagen) wird untersucht, in welchem Zusammenhang der betrachtete Beschreibungsmodus in der Literatur verwendet wird. Konkret wird herausgearbeitet, im Zusammenhang mit welchen Fragestellungen und mit welchen theoretischen Vorstellungen der Beschreibungsmodus Anwendung findet. In einem *dritten Schritt* (Abbildungsinstrumente) werden die im Zusammenhang mit dem betrachteten Beschreibungsmodus verwendeten Abbildungsinstrumente für das Finanzsystem skizziert. Die Ausführungen beschränken sich auf eine Auswahl der fruchtbarsten Abbildungsinstrumente. In einem *vierten Schritt* (Würdigung) wird der betrachtete Beschreibungsmodus kurz im Hinblick auf die in Kapitel A.III.2.2. formulierten Anforderungen an einen Beschreibungsmodus (Allgemeinheit und Theoriekompatibilität, Vollständigkeit, Komplexitätsreduktion, Finanzsystemzusammenhänge, empirische Aspekte) gewürdigt.

II.FINANZSEKTORPERSPEKTIVE

1.CHARAKTERISIERUNG DES BESCHREIBUNGSMODUS

Der *Finanzsektor* bildet das Zentrum oder das „Herz“ des Finanzsystems. Seine *Institutionen* (Zentralbank, Finanzintermediäre, Finanzmärkte) stellen den offenkundigsten und auffälligsten Bestandteil des Finanzsystems dar. Aus diesem Grund wird dem Finanzsektor in den unterschiedlichsten Arten von Finanzsystembeschreibungen ein gro-

---

[66] Vgl.die Ausführungen zur *Finanzsektorperspektive* (Kapitel B.II.) und zur *Finanzsektor-Realsektor-Perspektive* (Kapitel B.III.).

ßes Maß an Aufmerksamkeit gewidmet. Tatsächlich wird der Finanzsektor in allen Beschreibungsmodi des Finanzsystems in der einen oder anderen Weise thematisiert. Teilweise wird das Finanzsystem jedoch in der Literatur ausschließlich auf den *Finanzsektor* reduziert und mit diesem gleichgesetzt. Eine solche Perspektive der Finanzsystembetrachtung wird als *Beschreibungsmodus Finanzsektorperspektive* bezeichnet. Unter diesen Beschreibungsmodus werden alle Ansätze subsumiert, in denen grundsätzlich „der Finanzsektor" in der einen oder anderen Form „das Finanzsystem" bildet und alle anderen Aspekte des Finanzsystems aus der Finanzsystembetrachtung ausgeblendet bleiben. Typischerweise werden in diesem Beschreibungsmodus die Termini Finanzsektor und Finanzsystem gleichgesetzt, was sich besonders deutlich in ihrer synonymen Verwendung manifestiert.

Wie wird das Finanzsystem in der Finanzsektorperspektive abgegrenzt? Vom Realitätsausschnitt Finanzsystem wird in der *Finanzsektorperspektive* nur der *Finanzsektor* abgebildet. Alle übrigen Finanzsystembestandteile werden nicht weiter thematisiert, so daß sich die Finanzsystembetrachtung ausschließlich auf die Charakteristika des Finanzsektors bezieht. Thematisiert wird vor allem die *institutionelle Ausgestaltung des Finanzsektors* (System der Finanzmärkte, System der Finanzintermediäre, Zentralbank). Teilweise werden in diesem Zusammenhang *Finanzsektoreigenschaften* (Offenheit, Stabilität, Wettbewerb, Art der Preisbildung usw.) angesprochen. Oftmals werden diese Finanzsektoreigenschaften im Hinblick auf die Thematik der *Liberalisierung* beziehungsweise *Deregulierung* des Finanzsektors diskutiert. Teilweise finden auch einige makroökonomische Größen (Höhe der Zinssätze und staatliche Zinsobergrenzen, Wechselkursregime und Konvertibilität usw.) Eingang in Finanzsektorbeschreibungen.[67] Dagegen werden *Finanzsystemfunktionen* im Sinne von Finanzsektorfunktionen grundsätzlich nicht mit in die Finanzsystembeschreibung mit einbezogen.

Abbildung B.1.:
Beschreibungsmodus Finanzsektorperspektive

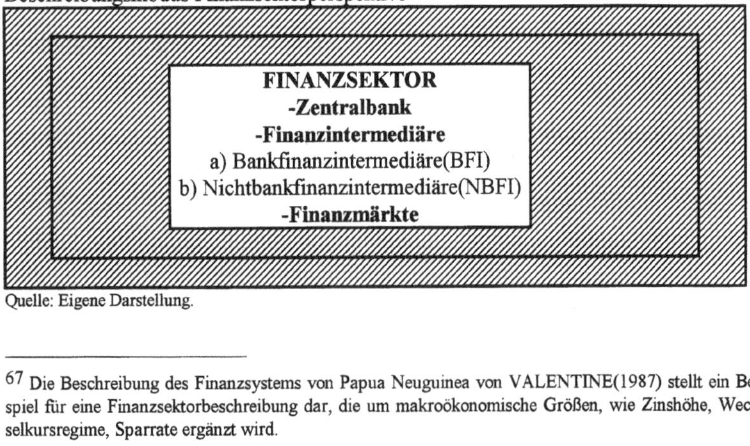

Quelle: Eigene Darstellung.

[67] Die Beschreibung des Finanzsystems von Papua Neuguinea von VALENTINE(1987) stellt ein Beispiel für eine Finanzsektorbeschreibung dar, die um makroökonomische Größen, wie Zinshöhe, Wechselkursregime, Sparrate ergänzt wird.

In Abbildung B.1. sind außer dem Finanzsektor alle übrigen Bestandteile des Finanzsystems durch Schraffierung verdeckt. Somit wird der Finanzsektor durch die weiße Fläche kenntlich gemacht. Dies unterstreicht die Eingrenzung des Finanzsystems auf den Finanzsektor in der *Finanzsektorperspektive*. Finanzsektorbeschreibungen variieren erheblich in Umfang und Schwerpunktsetzung. Tatsächlich existieren recht unterschiedliche Arten von Abbildungen des Finanzsektors. Diese Unterschiedlichkeit resultiert daraus, daß den Finanzsektorbeschreibungen einerseits unterschiedliche Fragestellungen und andrerseits unterschiedliche theoretische Vorstellungen zugrunde liegen. In Kapitel B.II.2. werden exemplarisch zwei unterschiedliche Betrachtungsweisen des Finanzsektors erläutert, die sich insbesondere durch die verwendeten Theoriegrundlagen unterscheiden. Betrachtet werden einerseits die (weitestgehend theoriefreie) *deskriptive Finanzsektorperspektive* und andrerseits die auf makroökonomischen Theorien beruhende *makroökonomische Finanzsektorperspektive*.

2.GRUNDLAGEN

2.1.Deskriptive Finanzsektorperspektive

Die *deskriptive Finanzsektorperspektive* stellt einen sehr stark verbreiteten Beschreibungsmodus des Finanzsystems dar. In zahlreichen Zeitschriftenaufsätzen, Aufsatzsammlungen und Monographien richtet sich die Aufmerksamkeit der Finanzsystembeschreibung auf den *Finanzsektor*, wobei sowohl Umfang und Tiefe als auch Schwerpunktbildung dieser Finanzsektorbeschreibungen erheblich variieren können und nicht immer alle Finanzsektorbestandteile angesprochen werden. Das Erkenntnisobjekt dieser Finanzsektorbeschreibungen ist der Finanzsektor selbst, so daß davon gesprochen werden kann, daß eine Abbildung des Finanzsektors und die Herausarbeitung bestimmter Charakteristika des Finanzsektors derartige Beschreibungen motivieren.[68]

Welche Aspekte des Finanzsektors werden in der deskriptiven Finanzsektorperspektive thematisiert? Im Vordergrund der Finanzsektorbeschreibung steht die vornehmlich beschreibende Darstellung der *institutionellen Finanzsektorstruktur*. Erläutert wird,

---

68 Finanzsystembeschreibungen in der *deskriptiven Finanzsektorperspektive* variieren erheblich im Umfang, was anhand von einigen Literaturbeispielen belegt wird. Kurze Überblickbeschreibungen über die Finanzsektoren verschiedener Länder liefern die folgenden Zeitschriftenaufsätze: Die Beschreibung des „indonesischen Finanzsystems" von ARNDT(1987), S.305-315; die Beschreibung des „japanischen Finanzsystems" von EIJFFINGER/Van RIXTEL(1992), S.291-307; die Beschreibung des „taiwanesischen Finanzsystems" von KNOTH(1993), S.80-84 und die Beschreibung des „spanischen Finanzsystems" von LYGUM/PEREÉ/STEINHERR(1990), S.899-911. Auch SZÉKELY(1990), S.109-122 thematisiert nur den Finanzsektor im Rahmen seiner Betrachtung der Reformen des „ungarischen Finanzsystems". Etwas ausführlichere Finanzsektorstudien stellen die Aufsatzsammlungen von HO/SCOTT/WONG(1991) über das „Finanzsystem Hong Kongs" und von LEWIS/WALLACE(1993) über das „australische Finanzsystem" dar. Die Monographie von GONDRING(1989) über Struktur- und Marktveränderungen im „Finanzsystem der USA" thematisiert (sogar) nur Struktur- und Marktveränderungen im amerikanischen Banken- und Zentralbankensystem.

welche Arten von *Finanzmärkten* (z.B.Rentenmärkte, Aktienmärkte, Terminmärkte und Geldmärkte) und welche Arten von *Finanzintermediären* existieren. Diese werden oftmals in Bankfinanzintermediäre (Sparkassen, Bausparkassen, privatrechtliche Geschäftsbanken usw.) und Nichtbankfinanzintermediäre (Versicherungen, Pensionsfonds usw.) unterschieden. Teilweise werden die Ausführungen mit quantitativen Angaben, z.B. über die Anzahl der Finanzintermediäre und Finanzmärkte, ergänzt. Als institutioneller Finanzsektorbestandteil wird auch die *Zentralbank* angesprochen. Teilweise werden auch die *Zentralbankpolitik* (Geldpolitik) und das *geldpolitische Instrumentarium* mit in die Betrachtung der Zentralbank einbezogen.[69] Tendenziell sind auch die Ausführungen zu diesen Finanzsystemaspekten eher beschreibender Natur. Die Herstellung eines Bezugs zu makroökonomischen Theorien, die bei einer Betrachtung dieser Finanzsystemaspekte auf der Hand liegt, findet nicht statt oder tritt sehr weit in den Hintergrund.

Neben diesen institutionellen Bestandteilen des Finanzsektors werden auch einzelne oder mehrere *Finanzsektoreigenschaften* thematisiert. Beispielsweise wird das Maß an *Wettbewerb im Finanzsektor*, insbesondere jedoch auch das Ausmaß des *Bankenwettbewerbs* angesprochen. Als weitere Eigenschaften des Finanzsektors werden beispielsweise dessen *Effizienz* und dessen *Stabilität* diskutiert. In den Blickpunkt der Diskussion tritt insbesondere das Ausmaß an (staatlicher) *Regulierung* des Finanzsektors. Der Regulierungsrahmen wirkt direkt auf die oben genannten Finanzsektoreigenschaften (Wettbewerb, Effizienz, Stabilität) ein. Das Ausmaß der Regulierung zeigt sich beispielsweise auch am Grad der *Offenheit des Finanzsektors nach dem Ausland.* Im Zusammenhang mit der Regulierung und Finanzsektoreigenschaften wie beispielsweise der Stabilität des Finanzsektors wird auch die Rolle und Bedeutung von (staatlichen) Aufsichtsbehörden angesprochen.[70] Intensiv werden im Rahmen der Finanzsektorstudien Veränderungen im Regulierungsrahmen des Finanzsektors infolge sogenannter *Liberalisierungen* oder *Deregulierungen* thematisiert.[71] Deutlich unterstreichen diese Staatseingriffe die wichtige Rolle des Staates als eine die Struktur des Finanzsektors formende und verändernde Kraft.

---

69 Vgl.beispielsweise die ausführliche Würdigung der japanischen Geldpolitik im Rahmen der Beschreibung des „japanischen Finanzsystems" von EIJFFINGER/Van RIXTEL(1992), S.297-306 und die Betrachtung der Geld- und Wechselkurspolitik im Rahmen der Beschreibung des „spanischen Finanzsystems" von LYGUM/PERÉE/STEINHERR(1990), S.902-903. Beide genannten „Finanzsystembeschreibungen" verwenden die *deskriptive Finanzsektorperspektive*.

70 Vgl.hierzu beispielsweise die Überlegungen zu *Wettbewerb und Ertragslage* der (spanischen) Banken in LYGUM/PERÉE/STEINHERR(1990), S.904-905; die Ausführungen zur Sicherung der *finanziellen Stabilität* (des taiwanesischen Finanzsektors) in KNOTH(1993), S.80; die Thematisierung von *Effizienz*, *Wettbewerb* und *Stabilität* des ungarischen Finanzsektors in SZÉKELY(1990), S.116-117. In diesen Aufsätzen wird die *deskriptive Finanzsektorperspektive* verwendet.

71 Vgl.beispielsweise zur Liberalisierung des „taiwanesischen Finanzsystems" WIDMER(1991), S.223-228 und zur Liberalisierung des „japanischen Finanzsystems" BARON(1992), S.696-700. Beide Zeitschriftenaufsätze verwenden die *deskriptive Finanzsektorperspektive*. Auch die zuvor angesprochenen Finanzsektorstudien von EIFFINGER/Van RIXTEL(1992), S.293-297; KNOTH(1993), S.82-84; LYGUM/PERÉE/STEINHERR(1990), S.911 diskutieren die Auswirkungen von Liberalisierungen und Deregulierungen auf die jeweils betrachteten Finanzsektoren.

Auf den neoliberalen (theoretischen) Hintergrund von Liberalisierungsstrategien des Finanzsektors wird in den Finanzsektorstudien nicht eingegangen. Angemerkt sei hier, daß die Überlegungen zu Liberalisierungen des Finanzsektors die Reaktion auf das Paradigma der *finanziellen Repression* darstellen. Finanzielle Repression kennzeichnet sich durch eine Vielfalt staatlicher Kontrollen und Eingriffe (beispielsweise Zinsbeschränkungen für Guthaben und/oder Kredite) und einen stark regulierten Finanzsektor, dessen Struktur tendenziell durch stark spezialisierte Finanzinstitutionen (Trennbankensystem) und wenig entwickelte Finanzmärkte gekennzeichnet wird.[72]

2.2.Makroökonomische Finanzsektorperspektive

„We are all keynesians now, thanks to KEYNES. We are all monetarists now, thanks to FRIEDMAN. And we are all eclectics now, thanks to a turbulent world."[73]

2.2.1.Einordnung

In einigen makroökonomischen Theorien wird das „Finanzsystem" als Finanzsektor aufgefaßt und abgegrenzt. Beispielsweise legen die makroökonomischen Theorien von KEYNES (Neoklassische Synthese) und von FRIEDMAN (Monetarismus) eine Abgrenzung des Finanzsystems als Finanzsektor nahe. Die Beschreibung des Finanzsystems als Finanzsektor im Rahmen makroökonomischer Theorien wird als *makroökonomische Finanzsektorperspektive* bezeichnet.
Hervorzuheben ist der wichtige Umstand, daß das Erkenntnisobjekt der beiden genannten makroökonomischen Theorieansätze nicht das Finanzsystem selbst ist. Vielmehr steht die theoriegeleitete Erklärung des gesamtwirtschaftlichen Verhaltens der Volkswirtschaft, das Erkennen von bestimmten Wirkungsketten (z.B.von Realkasseneffekten) und die Beurteilung bestimmter Arten staatlicher Interventionsmöglichkeiten (Geldpolitik und Fiskalpolitik) zur Verbesserung des gesamtwirtschaftlichen Verhaltens im Mittelpunkt der Überlegungen. Gegensätze zwischen beiden theoretischen Positionen treten insbesondere in der „Monetarismus - Fiskalismus - Debatte" hervor und werden in der Diskussion um den Einsatz von Fiskalpolitik und Geldpolitik zur Beeinflussung der Gesamtwirtschaft deutlich.[74]

---

72 Theoretisch begründet wird *„finanzielle Repression"* z.B. mit der keynesianischen Liquiditätspräferenztheorie, TOBINs Wachstumsmodell [TOBIN(1965), S.671-684] und GESELLs Überlegungen zur Erhöhung der Opportunitätskosten der Geldhaltung. Vgl.hierzu FRY(1988), S.3-23. Für eine prägnante Gegenüberstellung von liberalisierten versus durch finanzielle Repression gekennzeichnete Finanzsystemen vgl. grundlegend die Ausführungen in GERMIDES/KES-SLER/MEGHIR(1991), S.24-30. FISCHER(1992), LEE(1991), NISSANKE(1991) und VENET(1994) diskutieren die Vorteile von Liberalisierung für Wirtschaftswachstum, während ROUBINI/SALA-I-MARTIN(1992) die Beziehung zwischen finanzieller Repression und Wirtschaftswachstum erörtern und THORNTON(1991) empirische Ergebnisse zur finanziellen Repression zusammenträgt.

73 BUCHHOLD(1990), S.24.

74 Vgl.zur „Monetarismus-Fiskalismus-Debatte" FELDERER/HOMBURG(1991), S.235.

Insgesamt wird in diesen makroökonomischen Theorieansätzen staatlichen Institutionen (Zentralbank, Regierung) als den die staatlichen Interventionen (Geldpolitik, Fiskalpolitik) betreibenden Instanzen eine wichtige Rolle in der Volkswirtschaft eingeräumt.

Welche Aspekte des Finanzsektors werden in der makroökonomischen Finanzsektorperspektive thematisiert? Im Rahmen der makroökonomischen Theorien von KEYNES und FRIEDMAN liegt das Augenmerk auf den Finanzsektorinstitutionen *Zentralbank*, *Banken* (Commercial Banks) und *Wertpapiermärkten*. Interessanterweise werden Banken (Commercial Banks) in diesen beiden makroökonomischen Theorien nur als „verlängerter Arm“ der Zentralbank und nicht als kreditgebende Finanzinstitutionen thematisiert. Banken (Commercial Banks) sind die einzigen Finanzinstitutionen, denen in den beiden makroökonomischen Ansätzen Aufmerksamkeit geschenkt wird, weil ein Teil ihrer Verbindlichkeiten mit in das Geldangebot eingeht. Weitere Finanzinstitutionen des Finanzsektors, wie beispielsweise Nichtbankfinanzintermediäre (Versicherungen, Bausparkassen, Pensionsfonds usw.) werden im Rahmen der genannten theoretischen Ansätze nicht angesprochen.[75] Insgesamt wird die institutionelle Struktur des Finanzsektors nicht tiefergehend analysiert oder gar problematisiert. Das Schwergewicht wird in beiden theoretischen Ansätzen auf „Geld“ (im Sinne der Geldmenge) als einzig relevante „finanzielle“ Variable gelegt, so daß nur der „Zins“ als einziger relevanter Transmissionsmechanismus in die Betrachtung einbezogen wird und andere Transmissionsmechanismen aus der Betrachtung ausgeschlossen bleiben. Den „finanziellen“ Größen „Geld“ und „Zins“ werden wichtige Wirkungen für die Realwirtschaft unterstellt (beispielsweise in der keynesianischen Form des Realkasseneffektes). Das Gewicht, das in beiden theoretischen Ansätzen auf die Analyse der Geldnachfrage gelegt wird, vereint beide Ansätze in einer provisorischen Art und Weise.[76] Nachfolgend werden die theoretischen Ansätze von KEYNES (Kapitel B.II.2.2.2.) und FRIEDMAN Kapitel B.II.2.2.3. Diese repräsentieren den Stand der makroökonomischen Theorieentwicklung bis Anfang der sechziger Jahre.

Viele der seit den sechziger Jahren entwickelten makroökonomischen Theorien kennzeichnen sich durch eine differenziertere und weiter gefaßte Finanzsystembetrachtung, weswegen sie anderen Beschreibungsmodi des Finanzsystems zugeordnet werden. Im Rahmen der Ausführungen zum Beschreibungsmodus Finanzsektor-Realsektor-Perspektive (Kapitel B.III.) werden einige dieser neueren makroökonomischen Ansätze vorgestellt. Eine Gegenbewegung zur Interpretation von KEYNES in der Form der

---

[75] Vgl.zu dieser Betrachtung von Finanzinstitutionen im keynesianischen und monetaristischen Gedankengebäude die kritisch-referierenden Überlegungen von GERTLER(1988), S.562-563.

[76] Vgl.zu dieser Beurteilung der beiden oben angesprochenen makroökonomischen Theorieansätze GOUX(1994), S.201. GERTLER(1988), S.563 weist darauf hin, daß „Geld“ in den makroökonomischen Ansätzen von KEYNES in der Interpretation der neoklassischen Synthese und im monetaristischen Ansatz von FRIEDMAN wichtige reale Effekte bewirken kann, weil einerseits Preise als inflexibel und starr betrachtet werden und weil die nominelle Geldmenge exogen vorgegeben ist und sich nicht endogen an Veränderungen in der Geldnachfrage anpassen kann.

neoklassischen Synthese bilden sogenannte „postkeynesianische“ Theorieansätze.[77] Banken werden in den postkeynesianischen Theorieansätzen in ihrer Rolle als kreditgewährende Finanzinstitutionen thematisiert und als wesentlicher Finanzsektorbestandteil betrachtet. Die Geldmenge wird in diesen theoretischen Ansätzen nicht mehr exogen von der Zentralbank vorgegeben, sondern entsteht endogen als Folge der Kredittätigkeit der Banken („credit-money-view“).[78] Exemplarisch wird in Kapitel B.III.2.2.3. der postkeynesianische Ansatz von MINSKY und dessen Finanzsystembegriff vorgestellt. Dieser vertritt die Hypothese, daß kapitalistische Volkswirtschaften mit komplexen „finanziellen Infrastrukturen“ (Finanzsystemen) durch „finanzielle Instabilität“ charakterisiert werden.[79] Eine andere Interpretation und Weiterentwicklung des Ansatzes von KEYNES stellen die „New Keynesians“ GREENWALD/STIGLITZ vor. Diese thematisieren die Interaktion zwischen Finanzsektor und Realsektor, welche sich in Konjunkturschwankungen bemerkbar macht. Deren Abgrenzung des Finanzsystems wird in Kapitel B.III.2.2.2 vorgestellt.[80] Als Gegenbewegung zu der in amerikanischen Standardlehrbüchern vertretenen (monetaristisch geprägten) Darstellung des Prozesses der Geldschöpfung und Geldkontrolle entstand in Frankreich die Forschungsrichtung der „overdraft economies“.[81] In deren theoretischer Sichtweise werden Banken - wie in den postkeynesianischen Ansätzen - ebenfalls als kreditgebende Finanzinstitutionen und nicht (nur) als verlängerten Arm der Zentralbank betrachtet. Deren Abgrenzung des Finanzsystems wird in Kapitel B.III.2.1.2. näher erläutert.

2.2.2.KEYNES (neoklassische Synthese)[82]

KEYNES bestreitet die Allgemeingültigkeit des Sayschen Theorems, wonach sich jedes Angebot seine Nachfrage schafft, und stellt demgegenüber die Hypothese auf, daß die „effektive Nachfrage“ (begriffen als kaufkräftige aggregierte Güternachfrage) der Volkswirtschaft das Produktionsniveau bestimme.[83]

---

77 FELDERER/HOMBURG(1991), S.98-102 weisen darauf hin, daß „postkeynesianische“ Ansätze makroökonomische Ansätze bezeichnen, die in Fundamentalopposition zur KEYNES Interpretation in der Form der neoklassischen Synthese stehen. Stellvertretend für viele sei an dieser Stelle auf die postkeynesianischen Ansätze von DAVIDSON(1978), KREGEL(1975), MINSKY(1975) verwiesen.

78 Vgl.zu diesen Ausführungen LAVOIE(1985), S.63-71.

79 Vgl.hierzu grundlegend MINSKY(1975) und die ausführliche Darstellung des Ansatzes von MINSKY in Kapitel B.III.2.2.3. und die dort angegebenen Literaturquellen.

80 Vgl.hierzu grundlegend GREENWALD/STIGLITZ(1993a) und die ausführliche Diskussion dieses Ansatzes in Kapitel B.III.2.2.2. sowie die dort angegebene Literatur.

81 Vgl.hierzu die kritisch referierenden Ausführungen von LAVOIE(1985), S.65-66.

82 Grundlage der Betrachtung ist die lehrbuchübliche Darstellung des keynesianischen Ansatzes in der Form der „neoklassischen Synthese“, wie sie sich beispielsweise bei FELDERER/HOMBURG(1991), S.97-155 findet. Kein Platz wird an dieser Stelle diversen Formen der interpretierenden „Keynesexegese“ eingeräumt, deren (zunehmend interpretierende) Fragestellungen HENRY(1982), S.19 etwas überspitzt von *„What did Maynard really say?“* über *„What did Maynard mean to say?“* bis schließlich hin zu *„What did Maynard think he was really saying?“* nachzeichnet.

83 Vgl.FELDERER/HOMBURG(1991), S.102.

Die Abgrenzungen von KEYNES zur klassisch-neoklassischen Makroökonomie liegen vor allem in der *Liquiditätspräferenztheorie*, welche die Quantitätstheorie des Geldes ablöst, in dem *Konzept der Konsumfunktion*, das einen stabilen Zusammenhang zwischen laufendem Realeinkommen und Konsumausgaben feststellt, in etwaigen *Starrheiten bei Löhnen und Preisen* sowie in einer auf dem Konzept der Grenzleistungsfähigkeit des Kapitals basierenden *modifizierten Investitionstheorie*.[84]
Mit der *Liquiditätspräferenztheorie* zur Erklärung der Geldnachfrage wird die Schwerpunktsetzung der ökonomischen Analyse auf „Geld" als „finanzielle Variable" theoretisch begründet. Geld dient in der keynesianischen Theorie einerseits - begründet durch das *Transaktionsmotiv* - zur Abwicklung von Transaktionen (*Zahlungsmittelfunktion* des Geldes) und andrerseits zur Wertaufbewahrung (*Wertaufbewahrungsfunktion* des Geldes). Bezüglich ihres Vermögens entscheiden die Wirtschaftssubjekte einerseits über die *Höhe* der Ersparnis, was sich in der Konsum- und Sparfunktion bemerkbar macht, und andrerseits über die *Form* der Ersparnis (und folglich des Vermögens). Ersparnis kann in einem Portefeuille aus *Wertpapieren* und/oder dem exogen gegebenen *Geld* gehalten werden. Begründet wird die Geldhaltung mit dem *Vorsichtsmotiv* (Geldhaltung als „Vorsichtskasse" für unvorhergesehene Zahlungen) und dem *Spekulationsmotiv* (begründet aus den gegenläufig zum Zinsniveau schwankenden Kursen festverzinslicher Wertpapiere). Zusammen mit dem *Transaktionsmotiv* kennzeichnen das *Vorsichtsmotiv* und das *Spekulationsmotiv* die Liquiditätspräferenztheorie.[85] Die zentrale Stellung der Liquiditätspräferenztheorie im Ansatz von KEYNES und die daraus zu folgende Notwendigkeit von Staatseingriffen in das Wirtschaftsgeschehen unterstreicht folgendes Zitat:
„The destruction of the inducement to invest by an excessive liquidity-preference was the outstanding evil, the prime impediment to growth of wealth, in the ancient and medieval worlds. And naturally so, since certain of the risks and hazards of economic life diminish the marginal efficiency of capital whilst others serve to increase the preference for liquidity. In a world, therefore, which no one reckoned to be safe, it was almost inevitable that the rate of interest, unless it was curbed by every instrument at the disposal of society, would rise too high to permit of an adequate inducement to invest."[86]

Im Zentrum der Argumentation steht das „IS/LM-Modell", in welchem explizit Geldmarkt, Wertpapiermarkt und Kapitalmarkt unterschieden werden. Die LM-Kurve repräsentiert auf dem Geld- und Wertpapiermarkt ein Bestandsgleichgewicht (LM steht für „liquidity = money supply") und die IS-Kurve auf dem Kapitalmarkt ein Stromgleichgewicht aus den Stromgrößen Ersparnis pro Periode und Investition pro Periode (IS steht für „investment = savings").[87]

---

84 Vgl.FELDERER/HOMBURG(1991), S.102-103 und S.109-112.

85 Vgl.FELDERER/HOMBURG(1991), S.119-122.

86 KEYNES(1936), S.351.

87 Vgl.FELDERER/HOMBURG(1991), S.131-134.

Welche Aspekte des Finanzsektors werden im theoretischen Ansatz von KEYNES thematisiert? In der Betrachtung von KEYNES in der „neoklassischen Synthese" wird die aus der Liquiditätspräferenztheorie resultierende indirekte Beziehung zwischen den Finanzmärkten und den Realsektoren unterstrichen. „Geld" stellt die „finanzielle" Variable dar, der die größte Erklärungskraft für das aggregierte wirtschaftliche Verhalten unterstellt wird. Der Keynes-Effekt (Realkasseneffekt) unterstreicht die Bedeutung der Geldnachfrage der Wirtschaftssubjekte und die Bedeutung des Zinssatzes als Transmissionsmechanismus. Die große Bedeutung von „Geld" im keynesianischen Ansatz setzt als wesentlichen Finanzsektorbestandteil eine das Geldangebot generierende Instanz, das heißt eine Zentralbank, voraus. Das Geldangebot wird von KEYNES als exogen gegeben aufgefaßt. Die Geschäftsbanken (Commercial Banks) werden als „Anhängsel" der Zentralbank betrachtet und dienen nur der Bereitstellung des Geldangebots. Weitere Funktionen von Geschäftsbanken, wie beispielsweise die Kreditvergabe, werden jedoch ausdrücklich nicht thematisiert.[88] Neben Geld thematisiert KEYNES festverzinsliche Wertpapiere als weiteres Finanzinstrument, das in die Portfoliowahl der Wirtschaftssubjekte einbezogen wird. Ein Wertpapiermarkt für den Handel dieser Finanztitel stellt folglich einen weiteren Finanzsektorbestandteil dar. Eine Unterscheidung von Wertpapieren in Finanztitel mit Fremdkapitalcharakter und Eigenkapitalcharakter wird nicht vorgenommen.[89] Insgesamt werden im Ansatz von KEYNES (neoklassische Synthese) die Gesamtheit der zu beobachtenden Finanzinstitutionen, das heißt die institutionelle Finanzsektorstruktur, als exogen gegeben und als spezifisch an den nationalen Kontext angepaßt betrachtet.[90]

2.2.3.FRIEDMANs Monetarismus[91]

Die monetaristische Position kann als „Gegenrevolution" zur Keynesianischen Revolution eingeordnet werden. Kennzeichnend für den Monetarismus ist seine „pragmatische Position", welche der Geldpolitik den Vorrang vor der Fiskalpolitik einräumt. Oftmals wird Monetarismus als „Antiinterventionismus" und somit als wirtschaftsliberale Position aufgefaßt.[92] FRIEDMAN/SCHWARZ argumentieren auf Grundlage ihrer Untersuchung, daß „Geld" eine zentrale Bedeutung für die Erklärung wirtschaftlicher Tätigkeit besitzt. Anderen „finanziellen" Größen (z.B. Zinssätzen, Kreditmarktbedingungen, Geldmarktbedingungen) wird ein Erklärungsgehalt für die Sozialproduktentwicklung abgesprochen. Tatsächlich haben die genannten Autoren als

---

[88] Vgl.hierzu die Ausführungen von GERTLER(1988), S.562-563.

[89] GREENWALD/STIGLITZ(1992), S.11, Fußnote 2 und STIGLITZ(1990), S.2 weisen darauf hin, daß Eigenkapital- und Fremdkapitaltitel von KEYNES nicht unterschieden werden.

[90] Vgl.zu dieser Charakterisierung der Betrachtung von Finanzinstitutionen im Ansatz von KEYNES (neoklassische Synthese) die Ausführungen von NARDOZZI(1992), S.247.

[91] Grundlage der Betrachtung ist die lehrbuchübliche Darstellung der monetaristischen Theorie von FRIEDMAN, wie sie sich z.B. bei FELDERER/HOMBURG(1991), S.235-256 findet.

[92] Vgl.FELDERER/HOMBURG(1991), S.235-237.

Ergebnis ihrer empirischen Untersuchung festgestellt, daß „Geld“ die einzige „finanzielle“ Größe darstellt, zwischen der eine Beziehung zum Sozialprodukt im historischen Zeitablauf nachgewiesen werden kann.[93]

Welche Elemente und welche Aspekte des Finanzsektors werden im theoretischen Ansatz von FRIEDMAN thematisiert? Bezüglich der Betrachtung des Finanzsektors unterscheidet sich FRIEDMANs Monetarismus kaum von KEYNES in der Interpretation der neoklassischen Synthese. „Geld“ stellt auch im Erklärungsansatz von FRIEDMAN die wichtigste „finanzielle“ Variable dar. Das Geldangebot wird von der Zentralbank determiniert. Demnach stellt in der monetaristischen Sichtweise die Zentralbank das institutionelle Kernstück des Finanzsektors dar. Insgesamt wird den Finanzinstitutionen in der monetaristischen Theorie keine besondere Bedeutung zugemessen und die institutionelle Finanzsektorstruktur nicht problematisiert.[94] Beispielsweise verwendet FRIEDMAN für die Weiterleitung des von der Zentralbank geschaffenen Geldangebotes das Bild eines „Friedmanschen Helikopters“, der zusätzliches von der Zentralbank geschaffenes Geld „unter die Leute bringt“. Deutlicher kann die Bedeutung des Geschäftsbankensystems für die Geldschöpfung kaum übergangen werden. Immerhin geht FRIEDMAN von der Existenz von Finanzmärkten für Eigenkapital- und Fremdkapitaltitel als Finanzsektorbestandteil aus. Denn neben Geld werden Aktien und Obligationen als Finanztitel angesprochen. Beispielsweise besteht das nominale Vermögen bei FRIEDMAN aus den Vermögensarten Geld, Obligationen, Aktien, physischen Gütern und Humankapital. Unter anderem gehen die Ertragsraten von Obligationen und Aktien in die Bestimmung der nominalen Geldnachfrage ein.[95]

3.ABBILDUNGSINSTRUMENTE

Die *Finanzsektorperspektive* liefert einen reichen Fundus an Abbildungsinstrumenten zur Charakterisierung des Finanzsektors. Insbesondere die *deskriptive Finanzsektorperspektive* (Kapitel B.II.2.1.) stellt ein nahezu unerschöpfliches Reservoir an Indikatoren zur Beschreibung des Finanzsektors zur Verfügung. In Finanzsektorbeschreibungen in der *deskriptiven Finanzsektorperspektive* können alle möglichen institutionellen Charakteristika eines Finanzsektors beschrieben werden. Beispielsweise können unterschiedliche *Zahlungsmittel* (Barzahlungen, Überweisungen, Lastschriften, Kreditkarten, Schecks usw.), verschiedene *Finanztitel* (Industrieobligationen, Schuldverschreibungen, Einlagenzertifikate, Stammaktien, Vorzugsaktien, Devisenoptionen, Zinss-

---

93 Vgl.grundlegend die Studie von FRIEDMAN/SCHWARZ(1963) und FRIEDMAN(1972), S.3-4 sowie dazu kritisch referierend GERTLER(1988), S.532 und VAN DAMME(1994), S.14. Besonders deutlich sei so FRIEDMAN/SCHWARZ (1993) die Beziehung zwischen Geld und Sozialprodukt im Zeitraum der Weltwirtschaftskrise hervorgetreten. Im Zeitraum zwischen 1929 und 1933 sei das Geldangebot zusammen mit dem Sozialprodukt abgesunken.

94 Vgl.zu dieser Charakterisierung der Betrachtung von Finanzinstitutionen im Ansatz von FRIEDMAN die Ausführungen von NARDOZZI(1992), S.247.

95 Vgl.zur theoretischen Konzeption des Monetarismus FELDERER/HOMBURG(1991), S.237-248.

waps, Genußscheine usw.), diverse *Finanzinstitutionen* (Versicherungen, Sparkassen, Genossenschaftsbanken, Pensionsfonds usw.), die Vielzahl von Finanzmärkten (Aktienmärkte, Rentenmärkte, Terminmärkte usw.) oder auch Neuerungen im Finanzsektor (Geldautomaten, Onlinebanking usw.) diskutiert und beschrieben werden, um nur einige wenige Beispiele zu nennen.[96]

Über die Beschreibung der institutionellen Charakteristika des Finanzsektors hinaus stellen die Finanzsektorstudien auf der Grundlage der *deskriptiven Finanzsektorperspektive* eine ganze Reihe an Indikatoren zur Charakterisierung der Finanzsektorstruktur zur Verfügung. Beispielsweise werden auf der einen Seite das *Zentralbankensystem* und auf der anderen Seite das *Geschäftsbankensystem* gegenübergestellt. Im Zusammenhang mit der *Zentralbank* werden Aspekte wie *Geldversorgung* und *Notenbankpolitik* diskutiert.[97] *Geschäftsbanken* dagegen betreiben „bankübliche Geschäfte", die tendenziell im gesetzlichen Regulierungsrahmen (in einer Art allgemeinem „Bankgesetz" oder wie in Deutschland im Kreditwesengesetz) definiert werden. Geschäftsbanken können beispielsweise nach ihren *Zielsetzungen* klassifiziert werden. Unterschieden werden erwerbswirtschaftliche, gemeinwirtschaftliche und förderungswirtschaftliche Zielsetzungen. Möglich sind auch Unterscheidungen nach der *Rechtsform* (öffentlich-rechtlich versus privatrechtlich organisierte Banken), nach der *räumlichen Ausdehnung* (lokal, regional, überregionale tätige Banken), nach den vorwiegenden *Fristen im Kreditgeschäft* (kurz-, mittel-, langfristige Orientierung) oder nach der *Herkunft* (Auslandsbanken versus inländische Banken). Die *Geschäftsbanken* können auch anhand des Umfangs der ihnen gesetzlich erlaubten Geschäftsfelder in *Universalbanken* und *Spezialbanken* unterschieden werden. Demnach kann der Finanzsektor durch das Vorherrschen eines *Universalbankensystems* oder eines *Trennbankensystems* charakterisiert werden. Die *Bankfinanzintermediäre* des *Geschäftsbankensystems* sind wiederum von den *Nichtbankfinanzintermediären* zu unterscheiden.[98] Die *Finanzmärkte* können nach der Art der gehandelten Finanztitel beispielsweise in *Aktienmärkte, Rentenmärkte, Terminmärkte, Devisenmärkte* oder auch in den *Geldmarkt* unterschieden werden. Eine Charakterisierung dieser Märkte ist beispielsweise durch deren *Grad der Automation* (Präsenzbörse versus Computerbörse) oder nach dem *Handelsverfahren* (Market Maker System versus Auktionsbörse) usw. möglich.[99]

Aus der *makroökonomischen Finanzsektorperspektive* (Kapitel B.II.2.2.) können ebenfalls Indikatoren zur Charakterisierung der Finanzsektorstruktur abgegrenzt werden.

---

96 Insbesondere *Finanzsektorstudien* im Rahmen von Monographien liefern eine Fülle institutioneller Charakteristika des Finanzsektors. Oftmals handelt es sich bei diesen Monographien um Finanzsystembeschreibungen, in denen *von allem etwas* enthalten ist. Konkret heißt dies, daß neben der intensiven (deskriptiv orientierten) Finanzsektorstudie, beispielsweise unterschiedliche *Theorien* - etwa im Zusammenhang mit der Diskussion von *Geldpolitik und geldpolitischen Instrumenten* oder im Rahmen der Begründung von *Finanzintermediation* - diskutiert werden. Beispielsweise fallen die Monographien von BEECHEM(1990), CHECKLEY(1990), DUNKLEY/GUTMAN(1992) und das Handbuch von OBST/HINTNER(1993) darunter.

97 Vgl.beispielsweise für eine derartige Diskussion KLOTEN(1993), S.91-134.

98 Vgl.grundlegend die Ausführungen in SCHEIDL(1993), S.216-253.

99 Vgl.grundlegend die Ausführungen in HIELSCHER(1993), S.1134-1172.

Beispielsweise kann im Ansatz von KEYNES (neoklassische Synthese) der „Zins" als Abbildungsinstrument des Finanzsystems fungieren. Denn dieser spielt eine entscheidende Rolle im keynesianischen Transmissionsmechanismus des Realkasseneffektes („Keynes-Effekt"), in welchem die Realkasse über einen Wertpapier-Zins-Investitions-Mechanismus einen indirekten Einfluß auf die aggregierte Güternachfrage ausübt.[100]
In FRIEDMANs monetaristischem Ansatz kann die von der Zentralbank determinierte „Geldmenge" als Abbildungsinstrument des Finanzsystems fungieren. Denn FRIEDMANs monetaristischer Ansatz kann als „reformierte Quantitätstheorie" interpretiert werden. Deren zentrale These lautet, daß die Entwicklung des volkswirtschaftlichen Nominaleinkommens von Veränderungen des Geldangebots dominiert wird.[101]

4.WÜRDIGUNG DES BESCHREIBUNGSMODUS

Die beiden unterschiedlichen Ausprägungen des *Beschreibungsmodus Finanzsektorperspektive*, die deskriptive Finanzsektorperspektive und die makroökonomische Finanzsektorperspektive, werden in getrennten Arbeitsschritten gewürdigt.
Bei der *deskriptiven Finanzsektorperspektive* wird vor allem die institutionelle Finanzsektorstruktur thematisiert. Finanzsektoreigenschaften werden nur in einer wenig strukturierten und differenzierten Art und Weise angesprochen. Funktionen bleiben ganz aus der Betrachtung ausgeklammert. Insgesamt betrachtet kennzeichnen sich die Beschreibungen des Finanzsektors durch ein hohes Maß an *Allgemeinheit*. Ein Bezug zu Theorien *(Theoriekompatibilität)* wird nicht hergestellt. Die Anwendung der deskriptive Finanzsektorperspektive ist gut möglich und stellt keine großen Anforderungen an *empirische Aspekte*. Außer dem Finanzsektor werden alle übrigen Finanzsystembestandteile aus der Betrachtung ausgeschlossen. Das Kriterium der *Vollständigkeit* der Finanzsystembetrachtung wird nicht zufriedenstellend erfüllt. Das durch die Eingrenzung der Betrachtung auf den Finanzsektor realisierte Maß an *Komplexitätsreduktion* wird mit dem kompletten Informationsverlust über die restlichen Finanzsystembestandteile erkauft. Ein *Sichtbarmachen von Finanzsystemzusammenhängen* wird somit gerade nicht möglich. Ein positiver Aspekt liegt, wie im Rahmen der Ausführungen zu den Abbildungsinstrumenten (Kapitel B.II.3.) gezeigt wurde, in der Fülle an Strukturierungsmerkmalen für die institutionelle Finanzsektorstruktur, die durch die deskriptive Finanzsektorperspektive bereitgestellt werden.
In der *makroökonomischen Finanzsektorperspektive* werden vor allem die aus dem theoretischen Hintergrund (KEYNES in der neoklassischen Synthese, FRIEDMANs Monetarismus) als wichtig erachteten Aspekte des Finanzsektors thematisiert. Im Vordergrund stehen finanzielle Größen wie „Geld" und „Zins", denen bestimmte Wirkungen unterstellt werden. Systemeigenschaften, wie beispielsweise Staatseinfluß, werden

---

[100] Vgl.hierzu die Ausführungen von FELDERER/HOMBURG(1991), S.195-208 zu den verschiedenen Formen des Realkasseneffektes.

[101] Vgl.hierzu die kritisch referierenden Ausführungen zu FRIEDMANs monetaristischem Konzept in FELDERER/HOMBURG(1991), S.235-237.

ebenfalls in die Betrachtung eingezogen. Die institutionelle Finanzsektorstruktur bleibt im Hintergrund der Betrachtung. Funktionen werden nicht thematisiert. Die Anwendung der makroökonomischen Finanzsektorperspektive ist nicht mit besonders großen Anforderungen an *empirische Aspekte* verknüpft. Insgesamt kennzeichnet sich die Betrachtung durch ein geringes Maß an *Allgemeinheit* und ein hohes Maß an *Theoriekompatibilität.* Die makroökonomische Finanzsektorperspektive ist durch ein sehr großes Maß an *Komplexitätsreduktion* und ein geringes Maß an *Vollständigkeit* gekennzeichnet. Das *Sichtbarmachen von Finanzsystemzusammenhängen* erfolgt in gewissem Maß im Rahmen der Formulierung von Wirkungsketten, wie dem Realkasseneffekt, auf dessen Grundlage die Auswirkungen von Staatseingriffen (Fiskalpolitik und Geldpolitik) diskutiert werden.

III. FINANZSEKTOR-REALSEKTOR-PERSPEKTIVE

1. CHARAKTERISIERUNG DES BESCHREIBUNGSMODUS

Viele Betrachtungen des Finanzsystems gehen über die Beschreibung des Finanzsektors hinaus. Mit einbezogen werden nicht nur die Institutionen des Finanzsektors als *Anbieter von Finanzdienstleistungen*, sondern nichtfinanzielle Sektoren (z.B. der Sektor nichtfinanzielle Unternehmen) als *Nachfrager nach Finanzdienstleistungen.* Tendenziell richtet sich die Aufmerksamkeit jeweils schwerpunktmäßig auf (nur) einen nichtfinanziellen Sektor, so daß z.B. die Zusammensetzung der *Unternehmensfinanzierung* thematisiert wird. Eine solche Perspektive der Betrachtung des Finanzsystems wird *Beschreibungsmodus Finanzsektor-Realsektor-Perspektive* genannt. Unter diesen Beschreibungsmodus werden alle Ansätze subsumiert, in denen das Finanzsystem einerseits den Finanzsektor selbst (Angebot an Finanzdienstleistungen) und andrerseits die nichtfinanziellen Sektoren (Nachfrage nach Finanzdienstleistungen) umfaßt.

Wie wird das Finanzsystem in der Finanzsektor-Realsektor-Perspektive abgegrenzt? Das Finanzsystem umfaßt einerseits den *institutionellen Finanzsektor* (Finanzmärkte, Finanzintermediäre, Zentralbank) und andrerseits *die finanziellen Beziehungen zwischen dem Finanzsektor und den nichtfinanziellen Sektoren.* Beispielsweise werden in der Finanzsektor-Realsektor-Perspektive die Struktur der *Unternehmensfinanzierung* oder der *Unternehmenskontrolle* analysiert oder hinterfragt, welche *Finanzinstrumente* zur Vermögensbildung, insbesondere zur Altersvorsorge, der Finanzsektor dem Sektor private Haushalte anbietet.[102] Mit der Betrachtung der finanziellen Beziehungen zwischen Finanzsektor und Realsektor treten verschiedene *Funktionen* des Finanzsektors in den Blickpunkt. Der Finanzsektor fungiert beispielsweise als Instrument zur Finanzierung *(Finanzierungsfunktion)*, Kontrolle *(Kontrollfunktion)* usw. von nichtfinanziellen Unternehmen oder als Instrument zur Geldanlage *(Geldanlagefunktion)*, Vermö-

102 Vgl. z.B. DAVIS (1995) für eine internationale Analyse der Tätigkeiten von Pensionsfonds.

genslagerung *(Vermögenslagerungsfunktion)* usw. des Sektors private Haushalte. *Eigenschaften* des Finanzsystems werden in der Finanzsektor-Realsektor-Perspektive nur am Rande thematisiert. In Abbildung B.2. wird die Abgrenzung des Finanzsystems in der *Finanzsektor-Realsektor-Perspektive* durch die weiße Fläche kenntlich gemacht, während die nicht betrachteten Bestandteile des Finanzsystems durch eine Schraffierung unkenntlich gemacht sind.

Abbildung B.2.:
Beschreibungsmodus Finanzsektor-Realsektor-Perspektive

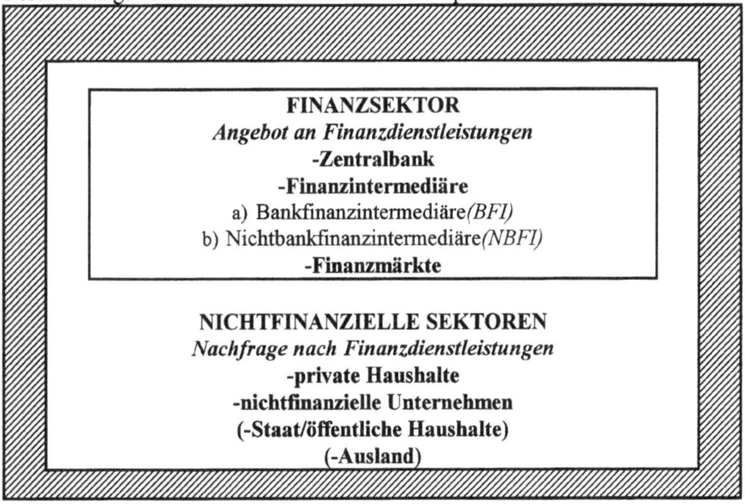

Quelle: Eigene Darstellung.

Nachfolgend werden zwei besonders interessante Arten von Ansätzen thematisiert, welche die Finanzsektor-Realsektor-Perspektive verwenden. Die erste Art von Ansätzen bilden *Typologiebildungen von Finanzsystemen*. Erkenntnisobjekt dieser Ansätze sind vornehmlich die Strukturen der Finanzsysteme selbst. Der theoretische Hintergrund dieser Arbeiten ist in einigen Fällen wenig ausgeprägt oder unklar. In anderen Fällen werden explizit Theorien zur Erklärung unterschiedlicher Finanzsystemstrukturen herangezogen. Im Rahmen dieser Ansätze werden zwei oder mehr *Typen von Finanzsystemen* gegenübergestellt, die sich in wesentlichen Charakteristika des *Finanzsektors* und der *Beziehung zwischen Finanzsektor und Realsektor* (z.B. in der Struktur der *Unternehmensfinanzierung*) unterscheiden. Diese Typologiebildungen werden in Kapitel B.III.2.1. ausführlich erläutert und ihr theoretischer Hintergrund herausgearbeitet. Die zweite Art von Ansätzen bilden *makroökonomisch orientierte Ansätze*, deren Erkenntnisobjekt nicht primär das Finanzsystem, sondern Größen wie *Wirtschaftswachstum, Konjunkturschwankungen* oder *finanzielle Instabilität* sind. Verschiedene makroökonomische Theorien unterschiedlicher Denkschulen bilden den theoretischen Hintergrund dieser Betrachtungen. Das „Finanzsystem" wird in den verschiedenen makroökonomischen Ansätzen nicht als eigentliches Erkenntnisobjekt, sondern („nur") als wesentlicher und entscheidender Einflußfaktor zur Erklärung des jeweils thematisierten makroökonomischen Phänomens herangezogen. Dies setzt jedoch für die thematisierten Ansätze jeweils eine bestimmte und durchdachte Vorstellung vom Finanzsystem und eine entsprechende Finanzsystemabgrenzung voraus. In Kapitel B.III.2.2. werden diese Ansätze und ihre Finanzsystemabgrenzungen näher erläutert.

2.GRUNDLAGEN
2.1.Typologiebildungen[103]
2.1.1.Bankorientierte versus kapitalmarktorientierte Finanzsysteme
2.1.1.1.Erläuterung der Dichotomie

Das Erkenntnisobjekt der Typologiebildung *bankorientierte Finanzsysteme* (Deutschland, Japan, Frankreich) versus *kapitalmarktorientierte Finanzsysteme* (Großbritannien, Vereinigte Staaten) ist das Finanzsystem selbst.[104] Im Vordergrund steht die Abgrenzung der beiden unterschiedlichen Finanzsystemtypen nach empirisch begründeten Unterscheidungskriterien (Indikatoren).

Wie wird das Finanzsystem im Rahmen der Dichotomie bankorientierte versus kapitalmarktorientierte Finanzsysteme abgegrenzt? Im Mittelpunkt der Dichotomisierung steht die Charakterisierung der institutionellen Finanzsektorstruktur und die Betrachtung der Zusammensetzung der externen Unternehmensfinanzierung. Das Finanzsystem wird vor allem als Instrument zur Unternehmensfinanzierung betrachtet (Finanzierungsfunktion). Diese Abgrenzung des Finanzsystems spiegelt sich in den für die Dichotomisierung der beiden Finanzsystemtypen verwendeten Indikatoren wider. Festgemacht wird die Dichotomisierung *bankorientierte* versus *kapitalmarktorientierte Finanzsysteme* in einer relativ uneinheitlichen Art und Weise an unterschiedlichen (empirischen) Indikatoren, wie beispielsweise der *Finanzsektorstruktur*, der Zusammensetzung der *externen Unternehmensfinanzierung* und den *Verschuldungsgraden* (beziehungsweise den Kapitalstrukturen) der Unternehmen.[105]
Besonders deutlich manifestiert sich der Unterschied zwischen beiden Finanzsystemtypen in der *Finanzsektorstruktur*, das heißt in der Bedeutung von Banken und Kapi-

---

[103] Mit *Typologiebildungen* wird die Unterschiedlichkeit von Finanzsystemtypen verdeutlicht. Insbesondere bis zu Beginn der achtziger Jahre ist die Gestalt der Finanzsysteme stark länderspezifisch geprägt gewesen. Dies reflektiert unterschiedliche historischen Erfahrungen, Wertvorstellungen, gesetzliche Rahmenbedingungen und unterschiedliche, die Interaktionen zwischen Wirtschaftseinheiten beeinflussende Institutionen. Vgl.hierzu AOKI/PATRICK/SHEARD(1994), S.35-36; BÜSCHGEN(1993), S.471-472; THYGERSON(1993), S.3-4.

[104] Beispielsweise wird diese Dichotomie in den Arbeiten von ALLEN/GALE(1995), S.179-180; CONTI(1992), S.207-209; EDWARDS/FISCHER(1994), S.1-3; HELLWIG(1991), S.35-37; MAYER(1987), S.iii-iv; RYBCZYNSKI(1974), S.58-62; ZYSMAN(1983), S.55-57 aufgegriffen, kontrovers diskutiert und (teilweise) weiterentwickelt.

[105] Vgl.die kritischen Ausführungen von MAYER(1987), S.iii-iv zur Abgrenzung von *bankorientierten* und *kapitalmarktorientierten* Finanzsystemen.

talmärkten. *Bankorientierte Finanzsysteme* weisen ein ausgeprägtes und entwickeltes Bankensystem auf und verfügen über wenig entwickelte Kapitalmärkte. Insbesondere die Aktienmärkte sind durch eine geringe Börsenkapitalisierung und Liquidität gekennzeichnet. *Kapitalmarktorientierte Finanzsysteme* werden dagegen durch gut kapitalisierte und entwickelte Aktien- und Rentenmärkte und ein Bankensystem von geringer Bedeutung gekennzeichnet.[106]
Insbesondere wird die Unterschiedlichkeit der beiden Finanzsystemtypen jedoch mit der Zusammensetzung der *externen Unternehmensfinanzierung* in Verbindung gebracht.[107] Typischerweise wird mit *kapitalmarktorientierten Finanzsystemen* die Vorstellung verbunden, daß ein großer und oft dominierender Anteil der externen Unternehmensfinanzierung durch die Ausgabe von marktfähigen (handelbaren) Finanztiteln (beispielsweise Aktien, Industrieobligationen) an organisierten Wertpapiermärkten gedeckt wird. Der Anteil von Krediten der Finanzintermediäre an der externen Unternehmensfinanzierung ist dagegen nicht signifikant. Finanzintermediäre stellen hauptsächlich kurzfristige Kredite zur Finanzierung des Umlaufkapitals zur Verfügung. Insgesamt weisen die Unternehmen in den kapitalmarktorientierten Finanzsystemen niedrige Verschuldungsgrade (und hohe Eigenkapitalquoten) auf.[108] Mit *bankorientierten Finanzsystemen* wird dagegen die Vorstellung verbunden, daß der Großteil der externen Unternehmensfinanzierung durch Bankkredite gedeckt wird, wogegen nur ein bescheidener Anteil der externen Unternehmensfinanzierung durch die organisierten Wertpapiermärkte (Emission von Aktien, Industrieobligationen usw.) zur Verfügung gestellt wird. Insgesamt weisen die Unternehmen in den bankorientierten Finanzsystemen hohe Verschuldungsgrade (und niedrige Eigenkapitalquoten) auf.[109]

Eine sehr wichtiger Beitrag der Dichotomisierung von Finanzsystemen nach empirisch beobachtbaren Kriterien in einen *bankorientierten* Typ auf der einen Seite und einen *kapitalmarktorientierten* Typ auf der anderen Seite liegt in dem Bemühen, die Unterschiedlichkeit von Finanzsystemen greifbar und an bestimmten Merkmalen sichtbar zu machen. Als problematisch erweist sich in diesem Zusammenhang das Fehlen einer theoretischen Grundlage für den internationalen Vergleich von Finanzsystemen, mit der die oben genannten Unterscheidungskriterien *(Finanzsektorstruktur, Zusammenset-*

---

[106] Vgl.zu den augenscheinlichen institutionellen Unterschieden in den Finanzsektorstrukturen beispielsweise die Ausführungen von ALLEN/GALE(1995), S.179-187; MAYER(1987), S.iii-iv.

[107] Vgl.grundlegend die Arbeit von RYBCZYNSKI(1974), S.58-62 für die Dichotomisierung von Finanzsystemen nach der Zusammensetzung der *externen Unternehmensfinanzierung*. Dieser weist in seiner empirischen Untersuchung zur Unternehmensfinanzierung in Großbritannien, den Vereinigten Staaten, Deutschland, Frankreich, Italien und Japan im Zeitraum von 1960-1971 explizit darauf hin, daß (mit Ausnahme von Japan) der Anteil der *externen Finanzierung* nur zwischen 35-50 Prozent des Finanzierungsvolumens liegt und der Rest durch *interne Finanzierung* gedeckt wird.

[108] Vgl.zu dieser Charakterisierung eines *kapitalmarktorientierten Finanzsystems* CONTI(1992), S.207-208. Dieser führt ein hohes Niveau an Innenfinanzierung - im Verhältnis zum Niveau der externen Finanzierung - als weiteres Charakteristikum eines kapitalmarktorientierten Finanzsystems an.

[109] Vgl.zu dieser Charakterisierung eines *bankorientierten Finanzsystems* CONTI(1992), S.207-208. Dieser führt ein niedriges Niveau an Innenfinanzierung - im Widerspruch zu den empirischen Ergebnissen von RYBCZYNSKI(1974) - als weiteres Charakteristikum eines bankorientierten Finanzsystems an.

zung der externen Unternehmensfinanzierung, Verschuldungsgrade) begründet oder einwandfreie Kriterien zur Charakterisierung von Finanzsystemen abgeleitet werden können.[110] Zwar unterscheiden sich die beiden Finanzsystemtypen unbestreitbar in der Bedeutung von Banken und der Größe von Aktien- und Wertpapiermärkten, das heißt in der *institutionellen Finanzsektorstruktur*. Gerade jedoch die für die Dichotomisierung wichtigen Abgrenzungsmerkmale der unterschiedlichen Zusammensetzung der *externen Unternehmensfinanzierung* und der *Kapitalstrukturen* sind in empirischen Studien erheblich angezweifelt worden.[111] Andere Kriterien zur Differenzierung des Verhältnisses zwischen Finanzsektor und Unternehmenssektor und zur Unterscheidung von Finanzsystemtypen sind in der Literatur diskutiert worden. In den nachfolgenden Abschnitten werden einige der fruchtbarsten Ansätze zur Dichotomisierung von Finanzsystemen und die darin verwendeten Kriterien zur Typologiebildung von Finanzsystemen diskutiert.

2.1.1.2. GOUXs Ergänzung um „Regulierung"

Das Erkenntnisobjekt des Ansatzes von GOUX bildet das Finanzsystem selbst. Im Blickpunkt steht die weitere Differenzierung der Finanzsystemtypologie der bankorientierten versus kapitalmarktorientierten Finanzsysteme durch das Kriterium der staatlichen Regulierung. GOUX wirft aus verschiedenen theoretischen Perspektiven ein Blick auf das Finanzsystem und formuliert als Konsequenz und Synthese dieser Betrachtungen seine Klassifizierung von Finanzsystemen nach dem LINNÉ-Prinzip.[112]

Wie wird das Finanzsystem im Ansatz von GOUX abgegrenzt? Das Finanzsystem umfaßt die Institutionen des Finanzsektors und die finanziellen Beziehungen zwischen Finanzsektor und Unternehmenssektor (Finanzierungsfunktion). Dies wird dadurch unterstrichen, daß für die Unterscheidung von bankorientierten und kapitalmarktorientierten Finanzsystemen sowohl die *Struktur des Finanzsektors* (Vorherrschen von Banken versus Vorherrschen von Finanzmärkten) als auch die *Zusammensetzung der externen Unternehmensfinanzierung* (Vorherrschen von Bankfinanzierung versus Vorherrschen von Finanzmarktfinanzierung) wichtige Unterscheidungsmerkmale darstellen. Darüber hinaus wird *Regulierung* als Finanzsystembestandteil betrachtet und als wichtiges Unterscheidungskriterium für die Finanzsystemabgrenzung verwendet.

GOUX schlägt in Analogie zur biologischen Nomenklatur von LINNÉ eine Klassifizierung der Finanzsysteme in *Obergattung*, *Arten* und *Unterarten* vor. Diese Arten und Unterarten können nun Besonderheiten oder Charakteristika aufweisen, die nicht ausreichend groß genug oder ausreichend dauerhaft sind, um weitere Arten und Unterarten zu bilden. Die verschiedenen Arten der Finanzsysteme können sich wie lebendige

110 Diese Meinung vertritt MAYER(1987), S.iii.

111 Vgl.hierzu die Ausführungen in Kapitel B.III.2.1.3. und die dort angegebene Literatur.

112 Vgl.GOUX(1994), S.221-223. Diese Klassifizierung wird nachfolgend erläutert.

Wesen weiterentwickeln oder verschwinden. Veränderungen finden oftmals im Bereich der Unterarten statt. Deren wesentliche Charakteristika bleiben jedoch im Sinne historischen Beharrungsvermögens bestehen. Nur auf lange Sicht kann eine Art eines Finanzsystems durch eine andere Art ersetzt werden.[113]

Abbildung B.3.:
Finanzsystemstruktur und Grad der Regulierung: Eine Klassifizierung auf Grundlage des LINNÉ-Prinzips nach GOUX

Gattung:	**Finanzsystem**			
Art:	**bankorientiert**		**kapitalmarktorientiert**	
Unterart:	***administriert***	***liberalisiert***	***reguliert***	***dereguliert***
Besondere Merkmale:	a) dominiert durch einen Zentralstaat b) dominiert durch liberale Regierung	a) dominiert durch Finanzinstitutionen b) Konkurrenz durch Märkte	a) starke Regulierung b) schwache Regulierung	
Beispiele:	a) Sozialistische u. Entwicklungsländer b) Frankreich und Japan früher	a) Deutschland b) Frankreich und Japan heute	a) USA früher b) Großbritannien früher	USA und Großbritannien heute

Quelle: Darstellung in Anlehnung an GOUX(1994), S.222.

Obergattung der Finanzsystemklassifizierung ist das Finanzsystem selbst, welches zur Familie der ökonomischen Systeme und Strukturen gehört. Für die Differenzierung der Arten von Finanzsystemen greift GOUX die Unterscheidung von Finanzsystemtypen in das *bankorientierte Finanzsystem* auf der einen Seite und das *kapitalmarktorientierte Finanzsystem* auf der anderen Seite auf. Als weiteres Kriterium zur tiefergehenden Nuancierung der beiden Finanzsystemtypen werden *staatliche Regulierung* beziehungsweise *staatlich gesetzte Restriktionen* vorgeschlagen. Die Art des *bankorientierten Finanzsystems* wird nach dem Ausmaß der Regulierung des Bankensektors in zwei weitere Unterarten unterschieden. Gegenüber stehen sich ein liberalisierter Bankensektor und ein administrierter Bankensektor, in welchem der Staat beispielsweise Kreditzinsen adminstrativ festsetzt. Auch in der Art der *kapitalmarktorientierten Finanzsysteme* werden regulierte und deregulierte Unterarten unterschieden. Die Deregulierung der Finanzmärkte (im kapitalmarktorientierten Finanzsystem) entspricht der Liberalisierung der Kreditkonditionen beziehungsweise des Bankensektors (im bankorientierten Finanzsystem). Die Deregulierung der Finanzmärkte dehnt deren Aktivitäten in den Bereich typischer Bankaktivitäten aus, was sich beispielsweise an Phänomenen wie einer zunehmenden Verbriefung (Securitisierung) beziehungsweise einer Tendenz zur Disintermediation zeigt. Abbildung B.3. zeigt, wie Finanzsysteme nach dem Prin-

113 Vgl.GOUX(1994), S.222-223. Carl von LINNÉ(1707-1778) schafft 1753 mit seiner zweiteiligen binären Nomenklatur und einer exakten Fassung taxonomischer Begriffe wichtige Voraussetzungen für einen systematischen Überblick über Tier- und Pflanzenarten. Nach dieser Nomenklatur erhält jedes Lebewesen zwei Namen, von denen der erste die Gattung und der zweite die Art angibt Vgl.hierzu GOUX(1994), S.221 und ergänzend ZIRNSTEIN(1983), S.758-759.

zip des Botanikers LINNÉ in *Obergattung*, *Arten* und *Unterarten* klassifiziert werden können. Bei den Besonderheiten der jeweiligen Unterarten symbolisiert „a" eine starke und „b" eine schwache Merkmalsausprägung. Die in den letzten zehn Jahren zu beobachtende Veränderung des französischen Finanzsystems würde in dieser Klassifizierung, recht bescheiden und realistisch betrachtet, dem Übergang von einem administrierten bankorientierten Finanzsystem zu einem liberalisierten bankorientierten Finanzsystem entsprechen.[114]
Als wesentlicher Veränderungsfaktor für Finanzsysteme fungiert, in Analogie zur Umwelt in der Biologie, die *Gesamtheit der rechtlichen Restriktionen*. GOUX vertritt die These, daß sich kapitalmarktorientierte Finanzsysteme nur dann entwickeln und funktionieren können, wenn Bankaktivitäten durch staatlich erlassene rechtliche Restriktionen beschränkt werden *(„théorie des restrictions légales")*. Finanzmärkte werden als Instrument zur Verhinderung einer als weniger effizient und (sogar als demokratiegefährdend) betrachteten sehr engen Kooperation (im Sinne einer als negativ eingestuften „Komplizenschaft" zu Lasten Dritter) zwischen Banken und dem Unternehmenssektor (vor allem mit Bezug auf die großen und einflußreichen Konzerne) erachtet. Als Schreckensbild fehlender staatlicher Restriktionen und Regulierungen bezüglich der Bankentätigkeiten wird die Bildung von gigantischen Finanzintermediären beschrieben, welche sich zu den alleinigen Besitzern und Gläubigern von Unternehmen entwickeln. Wird diese Interpretation weiter verfolgt, dann würde eine *Deregulierung* beziehungsweise *Liberalisierung* des Finanzsektors eher die Entwicklung von Banken und nicht - wie weitläufig angenommen wird - von Finanzmärkten begünstigen.[115]

Der entscheidende Beitrag GOUXs besteht darin zu zeigen, daß *rechtliche Restriktionen* beziehungsweise *Regulierungen* wesentlich die Struktur von Finanzsystemen prägen. Vor allem wird unterstrichen, daß die Dichotomisierung *bankorientierte* versus *kapitalmarktorientierte* Finanzsysteme sehr grob gehalten ist und daß unter Berücksichtigung des Kriteriums *Regulierung* diese beiden Finanzsystemtypen in weitere Unterarten unterschieden werden können. Insgesamt verdeutlicht der Beitrag GOUXs die wichtige Rolle des Staates als eine die Finanzsystemstruktur durch seine *Regulierungen* formende Kraft.

2.1.1.3. ZYSMANs Ergänzung um „industrielle Anpassungsprozesse"

Das Erkenntnisobjekt des Ansatzes von ZYSMAN liegt in der Analyse der Rolle des Staates in der Volkswirtschaft und nicht in der direkten Beschreibung des Finanzsystems. Konkret wird hinterfragt, in welchem Maß der Staat (beziehungsweise die Regierung) in der Lage ist, im Zeitablauf selektiv *industrielle Strukturen* zu formen und *industrielle Anpassungsprozesse* zu beeinflussen beziehungsweise auszulösen. ZYSMAN vertritt die These, daß die Struktur des Finanzsystems den administrativen

---

[114] Vgl.GOUX(1994), S.223.
[115] Vgl.GOUX(1994), S.220-223.

Handlungsspielraum der Regierung begrenzt und den Rahmen für die Interaktionen zwischen Staat und Unternehmenssektor vorgibt.[116] Dadurch stellt die Beschreibung verschiedener Finanzsystemtypen einen wichtigen Aspekt der Studie von ZYSMAN dar. Die Abgrenzung der verschiedenen Finanzsystemtypen erfolgt anhand von Kriterien, denen aufgrund von empirischen Beobachtungen eine gewisse Relevanz beigemessen wird. Ein theoretischer Hintergrund für die Auswahl der Unterscheidungsmerkmale von Finanzsystemtypen wird nicht thematisiert.

Wie wird das Finanzsystem im Ansatz von ZYSMAN abgegrenzt? Das Finanzsystem umfaßt die institutionelle Finanzsektorstruktur und die finanziellen Beziehungen zwischen Finanzsektor und Unternehmenssektor. Ein Blick auf die Unterscheidungskriterien, mit denen ZYSMAN drei alternative Finanzsystemtypen unterscheidet, gibt Aufschluß über das im Rahmen der Studie verwendete Finanzsystembild und seine wesentlichen Charakteristika. Erstens werden Finanzsystemtypen nach dem Kriterienkomplex *Finanzsektorstruktur, Unternehmensfinanzierung (kapitalmarktorientiert vs. bankorientiert) und Unternehmenskontrolle (entry/exit vs. voice)* unterschieden. Zweitens werden Finanzsystemtypen nach der *Art der Preissetzung in den Finanzmärkten* (wettbewerbsbestimmte vs. institutionenorientierte versus verhandelte Preise) und drittens nach der *Rolle des Staates im Finanzsystem* (Kontrolle von Geldmengenaggregaten vs. administrativer sektorieller Kreditallokation) abgegrenzt.[117]

Das *kapitalmarktorientierte Finanzsystem* ist durch weit entwickelte Eigen- und Fremdkapitalmärkte, spezialisierte Finanzinstitutionen und eine breite Palette an Geldmarkt- und Kapitalmarktinstrumenten gekennzeichnet. Für die langfristige *Unternehmensfinanzierung* spielt die Emission von Aktien und Obligationen die wichtigste Rolle. Bankkredite dienen dagegen nur der Deckung kurzfristiger Finanzierungslücken. Einflußnahme auf Unternehmen im Sinne der *Unternehmenskontrolle* vollzieht sich an den liquiden Sekundärmärkten tendenziell über „entry/exit"-Mechanismen. Banken üben keine Eigentümerkontrollfunktion an den Unternehmen aus. Die *Preisbildung* auf den Finanzmärkten erfolgt durch Wettbewerbsprozesse. Der *Staatseinfluß* manifestiert sich lediglich an der Kontrolle der Geldmenge und keineswegs an Versuchen, die Ressourcenallokation zu beeinflussen. Staatliche Interventionen vollziehen sich über die Inanspruchnahme von Marktmechanismen und nicht in der Form von administrativen Eingriffen. Staat, Banken und Unternehmen treffen als autonome Verhandlungspartner in diesem Finanzsystem zusammen.[118]

---

[116] Vgl.ZYSMAN(1983), S.11-18. Dessen Ansatz gab beispielsweise den Anstoß für die Untersuchung von COX(1986) zum Zusammenhang zwischen Staat, Finanzierung und Unternehmen.

[117] Vgl.hierzu ZYSMAN(1983), S.55-69. Der theoretische Hintergrund der Auswahl der Kriterien bleibt unklar. Vielmehr scheint die Auswahl der Kriterien empirisch motiviert zu sein. In der Terminologie von ZYSMAN werden den *kapitalmarktorientierten* Finanzsystemen die *kreditorientierten* Finanzsysteme gegenübergestellt. Dieser Begriff wird synonym zu dem im Rahmen der vorliegenden Arbeit verwendeten Begriff *bankorientierte* Finanzsysteme verwendet, weswegen dieser für die weiteren Ausführungen beibehalten wird.

[118] Vgl.ZYSMAN(1983), S.55-57 und S.69-71.

Das *bankorientierte Finanzsystem mit staatlich festgelegten Preisen* ist durch schwach entwickelte Finanzmärkte gekennzeichnet, zu denen private Kreditnehmer (Unternehmen) nur erschwerten Zugang finden und die vor allem der Staatsfinanzierung dienen. Für die *Unternehmensfinanzierung* spielen vor allem Kredite von Banken und spezialisierten Finanzierungsinstitutionen die wichtigste Rolle, wodurch sich tendenziell einige Banken zu Miteigentümern der wichtigsten Industrieunternehmen entwickeln oder auch ein Großteil der Stimmrechte an diesen Unternehmen ausüben. Die illiquiden Kapitalmärkte zwingen Banken dazu, Eigenkapitalanteile an Unternehmen nicht nur als Portefeuilleinvestition zu betrachten. Daher tendieren die Banken zur Überwachung der Unternehmensperformance *(Unternehmenskontrolle)* und üben auf die Unternehmen über „voice"-Mechanismen Einfluß aus. Ein wesentliches Kennzeichen dieses Finanzsystemtyps stellen die massiven *Staatseinflüsse* dar, die der Kompensation der strukturellen Schwäche des Finanzsystems dienen. Auf den verschiedenen Finanzmärkten erfolgt die Preissetzung unter Verfolgung bestimmter wirtschaftlicher Prioritäten durch administrative Maßnahmen. Bezüglich der Kreditallokation und bezüglich der Ausübung der Unternehmenskontrolle werden die Banken und Finanzinstitutionen massiv vom Staat beeinflußt. Insbesondere der Staatseinfluß auf die Finanzinstitutionen und auf die Industrieunternehmen wird zum Kennzeichen dieses Finanzsystems.[119]

Das *kreditorientierte Finanzsystem mit von Finanzinstitutionen dominierten Preisen* ist durch das Vorherrschen einer begrenzten Anzahl von Finanzinstitutionen beziehungsweise universell tätigen Banken geprägt. Für die *Unternehmensfinanzierung* und *Unternehmenskontrolle* kommt diesen die größte Bedeutung zu. Jedoch sind weder die Finanzinstitutionen noch die Unternehmen vom Staat abhängig. Obwohl die *Preissetzung* in den Finanzmärkten erfolgt, spiegeln die Preise die finanziellen Machtverhältnisse wider. *Staatseinfluß* vollzieht sich nur durch Marktmechanismen. Eine staatliche Einflußnahme auf die Ressourcenallokation findet nicht statt. Dem Staat selbst stehen keine eigenen Instrumente zur Beeinflussung der Unternehmen zur Verfügung. Dagegen können die Banken dem Staat als Verbündete zur Beeinflussung von Unternehmen dienen, wobei die Bedingungen der Zusammenarbeit zwischen Regierung und Finanzinstitutionen ausgehandelt werden.[120]

Abbildung B.4.:
Finanzsystemkonfigurationen und industrielle Anpassungsprozesse

Länder	**Finanzsystemtyp**	**Anpassungsprozeß**
Großbritannien/USA	-kapitalmarktorientiert	-unternehmensgeführt
Frankreich/Japan	-kreditorientiert, (administrierte Preise)	-staatsgeführt
Deutschland	-kreditorientiert, (institutionendominierte Preise)	-verhandelt zwischen Staat, Banken und Unternehmen

Quelle: Darstellung in Anlehnung an ZYSMAN(1983), S.94.

119 Vgl.ZYSMAN(1983), S.57-65 und S.71-72.

120 Vgl.ZYSMAN(1983), S.72-73.

Die drei beschriebenen Finanzsystemtypen stellen unterschiedliche Restriktionen für den Handlungsspielraum des Staates dar, im Zeitablauf *industrielle Anpassungsprozesse* zu beeinflussen, und legen fest, ob die Veränderungen industrieller Strukturen im Wachstumsprozeß staatsinduziert, marktinduziert oder das Ergebnis von Verhandlungen der involvierten Parteien sind. Im *kapitalmarktorientierten Finanzsystem* - mit den Vereinigten Staaten und Großbritannien als Vorbild - sind Veränderungen marktinduziert beziehungsweise unternehmensinduziert. Im *kreditorientierten Finanzsystem mit staatlich festgesetzten Preisen* - als Referenzländer dienen Japan und Frankreich - sind diese Veränderungen staatsinduziert, und in den von *Finanzinstitutionen dominierten kreditorientierten Finanzsystemen* - als Vorbild dient hier Deutschland - sind diese das Ergebnis kontinuierlicher Verhandlungen der Sozialpartner.[121]

ZYSMAN thematisiert die Rolle des Staates in der Volkswirtschaft. Die Betrachtung der Rolle des Staates geht erheblich über die einer (passiven) regulierenden Instanz hinaus und stellt ein wichtiges Charakteristikum einer Finanzsystemstruktur dar. Als charakteristische Verhaltensweisen des Staates werden einerseits marktkonforme Staatseingriffe (beispielsweise Geldmengenkontrolle durch marktkonforme Eingriffe) und andrerseits administrative Staatseingriffe (beispielsweise Zinsobergrenzen oder Kreditlenkung) genannt. Im Vordergrund steht die Analyse der Möglichkeiten des Staates, aktiv die Veränderungen im Unternehmenssektor zu gestalten (Industriepolitik). Der entscheidende Aspekt der Studie von ZYSMAN liegt darin, die *Interdependenz zwischen Staatseingriffen und der Finanzsystemstruktur* herauszuarbeiten. Die Möglichkeiten des Staates, industrielle Anpassungsprozesse zu beeinflussen, werden durch die Finanzsystemstruktur begrenzt. Darüber hinaus zeigt die Studie von ZYSMAN, daß neben der Zusammensetzung der *Unternehmensfinanzierung* die Form der *Unternehmenskontrolle* ein weiteres wichtiges Unterscheidungsmerkmal von Finanzsystemtypen darstellt.[122]

2.1.2. Overdraft Economy versus Auto-Economy

Das Erkenntnisobjekt der Ausführungen von HICKS ist nicht eine Beschreibung des Finanzsystems, sondern eine Auseinandersetzung mit dem keynesianischen Gedankengebäude. Im Rahmen dieser Ausführungen skizziert HICKS die Dichotomie einer *auto-economy* versus *overdraft economy*.[123] Diese Dichotomie impliziert unterschiedliche Finanzsystemstrukturen. Im Zuge der folgenden Ausführungen wird die Dichotomie und ihre Rezeption in der französischen Literatur skizziert.

---

[121] Vgl. ZYSMAN(1983), S.91-95.

[122] Der Aspekt *Unternehmenskontrolle* wird beispielsweise von FRANKS/MAYER(1990) als wichtiges Unterscheidungskriterium für Finanzsystemtypen aufgegriffen. In Kapitel B.III.2.1.3. wird die auf dem Unterscheidungskriterium der Unternehmenskontrolle beruhende Dichotomie *Outsidersysteme* versus *Insidersysteme* vorgestellt.

[123] Vgl. hierzu grundlegend die Ausführungen in HICKS(1975), S.50-56.

Wie wird das Finanzsystem im Rahmen der Dichotomie overdraft-economy versus auto-economy abgegrenzt? Das Finanzsystem umfaßt die institutionelle Finanzsektorstruktur, welche durch die Dominanz von Finanzmärkten oder Finanzinstitutionen (Banken) geprägt sein kann, und die finanziellen Beziehungen zwischen Finanzsektor und Unternehmenssektor. Diese werden im Hinblick auf die Wahrung der Unternehmensliquidität (im Ansatz von HICKS) beziehungsweise im Hinblick auf die Zusammensetzung der Unternehmensfinanzierung (in den meisten französischen Interpretationen des Ansatzes von HICKS) charakterisiert. Als weiterer Finanzsystembestandteil wird die Zentralbank thematisiert. Deren Rolle wird im Hinblick auf die Durchführung geldpolitischer Maßnahmen beziehungsweise auf die von ihr geleistete Refinanzierungsfunktion für den Bankensektor betrachtet.

Im Rahmen seiner Ausführungen zu zwei unterschiedlichen Möglichkeiten der Wahrung der *Unternehmensliquidität* skizziert HICKS eine aussagekräftige Dichotomie zur Unterscheidung von Finanzsystemstrukturen. Unterschieden werden auf der einen Seite Unternehmen des *overdraft sector*, die sich über die ihnen gewährten Kreditlinien Liquidität sichern, und auf der anderen Seite Unternehmen des *auto-sector*, welche sich über die Haltung von Reservevermögensgegenständen ihre Liquidität sichern. Beide Sektoren existieren in unterschiedlichen Ausprägungen in jeder Volkswirtschaft nebeneinander.[124]
Für die Analyse der *Geldpolitik* stellt HICKS eine reine *auto-economy* einer reinen *overdraft economy* gegenüber. Im Mittelpunkt der traditionellen geldtheoretischen Überlegungen steht die reine *auto-economy*, in der Finanzmärkte als Flexpreismärkte fungieren.[125] Erhöht die Zentralbank in einer auto-economy durch Ankauf von Wertpapieren die Geldmenge, dann erhöht sich zunächst der Preis dieser Wertpapiere und über Substitutionsprozesse in den Wertpapierportefeuilles das Gesamtpreisniveau von Wertpapieren, so daß sich allgemein das Zinsniveau (nicht unbedingt jedoch der langfristige Zinssatz) absenkt. Als ein Effekt der Reduktion des Zinsniveaus wird - in der langen Frist - die Stimulation der Realinvestitionen betrachtet. Zweifelhaft bleibt nach HICKS der kurzfristige Effekt einer solchen Maßnahme, denn die Durchführung einer Realinvestition verschlechtert die Liquiditätsposition der Unternehmung erheblich. Angesichts einer zuvor zufriedenstellenden Liquiditätsposition der Unternehmung würde dieser Effekt kaum ins Gewicht fallen. Eine solche geldpolitische Maßnahme würde jedoch gerade in einer Situation (Rezession) angewandt, in welcher die Liquiditätsposition der Unternehmen tendenziell unzufriedenstellend ist, so daß die Reduktion des Zinsniveaus kaum einen großen Anreiz für die Durchführung von Investitionen darstellen dürfte. Als zweiter Effekt der Reduktion des Zinsniveaus führt die Steigerung der Wertpapierpreise zu einer Erhöhung des Wertes der als Reserven gehalte-

124 Vgl.HICKS(1975), S.50-56.

125 In den traditionellen geldtheoretischen Überlegungen von KEYNES (neoklassische Synthese) und von FRIEDMAN spielt nur der Zins eine wichtige Rolle für die Transmission monetärer Impulse, während Banken und die von ihnen gewährten Kreditlinien keine Bedeutung für die Transmission geldpolitischer Impulse besitzen. Vgl.hierzu auch die Ausführungen in Kapitel B.II.2.2. zur Betrachtung des Finanzsystems im Ansatz von KEYNES (neoklassische Synthese) und im Ansatz von FRIEDMAN.

nen Vermögensgegenstände, so daß eine (geringe) Erhöhung der Realinvestitionen ohne Verschlechterung der Liquiditätsposition möglich wäre. Dieser Effekt wäre vom Betrage jedoch nur in dem Fall substantiell, wenn die als Reserven gehaltenen Vermögensgegenstände Obligationen mit sehr langen Laufzeiten und fixer Zinsvereinbarung wären. Hier tritt jedoch zudem die Schwierigkeit auf, daß Geldpolitik - auch aufgrund des Spekulationsmotives - kaum in der Lage ist, die langfristigen (Kapitalmarkt)Zinsen zu beeinflussen. Bei kurzfristig angelegten Reservevermögensgegenständen wäre der skizzierte Effekt darüber hinaus kaum von Substanz. Sind gerade kurzfristige Wertpapiere stark gewichtet in den Portefeuilles der Wirtschaftseinheiten, dann würde dies die Existenz eines substantiellen Liquiditätseffektes verhindern. In einer reinen *overdraft economy* funktioniert Geldpolitik tendenziell anders. Die Unternehmen halten dort keine Reservevermögensgegenstände und hängen für ihre Liquiditätsbeschaffung vollständig von den Banken ab, so daß diese die Unternehmensliquidität kontrollieren können. Für den vereinbarten beziehungsweise bekannten Zinssatz könnte eine Unternehmung unbeschränkt Liquidität anfordern, so daß über den Zins allein kein Kontrollmechanismus bereitgestellt wird. Tatsächlich wird die Liquiditätsposition einer Unternehmung jedoch durch ihre Kreditfähigkeit begrenzt. Garantierte Kreditlinien sichern den Unternehmen in diesem Kontext mehr Liquidität als informell vereinbarte. Banken können somit durch die Variation der den Unternehmen bereitgestellten Kreditvolumina das Investitionsvolumen mehr beeinflussen als durch die Variation des geforderten Zinsniveaus. HICKS folgert aus seinen Ausführungen, daß geldpolitische Maßnahmen lediglich in einer *auto-economy* wirkungslos bleiben, während in einer *overdraft economy* gerade dem Bankensystem, wie zuvor skizziert, eine entscheidende und wichtige Rolle zukommt. HICKS weist darauf hin, daß die Banken ihre Machtstellung in der overdraft economy bei der Gewährung von Liquidität mit Umsicht ausüben müssen. Denn gerät das Bankensystem in den Ruf, nur sehr unzuverlässig Liquidität bereitzustellen, dann werden die Unternehmen verstärkt eigene Liquiditätsreserven aufbauen.[126]

Gerade in Frankreich hat die Dichotomisierung von Volkswirtschaften durch das Begriffspaar auto-sector versus overdraft sector große Resonanz gefunden.[127] Aufbauend auf den Überlegungen von HICKS hatte im Laufe der achtziger Jahre eine ganze Gruppe französischer Ökonomen, welche die Auffassung teilten, daß der in amerikanischen Standardlehrbüchern unterstellte Rahmen für Geldschaffung und Geldmengenkontrolle unvereinbar mit der Struktur des französischen Bankensystems ist, in syste-

---

[126] Vgl.HICKS(1975), S.51-56. In der *overdraft economy* spielen gerade auch Banken und die von ihnen gewährten Kreditlinien eine wichtige Rolle für die Transmission monetärer Impulse.

[127] Vgl.LAVOIE(1985), S.63-66; LAVOIE(1984), S.771-794. Als Beispiele französischer Ökonomen, welche die *économie d'endettement* thematisieren, nennt LAVOIE(1985), S.66 unter anderem BERGER(1975), DAVID(1978), De La GENIÈRE(1981) und MAAREK(1978). Zudem findet sich dieser Ansatz in Lehrbüchern wie z.B. in denen von LACOUE-LABARTHE(1980), LEHMANN (1979), LEVY-GARBOUA/WEYMULLER(1980). Eine unterschiedliche Interpretation der overdraft economy schlägt GOUX(1990), S.669-671 vor. Dieser richtet die Aufmerksamkeit seiner Betrachtung auf die Möglichkeiten der Unternehmung, ihre Liquidität zu wahren und interpretiert die overdraft economy als *économie de découvert*. Deren Gegenstück bildet die *économie de fonds propres*.

matischer Weise begonnen, Charakteristika der (französischen) *économie d'endettement* zu untersuchen, in welcher die Volkswirtschaft durch einen overdraft sector gekennzeichnet ist. Der Schwerpunkt dieser Betrachtung liegt in der Thematisierung der *Finanzierungsstrukturen* des Unternehmenssektors. Das wichtigste Kennzeichen der *économie d'endettement* besteht aus einer zweifachen Verschuldung, welche auf der einen Seite durch die Verschuldung der Unternehmen bei den Banken und auf der anderen Seite durch die Verschuldung der Banken bei der Zentralbank konstituiert wird. Weiterhin kennzeichnet sich die économie d'endettement durch eine schwache Selbstfinanzierungskraft der Unternehmen, durch eine Dominanz von Bankkredit als Mittel der externen Finanzierung, was gleichzeitig eine sehr untergeordnete Rolle für die Kapitalmärkte impliziert, durch einen stark eingeschränkten Entscheidungsraum der Zentralbank bei der Geldpolitik und durch ein hohes Maß an Regulierung beziehungsweise Administration, was sich z.B. in der Kreditplafondierung widerspiegelt.[128]

Die von HICKS getroffene Dichotomisierung der *auto-economy* versus *overdraft economy* eignet sich besonders gut zur Veranschaulichung der *Interdependenz von Finanzsektorstruktur, Liquiditätsversorgung der Unternehmen* und *Geldpolitik*. Im Rahmen der Studien zur *économie d'endettement* werden statt der Liquiditätsversorgung der Unternehmen deren *Finanzierungsmodalitäten* mit in die Betrachtung einbezogen. Ein entscheidender Aspekt der Studie von HICKS liegt darin zu zeigen, daß die Geldpolitik nicht losgelöst von der Ausgestaltung der Finanzsektorstruktur und der finanziellen Beziehungen zwischen Finanzsektor und Unternehmenssektor (Unternehmensfinanzierung beziehungsweise Liquiditätsversorgung) betrachtet werden kann.
Auch in anderen Arbeiten wird unterstrichen, daß die Struktur des Finanzsektors den Rahmen determiniert, in welchem sich die von einer staatlichen Institution, wie dem Finanzministerium oder der Zentralbank, zu betreibende Geldpolitik bewegen kann. Die Struktur des Finanzsektors beeinflußt einerseits die Abgrenzung der „monetären Aggregate" und andrerseits die Auswahl von „Zwischenzielen und Indikatoren der Geldpolitik".[129] Besonders deutlich reflektiert sich die Interdependenz von Geldpolitik und Finanzsektorstruktur im Übertragungsmechanismus (Transmissionsmechanismus) der monetären Impulse auf die Realwirtschaft. Das Ausmaß, der zeitliche Ablauf und teilweise auch die Richtung der Transmission monetärer Impulse werden einerseits wesentlich von der Finanzsektorstruktur, das heißt von der Struktur des Bankensystems und der Rolle von Finanzintermediären im Finanzsystem, und andrerseits wesentlich durch die Finanzierungsgewohnheiten der nichtfinanziellen Unternehmen und der privaten Haushalte sowie von der Struktur des privaten Vermögens und der Struktur der privaten Verschuldung beeinflußt.[130]

---

[128] Vgl.FAUGÈRE/VOISIN(1994), S.72, RENVERSEZ(1988), S.124.
Das Gegenstück zur *économie d'endettement* bildet die *économie de marchés capitaux*.

[129] Vgl.BORCHERT(1994), S.216; BUNDESBANK(10/1995), S.42; DISCH(1995), S.2-3.

[130] Vgl.hierzu die Ausführungen von GRUBER/OHR(1996), S.646. Eine theoretische Auseinandersetzung mit der Struktur des Transmissionsmechanismus stellt z.B. die Arbeit von BERNANKE/GERTLER(1995), S.27-48 dar. Eine ausführliche Auseinandersetzung mit dem Transmissionsmechanismus und der finanziellen Struktur bietet BANK FOR INTERNATIONAL SETTLEMENTS(1995).

2.1.3. Insidersysteme versus Outsidersysteme

2.1.3.1. Erläuterung der Dichotomie

FRANKS/MAYER schlagen das Kriterium, wie in unterschiedlichen Finanzsystemtypen *Unternehmenskontrolle* (Corporate Governance) ausgeübt wird, als eindeutiges und theoretisch abgestütztes Kriterium zur Dichotomisierung von Finanzsystemen vor. Gegenübergestellt werden das *Insidersystem der Corporate Governance* und das *Outsidersystem der Corporate Governance*.[131] Erkenntnisobjekt der Ausführungen zur Corporate Governance ist das Finanzsystem.

Wie wird das Finanzsystem im Rahmen der Dichotomie Insidersysteme versus Outsidersysteme abgegrenzt? Das Finanzsystem wird als Instrument der Corporate Governance verstanden. Im Mittelpunkt steht die Betrachtung der institutionellen Finanzsektorstruktur und der Beziehungen zwischen Finanzsektor und Unternehmenssektor im Hinblick auf die Corporate Governance. Das Konzept der Corporate Governance und die verwendeten Indikatoren zur Charakterisierung von Governancesystemen werden nachfolgend erläutert. Die Identifizierung der *Unternehmenskontrolle* als Unterscheidungskriterium für Finanzsystemtypen ist im Zusammenhang mit einer Relativierung der Relevanz der für die Abgrenzung von *bankorientierten* und *kapitalmarktorientierten* Finanzsystemen (Kapitel B.III.2.1.1.1.) wichtigen Unterscheidungskriterien der *Finanzsektorstruktur*, der *Zusammensetzung der externen Unternehmensfinanzierung* und der *Kapitalstrukturen* zu betrachten. Zunächst wird skizziert, inwiefern diese empirisch abgeleiteten Unterscheidungskriterien relativiert werden.[132]

Bezüglich der *Finanzsektorstruktur* als Unterscheidungsmerkmal kritisiert MAYER, daß sich sowohl in den kapitalmarktorientierten Finanzsystemen der USA und Großbritanniens als auch im bankorientierten Finanzsystem Japans große und bedeutende Kapitalmärkte finden. Zudem halten Finanzinstitutionen sowohl im kapitalmarktorientierten Finanzsystem Großbritanniens (Pensionsfonds und Versicherungen) als auch in den bankorientierten Finanzsystemen Deutschlands und Japans (Banken) große Eigenkapitalanteile am Unternehmenssektor.[133]
Mit einer Untersuchung zur Zusammensetzung der *Unternehmensfinanzierung* in den Industrieländern im Zeitraum von 1970 - 1985 auf der Basis von *Flow of Funds Analysen* stellt MAYER die Relevanz der *externen* Unternehmensfinanzierung als Unterscheidungsmerkmal für Finanzsystemtypen in Frage. Denn erstaunlicherweise stellt die *interne Finanzierung* mit Abstand die wichtigste Finanzierungsquelle für den Unternehmenssektor in den bankorientierten Ländern Frankreich, Deutschland, Japan und in

---

131 Vgl.grundlegend die Studie von FRANKS/MAYER(1990), S.191-194 und darauf aufbauend FRANKS/MAYER(1994a), FRANKS/MAYER(1994b), FRANKS/MAYER(1995), FRANKS/MAYER(1997). Auch ZYSMAN(1983) hat auf den Modus der Unternehmenskontrolle als wichtiges Abgrenzungskriterium für unterschiedliche Finanzsystemstrukturen hingewiesen. Vgl.Kapitel B.III.2.1.1.3.

132 Vgl.zur grundlegenden Kritik an den Abgrenzungsmerkmalen von kapitalmarktorientierten und bankorientierten Finanzsystemen die Ausführungen von MAYER(1987), S.iii.

133 Vgl.MAYER(1987), S.iii.

den kapitalmarktorientierten Länder USA und Großbritannien dar. Jedoch wird in den USA und Großbritannien fast das gesamte Volumen der neuen Investitionen durch interne Finanzierung finanziert, während in den bankorientierten Ländern nur rund zwei Drittel aller neuen Investitionen auf diesem Wege finanziert werden und finanzielle Ressourcen den Unternehmen auf anderen Wegen (vor allem durch Bankkredit) zur Verfügung gestellt werden. *Bankenfinanzierung* spielt in allen Ländern als Quelle für externe Finanzierung eine wichtige Rolle, wobei dieses Instrument besonders in Japan und Frankreich - erstaunlicherweise jedoch nicht in Deutschland - eine sehr wichtige Rolle spielt. *Wertpapiermärkte* (kurzfristige Wertpapiere, Rentenpapiere, Aktien) besitzen insgesamt - mit Ausnahme der Rentenmärkte in den USA - keine Bedeutung als externe Quellen der Unternehmensfinanzierung. Obwohl die *Aktienmärkte* in den beiden kapitalmarktorientierten Ländern USA und Großbritannien am weitesten entwikkelt sind, haben sie in der Nettobetrachtung dem Unternehmenssektor weniger finanzielle Ressourcen zur Verfügung gestellt als die (wenig entwickelten) Aktienmärkte in den bankorientierten Ländern, (wobei dies vor allem für Frankreich und Japan, nicht jedoch für Deutschland zutrifft).[134]
Die Unterschiedlichkeit von *Kapitalstrukturen* in bankorientierten und kapitalmarktorientierten Finanzsystemen wird in einigen empirischen Untersuchung erheblich in Frage gestellt. Die vermeintlich starken Unterschiede in den Kapitalstrukturen der Unternehmen in bankorientierten und kapitalmarktorientierten Finanzsystemen relativieren sich erheblich, wenn die Untersuchungen um methodologische Aspekte (unterschiedliche Rechnungslegungsvorschriften) korrigiert werden und kapitalstrukturbeeinflussende Größen wie beispielsweise *Rechtsformen*, *Unternehmensgröße* und *Wirtschaftszweig* (der in die Stichprobe einbezogenen Unternehmen) mit in die Betrachtung einbezogen werden.[135]

MAYER vertritt die Hypothese, daß die von ihm beobachteten Finanzierungsstrukturen in den Unternehmenssektoren der Industrieländer durch *Kontrolltheorien* weitestgehend erklärt werden können. Mit unterschiedlichen Finanztiteln sind nicht nur bestimmte *Ertragsströme*, sondern auch bestimmte *Kontrollrechte* verbunden. Diese

---

134 Vgl.grundlegend die Studien von MAYER(1988), S.1168-1176; MAYER(1990), S.309-318 und dazu kritisch referierend MANKIW(1988), S.1184. Bestätigt werden die Ergebnisse zur Unternehmensfinanzierung von MAYER auch in den Studien von CORBETT/JENKINSON(1996), S.71-88; MAYER/ALEXANDER(1990), S.450-467. Allerdings ist hervorzuheben, daß bereits RYBCZYNSKI(1974), S.58-64 deutlich darauf hingewiesen hat, daß für die untersuchten Industrieländer die *externe Finanzierung* zwischen 35-50 Prozent und die *interne Finanzierung* zwischen 50-65 Prozent zum Gesamtfinanzierungsvolumen des Unternehmenssektors beiträgt. RYBCZYNSKI hat auf der Grundlage dieser Untersuchung explizit die Struktur der *externen Unternehmensfinanzierung* als Unterscheidungskriterium für Finanzsystemtypen ausgewählt.

135 In den Kapitalstrukturanalysen der BUNDESBANK(10/1994a), von KESTER(1986), RAJAN/ZINGALIS(1994) und PERLITZ/KÜPPER/LÖBLER(1985) werden keine signifikanten Unterschiede in den Kapitalstrukturen vergleichbarer Unternehmen der Industrieländer nachgewiesen. Dagegen kommen die Studien von BORIO(1990) und FRANCFORT/RUDOLPH(1992) zu markanten Unterschieden in den Kapitalstrukturen der vergleichbaren Unternehmen in Industrieländern. BERGLÖF(1990a), BERGLÖF(1990b), und CONTI(1992) vertreten in ihren Arbeiten die These von der Unterschiedlichkeit der Kapitalstrukturen in bank- und kapitalmarktorientierten Finanzsystemen.

spielen in einer Welt, in der nur *unvollständige Verträge* geschrieben werden können, eine wichtige Rolle. Denn in nicht spezifizierten und vertraglich nicht berücksichtigten Umweltzuständen kommt den *Kontrollverteilungen* zwischen den Vertragsparteien eine große Bedeutung zu.[136]. *Unternehmenskontrolle* erfolgt auf unterschiedliche Art und Weise in verschiedenen Systemen der Corporate Governance. Mit dem Begriff *Corporate Governance* wird die Gesamtheit der institutionellen und organisatorischen Vorkehrungen mit den dazu gehörenden Entscheidungs- und Kontrollrechten bezeichnet, die zur Lösung von Interessenskonflikten zwischen den am Unternehmen beteiligten Gruppen im Sinne der Stakeholder (Eigenkapitalgeber, Kreditgeber, Arbeitnehmer, Zulieferer usw.) herangezogen werden.[137] Gegenübergestellt werden das *Insidersystem der Corporate Governance* und das *Outsidersystem der Corporate Governance*. Beide Systeme der Corporate Governance werden als im Zeitablauf, im Kontext spezifischer nationaler Regulierungen und Rahmenbedingungen, entstandene Mechanismen der Unternehmenskontrolle betrachtet, die beide sowohl relative Vorteile als auch relative Nachteile aufweisen. Keines der beiden Governancesysteme vereint nur Vorteile in sich.[138]

Als *Outsidersysteme der Corporate Governance* werden die Finanzsysteme der USA und Großbritanniens eingestuft. Diese werden durch drei wesentliche Merkmale charakterisiert. Erstens finden sich in den Outsidersystemen eine erstaunlich große Anzahl von *börsennotierten Unternehmen*. Zweitens kennzeichnen sich Outsidersysteme durch einen sehr liquiden und transparenten Kapitalmarkt, auf dem Eigentums- und Kontrollrechte an Unternehmen häufig gehandelt werden. Ein *aktiver Markt für Unternehmenskontrolle* dient der Reallokation finanzieller Ressourcen von (relativ) ineffizienten Verwendungen in (relativ) effiziente Verwendungen und stellt ein wesentliches Charakteristikum eines Outsidersystems dar. Ein Teil der Unternehmensübernahmen ist feindlicher Natur (hostile takeovers), was bedeutet, daß sie vom Unternehmensmanagement der übernommenen Unternehmung abgelehnt worden sind. Neben Unternehmensübernahmen werden als weitere Mechanismen zur Veränderung der Kontrollallokation „Management Buy-Outs“ (Übernahme einer Unternehmung durch das amtierende Management), „Management Buy-Ins“ (Unternehmensübernahme durch ein außenstehendes neues Management) sowie „spin offs“ (Verkauf von Tochterunternehmen) thematisiert. Aktive Märkte für Unternehmenskontrolle werden mit einer kurzfristigen Orientierung des Investitionshorizonts („short termism“) in Verbindung gebracht. Denn Unternehmensübernahmen unterminieren langfristige vertragliche Beziehungen zwischen Investoren, Managern und Angestellten. Vor allem Investitionen in firmenspezifisches Humankapital und in Forschungs- und Entwicklungsvorhaben werden dadurch behindert. Drittens werden Outsidersysteme durch eine *geringe*

---

136 Vgl.MAYER(1987), S.vi-viii; MAYER(1988), S.1177-1179; MAYER(1990), S.323. MAYER legt seiner Betrachtung die Kontrolltheorie von AGHION/BOLTON(1989) und AGHION/BOLTON(1992) zugrunde.

137 Vgl.zu dieser Definition von Corporate Governance SCHMIDT/TYRELL(1995), S.10.

138 Vgl.hierzu die Ausführungen von FRANKS/MAYER(1994a), S.18-20; PROWSE(1996), S.2; SCHNEIDER-LENNÉ(1992), S.22-23.

Anzahl von Unternehmensverflechtungen charakterisiert. Dies reflektiert sich auch in der relativ *breit gestreuten Eigentümerstruktur* der Outsidersysteme. Neben Kleinanlegern halten vor allem Nichtbankfinanzintermediäre wie Pensionsfonds und Versicherungen Eigenkapital am Unternehmenssektor. Entscheidend ist dabei, daß jeder dieser Investoren lediglich einen relativ kleinen Anteil an den Unternehmen hält. Aus Gründen der Risikendiversifikation ist eine weit gestreute Eigentümerstruktur vorteilhaft. Für eine aktive Rolle der Investoren in der Unternehmensüberwachung und Kontrolle bietet sie dagegen kaum Anreize. Auch enge Bindungen zwischen Investoren und Unternehmen werden im Outsidersystem nicht gefördert. Gesetze über Insiderhandel und zum Schutz von Minderheitsaktionären wirken derartigen Bindungen entgegen.[139]

Abbildung B.5.:
Struktur des Outsidersystems

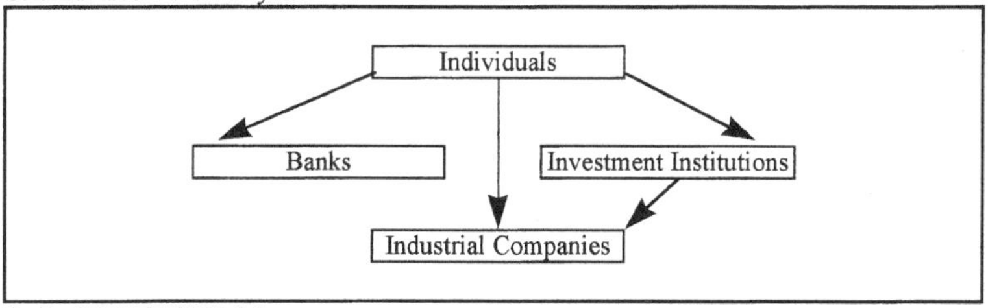

Quelle: WALTER(1993), S.7.

Entdecken die Investoren, daß die Unternehmen, an denen sie Eigenkapitalanteile halten, eine (tatsächlich oder vermutete) relativ ineffiziente Unternehmenspolitik betreiben, dann neigen sie tendenziell zum Verkauf ihrer Unternehmensanteile. Dies wird in der Terminologie von HIRSCHMAN als Präferenz für „exit"-Verhalten bezeichnet.[140] Abbildung B.5. gibt einen Überblick über die hierarchische Strukturen der Unternehmenskontrolle in Outsidersystemen. Investoren üben entweder direkt (wie beispielsweise in den USA) oder indirekt über Institutionen (wie beispielsweise in Großbritannien) Unternehmenskontrolle aus.[141]

Als *Insidersysteme der Corporate Governance* gelten die Finanzsysteme Deutschlands, Japans und Frankreichs. Diese werden durch drei wesentliche Merkmale charakterisiert. Erstens finden sich in Insidersystemen nur eine relativ kleine Anzahl *börsennotierter Unternehmen*. Zweitens kennzeichnen sich Insidersysteme durch einen illiquiden Kapitalmarkt, auf dem Eigentums- und Kontrollrechte nur selten gehandelt werden. *Ein aktiver Markt für Unternehmenskontrolle existiert nicht.* Feindliche Unter-

139 Vgl.FRANKS/MAYER(1994a), S.3-5; FRANKS/MAYER(1994b), S.2-3; FRANKS/MAYER (1990), S.192-194, S.201-202, S.214-215; MAYER(1994), S.188 und ergänzend BAYER(1990), S.137-144. Bereits 1932 wurde von BERLE/MEANS(1932) die Trennung zwischen Eigentum und Kontrolle thematisiert.

140 Vgl.BERGLÖF(1990a), S.152. Dieser bezieht sich auf HIRSCHMAN(1970).

141 Vgl.FRANKS/MAYER(1994a), S.5.

nehmensübernahmen finden nur in Ausnahmefällen statt. Der Aktienmarkt ist durch eine geringe Börsenkapitalisierung, eine geringe Transparenz und eine geringe Liquidität gekennzeichnet. Drittens werden Insidersysteme durch *komplexe und sehr stabile Eigentumsverflechtungen und Überkreuzverflechtungen im Unternehmenssektor* gekennzeichnet. Verstärkt werden derartige Gruppenbildungen durch gegenseitige Repräsentation im Aufsichtsrat. Oftmals finden sich auch Bankenvertreter in den Aufsichtsräten dieser Unternehmen und Unternehmensgruppen. Eigentum und die Kontrolle an den (börsennotierten) Unternehmen bleiben hauptsächlich im Unternehmenssektor konzentriert.[142]
Für die Unternehmenskontrolle spielen in Insidersystemen vor allem Großaktionäre mit substantiellen Unternehmensbeteiligungen („controlling shareholder") eine wichtige Rolle. Vor allem andere Unternehmen, Banken und Familien treten als kontrollierende Eigentümer auf. Ihre Existenz wirkt als Hindernis für Unternehmensübernahmen nach angloamerikanischem Vorbild. Die Einwirkungsmöglichkeiten von Kleinaktionären auf die Unternehmenskontrolle bleiben in Insidersystemen stark begrenzt. Banken sind direkt im Überwachungs- und Kontrollprozeß der Unternehmen involviert. Reorganisationen von Unternehmen unter Bankenbeteiligung (in der Rolle des Kreditgebers) stellen einen häufig vorzufindenden Konfliktlösungsmechanismus dar. Insidersysteme sind durch eine Präferenz für interne Konfliktlösungsmechanismen gekennzeichnet. Das heißt, es besteht eine große Neigung, (relativ) ineffiziente Unternehmen durch Restrukturierungen in ihrer Performance zu verbessern. Dieses Verhalten wird in der Terminologie von HIRSCHMAN als „voice"-Verhalten bezeichnet.[143] Abbildung B.6. gibt einen Überblick über die Struktur der Unternehmenskontrolle im Insidersystem.

Abbildung B.6.:
Struktur des Insidersystems

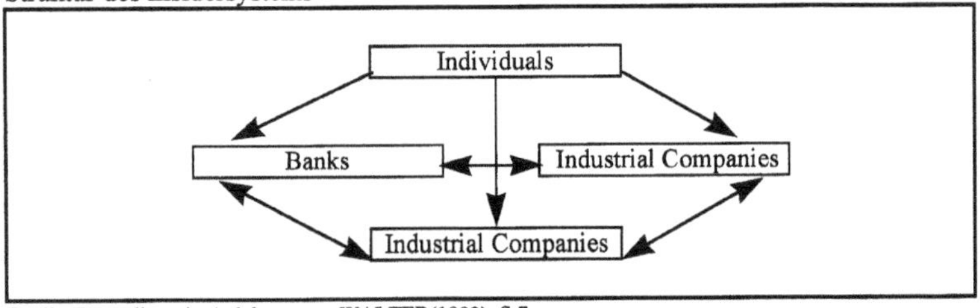

Quelle: Darstellung in Anlehnung an WALTER(1993), S.7.

---

142 Vgl.FRANKS/MAYER(1994a), S.3-5; FRANKS/MAYER(1994b), S.2-3 sowie ergänzend BERGLÖF(1990a), S.146. FRANKS/MAYER berichten für Deutschland von lediglich vier feindlichen Unternehmensübernahmen seit 1945

143 Vgl.MAYER(1994), S.188; FRANKS/MAYER(1990), S.191-192; BERGLÖF(1990a), S.145-152. Dieser bezieht sich auf HIRSCHMAN(1970). Für Deutschland berichten FRANKS/MAYER/SORIA(1991), daß an den börsennotierten Aktiengesellschaften üblicherweise Minderheitsbeteiligungen von mehr als 25 Prozent festgestellt werden können.

Insidersysteme werden mit einer längerfristigen Orientierung des Investitionshorizonts („long termism") in Verbindung gebracht. Angesichts der durch die kontrollierenden Aktionäre gewährleisteten stabilen Eigentumsverhältnisse, die feindliche Unternehmenübernahmen wirkungsvoll verhindern, können die Manager den Aktienkurs in ihren Kalkülen vernachlässigen und sich der Verfolgung langfristiger Unternehmensstrategien widmen. Darüber hinaus wird unterstellt, daß in Insidersystemen implizite Verträge zwischen den Stakeholdern der Unternehmung besser eingehalten werden können, wodurch längerfristige Beziehungen zwischen diesen gefördert werden.[144]

Abschließend stellt das Kriterium der *Corporate Governance*, obwohl es sich vor allem auf den Modus der Unternehmenskontrolle börsennotierter Unternehmen bezieht, ein wichtiges und aussagekräftiges Merkmal zur Unterscheidung von Finanzsystemtypen dar. Die theoretisch abgestützten Überlegungen zur Corporate Governance zeigen, daß zwischen den Charakteristika des Finanzsektors (Anzahl der börsennotierten Unternehmen, Liquidität der Kapitalmärkte), den Eigentümerstrukturen im Unternehmenssektor und dem Modus der Unternehmenskontrolle bestimmte Beziehungen bestehen, die zur Unterscheidung von Insider- und Outsidersystemen führen.[145]

2.1.3.2.DOSIs Ergänzung um Lernverhalten und Innovationsneigung

DOSI stellt den Einfluß von verschiedenen Finanzsystemen auf den Prozeß industrieller Innovationen und industrieller Entwicklung in den Mittelpunkt seiner Überlegungen. An den Anfang seiner Ausführungen stellt DOSI die Überlegung, daß sich Finanzsysteme in der Struktur der Unternehmensfinanzierung und im Modus der Unternehmenskontrolle unterscheiden, so daß faktisch die durch den marktmäßigen Austausch von Eigentumsrechten gekennzeichneten Outsidersysteme („Entry/Exit-Mechanismen") den durch institutionalisierte Eigentums- und Kontrollbeziehungen gekennzeichneten Insidersystemen („Voice-Mechanismen") gegenübergestellt werden. Hervorgehoben wird, daß die Ressourcenbereitstellung für Unternehmen in den Insidersystemen (über Banken) mit mehr diskretionalem Spielraum als in den Outsidersystemen (über Aktienmärkte) verbunden ist.[146]

Wie wird das Finanzsystem im Ansatz von DOSI abgegrenzt? Das Finanzsystem umfaßt im Ansatz von DOSI die institutionelle Finanzsektorstruktur und die finanziellen Beziehungen zwischen Finanzsektor und Unternehmenssektor. Diese werden im Hinblick auf die Unternehmensfinanzierung und -kontrolle charakterisiert.

---

144 Vgl.CORBETT(1987), S.31 und JENKINSON/MAYER(1992), S.9.

145 Einen interessanten Ansatz, in dem die *Interdependenz zwischen Finanzsektorstruktur und dem Corporate Governance System* analysiert wird, stellt die Studie von AOKI/DOSI(1992) dar.

146 Vgl.DOSI(1990), S.299-300 und S.308-316 Den gleichen Ansatz verfolgen AOKI/DOSI(1992), CHRISTENSEN(1992); IMAI(1992). DOSI(1990) bezieht sich auf *„marktorientierte"* und *„kreditorientierte"* Mechanismen der Allokation von finanziellen Ressourcen und Eigentums- und Kontrollrechten. Dies entspricht der zuvor skizzierten Dichotomie *Outsidersysteme* versus *Insidersysteme*.

Ein zentraler Aspekt der Studie von DOSI ist die Frage, wie sich die Unterschiedlichkeit der beiden Finanzsystemtypen auf die Raten und Modi industrieller Innovationen auswirkt. Unter Innovationen werden Lern- und Entdeckungsprozesse über neue Produkte, neue Produktionsprozesse und neue wirtschaftliche Organisationsformen verstanden. Aus ex-ante Sicht bestehen nur unstrukturierte Annahmen über noch nicht genutzte Innovationspotentiale. Ex-post betrachtet werden diese in Produktmärkten durch Wettbewerbsprozesse einer Überprüfung und Auslese unterzogen. DOSI vertritt die These, daß Finanzsysteme einerseits Geschwindigkeiten und Modi, nach denen Unternehmen *lernen* und andrerseits die Geschwindigkeit und Kriterien, nach denen Unternehmen und Technologien *selektiert* werden, beeinflussen. Die Schnelligkeit, mit welcher der Selektionsmechanismus aktiviert wird, bestimmt den „Selektionsdruck" auf Unternehmen, eine „gute" Performance aufzuweisen. Zur Beurteilung der Aspekte Lernen und Selektion werden die *statische Selektionseffizienz* (im Hinblick auf die Selektion relativ ineffizienter Unternehmen und Technologien) und die *dynamische Wachstumseffizienz* (Schumpetereffizienz im Hinblick auf Lern- und Innovationsfähigkeit von Unternehmen und Technologien) unterschieden. Beide Effizienzdimensionen stehen zueinander in Konflikt. Die Unterschiedlichkeit von Outsidersystemen und Insidersystemen liegt im jeweiligen „trade-off" zwischen beiden Effizienzarten.[147]
DOSI nimmt an, daß einige Abweichungen von statischer (technologischer und ökonomischer) Effizienz notwendig sind, um künftige Innovationspotentiale und die Anpassungsfähigkeit des Unternehmenssektors im Sinne von „evolutionärer Lebensfähigkeit" einer Volkswirtschaft zu garantieren. Notwendigerweise muß das Finanzsystem die Möglichkeit bieten, unbekannte und im Durchschnitt nicht erfolgreiche Innovationsmöglichkeiten zu explorieren und zu erforschen. Diese Spannung zwischen gegenwärtiger und künftiger Performance - bezogen auf einzelne Unternehmen oder auch auf ganze Branchen - spiegelt sich in den Gewichten wider, welche auf die jeweiligen Effizienzdimensionen - statische Selektionseffizienz versus dynamische Schumpetereffizienz - in den beiden betrachteten Finanzsystemstrukturen gelegt werden. *Outsidersysteme* sind aufgrund der liquiden Aktienmärkte und den Unternehmensübernahmen durch ein hohes Maß an Selektionseffizienz und ein geringeres Maß an Schumpetereffizienz geprägt, was sich dementsprechend an einem kurzfristigen Investitionshorizont (short termism) widerspiegelt. Dagegen sind *Insidersysteme* durch ein hohes Maß an dynamischer Effizienz (und ein geringeres Maß an statischer Selektionseffzienz) geprägt und weisen daher eine langfristige Orientierung im Investitionshorizont auf. In Insidersystemen ist demnach „Lernen" wichtiger als der Selektionsmechanismus.[148]

---

147 Vgl.DOSI(1990), S.299-300, S.304-308 und S.314-315. DOSI zitiert in diesem Zusammenhang ein aus der Biologie entlehntes Bild von ALLEN(1988): Eine Population A mit hoher durchschnittlicher Fitneß kann gegenüber einer Population B, mit geringerer durchschnittlicher Fitneß, eine niedrigere dynamische Fitneß aufweisen. Denn die durchschnittlich niedrigere (statische) Fitneß der Population B, welche relativ mehr Ressourcen zum Überleben verbraucht, eine niedrigere Reproduktionsrate aufweist und zudem mehr Fehler in der genetischen Übertragung aufweist, stellt sich (trotz der mit den Fehlern der genetischen Übertragung in der Mehrzahl der Fälle verbundenen „Flops" gegenüber Verbesserungen) in der dynamischen Betrachtung als überlebensfähiger heraus als die Population A, welche sich am besten an die bestehenden Umweltbedingungen angepaßt hat.

148 Vgl.DOSI(1990), S.305-309.

Der entscheidende Beitrag von DOSI besteht darin zu zeigen, daß sich die Unterschiedlichkeit von Insider- und Outsidersystemen einerseits in den Lernmöglichkeiten und dem Selektionsdruck für Unternehmen und andrerseits in der Dynamik industrieller Innovationen und Veränderungen widerspiegelt. Abbildung B.7. faßt die Unterschiede von Insider- und Outsidersystemen im Ansatz von DOSI zusammen.

Abbildung B.7.:
Charakteristika von Outsidersystemen und Insidersystemen

Systemeigenschaften	Outsidersystem	Insidersystem"
a) Corporate Governance; „Voice" versus „Exit"	„Exit"	„Voice"
b) Selektionsdruck aufgrund beobachteter Performance	höher (hohe Selektionseffizienz)	niedriger (niedrige Selektionseffizienz)
c) kumulierte Lernmöglichkeiten	niedriger (niedrige Schumpetereffizienz)	höher (höhere Schumpetereffizienz)
d) Ausmaß diskretionaler Handlungsspielräume im finanziellen Allokationsprozeß	geringe Spielräume (Aktienmärkte)	hohe Spielräume (Banken)

Quelle: Darstellung in Anlehnung an DOSI(1990), S.313.

2.1.4.Exkurs: Typologiebildungen und Finanzsystemveränderungen
2.1.4.1.RYBCZYNSKIs These der linearen Finanzsystemevolution

RYBCZYNSKI stellt die Veränderungen von Finanzsystemen im Zeitablauf in den Mittelpunkt seiner Überlegungen. Die Veränderungen von Finanzsystemstrukturen werden durch die Hypothese der *linearen Evolution des Finanzsystems* charakterisiert. Von einem Entwicklungszustand einer Volkswirtschaft *ohne Finanzsystem* ausgehend entwickelt sich das Finanzsystem im Rahmen des wirtschaftlichen Entwicklungsprozesses zunächst zu einem *bankorientierten Finanzsystem*, dann zu einem *marktorientierten Finanzsystem* und schließlich zu einem *stark marktorientierten (securitisierten) Finanzsystem.*[149]

„...by improving the risk-assuming and risk-bearing capacity of an economy the evolution of the financial system helps to increase capital formation, savings and economic growth; this in turn assists the further transformation of the financial system, raising again risk-bearing ability, investment and savings - and so on in a virtuous circle of advance."[150]

---

[149] Vgl.grundlegend RYBCZYNSKI(1984), S.275-276. In anschließenden Arbeiten wird die These ebenfalls vertreten. Vgl.z.B. RYBCZYNSKI(1985), S.39; RYBCZYNSKI(1986), S.2; RYBCZYNSKI(1988), S.6-7; RYBCZYNSKI(1989), S.20-21; RYBCZYNSKI(1991), S.34. Der theoretische Hintergrund des Ansatzes von RYBCZYNSKI ist durch Elemente neoklassischer Finanzierungstheorie, Aspekte von Kontrolltheorien und intermediationstheoretische Überlegungen gekennzeichnet.

[150] RYBCZYNSKI(1985), S.39.

Die Evolution des Finanzsystems beeinflußt einerseits selbst den wirtschaftlichen Entwicklungsprozeß und wird andrerseits von diesem beeinflußt. Beispielsweise vergrößert sich während der Finanzsystemevolution dessen Fähigkeit, Risiken zu tragen. Dies wirkt sich positiv auf die Gesamtperformance des Wirtschaftssystems und diese wiederum positiv auf die Finanzsystementwicklung aus. Maßgeblich beeinflußt wird die Evolution des Finanzsystems durch den für das Finanzsystem relevanten technologischen Fortschritt, finanzielle Innovationen und den Regulierungsrahmen, der die institutionelle Struktur und Funktionsaufteilung (im Finanzsektor) regelt. Im Regulierungsrahmen manifestiert sich der Staatseinfluß auf die Finanzsystemstruktur. Insbesondere, in welchem Ausmaß Marktkräfte im Finanzsystem wirken können, wird dadurch festgelegt. Der Staat beeinflußt die Dauer von Entwicklungsstufen des Finanzsystems und die Zeitpunkte der Übergänge zu den weiteren Finanzsystementwicklungsstufen.[151]

Wie wird das Finanzsystem im Ansatz von RYBCZYNSKI abgegrenzt? Im Blickpunkt steht die Rolle des Finanzsystems als Mechanismus zur (externen) *Unternehmensfinanzierung*. In diesem Zusammenhang wird das Finanzsystem als die Gesamtheit der institutionellen Einrichtungen zum Transfer von Ersparnissen zu den Investoren betrachtet, wobei hervorgehoben wird, daß sich dieser Prozeß für beide Vertragsparteien zu akzeptablen Konditionen und Risiken vollzieht.[152]
Das Finanzsystem umfaßt in einer etwas differenzierten Betrachtung die folgenden fünf institutionellen Einrichtungen: Erstens einen Mechanismus zur Abwicklung von Zahlungen, zweitens einen Mechanismus zur Sammlung und zum Transfer von Ersparnissen (durch Banken und andere depositennehmende Finanzinstitutionen), drittens die Aktivitäten der Kapitalmärkte im Hinblick auf die Emission und den Sekundärhandel von (langfristigen) Finanztiteln betreffende Einrichtungen, viertens die Aktivitäten der Geld- und Kreditmärkte im Hinblick auf die Bereitstellung kurzfristiger Finanzierungstitel betreffende Einrichtungen und fünftens die Aktivitäten der zu den übrigen Finanzmärkten komplementären Finanzmärkte zum Hedgen von Risiken (Terminmärkte) betreffende Einrichtungen.[153]

---

151 Vgl.RYBCZYNSKI(1984), S.276-277 und S.283-283; RYBCZYNSKI(1986), S.10-12. In diesem Zusammenhang verweist RYBCZYNSKI darauf, daß in Kontinentaleuropa der Staat wesentlichen Einfluß auf die Struktur der Finanzsysteme genommen hat, während sich in den Vereinigten Staaten und Großbritannien die Struktur der Finanzsysteme im Rahmen des Industrialisierungsprozesses ohne Staatshilfe herausgebildet hat.

152 Vgl.RYBCZYNSKI(1984), S.275-276; RYBCZYNSKI(1986), S.1-2. Deutlich fließen in diese Finanzsystemabgrenzung *intermediationstheoretische Vorstellungen* mit ein. Vgl.hierzu die Ausführungen zum *Beschreibungsmodus Intermediationsperspektive* in Kapitel B.IV. Da RYBCZYNSKI jedoch das Gewicht seiner Betrachtungen auf die Rolle des Finanzsystems als Instrument der *externen Unternehmensfinanzierung* legt, wurde dessen Ansatz unter die Typologiebildungen des *Beschreibungsmodus Finanzsektor-Realsektor-Perspektive* eingeordnet.

153 Vgl.zu dieser Abgrenzung des Finanzsystems RYBCZYNSKI(1986), S.1-2. Diese Finanzsystemabgrenzung entspricht weitestgehend der von RYBCZYNSKI(1985), S.35-36 und ist etwas umfangreicher und präziser als die in RYBCZYNSKI(1984), S.275-276.

Von dieser Abgrenzung des Finanzsystems ausgehend skizziert RYBCZYNSKI die linear verlaufende Evolution von Finanzsystemen. Deren Charakter, Bedeutung und Umfang verändern sich im Zuge des wirtschaftlichen Entwicklungs- und Wachstumsprozesses. Als Ausgangspunkt der Betrachtung dient eine unterentwickelte Volkswirtschaft mit niedrigem Volkseinkommen, niedriger (finanzieller) Ersparnisbildung und einem rudimentär entwickelten Zahlungssystem (Vorwiegen von Tauschbeziehungen). Mechanismen zum Transfer von Ersparnissen existieren kaum. Investitionen können nur (unter Konsumverzicht) durch Selbstfinanzierung oder informelle Finanzierungsquellen (Familie, Freunde, Bekannte und Geldleiher) finanziert werden.[154]

Mit fortschreitender Entwicklung der Volkswirtschaft und einer steigenden Ersparnisbildung entsteht ein *bankorientiertes Finanzsystem*. Im Rahmen der Zahlungsabwicklung werden Tauschprozesse durch die Verwendung einer Währung ersetzt. Das Finanzsystem wird institutionell im wesentlichen durch die Entstehung von Finanzintermediären, insbesondere von Banken geprägt. Diese nehmen die Zahlungsabwicklung wahr, sammeln Ersparnisse (vor allem in der Form von Depositen) und stellen diese zu marktbestimmten Preisen, die einen risikoangepaßten Ertrag garantieren sollen, den Unternehmen in der Form von kurz- bis mittelfristigen Krediten zur Finanzierung ihres Umlagevermögens zur Verfügung. Teilweise legen die Banken auch einen Teil der von ihnen gesammelten Ersparnisse in kurzfristigen Wertpapieren an. Neben den Banken entstehen andere auf Ersparnissammlung spezialisierte Finanzinstitutionen wie beispielsweise Lebensversicherungen, Bausparkassen, genossenschaftliche Finanzinstitutionen. Deren Beitrag zur Unternehmensfinanzierung bleibt vernachlässigbar klein. Insgesamt spielen für die Zusammensetzung der Unternehmensfinanzierung die von den Banken bereitgestellten kurz- bis mittelfristigen Kredite die wichtigste Rolle. In geringem Umfang stellen die Banken, depositennehmenden Finanzinstitutionen und ersparnissammelnden Finanzinstitutionen den Unternehmen auch Risikokapital zur Verfügung. Jedoch wird von diesen Finanzinstitutionen den Unternehmen das benötigte Risikokapital nicht in ausreichendem Umfang zur Verfügung gestellt, so daß die Unternehmen zur Deckung ihres Risikokapitalbedarfs auf Innenfinanzierungsmittel, thesaurierte Gewinne und informelle Finanzierungsbeziehungen angewiesen sind.[155] Eine Ausnahmefall stellen die bankorientierten Finanzsysteme dar, in denen *Universalbanken* tätig sind. Diese stellen den Unternehmen in gewissem Umfang Risikokapital bereit (Beteiligungen), üben Überwachungs- und Kontrollfunktionen an Unternehmen aus und bewirken gegebenenfalls Unternehmensrestrukturierungen beziehungsweise Änderungen im Unternehmensmanagement.[156]

---

154 Vgl.RYBCZYNSKI(1986), S.2; RYBCZYNSKI(1984), S.276.

155 Vgl.RYBCZYNSKI(1986), S.2-5; RYBCZYNSKI(1984), S.277-278. RYBCZNSKI(1988), S.6 weist ergänzend darauf hin, daß im bankorientierten Finanzsystem das Eigentum und die Kontrolle am Unternehmenssektor in den Händen der Unternehmer selbst konzentriert ist.

156 Vgl.RYBCZYNSKI(1984), S.278 und S.282-283; RYBCZYNSKI(1988), S.6. Betont wird, daß gerade ein bankorientiertes Finanzsystem mit Universalbanken bis zu einem weit entwickelten Stadium der Volkswirtschaft bestehen bleiben kann.

Eine weitergehende wirtschaftliche Entwicklung impliziert die Veränderung und Weiterentwicklung des bankorientierten Finanzsystems zu einem *marktorientierten Finanzsystem*. Dessen institutionelle Struktur wird neben den bereits bestehenden Finanzintermediären durch die Entstehung von Kapitalmärkten (Primär- und Sekundärmärkten) sowie von Markt- und sonstigen Finanzintermediären geprägt. Mit dieser Entwicklung geht eine Verbesserung des Zahlungsabwicklungsmechanismus einher. Die Kapitalmärkte dienen der Zusammenführung von Investoren und Sparern. Den Sparern stehen neben den Geldanlagen der Finanzintermediäre die auf den Kapitalmärkten gehandelten Finanztitel (langfristige Fremdkapitaltitel und Risikokapital) als Geldanlagen zur Verfügung. Diese ermöglichen es den Sparern, unterschiedliche Risiken (im Sinne von Risiko-Ertragskombinationen) einzugehen. Auch die Finanzintermediäre können auf den Finanzmärkten Finanztitel gemäß ihren Anlagepräferenzen bezüglich Risiko und Liquidität erwerben. Vor allem ermöglichen die Sekundärmärkte den Transfer von Eigentums- und Kontrollrechten. Teilweise wird die Herausbildung von Kapitalmärkten begleitet durch ein verstärktes Engagement der Banken und anderen Finanzintermediären bezüglich der Bereitstellung von Risikokapital sowie von langfristigen marktfähigen und nicht marktfähigen Fremdkapitalinstrumenten. Finanzintermediäre und Banken refinanzieren sich in dieser Entwicklungsstufe des Finanzsystems - genauso wie im bankorientierten Finanzsystem - hauptsächlich direkt bei den Sparern. Insgesamt spielen für die Unternehmensfinanzierung vor allem die Kapitalmärkte durch die von ihnen gewährleistete Bereitstellung von Risikokapital und langfristigem Fremdkapital eine herausragende Rolle. Bezüglich der Unternehmensfinanzierung stehen im marktorientierten Finanzsystem eine größere Anzahl von Finanzierungsinstrumenten als im bankorientierten Finanzsystem zur Verfügung, so daß von einer größeren Flexibilität gesprochen werden kann.[157]

Eine weitergehende wirtschaftliche Entwicklung impliziert als nächsten Schritt den Übergang von einem marktorientierten Finanzsystem zu einem *stark marktorientierten (verbrieften) Finanzsystem*. Als neue Bestandteile des Finanzsystems entstehen Zukunftsmärkte zum Hedgen finanzieller Risiken wie beispielsweise dem Zinsänderungsrisiko oder dem Wechselkursrisiko. Die Refinanzierung der Finanzintermediäre, insbesondere der Banken und der depositennehmenden Finanzinstitutionen vollzieht sich vorwiegend über den Rückgriff auf Kredite anderer Finanzintermediäre und nur noch in geringem Maß über die direkte Ressourcensammlung bei Sparern.[158] Zu beobachten ist zudem eine Securitisierung, d.h. finanzielle Forderungen (z.B.Kredite) werden gebündelt und über die Kapitalmärkte als Wertpapiere verkauft. Festzustellen ist ebenso eine wichtige Rolle von Nichtbankfinanzintermediären wie beispielsweise Pensions-

---

157 Vgl.RYBCZYNSKI(1986), S.5-6; RYBCZYNSKI(1984), S.277-278. RYBCZYNSKI(1988), S.7-8 weist darauf hin, daß die Konzentration des Eigentums an Produktionsmitteln im marktorientierten Finanzsystem abnimmt, so daß eine Trennung von Eigentum und Kontrolle zu beobachten ist.

158 Vgl.RYBCZYNSKI(1986), S.7-8; RYBCZYNSKI(1984), S.277-279. RYBCZYNSKI stellt in diesem Zusammenhang die Hypothese auf, daß die Zukunftsmärkte Möglichkeiten zum Hedgen von Risiken bieten, die vorher nicht abgesichert werden konnten oder durch die gesamte Volkswirtschaft beziehungsweise den Staat getragen wurden (Beispiel: System fester Wechselkurse).

fonds für die Ersparnissammlung. Darüber hinaus kennzeichnet sich ein stark marktorientiertes Finanzsystem durch einen aktiven Markt für Unternehmenskontrolle und für Venture Capital. Beide dienen als Instrumente zur Restrukturierung und zur Veränderung der bestehenden Wirtschaftsstrukturen. In bezug auf die Unternehmensfinanzierung spielen die Kapitalmärkte die gleiche herausragende Rolle wie im marktorientierten Finanzsystem. Insgesamt sind die Kosten der von Finanzintermediären bereitgestellten Finanzmittel im stark marktorientierten Finanzsystem zu einem größeren Grad marktbestimmt als im marktorientierten Finanzsystem. RYBCZYNSKI unterstellt, daß das stark marktorientierte Finanzsystem den größten Beitrag zum Wirtschaftswachstum zu leisten vermag. Indem dieses Finanzsystem den Sparern und Investoren eine große Auswahl an Finanzinstrumenten mit unterschiedlichen Kombinationen aus Risiko, Ertrag und Liquidität anbietet, wird es als ausgewogen betrachtet. Seine Flexibilität reflektiert sich in seiner Fähigkeit, (exogene) Schocks abzufedern und Anpassungsprozesse zu fördern. Bezüglich des Umgangs mit Moral Hazard und im Hinblick auf die umsichtige Regulierung von Finanzinstitutionen und Finanzmärkten weist das stark marktorientierte Finanzsystem von allen betrachteten Finanzsystemtypen das größte Maß an Stabilität, Effizienz und Wettbewerb auf.[159]

Nach der RYBCZYNSKI-These der linear verlaufenden Finanzsystemevolution stellen verschiedene Finanzsystemtypen lediglich unterschiedliche Entwicklungsstufen auf dem Weg zur Herausbildung eines stark marktorientierten Finanzsystems dar. Zwangsläufig werden alle anderen Finanzsystemtypen als rückständig und unterentwickelt betrachtet. Ein wesentlicher Beitrag der provokanten These von der linear verlaufenden Finanzsystemevolution liegt darin, daß sie die Aufmerksamkeit des Betrachters auf die Fragen richtet, wie Finanzsysteme entstehen, wie sie sich entwickeln und ob es ein eindeutig festgelegtes Muster der Finanzsystementwicklung gibt.

2.1.4.2.NARDOZZIs Betrachtung von Finanzsystemtendenzen

NARDOZZI stellt die Betrachtung der Entwicklungstendenzen von Finanzsystemen in den Mittelpunkt seiner Überlegungen.[160] Finanzsystemtypen, wie das bankorientierte und das kapitalmarktorientierte Finanzsystem, werden als *alternative* Finanzsystem-

---

159 Vgl.RYBCZYNSKI(1984), S.277 und S.279; RYBCZYNSKI(1986), S.7-8 und S.14; RYBCZYNSKI(1988), S.6-10. Dieser weist darauf hin, daß das Eigentum am Unternehmenssektor zwar nominell weit verstreut ist, aber eine gewisse Konzentration der Kontrollrechte in den Händen der institutionellen Investoren (z.B. Pensionsfonds) zu beobachten ist.

160 Vgl.grundlegend NARDOZZI(1992), S.247-248. Dieser verweist darauf, daß die von ihm zitierten Ergebnisse zum größten Teil aus dem Forschungsprojekt *„Finance Systems: Theory and Comparative Issues"* der Universitäten Florenz, Siena und Modena stammen. In gekürzter Form wird dieser Ansatz auch in NARDOZZI(1990) und NARDOZZI(1989) dargestellt. Ergänzende Studien liefern NARDOZZI(1988), NARDOZZI(1983), NARDOZZI(1982). Der theoretische Hintergrund des Ansatzes von NARDOZZI wird durch ein eklektisches Konglomerat von postkeynesianischen (fundamentalkeynesianischen) geldtheoretischen Thesen gebildet, die kompatibel mit informationsökonomischen Ansätzen sind. Vgl.NARDOZZI(1992), S.248-251.

konfigurationen betrachtet. Der von NARDOZZI vertretene Ansatz der Finanzsystembetrachtung steht in direktem Widerspruch zur Rybczynski-These der linear verlaufenden Finanzsystemevolution.[161]

Wie wird das Finanzsystem im Ansatz von NARDOZZI abgegrenzt? Im Mittelpunkt der Betrachtung steht die institutionelle Struktur des Finanzsektors (Finanzintermediäre und Finanzmärkte). Regulierung wird als integraler Bestandteil des Finanzsystems betrachtet. Betont wird, daß strukturelle Unterschiede zwischen Finanzsystemen mit erheblichen Unterschieden in der Regulierung einher gehen. Diese Unterschiede spiegeln sich in der Stabilität (beziehungsweise Instabilität) und der Effizienz des Finanzsystems wider. Im Blickpunkt stehen einerseits in bezug auf die Zusammensetzung der Unternehmensfinanzierung die Bedeutung von Kredit und marktmäßigen Finanzinstrumenten und andrerseits in bezug auf die Unternehmenskontrolle die Beziehungen zwischen Banken und Unternehmenssektor. „Entry/Exit-Mechanismen" der kapitalmarktorientierten Finanzsysteme werden in diesem Zusammenhang von „Voice-Mechanismen" der bankorientierten Finanzsysteme unterschieden.[162]

„Thus, the forces which determine the dynamics cannot be sought after in the area of a „natural" or „optimal" configuration. Rather, they must be found in the logic that holds together the model (internal coherence) or in the relationship between the model and the environment in which it operates (external coherence)."[163]

Für die Beurteilung der Veränderungstendenzen von Finanzsystemen schlägt NARDOZZI das Kriterium der *Kohärenz* von Finanzsystemstrukturen vor. Zur Beurteilung der Kohärenz eines Finanzsystems wird in *interne Kohärenz* des Finanzsystems auf der einen Seite und *externe Kohärenz* des Finanzsystems auf der anderen Seite unterschieden. Eine Finanzsystemkonfiguration verändert sich demnach, wenn sie wesentliche Elemente *(interne Inkohärenzfaktoren)* enthält, die Strukturveränderungen

---

161 Die *Rybczynski-These der linearen Finanzsystemevolution* wird von NARDOZZI(1992), S.256-257 und auch von CONTI(1992), S.227-228 entschieden zurückgewiesen. Statt dessen wird die These *alternativer Finanzsystemstrukturen*, die jeweils mit *komparativen Vor- und Nachteilen* verbunden sind, vertreten. Auch im Rahmen der bisher skizzierten *Typologiebildungen* (Kapitel B.III.2.1.1.-2.1.3.) wurden die skizzierten Finanzsystemtypen als alternativ betrachtet. Insbesondere die Überlegungen zu den *Governancesystemen* (Kapitel B.III.2.1.3.) lassen die Rybczynski-These fragwürdig erscheinen. Beide Kontrollmodi - *Outsidersysteme* und *Insidersysteme* - werden als alternative und in sich kohärente Mechanismen mit Stärken und Schwächen aufgefaßt. Der Übergang vom *bankorientierten* zum *kapitalmarktorientierten* Finanzsystem erfordert den Übergang vom *Insidersystem* zum *Outsidersystem*. Ein solcher Übergang erfordert u.a. erhebliche Umstrukturierungen in den Eigentümerstrukturen des Unternehmenssektors, ein Zurückziehen der Banken aus dem Monitoringprozeß sowie die Herausbildung eines funktionierenden externen Marktes für Unternehmenskontrolle. Eine derartige Entwicklung erfordert weitreichende Veränderungen in der Regulierungsmatrix der bankorientierten Finanzsysteme. Da ein Nachweis der (vermutet) größeren Effizienz des externen Restrukturierungsmechanismus des Outsidersystems nicht erbracht wird, scheint der Übergang vom Insidersystem zum Outsidersystem mit erheblichen Kosten und ohne einen nachweisbaren Effizienzgewinn verbunden zu sein.

162 Vgl.NARDOZZI(1992), S.250-256.

163 NARDOZZI(1992), S.258-259.

implizieren oder wenn sie nicht mehr kompatibel mit der sie umgebenden Umwelt *(externe Inkohärenzfaktoren)* ist. Die Veränderungen der Finanzsysteme, die sich beispielsweise in einer Fülle von Finanzinnovationen, der Globalisierung der Kapitalmärkte, der Securitisierung von Finanzierungsbeziehungen sowie der Deregulierung und Reregulierung von Finanzsystemen bemerkbar machen, resultieren nicht aus einer natürlichen Evolution der Finanzsysteme zu einem stark marktorientierten Finanzsystem mit einer stark betonten Rolle von Finanzmärkten, wie dies von RYBCZYNSKI postuliert wird. Vielmehr interpretiert NARDOZZI diese Veränderungen als Reaktionen auf die durch *interne Inkohärenzfaktoren* ausgelösten Krisen im amerikanischen Finanzsystem, dem angesichts seiner Größe eine dominierende Rolle im „Weltfinanzsystem" zufällt.[164]

Das amerikanische Finanzsystem stellt die Bedeutung der „Finanzintermediation über Finanzmärkte" (im Sinne der Transmission finanzieller Ressourcen über Finanzmärkte) stark in den Vordergrund. Damit kohärent war (in den siebziger Jahren) die Struktur des amerikanischen Bankensystems. Diese ist seit den dreißiger Jahren durch eine institutionelle Spezialisierung im Bankensektor (Trennbankensystem) gekennzeichnet. Ein Inkohärenzfaktor entstand jedoch in dem Moment, in dem durch die überaus starke Zunahme der Transmission finanzieller Ressourcen über Finanzmärkte die primäre Rolle von Banken (Kreditvergabe) in Frage gestellt worden ist. Denn nach NARDOZZI stellt das Trennbankensystem (Spezialisierungsprinzip) eine Übertreibung der Spezifität und Wichtigkeit von Banken dar. Dadurch ausgelöste Tendenzen zur Transmission finanzieller Ressourcen über Märkte können nicht soweit gehen, (d.h. die Herausbildung eines Finanzsystems ohne Banken bewirken), daß sie den Voraussetzungen für ihre Entstehung, (welche durch die Existenz von Trennbanken begründet wird), widersprechen. Dies bedeutet, daß die massive Substitution von Bankkredit durch Finanzintermediation über Finanzmärkte gerade auch zur internen Inkohärenz im amerikanischen Finanzsystem führt. [165]

Als Folge der durch die Krise des amerikanischen Finanzsystems ausgelösten Entwicklungstrends ist eine Tendenz zur angleichenden Konvergenz alternativer Finanzsystemkonfigurationen in dem Sinne festzustellen, daß in *bankorientierten Finanzsystemen* mehr Aktivitäten von Finanzmärkten und in *kapitalmarktorientierten Finanzsystemen* mehr Aktivitäten von Banken zu beobachten sind. Als Synthese zeichnet sich die Entwicklung eines *transnationalen Finanzsystemmodells* ab, in welchem Universalbanken (deutschen Typs) mit größeren Bank- und Finanzholdings (aus Ländern mit der Betonung des Spezialisierungsprinzips) konfrontiert werden. In diesem *transnatio-*

---

164 Vgl.NARDOZZI(1992), S.258-262. NARDOZZI betont in diesem Zusammenhang, daß in den siebziger und achtziger Jahren das amerikanische Finanzsystem, das die Rolle der Finanzmärkte für die Transmission finanzieller Ressourcen übermäßig stark betont hat, in die Krise geraten ist und nicht das deutsche Finanzsystem, in dem die Rolle der Banken im Prozeß der Transmission finanzieller Ressourcen gegenüber den Finanzmärkten übermäßig betont wird.

165 Vgl.NARDOZZI(1992), S.258-261. Insgesamt, so die Ausführungen von NARDOZZI, hat Finanzintermediation über Märkte weltweit eine sehr große Bedeutung gewonnen. Jedoch ist im Rahmen dieser Entwicklung die Bedeutung von Banken in diesem Prozeß hervorgehoben worden, für die im amerikanischen Modell der extremen Spezialisierung kein Platz geblieben ist.

nalen Finanzsystemmodell werden zwei zuvor getrennte Charakteristika vereinigt, die zuvor die Unterschiedlichkeit von kapitalmarktorientierten und bankorientierten Finanzsystemen begründet haben, und nun das Stadium einer Synthese erreichen. Auf der einen Seite handelt es sich um die Bedeutung der Banken (im Sinne der kontinentaleuropäischen Finanzsysteme) und auf der anderen Seite um die Bedeutung der Finanzmärkte (im Sinne der angloamerikanischen Finanzsysteme). NARDOZZI betont, daß das so charakterisierte entstehende transnationale Finanzsystemmodell auf dessen interne und externe Kohärenz zu beurteilen ist.[166]

NARDOZZI richtet das Augenmerk seiner Ausführungen ebenfalls auf die Veränderungen von Finanzsystemen. Anders als bei RYBCZYNSKI werden unterschiedliche Finanzsystemtypen jedoch als alternative Finanzsystemkonfigurationen betrachtet. Mit seinen Überlegungen zur internen und externen Kohärenz stellt NARDOZZI ein wichtiges Kalkül für die Betrachtung von Veränderungstendenzen von Finanzsystemen zur Verfügung.

2.2. Makroökonomisch orientierte Ansätze

2.2.1. Blickpunkt Wirtschaftswachstum (KING/LEVINE)

KING/LEVINE formulieren ein endogenes Wachstumsmodell, das die Verbindung zwischen Finanzierung („finance"), Unternehmern und Wirtschaftswachstum herstellt.[167] Im Blickpunkt der Ausführungen steht ein Unternehmer, der eine Innovation einführen möchte, das heißt, eine wirtschaftliche Tätigkeit in einer Art und Weise durchführen möchte, die ein neues Element aufweist. Hinterfragt wird, in welcher Hinsicht das Finanzsystem es bestimmten Unternehmern durch Bereitstellung von Finanzierungsmitteln ermöglicht, eine Innovation einzuführen. Unternehmer werden nach KNIGHT als Initiatoren wirtschaftlicher Aktivitäten betrachtet. Dies wird verknüpft mit zwei Thesen SCHUMPETERs. Erstens, daß der Anreiz für Innovationen durch temporär mögliche Monopolgewinne gegeben wird, und zweitens, daß Finanzinstitutionen eine wichtige Rolle spielen, da sie die innovativen Tätigkeiten der Unternehmer bewerten und finanzieren. Die Beziehung zwischen Finanzierung und Innovationen wird als zentraler Bestandteil des Wachstumsprozesses gesehen.[168]

---

[166] Vgl.NARDOZZI(1992), S.262-263; NARDOZZI(1994), S.8-9.

[167] Vgl.grundlegend KING/LEVINE(1993a), KING/LEVINE(1993b), KING/LEVINE(1993c). Bezüglich der *Bedeutung des Finanzsystems für Wirtschaftswachstum* knüpfen die Studien von KING/LEVINE an die Ansätze von GOLDSMITH(1969), SHAW(1973) und McKINNON(1973) an. Deutlich zeigt sich dies in der Modellbildung, in der Finanzsystementwicklung durch verschiedene Kennzahlen charakterisiert wird. Für die Modellierung der *Beziehung zwischen Innovationen und Wirtschaftswachstum* beziehen sich KING/LEVINE auf die von AGHION/HOWITT(1992), GROSSMAN/HELPMAN(1991) und ROMER(1990) entwickelte grundlegende *Theorie endogener technischer Veränderungen*. Vgl.hierzu KING/LEVINE (1993b), S.513-517 und S.528-531.

[168] Vgl.KING/LEVINE(1993a), S.158-159; KING/LEVINE(1993b), S.513-517 und dazu kritisch referierend ROUBINI(1993), S.193-196.

Das Erkenntnisobjekt dieses Ansatzes liegt in der Erklärung von Wirtschaftswachstum und nicht in der Beschreibung von Finanzsystemen. Für die Erklärung von Wirtschaftswachstum wird dem Finanzsystem eine große Bedeutung beigemessen. Deswegen findet sich eine recht genaue Beschreibung des Finanzsystems in den Studien von KING/LEVINE, die im Rahmen der nachfolgenden Ausführungen herausgearbeitet wird. Die Beschreibung des Finanzsystems wird sehr stark durch die verfolgte Fragestellung - Erklärung von Wirtschaftswachstum - und den gewählten theoretischen Hintergrund - Anknüpfung an die Arbeiten von GOLDSMITH(1969), SHAW(1973), McKINNON(1973) - beeinflußt. Deutlich zeigt sich dies daran, daß nur Aspekte des Finanzsystems wahrgenommen werden, die einen Einfluß auf Wirtschaftswachstum besitzen.

Wie wird das Finanzsystem im Ansatz von KING/LEVINE abgegrenzt? Das Finanzsystem umfaßt die institutionellen Finanzsektorbestandteile Finanzmärkte und Finanzintermediäre. Darüber hinaus werden vier grundlegende Funktionen des Finanzsystems abgegrenzt, so daß das Finanzsystem mehr als nur den Finanzsektor beinhaltet. Die meisten der nachfolgend erläuterten Funktionen betreffen den Unternehmenssektor.[169] Erstens beurteilt das Finanzsystem Unternehmer (beziehungsweise ihre Investitionsobjekte) im Hinblick auf ihr Erfolgspotential. Zweitens läßt der Umfang der Investitionsvolumina eine umfangreiche Sammlung finanzieller Ressourcen notwendig werden. Das Finanzsystem übernimmt Ersparnismobilisierung und Ersparnissammlung. Drittens ist es angesichts der Unsicherheit bezüglich der Ergebnisse dieser innovativen unternehmerischen Tätigkeiten wünschenswert, wenn das Finanzsystem Individuen und Unternehmen Möglichkeiten der Risikenteilung zur Verfügung stellt (Risikendiversifikation). Viertens dient das Finanzsystem der Bewertung der erwarteten Erträge von innovativen Tätigkeiten.[170]

Die institutionelle Ausgestaltung von Institutionen und Verträgen bleibt im endogenen Wachstumsmodell offen, so daß die grundlegenden Konzepte des Modells auf unterschiedliche Finanzsystemtypen angewendet werden können. Als Interpretation zur Funktionsverteilung auf Institutionen schlagen KING/LEVINE (in Anlehnung an die Praxis der Vereinigten Staaten) vor, daß die ersten drei Funktionen - erstens die Bewertung von Investitionsobjekten, zweitens die Mobilisierung und Sammlung von Ersparnissen zur Finanzierung erfolgversprechender Investitionsobjekten sowie drittens Erleichterung des Risikenmanagements - von integrierten Organisationen, den Finanz-

169 Vgl.KING/LEVINE(1993b), S.516. In ihren endogenen Wachstumsmodellen betrachten LEVINE(1991), S.1445-1465; SAINT-PAUL(1992), S.763-781 nur *Finanzmärkte* und BENCIVENGA/SMITH(1991), S.195-209; GREENWOOD/JOVANOVIC(1990), S.1076-1107 nur *Finanzintermediäre,* während KING/LEVINE(1993b), S.513-542 *Finanzmärkte und Finanzintermediäre* betrachten. Im KING/LEVINE-Modell entstehen Finanzintermediäre endogen als Bestandteil eines Marktmechanismus, der alle Unternehmer auf ihre Kreditwürdigkeit untersucht und der die Finanzierung von produktivitätssteigernden Innovationen durchführt.

170 Am Rande werden die *Zentralbank* und *Aspekte des institutionellen Rahmens* (Rechtssystem, Steuersystem) thematisiert. Vgl.KING/LEVINE(1993a), S.185-186; KING/LEVINE(1993b), S.521.

intermediären, durchgeführt werden, während Aktienbörsen die letzte Funktion - die Bewertung der erwarteten Erträge von innovativen Investitionsobjekten - ausüben. Wagniskapital (Venture Capital) wird in der Betrachtung von KING/LEVINE in Anlehnung an das US-amerikanische Finanzsystems von spezialisierten Finanzinstitutionen (Venture Capital Firms) bereitgestellt. Zentraler Bestandteil des Modells von KING/LEVINE ist die endogene Bestimmung des Produktivitätswachstums, welches aus rationalen Investitionsentscheidungen resultiert. Verursacht werden Produktivitätssteigerungen durch Innovationen. Innovationen erlauben es einem bestimmten Unternehmer, ein Produkt zu niedrigeren Kosten als seine Konkurrenten zu produzieren. Das Ausmaß der Innovationstätigkeit bestimmt dabei die Rate des Wirtschaftswachstums.[171]
Das Finanzsystem beeinflußt die Entscheidungen, in innovative und produktivitätssteigernde Investitionsobjekte zu investieren, dadurch, daß es potentielle Unternehmer einer Beurteilung unterzieht und nur den vielversprechendsten Unternehmern, (beziehungsweise für deren Investitionsprojekte), finanzielle Ressourcen bereitstellt. Finanzinstitutionen können sowohl diese Bewertungs- und Überwachungsfunktionen von Unternehmern als auch die Ressourcensammlung und die Unternehmensfinanzierung effizienter und kostengünstiger durchführen als einzelne Individuen. Insgesamt senkt die Bewertung von Unternehmern und deren (innovativen) Investitionsobjekten die Kosten der Investition in Produktverbesserungen und fördert dadurch Wirtschaftswachstum. Bessere Finanzdienstleistungen erhöhen den Umfang und die Effizienz innovativer Tätigkeiten. Das Finanzsystem wird zur Hauptantriebskraft von Wirtschaftswachstum, wobei gerade Finanzintermediäre eine aktive Rolle spielen. Insgesamt bewirkt ein weiter entwickeltes Finanzsystem Produktivitätssteigerungen und Wirtschaftswachstum, indem es Unternehmer mit Investitionsobjekten höherer Qualität auswählt, effizienter Ressourcen für deren externe Finanzierung mobilisiert, bessere Risikendiversifikationsmöglichkeiten für deren innovative Aktivitäten bereitstellt und genauer deren Ertragspotentiale bewertet.[172]

Ein wesentlicher Aspekt der Studien von KING/LEVINE besteht darin zu zeigen, daß zwischen Finanzsektor und Unternehmenssektor eine wichtige Wirkungsbeziehung besteht. Dadurch, daß das Finanzsystem bestimmte Funktionen (erstens die Bewertung von Investitionsobjekten, zweitens die Mobilisierung und Sammlung von Ersparnissen zur Finanzierung erfolgversprechender Investitionsobjekten, drittens Erleichterung des Risikenmanagements, viertens die Bewertung der erwarteten Erträge von innovativen Investitionsobjekten) ausübt, beeinflußt es die Durchführung bestimmter innovativer Investitionsprojekte und trägt dadurch entscheidend zum Wirtschaftswachstum bei.

---

171 Vgl.KING/LEVINE(1993b), S.514-521.

172 Vgl.KING/LEVINE(1993b), S.514-517 und S.540.

2.2.2. Blickpunkt Konjunkturschwankungen (GREENWALD/STIGLITZ)

GREENWALD/STIGLITZ formulieren „Real Business Cycle" Modelle zur Erklärung von *Konjunkturschwankungen* aus makroökonomischer Sicht. Diesen Modellen geben sie eine mikroökonomische Fundierung, indem sie informationsbedingte Rationierungsphänomene auf Eigenkapitalmärkten *(Eigenkapitalrationierung)* und Kreditmärkten *(Kreditrationierung)* mit in das Modell einbeziehen. Die Berücksichtigung von informationsbedingten Rationierungsphänomenen und dem daraus resultierenden *risikoaversen Verhalten* tragen wesentlich zur Erklärung von Konjunkturschwankungen (zyklischen Schwankungen des Investitionsvolumens, der Lagerbildung sowie des Bruttosozialproduktes, zyklische Bewegungen von Löhnen für (Real-)Güter, die Anfälligkeit der Wirtschaft für geringe Störungen sowie Nachhaltigkeit der Wirkungen exogener Schocks) bei.[173]
Das Erkenntnisobjekt dieses Ansatzes liegt in der Erklärung von Konjunkturschwankungen und nicht in der Beschreibung von Finanzsystemen. Für die Erklärung von Konjunkturschwankungen stellen Rationierungsphänomene im Finanzsystem einen wichtigen Aspekt dar. Aus diesem Grund findet sich eine recht ausführliche Betrachtung der mit dem Finanzsystem verbundenen Rationierungsphänomene in den Studien von GREENWALD/STIGLITZ. Diese Rationierungsphänomene werden im Rahmen der nachfolgenden Ausführungen herausgearbeitet. Die Beschreibung des Finanzsystems wird sehr stark durch die verfolgte Fragestellung (Erklärung von Konjunkturschwankungen) und den informationsökonomischen theoretischen Hintergrund beeinflußt. Deutlich zeigt sich dies daran, daß vor allem Aspekte des Finanzsystems wahrgenommen werden, die einen Einfluß auf Konjunkturschwankungen besitzen.

Wie wird das Finanzsystem im Ansatz von GREENWALD/STIGLITZ abgegrenzt? Betrachtet werden die Institutionen des Finanzsektors (Kapitalmärkte und Finanzintermediäre) und die Finanzierungsbeziehung zwischen Finanzsektor und Unternehmenssektor. Die Betrachtung des Finanzsystems geht über den Finanzsektor hinaus und reicht in den Unternehmenssektor mit hinein. Im Vordergrund steht die Unterscheidung der Charakteristika von Eigenkapital und Kredit. Beide Finanzierungsformen werden mit informationsbedingten Rationierungsphänomenen (Eigenkapitalrationierung, Kreditrationierung) in Verbindung gebracht.

Zur *Kreditrationierung* kommt es folgendermaßen: Finanzintermediäre wissen nicht, wie das von ihnen ausgeliehene Geld tatsächlich investiert wird. Ein Anwachsen der von den Kapitalgebern geforderten Verzinsung beeinflußt direkt die Qualität der Kreditnehmer und führt zu einem Anstieg im Risikogehalt der von den Finanzintermediären finanzierten Projekte, da die Kreditnehmer unter diesen Umständen riskantere In-

---

173 Vgl.GREENWALD/STIGLITZ(1993a), S.77-114; GREENWALD/STIGLITZ (1993b), S.20-63; GREENWALD/STIGLITZ(1990a), S.16-34. Der theoretische Hintergrund zur Betrachtung von Finanzierungsbeziehungen wird durch *informationsökonomische Theorien* gebildet. Einen ähnlichen Ansatz verfolgen BERNANKE/GERTLER(1989) und KIYOTAKI/MOORE(1995). Vgl.zur Darstellung des Modells GREENWALD/STIGLITZ(1993a), S.80-108; GREENWALD/STIGLITZ(1993b), S.20-63.

vestitionsobjekte durchführen, sichere Investitionsobjekte (für die Investierenden) unattraktiv werden oder für sichere Investitionsobjekte keine Kredite nachgefragt werden. Der Anstieg der geforderten Verzinsung ist mit dem zunehmenden Risikograd der damit finanzierten Investitionsobjekte abzuwägen. Folglich maximiert der Finanzintermediär seinen Gewinn bei einem Zinsniveau, bei welchem eine Überschußnachfrage nach Krediten besteht. *Eigenkapitalrationierung* entsteht als Folge von Informationsproblemen auf Eigenkapitalmärkten und bedeutet, daß Unternehmen nur in begrenztem Maß Eigenkapital aufnehmen können. Eine zusätzliche Eigenkapitalausgabe wird am Kapitalmarkt als negatives Signal über die Qualität der Unternehmung aufgefaßt. Denn nur eine „schlechte" beziehungsweise inferiore Unternehmung bekommt keinen Zugang zu Bankkrediten und muß daher Eigenkapital aufnehmen. Unternehmensoutsider vermuten bei der Ankündigung einer Eigenkapitalerhöhung, daß die besser informierten Unternehmensinsider Eigenkapital anbieten, weil dieses möglicherweise am Markt überbewertet ist. Eigenkapitalerhöhungen signalisieren folglich eine schlechte Unternehmensqualität und bewirken daher entsprechende Kursrückgänge. Für einige Unternehmen können die Kosten der externen Eigenkapitalaufnahme aus dieser Überlegung heraus prohibitiv hoch sein.[174] Die Berücksichtigung von informationsbedingten Rationierungsphänomenen bedeutet, daß für die Unternehmensfinanzierung intern generierte Mittel (Innenfinanzierung) eine große Bedeutung besitzen und daß das Eingehen von Risiken wie z.B. bei der Durchführung von Investitionen von der Gesamtvermögensposition der Unternehmung (Finanzkraft) und vom Bestand der liquiden Vermögensgegenstände (Finanzreserven) abhängig wird.[175]

Ein wesentlicher Beitrag der Studien von GREENWALD/STIGLITZ besteht darin, die Aufmerksamkeit in der Betrachtung der Finanzierungsbeziehungen zwischen Finanzsektor und Unternehmenssektor auf informationsbedingte Rationierungsphänomene (Eigenkapitalrationierung und Kreditrationierung) zu lenken. Deren Berücksichtigung trägt wesentlich zur Erklärung von Konjunkturschwankungen bei.

2.2.3. Blickpunkt finanzielle Instabilität (MINSKY)

„Economies with the financial system of modern capitalism can implode, as happened between 1929-33."[176] MINSKY betrachtet kapitalistische Wirtschaftssysteme als inhärent instabile Wirtschaftssysteme und stellt finanzielle Instabilität als systematisches Charakteristikum einer Volkswirtschaft mit einer komplexen finanziellen Infrastruktur (Finanzsystem) dar. Das Erkenntnisobjekt dieses Ansatzes liegt in der Erklärung finanzieller Instabilität als Eigenschaft von kapitalistischen Volkswirtschaften mit einem entwickelten Finanzsystem und nicht der Beschreibung des Finanzsystems selbst. Die

---

174 Vgl.grundlegend GREENWALD/STIGLITZ/WEISS (1984), S.195-198 und ergänzend die Ausführungen in STIGLITZ/WEISS(1983), S.912-927; GREENWALD/STIGLITZ(1987), S.446-447.

175 Vgl.GREENWALD/STIGLITZ(1990a), S.15; GREENWALD/STIGLITZ(1990b), S.160-161.

176 MINSKY(1996), S.367.

finanzielle Instabilität resultiert aus bestimmten Annahmen über die Charakteristika der Finanzierungsbeziehungen einer kapitalistischen Volkswirtschaft. In diesem Zusammenhang stellt das Finanzsystem einen wesentlichen Faktor für die Entstehung der finanziellen Instabilität dar, wie im Rahmen der nachfolgenden Ausführungen dieses Abschnittes erläutert wird. Die Beschreibung des Finanzsystems wird sehr stark durch die verfolgte Fragestellung - Erklärung finanzieller Instabilität - und den gewählten postkeynesianischen theoretischen Hintergrund beeinflußt. Deutlich zeigt sich dies daran, daß nur Aspekte des Finanzsystems wahrgenommen werden, die zu finanzieller Instabilität führen können. Mechanismen, die zur Stabilisierung von Finanzierungsbeziehungen verwendet werden können, werden erst gar nicht berücksichtigt.[177]

Wie wird das Finanzsystem im Ansatz von MINSKY abgegrenzt? MINSKY charakterisiert kapitalistische Volkswirtschaften als Volkswirtschaften mit einer *komplexen finanziellen Infrastruktur*. Die finanzielle Infrastruktur entspricht dem Finanzsystem und umfaßt die Institutionen des Finanzsektors, das heißt die Finanzintermediäre (Bankfinanzintermediäre und Nichtbankfinanzintermediäre) und die Finanzmärkte. Darüber hinaus umfaßt das Finanzsystem die Finanzierungsbeziehungen zwischen dem Finanzsektor und den Realsektoren, wobei die Aufmerksamkeit auf die Finanzierung der Investitionen des Unternehmenssektors gerichtet wird.

MINSKY vertritt den Standpunkt, daß sich finanzielle Zerbrechlichkeit beziehungsweise Instabilität zu finanziellen Krisen steigern kann. In normalen Abschnitten des Konjunkturzyklus (beispielsweise in einer Aufschwungphase) gehen Kreditnehmer und Kreditgeber davon aus, daß zukünftige Zahlungsströme zur Deckung der Verbindlichkeiten ausreichen. Die Preise von finanziellen Vermögensgegenständen (insbesondere Eigenkapitaltiteln) reflektieren diese Erwartungen und steigen relativ stärker als Preise des laufenden Sozialproduktes, wodurch das Investitionsvolumen stimuliert wird. Dieses beeinflußt (in einer keynesianischen Welt, in der das Arbeitskräftepotential und die Produktionskapazitäten nicht vollständig genutzt sind,) das Sozialprodukt und die Beschäftigung in einer positiven Art und Weise. Währenddessen steigern sowohl Banken als auch Unternehmen ihre Verschuldungsgrade.[178]
Nachdem sich die optimistischen Erwartungen der Wirtschaftseinheiten erfüllt haben, steigen die Gewinne und die Preise für Eigenkapital und für Fremdkapital. Die Aufschwungphase entwickelt sich zu einem Boom, der durch euphorische Erwartungen gekennzeichnet ist. Durch diese Entwicklung verändert sich die finanzielle Struktur der betrachteten Volkswirtschaft. *Hedge - Wirtschaftseinheiten*, die in jeder Zeitperiode ihren finanziellen Verpflichtungen nachkommen konnten, wandeln sich in spekulative Wirtschaftseinheiten. *Spekulative Wirtschaftseinheiten*, die in der Lage waren, ihren

---

177 Vgl.zum Ansatz von MINSKY beispielsweise grundlegend MINSKY(1975) sowie die Arbeiten von MINSKY(1980); MINSKY(1982); MINSKY(1985) und MINSKY(1986) und dazu kritisch referierend DELLI GATTI/GALLEGATI(1995), S.2. Empirische Unterstützung findet die MINSKY-These beispielsweise bei KINDLEBERGER(1978). Den theoretischen Hintergrund des Ansatzes von MINSKY stellt ein *postkeynesianisches Gedankengebäude* dar.

178 Vgl.MINSKY(1985), S.38-44.

Zinszahlungen nachzukommen, jedoch den geliehenen Kapitalstock vollständig refinanzieren mußten, wandeln sich zu *Ponzi - Wirtschaftseinheiten*. Diese sind dadurch gekennzeichnet, daß sie auch ihre Zinsverpflichtungen durch (neue) Kredite decken müssen. Durch das Absinken der Anzahl der Hedge - Wirtschaftseinheiten vergrößert sich die finanzielle Zerbrechlichkeit einer Volkswirtschaft. Zu dem Zeitpunkt, zu dem beispielsweise durch reihenweisen Bankrott überschuldeter Wirtschaftseinheiten klar wird, daß die Einkommensströme nicht mehr zur Deckung der Verbindlichkeiten ausreichen, setzt eine finanzielle Krise ein, die durch „Schuldendeflation" gekennzeichnet ist. Zur Deckung ihrer finanziellen Verpflichtungen müssen die Kreditnehmer vorzeitig unter Hinnahme eines Liquiditätsabschlags langfristig angelegte Vermögenspositionen auflösen. Das Investitionsniveau, das Sozialprodukt und das Preisniveau sinken, so daß in realen Termen die Belastung der Schulden noch schwerer wiegt.[179]

In der Sichtweise von MINSKY stellen finanziell induzierte Booms und Krisen das Kennzeichen und finanzielle Instabilität eine wichtige Eigenschaft des modernen kapitalistischen Wirtschaftssystems mit einem entwickelten Finanzsystem dar.[180] Ein wichtiger Aspekt der Ausführungen von MINSKY liegt in der Thematisierung der Stabilität beziehungsweise Instabilität des Finanzsystems. Das Ausmaß der Stabilität stellt eine wichtige Finanzsystemeigenschaft dar, die im Rahmen der Charakterisierung eines Finanzsystems zu berücksichtigen ist.

3.ABBILDUNGSINSTRUMENTE

Die *Finanzsektor-Realsektor-Perspektive* liefert eine Fülle an Abbildungsinstrumenten für das Finanzsystem. Insbesondere die *Typologiebildungen* (Kapitel B.III.2.1.) liefern wichtige Indikatoren zur Charakterisierung einer Finanzsystemstruktur. Im Rahmen der Dichotomiebildung *bankorientierte* versus *kapitalmarktorientierte Finanzsysteme* werden die *Finanzsektorstruktur* (Dominanz von Banken versus Dominanz von Finanzmärkten), die *Zusammensetzung der externen Unternehmensfinanzierung* (Dominanz von Kreditinstrumenten versus Dominanz von marktmäßigen, verbrieften Finanzinstrumenten) und die *Kapitalstrukturen* (beziehungsweise die Verschuldungsgrade) der Unternehmen als Indikatoren zur Charakterisierung von Finanzsystemstrukturen genannt. Die Ausführungen von GOUX legen einen Blick auf die *Regulierung* als weite-

---

179 Vgl.MINSKY(1985), S.44-50.

180 Vgl.MINSKY(1985), S.24-27. DELLI GATTI/GALLEGATI(1995), S.2 weisen darauf hin, daß im Ansatz von GREENWALD/STIGLITZ(Kapitel B.III.2.2.2.) - im Gegensatz zur Position von MINSKY - Imperfektionen auf Finanzmärkten (Eigenkapitalrationierung bzw. Kreditrationierung) für die Ausbreitung von Instabilitäten (Konjunkturschwankungen) vom Finanzsektor in die restliche Volkswirtschaft hinein verantwortlich gemacht werden. MISHKIN(1992b), S.116 weist darauf hin, daß in der Sichtweise von MINSKY „finanzielle Krisen" mit Zusammenbrüchen finanzieller und nichtfinanzieller Unternehmen, einem Absinken von Preisen für Vermögensgegenstände (einschließlich finanzieller Vermögensgegenstände), Deflation, Störungen der Devisenmärkte oder einer Kombination aus all diesen Elementen gekennzeichnet sind. Jeder dieser Störungen wird ein ernstzunehmender Einfluß auf die aggregierte gesamtwirtschaftliche Aktivität zugestanden.

ren Indikator zur Unterscheidung von Finanzsystemen nahe. Faktisch ist zu unterscheiden, inwiefern die Finanzsysteme durch Liberalisierung beziehungsweise finanzielle Repression gekennzeichnet sind. ZYSMAN verweist konkret auf die *Art der Preissetzung* auf Finanzmärkten (wettbewerbsbestimmte versus administrierte Preise) und auf die *Rolle des Staates im Finanzsystem* (Staatseingriffe über marktkonforme Mechanismen versus administrative Eingriffe in die Ressourcenlenkung) als weiteren Indikatoren zur Unterscheidung von Finanzsystemen.
Die Ausführungen zur Dichotomisierung *auto-economy* versus *overdraft-economy* richten das Augenmerk auf die *Zusammensetzung der Unternehmensfinanzierung* und auf die *Mechanismen zur Wahrung der Unternehmensliquidität* als Unterscheidungsmerkmale für Finanzsysteme. Damit verbunden sind die wichtigen Aspekte des *Mechanismus der Refinanzierung des Bankensektors*, der *Rolle der Zentralbank als lender of last resort* und des *Ausmaßes an institutioneller Abhängigkeit zwischen Zentralbank und Bankensektor.* Insbesondere unterscheiden sich in diesem Zusammenhang Finanzsysteme in dem Maß, in dem die Zentralbank gezwungen ist, die Kreditschöpfung des Bankensektors monetär zu alimentieren. Die Ausführungen zur Dichotomisierung *Insidersysteme* versus *Outsidersysteme* legen die Verwendung von *Corporate Governance* als Unterscheidungskriterium für Finanzsystemtypen nahe. Als Indikatoren zur Charakterisierung einer Governancestruktur werden die *Anzahl der börsennotierten Unternehmen*, die *Liquidität der Kapitalmärkte*, die *Eigentümerstrukturen im Unternehmenssektor* und die *Existenz eines aktiven Marktes für Unternehmenskontrolle* genannt. RYBCZYNSKIs Ausführungen zur linear verlaufenden Finanzsystemevolution legen es nahe, nach der Existenz von *Zukunftsmärkten* (Märkten, an denen Optionen, Futures, Forwards gehandelt werden) Ausschau zu halten sowie die *Refinanzierungsmodalitäten der Finanzintermediäre* und den *Markt für Unternehmenskontolle* näher zu untersuchen. Nur, wenn Zukunftsmärkte existieren, die Finanzintermediäre sich vorwiegend über den Kreditmarkt refinanzieren und ein überaus aktiver Markt für Unternehmenskontrolle existiert, kann angenommen werden, daß das betrachtete Finanzsystem ein stark marktorientiertes Finanzsystem darstellt. NARDOZZIs Ausführungen zu Entwicklungstendenzen von Finanzsystemen legen es dagegen nahe, nach *internen* und *externen Inkohärenzfaktoren* einer Finanzsystemstruktur zu suchen.
Die Ausführungen zu den *makroökonomisch orientierten Ansätzen* (Kapitel B.III.2.2.) liefern eine Menge schwer zu operationalisierender Größen. Im Vordergrund der betrachteten makroökonomischen Ansätze steht die Erklärung makroökonomischer Phänomene, wie *Wirtschaftswachstum, Konjunkturschwankungen* und *finanzieller Instabilität.* Gerade die im Rahmen dieser Ansätze diskutierten *Funktionen* des Finanzsystems (beispielsweise die Bewertung von Investitionsobjekten, Erleichterung des Risikenmanagements usw. bei KING/LEVINE) und *Phänomene* (Eigenkapital- und Fremdkapitalrationierung bei GREENWALD/STIGLITZ) sowie die angesprochene *Eigenschaft* (finanzielle Instabilität bei MINSKY) sind nur schwer operationalisierbar. Gleichwohl stellen die thematisierten makroökonomischen Phänomene, die betrachteten Funktionen und die angesprochene Eigenschaft wichtige Aspekte zur Charakterisierung von Finanzsystemen dar.

4.WÜRDIGUNG DES BESCHREIBUNGSMODUS

Im *Beschreibungsmodus Finanzsektor-Realsektor-Perspektive* richtet sich die Betrachtung des Finanzsystems auf die institutionelle Struktur des Finanzsektors. Im Blickpunkt steht das vom Finanzsektor generierte Angebot an Finanzdienstleistungen, das von den nichtfinanziellen Sektoren nachgefragt wird. Typischerweise wird vor allem der Unternehmenssektor als Nachfrager nach den Finanzdienstleistungen des Finanzsektors thematisiert. Angesprochen werden institutionelle Merkmale des Finanzsektors sowie der Finanzsektor-Realsektor-Beziehung und die vom Finanzsystem ausgeübten Funktionen. Eigenschaften bleiben mit wenigen Ausnahmen (finanzielle Instabilität) im Hintergrund der Finanzsystembetrachtung. Die Verwendung der Finanzsektor-Realsektor-Perspektive wurde einerseits im Rahmen von *Typologiebildungen* und andrerseits im Zusammenhang mit *makroökonomischen* Ansätzen diskutiert. Beide Verwendungen werden in getrennten Arbeitsschritten gewürdigt.

Im Rahmen von *Typologiebildungen* (auf der Grundlage der Finanzsektor-Realsektor-Perspektive) werden vor allem verschiedene Indikatoren zur Finanzsystemabgrenzung diskutiert. Indem in diesen Ansätzen versucht wird, allgemeine Abgrenzungsmerkmale für Finanzsysteme herauszuarbeiten, sind diese Studien durch ein gewisses Maß an *Allgemeinheit* charakterisiert. Bezüglich der *Theoriekompatibilität* variieren die dargestellten Ansätze erheblich.[181] Insgesamt sind die Typologiebildungen durch ein relativ großes Maß an *Komplexitätsreduktion* gekennzeichnet. Im Blickpunkt dieser Ausführungen steht das *Sichtbarmachen von Finanzsystemzusammenhängen.* Durch die tendenzielle Beschränkung der Betrachtung auf die Beziehung zwischen dem Finanzsektor und einem nichtfinanziellen Sektor (oftmals dem Sektor nichtfinanzielle Unternehmen) wird zwar ein größeres Maß an Vollständigkeit der Finanzsystembetrachtung als in der Finanzsektorperspektive erreicht. Dennoch wird das Kriterium der *Vollständigkeit* der Finanzsystembetrachtung nur in einem relativ unbefriedigendem Ausmaß erfüllt. Allgemein erfordert die Umsetzung von Finanzsystembeschreibungen mittels Typologiebildungen recht große Anforderungen an *empirische Aspekte.*

Im Zusammenhang mit *makroökonomischen Ansätzen* (auf der Grundlage der Finanzsektor-Realsektor-Perspektive) werden recht spezielle Fragestellungen (Wirtschaftswachstum, Konjunkturschwankungen, finanzielle Instabilität) diskutiert. Die Ausführungen sind durch ein relativ großes Maß an *Allgemeinheit* und ein hohes Maß an *Theoriekompatibilität* charakterisiert.[182] Insgesamt kennzeichnen sich die diskutierten makroökonomischen Ansätze durch ein hohes Maß an *Komplexitätsreduktion.* Das *Sichtbarmachen von Finanzsystemzusammenhängen* steht im Mittelpunkt der ma-

---

181 Für eine Auseinandersetzung zu den verschiedenen *theoretischen Hintergründen der Typologiebildungen* (auf der Grundlage der Finanzsektor-Realsektor-Perspektive) wird auf die Ausführungen in Kapitel B.III.2.1. verwiesen.

182 Für eine Auseinandersetzung zu den verschiedenen *theoretischen Hintergründen der makroökonomischen Ansätze* (auf der Grundlage der Finanzsektor-Realsektor-Perspektive) wird auf die Ausführungen in Kapitel B.III.2.2. verwiesen.

kroökonomischen Ansätze. Aufgrund der extrem großen Spezialität der Fragestellungen der makroökonomischen Ansätze, der Einengung der Betrachtung auf die Beziehung zwischen dem Finanzsektor und dem Unternehmenssektor sowie der sehr großen Komplexitätsreduktion erfüllen die makroökonomischen Ansätze das Kriterium der *Vollständigkeit* der Finanzsystembetrachtung nur in einem sehr unbefriedigendem Ausmaß. Ebenso stellt die Operationalisierung der Bedeutung des Finanzsystems im Zusammenhang mit den diskutierten makroökonomischen Zusammenhängen extrem hohe Ansprüche an *empirische Aspekte* (Datenbeschaffung).

IV. INTERMEDIATIONSPERSPEKTIVE

1. CHARAKTERISIERUNG DES BESCHREIBUNGSMODUS

Die finanziellen Beziehungen zwischen dem Finanzsektor und den nichtfinanziellen Sektoren (nichtfinanzielle Unternehmen, private Haushalte, öffentliche Haushalte, Ausland) können in einer Art *Gesamtschau* betrachtet werden. In diesem Zusammenhang werden die nichtfinanziellen Sektoren nach ihrem finanziellen Status als *finanzielle Überschußeinheiten* beziehungsweise *finanzielle Defiziteinheiten* charakterisiert.[183] Im Blickpunkt steht die Rolle des Finanzsektors als Instrument zur Transmission finanzieller Ressourcen von finanziellen Überschußeinheiten zu finanziellen Defiziteinheiten. Diese *Transmissionsfunktion* wird sowohl von Finanzintermediären als auch von Finanzmärkten geleistet. Finanzintermediäre und Finanzmärkte stellen alternative Mechanismen zur Transmission finanzieller Ressourcen dar und stehen in substitutivem Verhältnis miteinander. Charakteristisch ist die Betrachtung der *Gesamtheit der Finanzströme* zwischen nichtfinanziellen Sektoren und dem Finanzsektor. Faktisch werden die Finanzströme zwischen den verschiedenen Sektoren auf der Grundlage des Flow of Funds Schemas thematisiert, wodurch in dieser Art der Finanzsystembetrachtung keine Finanzströme „verloren gehen" können.[184] Diese Art der Betrachtung der finanziellen Beziehungen zwischen Finanzsektor und der Gesamtheit der nichtfinanziellen Sektoren wird als *Beschreibungsmodus Intermediationsperspektive* bezeichnet.

Wie wird das Finanzsystem in der Intermediationsperspektive abgegrenzt? Das Finanzsystem umfaßt die *Institutionen des Finanzsektors*, wobei Finanzmärkte und Finanzintermediäre unterschieden werden. Darüber hinaus werden die *Gesamtheit der finanziellen Beziehungen* zwischen dem *Finanzsektor* und den *nichtfinanziellen Sektoren* (nichtfinanzielle Unternehmen, private Haushalte, öffentliche Haushalte, Ausland) mit in die Finanzsystembetrachtung einbezogen. Im Blickpunkt steht die vom Finanz-

---

[183] Vgl. Kapitel B.IV.2.1. zur Abgrenzung von *finanziellen Überschuß- und Defiziteinheiten*.

[184] In diesem Aspekt liegt ein wesentlicher Unterschied zur *Finanzsektor-Realsektor-Perspektive* (Kapitel B.III.), in der die nichtfinanziellen Sektoren nur partiell und niemals (gleichzeitig) in ihrer Gesamtheit betrachtet worden sind. In einer derartigen Betrachtungsweise kann leicht die Gegenseite einer Transaktion aus den Augen verloren werden.

sektor ausgeübte *Transmissionsfunktion*, d.h. der Finanzsektor fungiert als Mittler (beziehungsweise Transporteur) finanzieller Ressourcen von den *finanziellen Überschußeinheiten*, (nichtfinanzielle Sektoren), zu den *finanziellen Defiziteinheiten*, (nichtfinanzielle Sektoren). Unterschieden werden die *direkte* Transmission finanzieller Ressourcen über Finanzmärkte und die *indirekte* Transmission finanzieller Ressourcen über Finanzintermediäre. Mit der Ausübung der Transmissionsfunktion verbinden sowohl Finanzintermediäre als auch Finanzmärkte die Ausübung von *Transformationsfunktionen* (beispielsweise *Losgrößentransformation, Fristentransformation, Risikentransformation, Liquiditätstransformation)*. Zusammengefaßt betrachtet umfaßt das Finanzsystem in der *Intermediationsperspektive* vor allem *Institutionen* des Finanzsektors und die Gesamtheit der finanziellen Beziehungen zwischen Finanzsektor und den nichtfinanziellen Sektoren. Insbesondere wird die *Transmissionsfunktion* finanzieller Ressourcen und die damit verbundenen *Transformationsfunktionen* als wichtiger Finanzsystembestandteil betrachtet. *Eigenschaften* des Finanzsystems werden dagegen nicht angesprochen. In der Abbildung B.8. wird die Abgrenzung des Finanzsystems in der *Intermediationsperspektive* durch die weiße Fläche hervorgehoben. Die nicht betrachteten Finanzsystembestandteile sind durch Schraffierung verdeckt.

Abbildung B.8.:
Beschreibungsmodus Intermediationsperspektive

FINANZSEKTOR
(als Mittler zwischen Überschußeinheiten und Defiziteinheiten)

direkter Ressourcentransfer über Finanzmärkte
indirekter Ressourcentransfer über Finanzintermediäre

ÜBERSCHUßEINHEITEN	**DEFIZITEINHEITEN**
-private Haushalte	**-private Haushalte**
-nichtfinanzielle Unternehmen	**-nichtfinanzielle Unternehmen**
-Staat (öffentliche Haushalte)	**-Staat (öffentliche Haushalte)**
-Ausland	**-Ausland**

Quelle: Eigene Darstellung.

Die theoretische Grundlage der *Intermediationsperspektive* bildet die von GURLEY/SHAW formulierte Theorie der Finanzintermediation, die in Kapitel B.IV.2. näher erläutert wird.[185] GURLEY/SHAW thematisieren die Transmission finanzieller Ressourcen von den finanziellen Überschußeinheiten zu den finanziellen Defiziteinheiten über die (alternativen) Mechanismen der *direkten* Finanzierung (über Finanzmärkte) und der *indirekten* Finanzierung (über Finanzintermediäre). Bei den finan-

---

185 Vgl.hierzu grundlegend GURLEY/SHAW(1960).

ziellen Überschuß- und Defiziteinheiten kann es sich jeweils um die Sektoren private Haushalte, nichtfinanzielle Unternehmen, öffentliche Haushalte und Ausland handeln. Diese Betrachtungsweise des Finanzsystems, die als *Intermediationsperspektive* bezeichnet wird, hat in der Literatur zum Finanzsystem eine große Resonanz gefunden und stark prägend auf die Beschreibung von Finanzsystemen gewirkt.[186]

2.GRUNDLAGEN

2.1.Der Ansatz von GURLEY/SHAW

Das Erkenntnisobjekt der Ausführungen von GURLEY/SHAW liegt, vereinfachend betrachtet, in der Analyse des Austauschmechanismus für finanzielle Ressourcen zwischen den Wirtschaftseinheiten.[187] Den Ausgangspunkt bildet die Betrachtung von *Ausgaben* und *Einnahmen* von Wirtschaftseinheiten in einer Zeitperiode. Diejenigen Wirtschaftseinheiten, deren Einnahmen (z.B. aus Gehaltszahlungen, unternehmerischer Tätigkeit, Vermögenseinkünften usw.) größer als ihre Ausgaben (z.B. für Gehaltszahlungen, Konsum, Investitionen) sind, werden als *finanzielle Überschußeinheiten* bezeichnet. Als *finanzielle Defiziteinheiten* werden dagegen diejenigen Wirtschaftseinheiten bezeichnet, deren Ausgaben ihre Einnahmen übertreffen. Wirtschaftseinheiten, deren Ausgaben genauso hoch wie ihre Einnahmen sind, werden als Wirtschaftseinheiten mit *ausgeglichenen Saldo* bezeichnet. Deren gesamte Ausgaben sind selbstfi-

---

186 Für die Anwendung der *Intermediationsperspektive* werden nachfolgend einige Literaturbeispiele gegeben. Mit dem Finanzsystem als Erkenntnisobjekt beschäftigen sich die Aufsätze von CHAPRA(1988), FERRI/KIDWELL(1986), SHAPIRO(1985) und STEMP(1994). Das Finanzsystem wird in diesen Aufsätzen zunächst gemäß der Intermediationsperspektive abgegrenzt. Der Schwerpunkt der Ausführungen wird dann jedoch auf die Beschreibung der Finanzsektorstuktur (bzw. von einzelnen Finanzsektoraspekten) gelegt. Ähnlich wird im Rahmen der länderbezogenen Finanzsystembeschreibungen in den Monographien von BUCKLE/THOMPSON(1995), FERRANDIER/KOEN(1994), GILGODY(1988), PIESSE/PEASNELL/WARD(1995), SUZUKI(1987) verfahren. Zunächst wird das Finanzsystem gemäß der Intermediationsperspektive abgegrenzt, anschließend richtet sich der Schwerpunkt der Ausführungen auf die Beschreibung des Finanzsektors (Finanzmärkte, Finanzintermediäre, Zentralbank und Geldpolitik). Teilweise werden auch weitere Aspekte wie z.B. Corporate Governance aufgegriffen. Die Finanzsystembeschreibung in der Monographie von KAUFMAN(1992) thematisiert darüber hinaus intensiv makroökonomische Theorien, die jeweils im Zusammenhang mit bestimmten Themen, wie z.B. der Geldpolitik oder der Zinsbestimmung, menueartig ausgebreitet werden. Die Monographien von CARGILL(1991), MISHKIN(1992a), PATAT(1987), ROSE(1992), POINTDEXTER/JONES(1980) stellen die allgemeine Betrachtung der Aspekte Geld, Finanzmärkte, Banken, Geldpolitik in den Vordergrund ihrer Ausführungen. Die Betrachtung des Finanzsystems wird in diesen Monographien durch die Intermediationsperspektive geprägt. Den Schwerpunkt dieser Monographien bilden jedoch Finanzsektorbetrachtungen, die sehr stark durch die Berücksichtigung verschiedener makroökonomischer (und teilweise auch mikroökonomischer) Theorieelemente charakterisiert werden. Den Hintergrund der Betrachtung bildet in jeder Monographie jeweils ein bestimmtes nationales Finanzsystem. Typisch für die letztgenannten Autoren ist der Aspekt, daß ihre Finanzsystembetrachtungen *von allem etwas* enthalten.

187 Vgl.die grundlegenden Arbeiten von GURLEY/SHAW(1955), GURLEY/SHAW(1956), GURLEY/SHAW(1960). Der theoretische Hintergrund wird durch die *neoklassische Finanzierungstheorie* gebildet, deren Rahmen GURLEY/SHAW streng genommen betrachtet in dem Moment verlassen, in dem sie die Existenz von Finanzintermediären zu begründen versuchen.

nanziert. Beispielsweise werden ihre Konsumausgaben aus ihrem laufenden Einkommen und ihre Investitionen aus ihrer laufenden internen Ersparnisbildung finanziert. Bei Veränderungen in ihren finanziellen Vermögenspositionen saldieren sich die Veränderungen von finanziellen Verbindlichkeiten und finanziellen Forderungen. Betont wird, daß der Selbstfinanzierung auch in entwickelten Volkswirtschaften eine große Bedeutung zukommt.[188] Für den sehr unwahrscheinlichen Fall, daß alle Wirtschaftseinheiten einer betrachteten Volkswirtschaft in einer bestimmten Zeitperiode jeweils für sich betrachtet einen *ausgeglichenen Saldo* besitzen, besteht kein Bedarf für einen wie auch immer gearteten Austauschmechanismus.[189] Tatsächlich ist damit zu rechnen, daß die überwiegende Mehrheit der Wirtschaftseinheiten jeweils *finanzielle Überschußeinheiten* beziehungsweise *finanzielle Defiziteinheiten* darstellen.[190] Darüber hinaus erscheint es als wahrscheinlich, daß die finanziellen Überschußeinheiten nicht diejenigen Wirtschaftseinheiten darstellen, die in der Lage sind, die finanziellen Überschüsse in die effizientesten Realinvestition zu leiten. Eher ist damit zu rechnen, daß auf Realinvestitionen spezialisierte finanzielle Defiziteinheiten diese effizienter (als die finanziellen Überschußeinheiten) tätigen können.[191] Diese Überlegungen lassen die Struktur des Austauschmechanismus zwischen finanziellen Überschuß- und Defiziteinheiten in den Blickpunkt der Analyse treten.

Welche Austauschmechanismen zwischen finanziellen Überschuß- und Defiziteinheiten thematisieren GURLEY/SHAW? GURLEY/SHAW thematisieren die *direkte* und die *indirekte Finanzierung* als zwei grundlegend verschiedene Mechanismen der *externen Finanzierung*. Im Rahmen der *direkten Finanzierungsbeziehung* verschulden sich finanzielle Defiziteinheiten an den Finanzmärkten durch die Emission *primärer (direkter) Verschuldungstitel*, wie z.B. Aktien oder langfristigen und kurzfristigen Obligationen. Bei diesen Wertpapieren handelt es sich in der Regel um staatlich oder um privat (von Unternehmen) emittierte Verschuldungstitel. Diese primären Schuldtitel werden direkt von finanziellen Überschußeinheiten an den *Finanzmärkten* (Aktienmärkte, Rentenmärkte, Industrieobligationenmärkte usw.) angekauft.[192]

---

188 Vgl.GURLEY/SHAW(1955), S.516-517; GURLEY/SHAW(1956), S.257-258 sowie kritisch referierend RENVERSEZ(1988), S.8-9. Diese weist darauf hin, daß GURLEY/SHAW nur *finanzielle-Überschuß-* und *Defiziteinheiten* unterscheiden. Die verschiedenen Sektoren Haushalte, Unternehmen und Staat werden unter diese Oberbegriffe eingeordnet und nicht gesondert thematisiert. Die Überlegungen zur großen Bedeutung der *Selbstfinanzierung* stimmen mit den empirischen Studien von MAYER(1988) überein. Vgl.Kapitel B.III.2.1.3.1.

189 Vgl.GURLEY/SHAW(1956), S.257-258 sowie die Ausführungen von STÜTZEL(1978), S.29. Dieser spricht in diesem Spezialfall von einer *Gleichschrittwirtschaft*, in der Ausgaben und Einnahmen jeder Wirtschaftseinheit zusammenfallen und keine Vorsprungeffekte existieren.

190 RENVERSEZ(1988), S.9 weist darauf hin, daß tendenziell der Haushaltssektor eine *strukturelle Überschußeinheit* mit einer potentiellen *Finanzierungskapazität* und der Unternehmenssektor eine *strukturelle Defiziteinheit* mit einer *Finanzierungslücke* darstellt.

191 Vgl.grundlegend GURLEY/SHAW(1955), S.515-518, GURLEY/SHAW(1956), S.257-259 sowie ergänzend HERRING/SANTOMERO(1991), S.3-13 zu dem betrachteten Zusammenhang.

192 Vgl.GURLEY/SHAW(1955), S.518-519; GURLEY/SHAW(1956), S.259-260 und dazu kritisch referierend GOUX(1993), S.90 und RENVERSEZ(1988), S.8-10.

Die *indirekte Finanzierungsbeziehung* über *Finanzintermediäre* stellt einen alternativen Mechanismus der externen Finanzierung dar. Finanzintermediäre kaufen *primäre Finanztitel* (der finanziellen Defiziteinheiten) auf den Finanzmärkten an. Diese primären Finanztitel sind risikobehaftet, weisen große Losgrößen auf und sind durch lange Laufzeiten gekennzeichnet. Durch die Ausübung von Transformationsfunktionen und das Risikenmanagement der Finanzintermediäre sind diese in der Lage, den finanziellen Überschußeinheiten *sekundäre (indirekte) Finanztitel* anzubieten, die faktisch risikolos sind, geringe Losgrößen aufweisen und durch sehr kurze Laufzeiten gekennzeichnet sind. Sekundäre Finanztitel sind darüber hinaus überaus liquide und erwirtschaften einen Ertrag.[193] In Kapitel B.IV.2.2. wird erläutert, welche Arten von Finanzintermediären GURLEY/SHAW thematisieren.

Abbildung B.9.:
Schematische Darstellung der Finanzströme im Finanzsystem

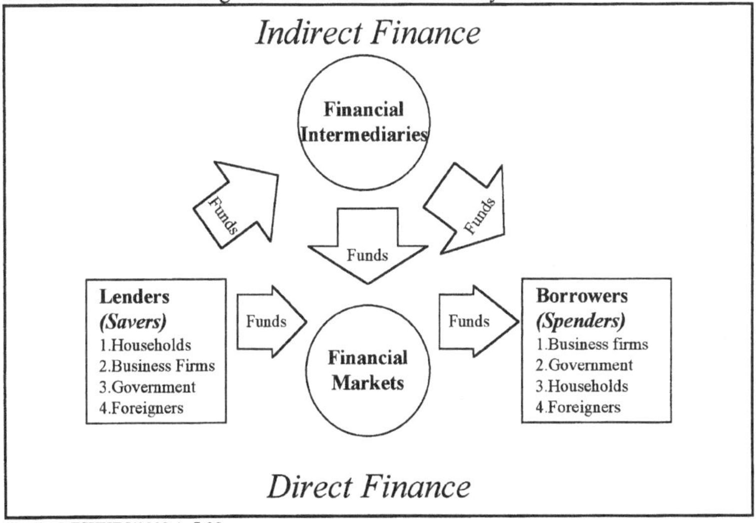

Quelle: MISHKIN(1992a), S.38.

GURLEY/SHAW betonen, daß auch bei Einschaltung von Finanzintermediären in den Transmissionsprozeß die *Akkumulation finanzieller Forderungen* der finanziellen Überschußeinheiten der *Akkumulation finanzieller Verbindlichkeiten* der finanziellen Defiziteinheiten entspricht. Die Entstehung von Finanzintermediären berührt nicht die grundlegenden Übereinstimmungen in den volkswirtschaftlichen Gesamtrechnungen

193 Vgl.grundlegend GURLEY/SHAW(1955), S.518-519 und dazu kritisch referierend GOUX(1993), S.91 und RENVERSEZ(1988), S.10-11. Von diesen beiden Autoren werden als Prototyp eines sekundären (indirekten) Finanztitels *Post- oder Banksparbücher* genannt. Dieses Finanzinstrument ist sehr *liquide* und erbringt gleichzeitig einen risikolosen Ertrag. Auch *Sichteinlagen* oder *Termineinlagen* stellen sekundäre von den Finanzintermediären begebene Finanztitel dar.

zwischen *finanziellen Überschüssen* und *finanziellen Defiziten*, den *Käufen und Verkäufen von Finanztiteln* oder der *Akkumulation finanzieller Vermögensgegenstände und finanzieller Verpflichtungen*. Jedoch führt die durch das Entstehen von Finanzintermediären begründete *Institutionalisierung des Spar- und Investitionsprozesses* dazu, daß die Wachstumsrate der finanziellen Verpflichtungen schneller wächst als die Wachstumsraten des gesamtwirtschaftlichen Vermögens und des Volkseinkommens.[194] Eine sehr gute schematische Darstellung der beiden von GURLEY/SHAW thematisierten Mechanismen der *externen Finanzierung* (direkte Finanzierung über Finanzmärkte versus indirekte Finanzierung über Finanzintermediäre) zwischen finanziellen Überschußeinheiten (Savers) und finanziellen Defiziteinheiten (Borrowers), bei denen es sich jeweils um die Sektoren private Haushalte (Households), nichtfinanzielle Unternehmen (Business Firms), öffentliche Haushalte (Government) und Ausland (Foreigners) handeln kann, wird in MISHKINs Darstellung der Finanzströme (Funds) im Finanzsystem in Abbildung B.9. gegeben.

2.2. Finanzintermediäre bei GURLEY/SHAW

GURLEY/SHAW thematisieren die Bedeutung von *Finanzmärkten* (direkte Finanzierung) und von *Finanzintermediären* (indirekte Finanzierung) als alternative Mechanismen der *externen Finanzierung*. Die Rolle und die Erscheinungsformen von *Finanzintermediären* werden im Rahmen der folgenden Ausführungen näher erläutert. In einer Volkswirtschaft, in der keine Finanzintermediäre existieren, steht zur externen Finanzierung nur die *direkte Finanzierung über Finanzmärkte* (neben der Selbstfinanzierung) zur Verfügung. Eine derartige Situation verzögert beziehungsweise behindert die wirtschaftliche Entwicklung.[195] In der Sichtweise von GURLEY/SHAW wird der *Prozeß wirtschaftlicher Entwicklung* durch die Herausbildung von *Finanzintermediären*, d.h. von einer Institutionalisierung des Spar- und Investitionsprozesses („institutionalization of saving and investment"), begleitet. Diese ist dadurch gekennzeichnet, daß die Kanäle für die Transmission finanzieller Ressourcen (zwischen finanziellen Überschußeinheiten und finanziellen Defiziteinheiten) diversifiziert werden und die Anzahl der zur Verfügung stehenden Finanztitel vergrößert wird.[196] Entstehen neben den *Finanzmärkten* als weitere Institutionen *Finanzintermediäre*, dann entspricht dies der

---

194 Vgl.GURLEY/SHAW(1955), S.519.

195 Vgl.GURLEY/SHAW(1955), S.518-519. Als Nachteil wird empfunden, daß zur Geldanlage neben der liquiden aber ertraglosen Geldhaltung nur relativ illiquide, risikobehaftete Finanztitel (aus der *direkten Finanzierung)* zur Verfügung stehen. Das Dilemma besteht darin, daß Defiziteinheiten tendenziell langfristig größere Volumina an Finanztiteln für risikobehaftete (illiquide) Investitionsobjekte leihen möchten, während die Überschußeinheiten kurzfristig relativ kleine Beträge und ein hohes Maß an Liquidität präferieren. Vgl.kritisch referierend GOUX(1993), S.91; RENVERSEZ(1988), S.10-11.

196 Vgl.GURLEY/SHAW(1955), S.515. Wirtschaftlicher Entwicklung umfaßt bei GURLEY/SHAW sowohl die Güterebene (reale Faktoren) als auch die Finanzierungsebene. GERTLER(1988), S.563-564 ordnet den Ansatz von GURLEY/SHAW als wichtigen Meilenstein für die Beachtung der Interaktion zwischen der *finanziellen Struktur* einer Volkswirtschaft und den *Realgrößen* ein.

angesprochenen Diversifizierung der Kanäle für die Transmission finanzieller Ressourcen. Finanzintermediäre überbrücken die Kluft zwischen finanziellen Überschußeinheiten und finanziellen Defiziteinheiten, indem sie *sekundäre Finanztitel*, wie Sichteinlagen oder Lebensversicherungspolicen, begeben und selbst *primäre Finanztitel*, wie Aktien oder Rentenwerte, halten. Die Funktion der Finanzintermediäre besteht im *Transport finanzieller Ansprüche*, wobei diese hinsichtlich ihrer Charakteristika (Losgröße, Laufzeiten, Risiken, Liquidität) *transformiert* werden.[197]
Finanzintermediation wird bei GURLEY/SHAW als eine Art Transporttätigkeit betrachtet, die sich in einem *walrasianischen Modell vollkommener Kapitalmärkte* vollzieht, zu denen jedes Wirtschaftssubjekt zu gleichen Bedingungen Zugang besitzt. Finanzintermediation wird dadurch begründet, daß direkte Finanzierung nicht genug Möglichkeiten der *Risikendiversifikation* erlaubt. Die Existenz von Finanzintermediären wird dadurch begründet, daß Unteilbarkeiten und Nichtkonvexität der Transaktionstechnologien das Ausmaß der Risikendiversifikation bei direkter Finanzierung (erheblich) beschränken. Finanzintermediäre dienen der Überwindung der durch Transaktionskosten verursachten Friktionen und sollen die Volkswirtschaft näher an das Ideal effizienter Finanzmärkte heranbringen.[198] Finanzintermediäre besitzen einen Kostenvorteil gegenüber der direkten Finanzierung, der aus der Organisationsstruktur der Intermediäraktivitäten (bei Verwendung gegebener Technologien) resultiert und nicht aus der Unterstellung eines (Technologie)Vorteils der Wirtschafteinheiten, die zu Finanzintermediären werden:[199] *„Financial intermediaries exploit economies in scale in lending and borrowing. On the lending side the intermediary can invest and manage investments in primary securities at unit costs far below the experience of most individual lenders.“*[200]

Welche Arten von Finanzintermediären thematisieren GURLEY/SHAW? In ihrer Betrachtung von *Finanzintermediären* verwenden GURLEY/SHAW die Unterscheidung von *monetären* und *nichtmonetären Finanzintermediären*. Banken („Commercial Banks“) werden als *monetärer Finanzintermediär* bezeichnet. Diese erwerben finanzielle Ressourcen von finanziellen Überschußeinheiten, indem sie *sekundäre Finanztitel*, wie beispielsweise Bankdepositen (Sicht- und Termineinlagen), emittieren und leiten die von ihnen erworbenen Finanzmittel durch den Erwerb *primärer Finanztitel* zu den Defiziteinheiten weiter. Die Haltung der sekundären Finanztitel wird von den finanziellen Überschußeinheiten gegenüber der Haltung realer Vermögensgegenstände oder primärer Finanztitel (Aktien, Rentenwerte) präferiert. Die übrigen Finanzintermediäre („Insurance Companies“, „Mutual Savings Banks“, „Savings and Loans Associa-

---

[197] Vgl.GURLEY/SHAW(1955), S.518-519 und dazu kritisch referierend HELLWIG(1991), S.42-43. RENVERSEZ(1988), S.11 weist darauf hin, daß Finanzintermediäre dazu beitragen, das Angebot an Finanzanlagen zu verbreitern und besser an die Präferenzen der Überschußeinheiten anzugleichen. Dadurch tragen sie erheblich zur Vergrößerung des von den Überschußeinheiten zur Verfügung gestellten Ersparnisangebots im Sinne einer Ressourcenmobilisierung bei.

[198] Vgl.zu dieser Einordnung des GURLEY/SHAW-Ansatzes HELLWIG(1991), S.42-43.

[199] Vgl.CHANT(1992), S.44-45.

[200] GURLEY/SHAW(1960), S.194.

tions", „Public and Private Pension Funds", „Governmental Insurance and Lending Companies", „Postal Savings", „Credit Unions", „Private Investment Companies" usw.) werden als *nichtmonetäre Finanzintermediäre* bezeichnet. Von jedem dieser nichtmonetären Finanzintermediäre werden bestimmte Typen *sekundärer Finanztitel* emittiert. Diese Verbreiterung der Palette finanzieller Vermögensgegenstände reflektiert die Diversifizierung der Kanäle, durch die finanzielle Ressourcen von finanziellen Überschußeinheiten zu finanziellen Defiziteinheiten fließen können.[201]

Spielt bei GURLEY/SHAW die Unterscheidung von monetären und nichtmonetären Finanzintermediären eine Rolle? GURLEY/SHAW bestreiten energisch, daß *monetäre* und *nichtmonetäre Finanzintermediäre* unterschiedlich zu betrachten sind. Widersprochen wird der Ansicht, daß *monetären Finanzintermediären,* dadurch daß ihnen das Betreiben des Zahlungssystems obliegt, eine besondere Bedeutung für die Schaffung von finanziellen Ressourcen (loanable funds) zukommt, während den *nichtmonetären Finanzintermediären* nur die Rolle eines Brokers für finanzielle Ressourcen zufällt. Unterstellt wird, daß beide Typen von Finanzintermediären die gleichen Funktionen ausüben. Mit anderen Worten: Beide schaffen jeweils spezielle Formen sekundärer (indirekter) Finanztitel, beide generieren Kredit, beide fungieren als Broker für finanzielle Ressourcen, beide ermöglichen es den finanziellen Überschußeinheiten, ihre Portefeuilles zu diversifizieren. Jedoch generieren weder monetäre noch nichtmonetäre Finanzintermediäre finanzielle Ressourcen. Nur finanzielle Überschußeinheiten können aus ihrem Einnahmen finanzielle Überschüsse im Sinne finanzieller Ressourcen bilden und damit (unter anderem) die sekundären Finanztitel der Finanzintermediäre erwerben. Ob nun die *monetären* oder die *nichtmonetären Finanzintermediäre* Kredit schaffen, hängt gerade nicht von der Bedeutung der monetären Finanzintermediäre („Commercial Banks") für das Betreiben des Zahlungssystems, sondern von den Präferenzen der finanziellen Überschußeinheiten für bestimmte Typen sekundärer Finanztitel ab.[202] Durch die skizzierten Überlegungen relativieren GURLEY/SHAW die Unterschiedlichkeit von *monetären und nichtmonetären Finanzintermediären.* Unterstellt wird, daß alle Finanzintermediäre die gleichen Funktionen ausüben, so daß von einer „Einheit" bezüglich der Finanzintermediation im GURLEY/SHAW-Ansatz gesprochen werden kann.[203]

---

[201] Vgl.GURLEY/SHAW(1955), S.519-521.

[202] Vgl.GURLEY/SHAW(1955), S.521-522; GURLEY/SHAW(1956), S.259.

[203] RENVERSEZ(1988), S.12-13 weist auf den fundamentalen Unterschied zwischen *monetären Finanzintermediären,* die Buchgeld in Umlauf bringen, und *nichtmonetären Finanzinstermediären,* die andere Finanztitel in Umlauf bringen, hin. Ihre Gleichsetzung wird als sehr problematischer Aspekt der Analyse von GURLEY/SHAW gesehen. Nach Meinung des Verfassers wird die Gleichsetzung von *monetären* und *nichtmonetären* Finanzintermediären im Ansatz von GURLEY/SHAW dadurch grundlegend erleichtert, daß der gesamte Aspekt *Zentralbank* einschließlich des Aspektes, wie Zentralbankgeld in der GURLEY/SHAW-Welt den Wirtschaftseinheiten zur Verfügung gestellt wird, aus der Betrachtung der Finanzintermediation ausgeblendet bleibt. Trotz der Bezeichnung der Banken („Commercial Banks") als monetäre Finanzintermediäre wird deren Rolle im Geldschöpfungsprozeß, die sich sehr gut zur Differenzierung von *Bankfinanzintermediären* und *Nichtbankfinanzintermediären* eignet, nicht weiter thematisiert.

2.3.Exkurs: Neuere intermediationstheoretische Ansätze

Der Austauschmechanismus zwischen finanziellen Überschuß- und Defiziteinheiten wird in neueren *intermediatonstheoretischen Ansätzen* nicht thematisiert, weswegen diese Ansätze nicht der *Intermediationsperspektive* zuzuordnen sind. Ergänzend zur Begründung der Existenz von Finanzintermediären im Ansatz von GURLEY/SHAW gibt der Exkurs einen skizzenhaften Überblick über die Begründung der Existenz von Finanzintermediären in neueren intermediationstheoretischen Ansätzen. Moderne intermediationstheoretische Ansätze thematisieren Finanzintermediation aus dem Kontext *informationsökonomischer Überlegungen.* Die Entstehung von Finanzintermediären wird in dieser Forschungsrichtung als optimale Reaktion auf Informationsprobleme (Adverse Selection, Moral Hazard), Glaubwürdigkeitsprobleme und die daraus resultierenden Finanzmarktineffizienzen gesehen.[204]
Als bahnbrechender Ansatz moderner intermediationstheoretischer Überlegungen ist DIAMOND zu nennen, der einen Weg zur formalen Begründung intermediärähnlicher Institutionen (Commercial Banks, Versicherungsunternehmen) aufzeigt. Die Betrachtung richtet sich auf die Aktivseite der Bilanz eines Finanzintermediärs. Für Kreditgeber ist es bei asymmetrischen Informationen (zwischen Kreditgebern und Kreditnehmern) schwierig und kostenintensiv, die Performance und Qualität der Kreditnehmer zu beurteilen. Finanzintermediäre können „economies of scale" bei der Überwachung und Beurteilung der Performance der kreditnehmenden Unternehmen im Auftrag der kreditgebenden Überschußeinheiten erzielen. In diesem Zusammenhang bezeichnet DIAMOND Finanzintermediäre als *Delegated Monitors.* Zu hinterfragen ist jedoch, auf welche Art und Weise die Performance der Finanzintermediäre („Who monitors the monitor?") kontrolliert wird und auf welchem Weg die Investoren die Qualität der Finanzintermediäre beurteilen können. Dieses Problem eines infiniten Regresses wird umgangen, indem Finanzintermediäre ein gut diversifiziertes Portefeuille aus finanziellen Ansprüchen (Kredite und Finanztitel) halten. Durch diese Diversifikation wird das spezifische (unsystematische) Risiko vernichtet, welches bei Investition in eine einzelne Unternehmung besteht. Finanzintermediäre können daher (den Einlegern) standardisierte Schuldtitel mit fester Verzinsung anbieten. Kreditgeber können Finanzintermediäre daran beurteilen, ob sie den gängigen Zinszahlungen nachkommen.[205]

---

204 BHATTACHARYA/THAKOR(1993 geben einen hervorragenden Überblick über die gegenwärtige Bankentheorie. Kurze Überblicke geben GERTLER(1988), S.574-580; VAN DAMME(1994), S.15-16.

205 Vgl.DIAMOND(1984), S.393-403, S.409-410 und dazu kritisch referierend MAYER(1994), S.2. BHATTACHARYA/THAKOR(1993), S.8-9 verweisen darauf, daß LELAND/PYLE(1977) einen frühen (wenn auch fehlerhaften) Ansatz zur informationsökonomischen Begründung von Finanzintermediären geliefert haben. Dieser wurde einerseits für depositennehmende Finanzintermediäre von DIAMOND(1984) und andrerseits für nicht depositennehmende Finanzintermediäre von RAMAKRISHNAN/THAKOR(1984) formalisiert. In der kritisch referierenden Literatur zur modernen Intermediationstheorie wird oftmals übersehen, daß der Ansatz von DIAMOND(1984) interpretationsoffen ist und sowohl Bankfinanzintermediäre („Commercial Banks") als auch Nichtbankfinanzintermediäre („Insurance Companies") erklären kann. Typischerweise wird der Ansatz von DIAMOND(1984) in der kritisch referierenden Literatur zur modernen Intermediationstheorie nur als Erklärungsansatz für Bankfinanzintermediäre thematisiert. Vgl.hierzu MAYER(1994), S.2-4; VAN DAMME(1994), S.17-21.

In einer anderen Studie betrachten DIAMOND/DYBVIG die Passivseite von Banken und thematisieren deren Funktion als *Liquiditätsversicherung* für Wirtschaftseinheiten.[206] Dahinter stehen die folgenden Überlegungen. Die vorzeitige Liquidation von langfristigen (illiquiden) Investitionsobjekten ist mit (unerwünscht) niedrigen Liquidationswerten verbunden. Unsicherheit über ihre Konsumstruktur kann dazu führen, daß Wirtschaftseinheiten es von vornherein ablehnen, langfristige Investitionen zu tätigen, und statt dessen (nominell ertraglose) Liquidität (in der Form von Bargeld oder unverzinslichen Depositen) vorhalten. Denn im unerwartet frühen Konsumfall müssen Wirtschaftseinheiten, die in langfristige Investitionsobjekte investiert haben, die mit einer vorzeitigen Liquidation verbundenen niedrigeren Liquidationswerte realisieren. Bei unkorreliertem Eintritt des Konsumfalls ist die kollektiv benötigte Liquidität der Wirtschaftseinheiten jedoch geringer als die individuell benötigte. Durch Einschaltung einer Bank und der Poolung der finanziellen Ressourcen der Wirtschaftseinheiten können kollektiv mehr finanzielle Ressourcen in langfristige ertragreiche Investitionsobjekte angelegt werden, als dies den einzelnen Investoren möglich wäre. Dabei ermöglicht die Bank den Wirtschaftseinheiten, liquide Bankeinlagen mit einer relativ hohen Verzinsung, (die sich an den Erträgen der langfristigen illiquiden Investitionsobjekte orientiert), zu halten. Diese Gewährleistung der Liquidität bezeichnen DIAMOND/DYBVIG als (kollektive) *Versicherungsfunktion* der Banken.[207]
Zusammenfassend betrachtet versorgen Finanzintermediäre beziehungsweise Banken Unternehmen, die langfristige Investitionsobjekte durchführen möchten, mit Krediten und fungieren in diesem Zusammenhang als *Delegated Monitor*. Andrerseits versorgen Banken Wirtschaftseinheiten, welche einem Liquiditätsschock ausgesetzt sind - hierbei handelt es sich i.d.R. um Haushalte - mit kurzfristigen Finanzmitteln und üben somit eine *Versicherungsfunktion* aus. SUSSMAN weist darauf hin, daß es bei Banken typischerweise zu einer Integration der Funktionen der kurzfristige Liquiditätsbereitsbereitstellung, der langfristigen Kreditvergabe und des Delegated Monitors kommt.[208]

3.ABBILDUNGSINSTRUMENTE

3.1.Flow of Funds

Flow of Funds stellen ein ideales Abbildungsinstrument für die von GURLEY/SHAW thematisierten Mechanismen der externen Finanzierung (direkte und indirekte Finanzierung zwischen *finanziellen Überschuß-* und *Defiziteinheiten* dar.[209] Flow of Funds dienen der aggregierten Abbildung von *Finanzsströmen* zwischen den verschiedenen

206 Vgl.DIAMOND/DYBVIG(1983), S.401-404.

207 Vgl.DIAMOND/DYBVIG(1983), S.402-408 und kritisch referierend MAYER(1994), S.2. DIAMOND/DYBVIG(1983), S.408-410 weisen darauf hin, daß die Illiquidität der Aktivseite der Bankbilanz diese im Fall unerwartet hoher (vorzeitiger) Abhebungen für „Bank Runs" anfällig macht.

208 Vgl.kritisch referierend zur modernen Intermediationstheorie SUSSMAN(1994), S.89.

209 Beispielsweise orientiert sich die Beschreibung des englischen Finanzsystems von BAIN(1992) in der Intermediationsperspektive streng am *Flow of Funds* Schema.

Sektoren der Volkswirtschaft in einer Zeitperiode. In der gesamtwirtschaftlichen Finanzierungsrechnung der Bundesbank werden z.B. die *Sektoren* „öffentliche Haushalte“, „private Haushalte“, „nichtfinanzielle Unternehmen“ (mit den Untersektoren „Wohnungswirtschaft“ und „Produktionsunternehmen“), „Banken“ (mit den Untersektoren „Kreditinstitute“ und „Bundesbank“), „Bausparkassen“, „Versicherungen“, „Investmentfonds“ und „übrige Welt“ abgegrenzt.[210]
Die *Finanzsströme* zwischen den Sektoren der Volkswirtschaft resultieren aus Transaktionen, wie beispielsweise Käufen und Verkäufen von Gütern oder etwa dem Austausch von Vermögensgegenständen und Verbindlichkeiten. Für die ganze Wirtschaft können diese Finanzströme in Flow of Funds Konten oder in gesamtwirtschaftlichen Finanzierungsrechnungen dargestellt werden. Mit Flow of Funds Analysen wird die Struktur finanzieller Bewegungen zwischen den Sektoren der Volkswirtschaft nachgezeichnet. Grundlage der Betrachtung der intersektoralen Finanzströme sind die Mittelverwendung und Mittelherkunft der Sektoren während einer normalerweise ein Jahr umfassenden Zeitperiode. Die Finanzströme müssen dabei den Veränderungen der Bestände an Vermögensgegenständen und Verbindlichkeiten in der betrachteten Zeitperiode entsprechen. In diesem Sinne stehen die betrachteten Finanzströme mit den Beständen an Vermögensgegenständen und Verbindlichkeiten in Beziehung. In modernen Flow of Funds Analysen werden in der Regel Nettotransaktionen an Finanzinstrumenten zwischen den Sektoren der Volkswirtschaft betrachtet. Die Gesamtbetrachtung erfolgt dann auf Basis der Aggregation der Sektoren zu einer die ganze Volkswirtschaft beschreibenden Matrix, in welcher typischerweise jede Zeile einen Vermögensgegenstand und jede Spalte einen Sektor repräsentiert.[211] Anders ausgedrückt untersuchen Flow of Funds Analysen gesamtwirtschaftliche Ersparnis und Investition. Sie geben Auskunft darüber, in welchem Ausmaß Haushalte, Unternehmen und Staat an der Ersparnisbildung beteiligt sind und wie diese Ersparnisse in finanzielle Vermögensgegenstände umgewandelt werden. Dabei werden die Sektoren einer Volkswirtschaft als finanzielle Defizit- und Überschußeinheiten charakterisiert und deutlich, auf welche Art und Weise diese Sektoren miteinander in Beziehung stehen. Somit wird auch die Bedeutung und das relative Gewicht einzelner Sektoren hinsichtlich der Ersparnisbildung und -verwendung klar. Durch das Abbilden der Umwandlung von Ersparnis in Investitionen wird die Verknüpfung von Finanzsektor und Realsektor thematisiert. Problembereiche von Flow of Funds Analysen liegen in der Abgrenzung der Sektoren, in der Bewertung (marking to market versus book values) und in aggregationsbeding-

---

210 Vgl.BARR/CUTHBERTSON(1991), S.1-2. Eine ausführliche Auseinandersetzung mit dem Flow of Funds Konzept liefert BAIN(1977), S.73-111. Vgl.zum Flow of Funds Konzept auch die grundlegenden Arbeiten von COPELAND(1955) und GOLDSMITH(1965). Die Angaben zur deutschen gesamtwirtschaftlichen Finanzierungsrechnung sind aus BUNDESBANK(6/1996), S.10 entnommen.

211 Vgl.BARR/CUTHBERTSON(1991), S.1-2; RUGGLES(1987), S.380; GREEN(1992), S.137; HERRING/SANTOMERO(1991), S.4-5; ROSE(1992), S.69-78. BARR/CUTHBERTSON(1991), S.2-4 weisen darauf hin, daß es mit geeigneten Preisindizes möglich wird, eine mit den Flußgrößen konsistente Matrix der Bestandsgrößen zu generieren. Die Bestandsgrößen sind wichtig für das Verständnis der Interaktion zwischen Realgrößen und Finanzgrößen. Mit konsistenten Daten über Bestandsgrößen und Flußgrößen kann ein einheitliches Bild der Flüsse finanzieller Aktiva und des gesamten finanziellen Geschehens der Volkswirtschaft erhalten werden.

ten Informationsverlusten. Flow of Funds enthalten keinerlei Informationen über Transaktionen innerhalb eines Sektors: Beispielsweise verschwindet innerhalb des Unternehmenssektors völlig das Ausmaß von Handelskredit. Gerade auch Informationen über Transaktionen zwischen Finanzinstitutionen verschwinden aggregationsbedingt: So macht der Interbankenhandel im Devisengeschäft circa 90 Prozent und im Eurowährungsmarkt circa 67 Prozent des Gesamthandelsvolumens aus. Trotz dieser skizzierten Einschränkungen stellen Flow of Funds eine umfassende Informationsquelle über Transaktionen im Finanzsystem dar.[212]

3.2.Kennzahlen[213]

3.2.1.Intermediationsrate und Verbriefungsrate

Mit der Bestimmung der *Intermediationsrate* und der *Verbriefungsrate* kann die Zusammensetzung der (externen) Finanzströme zwischen finanziellen Überschuß- und Defiziteinheiten zeitpunkt- oder zeitraumbezogen näher charakterisiert werden. Interne (intrasektorale) Finanzströme der finanziellen Überschuß- und Defiziteinheiten (z.B. auch interne Finanzierung) bleiben aus der Betrachtung ausgeschlossen.
Die Intermediationsrate kann einerseits für das Geldvermögen und andrerseits für die Verpflichtungen der nichtfinanziellen Sektoren (beziehungsweise der Finanzintermediäre) bestimmt werden. Die *Geldvermögensintermediationsrate* (Asset Intermediation Rate) aller nichtfinanziellen Sektoren gibt Auskunft darüber, welcher Anteil der Gesamtheit aller Geldvermögensansprüche der nichtfinanziellen Sektoren auf Geldvermögensansprüche gegenüber den Finanzintermediären entfällt. Entsprechend dazu gibt die *Verpflichtungenintermediationsrate* (Debt Intermediation Rate) aller nichtfinanziellen Sektoren Auskunft darüber, welcher Anteil aller Verpflichtungen der nichtfinanziellen Sektoren auf Verpflichtungen gegenüber den Finanzintermediären entfällt. Per Definition sind Geldvermögensintermediationsrate (Asset Intermediation Rate) und Verpflichtungenintermediationsrate (Debt Intermediation Rate) gleich groß.[214]

Abbildung B.10.:
Definition der allgemeinen Intermediationsrate

$$\text{Allgemeine Intermediationsrate} = \frac{\text{Summe Finanzinstrumente der Finanzintermediäre}}{\text{Gesamtsumme aller Finanzinstrumente}}$$

Quelle: Darstellung in Anlehnung an FERRANDIER/KOEN(1994), S.30-31.

212 Vgl.hierzu HERRING/SANTOMERO(1991), S.14; POINTDEXTER/JONES(1980), S.29-36; ROSE(1992), S.78-80.

213 In diesem Abschnitt werden Kennzahlen vorgestellt, mit denen die Verwendung sekundärer Finanztitel der Finanzintermediäre untersucht wird. In diesem Sinne knüpfen die Kennzahlen direkt an den GURLEY/SHAW-Ansatz an. Allgemein betrachtet können mit diesen Kennzahlen nur recht simple und wenig differenzierte Trendaussagen über die finanzielle Infrastruktur eines Landes getroffen werden.

214 Vgl.SCHMIDT/HACKETHAL/TYRELL(1997), S.7-8 und ergänzend die Ausführungen in FERRANDIER/KOEN(1994), S.30-31.

Ergänzend zur Intermediationsrate kann die *Verbriefungsrate* bestimmt werden. Die Verbriefungsrate kennzeichnet sich durch eine instrumentale Betrachtung der Finanzströme zwischen finanziellen Überschuß- und Defiziteinheiten. In ihrer allgemeinen Definition gibt die Verbriefungsrate Auskunft darüber, welchen Anteil verbriefte Finanzinstrumente an der Gesamtheit aller von den nichtfinanziellen Sektoren nachgefragten (externen) Finanzinstrumenten (im Sinne der Gesamtheit aller primären und sekundären Finanzinstrumente) ausmachen. Die allgemeine Verbriefungsrate ist ebenfalls zwischen Null und Eins definiert. Je näher sie an Eins liegt, desto größer ist das Maß an verbrieften Finanzierungsbeziehungen. Eine Zunahme der Verbriefungsrate kann das Ergebnis eines Trends zur *Securitization*, d.h. einer Verbriefung von Kredit- und Einlagenpositionen der Finanzintermediäre, darstellen. Die Verbriefungsrate kann einerseits für das Geldvermögen und andrerseits für die Verpflichtungen der nichtfinanziellen Sektoren (beziehungsweise der Finanzintermediäre) bestimmt werden. Die *Geldvermögensverbriefungsrate* (Asset Securitization Rate) aller nichtfinanziellen Sektoren gibt Auskunft darüber, welcher Anteil aller Geldvermögensansprüche der nichtfinanziellen Sektoren auf verbriefte Geldvermögensansprüche entfällt. Die *Verpflichtungenverbriefungsrate* (Debt Securitization Rate) gibt analog dazu Auskunft darüber, welcher Anteil aller Verpflichtungen der nichtfinanziellen Sektoren auf verbriefte Verpflichtungen entfällt. Im Unterschied zur Geldvermögensintermediationsrate (Asset Intermediation Rate) und der Verpflichtungenintermediationsrate (Debt Intermediation Rate), die per Definition gleich groß sind, können die Verpflichtungenverbriefungsrate (Debt Securitization Rate) und die Geldvermögensverbriefungsrate (Asset Securitization Rate) der nichtfinanziellen Sektoren auseinanderfallen. Diese unterscheiden sich dann, wenn die Forderungen und Verpflichtungen der Finanzintermediäre einen unterschiedlichen Grad der Verbriefung aufweisen.[215]

Abbildung B.11.:
Definition der allgemeinen Verbriefungsrate

$$\text{Allgemeine Verbriefungsrate} = \frac{\text{Summe der verbrieften Finanzinstrumente}}{\text{Gesamtsumme aller Finanzinstrumente}}$$

Quelle: Eigene Darstellung.

3.2.2. Finanzielle Tiefe

Nach den Überlegungen von GURLEY/SHAW ist der wirtschaftliche Entwicklungsprozeß verbunden mit einer Institutionalisierung der Spar- und Investitionsprozesses, d.h. mit der Entstehung von Finanzintermediären und einer Zunahme der Verwendung sekundärer (indirekter) Finanztitel. Wirtschaftliche Entwicklung geht demzufolge mit einer *finanziellen Vertiefung* einher.[216]

---

215 Vgl.grundlegend SCHMIDT/HACKETHAL/TYRELL(1997), S.7-8. Zur *Securitization* vgl. grundlegend FRANKE(1993), S.1058-1063.

216 Vgl.GURLEY/SHAW(1955), S.515-538; SHAW(1973), S.3-16.

Allgemein wird eine Zunahme des Bestandes an finanziellen Aktiva, das heißt eine Zunahme der finanziellen Ersparnisbildung, als finanzielle Vertiefung bezeichnet. Ein Finanzsystem gewinnt dann an finanzieller Tiefe, wenn ein größerer Teil der Ersparnis durch das Finanzsystem geleitet wird.[217] Die WELTBANK(1989) definiert in ihrem Weltentwicklungsbericht die Kennzahl finanzielle Tiefe als das folgende Verhältnis: Finanzielle Tiefe eines Landes wird als das Verhältnis der Geldmengengröße M2 zum Bruttosozialprodukt verstanden, wobei die Geldmengengröße M2 als die Summe aus Bargeldumlauf und den Sicht-, Termin- und Spareinlagen bei Banken definiert ist. (Alternativ findet sich im Weltentwicklungsbericht auch die Abgrenzung der Geldmengengröße M3 im Verhältnis zum Bruttosozialprodukt als Kennzahl finanzielle Tiefe, wobei die Geldmengengröße M3 als die Summe aus Bargeldumlauf und der Gesamtheit der Einlagen des Nichtbankenpublikums bei sämtlichen Einlagen entgegennehmenden Finanzinstitutionen definiert ist.)[218]

Abbildung B.12.:
Definition der Kennzahl finanzielle Tiefe

$$\text{Finanzielle Tiefe} = \frac{\text{M2}}{\text{Bruttosozialprodukt}}$$

Quelle: Definition aus WELTBANK(1989), S.36.

Das Verhältnis von M2 zum Bruttosozialprodukt (finanzielle Tiefe) gibt tendenziell Aufschluß darüber, in welchem Ausmaß den finanziellen Überschußeinheiten (Sparern) Finanzinstrumente (insbesondere sekundäre Finanztitel) zur Verfügung gestellt werden. Gleichzeitig stellt es ein Indiz dar, wie effizient dem Produktionssektor finanzielle Ressourcen zur Verfügung gestellt werden. Mit Hilfe der Kennzahl finanzielle Tiefe kann beispielsweise abgelesen werden, daß die Finanzsysteme der Volkswirtschaften mit höherem Volkseinkommen eine größere finanzielle Tiefe aufweisen, als die Finanzsysteme der Länder mit niedrigem Volkseinkommen. Darüber hinaus verfügen die Finanzsysteme der am stärksten wachsenden Volkswirtschaften - gemessen an dieser Kennzahl - über eine größere finanzielle Tiefe als die Finanzsysteme der am langsamsten wachsenden Volkswirtschaften.[219]
Anzumerken ist in diesem Zusammenhang, daß die Kennzahl finanzielle Tiefe nur tendenziell Auskunft darüber gibt, in welchem Ausmaß in einem betrachteten Finanzsystem sekundäre Finanzinstrumente, (wie beispielsweise Sicht-, Termin- und Spareinlagen bei Verwendung von M2 im Zähler der Kennzahl oder auch die Gesamtheit der Einlagen bei depositennehmenden Finanzinstitutionen bei Verwendung von M3 im

---

217 Vgl.WELTBANK(1989), S.33-36. Auch GOLDSMITH(1969), S.3-48 verweist darauf, daß wirtschaftliche Entwicklung von einer zunehmenden Verwendung von Finanzinstrumenten verschiedenster Art begleitet wird. Dies reflektiert die *financial interrelations ratio*, die als Verhältnis aus den Bestandsgrößen *finanzieller Infrastruktur* (im Sinne der Gesamtheit der verwendeten Finanzinstrumente) und *realer Infrastruktur* (im Sinne des Volksvermögens) definiert wird.

218 Vgl.WELTBANK(1989), S.33-40.

219 Vgl.WELTBANK(1986), S.vi und S.9-10; WELTBANK(1989), S.33-40.

Zähler der Kennzahl), zur Verfügung stehen. Die verwendeten Geldmengenaggregate weisen im Zähler auch Bargeld neben den zuvor genannten Finanzinstrumenten auf, so daß ein hohes Maß finanzieller Tiefe auch auf einen sehr großen Bargeldumlauf zurückgehen kann. Tiefergehende Analysen der vom Finanzsektor geschaffenen Finanzinstrumente müssen daher die Maßzahl finanzielle Tiefe ergänzen.

3.2.3. Verwendung sekundärer Finanztitel von Banken

BHATTACHARYAY hebt zu Beginn seiner Betrachtung die große Bedeutung der finanziellen Infrastruktur - das heißt des Finanzsystems - als institutionelle grundlegende Voraussetzung für ein ausgewogenes Wachstum einer Volkswirtschaft hervor. Insbesondere die Entwicklung von *Bankfinanzintermediären* und *Nichtbankfinanzintermediären* wird als wichtig für („unterentwickelte") Volkswirtschaften mit begrenzten wirtschaftlichen Ressourcen und einer über das Land verstreut lebenden Bevölkerung erachtet. Thematisiert wird eine Kennzahl (BHATTACHARYAYs Indikator), die Auskunft darüber gibt, in welchem Ausmaß Bankdienstleistungen (sekundäre Finanztitel) von den Wirtschaftseinheiten in Anspruch genommen werden. Möglich sollen Aussagen werden, ob die Bevölkerung Banken gewohnheitsmäßig annimmt und ob von der Bevölkerung (im Zeitablauf) mehr Bankdienstleistungen (sekundäre Finanztitel) in Anspruch genommen werden. Als Indikator beziehungsweise Kennzahl für den Entwicklungsstand einer effektiven finanziellen Infrastruktur wird das Verhältnis der „außerhalb der Banken gehaltenen Geldmenge" (Bargeld) zum Geldmengenaggregat M2 vorgeschlagen. Hierbei wird das Geldmengenaggregat M2 als „Summe aus der außerhalb der Banken gehaltenen Geldmenge (Bargeld), Sichtguthaben, Spareinlagen, Termineinlagen und Fremdwährungseinlagen (der Ortsansässigen)" aufgefaßt.[220]

Abbildung B.13.:
BHATTACHARYAYs Indikator

$$\text{BHATTACHARYAYs Indikator} = \frac{\text{Außerhalb der Banken gehaltene Geldmenge}}{\text{Geldmengenaggregat M2}}$$

Quelle: Vgl.BHATTACHARYAY(1988), S.309.

Hinter der Konstruktion dieses Indikators steht die Vorstellung, daß die finanziellen Überschußeinheiten eine große Menge an Bargeld halten (müssen), wenn ihnen keine sekundären Finanztitel der Banken (als Finanzintermediäre) zur Verfügung stehen, in die sie ihre finanziellen Überschüsse anlegen können. Dies kann unter anderem dann eintreten, wenn kein flächendeckendes Bankensystem existiert, so daß den finanziellen Überschußeinheiten hohe Transaktionskosten entstehen, wenn sie die nächstgelegene Bank erreichen möchten. Gezwungenermaßen halten die finanziellen Überschußeinheiten in diesem Fall große Mengen an Bargeld. Diese finanziellen

220 Vgl.BHATTACHARYAY(1988), S.307-310.

Ressourcen können dementsprechend auch nicht in die theoretisch effizientesten Verwendungen geführt werden, so daß die gesamtwirtschaftliche Ressourcenallokation ineffizent bleibt. In diesem gerade skizzierten Szenario weist BHATTACHARYAYs Indikator tendenziell einen relativ großen Wert auf. In dem Moment jedoch, in dem den finanziellen Überschußeinheiten Banken als Finanzintermediäre zur Verfügung stehen, beginnen sie, ihre großen Bargeldbestände abzubauen und dafür sekundäre Finanztitel der Banken zu halten. Diese leiten die von ihnen eingesammelten finanziellen Ressourcen an die finanziellen Defiziteinheiten weiter, welche diese in effiziente Verwendungen (Investitionen) überführen. Die gesamtwirtschaftliche Ressourcenallokation ist relativ effizienter als im zuerst skizzierten Szenario, in welchem den Wirtschaftseinheiten nur eine begrenzte Anzahl von Banken (und sekundären Finanztiteln) zur Verfügung steht. BHATTACHARYAYs Indikator weist in dem gerade skizzierten Fall tendenziell einen relativ niedrigen Wert auf.

Aus den vorigen Ausführungen wird deutlich, daß BHATTACHARYAYs Indikator anzeigt, in welchem Ausmaß Banken den finanziellen Überschußeinheiten sekundäre Finanzinstrumente zur Verfügung stellen. Der grundlegende Ansatzpunkt von BHATTACHARYAYs Indikator ist die Abbildung der Nutzung von Bankdienstleistungen (beziehungsweise die Inanspruchnahme von sekundären Finanztiteln) im Gegensatz zur Alternative der Bargeldhaltung. Tendenziell läßt BHATTACHARYAYs Indikator Trendaussagen zu, inwiefern Bankdienstleistungen von den privaten Haushalten und nichtfinanziellen Unternehmen in Anspruch genommen werden, so daß implizit Tendenzaussagen über die Effektivität und Angemessenheit des Finanzsystems möglich werden.[221] Denn je weiter nun der Bankensektor entwickelt ist, desto kleiner ist die Nachfrage nach dem außerhalb der Banken gehaltenen Geld und somit auch das oben definierte Verhältnis.

4.WÜRDIGUNG DES BESCHREIBUNGSMODUS

Im *Beschreibungsmodus Intermediationsperspektive* richtet sich die Betrachtung des Finanzsystems auf die Gesamtheit der finanziellen Beziehungen zwischen dem Finanzsektor und den nichtfinanziellen Sektoren (nichtfinanzielle Unternehmen, private Haushalte, öffentliche Haushalte, Ausland), die in ihrer Funktion als finanzielle Überschußeinheiten und finanzielle Defiziteinheiten charakterisiert werden. Im Blickpunkt der Finanzsystembetrachtung stehen die institutionelle Struktur des Finanzsektors und die vom Finanzsektor ausgeübte Funktion der Transmission finanzieller Ressourcen zwischen den Überschuß- und Defiziteinheiten einschließlich der damit verbundenen Transformationsfunktionen. Eigenschaften des Finanzsystems bleiben im Hintergrund der Betrachtung.

Die Betrachtung des Finanzsystems in der Intermediationsperspektive ist durch ein gewisses Maß an *Allgemeinheit* charakterisiert und ein hohes Maß an *Theoriekompatibilität* geprägt. Insgesamt ist die Betrachtung des Finanzsystems in der Intermediation-

221 Vgl.hierzu grundlegend BHATTACHARYAY(1988), S.309.

sperspektive durch ein hohes Maß an *Komplexitätsreduktion* gekennzeichnet. Im Mittelpunkt steht das *Sichtbarmachen des Finanzsystemzusammenhangs* zwischen finanziellen Überschußeinheiten, finanziellen Defiziteinheiten und dem Finanzsektor. Im Hinblick auf die *Vollständigkeit* der Finanzsystembetrachtung leistet die Intermediationsperspektive wesentlich mehr als die Finanzsektorperspektive oder die Finanzsektor-Realsektor-Perspektive. Dennoch ist dieser Beschreibungsmodus weit davon entfernt, eine vollständige Abbildung des Finanzsystems zu generieren. Die Anforderungen an *empirische Aspekte* sind im Rahmen der Intermediationsperspektive recht hoch gesteckt.[222]

V.FUNKTIONALE PERSPEKTIVE

1.CHARAKTERISIERUNG DES BESCHREIBUNGSMODUS

Den Ansatzpunkt einer Finanzsystembeschreibung können die *Finanzsystemfunktionen* bilden. MERTON schlägt als übergeordnete primäre Finanzsystemfunktion die *Ressourcenallokationsfunktion* vor und differenziert diese in die sechs folgenden (untergeordneten) Kernfunktionen: Erstens in die *Zahlungssystemfunktion*, zweitens in die *Ressourcenpoolungsfunktion*, drittens in die *Funktion der zeitlichen und räumlichen Transformation*, viertens in die *Funktion des Risikenmanagements*, fünftens in die *Informationsfunktion*, sechstens in die *Funktion der Bewältigung von Problemen asymmetrischer Information*.[223] In einer funktionenorientierten Finanzsystembetrachtung stehen diese vom Finanzsystem ausgeübten *Funktionen* im Mittelpunkt der Finanzsystembeschreibung und bilden den Ausgangspunkt, von dem die *institutionelle Finanzsystemstruktur* erschlossen wird. Eine derartige Art der Finanzsystembetrachtung wird als *Beschreibungsmodus funktionale Perspektive* bezeichnet.

Wie wird das Finanzsystem in der funktionalen Perspektive abgegrenzt? Die funktionale Perspektive impliziert eine sehr weit greifende Finanzsystembetrachtung. Den Ausgangspunkt bilden die oben genannten Finanzsystemfunktionen. Faktisch wird die Gesamtheit der institutionellen Mechanismen, die an der Ausübung der Finanzsystemfunktionen beteiligt sind, als Finanzsystem betrachtet. Somit beinhaltet das Finanzsystem weit mehr institutionelle Bestandteile als lediglich die Institutionen des *Finanzsektors*, wie Finanzmärkte und Finanzintermediäre. Beispielsweise spielen bezüglich

---

[222] Vgl.Kapitel B.IV.2. für den *theoretischen Hintergrund* der *Intermediationsperspektive*.

[223] Vgl.MERTON(1993), S.21-27. In der Literatur wird die funktionenorientierte Finanzsystembetrachtung vor allem von MERTON vertreten. Vgl.hierzu grundlegend MERTON(1990), MERTON(1993), MERTON(1995), MERTON/BODIE(1995). Angeregt durch die Arbeiten von MERTON wurde an der Harvard Business School das *Global Financial System Project* ins Leben gerufen. Vgl.hierzu CRANE/BODIE(1996), S.109-117. Über erste Ergebnisse dieses Forschungsprojektes informiert die von CRANE u.a.(1995) herausgegebene Aufsatzsammlung. In Kapitel B.V.2. wird der Ansatz von MERTON näher erläutert.

der Ausübung der Finanzsystemfunktionen auch die *Regierung* und *Familien* eine sehr wichtige Rolle. Selbst in Ländern mit sehr weit entwickelten Finanzmärkten und Finanzinstitutionen spielen *Familien* beispielsweise für die Anschubfinanzierung von neu gegründeten Unternehmen, als Komponente der Alterssicherung, für die Finanzierung der Ausbildung und die Wohnungsfinanzierung eine sehr wichtige Rolle.[224] Der *Regierung* kommt als regulierende und Aufsicht ausübende Instanz eine grundlegende Bedeutung für den Erhalt und die Gewährleistung der Infrastruktur des Finanzsystems zu. Beispielsweise zeigt sich dies in der staatlichen Regulierung von Finanzmärkten und Finanzintermediären und in der Errichtung und Durchsetzung von allgemeinen Eigentumsrechten und anderer für die Abwicklung und Durchsetzung von Verträgen relevanten Gesetzen. Darüber hinaus fungieren regierungseigene Finanzinstitutionen oftmals als Substitute oder Komplementäre zu privaten Finanzinstitutionen, indem sie Kredite (zu teils ermäßigten Zinssätzen) begeben und Kreditgarantien übernehmen.[225]

Abbildung B.14.:
Beschreibungsmodus funktionale Perspektive

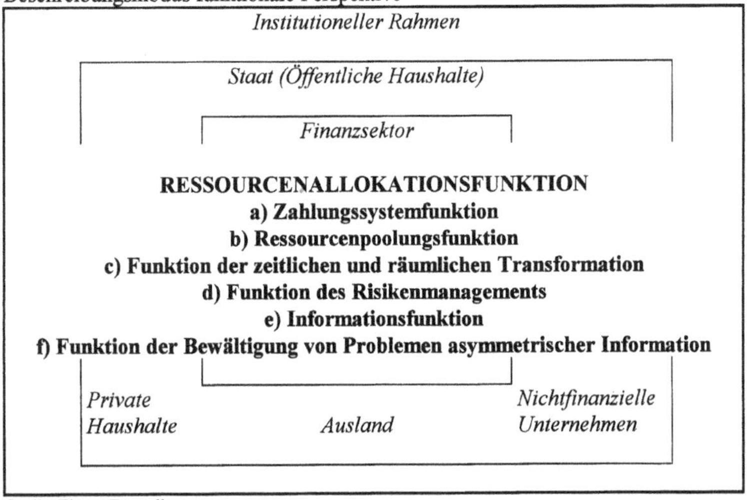

Quelle: Eigene Darstellung.

Deutlich wird durch die strenge Orientierung der Finanzsystembetrachtung an den Finanzsystemfunktionen unterstrichen, daß das Finanzsystem in die gesamte Volkswirtschaft hineinreicht. Ausgehend von den Finanzsystemfunktionen werden die institutionellen Mechanismen zur Ausübung der Finanzsystemfunktionen betrachtet. Eigen-

---

224 Vgl.MERTON/BODIE(1995), S.8-9. In diesem Zusammenhang bezeichnen *Familien* eine Gruppe von Individuen mit stark interdependenten Nutzenfunktionen, die nicht notwendigerweise mit einem *Haushalt* übereinstimmen muß.

225 Vgl.MERTON/BODIE(1995), S.8-9.

schaften des Finanzsystems bleiben tendenziell im Hintergrund der Finanzsystembetrachtung, können aber theoretisch gut in eine funktionenorientierte Finanzsystembeschreibung integriert werden. In der Abbildung B.14. wird die in die gesamte Volkswirtschaft hineinreichende Abgrenzung des Finanzsystems in der *funktionalen Perspektive* durch Weglassen der Schraffierung kenntlich gemacht.

Die *funktionale Perspektive* unterscheidet sich durch die von den Finanzsystemfunktionen ausgehenden Betrachtung der institutionellen Finanzsystemstruktur und der damit verbundenen Offenheit für alternative institutionelle Mechanismen zur Ausübung der gleichen Finanzsystemfunktion maßgeblich von den übrigen drei zuvor thematisierten Beschreibungsmodi, in denen die Finanzsystembetrachtung an den als gegeben betrachteten Finanzinstitutionen ansetzt. Beispielsweise werden in der *Finanzsektor-Realsektor-Perspektive* und in der *Intermediationsperspektive* die Institutionen Finanzmärkte und Finanzintermediäre als gegeben betrachtet und vorausgesetzt, was einen Finanzintermediär und einen Finanzmarkt charakterisiert. Davon ausgehend werden die von diesen Finanzinstitutionen ausgeübten Funktionen betrachtet. Diese Vorgehensweise unterscheidet sich maßgeblich von der Vorgehensweise der *funktionalen Perspektive*.

2.GRUNDLAGEN

2.1.Der Ansatz von MERTON

„The basic functions of a financial system are essentially the same in all economies - past and present, East and West. However, for reasons involving differences in size, complexity, and available technology, as well as differences in political, cultural, and historical backgrounds, the institutional mechanisms by which these functions are performed vary considerably among economies. Therefore a functional approach to analyze the financial system and its economic performance may provide a more useful organizing perspective than an institutional approach, especially in an environment of rapid technological changes and movement toward increasingly global connections among financial markets"[226]

Das Erkenntnisobjekt des Ansatzes von MERTON ist das Finanzsystem und die Finanzsystementwicklung im Zeitablauf. Prägend für die Überlegungen zur Finanzsystembeschreibung ist die Beobachtung, daß sich die Finanzinstitutionen in verschiedenen Ländern und im Zeitablauf aus einer ganzen Reihe von Gründen, wie z.B. unterschiedlichen politischen, historischen und kulturellen Hintergründen oder den verfügbaren Technologien maßgeblich unterscheiden. Selbst wenn Finanzinstitutionen z.B. einheitlich als „Banken" bezeichnet werden, können sich die von diesen Finanzinstitutionen ausgeübten Funktionen von Land zu Land oder im Zeitablauf erheblich unterscheiden. MERTON verweist darauf, daß sich Finanzinstitutionen, die heute als Ban-

226 MERTON(1990), S.263.

ken in den Vereinigten Staaten bezeichnet werden, erheblich von den Banken in den Vereinigten Staaten der Jahre 1922 oder 1952 unterscheiden. Zudem unterscheiden sich amerikanische Banken erheblich von deutschen oder britischen Banken.[227] Angesichts dieser Beobachtungen schlägt MERTON eine *funktionenorientierte* Finanzsystembetrachtung (Beschreibungsmodus funktionale Perspektive) vor. Dieser liegt erstens die Hypothese zugrunde, daß die grundlegenden Finanzsystemfunktionen im wesentlichen im Zeitablauf und in allen Ländern, sowohl in östlich als auch in westlich geprägten, gleich sind. Insbesondere sind Finanzsystemfunktionen durch ein wesentlich größeres Maß an Stabilität geprägt als Finanzinstitutionen. Zweitens liegt der funktionenorientierten Betrachtung die Hypothese zugrunde, daß die institutionelle Struktur durch die Finanzsystemfunktionen geprägt wird (*„institutional structure follows its function“*[228]). Demzufolge führen der Wettbewerb zwischen Institutionen und insbesondere Finanzinnovationen zu einer größeren Effizienz bei der Ausübung der Finanzsystemfunktionen. In diesem Sinn führt die dynamische Ausübung der Finanzsystemfunktionen zu neuen institutionellen Strukturen. Die evolutionäre Entwicklung des Finanzsystems wird als *„Innovationsspirale“* beschrieben, in der Finanzintermediäre und Finanzmärkte in der statischen Betrachtung im Wettbewerb zueinander stehen und sich in der dynamischen Betrachtung komplementär zueinander verhalten.[229]

Die funktionenorientierte Finanzsystembetrachtung eignet sich insbesondere zur Thematisierung der Dynamik der institutionellen Finanzsystemveränderungen. Um diese erfassen zu können, werden in der funktionenorientierten Finanzsystembetrachtung Elemente des *neoklassischen* und des *institutionell orientierten Ansatzes* integriert. In der *neoklassischen Betrachtung* richtet sich das Augenmerk auf die Dynamik von Preisen und Quantitäten. In dieser institutionslosen Betrachtung wird nur Funktionen eine Bedeutung beigemessen. Aussagen zu den Institutionen, die diese Funktionen ausüben, und zu den Veränderungen in den institutionellen Strukturen im Zeitablauf, können in der neoklassischen Betrachtung nicht getroffen werden. Dagegen wird in der statischen *institutionellen Betrachtung* den Institutionen eine große Bedeutung beigemessen. Diese bilden faktisch den Ansatzpunkt im Sinne eines „konzeptionellen Ankers“ der Betrachtung. Das Ziel von Staatseingriffen besteht in dieser Sichtweise darin, den existierenden Institutionen zum Überleben und zu einer gedeihlichen Existenz zu verhelfen. Entsprechend sind beispielsweise die Manager von Banken oder Versicherungen (nur) damit beschäftigt, die Erstellung ihrer Finanzdienstleistung effizienter und gewinnbringender zu organisieren. Mit der statischen institutionellen Betrachtung kann nicht die Dynamik institutioneller Veränderungen erfaßt und erklärt werden. Finanzinnovationen erscheinen in dieser Sichtweise geradezu als bedrohlich für die Stabilität des Finanzsystems (im Sinne der bestehenden institutionellen Struktur), da sie kostengünstige Mechanismen zur Umgehung institutionenorientierter Regulierungen bieten.[230]

---

227 Vgl.MERTON/BODIE(1995), S.3-4; MERTON(1993), S.25; MERTON(1990), S.263.

228 MERTON(1993), S.22.

229 Vgl.MERTON/BODIE(1995), S.3-5; MERTON(1993), S.26.

230 Vgl.MERTON/BODIE(1995), S.9-10; MERTON(1993), S.18.

Die *funktionenorientierte Finanzsystembetrachtung* stellt eine Synthese aus der *neoklassischen* und der *institutionellen* Betrachtung dar: Den konzeptionellen Ansatzpunkt - im Sinne eines „konzeptionellen Ankers" - der Finanzsystemanalyse bilden die (größtenteils von den Finanzinstitutionen ausgeübten) Finanzsystemfunktionen, die als „gegeben" betrachtet werden. Hinterfragt wird dann, welche institutionelle Struktur, (die nicht nur Finanzinstitutionen umfassen muß), zu einem bestimmten Zeitpunkt und in einem bestimmten Kontext am besten geeignet ist, diese Funktionen auszuüben. In der funktionenorientierten Finanzsystembetrachtung wird gerade nicht davon ausgegangen, daß bestehende institutionelle Mechanismen, unabhängig davon, ob es sich dabei um private oder staatliche Institutionen handelt, im Zeitablauf bestehen bleiben (müssen). Institutionen werden in der funktionenorientierten Finanzsystembetrachtung als wichtig erachtet. Sie stellen jedoch gerade nicht den Ansatzpunkt (im Sinne eines „konzeptionellen Ankers") der Analyse dar. Gerade dadurch wird es in der funktionenorientierten Finanzsystembetrachtung möglich, institutionelle Veränderungen zu thematisieren.[231]

2.2. Finanzsystemfunktionen

Auf einer aggregierten Betrachtungsebene wird die *Ressourcenallokation* als *primäre Finanzsystemfunktion* betrachtet. Die zentrale Funktion des Finanzsystems liegt darin, in einer durch Unsicherheit geprägten Umwelt die Allokation von Ressourcen in zeitlicher und räumlicher Hinsicht zu bewirken. Von der aggregierten Betrachtung der primären Funktion der Ressourcenallokation ausgehend können sechs grundlegende *Kernfunktionen* des Finanzsystems unterschieden werden, die jeweils bestimmte grundlegende Bedürfnisse erfüllen.[232]

Erstens stellt das Finanzsystem eine *Zahlungssystemfunktion* zur Bewältigung des Austauschs von Gütern, Dienstleistungen und finanziellen Vermögensgegenständen bereit. Die Bedeutung der Zahlungssystemfunktion tritt vor allem dann deutlich hervor, wenn ihre Ausübung nicht mehr gewährleistet ist und Transaktionen auf den Gütertausch reduziert werden.[233]

Zweitens stellt das Finanzsystem einen Mechanismus zur Poolung finanzieller Ressourcen *(Ressourcenpoolungsfunktion)* dar, durch den es möglich wird, sehr große und unteilbare Investitionsobjekte durchzuführen. Durch unterschiedliche Mechanismen, wie beispielsweise Finanzintermediäre oder Finanzmärkte, werden die finanziellen Ressourcen der einzelnen Haushalte gepoolt, so daß sie den Unternehmen als eine große Tranche zur Finanzierung von Investitionsobjekten zur Verfügung stehen. Auf diesem Wege können auch (kleine) Haushalte an großen unteilbaren Investitionsobjekten partizipieren.[234]

---

231 Vgl. MERTON/BODIE(1995), S.10.

232 Vgl. MERTON/BODIE(1995), S.12-20; MERTON(1993), S.21-27.

233 Vgl. MERTON/BODIE(1995), S.12-13; MERTON(1993), S.22.

234 Vgl. MERTON/BODIE(1995), S.12; MERTON(1993), S.22-23.

Drittens stellt das Finanzsystem einen Mechanismus zum Transfer finanzieller Ressourcen in zeitlicher und räumlicher Hinsicht (zwischen Regionen und Branchen) bereit *(Funktion der zeitlichen und räumlichen Transformation)*. Den Haushalten wird es ermöglicht, ihren Konsumstrom über ihren Lebenszyklus effizient zu verteilen beziehungsweise zu glätten. Entsprechend werden finanzielle Ressourcen in die effizientesten Verwendungen im Unternehmenssektor geführt. Darüber hinaus wird eine effiziente Trennung von Eigentum und Management von Unternehmen erreicht, was zu einer effizienten Spezialisierung in der Produktion gemäß des Prinzips des komparativen Vorteils führt. In diesem Zusammenhang werden Adverse Selection - Probleme und Moral Hazard - Probleme als Haupthindernisse für eine effizienteren weltweiten Ressourcentransfer erachtet.[235]
Viertens stellt das Finanzsystem einen Mechanismus zum Umgang mit Unsicherheit und zum Risikenmanagement dar. Neben den Institutionen des Finanzsektors ist beispielsweise auch das staatliche Sozialversicherungssystem Bestandteil der *Risikenmanagementfunktion* des Finanzsystems. Im Rahmen des Risikenmanagement sind die drei Unterfunktionen Diversifikation, Hedgen und Versichern zu nennen.[236] Für Haushalte und Unternehmen werden Risikenteilungs- und Risikenbündelungsmechanismen bereitgestellt, so daß eine effiziente Risikenverteilung zwischen diesen Sektoren erreicht wird. Den Haushalten wird es erleichtert, Risiken über ihren Lebenszyklus effizient zu verteilen. Darüber hinaus wird es möglich, die Bereitstellung von Betriebskapital für Realinvestitionen in der Form von Personal, Betriebsanlage und Betriebsausstattung von der Bereitstellung von Risikokapital zu trennen, welches das finanzielle Risiko der Durchführung der Realinvestition trägt. Diese Trennung der Realinvestition von dem (damit verbundenen) finanziellen Risiko ermöglicht eine Spezialisierung der Produktionsaktivität nach dem Prinzip des komparativen Vorteils.[237]
Fünftens stellt das Finanzsystem Preisinformationen bereit *(Informationsfunktion)*, die zur Koordination der dezentralisierten Entscheidungsfindung in den verschiedenen Sektoren der Volkswirtschaft beitragen. Haushalte verwenden Zinssätze und die Wertpapierpreise im Rahmen ihrer Konsum- und Spardispositionen sowie für ihre Portefeuilleallokation. Für die Manager von Unternehmen stellen diese Preise wichtige Signale für die Auswahl ihrer Investitionsobjekte und für deren Finanzierung dar. In einer durch Kreditrationierung geprägten Welt vergrößert die Quantität an Finanzmitteln, die Finanzintermediäre (zu gegebenem Preis) zu verleihen bereit sind, den Informationsgehalt der Preise. In diesem Zusammenhang wird die Preisbereitstellung als „latente" Funktion der Kapitalmärkte bezeichnet. (Dagegen wird der Handel mit finanziellen Vermögensgegenständen als „manifestierte" Funktion von Kapitalmärkten bezeichnet.)[238]

---

[235] Vgl.MERTON/BODIE(1995), S.14.

[236] Vgl.MERTON/BODIE(1995), S.14-15; MERTON(1993), S.23.

[237] Vgl.MERTON(1993), S.23.

[238] Vgl.MERTON/BODIE(1995), S.15-16; MERTON(1993), S.24. Die Unterscheidung in *„latente"* und *„manifestierte"* Funktionen ist dabei der Idee der *„latenten" und „manifestierten" Funktionen des sozialen Verhaltens (und Organisationen)* von Robert K.MERTON(1957), Kap.1 entlehnt.

Sechstens stellt das Finanzsystem einen Mechanismus zum Umgang mit Moral Hazard - Problemen (Moralischen Wagnissen) und Adverse Selection - Problemen (Fehlauswahlproblem) dar, welche aus asymmetrisch verteilten Informationen zwischen Vertragsparteien resultieren *(Funktion der Bewältigung von Problemen asymmetrischer Information)*. Diese Probleme entstehen, weil die Vertragsparteien ihre Handlungen nicht auf einem einfachen beziehungsweise kostengünstigen Weg beobachten oder kontrollieren können. Vertragsdurchsetzungsmechanismen sind ebenfalls mit Kosten verbunden. Diese Prinzipal - Agent - Probleme können eine effiziente Trennung zwischen Eigentum und Management einer Unternehmung erschweren. Sie können ebenfalls verhindern, daß Kreditgeber und Kreditnehmer Vertragsbeziehungen eingehen, welche zum beiderseitigen Vorteil sind. Finanzintermediäre vermindern die aus diesen Agencyproblemen resultierenden Effizienzverluste. Insgesamt reduziert das Finanzsystem die Anreizprobleme, welche finanzielle Verträge schwierig und teuer machen.[239]

3.ABBILDUNGSINSTRUMENTE

Gerade in einer Situation, in der das Finanzsystem aufgrund technologischen Fortschrittes und einer fortschreitenden Integration der Weltfinanzmärkte durch vielseitige Veränderungen in den institutionellen Strukturen geprägt ist, wird von den Befürwortern der funktionalen Perspektive dessen Vorteilhaftigkeit gegenüber einer institutionell orientierten Betrachtung hervorgehoben. Betont wird, daß mit einer funktionenorientierten Betrachtung das Finanzsystem in seiner Gesamtheit thematisiert werden kann. Besonders gut eignet sich die funktionenorientierte Betrachtung für die Analyse strategischer Entscheidungen von Finanzinstitutionen bezüglich der von ihnen angebotenen Finanzdienstleistungen oder für die Betrachtung spezifischer Staatseingriffe (Regulierungen). Insgesamt kann nach Ansicht der Befürworter der funktionenorientierten Finanzsystembetrachtung, die Analyse an vier verschiedenen Ebenen (System-, Institution-, Aktivitäts- und Produktebene) ansetzen.[240]
Von den Befürwortern der funktionalen Perspektive wird das Finanzsystem jedoch nicht auf der Systemebene beschrieben. (Partiell) betrachtet werden jeweils einzelne Finanzsystemfunktionen im Hinblick auf bestimmte spezielle Fragestellungen. Eine explizite Auseinandersetzung mit der Thematik, wie das Finanzsystem im Beschreibungsmodus funktionale Perspektive in einer systematischen Art und Weise beschrieben werden kann, findet bei den Befürwortern dieses Ansatzes nicht statt.[241] Sinnvoll wäre es aufzuzeigen, wie die Finanzsystemfunktionen abgegrenzt und in einer standardisierten Art und Weise oder eben in einzelnen Studien beschreibbar gemacht werden können. Notwendig ist in diesem Zusammenhang die Formulierung allgemein gehalte-

---

239 Vgl.MERTON/BODIE(1995), S.16; MERTON(1993), S.24-25.

240 Vgl.MERTON/BODIE(1995), S.4 und S.16-20; MERTON(1993), S.18 und S.25.

241 Vgl.beispielsweise die Vorgehensweise in den Studien von BODIE/MERTON(1995), CRANE(1995), FROOT(1995), MASON(1995), PEROLD(1995) und SIRRI/TUFANO(1995), die jeweils eine Kernfunktionen des Finanzsystems analysieren.

ner Ablaufschemata für die Analyse der einzelnen Finanzsystemfunktionen, die eine Erfassung der als wesentlich erachteten Merkmale der Finanzsystemfunktionen ermöglichen. Insgesamt ist das Fehlen von Indikatoren und Abbildungsmechanismen für die Erfassung und Abgrenzung der Finanzsystemfunktionen festzuhalten.

4. WÜRDIGUNG DES BESCHREIBUNGSMODUS

Im *Beschreibungsmodus funktionale Perspektive* richtet sich die Finanzsystembetrachtung auf die vom Finanzsystem ausgeübten Funktionen, von denen ausgehend die institutionelle Finanzsystemstruktur erschlossen wird. Eigenschaften des Finanzsystems bleiben tendenziell im Hintergrund der Betrachtung, können aber mit in die Betrachtung einbezogen werden. Finanzsystembeschreibungen auf der Grundlage der funktionalen Perspektive werden durch ein gewisses Maß an *Allgemeinheit* charakterisiert und durch ein hohes Maß an *Theoriekompatibilität* geprägt.[242] Insgesamt erlaubt die funktionale Perspektive ein fruchtbares Maß an *Komplexitätsreduktion*. Das *Sichtbarmachen von Finanzsystemzusammenhängen* wird durch die Verwendung der Finanzsystemfunktionen als Ansatzpunkt der Beschreibung ermöglicht. Darüber hinaus erlaubt die funktionale Perspektive von allen betrachteten Beschreibungsmodi das größte Maß an *Vollständigkeit* einer Finanzsystembetrachtung. Allerdings wird diese überaus positive Einschätzung der funktionalen Perspektive entscheidend dadurch gemindert, daß dessen Umsetzung schier unüberwindbare Anforderungen an *empirische Aspekte* (Datenbeschaffung und Datenmaterial) stellt. Reflektiert wird diese Schwäche des Beschreibungsmodus darin, daß von dessen Befürwortern keine vollständigen Finanzsystembeschreibungen, sondern nur (sehr) partielle Analysen einzelner Finanzsystemfunktionen durchgeführt werden. Gerade für eine vollständige Finanzsystembeschreibung ist es erforderlich, wie in Kapitel B.V.3 erläutert wurde, die Finanzsystemfunktionen in einer *umfassenden und vollständigen Art und Weise* abgrenzbar und beschreibbar zu machen. Dies ist bisher nicht erfolgt.

---

242 Vgl. Kapitel B.V.2 für den *theoretischen Hintergrund* der *funktionalen Perspektive*.

KAPITEL C: DAS „SCHALENMODELL" DES FINANZSYSTEMS

I.GRUNDÜBERLEGUNGEN ZUM „SCHALENMODELL"

1.EINORDNUNG

Das Kapitel C bildet den zweiten Hauptteil der vorliegenden Arbeit und steht unter der Fragestellung, *wie das Finanzsystem als Gesamtgebilde umfassend und systematisch Weise beschrieben werden sollte*. Als Lösungsansatz wird in den folgenden Kapitelabschnitten das *Schalenmodell des Finanzsystems* vorgestellt. Dieses kennzeichnet sich in seinen wesentlichen Grundzügen durch eine differenzierte, multidimensionale Strukturvorstellung des Realitätsausschnittes Finanzsystem.[243] Begründet wird die Notwendigkeit der Entwicklung des Beschreibungsmodus Schalenmodell mit der Überlegung, daß mit keinem der in Kapitel B abgegrenzten Beschreibungsmodi eine derartige Abbildung des weit abgegrenzten Gesamtgebildes Finanzsystem generiert werden kann.[244] Zunächst werden in den übrigen Abschnitten des Kapitel C.I. einige wichtige Grundüberlegungen zum *Schalenmodell des Finanzsystems* dargelegt. Aufbauend auf diesen Überlegungen wird in Kapitel C.II. ausführlich der Aufbau des Schalenmodells und seiner Finanzsystemdimensionen erläutert. Thematisiert werden die *Dimensionen* der *Institutionen, der Funktionen* und der *Eigenschaften.*

2.DIE IDEE DER SCHALENSTRUKTUR DES FINANZSYSTEMS

Mit der Beschreibung der Struktur eines Finanzsystems muß die Charakterisierung eines *multidimensionalen, intransparenten, komplexen* und *dynamischen* Realitätsausschnittes bewältigt werden. Notwendig ist ein weitgreifender Ansatz zur Charakterisierung des Realitätsausschnittes Finanzsystem, mit welchem die Mehrdimensionalität des Beobachtungsgegenstandes erfaßt werden kann. Das *Schalenmodell des Finanzsystems* stellt ein Ordnungsinstrument zur Bewältigung der Multidimensionalität des Realitätsausschnittes Finanzsystem dar. Unterschieden werden im Schalenmodell als Dimensionen des Finanzsystems *Institutionen, Funktionen* und *Eigenschaften.* Abbildung C.1. gibt einen Überblick über die Struktur des Schalenmodells.[245]

---

243 Die durch das *Schalenmodell des Finanzsystems* beschriebene Strukturvorstellung des Realitätsausschnittes Finanzsystem entspricht der in Kapitel B.I. thematisierten umfassenden *Landkarte des Finanzsystems*, auf dessen Grundlage die Beschreibungsmodi in Kapitel B diskutiert worden sind.

244 Vgl.in diesem Zusammenhang die einzelnen Würdigungen der Beschreibungsmodi in Kapitel B.II.4., Kapitel B.III.4., Kapitel B.IV.4. und in Kapitel B.V.4.

245 *Zeit* als Dimension des Finanzsystems kann durch die Beschreibung zu zwei Zeitpunkten verdeutlicht werden. Zeit manifestiert sich an den Veränderungen in verschiedenen Dimensionen des Finanzsystems, wobei sich diese Veränderungen besonders deutlich in der *Dimension der Institutionen* zeigen.

Abbildung C.1.:
Schalenmodell des Finanzsystems: Institutionen, Funktionen, Eigenschaften

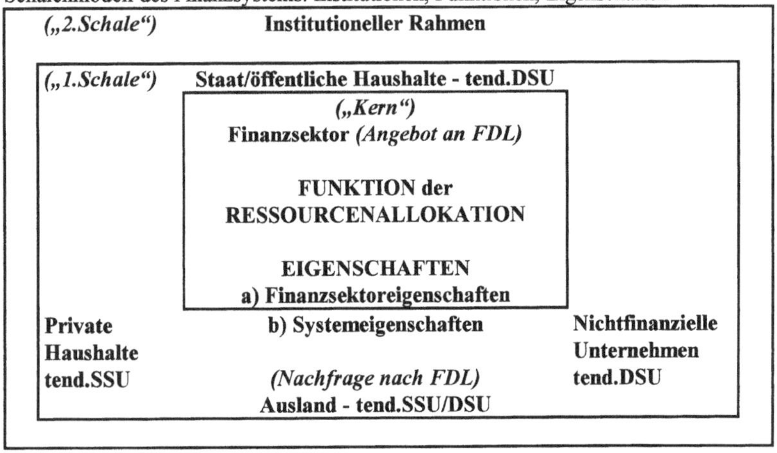

Quelle: Eigene Darstellung.

Die Dimension der *Institutionen* des Finanzsystems wird durch die *Hypothese einer Schalenstruktur des Finanzsystems* in drei verschiedene Schalen (Ebenen) differenziert. Unterschieden werden der Finanzsektor als *Kern*, die nichtfinanziellen Sektoren als *innere Schale (1.Schale)* und der institutionelle Rahmen als *äußere Schale(2.Schale)* des Finanzsystems.

Der Finanzsektor bildet den institutionellen *Kern des Finanzsystems*. Institutionelle Bestandteile des Finanzsektors sind die Zentralbank, das System der Finanzintermediäre und das System der Finanzmärkte. Diese Institutionen generieren das Angebot an Finanzdienstleistungen. Die *innere Schale des Finanzsystems (1.Schale)* wird durch die Gesamtheit der nichtfinanziellen Sektoren gebildet. Diese werden differenziert in den Sektor private Haushalte, der eine finanzielle Überschußeinheit darstellt, den Sektor nichtfinanzielle Unternehmen, der eine finanzielle Defiziteinheit darstellt, den Sektor öffentliche Haushalte (Staat), der zur Zeit in den meisten Ländern eine finanzielle Defiziteinheit darstellt und (für offene Volkswirtschaften) den Sektor Ausland, der sowohl als finanzielle Überschußeinheit als auch als finanzielle Defiziteinheit fungieren kann. Das Augenmerk der Betrachtung richtet sich auf die finanziellen Aspekte dieser nichtfinanziellen Sektoren der Volkswirtschaft. Diese generieren insgesamt die Nachfrage nach Finanzdienstleistungen. Die *äußere Schale des Finanzsystems (2.Schale)* wird durch den institutionellen Rahmen gebildet und umschließt das gesamte Finanzsystem. Neben den Institutionen werden als weitere Dimension des Finanzsystems *Funktionen* berücksichtigt. Als übergeordnete Finanzsystemfunktion wird in der Systematik des Schalenmodells die *Funktion der Ressourcenallokation* bezeichnet. Diese wird in acht untergeordnete Finanzsektorfunktionen untergliedert. Für die Finanzsektorfunktionen, die sich auf die Finanzbedürfnisse der Wirtschaftseinheiten

(Geldanlagebedarf, Finanzierungsbedarf, Risikenteilungsbedarf) beziehen, wird jeweils eine Einordnung in den funktionalen Finanzsystemzusammenhang vorgenommen. Als weitere Dimension des Finanzsystems werden neben den Institutionen und Funktionen die *Eigenschaften* des Finanzsystems thematisiert. Unterschieden wird in *Finanzsektoreigenschaften* (z.B. Stabilität des Finanzsektors) und in *Systemcharakteristika* (z.B. das Corporate Governance System). Systemcharakteristika ergeben sich aus dem Zusammenwirken verschiedener Bestandteile des Finanzsystems. Den Systemcharakteristika kommt im Sinne von Systemeigenschaften eine besonders große Bedeutung für die Charakterisierung des Finanzsystems zu.
Zusammenfassend läßt sich die Grundidee der *Schalenstruktur des Finanzsystems* folgendermaßen charakterisieren: Den Ausgangspunkt der Betrachtung des Realitätsausschnittes Finanzsystem bildet die Dimension der *Institutionen*. Diese wird in die institutionellen Ebenen *Kern* (Finanzsektor), *innere Schale* (nichtfinanzielle Sektoren) und *äußere Schale* (institutioneller Rahmen) differenziert. In diese Schalenstruktur lassen sich die Finanzsystemdimensionen *Funktionen* und *Eigenschaften* einordnen. Diese dreidimensionale Beschreibung des Finanzsystems wird *als Schalenmodell des Finanzsystems* bezeichnet. In Kapitel C.II. werden die drei Finanzsystemdimensionen (Institutionen, Funktionen, Eigenschaften) einer ausführlichen Betrachtung unterzogen.

3.EKLEKTISCHER ANSATZ

Für die Beschreibung des Realitätsausschnittes Finanzsystem wird ein eklektischer Ansatz gewählt. Die Betrachtung aus unterschiedlichen (theoretischen) Blickwinkeln, beziehungsweise die explizite Berücksichtigung verschiedener Dimensionen des Finanzsystems, erscheint als Vorgehensweise sinnvoll, da eine eindimensionale Betrachtung der Multidimensionalität des Beobachtungsgegenstandes nicht gerecht werden kann. Dies fordern auch POINTDEXTER/JONES:
„.....the serious observer of the financial system must eventually go beyond a study of the various parts of the system and must start to think in terms of an integrated and closely-knit economy, which, although it is extremely complex, can be analyzed successfully from several standpoints, because all of its parts are interdependent. It is inadequate to think only in terms of money and banking principles, because other important and related concepts are thus slighted. It is inadequate to think only in terms of macroeconomics, because this tends to overemphasize the real sector of the economy. Finally, it is inadequate to think only in terms of corporate finance and investments, because the real macroeconomy is thereby ignored, and there are a number of issues here that impact on financial considerations (inflation is a painfully obvious example). What you must do in your future efforts to project economic and financial developments is to analyze events from the perspective of an integrated system of money and financial markets, and the real sector of the economy.“[246]

246 POINTDEXTER/JONES(1980), S.538-539. Hervorhebungen durch den Verfasser. Für einen multidimensionalen Ansatz plädieren auch BOUMAN/HOSPES(1994), S.8.

Eine multidimensionale Betrachtung des Finanzsystems auf Grundlage des Schalenmodells muß eklektisch bleiben, da aktuell keine Theorie existiert, die den in der vorliegenden Arbeit weit abgegrenzten Realitätsausschnitt Finanzsystem mit den Dimensionen *Institutionen*, *Funktionen* und *Eigenschaften* auch nur ansatzweise in seiner Gesamtheit erfassen kann. Zwei *Theoriebausteine*, die die eklektische Finanzsystembeschreibung besonders prägen, sind das Konzept einer *monetären Volkswirtschaft* und das sogenannte *neoinstitutionalistische Paradigma*.[247]

Den ersten Theoriebaustein bilden einige Grundüberlegungen zum Konstrukt der *monetären Volkswirtschaft*. Monetäre Institutionen und Finanzinstitutionen sind wichtige Bestandteile eines kapitalistisch orientierten Wirtschaftssystems, das notwendigerweise als monetäre Volkswirtschaft organisiert sein muß.[248] Eine Analyse der finanziellen Infrastruktur kann nicht sinnvollerweise innerhalb einer „Realanalyse" der Volkswirtschaft durchgeführt werden, in der das wirtschaftliche Geschehen lediglich durch reale güterwirtschaftliche Vorgänge determiniert wird und Geld (als „finanzielle" Variable) als „neutral" bezeichnet wird.[249]
„Real Analysis proceeds from the principle that all essential phenomena of economic life are capable of being described in terms of goods and services, of decisions about them, and of relations between them. Money enters the picture only in the modest role of a technical device that has been adopted in order to fascilitate transactions... So long as it functions normally, it does not affect the economic process, which behaves in the same way as it would in a barter economy: this is what essentially the concept of Neutral Money implies."[250]

Der Ausgangspunkt der Analyse der finanziellen Infrastruktur muß demgegenüber (zumindest) in einer „monetären Analyse" der Volkswirtschaft begründet liegen. Das Verhalten einer kapitalistisch organisierten Volkswirtschaft mit einem entwickelten Finanzsektor kann nur aus der Perspektive der „monetären Analyse", nicht jedoch aus der Perspektive der „Realanalyse", erklärt werden.[251]

---

247 Für eine ausführliche Auseinandersetzung mit dem Konstrukt der *monetären Volkswirtschaft* aus postkeynesianischer Perspektive, (im Sinne einer fundamental unterschiedlichen KEYNES Interpretation als die neoklassische Synthese), wird auf RODGERS(1989) und für eine ausführliche Auseinandersetzung mit dem *neoinstitutionalistischen Paradigma* wird auf TERBERGER(1994) verwiesen.

248 Vgl.NARDOZZI(1992), S.248-250. Dieser bezieht sich auf RODGERS(1989).

249 Vgl.RODGERS(1989), S.161-162. Dieser weist darauf hin, daß die neoklassische Geldtheorie, insbesondere in den Formen der neowalrasianischen und WICKSELL'schen Geldtheorie, sowie die FRIEDMAN'sche Geldtheorie innerhalb der Realanalyse argumentieren. Faktisch implizieren derartige Ansätze, daß „Geld" einen nicht essentiellen Bestandteil derartiger „Tauschökonomien" darstellt. Vgl.auch RODGERS(1989), S.281. CLOWER/HOWITT(1992) weisen ebenfalls darauf hin, daß in die Allgemeine Gleichgewichtstheorie von ARROW/DEBREU, (welche die Existenz eines walrasianischen Auktionators unterstellt), und alle darauf aufbauenden Ansätze „Geld" nicht integriert werden kann, ohne die logische Struktur des Modells zu verletzen. Vgl.darüber hinaus CLOWER/HOWITT(1992) für eine ausführliche Kritik nichtwalrasianischer suchtheoretischer Ansätze der Geldtheorie.

250 SCHUMPETER(1954), S.277-278, rezitiert nach RODGERS(1989), S.161-162.

251 Vgl.RODGERS(1989), S.275.

„Monetary Analysis introduces the element of money on the very ground floor of our analytic structure and abandons the idea that all essential features of our economic life can be represented by a barter-economy model. "[252]

Der wesentliche Aspekt einer monetären Analyse besteht in der Integration monetärer Faktoren in die Bestimmung langfristiger Gleichgewichtspositionen der Volkswirtschaft. Wesentlich ist die Betrachtung monetärer Einflußfaktoren als dauerhafter und nicht als vorübergehender Einflußgrößen. Geld ist in dieser Sichtweise auch in der langen Sicht nicht neutral.[253] Charakterisiert wird die „monetäre Analyse" unter anderem durch das Zugrundelegen einer „monetären Theorie der Produktion" in einer sogenannten „entrepreneur economy" (im Gegensatz zur „cooperative economy"), in der „Geld" ein wesentliches Element des (kapitalistischen) Produktionsprozesses darstellt. In einer arbeitsteiligen „entrepreneur economy" gilt nicht das Gesetz von SAY. Eine kleine Gruppe von Unternehmern entscheidet über die Produktionsentscheidungen in dem Sinne, welche Produkte hergestellt werden und welche Menge an Arbeitskräften beschäftigt wird. Die Unternehmer verkaufen ihre Produkte gegen Geld, wodurch (unter anderem) der Unternehmergewinn realisiert wird. Mit dem (kapitalistischen) Produktionsprozeß wird ein weit gefaßter Geldbegriff verknüpft. Geld wird im Sinne von „Bankengeld" mit in die Analyse einbezogen und nicht als das „Warengeld" (im Sinne einer Bestandsgröße) der „Realanalyse" betrachtet.[254] „Bankengeld" umfaßt als Oberbegriff ein ungedecktes Papiergeld („fiat money") und Kredit in all seinen Formen, wodurch das Bankensystem wichtiger Bestandteil der finanziellen Infrastruktur wird. „Bankengeld" stellt ein wesentlich „kostengünstigeres" Tauschmittel als ein „Warengeld" dar, weswegen das Kreditsystem einen wichtigen Platz in der Volkswirtschaft einnimmt. Betont wird, daß die kapitalistische „entrepreneur economy" und ihr Produktionsmechanismus als „Bankengeldwirtschaft" aufzufassen ist, in der die Kreditströme nicht wie ein (gegebener) Bestand an Warengeld analysiert werden können und in der „Kredit" als Produktionsfaktor fungiert.[255]

---

252 SCHUMPETER(1954), S.277-278, rezitiert nach RODGERS(1989), S.162.

253 Vgl.RODGERS(1989), S.163. Dieser weist darauf hin, daß SCHUMPETER(1954), S.278-279 den Ansatz von KEYNES als führendes Beispiel einer „monetären Analyse" bezeichnet. Die Tradition der „monetären Analyse" wird z.B. auch in der Theorierichtung des „monetären Keynesianismus" aufgegriffen. Vgl.hierzu STADERMANN(1994), Kapitel 1 zur „Geldwirtschaft" oder auch RIESE(1989).

254 RODGERS(1989), S.165-173 weist darauf hin, daß „commodity money" (der Realanalyse) als „wirtschaftliches Gut" den Gesetzen der Produktion unterliegt und daher durch ein relativ inelastisches Angebot charakterisiert wird. „Bankengeld" unterliegt dagegen gerade nicht diesem Produktionsgesetz und kann nicht aus einer „(neo)klassischen" Perspektive (erfolgreich) analysiert werden. Es weist vernachlässigbare Produktionskosten gerade im Vergleich zu seiner Kaufkraft auf, so daß sich sein Angebot vollkommen elastisch zu dem von der monetären Autorität (Zentralbank) gesetzten Preis verhält.

255 Vgl.RODGERS(1989), S.171-176 und S.289-290. Als weiteren zentralen Aspekt der „monetären Analyse" bezeichnet RODGERS(1989), S.167-181 die Charakterisierung des Zinses als ein monetäres Phänomen, welches sich aus der institutionellen Struktur und der Verhandlungsmacht von Kreditgebern und Kreditnehmern ergibt. Zusammen mit den Aspekten des kapitalistischen Produktionsprozesses und des Bankengeldes wird daraus das „Prinzip der effektiven Nachfrage" als weiteres Charakteristikum der monetären Analyse abgeleitet, in welchem monetäre und reale Aspekte zur Bestimmung eines langfristigen Gleichgewichts abgeleitet werden.

CLOWER/HOWITT weisen ebenfalls darauf hin, daß die Entstehung einer (kapitalistischen) Marktwirtschaft mit der Entstehung einer „Geldwirtschaft" verknüpft ist, die vor allem dadurch gekennzeichnet ist, daß Märkte von Unternehmen generiert werden und die Mehrzahl von Transaktionen innerhalb von Unternehmen abgewickelt werden. „.....*a rise of a monetary economy is more or less coincident with the rise of market economies. By abstracting from institutions that create markets, it (search theoretic monetary theory) ignores the obvious fact, that every monetary economy is one where markets are organized by business firms, and the bulk of all exchange transactions are within firms, not with other individuals.*"[256]

Die Erklärung von „Geld" ist demnach mit der Entstehung von „Unternehmen" verbunden. Aus der Perspektive einer Betrachtung der Koordination wirtschaftlicher Aktivitäten einer Volkswirtschaft können organisierte Märkte nicht als „gegeben" betrachtet werden. Tatsächlich schaffen Unternehmen Märkte (und generieren den „Preismechanismus"). Unternehmen sind nicht (im Sinne von COASE) ein alternativer Mechanismus zur Koordination der Wirtschaftspläne und wirtschaftlichen Aktivitäten von Individuen. Unternehmen und Märkte sind als komplementär zueinander, (und nicht als alternative Institutionen, die in einem substitutiven Verhältnis stehen), aufzufassen.[257]

Der Güteraustausch in einer Geldwirtschaft ist weder als kostenlose zentralisierte Aktivität (einer „ARROW/DEBREU-Welt") noch als chaotisch und unorganisierte Aktivität ohne Beteiligung von Unternehmen (der suchtheoretischen Ansätze der Geldtheorie) aufzufassen. Tatsächlich charakterisiert sich eine Geldwirtschaft durch die Schaffung von Möglichkeiten zum Güteraustausch in Form eines Netzwerkes von Märkten, die durch ein dezentralisiertes Netzwerk von Unternehmen organisiert werden. Diese Unternehmen verwenden reale Ressourcen als Inputfaktoren und möchten (monetäre) Gewinne erzielen, indem sie Märkte für Güter generieren, auf denen der Erwerb von Gütern mit geringen Transaktionskosten und einem hohen Maß an Bequemlichkeit verbunden ist. Hervorgehoben wird, daß die meisten Transaktionen in einer Geldwirtschaft nicht als „Spot"-Transaktionen, sondern als „Forward"-Transaktionen zu betrachten sind, in denen das Versprechen, Güter zu liefern, gegen das Versprechen, Geld zu zahlen, gehandelt werden. Verwiesen wird in diesem Zusammenhang auf Arbeitgeber - Arbeitnehmerbeziehungen und auf Handelskredit. Darüber hinaus wird betont, daß sich viele Märkte durch Transaktionen auf Grundlage wiederholter Geschäftsbeziehungen zwischen einer Unternehmung und ihrer (Stamm)kundschaft kennzeichnen.[258]

---

256 CLOWER/HOWITT(1992), S.13. Ergänzung in Klammern durch den Verfasser der vorliegenden Arbeit. Unter die „suchtheoretischen Ansätze der Geldtheorie" subsumieren CLOWER/HOWITT(1992) z.B. die Arbeiten von FELDMAN(1973), OSTROY/STARR(1974); KIYOTAKI/WRIGHT(1989), KIYOTAKI/WRIGHT(1991).

257 CLOWER/HOWITT(1992), S.4 und S.18-20.

258 Vgl.CLOWER/HOWITT(1992), S.3 und S.10-14.

Den zweiten Theoriebaustein bildet das *neoinstitutionalistische Paradigma.* In der neoinstitutionalistischen Theorie werden zur Erklärung vorzufindender institutioneller Gegebenheiten Elemente aus der Rechtswissenschaft, der Mikrotheorie sowie der Organisationstheorie verwendet.[259] *„Modern institutional economics should study man as he is, acting within the constraints imposed by real institutions. Modern institutional economics is economics as it ought to be.“*[260]

In der neoinstitutionalistischen Sichtweise wird den Charakteristika von Finanzierungstiteln und der institutionellen Ausgestaltung des Finanzsystems eine große Bedeutung zugemessen. Denn in dieser Sichtweise vermögen es funktionstüchtige Finanzinstitutionen zu einem gewissen Ausmaß, negative Anreize durch positive Anreize zu ersetzen und reale Finanzmärkte näher an die Utopie vollkommener Märkte heranzubringen als „freie Märkte“ dies jemals könnten.[261] Im Rahmen der Betrachtung der Finanzierungsbeziehungen sind die Informationsverteilungen und insbesondere Asymmetrien in den Informationsverteilungen zwischen Prinzipalen und Agenten zu berücksichtigen. Die Vertragsparteien besitzen unvollständige und zudem ungleichmäßig verteilte Informationen über Umweltzustände und Handlungen der Vertragsparteien. In diesem Zusammenhang sind Anreize, Anreizsysteme und verschiedene Formen von „Prinzipal - Agent - Beziehungen“ mit in die Betrachtung einzubeziehen.[262] Anreizprobleme stellen Hindernisse für das Entstehen perfekt funktionierender Finanzsysteme dar. Sie entstehen unter anderem dadurch, daß Vertragsparteien gar nicht oder nur unter Aufbringung erheblicher Kosten die Handlungen der anderen Vertragsparteien beobachten und/oder kontrollieren können. Finanzierungsbeziehungen werden dadurch erschwert, daß Wirtschaftseinheiten zu opportunistischem Verhalten (beispielsweise in der Form von Moral Hazard) neigen. Darüber hinaus ist die Durchsetzung von Verträgen mit erheblichen Kosten verbunden. Asymmetrische Informationsverteilungen zwischen Kreditgeber und Kreditnehmer führen letztlich zu Rationierungsphänomen auf Eigenkapital- und Kreditmärkten.[263]

---

259 Vgl.SCHMIDT(1992), S.1854. Eine hervorragende Auseinandersetzung mit dem *neoinstitutionalistischen Paradigma* findet sich bei TERBERGER(1994). PICOT(1991), S.153-154 weist darauf hin, daß die neoinstitutionalistische Denkrichtung noch kein komplett in sich geschlossenes Gedankengebäude bildet. Sie umfaßt so unterschiedliche Ansätze wie den *Property Rights Ansatz*, den *Transaktionkostenansatz* oder die *Agencytheorie*.

260 COASE(1984), S.231.

261 Vgl.grundlegend die Darstellung von STIGLITZ(1989), S.197-203 und kritisch referierend SCHMIDT/KRAHNEN(1993), S.28 für die Überlegung, daß in der neoinstitutionalistischen Sichtweise Finanzmärkte gerade nicht wie Märkte für Convenience Goods funktionieren. „Freie“ Finanzmärkte funktionieren demnach suboptimal beziehungsweise gar nicht.

262 Vgl.hierzu grundlegend JENSEN/MECKLING(1976), S.305-360.

263 Vgl.grundlegend zu den Phänomenen der *Eigenkapital- und Kreditrationierung* die Ansätze von STIGLITZ/WEISS(1981) und GREENWALD/STIGLITZ/WEISS(1984) sowie kritisch referierend die Ansätze von GERTLER(1988), S.566 und GERTLER/ROSE(1994), S.18-19 sowie die Ausführungen in Kapitel B.III.2.2.2. Vgl.zu Arten *opportunistischen Verhaltens* grundlegend FROOT(1995), S.225-227 und ergänzend WILLIAMSON(1991), S.33-34.

In den Vordergrund der Betrachtung von Finanzierungsbeziehungen treten insbesondere Überlegungen zu den mit Finanzierungstiteln verbundenen Kontrollrechten, da Finanzinstrumente sowohl Anrechte auf Ertragsströme als auch Kontrollrechte enthalten. Die Annäherung an diesen Sachverhalt kann folgendermaßen aussehen: Die Möglichkeiten, vollständige Verträge zu schreiben, werden unterminiert durch die Kriterien der Durchsetzbarkeit von Vertragsvereinbarungen, Verifizierbarkeit von Umweltzuständen und Handlungen sowie der Beobachtbarkeit von Umweltzuständen und Handlungen der Vertragsparteien. Darüber hinaus wird es aufgrund von Transaktionskosten für die Vertragsparteien unmöglich, vollständige Verträge zu schreiben. Unvollständige Verträge lassen jedoch die Kontrollallokation über die eingesetzten Vermögensgegenstände in den Vordergrund treten. Diejenige Vertragspartei, welche über den Einsatz und die Verwendung von Vermögensgegenständen entscheidet, sollte Residualansprüche besitzen. Das dieser Vertragspartei zur Verfügung gestellte Volumen an finanziellen Ressourcen hängt davon ab, wieviel davon bei einem Kontrollübergang (aufgrund einer Insolvenz) zu ihren Gunsten „gerettet" werden kann.[264]
Ein fundamentaler Unterschied zwischen verschiedenen Finanzinstrumenten besteht somit in der Allokation von Kontrollrechten in Umweltzuständen, welche nicht vertraglich spezifiziert worden sind. Könnte das Verhalten der Vertragsparteien sich in verschiedenen Zeitabschnitten in konsistenter Art und Weise zu verhalten, korrekt antizipiert werden, dann würde der Kontrollaspekt keine große Rolle spielen. Jedoch wird mit der Verteilung von Kontrollrechten in nicht spezifizierten Umweltzuständen das Problem der „zeitlichen Inkonsistenz" thematisiert. Denn Umweltzustände ändern sich im Zeitablauf zum Vorteil beziehungsweise Nachteil von Vertragsparteien, so daß „ex ante" optimale Handlungsalternativen nicht notwendigerweise „ex post" optimal erscheinen. Durch veränderte Umweltzustände und den damit veränderten Bargainingpositionen können Vertragsparteien verleitet werden, vorteilhafte Verhandlungsmacht auszunutzen (Hold up).[265] Informationsprobleme (Moral Hazard, Adverse Selection, Eigenkapital- und Kreditrationierung) lassen die Konfiguration von Überwachungs- (Monitoring) und Kontrollsystemen sowie die Konfiguration von Anreizsystemen für die Betrachtung von Finanzierungsbeziehungen relevant werden.

4.BESCHREIBUNGSMODUS SCHALENMODELL

Das *Schalenmodell* stellt einen Beschreibungsmodus dar. Dieser wird mit der Behauptung vorgeschlagen, daß seine Anwendung eine überschaubare und aussagekräftige Beschreibung des weit abgegrenzten Gesamtgebildes Finanzsystem erlaubt. Das Schalenmodell dient als pragmatische Orientierungshilfe für die Beschreibung eines Finanzsystems. Das Ziel einer kompakten, pragmatisch orientierten Finanzsystembeschreibung ist das Aufzeigen *struktureller Charakteristika* eines Finanzsystems. Eine Finanzsystembeschreibung auf Grundlage des Schalenmodells sollte alle drei im

---

264 Vgl.BERGLÖF(1990a) S.146; MAYER(1990), S.323.

265 Vgl.MAYER(1988), S.1179.

Schalenmodell unterschiedenen Dimensionen (Institutionen, Funktionen, Eigenschaften) erfassen. Unterschiedliche Gewichte können - in Abhängigkeit von der die Finanzsystembeschreibung motivierenden Fragestellung - auf die unterschiedlichen Dimensionen des Finanzsystems gelegt werden. Im einzelnen werden für die Herausarbeitung struktureller Charakteristika des Finanzsystems *Schnappschüsse* angefertigt, deren Gesamtschau eine umfangreiche und differenzierte Abbildung des betrachteten Finanzsystems ergibt. Die Beschreibung der drei *Finanzsystemdimensionen (Institutionen, Funktionen, Eigenschaften)* und die Aufschlüsselung der *Institutionen* in die verschiedenen *Ebenen (Kern, innere Schale, äußere Schale)* erfolgt so, als ob ein mehrdimensionales Objekt aus verschiedenen Blickwinkeln mit Scheinwerferstrahlen beleuchtet würde: In jedem der Lichtkegel der Scheinwerfer treten andere Aspekte des Beobachtungsgegenstandes wie Konturen des Objekts aus dem Dunkel hervor.
Die Anwendung des Beschreibungsmodus Schalenmodell sollte nach folgendem Ablaufschema verlaufen:[266] Die Beschreibung eines Finanzsystems beginnt in einem ersten Arbeitsschritt mit den *Institutionen*. Die drei Ebenen der Institutionen werden von *innen nach außen* aufgeschlüsselt. Zunächst wird der Finanzsektor als *Kern des Finanzsystems*, anschließend die nichtfinanziellen Sektoren als *innere Schale* und schließlich wichtige rahmendeterminierte Charakteristika als Elemente der *äußeren Schale des Finanzsystems* beschrieben. Begleitet wird die Beschreibung der drei Ebenen der Institutionen von der Frage, welche Interdependenzen zwischen diesen bestehen. Beispielsweise kann hinterfragt werden, wie sich wichtige strukturelle Charakteristika des Finanzsektors in den beiden anderen Ebenen der Institutionen widerspiegeln. In zwei weiteren Arbeitsschritten werden dann zunächst die *Funktionen* und zuletzt die *Eigenschaften* beschrieben. Begleitet wird die Beschreibung dieser beiden Finanzsystemdimensionen wiederum von der Frage, welche Interdependenzen zwischen der Ausgestaltung der Institutionen und den Funktionen und Eigenschaften bestehen.

Es wird erwartet, daß der Beschreibungsmodus Schalenmodell in einem sehr großen Maß die in Kapitel A.III.2.2. formulierten *Anforderungen an einen Beschreibungsmodus* für Finanzsysteme erfüllt.[267] Offensichtlich ist dies für die Anforderungen der Allgemeinheit und Theoriekompatibilität. Der Beschreibungsmodus Schalenmodell ermöglicht ein großes Maß an *Allgemeinheit* der Finanzsystembeschreibungen, da auf der Grundlage dieses Beschreibungsmodus sehr heterogene Fragestellungen thematisiert und in den Kontext des Finanzsystems eingeordnet werden können. Ebenso gewährleistet der Beschreibungsmodus Schalenmodell ein hohes Maß an *Theoriekompatibilität* der Finanzsystembeschreibung, da die eklektische Formulierung des Beschreibungsmodus die Integration der für die Finanzsystembetrachtung relevanten Theorieansätze ermöglicht. Auch die übrigen Anforderungen an einen Beschreibungsmodus werden durch den Beschreibungsmodus Schalenmodell in einem großen Maß erfüllt.

---

266 Nach diesem Ablaufschema erfolgt in Kapitel D die Beschreibung des *deutschen Finanzsystems*.

267 In Kapitel D.VII. wird im Anschluß an die Beschreibung des deutschen Finanzsystems ein Resümee gezogen und hinterfragt, inwieweit der *Beschreibungsmodus Schalenmodell* tatsächlich die in Kapitel A.III.2.2. formulierten Anforderungen an einen Beschreibungsmodus erfüllt.

Durch die Erfassung von drei unterschiedlichen Finanzsystemdimensionen (Institutionen, Funktionen, Eigenschaften) gewährleistet der Beschreibungsmodus Schalenmodell ein großes Maß an *Vollständigkeit* der Finanzsystembeschreibung. Weiterhin ermöglicht die Schalenstruktur der Dimension der Institutionen und die Integration der Dimensionen Funktionen und Eigenschaften in diese Schalenstruktur in Verbindung mit der Betonung der Herausarbeitung struktureller Charakteristika ein hohes Maß an *Komplexitätsreduktion* der Finanzsystembeschreibung. Darüber hinaus soll die Möglichkeit Interdependenzen zwischen den betrachteten Finanzsystembestandteilen (z.B. zwischen dem Finanzsektor als Anbieter von Finanzdienstleistungen und den nichtfinanziellen Sektoren als Nachfragern nach Finanzdienstleistungen) und Systemcharakteristika (z.B. des Corporate Governance Systems) explizit zu betrachten, *FinanzsystemzusammenhänOge* sichtbar machen. Schließlich wird erwartet, daß die Anwendung des Beschreibungsmodus Schalenmodell keine unüberwindbaren Anforderungen an *empirische Aspekte* (Datenmaterial usw.) stellt.

II.FINANZSYSTEMDIMENSIONEN IM SCHALENMODELL

1.INSTITUTIONEN

1.1.Institutionen als Dimension des Finanzsystems

Abbildung C.2.:
Schalenmodell des Finanzsystems - Gesamtübersicht über alle drei Ebenen der Dimension Institutionen

(„2.Schale") **Institutioneller Rahmen**

(„1.Schale") **Staat/öffentliche Haushalte - tend.DSU**

(„Kern")
Finanzsektor ***(Angebot an FDL)***
-Zentralbank
-Finanzintermediäre
a) Bankfinanzintermediäre(BFI)
b) Nichtbankfinanzintermediäre(NBFI)
-Finanzmärkte

Private Haushalte tend.SSU — *(Nachfrage nach FDL)* — **Nichtfinanzielle Unternehmen tend.DSU**

Ausland - tend.SSU/DSU

Quelle: Eigene Darstellung.

Die Institutionen lassen sich nach dem Modell einer Frucht in einen Kern, einer inneren Schale und einer äußeren Schale darstellen. Den *Kern* des Finanzsystems bildet der Finanzsektor. Die *innere Schale (1.Schale)* wird durch die nichtfinanziellen Sektoren (private Haushalte, nichtfinanzielle Unternehmen, öffentliche Haushalte beziehungsweise Staat und das Ausland) gebildet. Die *äußere Schale (2.Schale)* stellt die Summe der Rahmenbedingungen dar. Abbildung C.2. gibt eine Gesamtübersicht über diese *drei Ebenen der Institutionen* im Schalenmodell des Finanzsystems. Nachfolgend wird die Schalenstruktur der drei Ebenen der Institutionen näher skizziert. Thematisiert werden in Kapitel C.II.1.2. die *äußere Schale* (institutioneller Rahmen), in Kapitel C.II.1.3. die *innere Schale* (nichtfinanzielle Sektoren) und in Kapitel C.II.1.4. der *Kern* des Finanzsystems (Finanzsektor).

1.2.Institutioneller Rahmen als äußere Schale

1.2.1.Bedeutung von Rahmenbedingungen

Der institutionelle Rahmen umschließt das gesamte Finanzsystem und bildet die *äußere Schale (2.Schale)* des Finanzsystems. Durch die Struktur des institutionellen Rahmens werden wesentliche *Stellgrößen* (im Sinne von Restriktionen) des Finanzsystems festgelegt. Diese Abgrenzung des institutionellen Rahmens als Summe von Restriktionen geschieht in Anlehnung an den Begriff der *„institutionellen Umwelt"* von DAVIS/NORTH, die diese als jene grundsätzlichen politischen, sozialen und rechtlichen Regelungen definieren, welche die Voraussetzungen für Produktion, Tausch und Handel bilden.[268] In Abbildung C.3. sind außer der Ebene des institutionellen Rahmens alle übrigen Bestandteile des Finanzsystems durch Schraffierung verdeckt. Somit wird die Ebene des institutionellen Rahmens durch die weiße Fläche kenntlich gemacht.

Abbildung C.3.:
Schalenmodell des Finanzsystems - Hervorhebung der Ebene des institutionellen Rahmens (äußere Schale) der Dimension der Institutionen

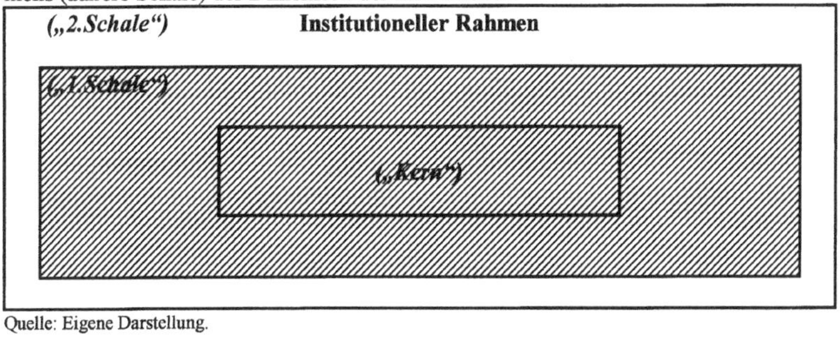

Quelle: Eigene Darstellung.

268 Vgl.DAVIS/NORTH(1971), S.6.

Institutionelle Rahmenbedingungen stellen als Summe der Regulierungen einen integralen Finanzsystembestandteil und nicht nur eine außerhalb des Finanzsystems stehende Summe von Restriktionen dar.[269] Ohne diesen Bestandteil würden die restlichen Bestandteile des Finanzsystems keineswegs ein selbständig funktionierendes System bilden. Dahinter steht die Vorstellung, daß Austauschbeziehungen zwischen den Wirtschaftseinheiten nicht im luftleeren Raum stattfinden. Vielmehr kanalisieren und beeinflussen die *Rahmenbedingungen* die Austauschbeziehungen zwischen Wirtschaftseinheiten. Als Rahmenbedingungen werden von diesen individuell nicht veränderbare Restriktionen des Handlungsspielraums der Wirtschaftseinheiten bezeichnet. Besonders *ordnungspolitische* Rahmenbedingungen, wie das Ausmaß an Gewerbefreiheit, Vereinigungsfreiheit und Niederlassungsfreiheit, das Rechts- und Steuersystem, die Wettbewerbsordnung und die Geld- und Währungsverfassung, sowie *strukturpolitische* Rahmenbedingungen, wie beispielsweise die Preis- und Zinspolitik, sind hierbei zu nennen.[270]

Dem institutionellen Rahmen kommt eine große Bedeutung für die Ausgestaltung und Funktionsfähigkeit des Finanzsystems zu. Denn die jeweilige Ausgestaltung des institutionellen Rahmens legt - wie nachfolgend am Beispiel des „strukturellen Spektrums" (Kapitel C.II.1.2.2) gezeigt wird - in hohem Ausmaß die möglichen Konfigurationen der restlichen Bestandteile des Finanzsystems fest oder engt zumindest deren Ausgestaltungsspielraum ein. In diesem Zusammenhang wird die These vertreten, daß die Bereitstellung eines institutionellen Rahmens eine grundlegende Voraussetzung für das reibungslose Funktionieren des Finanzsystems als Gesamtgebilde darstellt und daß bei Nichterfüllung dieser Vorbedingung das auf diesem Rahmen aufbauende Finanzsystem immer suboptimal bleiben muß. Die „optimale Strukturierung" dieses Rahmens ist daher die Grundvoraussetzung für ein „gut" funktionierendes Finanzsystem. Bleibt die Ausgestaltung des Rahmens suboptimal, so muß auch die Gesamtperformance des Finanzsystems suboptimal bleiben. Die Ausgestaltung des institutionellen Rahmens ist aus diesem Grund bei der Betrachtung struktureller Charakteristika einer Finanzsystemstruktur mit in das Kalkül einzubeziehen. Dem institutionellen Rahmen kommt bei der Betrachtung des Finanzsystems eine sehr wichtige Stellung zu.

1.2.2. Beeinflussung des „strukturellen Spektrums"

Die Ausgestaltung des institutionellen Rahmens und die dadurch festgelegten Rahmenbedingungen (beziehungsweise gesetzlichen Regulierungen) determinieren das nach LLEWELLYN bezeichnete *strukturelle Spektrum* eines Finanzsystems beziehungsweise geben dessen Ausgestaltungsspielraum vor. Das strukturelle Spektrum kann im Falle eines Finanzsystems entweder durch das *Spezialisierungsprinzip* oder durch das *Konglomeratprinzip* geprägt sein. Verschiedene Ausprägungen des strukturellen Spektrums siedeln sich zwischen den beiden Extremfällen der vollständigen

---

[269] Vgl. zu diesen Überlegungen NARDOZZI(1992), S.254.

[270] Vgl. SCHMIDT/KROPP(1987), S.52-57.

Spezialisierung beziehungsweise der vollständigen Umsetzung des Konglomeratprinzips an. In den Blickpunkt treten in diesem Zusammenhang das strukturelle Spektrum einerseits des Finanzsektors und andrerseits zwischen finanziellen und nichtfinanziellen Unternehmen. Das strukturelle Spektrum eines Finanzsystems stellt ein wesentliches Unterscheidungsmerkmal für die vergleichende Betrachtung von Finanzsystemkonfigurationen dar.[271]

Bezogen auf die *Struktur des Finanzsektors* reflektiert sich die Ausgestaltung des strukturellen Spektrums im Ausmaß der institutionellen Separation der Erbringung finanzieller Dienstleistungen. Anders formuliert bezeichnet dies die Menge unterschiedlicher Finanzdienstleistungen, die eine Finanzinstitution anbieten beziehungsweise erbringen darf, und das dieser Finanzinstitution zugestandene Maß an Diversifikationsmöglichkeiten. Ein Trennbankensystem entspricht dem Spezialisierungsprinzip, während ein Universalbankensystem dem Konglomeratsprinzip entspricht.[272]
Aufgrund der im institutionellen Rahmen determinierten Regulierungsstruktur unterscheiden sich die von Finanzintermediären, wie beispielsweise den Banken, ausgeübten Funktionen in verschiedenen Finanzsystemen in erheblichem Ausmaß. In „marktorientierten“ Finanzsystemen wird durch entsprechende Regulierungen den Banken (Commercial Banks), untersagt, Eigenkapital an Unternehmen in nennenswertem Ausmaß zu halten, so daß faktisch der Typus eines Investors, der gleichzeitig nennenswerte Anteile an Eigen- und Fremdkapital an der selben Unternehmung halten kann, eliminiert worden ist.[273] Dies zeigt, daß die Ausgestaltung des institutionellen Rahmens deutlich das strukturelle Spektrum und somit auch die Rolle von Banken im Finanzsystem beeinflußt. Den Einfluß rechtlicher Restriktionen auf die Eigentümer- und Kontrollstruktur von Unternehmungen hebt auch ROE hervor. Er verweist ebenfalls darauf, daß in den Vereinigten Staaten Finanzinstitutionen keine größeren Eigenkapitalbeteiligungen an Unternehmen halten dürfen. Banken dürfen gar keine Eigenkapitalpositionen an Unternehmen halten, während Versicherungen und Mutual Funds geringe Eigenkapitalpositionen an Unternehmen halten dürfen. Auch Pensionsfonds sehen sich Restriktionen bezüglich der von ihnen gehaltenen Eigenkapitalpositionen an Unternehmen ausgesetzt. ROE zeigt damit, daß (in den Vereinigten Staaten) gesetzliche Restriktionen verhindert haben, daß Finanzinstitutionen als kontrollierende Eigenkapitalteilhaber fungieren können.[274]
Bezogen auf die *Beziehungen zwischen finanziellen und nichtfinanziellen Unternehmen* reflektiert sich die Ausgestaltung des strukturellen Spektrums in dem Maß, in dem nichtfinanzielle Unternehmen Finanzdienstleistungen erbringen dürfen und in dem sie Eigentum an finanziellen Unternehmen erwerben dürfen. In vielen Industrieländern unterliegt das Ausmaß, in dem nichtfinanzielle Unternehmen eigene Finanzdienstlei-

---

[271] Vgl.LLEWELLYN(1991), S.211.

[272] Vgl.LLEWELLYN(1991), S.211-217.

[273] Vgl.BERGLÖF(1990a), S.150.

[274] Vgl.ROE(1990), S.7-9. Dieser diskutiert in diesem Zusammenhang den Einfluß von „Politik“ auf die Entwicklung derartiger Eigentums- und Kontrollstrukturen. Vgl.auch ROE(1991) und ROE(1993).

stungen anbieten oder auch finanzielle Unternehmen besitzen dürfen, erheblichen Restriktionen.[275] Abschließend ist festzuhalten, daß Rahmenbedingungen und staatliche Regulierungen über die Festlegung beziehungsweise Einengung des strukturellen Spektrums erheblich die gesamte Finanzsystemstruktur, insbesondere jedoch die Finanzsektorstruktur, beeinflussen und formen.

1.2.3. Weitere Beispiele für den Einfluß von Rahmenbedingungen

„Finance depends on law, the courts, and processes of litigation between debtors and creditors. It depends on forms of land title and of various aspects of bankruptcy. It requires appropriate accords between government and financial markets.“[276]

Die dominierende Stellung des institutionellen Rahmens tritt besonders deutlich bei der Betrachtung einiger seiner Bestandteile hervor, die nachfolgend in einer Art „ad hoc“ Argumentation in loser Reihenfolge zusammengetragen werden. Ein funktionierendes *Rechtssystem* stellt ein wichtiges Rahmenelement dar. Die Funktionsfähigkeit des gesamten Rechtssystems sowie die Kosten seiner Inanspruchnahme sind ein wichtiger Aspekt für die Durchsetzbarkeit von Verträgen und insbesondere finanzieller Forderungen und Ansprüche. In diesem Zusammenhang ist die Ausgestaltung von Normen wie dem Vertragsrecht, dem Insolvenzrecht usw. relevant. Von Bedeutung ist beispielsweise, welche Partei im Insolvenzfall bevorzugt wird. So bevorzugt Chapter Eleven des amerikanischen Insolvenzrechtes allgemein Manager. Dagegen wird im deutschen Insolvenzrecht Gläubigerschutz favorisiert. WAGNER weist darauf hin, daß ein stabiler *Rechtsrahmen*, der private Eigentumsrechte garantiert, die notwendige Voraussetzung für private Investitionen darstellt. Fehlt dieser, werden extrem hohe Risikoprämien kalkuliert. In diesem Zusammenhang spricht WAGNER von der Bedeutung der „ökonomischen Legalität“, unter die er sämtliche wirtschaftliche Aspekte betreffenden Gesetze wie beispielsweise Vertragsrecht, Steuerrecht, Insolvenzrecht subsumiert.[277]

ZAMAGNI hebt hervor, daß der *Rechtsrahmen* beziehungsweise die Ausgestaltung dieses Rahmens durch Regulierung den entscheidenden Einflußfaktor auf die Struktur des Finanzsystems darstellt.[278] *Normen* wie *Aktiengesetz* und *Bankengesetz* beeinflussen in hohem Maße die Struktur des Finanzsystems: Besonders wichtig sind die Ausgestaltung der Bankenaufsicht, der Wertpapieraufsicht und der Einlagensicherung. Beispielsweise wird die Struktur des amerikanischen Finanzsystems maßgeblich durch das aufgrund des GLASS-STEAGALL-ACTS von 1933 gesetzlich vorgeschriebene Trennbankensystem bestimmt.[279] Daneben sind Normen, welche die möglichen

---

[275] Vgl.LLEWELLYN(1991), S.211.

[276] GURLEY/SHAW(1967), S.261.

[277] Vgl.WAGNER(1993), S.1011.

[278] Vgl.ZAMAGNI(1992), S.5.

[279] Vgl.KAUFMAN(1992), S.364-368.

Rechtsformen von Unternehmen sowie die Ausgestaltung der Organe der Gesellschaften festlegen, im Sinne der Corporate Governance von Unternehmen von großer Bedeutung. Die gesetzlich vorgegebenen Aufgaben sowie der *gesetzliche Status der Zentralbank* beziehungsweise deren Maß an Unabhängigkeit sind ein weiteres Element des institutionellen Rahmens. Damit eng im Zusammenhang stehen Normen und Vorschriften bezüglich der *Währung*. Darunter fallen beispielsweise Offenheit der Geld- und Kapitalmärkte, Konvertibilität der Währung, Kopplung der eigenen Währung an eine Leitwährung oder andere Wechselkursregime, Zinsbeschränkungen usw. WAGNER weist auf die große Bedeutung einer stabilen und wenig volatilen Währung für die Effizienz der Ersparnismobilisierung und Ersparnisallokation hin.[280] Darüber hinaus beeinflussen die *Strukturen der gesetzlichen Sozialversicherungen* erheblich die Kapitalallokation im Finanzsystem. Insbesondere die Kapitalakkumulation der privaten Haushalte wird durch das Ausmaß an staatlicher Alterssicherung beeinflußt. Darüber hinaus werden die Struktur des Finanzsektors und der Unternehmensfinanzierung beeinflußt. Dieser Zusammenhang wird explizit in Kapitel C.II.3.3.1. aufgegriffen.

1.2.4. Die besondere Rolle des Staates

Dem Staat fällt im Finanzsystem eine besondere Rolle zu. Der Staat, d.h. die Regierung, kann auf den institutionellen Rahmen (äußere Schale) einwirken und somit wesentliche Stellgrößen der Finanzsystemstruktur verändern. Staatseingriffe werden in der vorliegenden Arbeit unter dem Oberbegriff *Regulierung* diskutiert. Durch neue Regulierungen können bestehende Rahmenbedingungen verändert oder neue Rahmenbedingungen hinzugefügt werden und somit die Struktur der finanziellen und monetären Austauschbeziehungen verändert werden. Den nachfolgend skizzierten Dimensionen der Regulierung kommt in der komparativen Betrachtung von Finanzsystemstrukturen eine hohe Bedeutung zu. Zu betrachten ist einerseits die *Art der Regulierung*. Beispielsweise kann in Selbstregulierung, gesetzliche Regulierung, Regulierung durch moralische Überzeugung usw. unterschieden werden. Andererseits ist das *Ausmaß und der Umfang von Regulierung* zu betrachten. Hierbei kann beispielsweise in geographische, funktionale und preisliche Regulierungen unterschieden werden. Daneben sind auch Regulierungen über Standards, Arten der Geschäfte oder der Eigentumsverhältnisse denkbar. Weiterhin ist die *Struktur der Regulierungsinstitutionen* mit in die Betrachtung einzubeziehen. Denkbar ist beispielsweise eine allgemeine übergeordnete Regulierungsbehörde im Gegensatz zu vielen funktional spezialisierten Regulierungsbehörden. Gerade im Zusammenhang mit der Globalisierung der Finanzsysteme und dem daraus folgenden Wettbewerb zwischen alternativen Finanzsystemstrukturen gewinnt der Aspekt der Regulierung eine wichtige internationale Dimension. Bereits geringe Veränderungen in der Regulierungsmatrix von Finanzsystemen können sich erheblich auf die Struktur und das Funktionieren von Finanzsystemen auswirken.[281]

---

280 Vgl.WAGNER(1993), S.1012-1013.

281 Vgl.LLEWELLYN(1991), S.212.

1.3. Überschußeinheiten und Defiziteinheiten als „innere Schale"

In der *inneren Schale (1.Schale)* des Finanzsystems werden die finanziellen *Überschuß-* und *Defiziteinheiten* betrachtet, die als Nachfrager nach Finanzdienstleistungen auftreten. Diese funktionale Abgrenzung der ersten Schale als Überschuß- und Defiziteinheiten wird ergänzt durch eine Gliederung dieser Schale in ihre institutionellen Bestandteile. Überschuß- und Defiziteinheiten werden institutionell in die Sektoren *nichtfinanzielle Unternehmen, private Haushalte, öffentliche Haushalte (Staat)* und *Ausland (übrige Welt)* differenziert. Diese Sektoren besitzen die Finanzbedürfnisse Geldanlagebedarf, Finanzierungsbedarf und Risikenabsicherungsbedarf und fragen die daraus resultierenden Finanzdienstleistungen vom Finanzsektor, dem Kern des Schalenmodells, nach. Private Haushalte fungieren tendenziell als Überschußeinheiten, während die öffentlichen Haushalte und die nichtfinanziellen Unternehmen tendenziell als Defiziteinheiten fungieren. In Abbildung C.4. sind außer der Ebene der nichtfinanziellen Sektoren (1.Schale) alle übrigen Bestandteile des Finanzsystems durch Schraffierung verdeckt. Somit wird die Ebene der nichtfinanziellen Sektoren (1.Schale) durch die weiße Fläche kenntlich gemacht.

Abbildung C.4.:
Schalenmodell des Finanzsystems - Hervorhebung der Ebene der nichtfinanziellen Sektoren (innere Schale) der Dimension der Institutionen

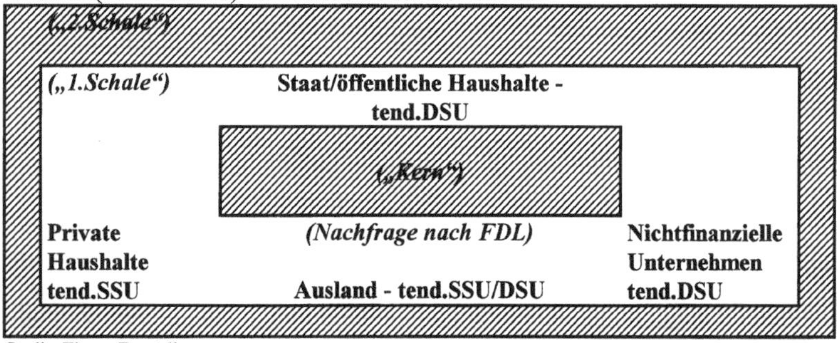

Quelle: Eigene Darstellung.

In einer Analyse der Finanzsystemstruktur ist zu berücksichtigen, daß den nichtfinanziellen Sektoren als Alternativen zu den Finanzdienstleistungen des Finanzsektors immer die *Selbsterbringung der Finanzdienstleistung* (durch den Sektor selbst), beispielsweise in der Form des Ausschöpfens von *Innenfinanzierungspotentialen* oder auch die Nutzung *informeller Finanzierungsbeziehungen*, beispielsweise innerhalb einer sozialen Gruppe, zur Verfügung stehen. Ebenso sind als Alternativen zur finanziellen Ersparnisbildung die *Realersparnisbildung* oder der *Konsum der Ressourcen* in Erwägung zu ziehen. Demnach ist beispielsweise bei der Betrachtung der Finanzierungsvorgänge des Sektors nichtfinanzielle Unternehmen und des Sektors private Haushalte die Bedeutung von Innenfinanzierungspotentialen, (insbesondere der internen Eigenfinanzierung), zu berücksichtigen. Auch informelle Finanzierungsbeziehungen sind in diesem Zusammenhang nicht aus der Betrachtung auszuschließen. Für die Betrachtung der Vermögensbilanz des Sektors private Haushalte sind beispielsweise neben dem Geldvermögen auch Realersparnis und immaterielle Vermögensansprüche, (z.B. an die gesetzliche Rentenversicherung), mit in die Betrachtung einzubeziehen.

1.4.Finanzsektor als „Kern“

Den institutionellen *Kern* des Finanzsystems bildet der *Finanzsektor*. Er stellt gleichermaßen das Herz eines jeden Finanzsystems dar und generiert das Angebot an Finanzdienstleistungen. Der Finanzsektor wird unterteilt in die *Zentralbank*, das *System der Finanzmärkte* und *das System der Finanzintermediäre*. Das System der Finanzintermediäre wird zur weiteren Charakterisierung in das *System der Bankfinanzintermediäre(BFI)* und das *System der Nichtbankfinanzintermediäre (NBFI)* unterschieden. In Abbildung C.5. sind außer der Ebene Finanzsektors (Kern des Finanzsystems) alle übrigen Bestandteile des Finanzsystems durch Schraffierung verdeckt. Somit wird die Ebene der Finanzsektors (Kern des Finanzsystems) durch die weiße Fläche kenntlich gemacht.

Abbildung C.5.:
Schalenmodell des Finanzsystems - Hervorhebung der Ebene des Finanzsektors (Kern) der Dimension der Institutionen

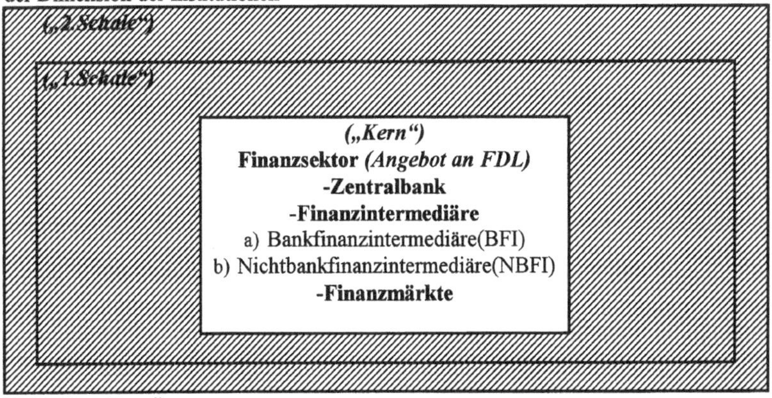

Quelle: Eigene Darstellung.

Eine erste grobe Klassifizierung eines Finanzsektors kann an der institutionellen Struktur des Finanzsektors ansetzen und erbringt erste Einsichten über die Struktur des Finanzsystems. Dies kann beispielsweise folgendermaßen aussehen: Zunächst erfolgt eine Klassifizierung bezüglich des Gewichtes der *Finanzmärkte* versus der *Finanzintermediäre* im Finanzsektor. Anschließend wird die Struktur der Finanzintermediäre betrachtet und eine Analyse des Gewichtes der *Bankfinanzintermediäre* versus *Nichtbankfinanzintermediäre* vorgenommen. Die Finanzmärkte werden ebenfalls in ihrer Struktur bezüglich der Umsatzvolumina der Aktienmärkte, der Rentenmärkte, der Terminmärkte und der Geldmärkte charakterisiert. Eine derartige Klassifizierung des Finanzsektors wird tendenziell zeigen, daß sich in der institutionellen Finanzsektorstruktur das durch den institutionellen Rahmen (zweite Schale) vorgegebene *strukturelle Spektrum* widerspiegelt.

2. FUNKTIONEN

2.1. Funktionen als Dimension des Finanzsystems

Funktionen werden in der Systematik des Schalenmodells neben den Dimensionen der *Institutionen* und *Eigenschaften* als eine weitere Dimension des Finanzsystems aufgefaßt.[282] Den Ausgangspunkt der Betrachtung der Dimension der Funktionen bilden die Annahmen, daß die finanziellen *Überschußeinheiten* einen Geldanlagebedarf und einen Risikenteilungsbedarf besitzen, während die finanziellen *Defiziteinheiten* einen Finanzierungsbedarf und einen Risikenteilungsbedarf besitzen.

In einer übergeordneten Betrachtung der Systematik des Schalenmodells übt das Finanzsystem zwischen den finanziellen Überschuß- und Defiziteinheiten eine *Ressourcenallokationsfunktion* aus: Es erfolgt eine Allokation finanzieller Ressourcen von finanziellen Überschußeinheiten zu finanziellen Defiziteinheiten und eine Allokation von Risiken zu den Wirtschaftseinheiten, die diese tragen können oder möchten. Somit trägt das gesamte Finanzsystem dazu bei, die Finanzbedürfnisse Geldanlagebedarf, Finanzierungsbedarf und Risikenteilungsbedarf zu erfüllen. Die Ausübung der Ressourcenallokationsfunktion impliziert ein gewisses Maß der Ausübung einer *Ressourcenmobilisierungsfunktion* durch das Finanzsystem, insbesondere den Finanzsektor. Beispielsweise werden durch die Schaffung von attraktiven finanziellen Geldanlagemöglichkeiten durch den Finanzsektor Ersparnisse, die bisher in anderer Form (Realersparnisse) gebildet worden sind, mobilisiert und in den Ressourcenallokationsprozeß eingegliedert.[283] In diesem Sinne beinhaltet die übergeordnete Finanzsystemfunktion der *Ressourcenallokation* ein Element der Ressourcenmobilisierung.

---

282 Bereits im Rahmen der Auseinandersetzung mit den unterschiedlichen Beschreibungsmodi des Finanzsystems in Kapitel B wurden *Finanzsystemfunktionen* thematisiert. In der *Finanzsektor-Realsektor-Perspektive* (Kapitel B.III.) werden als Finanzsystemfunktionen die Funktion der Unternehmensfinanzierung, die Funktion der Unternehmenskontrolle, die Selektionsfunktion, die Lernfunktion usw. angesprochen. In der *Intermediationsperspektive* (Kapitel B.IV.) werden die Transmissionsfunktion und die Transformationsfunktionen diskutiert. In der *funktionalen Perspektive* (Kapitel B.V.) werden Finanzsystemfunktionen als Ausgangspunkt der Analyse gewählt. Als übergeordnete primäre Funktion des Finanzsektors wird die *Ressourcenallokationsfunktion* bezeichnet. Diese wird in sechs Kernfunktionen, das heißt in die *Zahlungssystemfunktion*, die *Ressourcenpoolungsfunktion*, die *räumliche und zeitliche Transformationsfunktion*, die *Risikenmanagementfunktion*, die *Informationsfunktion* und die *Funktion der Bewältigung von Problemen asymmetrischer Information* differenziert.

283 Vgl. WINKLER(1997), S.18. Davon zu unterscheiden ist die Mobilisierung von Ersparnissen, welche ohne Existenz eines Finanzsektors nicht gebildet worden wären.

Abbildung C.6.:
Die Dimension der Funktionen im Schalenmodell des Finanzsystems

(„2.Schale")

(„1.Schale")

(„Kern")

Finanzsektor

RESSOURCENALLOKATIONSFUNKTION

Finanzierungsfunktion ← → **Geldanlagefunktion**

(Systemzusammenhang!) *(Systemzusammenhang!)*

a) Monitoring- und Kontrollfunktion
b) Screeningfunktion
c) Selektions- und *Lernfunktion*
d) Primärmarktfunktion

Risikenallokationsfunktion *(Systemzusammenhang!)*

Sekundärmarktfunktionen

a) Zirkulationsfunktionen(Kursbildung, Clearing, Liquiditätsausgleich)
b) Marktbildungsfunktionen (Konzentration, Standardisierung)

Transformationsfunktionen

a) Losgröße, b) Fristigkeit c) Raum/Branche d) Risiko

Zahlungssystemfunktion

Informationsfunktion

Politikfunktion

DEFIZITEINHEITEN
Risikenteilungsbedarf
Finanzierungsbedarf
Innenfinanzierung

ÜBERSCHUßEINHEITEN
Risikenteilungsbedarf
Geldanlagebedarf
Realersparnis, Konsum

Quelle: Eigene Darstellung.

In der Systematik des Schalenmodells kann die übergeordnete *Finanzsystemfunktion der Ressourcenallokation* in acht untergeordnete *Finanzsektorfunktionen* aufgeschlüsselt werden, wobei die drei die Finanzbedürfnisse der Wirtschaftseinheiten (Geldanlagebedarf, Finanzierungsbedarf, Risikenteilungsbedarf) betreffenden Finanzsektorfunktionen jeweils durch eine Betrachtung des *funktionalen Finanzsystemzusammenhanges* ergänzt werden. Deutlich zeigt sich in der Systematik des Schalenmodells, daß der Finanzsektor (Kern) als Quelle des Angebots an Finanzdienstleistungen verschiedene Finanzsektorfunktionen für die in finanzielle Überschuß- und Defiziteinheiten unterschiedenen nichtfinanziellen Sektoren (innere Schale) erbringt. Die nichtfinanziellen Sektoren (private Haushalte, nichtfinanzielle Unternehmen, öffentliche Haushalte, Ausland) treten dementsprechend als Nachfrager dieser vom Finanzsektor angebotenen Finanzdienstleistungen auf. Diese funktionale Beziehung zwischen Finanzsektor (Kern) und den nichtfinanziellen Sektoren (innere Schale) wird in der Systematik des Schalenmodells als *funktionale Interdependenz zwischen Kern und inne-*

rer Schale bezeichnet. Unterschieden werden acht untergeordnete Finanzsektorfunktionen, die der Finanzsektor für die nichtfinanziellen Sektoren erbringt: Erstens die *Geldanlagefunktion*, zweitens die *Finanzierungsfunktion*, drittens die *Risikenallokationsfunktion*, viertens die *Sekundärmarktfunktionen*, fünftens die *Transformationsfunktionen*, sechstens die *Zahlungssystemfunktion*, siebtens die *Informationsfunktion* und achtens die *Politikfunktion*.
Für die Erfassung des Systemaspektes bei der Funktionsausübung ist es notwendig, die ersten drei Finanzsektorfunktionen (Geldanlagefunktion, Finanzierungsfunktion, Risikenallokationsfunktion), die sich auf die Erfüllung der Finanzbedürfnisse der Wirtschaftseinheiten (Geldanlagebedarf, Finanzierungsbedarf, Riskenteilungsbedarf) beziehen, in den jeweiligen funktionalen Finanzsystemzusammenhang einzuordnen. Konkret impliziert dies die Erfassung nichtfinanzieller Vermögensansprüche (z.B. Realersparnis, Ansprüche an das Sozialversicherungssystem usw.), die Berücksichtigung interner Finanzierung (z.B. Abschreibungsfinanzierung, thesaurierte Gewinne usw.), die Erfassung informeller Finanzierungsbeziehungen (z.B. Kredite innerhalb einer sozialen Gruppe) und die Berücksichtigung von Risikenteilungsinstrumenten, die nicht vom Finanzsektor angeboten werden (z.B. das Sozialversicherungssystem).
In der Systematik des Schalenmodells ergibt sich die Abbildung der übergeordneten Finanzsystemfunktion der Ressourcenallokation aus der Gesamtbetrachtung der acht Finanzsektorfunktionen und der die Finanzbedürfnisse (Geldanlagebedarf, Finanzierungsbedarf, Risikenteilungsbedarf) betreffenden funktionalen Finanzsystemzusammenhänge. In Kapitel C.II.2.2. werden diese Bestandteile der Ressourcenallokationsfunktion näher erläutert. In Abbildung C.6. auf der vorigen Seite wird die Dimension der Funktionen im Schalenmodell des Finanzsystems dargestellt. Ihr Bezug auf Kern und innere Schale des Finanzsystems wird durch die weiße Fläche kenntlich gemacht.
Die Betrachtung der Ressourcenallokationsfunktion richtet sich im Schalenmodell schwerpunktmäßig auf die Finanzsektorfunktionen. Gerade die Analyse der Finanzsektorfunktionen vervollständigt die bei der Diskussion der Dimension der Institutionen auf der Ebene des Finanzsektors (Kern des Finanzsystems) in Kapitel C.II.1.4. angedeutete (institutionell orientierte) Analyse des Finanzsektors und läßt wesentliche Rückschlüsse auf die Struktur des Finanzsektors als Kern des Finanzsystems zu. Nur eine Berücksichtigung der von den Institutionen des Finanzsektors ausgeübten Funktionen ermöglicht eine differenzierte und aussagekräftige Analyse des Finanzsektors, da eine rein institutionelle Analyse des Finanzsektors zu Fehlschlüssen über die tatsächliche Finanzsektorstruktur führt. Beispielsweise unterscheiden sich die Funktionen, die von einer Institution „Bank“ in verschiedenen Finanzsystemen ausgeübt werden, in erheblichem Ausmaß.
Es wird durchaus gesehen, daß beispielsweise auch wichtige Entscheidungen über Ressourcenallokation in den nichtfinanziellen Unternehmen, und insbesondere in den multinationalen Unternehmen, getroffen werden und daß diese folglich auch in die Ausübung der Ressourcenallokationsfunktion involviert sind. In der Betrachtung struktureller Charakteristika des Finanzsystems auf der Grundlage des Schalenmodells muß jedoch aus Gründen der Komplexitätsreduktion auf die Analyse derartiger Prozesse verzichtet werden.

2.2.Die Ressourcenallokationsfunktion im Schalenmodell
2.2.1.Geldanlagefunktion
2.2.1.1.Geldanlage durch den Finanzsektor

Allgemein betrachtet impliziert die Ausübung der Ressourcenallokationsfunktion bezogen auf die finanziellen Überschußeinheiten, die ein Geldanlagebedürfnis besitzen, die Bereitstellung von (attraktiven) Geldanlagemöglichkeiten. Bezogen auf den Finanzsektor erfordert die Ausübung der *Geldanlagefunktion* die Bereitstellung von verschiedenen Geldanlagemöglichkeiten für die finanziellen Überschußeinheiten. Grundlegend unterschieden werden mediate Geldanlagemöglichkeiten, die von Finanzintermediären angeboten werden und nichtmediate Geldanlagemöglichkeiten, die von nichtfinanziellen Sektoren angeboten werden und über Finanzmärkte gehandelt werden. Darüber hinaus können sich Geldanlagemöglichkeiten vor allem in den Dimensionen Fristigkeit (kurz-, mittel-, längerfristig), Risikoklasse (Bonität), Art der Verzinsung (fix, variabel, Residualanspruch), Art des Vermögensanspruches (Eigenkapital, Fremdkapital, Mischformen), Handelbarkeit (Möglichkeit vorzeitiger Liquidation) unterscheiden.
Die vom Finanzsektor angebotenen Finanzinstrumente ermöglichen es den finanziellen Überschußeinheiten, Kaufkraft zu bewahren beziehungsweise zu lagern, bis diese in künftigen Zeitpunkten benötigt wird. Während dieses Zeitraumes generieren Finanzinstrumente ein zusätzliches Einkommen. Gegenüber der Realersparnis (beispielsweise in der Form eines zusätzlichen Kaufs von Konsumgütern wie Automobilen oder Kleidung), die im Zeitablauf oftmals an Wert verliert, relativ illiquide und mit dem Risiko eines plötzlichen Verlustes verbunden ist, stellen finanzielle Vermögensgegenstände relativ wertbeständige und liquide Vermögensgegenstände dar. Darin liegt, in Verbindung mit der Generierung von zusätzlichem Einkommen, ein großer Vorteil der finanziellen Ersparnis gegenüber der Realersparnis.[284] Die Erzielung eines zusätzlichen Einkommens durch das Halten von Finanzinstrumenten resultiert aus der Entschädigung für die Aufgabe von einem gewissen Maß an Liquidität. Gerade die Bereitstellung von finanziellen Geldanlagemöglichkeiten durch den Finanzsektor impliziert eine Ressourcenmobilisierung in dem Sinne, daß es vorteilhaft wird, finanzielle Vermögensgegenstände anstelle von Realersparnissen oder anstelle von Geld zu halten. Die Bereitstellung von Geldanlagemöglichkeiten für die finanziellen Überschußeinheiten ist eine notwendige Voraussetzung für die Ausübung der Finanzierungsfunktion (Kapitel C.II.2.2.2.) für die finanziellen Defiziteinheiten.

2.2.1.2.Einordnung in den funktionalen Finanzsystemzusammenhang

Die Ausübung der Geldanlagefunktion durch den Finanzsektor ist in den funktionalen Finanzsystemzusammenhang einzuordnen. Konkret bedeutet dies die Durchführung einer Abschätzung der Bedeutung alternativer im Finanzsystem vorhandener Geldanla-

---

284 Vgl.ROSE(1992), S.10.

gemöglichkeiten im Vergleich zur Bedeutung der Geldanlage im Finanzsektor. Als alternative Geldanlagemöglichkeiten sind vor allem *reales Vermögen* (Grundstücke, Wohnraum, dauerhafte Konsumgüter) und *immaterielles Vermögen* (Ansprüche an das Sozialversicherungssystem, wie z.B. Ansprüche an die Rentenversicherung, die Krankenkassen, die Pflegeversicherung, die Arbeitslosenversicherung usw.) zu nennen.

2.2.2. Finanzierungsfunktion

2.2.2.1. Finanzierung durch den Finanzsektor

Allgemein betrachtet impliziert die Ausübung der Ressourcenallokationsfunktion bezogen auf die finanziellen Defiziteinheiten, die ein Finanzierungsbedürfnis besitzen, die Bereitstellung von (attraktiven) Finanzierungsmöglichkeiten. Bezogen auf den Finanzsektor erfordert die Ausübung der Finanzierungsfunktion die Bereitstellung verschiedener (externer) Finanzierungsmöglichkeiten für die finanziellen Defiziteinheiten. Diesen ermöglicht die Bereitstellung von (externen) Finanzmitteln durch den Finanzsektor die (ergänzende) Finanzierung ihrer Investitionen und ihres Konsums. Die Finanzierungsfunktion entspricht einer Bereitstellung von Finanzmitteln gegen das Versprechen, diese zu einem zukünftigen Zeitpunkt einschließlich eines Nutzungsentgeldes (für die Aufgabe von Liquidität) zurückzuzahlen.[285] Unterschieden werden (analog zur Geldanlagefunktion) mediate und nichtmediate Finanzierungsinstrumente. Die Finanzierungsfunktion und die Geldanlagefunktion beschreiben aus unterschiedlichen Blickpunkten den Transfer von finanziellen Ressourcen zwischen finanziellen Überschuß- und Defiziteinheiten. Daher können sich die Finanzierungsmöglichkeiten in denselben Merkmalen wie die Geldanlagemöglichkeiten (Fristigkeit, Risikoklassen usw.) unterscheiden.
Die Finanzierungsfunktion wird als *Liquiditätsbereitstellungsfunktion* aufgefaßt, wenn es sich um das kurzfristige Bereitstellen von Finanzmitteln handelt. Liquiditätsbereitstellung durch kurzfristige Kredite läßt beispielsweise eine vorzeitige Auflösung langfristig gebundener Geldanlagen unter Hinnahme eines Liquiditätsabschlages überflüssig werden.[286] Von der Liquiditätsbereitstellung ist die mittel- bis längerfristig orientierte Ausübung der Finanzierungsfunktion zu unterscheiden. Werden im Rahmen der Finanzierungsfunktion neue direkte Finanztitel generiert, dann ist die Ausübung der Finanzierungsfunktion mit der Ausübung einer *Primärmarktfunktion* (beziehungsweise *Emissionsmarktfunktion*) verbunden.[287] Die Primärmarktfunktion ist interdependent zu den *Sekundärmarktfunktionen* (Kapitel C.II.2.2.4.).. Denn funktionierende Sekundärmärkte ermöglichen durch die Handelbarkeit der emittierten direkten Finanztitel die nachträgliche Ausübung von *Transformationsfunktionen* (Kapitel C.II.2.2.5.), wie z.B. eine (nachträgliche) Fristentransformation und Risikentransformation. Dadurch wird es den Überschußeinheiten erleichtert, längerfristige direkte Finanztitel zu erwerben.

---

[285] Vgl.hierzu auch ROSE(1992), S.11.

[286] Vgl.hierzu auch ROSE(1992), S.10-11.

[287] Vgl.NABBEN/RUDOLPH(1994), S.1.

In einer durch Unsicherheit und Informationsprobleme geprägten Umwelt ist das Verleihen von Finanzmitteln gegen das *Versprechen*, diese zu einem zukünftigen Zeitpunkt zurückzuzahlen, risikobehaftet. Die Finanzierungsfunktion ist aus diesem Grunde mit der Erfüllung weiterer Funktionen verbunden. Notwendig erscheint erstens das „Screening" des Kreditnehmers beziehungsweise des von diesem geplanten Investitionsobjektes zur Aufdeckung versteckter Informationen *(Screeningfunktion)*. Durch Screening soll das Risiko einer Fehlauswahl bei der Kreditvergabe minimiert werden. Screening kann beispielsweise als Bonitätsprüfung des Kreditnehmers erfolgen. Zweitens wird eine Überwachung *(Monitoringfunktion)* des Kreditnehmers im Zeitablauf notwendig. Überwachung und Kontrolle des Kreditnehmers dienen der Aufdeckung „versteckter Handlungen" beziehungsweise der Minimierung von moralischen Wagnissen (Moral Hazard). Dadurch soll ein Ausnutzen der Handlungsspielräume des Kreditnehmers zum eigenen Vorteil verhindert werden. Relevant sind insbesondere die mit den Finanztiteln verbundenen Kontrollrechte. Unterschiedliche Finanzinstrumente (Eigenkapital versus Fremdkapital) implizieren verschiedene Kontrollverteilungen im Konkursfall. Die Ausführungen zu den unterschiedlichen Governancesystemen (Kapitel B.III.2.1.3.) zeigen die Wichtigkeit dieses Aspektes. Drittens ist mit der Bereitstellung von Finanzmitteln eine *Selektionsfunktion* verbunden.[288] Die Verweigerung der Prolongation bestehender Kredite oder die Verweigerung zusätzlicher Finanzmittel impliziert entweder den Konkurs der betrachteten Unternehmung oder die Streichung der Durchführung eines bestimmten Investitionsobjektes.

2.2.2.2. Einordnung in den funktionalen Finanzsystemzusammenhang

Die Ausübung der Finanzierungsfunktion durch den Finanzsektor ist in den funktionalen Finanzsystemzusammenhang einzuordnen. Konkret bedeutet dies die Durchführung einer Abschätzung der Bedeutung alternativer im Finanzsystem vorhandener Finanzierungsmöglichkeiten im Vergleich zur Bedeutung der Finanzierung im Finanzsektor. Als alternative Möglichkeiten zur Finanzierung im Finanzsektor sind vor allem *interne Finanzierungsvorgänge* (z.B. die Finanzierung aus Abschreibungen, thesaurierten Gewinnen, Pensionsrückstellungen usw. im Unternehmenssektor) und *informelle Finanzierungsbeziehungen* (z.B. „Kredite" von Familienmitgliedern oder innerhalb einer sozialen Gruppe im Sektor private Haushalte) zu nennen.

---

288 Die Ausführungen zu der Beziehung zwischen *Governancesystemen und Innovationen* (Kapitel B.III.2.1.3.2.) haben gezeigt, daß sich die zeitliche Toleranz, mit der eine *Selektion* von Unternehmen ausgelöst wird, in Insidersystemen und Outsidersystemen unterscheidet. *Outsidersysteme* sind durch eine hohe Selektionseffizienz geprägt und bewirken rasch die Selektion von „unrentablen" Unternehmen am Markt. Dagegen sind *Insidersysteme* durch eine niedrigere Selektionseffizienz gekennzeichnet und bewirken im Vergleich zu Outsidersystemen eine wesentlich langsamere Selektion von „unrentablen" Unternehmen. Diese Eigenschaft impliziert jedoch unterschiedliches *Lernverhalten* (beziehungsweise Innovationsverhalten) von Unternehmen und spiegelt sich in unterschiedlicher dynamischer Effizienz der beiden Systeme wider.

2.2.3. Risikenallokationsfunktion

2.2.3.1. Risikenallokation durch den Finanzsektor

Aus dem Finanzbedürfnis der finanziellen Überschuß- und Defiziteinheiten zur Risikenteilung (Risikenteilungsbedarf) resultiert die *Risikenallokationsfunktion* beziehungsweise die Risikenmanagementfunktion des Finanzsektors. Allgemein betrachtet bezeichnet die Risikenallokationsfunktion die Gesamtheit der vom Finanzsektor bereitgestellten Mechanismen zur Transformation und Reallokation einer Vielzahl unterschiedlicher „Risiken". Durch diese Mechanismen wird die Herausbildung einer relativ „effizienten" Risikenverteilung in der Volkswirtschaft angestrebt. Der Finanzsektor stellt Mechanismen zur Poolung und zur Teilung von Risiken zur Verfügung und erleichtert die Bildung einer effizienten Risikenallokation zwischen verschiedenen Sektoren der Volkswirtschaft. Allein die Möglichkeit, finanzielle Ersparnisse zu bilden, kann als Instrument zur Absicherung gegen Risiken, wie beispielsweise Einkommensrisiken, betrachtet werden. Der Finanzsektor stellt auch Absicherungsinstrumente, wie beispielsweise Lebensversicherungen und Arbeitsunfähigkeitsversicherungen, zur Verfügung. Ebenfalls angeboten werden Versicherungen für Schaden am Eigentum (Hausratversicherungen) oder auch Absicherungen gegen Einkommensrisiken.[289] Insgesamt stellt der Finanzsektor Umverteilungsinstrumente beziehungsweise Absicherungsinstrumente für eine Vielzahl von Risiken zur Verfügung. Gedacht sei hier an Finanzinstrumente zur Reallokation von Zinsänderungsrisiken, Wechselkursrisiken, Kursänderungsrisiken.

2.2.3.2. Einordnung in den funktionalen Finanzsystemzusammenhang

Die Ausübung der Risikenallokationsfunktion durch den Finanzsektor ist in den funktionalen Finanzsystemzusammenhang einzuordnen. Denn in der Gesamtbetrachtung der Volkswirtschaft stellen die vom Finanzsektor angebotenen Risikenteilungsinstrumente nur einen (wenn auch bedeutenden) Anteil der gesamtwirtschaftlichen Risikenallokationsinstrumente dar. Neben den vom Finanzsektor bereitgestellten Risikenteilungsinstrumenten sind die übrigen von den nichtfinanziellen Sektoren verwendeten oder in Anspruch genommenen Risikenteilungsinstrumente mit in einer Gesamtbetrachtung einzubeziehen. Beispielsweise stellt das staatliche Sozialversicherungssystem (insbesondere die gesetzliche Rentenversicherung, die Krankenversicherung, die Pflegeversicherung, die Arbeitslosenversicherung usw.) ein gewichtiges Instrument zur Risikenteilung dar. Ebenso stellt der Erwerb von Realvermögen (Grundstücke, Wohnraum, dauerhafte Konsumgüter) ein wichtiges Instrument der Risikenverminderung dar. Tendenziell dürften die vom Finanzsektor bereitgestellten Risikenteilungsinstrumente nur einen geringen Anteil der Gesamtheit der gesamtwirtschaftlichen Risikenallokationsinstrumente repräsentieren.

---

289 Vgl. MERTON(1993), S.23; ROSE(1992), S.11-12.

2.2.4. Sekundärmarktfunktionen[290]

Die Ausübung der Sekundärmarktfunktionen stellt eine wichtige Funktion des Finanzsektors dar, die institutionell vor allem mit dem System der Finanzmärkte verbunden wird. Allgemein betrachtet bezeichnen die Sekundärmarktfunktionen zusammenfassend die für die Übertragung (Erwerb, Veräußerung) bestehender (vor allem standardisierter) finanzieller Ansprüche notwendigen funktionalen Aspekte. Darunter fallen *Zirkulationsfunktionen* und *Marktbildungsfunktionen*. Die *Zirkulationsfunktionen* werden durch die folgenden daraus abgeleiteten Unterfunktionen näher charakterisiert: Kursbildungsfunktion, Clearingfunktion und Liquiditätsausgleichsfunktion. Das Zusammenführen von Angebot und Nachfrage nach Finanztiteln erfordert eine Preisfeststellung, was als *Kursbildungsfunktion* (oder auch *Bewertungsfunktion*) bezeichnet wird. Die Preisinformation wird dabei als öffentliches Gut der Gesamtheit der Marktteilnehmer beziehungsweise der Wirtschaftseinheiten zur Verfügung gestellt. Die Abwicklung der abgeschlossenen Transaktionen wird als *Clearingfunktion* eines Sekundärmarktes bezeichnet. Darüber hinaus müssen Sekundärmärkte den Marktteilnehmern die Möglichkeit bieten, die gewünschten Wertpapiertransaktionen tatsächlich jederzeit ohne Kursabschläge tätigen zu können und somit einen Ausgleich des zeitversetzten Eintreffens von Angebot und Nachfrage bewirken. Dies wird als *Liquiditätsausgleichsfunktion* bezeichnet. Diese kann auch als Kursstabilisierungsfunktion aufgefaßt werden, wenn die Betrachtung auf die mögliche Veränderung des Ausführungskurses durch das Volumen der getätigten Transaktion gerichtet wird. Die *Marktbildungsfunktionen* (bzw. *Marktorganisationsfunktionen*) dienen der Reduzierung von Unsicherheiten und der mit Finanztiteltransaktionen verbundenen Kosten (z.B. Such-, Informations- und Verhandlungskosten) durch Festlegung von institutionellen Arrangements in der Form von Regeln und Regulierungen. Sekundärmärkte üben zur Verringerung der Suchkosten nach der Gegenpartei einer Transaktion eine *Konzentrationsfunktion* durch Konzentration von Angebot und Nachfrage in zeitlicher und räumlicher Hinsicht aus. Durch die Ausübung einer *Standardisierungsfunktion* werden Vertragsbedingungen für Wertpapiergeschäfte, (z.B. Zeit und Art der Erfüllung, Kursabstufungen usw.), und die Charakteristika der ausführbaren Aufträge festgelegt und somit Verhandlungs- und Vertragsabschlußkosten reduziert. Die Standardisierungsfunktion kann sich auch auf die zum Handel an den Wertpapierbörsen zugelassenen Börsenmitglieder und auf die Mindestqualität der Wertpapiere (Marktsegmentierung) erstrecken.

2.2.5. Transformationsfunktionen

Der Finanzsektor bewirkt durch die Ausübung der *Transformationsfunktionen* eine Veränderung der Charakteristika von Finanztiteln. Sowohl Finanzintermediäre als auch Finanzmärkte erbringen Transformationsfunktionen. Allgemein betrachtet bezeichnen

[290] Die Ausführungen in Kapitel C.II.2.2.4. orientieren sich an NABBEN/RUDOLPH(1994), wobei jedoch entscheidend von der dort verwendeten Begriffsbildung abgewichen wird.

die Transformationsfunktionen die Dimensionen (Fristigkeit, Losgröße, Raum und Risiken), in denen finanzielle Ansprüche auf dem Weg von finanziellen Überschußeinheiten zu finanziellen Defiziteinheiten verändert werden können. Mit Bezug auf die unterschiedlichen Dimensionen der Transformationsfunktionen wird von der Fristentransformation, der Losgrößentransformation, der räumlichen Transformation und der Risikentransformation gesprochen.[291] Sehr deutlich tritt die Ausübung der Transformationsfunktionen bei Einschaltung von *Finanzintermediären* in den Prozeß der Transmission finanzieller Ressourcen von finanziellen Überschuß- zu Defiziteinheiten zutage. Gerade die Generierung sekundärer (indirekter) Finanztitel beziehungsweise Finanzinstrumente ist mit der Ausübung von Transformationsfunktionen verbunden. Die Transformation kann in den Dimensionen Fristigkeit, Losgröße und Risiko erfolgen. Zudem können Finanzintermediäre die räumliche (regionale) Allokation von finanziellen Ressourcen (auch über verschiedene Branchen) verändern.
Auch *Finanzmärkte* können die Gesamtheit der *Transformationsfunktionen* ausüben. Beispielsweise ermöglichen Finanzmärkte aufgrund der Ausübung der Sekundärmarktfunktion, wodurch die Handelbarkeit primärer (direkter) Finanztitel gewährleistet wird, eine (nachträgliche) Fristentransformation und Risikentransformation. Denn einer Wirtschaftseinheit, die beispielsweise eine Obligation mit fünfjähriger Restlaufzeit hält, wird es auf den Sekundärmärkten ermöglicht, diese (vorzeitig) zu liquidieren.

2.2.6. Zahlungssystemfunktion

Die Zahlungssystemfunktion ist eine fundamental wichtige vom Finanzsektor ausgeübte Funktion. Allgemein umfaßt die *Zahlungssystemfunktion* die Abwicklung und das Clearing von Zahlungsverpflichtungen/Zahlungen zwischen den Wirtschaftseinheiten, die als Käufer/Verkäufer von Gütern, Dienstleistungen und finanziellen Vermögensgegenständen auftreten. In diesem Sinn beinhaltet die Zahlungssystemfunktion die Abwicklung von güterwirtschaftlichen und finanzwirtschaftlichen Transaktionen. Der schnellen, kostengünstigen und zuverlässigen Abwicklung des Zahlungsverkehrs kommt eine grundlegende Bedeutung in modernen arbeitsteiligen Volkswirtschaften zu. Zu beachten ist das Aufkommen „moderner“ Zahlungsmittel (Kreditkarten, „Online-Cash“, „elektronische Geldbörsen“ usw.) neben den neben traditionellen Zahlungsmitteln (Banknoten, Schecks und Überweisungen treten).[292] Unterschieden werden in Anlehnung an die Betrachtung der HICKS-Dichotomie (Kapitel B.III.2.1.2.) zwei unterschiedliche Charakteristika der Liquiditätshaltung. Diese sind Bestandteile unterschiedlicher Zahlungssysteme. Zu unterscheiden sind einerseits ein *Überweisungssystem in Verbindung mit Überziehungskrediten (in Analogie zur „overdraft economy“)* und andererseits ein *Schecksystem in Verbindung mit Liquiditätshaltung (in Analogie zur „auto-economy“).*

---

[291] Vgl.hierzu auch die Überlegungen in Kapitel B.IV.2.

[292] Vgl.MERTON(1993), S.22; MERTON/BODIE(1995), S.12-13; ROSE(1992), S.9-11.

2.2.7. Informationsfunktion

Der Finanzsektor bewertet finanzielle Vermögensgegenstände und stellt diese Informationen den anderen Sektoren der Volkswirtschaft in Form von Wertpapierpreisen, Zinssätzen für festverzinsliche Wertpapiere und Zinssätzen für Kredite (Konsumentenkredite, Wohnungsbaukredite, Investitionskredite) zur Verfügung. Dies wird als *Informationsfunktion* des Finanzsektors bezeichnet. Diese Informationen verwenden Haushalte im Rahmen ihrer Entscheidungen über Ersparnisbildung, Konsum und die Allokation ihres Vermögens. Unternehmen, beziehungsweise deren Manager, verwenden diese Informationen für ihre Entscheidungen über das Durchführen bestimmter Investitionsobjekte oder bestimmter Investitionsprogramme sowie für die Nutzung verschiedener Finanzierungsquellen. Insgesamt werden diese Preisinformationen im Rahmen der Koordinierung der dezentralen Entscheidungsprozesse der Volkswirtschaft verwendet.[293]

2.2.8. Politikfunktion

Als *Politikfunktion* wird die Instrumentalisierung des Finanzsektors durch staatliche Institutionen (Regierung, Zentralbank) zur Durchsetzung bestimmter politischer Vorstellungen und zur Erreichung bestimmter politischer Ziele bezeichnet. Beispielsweise versuchen staatliche Institutionen über Einflußnahme auf den Finanzsektor, die Volkswirtschaft zu stabilisieren oder eine exzessive Inflation zu vermeiden. Ansatzpunkte staatlicher Eingriffe können Zinssätze, die Verfügbarkeit von Kredit oder auch die Geldmenge sein. Neben den Eingriffen der Zentralbank zur Verfolgung bestimmter geldpolitischer Vorstellungen sind auch explizite Eingriffe der Regierung in den Finanzsektor zu nennen. Regierungen können im Rahmen einer Industriepolitik beispielsweise Einfluß auf die Kreditallokation nehmen.[294]

3. EIGENSCHAFTEN

3.1. Eigenschaften als Dimension im Schalenmodell

Als weitere Dimension des Finanzsystems werden neben der Dimension der Institutionen und der Dimension der Funktionen die *Eigenschaften* des Finanzsystems im Schalenmodell des Finanzsystems erfaßt. Im Schalenmodell wird die Dimension der Eigenschaften in zwei unterschiedliche Eigenschaftstypen unterschieden. Es handelt sich um *Eigenschaften des Finanzsektors* auf der einen Seite und *Systemcharakteristika* im Sinne von Systemeigenschaften auf der anderen Seite. In Abbildung C.7. wird die Dimension der Eigenschaften (unterschieden in Finanzsektoreigenschaften und

---

293 Vgl.MERTON(1993), S.24.

294 Vgl.ROSE(1992), S.12-14. Verwiesen wird in diesem Zusammenhang auf die Ausführungen in Kapitel C.II.1.3.2. zur besonderen Rolle des Staates im Finanzsystem.

Systemcharakteristika) im Schalenmodell des Finanzsystems dargestellt. Ihr Bezug auf das gesamte Finanzsystem wird dadurch unterstrichen, daß keine Finanzsystembestandteile durch Schraffierung verdeckt sind.
Bestimmte in der Literatur diskutierte Eigenschaften des „Finanzsystems“ lassen sich dem *Finanzsektor* in einer deutlichen Art und Weise zuordnen. Es handelt sich um die folgenden Finanzsektoreigenschaften, die in Kapitel C.II.3.2. einer näheren Betrachtung unterzogen werden: *Stabilität* (des Finanzsektors), *Effizienz* (der Funktionsausübung des Finanzsektors), *Wettbewerb* im Finanzsektor, *Offenheit* des Finanzsektors.

Abbildung C.7.:
Die Dimension der Eigenschaften im Schalenmodell des Finanzsystems

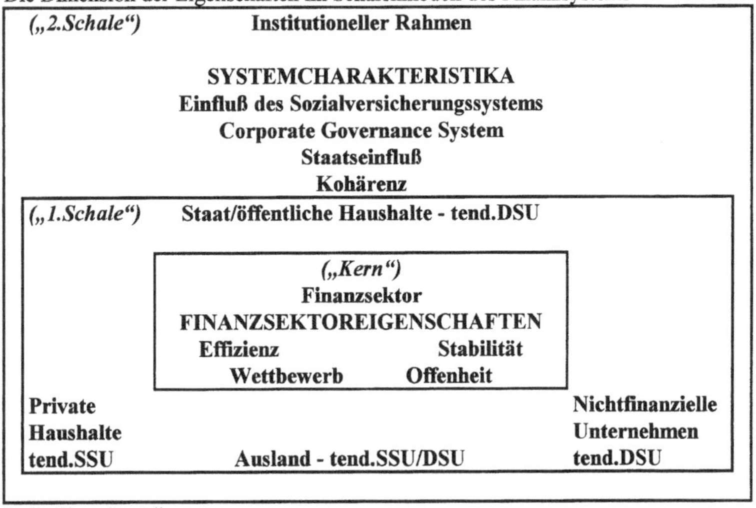

Quelle: Eigene Darstellung.

Die Ausprägungen der Finanzsektoreigenschaften werden erheblich durch die im institutionellen Rahmen determinierte *Regulierungsstruktur* beeinflußt. Dies wird durch die folgenden Ausführungen kurz verdeutlicht: Beispielsweise wird ein stark regulierter Finanzsektor durch ein niedriges Maß an *Wettbewerb* im Finanzsektor und administrativ festgelegte Preise für Finanzdienstleistungen (z.B. fest vorgegebene Kreditzinsen und Einlagenzinsen) sowie durch ein beschränktes Maß an *Offenheit* des Finanzsektors charakterisiert. Im Falle eines „liberalisierten“ Finanzsektors ist das Maß an *Wettbewerb* im Finanzsektor tendenziell hoch, Preise für Finanzdienstleistungen reflektieren Marktbedingungen und der Finanzsektor wird durch ein großes Maß an *Offenheit* gekennzeichnet.[295] Hervorzuheben ist die Interdependenz der Eigenschaften des Finanzsektors. Die Ausprägungen der verschiedenen Finanzsektoreigenschaften können nicht unabhängig voneinander betrachtet werden. Beispielsweise kann der

295 Vgl.GERMIDES/KESSLER/MEGHIR(1991), S.24-27.

Staat über *Regulierungen* versuchen, die *Stabilität* des Finanzsektors zu beeinflussen. Diese Maßnahmen können sich in Wettbewerbsbeschränkungen zwischen Finanzinstitutionen äußern. Das realisierte Maß an *Wettbewerb* beeinflußt seinerseits die *Effizienz* der Funktionsausübung des Finanzsektors. Ein hohes Maß an Wettbewerb würde beispielsweise eine hohe Ressourceneffizienz bewirken. Damit verbunden ist jedoch auch ein Anstieg des Systemrisikos im Finanzsektor.[296] Diese Überlegungen verdeutlichen, daß Regulierungseingriffe, die eine bestimmte Finanzsektoreigenschaft (z.B. die *Stabilität*) verändern sollen, gleichzeitig Neben- und Fernwirkungen auf andere Finanzsektoreigenschaften (z.B. *Effizienz* und *Wettbewerb*) besitzen. Diese Interdependenz von Finanzsektoreigenschaften ist mit in das Kalkül einer Finanzsystembeschreibung einzubeziehen.
Andere Eigenschaften des Finanzsystems lassen sich nicht einzelnen Finanzsystembestandteilen zuordnen. Es handelt sich in diesem Fall um *Systemcharakteristika*, die sich aus den Interaktionen, d.h. den Wirkungsbeziehungen, zwischen verschiedenen Finanzsystembestandteilen oder zwischen verschiedenen Ebenen der Dimension der Institutionen (Kern, innere Schale und äußere Schale) ergeben. Folgende Systemcharakteristika werden in C.II.3.3. näher betrachtet: *Einfluß des Sozialversicherungssystems*, *Corporate Governance*, *Einfluß des Staates* und *Kohärenz* des Finanzsystems

3.2.Finanzsektoreigenschaften
3.2.1.Stabilität
3.2.1.1.Stabilität des Finanzsektors

In der Literatur findet die Eigenschaft der *Stabilität des Finanzsystems*, womit faktisch die *Stabilität des Finanzsektors* gemeint wird, große Beachtung. Begründet werden kann dies mit der Überlegung, daß der Finanzsektor wichtige Funktionen (Kapitel C.II.2.) für den Realsektor ausübt und daß für die effiziente Ausübung dieser Funktionen die Stabilität des Finanzsektors eine wichtige Voraussetzung darstellt. CORRIGAN bezeichnet beispielsweise die Stabilität des Finanzsektors (und insbesondere des Bankensystems) als eine absolute Voraussetzung für Wachstum und Stabilität der gesamten Volkswirtschaft.[297] Finanzmärkte und insbesondere Finanzintermediäre erweisen sich jedoch als anfällig für Instabilitäten (und Betrügereien), die mit erheblichen Systemrisiken verbunden sind. Finanzmärkte unterscheiden sich fundamental von Gütermärkten. Dies hat zur Folge, daß Marktversagen auf Finanzmärkten schwerwiegendere Folgen als auf Gütermärkten besitzen. Bank Runs und andere Finanzdebakel, wie die Krise der amerikanischen Savings and Loans, sind mit hohen volkswirtschaftlichen Kosten verbunden. Bank Runs implizieren erhebliche Störungen im Finanzsektor und führen zu (realen) Produktionsrückgängen im Realsektor.[298]

296 Vgl.LLEWELLYN(1991), S.212-213.

297 Vgl.CORRIGAN(1990), S.1.

298 Vgl.hierzu beispielsweise DIAMOND/DYBVIG(1983), S.401-402; KAUFMAN(1988), S.559-566; SHAPIRO(1985), S.290-291; STIGLITZ(1994), S.20-21; WELTBANK(1989), S.32.

3.2.1.2.Entstehung von Bank Runs

DIAMOND/DYBVIG thematisieren die Entstehung von Bank Runs.[299] Sie zeigen, daß in der Struktur der Bankbilanz deren Anfälligkeit für Bank Runs begründet liegt. Bedingt durch die von den Banken durchgeführte Fristentransformation sind die Aktivseiten der Bankbilanzen durch langfristige Kredite für illiquide Investitionsobjekte geprägt, während die Passivseite durch kurzfristige und somit liquide Ansprüche der Einleger charakterisiert ist. Gerade die Illiquidität langfristiger Vermögensgegenstände, die unter anderem eine der Existenzmöglichkeiten von Banken darstellt, führt zur Verletzlichkeit von Banken gegenüber Bank Runs. Kommt es beispielsweise zu unerwarteten Kreditausfällen der Bank, die das Eigenkapital der Bank aufzehren, und geht deswegen (oder aus anderen Gründen) das (zerbrechliche) Vertrauen in die Bank verloren, dann werden die Bankkunden beginnen, ihre Einlagen in großem Maß abzuziehen. Dadurch wird die Bank dazu gezwungen, ihre langfristigen Anlagen mit erheblichen Preisabschlägen (Liquiditätsprämien) zu liquidieren, wodurch sie nicht in der Lage sein wird, alle Ansprüche der Einleger zu erfüllen. Da die Bankkunden der Reihe nach bedient werden (sequential service constraint), erscheint es für jeden Bankkunden als vorteilhaft, möglichst schnell seine Einlagen zu liquidieren, so daß der Druck auf die Bank, ihre (eigenen) längerfristigen Ansprüche vorzeitig (und zu ungünstigsten) Bedingungen zu liquidieren, noch erhöht wird.[300]
Stärker als beim Konkurs eines Produktionsunternehmen können von Konkursen der Banken oder anderer Finanzintermediäre sogenannte „Dominoeffekte" auf weitere (wirtschaftlich gesunde) Finanzintermediäre ausgehen und die Stabilität des gesamten Finanzsektors gefährden. Von den sogenannten Ansteckungseffekten sind all diejenigen Finanzintermediäre betroffen, von denen bekannt ist oder auch lediglich vermutet wird, daß sie der notleidenden Bank Kredite, (die in diesem Fall gegebenenfalls abzuschreiben wären), gewährt haben. Instabilität einzelner Finanzintermediäre kann somit zu Instabilität im gesamten Finanzsektor führen.[301] DIAMOND/DYBVIG argumentieren, daß aufgrund der zuvor erläuterten Struktur der Bankbilanzen auch ein wirtschaftlich intakter Finanzintermediär in erhebliche Bedrängnis kommen kann, wenn dieser (unberechtigterweise) einem Run ausgesetzt wird. Dies wird als ein durch „Sonnenflecken" (d.h. ohne realen Hintergrund) ausgelöster Bank Run bezeichnet.[302]

---

299 Vgl.DIAMOND/DYBVIG(1983), S.401-404. Interessanterweise werden auch in der monetaristischen Theorierichtung „finanzielle Krisen" mit Bankkrisen (Bank Panics) in Verbindung gebracht. In dieser Betrachtungsweise wird hervorgehoben, daß Bankkrisen die wichtigste Ursache für die Kontraktion des Geldangebots darstellen, welche wiederum verantwortlich für Störungen der gesamtwirtschaftlichen Aktivität in der Form von Wirtschaftskrisen und Rezessionen gemacht werden. In der monetaristischen Betrachtungsweise gelten „finanzielle Krisen" nur dann als (reale) Krisen, wenn diese mit Bankenkrisen und der dadurch implizierten Kontraktion des Geldangebots verbunden werden können. Andere „finanzielle Krisen", welche diese Charakteristika nicht aufweisen, werden als „pseudofinanzielle Krisen" betrachtet. Vgl.hierzu MISHKIN(1992b), S.116.

300 Vgl.DIAMOND/DYBVIG(1983), S.401-410 und ergänzend KAUFMAN(1992), S.181-182.

301 Vgl.BRYANT(1987), S.108-110; KAUFMAN(1992), S.183-185; WELTBANK(1989), S.40

302 Vgl.DIAMOND/DYBVIG(1983), S.408-410.

3.2.1.3. Verstärkungsfaktoren für finanzielle Krisen

MISHKIN thematisiert „finanzielle Krisen“ auf der Grundlage asymmetrischer Informationen und definiert diese als eine Störung der Finanzmärkte, in der Adverse Selection Probleme (asymmetrische Information generiert ein Problem vor Eingehen einer Vertragsbeziehung) und Moral Hazard Probleme (asymmetrische Information generiert ein Problem nach Eingehen einer Vertragsbeziehung) verstärkt werden, so daß Finanzmärkte nicht mehr effizient finanzielle Ressourcen in die produktivsten Verwendungen weiterleiten können. Folglich führen finanzielle Krisen zu einem Übergang von einer Situation (Gleichgewicht) mit hohem Sozialprodukt und gut funktionierenden Finanzmärkten in eine Situation mit stark absinkendem Sozialprodukt. MISHKIN identifiziert fünf verschiedene Faktoren, welche zur Verstärkung von Moral Hazard und Adverse Selection Problemen führen können, welche wiederum zur Auslösung von finanziellen Krisen führen. Diese Faktoren ermöglichen nach MISHKIN ein Verständnis der Anatomie finanzieller Krisen.[303]

Es handelt sich erstens um *(signifikante) Zinssteigerungen.* Aus den Überlegungen zur informationsbedingten Kreditrationierung kann gefolgert werden, daß ein Anstieg des (risikolosen) Zinssatzes zu einer Erhöhung der Nachfrage „schlechter“ Kreditnehmer (mit hoch riskanten Investitionsobjekten und geringer Rückzahlungswahrscheinlichkeit) führt. Kreditgeber werden diese Veränderung in der Qualität der Kreditnehmer antizipieren und (signifikant) weniger Kredit bereitstellen, so daß das gesamte Investitionsvolumen (und somit die gesamte wirtschaftliche Aktivität) stark absinkt. Als zweiter Faktor werden *Bankenkrisen* (Bank Panics) thematisiert. Free Rider Probleme reduzieren die Anreize zur Produktion von Informationen und die Anreize zur Überwachung und Kontrolle von Kreditnehmern. Banken werden als idealer Mechanismus zur Bewältigung dieser Free Rider Probleme betrachtet und fungieren als „Delegated Monitors“. Sind Banken aufgrund der asymmetrischen Information über ihre Qualität Opfer eines Bank Runs (Kapitel C.II.3.2.1.2.), dann reduzieren sich unter anderem die zur Kreditvergabe zur Verfügung stehenden Ressourcen, und die Kosten der Intermediation vergrößern sich, so daß insgesamt das Investitionsvolumen reduziert wird mit der Folge, daß die gesamtwirtschaftliche Aktivität absinkt. Als weitere Folge kann der

---

303 Vgl.MISHKIN(1992b), S.115-118. Dieser weist auf S.123 darauf hin, daß dieser Erklärungsansatz für „finanzielle Krisen“ als komplementär zu den monetaristischen Ansätzen zu sehen ist, in denen lediglich die Bedeutung von Bankenkrisen mit den entsprechenden Konsequenzen für die Kontraktion des Geldangebots (als finanzielle Krisen) thematisiert werden. Nach Auffassung von MISHKIN vergrößert die aus dem Absinken des Geldangebots resultierende Schuldendeflation sowohl Adverse Selection als auch Moral Hazard Probleme, wodurch das Kreditvolumen und somit auch das Investitionsvolumen sowie die aggregierte gesamtwirtschaftliche Aktivität verringert werden. Anzumerken ist hier jedoch, daß MISHKIN eine wesentlich weit gefaßtere Vorstellung des Begriffs finanzieller Krisen verwendet und als Transmissionsmechanismus das zur Verfügung gestellte Kreditvolumen thematisiert. Der Transmissionsmechanismus der Monetaristen ist jedoch rein monetär.
DELLI GATTI/GALLEGATI(1995), S.2 und S.17-20 weisen darauf hin, daß im Ansatz der „New Keynesians“ informationsbedingte Finanzmarktunvollkommenheiten (z.B. in der Form von Eigenkapital- und Kreditrationierung) die Rolle eines Verstärkungsmechanismus bzw. eines Ausbreitungsmechanismus (von Friktionen) in den Realsektor hinein darstellen. Vgl.hierzu die Ausführungen in Kapitel B.III.2.2.2. und den Ansatz von MINSKY in Kapitel B.III.2.2.3.

(risikolose) Zinssatz (im Sinne des Zinsniveaus) steigen, was zu den zuvor skizzierten Effekten führt. Ein dritter Faktor stellt ein (plötzlicher) *Anstieg der Unsicherheit*, beispielsweise durch Zusammenbruch einer Finanzinstitution oder einer großen Unternehmung, dar, die zur Vergrößerung der asymmetrischen Information und der Adverse Selection Probleme führt. Als Folge sinken bereitgestelltes Kreditvolumen und damit auch das Investitionsvolumen sowie die gesamtwirtschaftliche Aktivität. Als vierter Faktor werden *Kurseinbrüche des (gesamten) Aktienmarktes* genannt. Diese reduzieren den Nettowert der betroffenen Unternehmen, der eine ähnliche Funktion wie Kreditsicherheiten (zur Reduktion von Adverse Selection und Moral Hazard) besitzt. Die Reduktion dieses Wertes senkt die Bereitschaft der Kreditgeber, weitere Kredite bereitzustellen (mit der Folge eines Absinkens des Investitionsvolumens und der gesamten wirtschaftlichen Aktivität), und vergrößert die Anreize der Kreditnehmer zum Moral Hazard, da für diese nun insgesamt weniger zu verlieren ist als vor dem Kurseinbruch. Als fünfter Faktor wird ein *nicht antizipiertes Absinken des Preisniveaus* genannt, durch das der Nettowert von Unternehmen verringert wird. Dagegen erhöht sich der Nettowert der Unternehmensverbindlichkeiten. Die gleichen Effekte, wie beim zuvor skizzierten Faktor treten als Folge auf.[304]

3.2.2. Effizienz

3.2.2.1. Effizienz der Funktionsausübung

Die *Effizienz des Finanzsystems* wird als Eigenschaft des Finanzsektors aufgefaßt und als Effizienz der Funktionsausübung des Finanzsektors betrachtet. Die Effizienz des Finanzsektors ist als theoretisches Konzept schwer zu definieren und zu messen, da sie ein mehrdimensionales Konstrukt darstellt.[305] KAUFMAN nähert sich an die Effizienz des Finanzsystems folgendermaßen an: Ein Finanzsystem funktioniert um so besser und reibungsloser, je besser die „richtigen" Finanzdienstleistungen erbracht und die „richtigen" Finanztitel geschaffen werden und von den „richtigen" finanziellen Überschußeinheiten zu den „richtigen" finanziellen Defiziteinheiten zu den „richtigen" Preisen alloziiert werden und je größer die Gesamtanzahl der Mittel ist, die zur Finanzierung von Investitionen zwischen finanziellen Überschuß- und Defiziteinheiten bewegt werden.[306] Diese Annäherung an die Effizienz des Finanzsystems - im Sinne der Effizienz des Finanzsektors - ist zu präzisieren. „Richtig" meint in diesem Zusammenhang vor allem, daß verschiedene Effizienzdimensionen im Hinblick auf die Erfüllung des Effizienzkriteriums zu berücksichtigen sind. Nachfolgend werden in Kapitel C.II.3.2.2.2. die unterschiedlichen Effizienzdimensionen skizziert.

---

304 Vgl.MISHKIN(1992b), S.119-121.

305 Vgl.LLEWELLYN(1991), S.246.

306 Vgl.KAUFMAN(1992), S.11.

3.2.2.2. Überblick über die Effizienzdimensionen

Als Effizienzdimensionen werden *Allokationseffizienz*, *technische Effizienz*, *fundamentale Bewertungseffizienz*, *strukturelle Effizienz*, *Informations - Arbitrage - Effizienz* und die *vollständige Absicherungseffizienz* im Rahmen der folgenden Ausführungen charakterisiert.

Allokationseffizienz bedeutet, daß die Ressourcen so unter den Marktteilnehmern verteilt sind, daß sie in die produktivsten Verwendungen fließen. Allokationseffizienz ist erreicht, wenn der Wert des Outputs eines Sektors nicht erhöht werden kann, ohne daß der Wert des Outputs eines anderen Sektors gesenkt wird. Anders ausgedrückt bezeichnet Allokationseffizienz die Fähigkeit des Finanzsektors, Risiken richtig zu identifizieren, zu bewerten, zu diversifizieren und zu transferieren sowie Finanzmittel in die Verwendungen zu leiten, in denen die risikoangepaßte Verzinsung am größten ist.

Technische Effizienz impliziert dagegen, daß der pro Inputeinheit produzierte Wert der Outputeinheit nicht weiter erhöht werden kann. Anders ausgedrückt verlangt die Erfüllung des Kriteriums der technischen Effizienz, daß die vom Finanzsektor in Anspruch genommenen Ressourcen für die Produktion von Finanzdienstleistungen in einer effizienten Art und Weise - im Sinne einer wirtschaftlichen Verwendung - eingesetzt werden.[307] Effizienz des Finanzsektors erfordert auch die „richtige" Bewertung von finanziellen Vermögensgegenständen. Diese Effizienzdimension wird als *fundamentale Bewertungseffizienz* bezeichnet. Sie erfordert die Bewertung des durch den finanziellen Vermögensgegenstand generierten (zukünftigen) Einkommensstroms.[308]

Strukturelle (dynamische) Effizienz stellt eine weitere Effizienzdimension dar. Dies bezeichnet einerseits die Breite des Angebots an Finanzdienstleistungen des Finanzsektors. Der Finanzsektor sollte (zur Erfüllung dieses Kriteriums) in einer durch Wettbewerb geprägten Art und Weise eine breite Palette an Finanzinstrumenten bezüglich Laufzeiten, Erträgen, Risiko, Marktfähigkeit anbieten, so daß die Portfeuillepräferenzen der Nachfrage abgedeckt werden. Änderungen in den Portefeuillestrukturen sollten ohne (änderungsbedingte) Preisabschläge möglich sein. Jedem Nachfrager sollte der Zugang zu den Finanzdienstleistungen offenstehen. Andrerseits bezeichnet diese Effizienzdimension die Fähigkeit des Finanzsektors, dieses Angebot an Finanzinstrumenten und Finanzdienstleistungen an die sich ändernden Präferenzen der Nachfrage und an sich ändernde Rahmenbedingungen anzupassen. Anders ausgedrückt wird damit die Flexibilität des Finanzsystems bezeichnet, auf sich ändernde Marktbedingungen oder sich ändernde Kundenbedürfnisse zu reagieren und sich an diese anzupassen. Gerade angesichts makroökonomischer Volatilität und starker technologischer Veränderungen und den daraus resultierenden Finanzinnovationen scheint der strukturellen (dynamischen) Effizienz ebenfalls eine hohe Bedeutung zuzukommen. Mangelnde Flexibilität, auf Änderungen zu reagieren, wird sich dementsprechend negativ auf die gesamtwirtschaftliche Performance auswirken.[309]

---

307 Vgl.KAUFMAN(1992), S.11-12; LLEWELLYN(1991), S.246.

308 Vgl.TOBIN(1984), S.2.

309 Vgl.HERRING/SANTOMERO(1991), S.58-60; LLEWELLYN(1991), S.246-247.

Informations - Arbitrage - Effizienz stellt eine weitere Effizienzdimension dar. Alle vergangenen Informationen (schwache Informationseffizienz) und alle öffentlich zugänglichen Informationen (mittelstrenge Informationseffizienz) sind in den Wertpapierpreisen reflektiert. Durch Handel mit Wertpapieren auf Grundlage dieser Informationen können keine Überschußrenditen erzielt werden. *Vollständige Absicherungseffizienz* stellt eine weitere Effizienzdimension dar. Der Finanzsektor sollte zur Erfüllung dieses Kriteriums den Marktteilnehmern Absicherungsmöglichkeiten („Arrow-Debreu-Kontrakte") für die Lieferung von Gütern und Finanzdienstleistungen für alle (!) zukünftigen Umweltzustände bieten. Effizienz in diesem Sinne wird als „vollständige Absicherungseffizienz" („full - insurance - efficiency") bezeichnet.[310]

3.2.3. Wettbewerb (und Art der Preisbildung)

Wettbewerb stellt eine weitere bedeutende Finanzsektoreigenschaft dar, die einen Finanzsektor in einer typischen Art und Weise charakterisiert. So können Finanzsektoren, die durch ein hohes Maß an Wettbewerb gekennzeichnet sind, gut von Finanzsektoren, die durch ein niedriges Maß an Wettbewerb gekennzeichnet sind, unterschieden werden. Der Finanzsektor wird durch die allgemeine Bedeutung von Wettbewerb in der spezifischen Finanzsektorstruktur gekennzeichnet. Determiniert wird das beobachtete Maß an Wettbewerb im Finanzsektor durch das regulierungsbedingt mögliche Maß an Wettbewerb. Das für eine Finanzsektorstruktur typische Maß an Wettbewerb manifestiert sich in der *Art der Preisbildung* im Finanzsektor, weswegen diese beiden Aspekte gemeinsam zu betrachten sind. Das Ausmaß, durch das die Höhe der Zinssätze, die Erstellung und die Konditionen von Finanzdienstleistungen sowie die Ressourcenallokation durch Marktmechanismen und Wettbewerbsdruck determiniert werden, reflektiert das im Finanzsektor realisierte Maß an Wettbewerb.[311]

Das realisierte Maß an Wettbewerb innerhalb des Finanzsektors beeinflußt direkt die Effizienz des Finanzsektors. Ein hohes Maß an Wettbewerb innerhalb des Finanzsektors wird als Voraussetzung für die Erreichung hoher *Ressourceneffizienz* betrachtet, da Wettbewerb als disziplinierender Faktor im Hinblick auf die Ressourcenverwendung fungiert. Wettbewerb bewirkt zudem eine Vergrößerung der *strukturellen Effizienz*. Diese wird durch Wettbewerb vergrößert, wenn Finanzdienstleistungen (in einem wettbewerblichen Umfeld) von mehreren (diversifizierten) Finanzinstitutionen (und nicht nur von wenigen spezialisierten Finanzinstitutionen) angeboten werden. Durch derartigen Wettbewerb sind Finanzinstitutionen gezwungen, innovative Finanzdienstleistungen anzubieten und Kundenpräferenzen in ihrem Angebot an Finanzdienstleistungen zu berücksichtigen. Insgesamt wird die Produktpalette an Finanzdienstleistungen verbreitert und die strukturelle Effizienz tendenziell erhöht. Wettbewerb verstärkt zudem die *Allokationseffizienz*, indem dadurch verstärkt Anreize bestehen, finanzielle Ressourcen in effiziente Verwendungen (Investitionsprojekte) zu leiten. Wettbewerb

---

310 Vgl.FRANKE/HAX(1990), S.316-318; TOBIN(1984), S.2-3.

311 Vgl.LLEWELLYN(1991), S.212.

wird dann effizienzmindernd, wenn dadurch Überreaktionen im Finanzsektor, beispielsweise durch Generierung eines Überangebots beziehungsweise Überkapazitäten an bestimmten Finanzdienstleistungen, provoziert werden. Damit verbunden sind tendenzielle Einkommensumverteilungen von den Anbietern der Finanzdienstleistungen zu den Nachfragern nach Finanzdienstleistungen. Eine solche Entwicklung generiert *finanzielle Instabilität* im Finanzsektor.[312]

3.2.4. Offenheit

Als weitere Eigenschaft des Finanzsektors ist dessen *Offenheit* zu betrachten, die sich in verschiedenen Facetten manifestiert. Sie spiegelt sich beispielsweise in den Möglichkeiten „ausländischer" Finanzinstitutionen, im „heimischen" Finanzsektor Finanzdienstleistungen anzubieten, wider. Die Präsenz „ausländischer" Investmentbanken an „heimischen" Finanzplätzen kann als Beispiel für eine gewisse Öffnung des „heimischen" Finanzsektors gedeutet werden. Entscheidend für das Maß an Offenheit eines Finanzsektors ist die Menge regulativer Hemmnisse, die „ausländischen" Finanzinstitutionen in den Weg gelegt werden, bis diese im „heimischen" Finanzmarkt tätig werden können. Offenheit eines Finanzsektors zeigt sich zudem an der Menge internationaler Finanzprodukte, die im „heimischen" Finanzsektor angeboten werden. Dazu gehört beispielsweise die Menge „ausländischer" Aktien und Wertpapiere, die an „heimischen" Börsen gehandelt werden. Diese Merkmale kennzeichnen die Zugangsmöglichkeiten heimischer Sektoren über den Finanzsektor zum internationalen Finanzsystem.[313] Besonders deutlich manifestiert sich die „Offenheit" des Finanzsektors an Restriktionen wie Kapitalexportbeschränkungen, Devisenbeschränkungen und an der Konvertibilität der „heimischen" Währung.

3.3. Systemcharakteristika

3.3.1. Einfluß des Sozialversicherungssystems

Die durch den institutionellen Rahmen determinierte Struktur des Sozialversicherungssystems, insbesondere des Alterssicherungssystems, repräsentiert eine wesentliche Stellgröße der Finanzsystemstruktur und beeinflußt maßgeblich die Struktur des Finanzsystems.[314] Die Ausgestaltung der Struktur des Sozialversicherungssystems spiegelt sich in der Struktur des Finanzsektors (als Kern des Finanzsystems) und in den finanziellen Strukturen der nichtfinanziellen Sektoren (als der inneren Schale des Finanzsystems) wider. Der *Einfluß der Struktur des Sozialversicherungssystems* auf das Finanzsystem wird als wichtiges Systemcharakteristikum betrachtet.

---

312 Vgl. LLEWELLYN(1991), S.246-254. Vgl. zur *Stabilität des Finanzsektors* auch die Ausführungen in Kapitel C.II.3.2.1. und die dort angegebene Literatur.

313 Vgl. LLEWELLYN(1991), S.212.

314 Vgl. DAVIS(1995), S.1-4.

Verdeutlicht wird dieser Zusammenhang anhand der Ausgestaltung des gesetzlichen Alterssicherungssystems (Rentenversicherung). Den Ansatzpunkt der folgenden Ausführungen bildet eine kurze Betrachtung der Gesamtvermögensposition der privaten Haushalte in Deutschland. In der Gesamtvermögensbilanz der privaten Haushalte reflektieren sich die Ansprüche an die gesetzliche Alterssicherung (in Form von Rentenansprüchen). Unterstellt wird bei den folgenden Ausführungen, daß private Vermögen in einem sehr großen Umfang der Altersvorsorge dienen. Im Gegensatz zu den Ausführungen der BUNDESBANK, in denen die durch Beitragszahlungen erworbenen Rentenansprüche gegenüber den staatlichen Sozialversicherungen - ungleich den betrieblichen Pensionsanwartschaften und den Ansprüchen aus Lebensversicherungen - nicht als Komponente des privaten Geldvermögens gelten, werden die Ansprüche an die gesetzliche Alterssicherung als Vermögensgegenstand aufgefaßt.[315] Eine Betrachtung der Gesamtvermögensposition der privaten Haushalte zeigt eindrucksvoll, daß das Geldvermögen lediglich ein Fünftel des Gesamtvermögens ausmacht, während die Ansprüche an die gesetzliche Alterssicherung, (die darüber hinaus nur einen Teil des Sozialversicherungssystems darstellt), knapp die Hälfte des Gesamtvermögens der privaten Haushalte repräsentieren.[316] Die Ansprüche an die gesetzliche Rentenversicherung dominieren die Gesamtvermögensposition der privaten Haushalte in Deutschland.

Die *Struktur des Sozialversicherungssystems* (insbesondere des staatlichen Alterssicherungssystems) beziehungsweise dessen Leistungsumfang reflektiert sich in der *Struktur der Gesamtvermögensposition der privaten Haushalte* und beeinflußt maßgeblich deren Anreize zur Geldvermögensbildung. Ein staatliches Alterssicherungssystem mit hohem Leistungsniveau reduziert in erheblichem Umfang die Notwendigkeit der Eigenvorsorge der privaten Haushalte. Die Anreize der privaten Haushalte zur Bildung umfangreicher eigener finanzieller Vermögenspositionen (Geldvermögen) im Rahmen der Altersvorsorge sind entsprechenderweise wesentlich geringer als in einem Umfeld mit niedriger staatlicher Alterssicherung. Bleibt der Leistungsumfang der staatlichen Alterssicherung gering, dann bestehen große Anreize seitens der privaten Haushalte, finanzielle Vermögenspositionen (Geldvermögen) aufzubauen.
Veränderte *Ausprägungen des Sozialversicherungssystems* spiegeln sich nicht nur in der Struktur der Vermögenshaltung der privaten Haushalte selbst, sondern vor allem in der *Struktur des Finanzsektors* wider. Denn die Nachfrage nach geeigneten finanziellen Instrumenten zur Ersparnisbildung im Rahmen der Alterssicherung impliziert eine Reaktion zur Schaffung des entsprechenden Angebots durch den Finanzsektor. Dies wird anhand der nachfolgenden Überlegungen verdeutlicht. Beispielsweise würde sich eine Rücknahme des Leistungsumfangs des deutschen Sozialversicherungssystems (oder eine zumindest teilweise Umstellung der gesetzlichen Rentenversicherung auf ein Kapitaldeckungsverfahren) unter anderem in verstärkten Bemühungen zur Geldkapitalakkumulation der privaten Haushalte widerspiegeln und darüber hinaus eventuell

---

[315] Vgl.zur Position der Bundesbank BUNDESBANK(6/1996), S.22 und für die hier vertretene Position UTZIG(1996), S.458.

[316] Vgl.Kapitel D.III.2.2.(Gesamtvermögensposition der privaten Haushalte in Deutschland).

in Tendenzen zur Herausbildung spezieller institutioneller Investoren zur Alterssicherung (wie beispielsweise Pensionsfonds) resultieren. Wäre das deutsche Alterssicherungssystem nur zu einem Teil „kapitalunterlegt", dann würden im Finanzsektor sowohl Aktien- als auch Wertpapiermärkte sowie das Geschäftsvolumen der Universalbanken erheblich größer. Eine vergleichende Betrachtung zwischen Deutschland und den angloamerikanischen Volkswirtschaften hinsichtlich der Unterschiede in den Alterssicherungssystemen, der Bedeutung des Geldvermögens und der Finanzsektorstruktur bestätigt die zuvor angestellten Überlegungen. In einer Betrachtung der Gesamtvermögenspositionen (definiert als Summe aus Geldvermögen, Sachvermögen und Gebrauchsvermögen) der privaten Haushalte zeigt sich, daß das Geldvermögen in Deutschland eine geringere Bedeutung als in Großbritannien und den USA besitzt. In den USA und Großbritannien ist das Gewicht des Geldvermögens deutlich größer als in Deutschland. In diesen beiden Ländern ist das Geldvermögen jedoch vor allem deswegen größer, weil dort bis zur Hälfte der finanziellen Aktiva der privaten Haushalte auf Geldanlagen in Beteiligungswerten und Pensionskassen entfällt, die in einem erheblichen Umfang der Altersversorgung dienen, deren gesetzlicher Rahmen in diesen beiden Ländern (bezüglich des Leistungsumfanges) wesentlich enger als in Deutschland gesteckt ist.[317]
Die Ausführungen dieses Kapitels haben deutlich gezeigt, daß die im gesetzlichen Rahmen vorgegebene Struktur des staatlichen Sozialversicherungssystems sowohl die Struktur der Vermögenshaltung der privaten Haushalte, insbesondere des Gewichtes des Geldvermögens am Gesamtvermögen, und darüber hinaus die Breite und Tiefe der Leistungsspektrums des Finanzsektors beeinflußt. An das Ende dieser Ausführungen sei die provokante These gestellt, daß eine Veränderung des deutschen Sozialversicherungssystems nach US-amerikanischem „Vorbild" in der langen Sicht ähnliche Strukturen in den Vermögenspositionen der privaten Haushalte in Deutschland (wie in den Vereinigten Staaten) produzieren würde.[318] Dem Geldvermögen würde insgesamt eine größere Bedeutung in der Gesamtvermögensposition zukommen. Dementsprechend dürften dann Eigenkapitaltitel und Pensionsfonds im Geldvermögen der privaten Haushalte eine entsprechend wichtige Rolle spielen. Darüber hinaus dürfte sich das Leistungsangebot des Finanzsektors verbreitern und die Aktienmärkte eine erhebliche Vertiefung erfahren.

3.3.2. Gorporate Governance System

Das *Corporate Governance System* wird als weiteres wichtiges Systemcharakteristikum eines Finanzsystems begriffen. *Corporate Governance* bezeichnet die Gesamtheit der institutionellen und organisatorischen Vorkehrungen mit dazu gehörenden Entscheidungs- und Kontrollrechten, die zur Lösung von Interessenskonflikten zwischen den am Unternehmen beteiligten Gruppen im Sinne der Stakeholder herangezogen

---

317 Vgl.BUNDESBANK(10/1993a), S.32.

318 Vgl.hierzu ähnlich DAVIS(1993), S.119-121.

werden.[319] Das Corporate Governance System bezeichnet im Schalenmodell des Finanzsystems die Interaktion zwischen den Sektoren nichtfinanzielle Unternehmen, private Haushalte und Finanzsektor. Nicht zu vernachlässigen sind dabei auch typische Merkmale von Governance Systemen, die sich in der Struktur der einzelnen Sektoren bemerkbar machen, wie beispielsweise erhebliche Eigentumsverflechtungen (Überkreuzverflechtungen, Ringverflechtungen) im Unternehmenssektor als Merkmal des Insidersystems. Die Ausgestaltung des Corporate Governance Systems eignet sich für die Differenzierung verschiedener Finanzsystemstrukturen. Unterschieden werden zwei unterschiedliche Corporate Governance Systeme. Es werden *Insidersysteme* der Corporate Governance auf der einen Seite und *Outsidersysteme* der Corporate Governance auf der anderen Seite differenziert. In der Schalenstruktur des Finanzsystems stellen sich die beiden Systeme als unterschiedliche Interaktionsmuster zwischen dem Finanzsektor als Kern des Finanzsystems und unterschiedlichen Sektoren der inneren Schale dar. Jedes der beiden Systeme erscheint als in sich kohärent. Aus diesem Grunde werden beide Systemstrukturen als alternative Lösungsmechanismen begriffen. Für eine ausführliche Charakterisierung und Abgrenzung von Insidersystemen versus Outsidersystemen der Corporate Governance wird auf Kapitel B.III.2.1.3. verwiesen.
Von der Ausprägung der Struktur des Corporate Governance Systems als Systemcharakteristikum werden zwei weitere Eigenschaften eines Finanzsystems beeinflußt. In der Literatur wird dem Corporate Governance System ein Einfluß auf die in einer Volkswirtschaft vorzufindende *Innovationsneigung* (hohe Selektionseffizienz und geringes Lernpotential im Outsidersystem und geringe Selektionseffizienz und hohes Lernpotential im Insidersystem) einerseits und den *Investitionshorizont* (*short termism* im Outsidersystem und *long termism* im Insidersystem) andrerseits unterstellt.[320]

3.3.3.Einfluß des Staates

Der Staat unterscheidet sich als Bestandteil der inneren Schale in erheblichem Maß von den beiden anderen Sektoren, dem Sektor private Haushalte und dem Sektor der nichtfinanziellen Unternehmen, dieser Ebene des Schalenmodells. Durch die Möglichkeit, Regulierungen zu erlassen, ist der Staat in der Lage, die institutionellen Rahmenbedingungen zu erweitern, zu verringern oder völlig neu zu strukturieren. Durch diese Möglichkeit der Veränderung der Regulierungsstruktur kommt diesem Sektor eine sehr einflußreiche Rolle im Finanzsystem zu. Beispielsweise determinieren Staatseingriffe explizit das strukturelle Spektrum des Finanzsektors auf der einen Seite und die Abgrenzung zwischen finanziellen und nichtfinanziellen Unternehmen auf der anderen Seite.[321] Auf die besondere Rolle des Staates im Finanzsystem wurde bereits in Kapitel C.II.1.2.4. hingewiesen. Die besondere Rolle des Staates reflektiert sich auch in der Struktur des Schalenmodells. Wird die Zentralbank als Bestandteil des Staates begrif-

---

319 Vgl.SCHMIDT/TYRELL(1995), S.10.

320 Vgl.hierzu Kapitel B.III.2.1.3. sowie die dort angegebene Literatur.

321 Vgl.hierzu Kapitel C.II.1.2.2. und die dort angegebene Literatur.

fen, über den der Staat die Geldschaffung beeinflußt, und die Ausprägung des institutionellen Rahmens (im Sinne der Regulierungsstruktur) als Ergebnis von Staatseingriffen aufgefaßt, dann ist im Schalenmodell erkenntlich, daß der Staatssektor, wie ein *Keil* die Struktur des Schalenmodells vom Kern über die innere Schale bis zur äußeren Schale durchdringt.

Der *Einfluß des Staates* wird als weiteres Systemcharakteristikum einer Finanzsystemstruktur begriffen. Alle Ebenen der institutionellen Struktur des Finanzsystems können vom Staatseinfluß erfaßt und in ihren (finanziellen) Charakteristika verändert werden. Durch seinen Einfluß beispielsweise in der Form neuer Regulierungen formt der Staat in einem erheblichen Maß die Struktur des Finanzsystems. Staatseingriffe in der Form von Regulierungen (insbesondere prudential regulation) lassen sich in der informationsökonomischen Sichtweise durch (informationsbedingte) Marktversagen begründen. Denn in dieser Sichtweise funktionieren Finanzmärkte gerade nicht wie Märkte für Convenience Goods. „Freie" Finanzmärkte (im Sinne von nicht regulierten Finanzmärkten) funktionieren suboptimal beziehungsweise gar nicht.[322] Staatseingriffe in Form von Regulierungen dienen in der allgemeinen Betrachtung der Stabilisierung des Finanzsektors und zur Garantie der Solvenz von Finanzinstitutionen. In diesem Sinne kann die Zentralbank die Funktion eines lender of last resort ausüben oder den Banken Rediskontfaszilitäten für langfristige Wertpapiere beziehungsweise langfristige Kredite anbieten, so daß den Banken die Risikoübernahme der Transformation kurzfristiger Depositen in langfristige Kredite erleichtert wird. Neben der Rolle als regulierende Instanz fungiert der Staat als Marktteilnehmer einerseits und als Einflußfaktor auf die Ressourcenallokation andrerseits. Der Staat tritt als Marktteilnehmer im Sinne eines Anbieters oder Nachfragers nach Finanzdienstleistungen auf. Einerseits nutzt er als Nachfrager nach Finanzdienstleistungen das Finanzsystem zur Finanzierung seiner Budgetdefizite. Als Anbieter von Finanzdienstleistungen tritt er auf, indem Staatskredite zu besonders günstigen Konditionen an bestimmte (förderungswürdige) Wirtschaftseinheiten begeben werden. Im Rahmen dieser Tätigkeit beeinflußt der Staat die Allokation der finanziellen Ressourcen.[323]

Tendenziell nimmt der Staat in allen Finanzsystemen diese skizzierten Aufgabenbereiche wahr. Regierungen regulieren den Finanzsektor, schaffen Aufsichtsinstitutionen, steuern das Geldangebot, erleichtern Banken die Refinanzierung, beeinflussen die Stabilität des Finanzsektors und nehmen und begeben Kredite. Teilweise wird auch die Höhe der Zinssätze beeinflußt. Die Rolle des Staates unterscheidet sich jedoch vor allem darin, ob der Staat versucht, Aggregate (wie das Geldangebot) zu steuern, oder direkt versucht die Ressourcenallokation zu beeinflussen.[324] In diesem Sinne wird die Art des Staatseinflusses als

---

[322] Vgl.STIGLITZ(1989), S.201-203; STIGLITZ(1994), S.19-23.

[323] Vgl.ZYSMAN(1983), S.68-69. STIGLITZ(1994), S.20-21 berichtet, daß in den achtziger Jahren in den Vereinigten Staaten 25 Prozent des Kreditvolumens entweder durch staatliche Institutionen begeben wurden oder durch staatliche Kreditgarantien besichert waren.

[324] Vgl.hierzu auch ZYSMAN(1983), S.69.

Systemcharakteristikum aufgefaßt. Die Art des Staatseinflusses kann entweder durch die überwiegende Verwendung von marktkonformen Mechanismen gekennzeichnet sein oder durch die überwiegende Einflußnahme über administrative und quantitative Mechanismen.

3.3.4.Kohärenz

Die *Kohärenz einer Finanzsystemstruktur* stellt ein weiteres wichtiges Systemcharakteristikum dar. Hinterfragt wird in diesem Zusammenhang, ob die beschriebene Finanzsystemstruktur kohärent ist beziehungsweise, ob die beschriebene Finanzsystemstruktur offensichtliche Inkohärenzfaktoren aufweist. Mit anderen Worten richtet sich die Betrachtung auf die Stimmigkeit des betrachteten Finanzsystems. Gesucht wird vor allem nach Finanzsystemelementen, die mit der beschriebenen Finanzsystemstruktur nicht stimmig, eventuell sogar unvereinbar sind. Diese nicht stimmigen Elemente einer Finanzsystemstruktur stellen wesentliche Veränderungsfaktoren für die betrachtete Finanzsystemstruktur dar. Differenziert wird die Beschreibung der *Kohärenz einer Finanzsystemstruktur* in eine Betrachtung der *interne Kohärenz* auf der einen Seite und eine Betrachtung der *externen Kohärenz* auf der anderen Seite.[325] Die Konstrukte der *internen* und *externen Kohärenz* einer Finanzsystemstruktur werden nachfolgend näher präzisiert. Das Gewicht der Betrachtung liegt dabei auf dem Konstrukt der *internen Kohärenz* eines Finanzsystems. Denn die interne Kohärenz stellt für die Beurteilung der Kohärenz einer Finanzsystemstruktur den wichtigeren Aspekt dar. Der Betrachtung der externen Kohärenz kommt dagegen nur eine ergänzende Bedeutung zu.

Interne Kohärenz bezeichnet die Logik, die das betrachtete Finanzsystem in sich zusammenhält.[326] Mit anderen Worten bezeichnet die interne Kohärenz das Abgestimmtsein der Finanzsystemelemente untereinander beziehungsweise das Maß des Zusammenpassens der verschiedenen Finanzsystemelemente. Bildhaft entspricht die interne Kohärenz dem Ineinandergreifen der Zahnräder eines mechanischen Uhrwerks. Optimal funktioniert dieses, wenn alle Zahnräder aufeinander abgestimmt werden. Das Austauschen eines Zahnrades durch ein Zahnrad anderer Qualität (oder Größe oder anderer Zackung) führt dazu, daß das betrachtete mechanische Uhrwerk entweder gleich gut, besser, schlechter oder aber gar nicht mehr funktioniert, so daß eventuell weitere Elemente ersetzt werden müssen. Das Ersetzen weiterer Elemente impliziert jedoch das Entstehen einer neuen Struktur, die sich von der vorher existierenden Finanzsystemstruktur mitunter maßgeblich unterscheiden kann. Diese neue Struktur unterscheidet sich nicht nur in der mechanischen Struktur, sondern auch in der Ausübung der Funktion und den Charakteristika des Funktionierens. Übertragen auf das Schalenmodells impliziert dies, daß das Einfügen inkohärenter Finanzsystemelemente nicht nur die Dimension der institutionellen Struktur verändert,

---

325 Vgl.grundlegend NARDOZZI(1992), S.258-261 zur Idee der *internen* und *externen Kohärenz.*

326 Vgl.grundlegend NARDOZZI(1992), S.258-259 zu der Idee der *internen Kohärenz.*

sondern auch die Ausübung der Funktionen und die beobachteten Eigenschaften verändern kann. Hinterfragt wird im Rahmen der Beurteilung der internen Kohärenz, inwiefern die betrachtete Finanzsystemstruktur eines Landes in sich stimmig aufgebaut ist beziehungsweise, ob interne Inkohärenzfaktoren isoliert werden können. Das Vorhandensein *interner Inkohärenzfaktoren* impliziert die Tendenz zur Veränderung der bestehenden Finanzsystemstruktur beziehungsweise die Anpassung weiterer (überkommener) Finanzsystemelemente an die durch die Inkohärenzfaktoren implizierte neue Finanzsystemstruktur.[327]
Die Betrachtung der internen Kohärenz einer Finanzsystemstruktur richtet sich vor allem auf die Systemcharakteristika. Gesucht werden Inkohärenzfaktoren, die mit dem *System der Corporate Governance*, dem *Sozialversicherungssystem* oder der *Rolle und dem Einfluß des Staates* in der betrachteten Finanzsystemstruktur unvereinbar sind. Die Betrachtung von Inkohärenzfaktoren im *Corporate Governance System* richtet sich auf die Integration systemfremder Governanceelemente in das System der Corporate Governance des betrachten Finanzsystems. Beispielsweise wäre zu hinterfragen, ob Publizitätsregelungen und Insiderhandelsvorschriften nach US-amerikanischem Vorbild kohärent mit dem deutschen Insidersystem sind oder ob das Shareholder Value Konzept kohärent mit dem deutschen Insidersystem ist, in dem tendenziell eine Orientierung am Stakeholder Value vorherrscht.[328] Bezüglich des *Systems der Sozialversicherung* wäre für Deutschland zu hinterfragen, ob die demographischen Entwicklungen hin zu einer überalterten Gesellschaft kohärent mit einem gesetzlichen Rentenversicherungssystem auf Grundlage des Umlageverfahrens sind. In bezug auf den *Staatseinfluß* könnte hinterfragt werden, ob eine mit Kreditlenkung verbundene Industriepolitik kompatibel mit einer Liberalisierung von Finanzmärkten ist.

Externe Kohärenz bezeichnet die Kohärenz eines Finanzsystems mit der sie umgebenden Umwelt beziehungsweise das Maß der Übereinstimmung mit den aus anderen Finanzsystemen auf die betrachtete Strukur einwirkenden Einflüssen. Darunter fallen (für offene Volkswirtschaften) importierte Inflation oder steigende Zinsen aufgrund eines weltweit steigenden Zinsniveaus.[329] Beispielsweise könnte in diesem Zusammenhang auch hinterfragt werden, inwieweit ein offenes Finanzsystem (eines kleinen Landes) kohärent mit internationalen Entwicklungstrends (Globalisierung der Kapitalmärkte, Verbriefungstendenzen etc.) ist, die ausgehend von der Veränderung des weltweit aufgrund seiner Größe dominierenden Finanzsystems (der Vereinigten Staaten) auf seine Struktur einwirken und strukturverändernde Prozesse (Angleichungen) auslösen.

---

327 Vgl.hierzu grundlegend NARDOZZI(1992), S.258-259.

328 Als problematisch wird eine Orientierung am Shareholder Value Konzept im radikalen Sinn betrachtet, in der Aktionäre und Manager eine Allianz gegen die Interessen der übrigen Stakeholder bilden. Vgl.zu dieser Abgrenzung des Shareholder Value Konzeptes SCHMIDT/SPINDLER(1997), S.2. Ausführlich wird diese Abgrenzung in den Ausführungen zum deutschen System der Corporate Governance (Kapitel D.VI.3.2.) und zur Kohärenz des deutschen Finanzsystems (Kapitel D.VI.3.4) aufgegriffen.

329 Vgl.grundlegend NARDOZZI(1992), S.258-260 zu der Idee der *externen Kohärenz*.

KAPITEL D.: EKLEKTISCHE BESCHREIBUNG DES DEUTSCHEN FINANZSYSTEMS AUF GRUNDLAGE DES SCHALENMODELLS

I. ÜBERLEGUNGEN ZUR UMSETZUNG DES SCHALENMODELLS

Das Kapitel D, der dritte Hauptteil der vorliegenden Arbeit, steht unter der übergeordneten Fragestellung, *wie (und ob) die Anwendung des in Kapitel C generierten Beschreibungsmodus Schalenmodell gelingt*, und zwar am deutschen Finanzsystem. Mit der Anwendung des Beschreibungsmodus Schalenmodell wird dessen „Leistungsfähigkeit" überprüft. Herauszuarbeiten ist, ob es mit diesem Beschreibungsmodus tatsächlich möglich wird, eine umfassende, überschaubare und aussagekräftige Abbildung des (weit abgegrenzten) Gesamtgebildes Finanzsystem zu produzieren. Dies wird im Hinblick auf die beiden folgenden Gesichtspunkte näher untersucht: Erstens wird gefragt, in welchem Maß die Umsetzung des in Kapitel C formulierten Beschreibungsmodus Schalenmodell gelingt. Im Blickpunkt stehen dabei vor allem „technische" Aspekte. Betrachtet wird, inwieweit der formulierte Beschreibungsmodus an Grenzen der Operationalisierbarkeit stößt, beziehungsweise in welchen Bereichen der formulierte Beschreibungsmodus unüberwindbare Anforderungen an das Datenmaterial stellt. Zweitens wird reflektiert, wie die Beschreibung eines Finanzsystems mit dem Beschreibungsmodus Schalenmodell „inhaltlich" gelingt. Die Aussagekraft der Abbildung des Finanzsystems auf Grundlage dieses Beschreibungsmodus wird hinterfragt und die Ergebnisse der Finanzsystembeschreibung betrachtet. Zusammenfassend dient die Beschreibung des deutschen Finanzsystems der Beurteilung der „Leistungsfähigkeit" im Sinne der technischen Operationalisierbarkeit und der inhaltlichen Aussagefähigkeit des Beschreibungsmodus Schalenmodell.

Vor diesem Hintergrund wird in den nachfolgenden Abschnitten das deutsche Finanzsystem beschrieben.[330] Mit dieser Beschreibung soll einem *fiktiven Betrachter* mit einer eher vagen Vorstellung vom deutschen Finanzsystem ein allgemein gehaltener Überblick über strukturelle Charakteristika des deutschen Finanzsystems vermittelt werden. Ausgangspunkt ist die Betrachtung des deutschen *Finanzsektors* (Kapitel D.II.) als Kern des Finanzsystems. Daran anschließend werden die innere Schale des Finanzsystems, d.h. die Ebene der *nichtfinanziellen Sektoren* (Kapitel D.III.), und die äußere Schale des Finanzsystems, d.h. die Ebene des *institutionellen Rahmens* (Kapitel D.IV.), einer näheren Betrachtung unterzogen. Nach dieser ausführlichen Betrachtung der drei Ebenen der Dimension der Institutionen werden in zwei weiteren Arbeitsschritten die *Dimension der Funktionen* (Kapitel D.V.) und die *Dimension der Eigenschaften* des Finanzsystems (Kapitel D.VI.) beschrieben. Den Abschluß des Kapitels D bildet eine kritische Würdigung der „Leistungsfähigkeit" des Beschreibungsmodus Schalenmodell (Kapitel D.VII.).

---

[330] Bezugsjahr 1995; Ausnahmen sind an entsprechenden Stellen gekennzeichnet.

II.FINANZSEKTOR („KERN“)

1.EINORDNUNG UND STRUKTUR DES „KERNS“

Die Beschreibung des deutschen Finanzsystems setzt an der Charakterisierung der institutionellen Elemente des *Finanzsektors* an. In der Systematik des Schalenmodells stellt der Finanzsektor den *Kern*, d.h. den inneren Bestandteil, der drei Ebenen der Dimension *Institutionen* dar. Die Existenz des Finanzsektors ist die „conditio sine qua non“ für ein funktionstüchtiges Finanzsystem. Die Struktur des Finanzsektors ist direkt in Beziehung zur Struktur der *inneren Schale*, d.h. den nichtfinanziellen Sektoren (Kapitel D.III.), und insbesondere in Beziehung zur Ausprägung wesentlicher Merkmale der *äußeren Schale*, d.h. des institutionellen Rahmens (Kapitel D.IV), zu betrachten. Darüber hinaus steht die Finanzsektorstruktur in einer direkten Beziehung zu der Art und Weise, in der die *Funktionen* des Finanzsektors (Kapitel D.V.) ausgeübt werden, und zu der Ausprägung der *Eigenschaften* (Kapitel D.VI.) des Finanzsektors. Im Laufe der Finanzsystembeschreibung dieses Kapitels werden diese Interdependenzen im Finanzsystem herausgearbeitet. Zunächst werden in diesem Abschnitt die wesentlichen strukturellen Charakteristika des Finanzsektors umrissen.

Abbildung D.1.:
Schalenmodell des Finanzsystems - Hervorhebung der Ebene des Finanzsektors (Kern) der Dimension der Institutionen

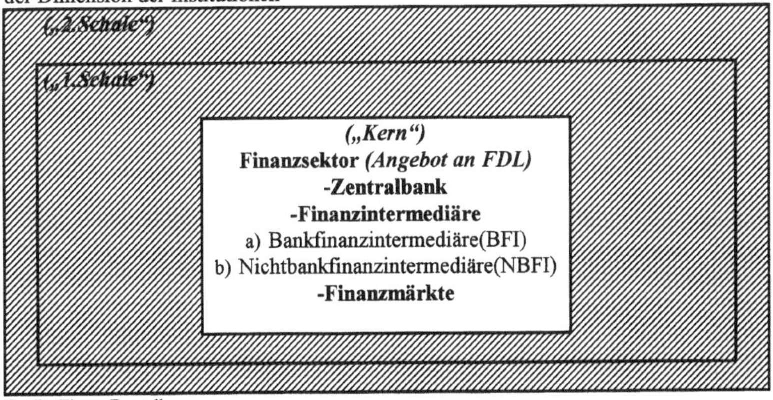

Quelle: Eigene Darstellung.

Die Betrachtung der Struktur des deutschen Finanzsektors soll Informationen zu den folgenden Themenkomplexen liefern: Erstens ist die Rolle der deutschen *Zentralbank* (Bundesbank) abzugrenzen, ihr Part im Finanzsektor zu bestimmen, die von ihr ausgeübten Funktionen zu umreißen sowie ihr Maß an Unabhängigkeit zu hinterfragen. Auch ihre geldpolitische Konzeption und geldpolitischen Instrumente sind abzugrenzen, wobei das Augenmerk darauf zu richten ist, ob marktkonforme Instrumente angewendet werden. Zweitens ist die Struktur des *Systems der Finanzintermediäre* zu untersuchen. Die Fragen, welche Typen von Bankfinanzintermediären (BFI) und Nichtbankfinanzintermediären (NBFI) im System der Finanzintermediäre eine wichtige Rolle spielen und wie das Verhältnis zwischen den Bankfinanzintermediäre (BFI) und den Nichtbankfinanzintermediären (NBFI) zu charakterisieren ist, sind zu beantworten. Diese Fragen stellen neben einer quantitativen Analyse dieses Finanzsektorbestandteils Leitmotive der Betrachtung des Systems der Finanzintermediäre dar. Drittens ist das *System der Finanzmärkte* zu thematisieren. Bei der Erläuterung der Frage, welche Finanzmärkte im deutschen Finanzsystem vorhanden sind und wie diese quantitativ charakterisiert werden können, ist im Hintergrund der Aspekt des Verhältnisses zwischen dem System der Finanzmärkte und dem System der Finanzintermediäre zu berücksichtigen. Diese drei Themenkomplexe bilden den Hintergrund für die Ausführungen der Abschnitte D.II.2.-D.II.4. In Kapitel D.II.5. reflektiert, was ein fiktiver Betrachter über den Finanzsektor als Kern des deutschen Finanzsystems gelernt hat.

2.DIE DEUTSCHE BUNDESBANK

2.1.Einordnung der Deutschen Bundesbank

Die *Deutsche Bundesbank* (nachfolgend Bundesbank) stellt eine bundesunmittelbare juristische Person des öffentlichen Rechts dar. Von den Weisungen der Bundesregierung ist die Bundesbank nach §12 Bundesbankgesetz unabhängig.[331] Sie ist kein Kreditinstitut nach §1.(1) KWG. Die Bundesbank ist als Zentralnotenbank allgemein ein wesentlicher Bestandteil einer Geldwirtschaft und insbesondere ein integraler Bestandteil des deutschen Finanzsektors und kann nicht getrennt von dessen Struktur betrachtet werden. Die Aufgabe der Bundesbank wird im Bundesbankgesetz §3 folgendermaßen formuliert: *„Die Deutsche Bundesbank regelt mit Hilfe der währungspolitischen Befugnisse, die ihr nach dem Gesetz zustehen, den Geldumlauf und die Kreditversorgung der Wirtschaft mit dem Ziel, die Währung zu sichern, und sorgt für die bankmäßige Abwicklung des Zahlungsverkehrs im Inland und mit dem Ausland.“*[332]
Die grundlegende Aufgabe der Bundesbank, ein „geordnetes Geldwesen“ (und somit die Grundlage der Geldwirtschaft) aufrechtzuerhalten, wird insbesondere mit der An-

---

331 Vgl.grundlegend DISCH(1995), S.3-8; KREMER(1993), S.650-651; POZDENA/ALEXANDER(1992), S.575-577, die Selbstdarstellung der BUNDESBANK(10/1995), S.17-24 und referierend die Ausführungen von BORCHERT(1994), S.202-204; ERKEL(1997), S.5-6; KREMER(1993), S.650-651. DISCH(1995), S.10-17 differenziert drei Bereiche des Verhältnisses zwischen Regierung und Zentralnotenbank. Erstens *funktionelle Unabhängigkeit* im Sinne der Unabhängigkeit der Zentralnotenbank von geldpolitischen Weisungen der Regierung. Auf diesen Aspekt bezieht sich obige Textpassage. Zweitens *finanzielle Autonomie* in dem Sinne, daß der Staat nicht seine Ausgaben direkt oder indirekt über Notenbankkredite finanzieren darf. Auch in dieser Hinsicht ist die Bundesbank unabhängig. Drittens *personelle Unabhängigkeit*. Diese bezieht sich auf die Vorschriften zur Wahl und Ernennung der leitenden Personen der Zentralnotenbank sowie deren Amtsdauer und Abberufungsmodalitäten. In dieser Hinsicht ist die Bundesbank abhängig bei der Auswahl und Ernennung der Führungsgremien, wobei diese durch den Pluralismus der Vorschlags- und Ernennungsinstanzen relativiert wird.

332 BUNDESBANKGESETZ §3.

forderung der „Währungssicherung" verknüpft. Dies wird vor allem als Verantwortung der Bundesbank für die Wahrung der „Geldwertstabilität" interpretiert, die als wichtige Voraussetzung für ein „gedeihliches Wirtschaftswachstum und eine hohe Beschäftigung" gesehen wird. Im folgenden werden die Funktionen der Bundesbank als Notenbank, Bank der Banken und Bank des Staates skizziert.[333]

2.2.Funktionen der Deutschen Bundesbank

Die Bundesbank besitzt das alleinige Recht (Notenmonopol) der Ausgabe auf „Deutsche Mark" lautender Banknoten, die als unbeschränkt gesetzlich geltendes Zahlungsmittel fungieren und die Grundlage des deutschen Geldwesens bilden. Diese Banknoten dienen den Wirtschaftseinheiten zur Abwicklung ihrer Zahlungsvorgänge. Die Bundesbank betont, daß auch die Geschäftsbanken, die Zahlungsmittelsubstitute zur Verrechnung von Forderungen in Form von Girokonten bereitstellen, ebenfalls auf die Bereitstellung von Zentralbankgeld (Bargeld) angewiesen sind, da die Inhaber dieser Konten jederzeit deren Umtausch in Bargeld verlangen können. Die Bundesbank kann in diesem Sinne den dem Bargeld nachgelagerten Geldumlauf der Giral- oder Buchgeldstufe beeinflussen.[334] Die Ausübung der *Notenbankfunktion* ist wesentlicher Bestandteil der Zahlungssystemfunktion (Kapitel D.V.2.6.) des Finanzsektors.

Eng verknüpft mit der Notenbankfunktion ist die *Funktion* der Bundesbank *als Bank der Banken,* da das Bankensystem, wie zuvor angedeutet, zur Aufrechterhaltung seiner Zahlungsfähigkeit auf die Versorgung mit den jederzeit in Zahlungsmittel (Bargeld) umwandelbaren Zentralbankguthaben angewiesen ist.[335] Die Funktion der Bundesbank als Bank der Banken kennzeichnet sich vor allem durch die Bereitstellung von Refinanzierungsmöglichkeiten für Banken zur Deckung von Schwankungen in deren Zentralbankgeldbedarf. Durch den dadurch funktionsfähig gehaltenen Geldmarkt sind die Kreditinstitute in der Lage, ihrer Kundschaft wiederum großzügig kurzfristige Kreditlinien einzuräumen. Die Bundesbank fungiert als *Geldverleiher der letzten Instanz* (lender of last resort), indem sie Trendliquidität zur reibungslosen Abwicklung des normalen Zahlungsverkehrs und Krisenliquidität zur Beeinflussung von Runsituationen bereitstellt. Darüber hinaus erbringt die Bundesbank (als Clearingstelle) den Kreditin-

---

333 Die Bundesbank fungiert auch als *Hüterin der Währungsreserven.* Sie ist die einzige Stelle, die offizielle Währungsreserven hält. Zudem ist die Bundesbank funktional auch an der *Bankenaufsicht* beteiligt, wobei sie eng mit dem Bundesaufsichtsamt für das Kreditwesen kooperiert. Vgl.BUNDESBANK(10/1995), S.28-40.

334 Vgl.BUNDESBANK(10/1995), S.29-32. Die Bundesbank vertritt die feste Überzeugung, daß sie den Geldumlauf auf der nachgelagerten Giral- oder Buchgeldstufe unmittelbar unter Kontrolle halten kann. Vgl.hierzu kritisch referierend ERKEL(1993), S.651-653.

335 Vgl.BUNDESBANK(10/1995), S.22-23. Angemerkt sei, daß Banken zur Abwicklung des Interbankenzahlungsverkehrs Zentralbankguthaben bei der Bundesbank halten, wozu sie faktisch in gewissem Umfang durch die Mindestreservevorschriften gezwungen werden. Einen alternativen Weg der Zentralbankgeldbeschaffung stellt der Geldmarkt dar. Vgl.Kapitel D.II.4.5.

stituten reine Bankdienstleistungen für die technische Abwicklung des unbaren Zahlungsverkehrs. Diese werden vor allem zur Abwicklung des Zahlungsverkehrs, insbesondere des Überweisungs-, Einzugs- und Abrechnungsverkehrs, zwischen verschiedenen Instituten und den Gironetzen der Institutsgruppen verwendet. Dieser Aspekt der Funktion der Bundesbank als Bank der Banken stellt ebenfalls einen wichtigen Bestandteil der Zahlungssystemfunktion (D.V.2.6.) des Finanzsektors dar.[336]

Die Bundesbank fungiert zudem als *Bank des Staates* beziehungsweise als Hausbank des Bundes und - mit gewissen Beschränkungen - der Länder. Beispielsweise organisiert die Bundesbank den Münzumlauf, für deren Prägung der Bund das Münzregal besitzt, oder wickelt zudem den größten Teil des bargeldlosen Zahlungsverkehrs zwischen Bund und Ländern ab und übernimmt die Führung der entsprechenden Girokonten. Eine Kreditgewährung der Bundesbank an den Staat ist jedoch mit Beginn der zweiten Stufe der europäischen Währungsunion, die Anfang 1994 in Kraft getreten ist, kategorisch ausgeschlossen. Die Bundesbank darf Wertpapiere öffentlicher Schuldner nur zu marktüblichen Konditionen am offenen Markt im Sinne einer Beeinflussung der Bankenliquidität und der Zinsbildung am Geldmarkt an- und verkaufen. Als Hausbank des Staates wirkt die Bundesbank insbesondere bei der Kreditaufnahme des Bundes, seiner Sondervermögen und der Länder mit. Beispielsweise fungiert die Bundesbank als Konsortialführerin im *Bundesanleihekonsortium*, durch das alle Bundesanleihen sowie die Anleihen der Sondervermögen des Bundes begeben werden. Für den größten Teil der vom Bund begebenen Schuldtitel übernimmt die Bundesbank die Funktion eines „fiscal agent" des Staates. Kurspflegeaktivitäten der Bundesbank für börsennotierte Bundeswertpapiere bewirken eine hohe Liquidität dieses Marktes, wodurch diese Wertpapiere ständig zu marktgerechten Preisen auch in größeren Volumina gehandelt werden können. Demzufolge werden ständig größere Beträge an Bundeswertpapieren von der Bundesbank abgegeben oder aufgenommen. Diese Aktivitäten erfolgen in Auftrag und für Rechnung der Emittenten. Ausgeschlossen ist eine stille und schleichende Kreditvergabe an die öffentlichen Haushalte auf diesem Wege. Beeinflussung des Renditeniveaus oder des Markttrends sind nicht Ziel dieser Aktivitäten.[337]

2.3. Geldpolitische Konzeption und Instrumente

Die Bundesbank verfolgt eine Strategie der mittelfristig orientierten Geldmengenpolitik, die als *potentialorientierte Geldpolitik mit diskretionären Ausnahmevorbehalten* charakterisiert werden kann. Betrieben wird eine pragmatische Geldpolitik, in die auch konjunkturelle Belange mit in das Kalkül einbezogen werden.[338] Als Zwischenziel

---

336 Vgl.BUNDESBANK(10/1995), S.33-34 und kritisch referierend BORCHERT(1994), S.200-201.

337 Vgl.BUNDESBANK(10/1995), S.35-37, S.60. Die Ausgabe von Schatzwechseln und Schuldverschreibungen soll generell durch die Bundesbank erfolgen. Bei Emission auf anderen Wegen ist ein „Benehmen" mit ihr herzustellen. Vgl.hierzu auch Kapitel D.II.4.2.3.

338 Vgl.DISCH(1995), S.159-165; SCHULTES(1996), S.84-86. Vgl.zur Kritik am „pragmatischen Monetarismus" der Bundesbank z.B. GEBAUER(1987), S.1-7, GEBAUER(1991), S.5-12.

wird seit 1988 das weite Geldmengenaggregat M3 verwendet, für das ein Intervall der angestrebten Wachstumsrate ex ante öffentlich bekannt gegeben wird. Die Geldmenge fungiert als Kontrollinstrument und reflektiert die Verantwortung der Bundesbank für den Geld- und Kreditschöpfungsprozeß. Die Bundesbank versucht, im Rahmen der Erreichung des Zwischenziels das Kreditangebot der Banken und die Geld- und Kreditnachfrage der Wirtschaft zielkonform zu beeinflussen, indem sie mit zins- und liquiditätspolitischen Mitteln die Geldmarkt- sowie die nachgelagerten Kredit- und Kapitalmarktkonditionen aktiv gestaltet. Versucht wird, das gewünschte Geldmengenwachstum indirekt über die Steuerung des Geldmarktes zu erreichen, wobei die Geldmarktpolitik auf den Tagesgeldsatz (Interbankensatz) gerichtet ist, der innerhalb der von den Notenbanksätzen gebildeten Spanne gehalten werden soll. Die Bundesbank beeinflußt als Steuergrößen nicht nur die Geldmenge, sondern auch Bankenliquidität und Zinssätze. Sie beschränkt sich auf den Einsatz marktkonformer Instrumente zur Geldmengensteuerung, wobei sowohl zins- als auch mengenbeeinflussende Maßnahmen ergriffen werden. Die Struktur der deutschen Finanzmärkte begünstigt ein marktwirtschaftlich orientiertes, am Geldmarkt ansetzendes monetäres Steuerungsverfahren.[339]

Die *Mindestreservepolitik* ist ein wesentlicher Bestandteil des geldpolitischen Instrumentariums der Bundesbank und stellt einen Bremsmechanismus der monetären Expansion dar. Nach 1982 hat die Bundesbank - mit Ausnahme der starken Senkung der Mindestreservesätze 1993 - von diesem Instrument keinen Gebrauch mehr gemacht. Als geldpolitisches Steuerungsinstrument haben Offenmarktgeschäfte *(Offenmarktpolitik)* an Bedeutung gewonnen. *Wertpapierpensionsgeschäfte* stellen seit Mitte 1988 das volumenmäßig wichtigste Refinanzierungsinstrument dar. Dagegen tritt die traditionell wichtige *Refinanzierungspolitik* (Diskont- und Lombardpolitik) in den Hintergrund. Durch Wertpapierpensionsgeschäfte werden circa zwei Drittel des vom deutschen Bankensystems benötigten Zentralbankgeldes zur Verfügung gestellt.[340]

---

339 Vgl.grundlegend DISCH(1995), S.107-110; S.163-165; KREMER(1993), S.651-653. DISCH verweist darauf, daß eine direkte Steuerung des *Geldmengenaggregats* dadurch verhindert wird, daß kreditpolitische Maßnahmen zunächst die *Bankenliquidität* verändern. Erst eine Unterstützung durch die *Zinspolitik* ermöglicht das Eintreten der gewünschten Geldmengenveränderung. Daher versucht die Bundesbank, die drei genannten Aggregate zu beeinflussen. Folglich betreibt die Bundesbank keine reine Geldmengenpolitik, wie sie monetaristischen Vorstellungen entspricht. Ebenso widersprechen der Übergang zu Bandbreiten, jährlich wechselnde Zielvorgaben für das Geldmengenwachstum und diskretionäre Devisenmarktinterventionen einer rein monetaristisch orientierten Geldmengenpolitik der Bundesbank.

340 Vgl.BUNDESBANK(10/1995), S.100-132 und kritisch referierend DISCH(1995), S.109-126; ERKEL(1997), S.6-14. MAINERT(1993), S.1196 gibt die Höhe des jährlichen Zentralbankgeldbedarfs des deutschen Bankensystems mit ca. 200 Mrd.DM (1991) an.

3.SYSTEM DER FINANZINTERMEDIÄRE
3.1.Charakterisierung
3.1.1.Funktionale Gliederung und Legaldefinitionen

Das *System der Finanzintermediäre* umfaßt die Gesamtheit der finanziellen Unternehmen des Finanzsektors (Kern), die konkret am Zustandekommen der *indirekten Finanzierungsbeziehungen* zwischen finanziellen Überschußeinheiten und finanziellen Defiziteinheiten (der inneren Schale) beteiligt sind. Im deutschen Finanzsektor sind unter die Gesamtheit der finanziellen Unternehmen die *Kreditinstitute*, die *Finanzinstitute* und die *Versicherungsunternehmen* zu subsumieren. Diese verschiedenen Typen finanzieller Unternehmen unterscheiden sich aufgrund der im institutionellen Rahmen (äußere Schale) festgelegten Legaldefinitionen durch die Erbringung verschiedener finanzieller Dienstleistungen beziehungsweise durch das Tätigen verschiedener finanzieller Geschäfte.

Als *Kreditinstitute* werden alle finanziellen Unternehmen betrachtet, die eines der in §1.(1) des Gesetzes über das Kreditwesen (KWG) bezeichneten Bankgeschäfte betreiben und deren Ausübung einen in kaufmännischer Weise eingerichteten Geschäftsbetrieb erfordert. Charakteristisches Merkmal des deutschen Kreditwesengesetzes ist eine weit gefaßte Legaldefinition von Bankgeschäften, so daß der Großteil der finanziellen Unternehmen des deutschen Finanzsektors als Kreditinstitute bezeichnet werden.[341]
Bei folgenden Tätigkeiten handelt es sich um Bankgeschäfte nach §1.(1) KWG:

a) *Einlagengeschäft:* Annahme fremder Gelder ohne Rücksicht darauf, ob Zinsen vergütet werden.
b) *Kreditgeschäft:* Gewährung von Gelddarlehen und Akzeptkrediten.
c) *Diskontgeschäft:* Ankauf von Wechseln und Schecks.
d) *Effektengeschäft:* Anschaffung und Veräußerung von Wertpapieren für andere.
e) *Depotgeschäft:* Verwahrung und Verwaltung von Wertpapieren für andere.
f) *Investmentgeschäft:* Darunter fallen alle unter §1 des Gesetzes über Kapitalanlagegesellschaften subsumierten Geschäfte.
g) *Garantiegeschäft:* Übernahme von Bürgschaften, Garantien und sonstigen Gewährleistungen für andere.
h) *Girogeschäft:* Durchführung des bargeldlosen Zahlungsverkehrs und des Abrechnungsverkehrs.
i) Als Bankgeschäft wird zudem das Eingehen der *Verpflichtung, Darlehensforderungen vor Fälligkeit zu erwerben*, bezeichnet.

Im Gesetz über das Kreditwesen (KWG) werden von den Kreditinstituten als weitere finanzielle Unternehmen des deutschen Finanzsektors die *Finanzinstitute* unterschieden. Nach §1.(3) KWG gelten als Finanzinstitute die Unternehmen, welche nicht Kreditinstitute nach §1.(1) KWG sind und welche folgende Geschäfte betreiben:[342]

---

[341] Vgl.hierzu §1.(1) KWG und ergänzend die Ausführungen von BREIG(1995), S.325.

[342] Vgl.hierzu §1.(3) KWG.

a) *Erwerb von Beteiligungen,*
b) *entgeltlicher Erwerb von Geldforderungen,*
c) *Abschluß von Leasingverträgen,*
d) *Ausgabe und Verwaltung von Kreditkarten oder Reiseschecks,*
e) *Handel und Wechsel im Auftrag von Kunden oder auf eigene Rechnung von ausländischen Zahlungsmitteln („Sortengeschäft"),*
f) *Handel für eigene Rechnung von Wertpapieren,*
g) *Handel im Auftrag von Kunden oder auf eigene Rechnung mit Terminkontrakten, Optionen, Wechselkursinstrumenten oder Zinsinstrumenten,*
h) *Teilnahme an Wertpapieremissionen und damit verbundene Dienstleistungen,*
i) Beratung von Unternehmen über ihre Kapitalstruktur, ihre industrielle Strategie sowie damit verbundene Fragen sowie Beratung und Erbringung von Dienstleistungen bei Zusammenschlüssen und Übernahmen von Unternehmen,
j) *Vermittlung von Darlehen zwischen Kreditinstituten („Geldmaklergeschäfte"),*
k) Verwaltung von in Wertpapieren der derivativen Finanzinstrumenten gemäß Punkt g angelegten Vermögen oder Beratung Dritter bei Anlage in diesen Vermögenswerten.

Neben den Kreditinstituten und Finanzinstituten sind die *Versicherungsunternehmen* als weitere finanzielle Unternehmen im deutschen Finanzsektor zu nennen. Nach §1 des Gesetzes über die Beaufsichtigung der Versicherungsunternehmen (VAG) sind Versicherungsunternehmen Unternehmen, die den Betrieb von Versicherungsgeschäften zum Gegenstand haben und nicht Träger der Sozialversicherung sind.[343]
Die Gesamtheit der Kreditinstitute, Finanzinstitute und Versicherungsunternehmen im deutschen Finanzsektor (System der Finanzintermediäre) wird für die weiteren Ausführungen nach funktionalen Gesichtspunkten in das *System der Bankfinanzintermediäre* und das *System der Nichtbankfinanzintermediäre* unterschieden. Als *Nichtbankfinanzintermediäre* werden die finanziellen Unternehmen des deutschen Finanzsektors bezeichnet, die sich als Kreditvermittler auf die bloße Weiterleitung der Einlagen der finanziellen Überschußeinheiten zu den finanziellen Defiziteinheiten spezialisiert haben. Zu diesen Kreditvermittlern zählen in erster Linie die Versicherungsunternehmen, die Bausparkassen, die Kapitalanlagegesellschaften und die Kapitalbeteiligungsgesellschaften. Die *Bankfinanzintermediäre* beschränken sich im Gegensatz zu den Nichtbankfinanzintermediären nicht auf die bloße Weiterleitung der Einlagen der finanziellen Überschußeinheiten zu den finanziellen Defiziteinheiten, sondern besitzen darüber hinaus die Fähigkeit zur Giralgeldschöpfung. Das bedeutet, daß sie auf der Basis einer Einlage der finanziellen Überschußeinheiten Kredite an die finanziellen Defiziteinheiten gewähren, welche die eingezahlte Summe übersteigen. Unter die Bankfinanzintermediäre wird die Gesamtheit der Geschäftsbanken subsumiert (Kreditbankensektor, Sparkassensektor, Genossenschaftssektor, Realkreditinstitute und Kreditinstitute mit Sonderaufgaben.[344]

---

[343] Vgl.hierzu §1 VAG und ergänzend SCHIERENBECK/HÖLSCHER(1993), S.166-171.

[344] Diese Einordnung orientiert sich in Grundzügen an MUSSEL(1991), S.73-82.

3.1.2.Struktur des Geldvermögens und der Verpflichtungen

Zur Einordnung des Systems der Finanzintermediäre werden deren Geldvermögen und Verpflichtungen im Jahr 1995 einer kurzen Betrachtung unterworfen. Im Betrachtungsjahr 1995 verfügte die Gesamtheit der Finanzintermediäre über ein Geldvermögen in Höhe von 8.273,8 Mrd.DM.

Abbildung D.2.:
Geldvermögen und Verpflichtungen der Finanzintermediäre 1995

	Mrd.DM	Prozent
GELDVERMÖGEN	**8.273,8 Mrd.DM**	**100,0 %**
Geldanlage bei Banken	**539,7 Mrd.DM**	**6,5 %**
Bargeld und Sichteinlagen	24,8 Mrd.DM	0,3 %
Termingelder	514,0 Mrd.DM	6,2 %
Spareinlagen	0,8 Mrd.DM	0,0 %
Geldanlage bei Bausparkassen	**1,4 Mrd.DM**	**0,0 %**
Geldanlage in Geldmarktpapieren	**15,3 Mrd.DM**	**0,2 %**
Geldanlage in Rentenwerten	**1.632,6 Mrd.DM**	**19,6 %**
Geldanlage in Investmentzertifikaten	**237,1 Mrd.DM**	**2,9 %**
Geldanlage in Aktien	**509,4 Mrd.DM**	**6,2 %**
Bankkredite	**4.864,1 Mrd.DM**	**58,8 %**
kurzfristige Bankkredite	1.123,8 Mrd.DM	13,6 %
längerfristige Bankkredite	3.740,3 Mrd.DM	45,2 %
Darlehen der Bausparkassen	**180,4 Mrd.DM**	**2,2 %**
Darlehen der Versicherungen	**261,7 Mrd.DM**	**3,2 %**
Sonstige Forderungen	**32,2 Mrd.DM**	**0,4 %**
VERPFLICHTUNGEN	**8.083,5 Mrd.DM**	**100,0 %**
Geldanlage bei Banken	**4.165,6 Mrd.DM**	**51,5 %**
Bargeld und Sichteinlagen	1.148,5 Mrd.DM	14,2 %
Termingelder	1.949,9 Mrd.DM	24,1 %
Spareinlagen	1.067,1 Mrd.DM	13,2 %
Geldanlage bei Bausparkassen	**161,1 Mrd.DM**	**2,0 %**
Geldanlage bei Versicherungen	**1.047,5 Mrd.DM**	**13,0 %**
Verpflichtungen aus Geldmarktpapieren	**23,0 Mrd.DM**	**0,3 %**
Verpflichtungen aus Rentenwerten	**1.622,7 Mrd.DM**	**20,0 %**
Umlauf von Investmentzertifikaten	**564,9 Mrd.DM**	**7,0 %**
Umlauf von Aktien	**415,6 Mrd.DM**	**5,2 %**
Bankkredite	**43,7 Mrd.DM**	**0,6 %**
kurzfristige Bankkredite	11,0 Mrd.DM	0,1 %
längerfristige Bankkredite	32,7 Mrd.DM	0,5 %
Darlehen der Bausparkassen	**0,7 Mrd.DM**	**0,0 %**
Darlehen der Versicherungen	**1,3 Mrd.DM**	**0,0 %**
Sonstige Verpflichtungen	**37,4 Mrd.DM**	**0,4 %**

Quelle: BUNDESBANK(6/1996), S.84-85.

Die dominierende Geldvermögensposition der Finanzintermediäre bilden die an die übrigen Sektoren begebenen Bankkredite. Diese weisen eine überwiegend längerfristige zeitliche Orientierung auf. Weitere wichtige Geldvermögenspositionen der Finanzintermediäre stellen die Geldanlage in Rentenwerten, die Geldanlage bei Banken und die Geldanlage in Aktien. Insbesondere angesichts der geringen Marktkapitalisierung der deutschen Aktienmärkte erstaunt der hohe Anteil der Aktien im Geldvermögen der Finanzintermediäre.[345] Dem Geldvermögen der Finanzintermediäre standen Verpflichtungen in Höhe von 8.083,5 Mrd.DM gegenüber. Diese resultieren vor allem aus der Geldanlage der übrigen Sektoren bei Banken. Weitere wichtige Verpflichtungen der Finanzintermediäre stellen die Verpflichtungen aus Rentenwerten und die Geldanlagen der übrigen Sektoren bei Versicherungen dar. Insgesamt entsprechen die Verpflichtungen der Finanzintermediäre in Höhe von 8.083,5 Mrd.DM in etwa deren Geldvermögen in Höhe von 8.273,8 Mrd.DM. Dadurch wird deutlich der Intermediärcharakter des Systems der Finanzintermediäre zum Ausdruck gebracht.[346]

3.2.Das System der Bankfinanzintermediäre (BFI)

3.2.1.Einordnung

Das System der Bankfinanzintermediäre (BFI) des deutschen Finanzsektors entspricht dem Geschäftsbankensystem und umfaßt den größten Teil der Kreditinstitute. Es umfaßt die als Universalbanken agierenden Kreditbanken, Sparkassen und Genossenschaftsbanken sowie die als Spezialbanken agierenden Realkreditinstitute und Kreditinstitute mit Sonderaufgaben.[347]

Abbildung D.3.:
Überblick über die Bankfinanzintermediäre (BFI)

Arten der Bankfinanzintermediäre (BFI)
Universalbanken (Universalkreditinstitute) **-Kreditbankensektor** **-Sparkassensektor** **-Genossenschaftssektor** **Spezialbanken (Spezialkreditinstitute)** **-Realkreditinstitute** **-Kreditinstitute mit Sonderaufgaben (einschließlich der Postbank)**

Quelle: Darstellung in Anlehnung an BUNDESBANK(2/1996), S.10-15.

345 Die Marktkapitalisierung der deutschen Aktienmärkte lag 1995 bei lediglich 27 Prozent des Bruttoinlandsproduktes. Der gesamte Aktienumlauf betrug 1.632,0 Mrd.DM. Vgl.Kapitel D.II.4.3.

346 Vgl.hierzu die Ausführungen von WORMS(1998), S.19-22.

347 Vgl.HEIN(1993), S.13-17; MUSSEL(1991), S.73-82; SCHIERENBECK(1993), S.19-24.

3.2.2.Quantitative Betrachtung

3.2.2.1.Geschäftsvolumen der Bankfinanzintermediäre

Eine quantitative Analyse des *Geschäftsvolumens der Bankfinanzintermediäre* zeigt, daß die Universalbanken in Deutschland für das allgemeine Bankgeschäft von herausragender Bedeutung sind.[348] Vom gesamten Geschäftsvolumen aller Bankengruppen im Jahr 1995 (7.538,9 Mrd.DM) entfielen rund 77,6 Prozent auf den Sektor der *Universalbanken.* Der größte Anteil des Geschäftsvolumens fiel auf den Sparkassensektor (38,2 Prozent), gefolgt vom Kreditbankensektor (24,2 Prozent) und dem Genossenschaftssektor (15,2 Prozent). Hervorzuheben ist, daß auf die im Kreditbankensektor erfaßten Großbanken (Deutsche Bank, Dresdner Bank, Commerzbank) lediglich 9,3 Prozent des Geschäftsvolumens aller Bankengruppen entfällt. Immerhin rund 22,4 Prozent des Geschäftsvolumens aller Banken entfielen im Betrachtungsjahr im deutschen „Universalbankensystem" auf *Spezialbanken.* Bei den hier betrachteten Spezialbanken handelt es sich um Realkreditinstitute (12,9 Prozent) und Kreditinstitute mit Sonderaufgaben (9,5 Prozent). Unter die Kreditinstitute mit Sonderaufgaben wird auch die Postbank subsumiert. Die Betrachtung des Geschäftsvolumens aller Bankengruppen zeigt, daß die Spezialbanken eine wichtige Rolle im System der Bankfinanzintermediäre spielen.

Abbildung D.4.:
Geschäftsvolumen der Bankengruppen 1995

Bankengruppe:	**Geschäftsvolumen** *(in Mrd.DM)* [a]	**Geschäftsvolumen** *(in Prozent)* [a]
Universalbanken	*(5.853,9 Mrd.DM)*	*(77,6 %)*
a) Kreditbankensektor	**1.824,9 Mrd.DM**	**24,2 %**
-Großbanken	700,0 Mrd.DM	9,3 %
-Regional- und sonstige Banken	962,6 Mrd.DM	12,8 %
-Privatbankiers	54,5 Mrd.DM	0,7 %
-Zweigstellen ausländischer Banken[b)]	107,9 Mrd.DM	1,4 %
b) Sparkassensektor	**2.883,3 Mrd.DM**	**38,2 %**
-Sparkassen	1.512,9 Mrd.DM	20,0 %
-Girozentralen	1.370,4 Mrd.DM	18,2 %
c) Genossenschaftssektor	**1.145,7 Mrd.DM**	**15,2 %**
-Kreditgenossenschaften	882,1 Mrd.DM	11,7 %
-genossenschaftliche Zentralbanken	263,6 Mrd.DM	3,5 %
Spezialbanken:	*(1.685,0 Mrd.DM)*	*(22,4 %)*
-Realkreditinstitute	968,8 Mrd.DM	12,9 %
-Kreditinstitute mit Sonderaufgaben[c)]	716,2 Mrd.DM	9,5 %
Alle Bankengruppen	**7.538,9 Mrd.DM**	**100,0 Prozent**

a) Bilanzsumme zuzüglich Indossamentsverbindlichkeiten aus weitergegebenen Wechseln
b) Das Geschäftsvolumen aller Auslandsbanken betrug 326,6 Mrd.DM (4,3 Prozent).
c) einschließlich Postgiroämter und Postsparkassen
Quelle: Darstellung in Anlehnung an BUNDESBANK(2/1996), S.10-15.

348 Vgl.HEIN(1993), S.13-14.

3.2.2.2. Anzahl der Bankfinanzintermediäre

Allgemein kennzeichnet sich die deutsche Bankenlandschaft durch eine Vielzahl von Instituten und eine große inhaltliche Vielfalt.[349] Eine Betrachtung der *Anzahl der Bankfinanzintermediäre* und der Anzahl ihrer Geschäftsstellen zeigt, daß es Ende 1995 insgesamt 67.808 inländische Bankstellen gab (3.616 rechtlich selbständige Kreditinstitute einschließlich Postbank und 64.192 inländische Zweigstellen). Auf die *Universalbanken* entfällt (in Analogie zur Betrachtung des Geschäftsvolumens) der Löwenanteil der inländischen Kreditinstitute und Zweigstellen (47.620) Insbesondere der Sparkassensektor und der Sektor der Genossenschaftsbanken besitzt ein engmaschiges flächendeckendes Netz an Bankstellen. Die Anzahl der Bankstellen der *Spezialbanken* erscheint erstaunlich hoch. (20.188). Sie resultiert vor allem aus der enormen Summe der inländischen Zweigstellen der Postbank. Wird die Anzahl der inländischen Bankstellen auf die Einwohnerzahl Deutschlands (circa 81 Millionen) bezogen, dann existiert im Durchschnitt eine Bankstelle pro 1.195 Einwohner. Ohne die Bankstellen der Postbank ergibt sich immerhin noch ein Durchschnitt von einer Bankstelle pro 1.684 Einwohner. Selbst mit diesem Durchschnitt weist Deutschland eines der dichtesten Banknetze der Welt auf.[350]

Abbildung D.5.:
Anzahl der Bankfinanzintermediäre 1995

Banktyp	Kredit-institute	Inländische Zweigstellen	Inländische Bankstellen
Universalbanken	*(3.563)*	*(44.057)*	*(47.620)*
a) Kreditbankensektor	**331**	**7.305**	**7.636**
- Großbanken	3	3.624	3.627
- Regional-u.sonst.Kreditbanken	195	3.380	3.575
- Zweigstellen ausländischer Banken	69	45	114
- Privatbankiers	64	256	320
b) Sparkassensektor	**637**	**19.504**	**20.141**
- Sparkassen	624	19.071	19.695
- Girozentralen	13	433	446
c) Genossenschaftssektor	**2.595**	**17.248**	**19.843**
- Kreditgenossenschaften	2.591	17.205	19.796
- genossenschaftliche Zentralbanken	4	43	47
Spezialbanken	*(53)*	*(20.135)*	*(20.188)*
a) Realkreditinstitute	**35**	**290**	**325**
b) Kreditinstitute mit Sonderaufgaben	**17**	**139**	**156**
c) Postbank	**1**	**19.706**	**19.707**
Insgesamt:	**3.616**	**64.192**	**67.808**

Quelle: Darstellung in Anlehnung an BUNDESBANK(1/1997b), S.104.

[349] Vgl.hierzu auch o.V.(1995a), S.676.

[350] Vgl.zu dieser Einschätzung POZDENA/ALEXANDER(1992), S.556; STEIN(1996), S.5.

3.2.2.3. Kreditnehmerstuktur der Bankfinanzintermediäre

Eine Betrachtung des Volumens der von den Bankfinanzintermediären an die nichtfinanziellen Sektoren begebenen Kredite (Buch-, Wechseldiskont- und Treuhandkredite) in Höhe von rund 4.145 Mrd.DM (1995) verdeutlicht deren wichtige Rolle im Finanzsektor. Als dominierende Kreditnehmer traten *Unternehmen und Selbständige* (35,7 Prozent) und der *Wohnungsbau* (31,4 Prozent) auf.[351] *Öffentliche Haushalte* (18,5 Prozent) lagen bezogen auf das Kreditvolumen bei den Geschäftsbanken weit vor den *privaten Haushalten* (9,0 Prozent) und den *ausländischen Nichtbanken* (5,0 Prozent).

Abbildung D.6.:
Kredite der Bankfinanzintermediäre nach Kreditnehmern - Ende 1995[a)]

Sektor	Mrd.DM	Prozent
a) Unternehmen und Selbständige[b)]	1.483,5 Mrd.DM	35,7 %
b) Wohnungsbau[c)]	1.303,8 Mrd.DM	31,4 %
c) öffentliche Haushalte	761,0 Mrd.DM	18,5 %
d) Private Haushalte[b)]	370,6 Mrd DM	9,0 %
e) ausländische nichtfinanzielle Sektoren	208,1 Mrd.DM	5,0 %
f) Organisationen ohne Erwerbszweck[b)]	18,0 Mrd.DM	0,4 %
Summe:	4.145,0 Mrd.DM	100,0 %

a) ohne Wertpapierkredite (Schatzwechselkredite, Wertpapierbestände, Ausgleichsforderungen)
b) ohne Wohnungsbaukredite
c) Hypothekarkredite auf Wohngrundstücke und sonstige Kredite für den Wohnungsbau
Quelle: Darstellung in Anlehnung an BUNDESBANK(10/1996a), S.51.

3.2.3. Überblick über die Bankfinanzintermediäre

3.2.3.1. Kreditbanken

Unter den *Kreditbankensektor* werden die drei Großbanken (Deutsche Bank, Dresdner Bank, Commerzbank), die Regional- und sonstigen Kreditbanken, die Zweigstellen ausländischer Banken und die Privatbankiers subsumiert. Gemeinsame Merkmale der inhomogenen Gruppe der Kreditbanken ist deren privatrechtliche Organisationsform und deren Ausrichtung an der Zielsetzung des *erwerbwirtschaftlichen Prinzips*.[352] Zusammen genommen gehören zum Kreditbankensektor 7.636 inländische Bankstellen (331 Kreditinstitute mit 7.305 inländischen Zweigstellen). 1995 entfielen auf den *Kreditbankensektor* lediglich 24,2 Prozent des Gesamtgeschäftsvolumens aller Bankengruppen. Die drei Großbanken allein vereinigten 9,3 Prozent des Gesamtgeschäftsvolumens auf sich. In der Mittelherkunft der Kreditbanken spielen kurzfristige Einlagen eine sehr wichtige Rolle. Die Schwerpunkte der Geschäftstätigkeit des Kreditbanken-

351 Vgl.zum *Sektor Wohnungswirtschaft* Kapitel D.III.3.1.1.und D.III.3.3. Die Aufgliederung des Sektors Wohnungswirtschaft nach Bauherren ist aufgrund der Datenlage nicht möglich.

352 Vgl.SCHEIDL(1993), S.221-230; SCHIERENBECK/HÖLSCHER(1993), S.61-74.

sektors liegen im Kreditgeschäft und im Wertpapiergeschäft. Insbesondere im kurzfristigen Kreditgeschäft nehmen die Kreditbanken unter allen Geschäftsbanken eine dominierende Position ein, doch auch das langfristige Kreditgeschäft bildet einen wesentlichen Aspekt der Geschäftstätigkeit. Die Tätigkeit des Kreditbankensektors im Emissionsgeschäft wird durch eine bloße Betrachtung der Geschäftsvolumina nicht deutlich. Neben dem Kreditgeschäft widmen sich die Kreditbanken besonders intensiv den Geschäftsfeldern Wertpapiersparen, Anlageberatung und Vermögensverwaltung. Drei Viertel aller in den Kundendepots befindlichen Rentenwerte, Aktien und Investmentzertifikate verwahren die Kreditbanken.[353]

3.2.3.2.Sparkassen

Als *Sparkassensektor* werden die Sparkassen und die Girozentralen zusammengefaßt. Der Sparkassensektor verfügt über 20.141 inländische Bankstellen (637 Kreditinstitute mit 19.504 inländischen Zweigstellen). Mit einem Anteil von 38,2 Prozent am Geschäftsvolumen aller Bankengruppen im Jahr 1995 stellt der öffentlich - rechtlich organisierte Sparkassensektor die bedeutendste Bankengruppe dar. Der Sparkassensektor weist einen dreistufigen Aufbau auf. Auf der unteren Ebene finden sich die örtlichen (kommunalen) Sparkassen, deren Wettbewerb untereinander durch das Regionalprinzip beschränkt ist, d.h. der geographische Aufgabenbereich der Sparkasse stimmt mit dem räumlichen Bereich des Gewährträgers überein. In der mittleren Ebene finden sich die regionalen und die auf Länderebene tätigen Sparkassen und schließlich auf der obersten Ebene als Spitzeninstitut die Deutsche Girozentrale. Bis auf elf privatrechtlich organisierte, „freie" Sparkassen sind sämtliche Sparkasseninstitute juristische Personen öffentlichen Rechts, so daß für deren Verbindlichkeiten jeweils ein öffentlich - rechtlicher Gewährträger (beispielsweise eine Gemeinde oder ein Gemeindeverband) haftet. Sparkassen werden durch die Ausrichtung an der Zielsetzung des *gemeinwirtschaftlichen Prinzips* charakterisiert.[354] Auf der Ebene der einzelnen Sparkassen liegt in der Mittelherkunft der Schwerpunkt tendenziell auf dem Spareinlagengeschäft und in der Mittelverwendung im langfristigen Kreditgeschäft. Beide repräsentieren jeweils circa 50 Prozent der Mittelherkunft beziehungsweise der Mittelverwendung. Dagegen besitzt das kurzfristige Kreditgeschäft nur eine geringe Bedeutung. Die Gewährung von Kommunaldarlehen an die öffentliche Hand und das Hypothekengeschäft zur Finanzierung des Wohnungsbaus spielen eine besonders wichtige Rolle. Auf der Aktivseite der Sparkassen konzentriert sich das Wertpapiereigengeschäft vor allem auf

---

[353] Vgl.SCHEIDEL(1993), S.221-230; ergänzend STEIN(1996), S.34-37; BUNDESBANK(4/1989), S.19-21; EDWARDS/FISCHER(1994), S.102-103; SCHIERENBECK/HÖLSCHER(1993), S.61-75.

[354] Vgl.SCHEIDL(1993), S.230-237 und ergänzend SCHIERENBECK/HÖLSCHER(1993), S.83-88. Es lassen sich *Aufweichungstendenzen* in der Trennung des dreistufigen Aufbaus der Sparkassen und der strikten Aufgabenteilung zwischen den verschiedenen Stufen feststellen. Gerade für die größeren Sparkassen läßt sich eine gewisse Verselbständigung konstatieren, die sich insbesondere in einer Verbreiterung der Angebots- und Servicefunktionen (z.B.im Auslands- und Wertpapiergeschäft) und einem eigenständigen Passivamanagement bemerkbar macht. Vgl.BUNDESBANK(4/1989), S.21.

Rentenwerte, da Aktienengagements als „Spekulationsgeschäfte" für Sparkassen ausscheiden beziehungsweise der Ausnahmegenehmigung durch die zuständige Aufsichtsbehörde bedürfen.[355]

3.2.3.3. Genossenschaftsbanken

Als *Genossenschaftssektor* werden die Kreditgenossenschaften und die genossenschaftlichen Zentralbanken zusammengefaßt. Der Genossenschaftssektor verfügt über 19.843 inländische Bankstellen (2.595 Kreditinstitute mit 17.248 inländischen Zweigstellen). Im Jahr 1995 vereinigte der Genossenschaftssektor 15,2 Prozent des Gesamtgeschäftsvolumens aller Bankengruppen auf sich. Der Genossenschaftssektor ist wie der Sparkassensektor durch einen dreistufigen Aufbau charakterisiert. Auf der untersten Ebene finden sich die Kreditgenossenschaften, auf der regionalen Ebene finden sich die genossenschaftlichen Zentralbanken und an der Spitze findet sich als Spitzeninstitut die Deutsche Genossenschaftsbank. In einigen Teilbereichen sind die Genossenschaftsbanken der Primärstufe direkt an die Deutsche Genossenschaftsbank angeschlossen, so daß sich eine Tendenz zur Herausbildung eines zweistufigen Systems abzeichnet. Kreditgenossenschaften können als Gesellschaften mit nicht geschlossener Mitgliederzahl charakterisiert werden, die als Zielsetzung das *förderungswirtschaftliche Prinzip* verfolgen. In der Mittelherkunft liegen die Schwerpunkte auf der Ebene der einzelnen Kreditgenossenschaften einerseits tendenziell auf dem Spareinlagengeschäft, das rund die Hälfte der Mittelherkunft darstellt, und andrerseits auf Sicht- und Termineinlagen, die sich in einer Größenordnung eines Drittels der Mittelherkunft bewegen. In der Mittelverwendung liegt der Schwerpunkt auf dem langfristigen Kreditgeschäft, das circa vier Zehntel der Mittelverwendung repräsentiert. Das kurzfristige Kreditgeschäft tritt dahinter zurück und bewegt sich in der Größenordnung eines Achtels der Mittelverwendung. Den Großteil der Kreditnehmer bilden die mittelständischen Berufsgruppen bei den Unselbständigen und die mittelständischen gewerblichen und ländlichen Betriebe bei den Selbständigen.[356]

3.2.3.4. Realkreditinstitute

Als Realkreditinstitute werden die 28 privaten Hypothekenbanken und die sieben öffentlich-rechtlichen Grundkreditanstalten bezeichnet. Die insgesamt 35 *Realkreditinstitute* verfügten über 290 inländischen Zweigstellen, so daß die Gesamtzahl der inländischen Bankstellen der Realkreditinstitute bei 325 lag. Im Jahr 1995 betrug das Geschäftsvolumen der Realkreditinstitute 968,8 Mrd.DM. Dies entsprach 12,9 Prozent des Gesamtgeschäftsvolumens aller Bankengruppen. Im Vordergrund der Geschäftstä-

---

[355] Vgl.SCHEIDL(1993), S.230-232;ergänzend SCHIERENBECK/HÖLSCHER(1993), S.83-88.

[356] Vgl.SCHEIDL(1993), S.235-241 und ergänzend EDWARDS/FISCHER(1994), S.105-106; SCHIERENBECK/HÖLSCHER(1993), S.76-83.

tigkeit der Realkreditinstitute steht das langfristig orientierte Kreditgeschäft (langfristige Finanzierungsfunktion) in Form von Realkrediten und Kommunaldarlehen. Die Aktivseite der Bilanzen der Realkreditinstitute weist eine langfristige Orientierung auf, da die Aktivgeschäfte der Realkreditinstitute hauptsächlich aus langfristigen Hypothekardarlehen auf Gewerbe- und Wohngrundstücke (Realkredite) und aus Krediten an öffentliche Stellen (Kommunaldarlehen) bestehen. Finanziert werden diese Geschäfte über die Ausgabe eigener Schuldverschreibungen in Form von Pfandbriefen und Kommunalobligationen und durch die Aufnahme langfristiger Darlehen.[357]

3.2.3.5.Kreditinstitute mit Sonderaufgaben

Die *Kreditinstitute mit Sonderaufgaben (einschließlich der Postbank)* wiesen 1995 ein Geschäftsvolumen von 716,2 Mrd.DM auf (9,5 Prozent des Gesamtgeschäftsvolumens aller Bankengruppen). Im deutschen Finanzsektor finden sich (ohne Postbank) 17 *Kreditinstitute mit Sonderaufgaben*, die über 139 inländische Zweigstellen verfügen, so daß deren Gesamtzahl inländischer Bankstellen bei 156 lag. Kreditinstitute mit Sonderaufgaben nehmen Aufgaben in der deutschen finanziellen Infrastruktur wahr, die von den übrigen finanziellen Unternehmen nicht oder in zu geringem Umfang erfüllt werden. Der Schwerpunkt der Geschäftstätigkeit richtet sich auf die (tendenziell) langfristige Finanzierung von Kundensegmenten, die von den anderen Bankfinanzintermediären vernachlässigt werden. Dabei handelt es sich um die mittel- bis langfristige Finanzierung des gewerblichen Mittelstandes, die Finanzierung von Existenzgründungen oder um die Finanzierung von regionalen und kommunalen Infrastrukturmaßnahmen des Bundes und der Länder.[358]
Unter die oben thematisierten Kreditinstituten mit Sonderaufgaben wird in der Statistik der Bundesbank auch die *Deutsche Bundespost Postbank AG* subsumiert. Es handelt sich um ein Kreditinstitut mit insgesamt 19.707 Zweigstellen. Seit Inkrafttreten des Poststrukturgesetzes 1989 fungiert die Postbank als ein eigenständiges Unternehmen. Die Postbank konzentriert ihr Leistungsangebot auf die Abwicklung des Zahlungsverkehrs und auf das Einlagengeschäft.[359]

---

[357] Vgl.BUNDESBANK(10/1995), S.52-54; EDWARDS/FISCHER(1994), S.106; SCHIERENBECK/HÖLSCHER(1993), S.89-93 und ergänzend HEIN(1993), S.16. Die gestiegene Durchlässigkeit der institutionellen und funktionalen Segmentierung zeigt sich insbesondere in Kreditangeboten der Realkreditinstitute mit kürzeren Zinsbindungsfristen und kürzeren Laufzeiten, welche dementsprechend kurzfristig bis mittelfristig refinanziert werden.

[358] Vgl.SCHIERENBECK/HÖLSCHER(1993), S.96-105 und ergänzend BUNDESBANK(10/1995), S.54; EDWARDS/FISCHER(1994), S.106-107. BUNDESBANK(1/1997b), S.104 zu den empirischen Angaben. Es handelt sich dabei sowohl um privatrechtlich organisierte Institute (z.B.*AKA-Ausfuhrkredit-Gesellschaft mbH, Deutsche Bau- und Boden Bank AG, Deutsche Verkehrsbank AG, IKB Deutsche Industriebank, Liquiditäts-Konsortialbank GmbH, Privatdiskont AG*) als auch um öffentlich-rechtliche Sonderkreditinstitute (z.B.*Deutsche Siedlungs- und Landesrentenbank, Kreditanstalt für Wiederaufbau, Deutsche Ausgleichsbank, Landwirtschaftliche Rentenbank*).

[359] Vgl.SCHIERENBECK/HÖLSCHER(1993), S.104-105 und.

3.3. Nichtbankfinanzintermediäre
3.3.1. Einordnung

Das System der Nichtbankfinanzintermediäre (NBFI) des deutschen Finanzsektors umfaßt die Versicherungsunternehmen, die Finanzinstitute und einige Spezialkreditinstitute. Die nachfolgenden Ausführungen richten sich auf die Versicherungsunternehmen, die Kapitalanlagegesellschaften, die Bausparkassen und die Kapitalbeteiligungsgesellschaften als die wichtigsten Nichtbankfinanzintermediäre im deutschen Finanzsektor. Auf eine tiefergehende Analyse der übrigen Nichtbankfinanzintermediäre wird im Rahmen der vorliegenden Arbeit verzichtet.

Abbildung D.7.:
Überblick über die Nichtbankfinanzintermediäre (NBFI)

Arten der Nichtbankfinanzintermediäre (NBFI)
Versicherungsunternehmen
Spezialkreditinstitute („Spezialbanken")
-Kapitalanlagegesellschaften
-Bausparkassen
-Bürgschaftsbanken
-Wertpapiersammelbanken
Finanzinstitute
-Kapitalbeteiligungsgesellschaften (einschl. Venture Capital Gesellschaften)
-Leasinggesellschaften
-Factoringgesellschaften und Forfaitierungsgesellschaften
-Pfandleihanstalten
-Finanzmakler

Quelle: Eigene Darstellung.

3.3.2. Überblick über die Nichtbankfinanzintermediäre
3.3.2.1. Versicherungsunternehmen

Die *Versicherungsunternehmen* stellen einen wichtigen Nichtbankfinanzintermediär im deutschen Finanzsektor dar. Versicherungsunternehmen sind nach §1 VAG (Gesetz über die Beaufsichtigung der Versicherungsunternehmen) Unternehmen, die den Betrieb von Versicherungsgeschäften zum Gegenstand haben und nicht Träger der Sozialversicherung sind. Erstversicherungsunternehmen bauen ausschließlich zu den Endverbrauchern des Versicherungsschutzes Rechtsverhältnisse auf. Professionelle Rückversicherungsunternehmen zeichnen dagegen nur indirektes Geschäft, und gemischte Versicherungsunternehmen betreiben Erst- und Rückversicherungsgeschäfte.[360]

---

[360] Vgl. SCHIERENBECK/HÖLSCHER(1993), S.12-13, S.166-168 und ergänzend BUJARD(1988), S.816-825 zur Bedeutung der Versicherungsunternehmen im Finanzsektor. Die Struktur des *Sozialversicherungssystems* wird in der Systematik des Schalenmodells als Rahmenelement des Finanzsystems aufgefaßt und in Kapitel D.IV.2.3. einer ausführlichen Würdigung unterzogen.

In der gesamtwirtschaftlichen Finanzierungsrechnung wird als Hauptfunktion der Versicherungsunternehmen die Übernahme kalkulierbarer Risiken gegen vertraglich vereinbarte Prämien hervorgehoben. Im Rahmen dieses Geschäftes werden versicherungstechnische Rückstellungen gebildet. In diesen Sektor fallen alle privaten und öffentlich-rechtlichen Lebens-, Schadens-, Kranken- und Rückversicherungsunternehmen. Zusätzlich fallen darunter die rechtlich selbständigen Pensionskassen und Sterbekassen, die der Bundes- oder Landesaufsicht unterstellt sind. Die Versicherungsunternehmen spielen als Kapitalsammelstellen eine wichtige Rolle im deutschen Finanzsektor. Circa 75 Prozent des jährlichen Beitragsaufkommens der Versicherungswirtschaft werden von privaten Haushalten aufgebracht. Lediglich 25 Prozent des jährlichen Beitragsaufkommens entfallen auf gewerbliche Kunden. Diese bei den Versicherungen angelegten Gelder werden dem Bankensystem sowie den Produktionsunternehmen, der Wohnungswirtschaft und dem Staat als mittel- bis langfristige Finanzierungsmittel zur Verfügung gestellt. Als Kapitalsammelstellen kommt vor allem den privaten Versicherungsunternehmen und insbesondere den Lebensversicherungsunternehmen eine außerordentliche Bedeutung zu. Den privaten Versicherungsunternehmen war es in den letzten Jahren möglich, ihre Marktstellung auszubauen. Wachsende Zweifel an der Leistungsfähigkeit der staatlichen Sozialversicherungssysteme, insbesondere der gesetzlichen Rentenversicherung, sowie abnehmende Illusionen über deren Leistungsniveau ließen die private Eigenversorgung zur Alterssicherung erheblich an Bedeutung gewinnen.[361]

Insgesamt verzeichneten die Versicherungsunternehmen im Betrachtungsjahr 1995 Brutto-Beitragseinnahmen im selbst abgeschlossenen (direkten) und indirekten Versicherungsgeschäft in Höhe von 288,0 Mrd.DM (Erstversicherungsunternehmen 232,2 Mrd.DM, Rückversicherungsunternehmen 55,8 Mrd.DM). Allein auf die Lebensversicherungsunternehmen entfiel ein Beitragsaufkommen in Höhe von 88,4 Mrd.DM. Insgesamt hatten die Lebensversicherungsunternehmen im Betrachtungsjahr über eine Brutto-Neuanlage in Höhe von 140,0 Mrd.DM zu entscheiden. Davon wurden 54,0 Prozent den Banken, 14,9 Prozent den öffentlichen Haushalten, 12,7 Prozent den Produktionsunternehmen und 10,9 Prozent der Wohnungswirtschaft zur Verfügung gestellt. Zugleich verfügten die Lebensversicherungsunternehmen (nach Bilanzwerten) über einen Kapitalanlagenbestand in Höhe von 703,5 Mrd.DM (63 Prozent des gesamten Kapitalanlagenbestandes aller Versicherungsunternehmen). Die große Bedeutung der Lebensversicherungsunternehmen wird zudem dadurch unterstrichen, daß gut 80 Prozent der Arbeitnehmerhaushalte in Deutschland eine Lebensversicherung besitzen. Rund 58 Millionen Kapitallebens- und Rentenversicherungen bilden eine verläßliche Vorsorge der privaten Haushalte für das Alter bei einer gleichzeitig hohen Hinterbliebenenabsicherung.[362]

---

361 Vgl.GDV(1996a), S.27-49; HOFFMANN(1995), S.29-38; BUNDESBANK(10/1995), S.54-55; BUNDESBANK(6/1996), S.13

362 Vgl.GDV(1996a), S.14-16, GDV(1996b), S.9, 14, 32, 63 zu den quantitativen Angaben. Der Berechnung wurde ein Kapitalanlagebestand der Versicherungsunternehmen in Höhe von 1.116,6 Mrd.DM (Bilanzwerte 1995) zugrunde gelegt. Lebensversicherungsunternehmen spielen eine wichtige Rolle für die Wohnungsfinanzierung. Vgl.BELLINGER/REIF(1994), S.440-439; KÖPFLER(1996), S.639-640.

Eine Betrachtung der Geldanlagen der Versicherungsunternehmen zeigt, daß diese 1995 über ein (kumuliertes) Geldvermögen in Höhe von 1.332,0 Mrd.DM verfügten. Der erhebliche Anteil von 37,0 Prozent der Geldanlagen war bei Banken angelegt. Die Versicherungen fungieren als ein wichtiger Refinanzierer der Banken.[363] Daneben halten die Versicherungen rund 15,7 Prozent ihrer Geldanlagen in Aktien, 15,4 Prozent ihrer Geldanlagen in Rentenwerten und immerhin 12,2 Prozent ihrer Geldanlagen in Investmentzertifikaten. Sonstige Forderungen repräsentieren 19,7 Prozent der Geldanlagen.

Abbildung D.8.:
Bestand der Geldanlagen der Versicherungsunternehmen 1995

Geldanlage	in Mrd.DM	in Prozent
- bei Banken	493,3 Mrd.DM	37,0 %
- in Aktien	209,4 Mrd.DM	15,7 %
- in Rentenwerten	204,6 Mrd.DM	15,4 %
- in Investmentzertifikaten	162,9 Mrd.DM	12,2 %
- in sonstigen Forderungen	261,7 Mrd.DM	19,7 %
Insgesamt:	1.332,0 Mrd.DM	100,0 %

Quelle: Darstellung in Anlehnung an BUNDESBANK(1/1997a), S.38.

3.3.2.2.Kapitalanlagegesellschaften

Die *Kapitalanlagegesellschaften* stellen einen weiteren wichtigen Nichtbankfinanzintermediär im deutschen Finanzsektor dar. Die Tätigkeiten der Kapitalanlagegesellschaften und der von ihnen verwalteten Sondervermögen (Investmentfonds) werden durch das Gesetz über Kapitalanlagegesellschaften (KAGG) geregelt. Danach gelten Kapitalanlagegesellschaften nach juristischen Gesichtspunkten als Kreditinstitute und unterliegen der Beaufsichtigung durch das Bundesaufsichtsamt für das Kreditwesen. Ausländische Kapitalanlagegesellschaften, die ihre Anteile in Deutschland vertreiben, unterliegen dem Auslandsinvestmentgesetz und müssen sich beim Bundesaufsichtsamt für das Kreditwesen registrieren lassen.[364] 1995 fanden sich im deutschen Finanzsektor 65 Kapitalanlagegesellschaften mit acht inländischen Zweigstellen, so daß die Ge-

363 Vgl.hierzu grundlegend GDV(1996a), S.99-106 und ergänzend BUNDESBANK(1/1987a), S.23-26; BUNDESBANK(4/1989), S.16 und REMSPERGER/ANGENENDT(1990), S.541.

364 Vgl.CARL/FÖRSTER(1990), S.1-3 sowie §2.(1) KAGG und §1.(1) KWG. Interessanterweise werden im *Kapitalanlagegesetz (KAGG)* die für die Fondsanlage zulässigen Wertpapiere in qualitativer und quantitativer Hinsicht eng umrissen. Für den Erwerb von Wertpapieren eines Emittenten gilt eine Anlagegrenze von fünf Prozent des verwalteten Sondervermögens. Zusätzlich ist es nach §8 KAGG untersagt, mit dem gesamten verwalteten Sondervermögen mehr als zehn Prozent der Stimmrechte einer Gesellschaft zu erwerben. Gesellschaften mit großem Fondsvermögen wird es dadurch erschwert beziehungsweise unmöglich gemacht, einen wesentlichen Einfluß auf die entsprechende Unternehmung zu nehmen. Durch derartige Bestimmungen ist es den Kapitalanlagegesellschaften unmöglich, über die in ihren Aktienfonds oder gemischten Fonds gehaltenen Beteiligungen an Unternehmen eine wesentliche disziplinierende Rolle im Sinne der *Corporate Governance* der Unternehmung zu übernehmen.

samtzahl der inländischen Bankstellen der Kapitalanlagegesellschaften 73 betrug. Kapitalanlagegesellschaften („Investmentgesellschaften“) sind nach §1 des Gesetzes über Kapitalanlagegesellschaften (KAGG) Unternehmen, deren Geschäftsbetrieb darauf ausgerichtet ist, die ihnen von Anlegern zugeflossenen Mittel im eigenen Namen für gemeinschaftliche Rechnung der Anleger gesondert vom eigenen Vermögen in der Form bestimmter Vermögensgegenstände, beispielsweise als Wertpapiersondervermögen (Wertpapierfonds), Beteiligungssondervermögen (Beteiligungsfonds) oder auch Grundstückssondervermögen (Immobilienfonds) anzulegen und über die hieraus sich ergebenen Rechte der Einleger (Anteilsscheininhaber) Urkunden (Investmentzertifikate, Immobilienzertifikate) auszustellen. In diesem Sinn stellt das Wertpapiergeschäft die Kerntätigkeit der Kapitalanlagegesellschaften dar. Die bei Kapitalanlagegesellschaften gebildeten Sondervermögen werden mit dem Oberbegriff Investmentfonds bezeichnet. Jede Kapitalanlagegesellschaft kann mehrere Investmentfonds betreiben, die jedoch getrennt vom eigenen Vermögen der Kapitalanlagegesellschaft zu halten sind und sich in der Bezeichnung unterscheiden müssen. Bei einem Investmentfonds handelt es sich demzufolge um ein von verschiedenen Anlegern zusammengesammeltes Vermögen, wobei offiziell von „Sondervermögen“ gesprochen wird. Deutsche Investmentfonds besitzen keine Rechtspersönlichkeit. Verwahrt werden die Vermögensgegenstände der Sondervermögen bei einer Depotbank, welche eine Treuhänderfunktion über das Fondsvermögen ausübt und rechtlich und personell von der Kapitalanlagegesellschaft getrennt sein muß.[365]

Kapitalanlagegesellschaften ermöglichen es privaten und institutionellen Anlegern mit einem geringen Kapitaleinsatz (als Geldvermögensanlage), Geldvermögen in Effekten und Immobilien nach dem Prinzip der Risikenmischung anzulegen. Besonders privaten „Kleinanlegern“ (Private Haushalte) wird durch Investmentzertifikate eine standardisierte Form des Kapitalmarktzugangs geboten. Kapitalanlagegesellschaften bieten Investmentfonds für breite Käuferschichten in der Form von Publikumsfonds oder als Spezialfonds für einen geschlossenen Kreis institutioneller Investoren an. Für die Differenzierung in Publikumsfonds und Spezialfonds ist die „Zielgruppe“ das relevante Unterscheidungskriterium. Publikumsfonds zielen prinzipiell auf jeden potentiellen Anleger. Spezialfonds zielen dagegen auf spezielle institutionelle Anleger, wie Versicherungsunternehmen, betriebliche Unterstützungskassen, kirchliche Institutionen, berufsständische Organisationen.[366]

Die gestiegene Bedeutung der Geldanlage in Investmentzertifikaten reflektiert sich im Ausweis eines gesonderten Untersektors „Investmentfonds“ in der gesamtwirtschaftlichen Finanzierungsrechnung. In diesem werden die von den Anlegern gebildeten Geldmarkt-, Wertpapier- und Immobiliensondervermögen nachgewiesen. Die Betrachtung richtet sich auf die verwalteten Fonds der Kapitalanlagegesellschaften, da

---

365 Vgl.CARL/FÖRSTER(1990), S.1-3; DEMBOWSKI(1997), S.36-45; MONOPOLKOMMISSION(1998), S.14-16; o.V.(1995c), S.879-880; o.V.(1995d), S.903 sowie zu den empirischen Angaben BUNDESBANK(1/1997b), S.104.

366 Vgl.grundlegend DEMBOWSKI(1997), S.18-28 und ergänzend SCHEIDL(1993), S.251; SCHIERENBECK/HÖLSCHER(1993), S.375-377. Vgl.für einen Überblick über die verschiedenen Fondskategorien DEMBOWSKI(1997), S.147-192; WACHTENBACH(1997), S.40-84.

deren eigene Aktivitäten in Relation zu den verwalteten Fonds relativ unbedeutend sind.[367] 1995 betrug das Umlaufvolumen der inländischen und ausländischen Fonds 705,8 Mrd.DM. Die 3.233 inländischen Investmentfonds repräsentierten 1995 insgesamt rund 80,0 Prozent der insgesamt emittierten Investmentzertifikate (d.h. die 609 inländischen Publikumsfonds 36,0 Prozent und die 2.624 inländischen Spezialfonds 44,0 Prozent). Ausländische Fonds repräsentierten 20,0 Prozent der emittierten Investmentzertifikate. Bei einer Betrachtung der Erwerber fällt auf, daß rund die Hälfte (50,1 Prozent) der Investmentzertifikate von privaten Haushalten gehalten werden. Daneben spielen Versicherungen eine sehr wichtige Rolle für den Erwerb von Investmentzertifikaten. Sie halten rund 23,1 Prozent der Investmentzertifikate.[368]
Hervorzuheben ist, daß die meisten deutschen Kapitalanlagegesellschaften entweder Tochtergesellschaften von Banken oder von Versicherungsunternehmen sind. Insgesamt werden in Deutschland ca. 90 Prozent des gesamten Fondsvermögens von bankabhängigen Kapitalanlagegesellschaften verwaltet.[369] Dies unterstreicht die engen Verflechtungen zwischen Banken und Kapitalanlagegesellschaften in Deutschland.

Abbildung D.9.:
Umlauf und Unterbringung von Investmentzertifikaten am Jahresende 1995

	Nominell (Mrd.DM)	Prozent
EMITTENTEN	**705,8 Mrd.DM**	**100,0 %**
a) Inländische Fonds	**564,9 Mrd.DM**	**80,0 %**
davon Publikumsfonds	***254,2 Mrd.DM***	***36,0 %***
Geldmarktfonds	*38,2 Mrd.DM*	*5,4 %*
Wertpapierfonds	*156,1 Mrd.DM*	*22,1 %*
Immobilienfonds	*59,9 Mrd.DM*	*8,5 %*
davon Spezialfonds	***310,8 Mrd.DM***	***44,0 %***
b) Ausländische Fonds	**140,9 Mrd.DM**	**20,0 %**
ERWERBER	**705,8 Mrd.DM**	**100,0 %**
a) Inländische nichtfinanzielle Sektoren	**453,5 Mrd.DM**	**64,3 %**
davon private Haushalte	353,4 Mrd.DM	50,1 %
davon Unternehmen	89,9 Mrd.DM	12,7 %
davon öffentliche Haushalte	10,3 Mrd.DM	1,5 %
b) Finanzielle Sektoren	**237,1 Mrd.DM**	**33,6 %**
davon Versicherungen	162,9 Mrd.DM	23,1 %
davon Banken	69,4 Mrd.DM	9,8 %
davon Bausparkassen	4,7 Mrd.DM	0,7 %

Quelle: Darstellung in Anlehnung an BUNDESBANK(6/1996), S.89.

[367] Vgl.BUNDESBANK(6/1996), S.14 und ergänzend zur Bedeutung der Geldanlage in Investmentzertifikaten die Ausführungen in BUNDESBANK(10/1994b), S.49-63.

[368] Vgl.zu den empirischen Daten BUNDESBANK(2/1997), S.52-53; BVI(1997), S.60-65.

[369] Vgl.hierzu DEMBOWSKI(1997), S.36-38; MONOPOLKOMMISSION(1998), S.85-87.

3.3.2.3. Bausparkassen

Die Bausparkassen stellen einen weiteren wichtigen Nichtbankfinanzintermediär des deutschen Finanzsektors dar. Bausparkassen gelten als Spezialkreditinstitute für die nachstellige Wohnungsbaufinanzierung. Ihre Tätigkeiten werden durch das Bausparkassengesetz geregelt. Darüber hinaus unterliegen die Bausparkassen dem Kreditwesengesetz. Im deutschen Finanzsektor existierten 1995 insgesamt 35 Bausparkassen mit 3.721 Zweigstellen. Es handelt sich dabei um 22 private Bausparkassen mit 2.801 Zweigstellen und 13 öffentliche Bausparkassen mit 920 Zweigstellen. Diese wiesen insgesamt eine Bilanzsumme von 229,5 Mrd.DM auf. Nach §1 Bausparkassengesetz ist der Geschäftsbetrieb der Bausparkassen darauf ausgerichtet, Einlagen von Bausparern entgegenzunehmen und aus den angesammelten Beträgen den Bausparern Gelddarlehen für wohnungswirtschaftliche Zwecke zu gewähren. Somit stellen Bausparkassen auf dem Kollektivprinzip basierende Zwecksparunternehmen dar, deren Funktion in der Gewährung von Gelddarlehen („nachstelliger Hypothekarkredite") an den privaten Haushaltssektor für „wohnungswirtschaftliche Maßnahmen" beziehungsweise zur Finanzierung des privaten Wohnungsbaus besteht. Auf der Passivseite (Mittelherkunft) der Bausparkassenbilanzen stehen sehr niedrig verzinste Einlagen von Mitgliedern des Bausparkollektivs, welche durch diese Sparleistungen den Rechtsanspruch auf ein unkündbares, zinsgünstiges Bauspardarlehen mit einem über die gesamte Laufzeit konstanten Zins erhalten. Demzufolge finden sich auf der Aktivseite der Bausparkassenbilanzen (Mittelverwendung) vor allem diese Bauspardarlehen. In der Finanzierungsrechnung der Bundesbank werden die Bausparkassen als gesonderter Sektor innerhalb der Gruppe der finanziellen Sektoren (im Sinne der Finanzintermediäre) ausgewiesen.[370]

3.3.2.4. Kapitalbeteiligungsgesellschaften

Kapitalbeteiligungsgesellschaften stellen einen weiteren wichtigen Nichtbankfinanzintermediär im deutschen Finanzsektor dar. Nach §1.(3) KWG gelten Kapitalbeteiligungsgesellschaften als Finanzinstitute. In Deutschland sind circa 90 Kapitalbeteiligungsgesellschaften tätig. Ihr Hauptgeschäft besteht in der Bereitstellung von Wagniskapital für kleinere (mittelständische) nicht börsennotierte Unternehmen. Die Hauptfunktion der Kapitalbeteiligungsgesellschaften besteht in der Verbesserung der Eigenkapitalausstattung nicht emissionsfähiger Unternehmen. Zudem nehmen sie Kontroll- und Beratungsfunktionen wahr, die der eigenen Absicherung dienen und auf Sicherstellung einer gesunden wirtschaftlichen Entwicklung der Unternehmen zielen. Kapitalanlagegesellschaften werden oft als Tochterunternehmen von Banken gegründet oder weisen maßgebliche Beteiligungen von Banken auf. Im Jahr 1996 verfügten die

---

370 Vgl.SCHIERENBECK/HÖLSCHER(1993), S.94-95, S.377-379 und ergänzend EDWARDS/FISCHER(1994), S.564 JOKL(1994), S.432-437 sowie BUNDESBANK(1/1997b), S.102-104 zu den empirischen Daten. Vgl.auch BUNDESBANK(10/1995), S.54; BUNDESBANK(6/1996), S.13.

90 Kapitalbeteiligungsgesellschaften über ein Fondsvolumen zur Investition in Kapitalbeteiligungen in Höhe von 9,872 Mrd.DM (Mittelherkunft). Knapp 60 Prozent dieser Mittel wurden von Banken bereitgestellt, wodurch die Bedeutung der Banken für die Kapitalbeteiligungsgesellschaften unterstrichen wird. Erstaunlicherweise verfügten die 90 Kapitalbeteiligungsgesellschaften lediglich über ein Gesamtportfolio an 3.320 Unternehmensbeteiligungen in Höhe von 6,632 Mrd.DM (Mittelverwendung). Das bedeutet, daß lediglich 67,2 Prozent der zur Verfügung stehenden Finanzmittel in Unternehmensbeteiligungen investiert worden sind. Schwerpunkte der Unternehmensbeteiligungen liegen auf den Finanzierungsphasen Erweiterungsfinanzierung (Expansion) mit einem Investitionsvolumen in Höhe von 3,972 Mrd.DM und Management Buy Out/Management Buy In mit einem Investitionsvolumen in Höhe von 1,150 Mrd.DM des Gesamtportfolios an Unternehmensbeteiligungen. Nur eine geringe Bedeutung kommt den Finanzierungphasen Seed und Start-up zu, auf die gemeinsam 0,619 Mrd.DM des Gesamtportfolios entfallen.[371]

Abbildung D.10.:
Gesamtportfolio der Kapitalbeteiligungsgesellschaften nach Finanzierungsphasen

Finanzierungsphasen	Mrd.DM	Prozent
Expansion	3,972 Mrd.DM	59,9 %
MBO/MBI	1,149 Mrd.DM	17,3 %
Start-up	0,452 Mrd.DM	6,8 %
Bridge	0,327 Mrd.DM	5,0 %
Turnaround	0,199 Mrd.DM	3,0 %
Seed	0,168 Mrd.DM	2,5 %
ohne Angaben	0,365 Mrd.DM	5,5 %
Summe	6,632 Mrd.DM	100,0 %

Quelle: BVK(1997), S.74.

3.3.Charakteristika des Systems der Finanzintermediäre

3.3.1.Dominanz von Universalbanken

Das System der Finanzintermediäre kennzeichnet sich durch die Dominanz der Universalbanken. Vom Geschäftsvolumen aller Bankengruppen (7.538,9 Mrd.DM) im Jahr 1995 sind insgesamt 77,6 Prozent auf die Universalbanken (Kreditbankensektor, Sparkassensektor, Genossenschaftssektor) entfallen. Dies unterstreicht eindrucksvoll die dominierende Stellung der deutschen Universalbanken im System der Finanzintermediäre beziehungsweise im deutschen Finanzsektor.[372]

---

371 Vgl.MONOPOLKOMMISSION(1998), S.54-55, SCHIERENBECK/HÖLSCHER(1993), S.379-380 und BVK(1997), S.73-78. *Wagnisfinanzierungsgesellschaften* (Venture Capital Gesellschaften) dienen auch der Bereitstellung von Eigenkapital. Zielgruppe sind jedoch Unternehmen, welche zur Finanzierung von Innovationen ihre Eigenkapitalbasis verbreitern müssen.

372 Vgl.hierzu die Ausführungen in Kapitel D.II.3.2.2.1.

Nachfolgendes Zitat hebt ebenfalls die dominierende Stellung der Universalbanken hervor: „*Prägend für die institutionelle Struktur des deutschen Finanzsystems ist die zentrale Rolle der Kreditinstitute, die überwiegend als Universalbanken tätig sind und im Unterschied zu dem in einigen anderen Ländern vorherrschenden Trennbankensystem alle Arten von Bankgeschäften - insbesondere das Kreditgeschäft und das Wertpapiergeschäft - unter einem Dach betreiben dürfen.*“[373]

In einer Annäherung an das Konstrukt *Universalbank* erscheint es für einen solchen Finanzintermediär als charakteristisch, nicht nur das gesamte Einlagen- und Kreditgeschäft, sondern auch das gesamte Effektengeschäft und das Depotgeschäft zu betreiben. Universalbanken besitzen im Aktiv- und Passivgeschäft eine universale Kundenstruktur und bieten die gesamte Palette der banküblichen Geschäfte an. Universalbanken stellen somit Kreditinstitute dar, die bei der Ausübung ihrer Geschäfte weder quantitative, noch regional-räumlich-lokale, noch personelle, noch branchenmäßige, noch qualitative Auslese betreiben. Somit substituiert der Begriff 'Universalbank' Bezeichnungen wie 'Finanzwarenhaus', 'Generalbank', 'Allgemeinbank', 'Jedermannbank', 'Omnibank', mit denen darauf hingewiesen wird, daß dieser Banktyp alle Bankgeschäfte, ausgenommen die Noten- und Pfandbriefausgabe, betreibt. Für deutsche Universalbanken ist es kennzeichnend, daß sie im *Einlagengeschäft* nicht nur kürzerfristige Sicht-, Termin- und Spareinlagen, sondern auch längerfristige Einlagen in der Form von befristeten Einlagen, Sparbriefen und Bankschuldverschreibungen hereinnehmen. Darüber hinaus bieten Universalbanken beispielsweise auch *Vermögensverwaltung* an. Entsprechend begeben sie im *Kreditgeschäft* nicht nur kurzfristige, sondern auch mittel- und langfristige Kredite. Daneben sind die Universalbanken im *Depotgeschäft*, *Emissionsgeschäft* und im Handel mit Wertpapieren auf fremde Rechnung (*Effektengeschäft*) sowie im Handel mit Wertpapieren auf eigene Rechnung tätig. Mit dem Vordringen derivativer Finanzinstrumente sind Universalbanken auch in diesen *nicht-bilanzwirksamen Geschäften* tätig geworden. Diese Finanzinstrumente werden zur Steuerung eigener Risiken und zum *Risikomanagement* der Kunden verwendet.[374]

Auffallend ist die institutionelle Dreiteilung des deutschen Universalbankensektors in *Kreditbankensektor*, *Sparkassensektor* und *Genossenschaftssektor*. Diese drei Sektoren stehen im Gruppenwettbewerb zueinander. Innerhalb des Universalbankensektors kann nicht von einer übermäßigen Konzentration gesprochen werden. Die Betrachtung des

---

[373] BUNDESBANK(10/1995), S.42.

[374] Vgl.grundlegend BUNDESBANK(10/1995), S.51-52; HEIN(1993), S.13-17 KOTTMANN(1976), S.1740 und PENZKOFER(1976), S.1643-1644. Die beiden letztgenannten beziehen sich auf BÜSCHGEN(1971) und BÜSCHGEN(1970). HEIN(1993), S.15-17 weist darauf hin, daß der Begriff *Universalbank* nur absatz(angebots)bezogen zu verstehen ist. Dahinter können sich innerbetrieblich sehr verschiedene Strukturen verstecken. Dies bezieht sich vor allem auf den Aspekt, in welchem Umfang eine einzelne Bank die von ihr angebotenen Leistungen nicht selbst erstellt, sondern nur vermittelt. Dies gilt nicht nur für kleine Bankbetriebe, die aus Kostengründen nicht alles selbst erstellen können, sondern auch für große Institute, die nicht alles, was den Kunden angeboten wird, selbst im eigenen Hause erstellen dürfen und/oder wollen.

Geschäftsvolumens aller Bankengruppen (Kapitel D.II.3.2.2.1.) wies für die drei Großbanken einen Anteil von 9,2 Prozent des Geschäftsvolumens aus. In keinem europäischen Land findet sich eine geringere Konzentration im Bankgeschäft als in Deutschland. Insgesamt kommt den drei Großbanken zwar ein signifikanter Einfluß im deutschen Finanzsystem zu. Von einem dominierenden Einfluß kann jedoch nicht gesprochen werden. Dieses Bild bleibt auch erhalten, wenn die Eigentumsverflechtungen der Banken untereinander berücksichtigt werden und die Betrachtung anhand der konsolidierten Bilanzen der Banken, (die jedoch als verzerrenden Faktor die Auslandsfilialen enthalten), durchgeführt wird. In dieser Betrachtungsweise liegt der Marktanteil der drei Großbanken bei circa 17 Prozent und der Marktanteil der fünf größten Banken bei circa 25 Prozent. Auch in dieser Sichtweise bleibt das allgemeine, aus der Betrachtung des Geschäftsvolumens resultierende Bild in der Grundtendenz erhalten.[375]
Die historisch bedingte Dreiteilung des Universalbankensektors in einen Kreditbankensektor, einen Sparkassensektor und einen Genossenschaftsektor mit traditionell unterschiedlichen Geschäftsschwerpunkten und Kundensegmenten hat sich im Zeitablauf verwischt. Unterschiede in typischen Kundensegmenten und Geschäftsbereichen bestehen zwar noch. Die drei Institutsgruppen stehen jedoch bezüglich aller Bankleistungen miteinander im Wettbewerb. Im Hinblick auf die betriebenen Geschäfte und auf das Geschäftsgebaren sind diese drei Sektoren kaum voneinander zu unterscheiden.[376] In diesem Sinne kann für diese drei Sektoren des Universalbankensystems von einer Tendenz zur *Homogenisierung der Geschäftsfelder und Kundensegmente* gesprochen werden.
Beispielsweise nehmen von den *Kreditbanken* die drei Großbanken (Deutsche Bank, Dresdner Bank und Commerzbank) traditionell eine sehr starke Position im kurzfristigen Kreditgeschäft ein. Jedoch haben die Sparkassen, die Girozentralen und die Genossenschaftsbanken ihren Anteil am kurzfristigen Kreditgeschäft ausbauen und somit zu den Großbanken aufholen können. Die ursprünglich für finanzschwache Bevölkerungskreise konzipierten *Sparkassen*, die traditionell für die Finanzierung des Mittelstandes, der Kommunen und des Wohnungsbaus eine sehr starke Stellung innehatten, sind mittlerweile mit ihrem Verbundsystem in den gleichen Geschäftsfeldern und Kundensegmenten wie die Kreditbanken tätig. Gerade die größeren der Sparkassen und die Girozentralen sind mittlerweile im Großkundengeschäft und in der Industriefinanzierung involviert. Für die Genossenschaftsbanken und die genossenschaftlichen Zentralbanken ist eine ähnliche Entwicklung zu beobachten. Die *Kreditgenossenschaften*, die ursprünglich als Selbsthilfeorganisationen von Kreditnehmern gegründet worden sind, unterscheiden sich in bezug auf Geschäftsfelder und Kundensegmente nicht wesentlich von den Kreditbanken und den Sparkassen.[377]

---

375 Vgl.EDWARDS/FISCHER(1994), S.107-109. Die Marktanteile der Banken beziehen sich auf das Jahr 1987. GUAL/NEVEN(1993), S.166 verweisen für das Jahr 1993 auf einen Marktanteil der fünf größten Banken von circa 27 Prozent.

376 Vgl.BORCHERT(1994), S.211-212; BUNDESBANK(10/1995), S.52; BREUER(1997), S.219-220; SCHEIDL(1993), S.219; OWEN SMITH(1994), S.319-320; STEIN(1996), S.8.

377 Vgl.BORCHERT(1994)), S.211-212; BUNDESBANK(10/1995), S.52-53.

3.3.2. Komplementarität der Spezialbanken

Das System der Finanzintermediäre kennzeichnet sich durch eine komplementäre Stellung der Spezialbanken (eigentlich „Spezialkreditinstitute") zu den Universalbanken. Spezialbanken sind durch sehr spezielle und eng umrissene Geschäftsschwerpunkte charakterisiert. Typischerweise betreiben Spezialbanken nur eine kleine Auswahl der in §1.(1) KWG abgegrenzten Bankgeschäfte. Immerhin sind im Betrachtungsjahr 1995 insgesamt rund 22,4 Prozent des Geschäftsvolumens aller Bankengruppen von Spezialbanken abgewickelt worden. Dabei trugen die Realkreditinstitute zum Geschäftsvolumen aller Banken rund 12,9 Prozent und die Kreditinstitute mit Sonderaufgaben rund 9,5 Prozent bei. Wird berücksichtigt, daß die im Rahmen der Betrachtung der Nichtbankfinanzintermediäre gewürdigten Kapitalanlagegesellschaften und Bausparkassen ebenfalls Spezialkreditinstitute darstellen, dann unterstreicht dies die wichtige Rolle der „Spezialbanken" im deutschen Finanzsektor. Allgemein betrachtet kennzeichnet sich eine Spezialbank (Spezialkreditinstitut) durch selbstauferlegte oder gesetzlich vorgeschiebene Beschränkungen hinsichtlich der Geschäftsbereiche oder der Kundenkreise beziehungsweise durch eine schwerpunktartige Spezialisierung bezüglich eines dieser Merkmale. Spezialbanken und Universalbanken sind nicht diametral entgegengesetzt, sondern kennzeichnen sich durch fließende Übergänge. Die Bedeutung der Spezialbanken liegt vor allem in der Ausübung von Spezialfunktionen, die von Universalbanken nicht immer ebenso effektiv erfüllt werden können. Die Ausübung der Spezialfunktionen wird tendenziell mit einer Kooperation mit den Universalbanken verbunden. Diese spiegelt sich in einer starken personellen und finanziellen Verflechtung von Spezialbanken und Universalbanken wider.[378] In diesem Sinn kann von einer Komplementarität der Spezialbanken zu den Universalbanken gesprochen werden. Die Kapitalverflechtungen im System der Finanzintermediäre werden im folgenden Abschnitt einer näheren Betrachtung unterzogen.

3.3.3. Kapitalverflechtungen zwischen Finanzintermediären

Das System der Finanzintermediäre ist durch wechselseitige Kapitalverflechtungen gekennzeichnet. Kapitalverflechtungen finden sich sowohl innerhalb als auch zwischen den Bank- und Nichtbankfinanzintermediären. Die großen *Universalbanken* arbeiten eng mit Realkreditinstituten, Bausparkassen, Kapitalanlagegesellschaften, Kapitalbeteiligungsgesellschaften, Leasinggesellschaften, Factoringgesellschaften und Forfaitierungsgesellschaften zusammen, an denen sie tendenziell zur Sicherung der Zusammenarbeit kapitalmäßig beteiligt sind. Beispielsweise gehören die meisten privaten Realkreditinstitute (Hypothekenbanken) den Universalbanken oder können als deren Tochterunternehmen eingestuft werden. Auch viele der Kapitalanlagegesell-

---

378 Vgl.BORCHERT(1994), S.211-212; BUNDESBANK(10/1995), S.53; HEIN(1993), S.13-15; PENZKOFER(1976), S.1644-1652; POZDENA/ALEXANDER(1992), S.563-568; SCHEIDL(1993), S.217-219; SCHIERENBECK(1993), S.19-21.

schaften sind im Besitz von Universalbanken. *Versicherungen* treten ebenfalls als Eigentümer von Hypothekenbanken, Kapitalanlagegesellschaften und Bausparkassen auf. Ebenfalls hervorzuheben sind die wechselseitigen Kapitalverflechtungen zwischen *Universalbanken* und *Versicherungen.* Besonders ins Auge fallen die Kapitalverflechtungen zwischen Versicherungen und den drei Großbanken. Jede der drei Großbanken ist kapitalmäßig mit einer Versicherung verbunden. Beispielhaft sei hier die gegenseitige Verflechtung von Dresdner Bank und der Allianzversicherung genannt. Als Paradebeispiel für die Verflechtung von Banken und Versicherungen gelten die Kapitalanlagegesellschaften, die ihre Geschäfte als Tochterunternehmen von Universalbanken und Versicherungen führen.[379]

3.3.4.Herausbildung von Universalfinanzinstituten

Das System der Finanzintermediäre weist zudem eine Tendenz zur Herausbildung von Universalfinanzinstituten auf. In diesem Zusammenhang spielen die zuvor thematisierten Kapitalverflechtungen im System der Finanzintermediäre (Kapitel D.II.3.3.3.) eine wichtige Rolle. Insbesondere Kapitalverflechtungen in der Form der Gründung von Bausparkassen und Versicherungen durch Banken sowie der Erwerb von Banken und Bankbeteiligungen durch Versicherungen kommt eine große Bedeutung bei der Herausbildung von Universalfinanzinstituten zu. Auch auf den Aufbau von Finanzkonzernen durch Bausparkassen ist hier hinzuweisen. Aus der Sicht der deutschen Universalbanken stellt diese Tendenz eine Weiterentwicklung und nicht etwa einen Bruch des bestehenden Systems dar. Tatsächlich existieren im deutschen Finanzsektor enge institutionelle Verbindungen in der Form von Kapitalverflechtungen und -verbünden. Das Vorherrschen von *Allfinanzinstituten* stellt gerade im Hinblick auf die Zusammenarbeit im Vertrieb eher die Regel als die Ausnahme dar.[380]
Um die drei Gruppen (Kreditbanken, Sparkassensektor und Genossenschaftssektor) formieren sich jeweils eigenständige *Allfinanz- und Konzentrationsansätze.*[381] Diese

---

379 Vgl.MONOPOLKOMMISSION(1998), S.81-89; HEIN(1993), S.15-17; JOKL(1994), S.435-436; POZDENA/ALEXANDER(1992), S.563-564, 584-585; REMSPERGER(1989), S.300-30; SCHIERENBECK/HÖLSCHER(1993), S.379-392 und ergänzend BUNDESBANK(4/1992a), S.22; BUNDESBANK(4/1994), S.51-52 sowie Kapitel D.III.3.2.2.

380 Vgl.hierzu grundlegend GADDUM(1989), S.710-712; REMSPERGER(1989), S.301; REMSPERGER/ANGENENDT(1990), S.541-542 und ergänzend BURGHOF/RUDOLPH(1996), S.90-93. BORCHERT(1994), S.218-220, stellt fest, daß die Ersparnis der privaten Haushalte in Deutschland vor allem in Sachvermögen (Wohnungseigentum) und in die Geldvermögensbildung fließt. *Allfinanzstrategien* reflektieren vor allem demographische Veränderungen in der Altersstruktur und Veränderungen in der Struktur des Geldvermögens. Zum einen wird ererbtes Sachvermögen tendenziell weniger selbst genutzt und statt dessen auf dem Immobilienmarkt angeboten. Die Universalbanken werden bestrebt sein, diese Verlagerung der Geschäftsschwerpunkte vom Kreditgeschäft zum Immobiliengeschäft begleiten zu wollen. Veränderungen in der Geldvermögensstruktur (vgl.Kapitel D.III.2.2.) resultieren aus dem Übergang vom Notfallsparen zum ertragsorientierten Vorsorgesparen. Dies drückt sich in einer Abnahme der Bankeinlagen und einer Zunahme des Wertpapiersparens und des Versicherungssparens aus. Diese Entwicklungen drängen die Universalbanken zu einer Allfinanzstrategie.

381 Vgl.REMSPERGER/ANGENENDT(1990), S.542.

Entwicklungstendenzen zu sogenannten *Universalfinanzinstituten*, die ihre Produktpalette im Sinne von Allfinanzstrategien ausrichten und eine rein funktionale Aufschlüsselung des Systems der Finanzintermediäre verkomplizieren, werden von der BUNDESBANK so kommentiert: „*Die funktionale und institutionelle Segmentierung des deutschen Finanzsystems ist aufgrund des in Deutschland vorherrschenden Universalbanksystems traditionell weniger stark ausgeprägt als in anderen Ländern. In den letzten Jahren haben sich hierzulande die Trennungslinien zwischen einzelnen Sparten des Finanzdienstleistungssektors noch mehr verwischt. Die veränderte Geldvermögensbildung der privaten Haushalte, ein weiterhin intensiver Wettbewerb im Gefolge des sich etablierenden einheitlichen europäischen Finanzraumes sowie die Nutzbarmachung von Synergieeffekten sind die wesentlichen Gründe dafür, daß Kreditinstitute, Versicherungsunternehmen, Bausparkassen und Investmentfonds ihre traditionellen Finanzdienstleistungen im Rahmen sogenannter Allfinanz-Strategien um Produkte der jeweils anderen Institutsgruppen ergänzen. Die wechselseitige Durchdringung gewachsener und ehemals separierter Marktpositionen durch die Allfinanz-Gruppen stellt letztlich eine konsequente Fortentwicklung des Universalbankprinzips in Richtung auf ein System von 'Universalfinanzinstituten' dar.*"[382]
Der Trend zu Universalfinanzinstituten führt zu fließenden Übergängen zwischen Bank- und Nichtbankfinanzintermediären, da sich die meisten Bankfinanzintermediäre (insbesondere die Universalbanken) als Finanzdienstleister definieren, die alle mit Geld in Verbindung stehenden Finanzdienstleistungen in ihre Angebotspalette aufnehmen: Zusätzlich zu den „Bankdienstleistungen" werden Versicherungsgeschäfte, Baufinanzierungen, Leasingverträge und Consultingleistungen angeboten. Institutionell lassen sich Allfinanzkonzepte einerseits durch die im vorigen Kapitel umrissenen Kapitalverflechtungen im System der Finanzintermediäre charakterisieren und andrerseits durch den Finanzdienstleistungsverbund zwischen Genossenschaftssektor und Nichtbankfinanzintermediären sowie den Finanzdienstleistungsverbund im öffentlich - rechtlichen Bereich (Sparkassensektor). Ein funktioneller Aspekt von Allfinanzkonzepten wird durch den Umfang der Leistungserstellung gebildet. Von Allfinanzinstituten kann dann gesprochen werden, wenn sowohl Finanzdienstleistungen von Bankfinanzintermediären als auch von Nichtbankfinanzintermediären „aus einer Hand" angeboten werden. Universalbanken ergänzen ihre Produktpalette um die Leistungen von Nichtbankfinanzintermediären und umgekehrt.[383] Universalfinanzinstitute kennzeichnen sich im Vergleich zu Universalbanken durch erweiterte Kundensegmente und/oder Geschäftsbereiche. Beispielhaft sei hier die Integration der Wohnungsfinanzierung (langfristige Finanzierungsfunktion) über besondere Finanzierungsformen der Bausparkassen (Bausparverträge) in die Angebotspalette der Universalbanken genannt oder auch die Integration von Versicherungsleistungen (Lebensversicherungen, Hausratversicherungen usw.) in die Angebotspalette der Universalbanken. Für die grenzüberschreitende Produktion in Banken sei der Sparplan mit Versicherungsschutz erwähnt. Von Lebensversicherungen herausgelegte Darlehen seien als Beispiel für banknahe

---

[382] BUNDESBANK(10/1995), S.55.

[383] Vgl.hierzu BUNDESBANK(4/1989), S.14-15; REMSPERGER(1989), S.299-301.

Leistungen von Nichtbankfinanzintermediären genannt. Als weiterer funktioneller Aspekt von Allfinanzkonzepten erscheint der Vertrieb von Allfinanzprodukten. Dieser ist jedoch vor allem vor dem Hintergrund der oben angesprochenen institutionellen Verflechtung zu sehen. Gerade im genossenschaftlichen und öffentlich-rechtlichen Bereich besitzt die Verknüpfung von Vertriebsnetzen eine lange Tradition. Die Erzielung von Synergieeffekten in der Distributionspolitik steht im Vordergrund der Nutzung des Filialnetzes von Banken für den Absatz von Versicherungen und der Nutzung des Versicherungsaußendienstes für den Vertrieb von Bankleistungen.[384]

3.3.5. Transmission geldpolitischer Impulse

Die durch Universalbanken dominierte Struktur des Systems der Finanzintermediäre wirkt sich positiv auf die Transmission geldpolitischer Impulse der Bundesbank aus. Allgemein stehen die institutionelle Struktur des Finanzsektors und die Geldpolitik der Bundesbank in einem engen Wechselverhältnis zueinander. Einerseits steckt die durch die zentrale Rolle der vorwiegend als Universalbanken tätigen Kreditinstitute charakterisierte Finanzsektorstruktur den Rahmen des geld- und kreditpolitischen Handelns ab, und andererseits bilden die Notenbankverfassung und die Geldpolitik der Bundesbank die Rahmenbedingungen für das Funktionieren und die längerfristige Entwicklung des Finanzsektors. Insgesamt ermöglicht die durch das Universalbankensystem gekennzeichnete charakterisierte Struktur des deutschen Finanzsektors eine gute Übertragung geldpolitischer Impulse der Zentralbank über das Bankensystem in den Finanzsektor. Begünstigt wird dies durch die Stabilität des Bankensystems. Den Universalbanken ist es durch eine breite Risikenstreuung möglich, ihre Ertragslage zu stärken, was sich in einem hohen Maß an Bestandsfähigkeit des Bankensystems auswirkt. Diese wiederum ist die solide Voraussetzung für den zu beobachtenden hohen und intensiven Wettbewerb der Banken, der die rasche Weitergabe der Zinsimpulse der Bundesbank durch das Bankensystem ermöglicht. Von zentraler Bedeutung für die Durchführung der Geldpolitik ist es, sich auf stabile Finanzmarktstrukturen und Wirkungszusammenhänge im Finanzsektor stützen zu können, die eine Abschätzung ermöglichen, wie geldpolitische Impulse weitergegeben werden und wirken. Die Einzelheiten der Transmission geldpolitischer Impulse sind nur unzulänglich bekannt. Grob betrachtet wirken die am Geldmarkt ansetzenden geldpolitischen Maßnahmen der Bundesbank auf die Kredit- und Einlagenkonditionen der Geschäftsbanken sowie auf die Kapitalmarktzinsen und die Wechselkurse. Diese Impulse wirken weiterhin auf die Dispositionen der nichtfinanziellen Sektoren und beeinflussen deren Ausgaben- und Preisentscheidungen.[385]

---

384 Vgl. OWEN SMITH(1994), S.333-334; REMSPERGER(1989), S.299-300. Im Hinblick auf den Distributionsaspekt sind auch Bausparkassen mit in das Kalkül einzubeziehen, da sich diese als Vertriebspartner von Versicherungen und Banken eignen. Vermögensberatungsgesellschaften sind bemüht, aus einer Hand Produkte von Banken, Versicherungen, Bausparkassen und Investmentfonds anzubieten.

385 Vgl. BUNDESBANK(10/1995), S.55-56 und S.62-65; DISCH(1995), S.1-4. In Anbetracht der Bedeutung der Nichtbankfinanzintermediäre im deutschen Finanzsektor wird die obige Einschätzung zur Transmission geldpolitischer Impulse im deutschen Finanzsektor ein wenig relativiert.

3.3.6. Langfristorientierung der Finanzierungsbeziehungen

Die Finanzierungsbeziehungen des Systems der Finanzintermediäre zu den nichtfinanziellen Sektoren weisen eine ausgeprägt längerfristige zeitliche Orientierung auf. Allgemein besteht ein besonders charakteristisches Merkmal der Finanzierungsbeziehungen in Deutschland in ihrer längerfristigen Orientierung. Dies betrifft sowohl die Laufzeiten der Kredite und die Mittelbeschaffung über Wertpapiere als auch die Zinsbindungen. Gerade für die Finanzierung der Wirtschaft, vor allem für die Finanzierung von Unternehmensinvestitionen und für die Wohnungsbau-finanzierung, spielen langfristige Zinsbindungen eine wichtige Rolle. Vom gesamten 1995 aufgelaufenen Bestand an Krediten der Bankfinanzintermediäre an die nichtfinanziellen Sektoren (4.145 Mrd.DM) repräsentierten beispielsweise lediglich 16,0 Prozent kurzfristige und 7,2 Prozent mittelfristige Kredite, so daß der Großteil von 76,8 Prozent aller Kredite eine Laufzeit von mehr als vier Jahren aufwies. Einher geht diese längerfristige Orientierung des Kredithorizonts mit langfristig orientierten Geschäftsbeziehungen zwischen den Banken und ihren Kunden.[386]

3.3.7. Abnehmende Bedeutung von Hausbankbeziehungen

Die Bedeutung von Hausbankbeziehungen verliert an Bedeutung als charakteristisches Merkmal des Systems der Finanzintermediäre, insbesondere des Systems der Bankfinanzintermediäre. EDWARDS/FISCHER weisen darauf hin, daß die traditionell verbreitete Sichtweise der deutschen *Hausbankbeziehungen* zu relativieren ist: Typischerweise werden die deutschen Hausbankbeziehungen als Beziehung zwischen einer (kreditgebenen) Bank und einer Unternehmung aufgefaßt. In dieser Sichtweise gehen Hausbankbeziehungen mit Wettbewerbsminderungen (im Kreditmarkt) und mit einer längerfristigen Bindung zwischen Unternehmung und Bank einher, wobei die Bank der betreffenden Unternehmung typischerweise ein großes Volumen an längerfristigen Krediten bereitstellt. Aus den tatsächlich beobachteten Finanzierungs-beziehungen können derartige Hausbankbeziehungen nicht bestätigt werden. Exklusive Finanzierungsbeziehungen zwischen einer einzigen Bank und einer Unternehmung im Sinne einer traditionellen Hausbankbeziehung (eine Bank und eine Unternehmung) stellen heutzutage den Ausnahmefall dar.[387] Zu beobachten sind Bankbeziehungen (im Sinne von „Hausbankbeziehungen") zwischen einer Unternehmung und mehreren Hausbanken, wie nachfolgend näher erläutert wird.

Allgemein ist eine Emanzipation der Unternehmen von sehr engen Bankbeziehungen festzustellen, wobei gerade die Großunternehmen hauptsächlich auf die interne Finanzierung und die Finanzierung über Wertpapiermärkte zurückgreifen. Großen

---

[386] Vgl.BOCKELMANN(1996), S.14-22; IFO/SAKURA(1997), S.95-101 sowie zu den empirischen Daten BUNDESBANK(1/1997b), S.20-21.

[387] Vgl.EDWARDS/FISCHER(1994), S.124-152, S.232 und ergänzend BAUMS(1994), S.422-423 und MÜLBERT(1996), S.51-52. Beide stützen sich auf die empirische Studie von FISCHER(1990).

börsennotierten Unternehmen steht die Nutzung der Wertpapiermärkte zur Finanzierung offen. Darüber hinaus können diese Unternehmen sich gegenseitig kurzfristige Kredite ohne Einschaltung einer Bank einräumen. Tendenziell unterhalten Unternehmen dieser Größenordnung ständige Geschäftsbeziehungen zu fünf bis zehn Banken. Darüber hinaus werden auch andere Banken nicht aus den Geschäftsbeziehungen ausgeschlossen. Gerade der Kreditmarkt mit Unternehmen guter Bonität und Unternehmen mit einem Jahresumsatz von mehr als 500 Mio.DM ist durch ein hohes Maß an Wettbewerb gekennzeichnet. Allgemein präferieren die Unternehmen die Unterhaltung von Geschäftsbeziehungen zu einer Handvoll miteinander konkurrierender Banken, um ihre Unabhängigkeit zu gewährleisten. Lediglich für kleine und sehr kleine Unternehmen spielen Hausbanken eine gewisse Rolle. Noch anzutreffen sind Hausbankbeziehungen auch bei Unternehmen mit einem Jahresumsatz bis zu 500 Mio.DM. Relativierend ist anzumerken, daß auch große Unternehmen über eine bevorzugte Bankverbindung verfügen. Dieser kommt aber eher die Rolle eines „primus inter pares" unter den übrigen ständigen Geschäftsbeziehungen der Unternehmung zu ihren (Haus)Banken zu. Keineswegs fungiert die hinter dieser bevorzugten Bankverbindung stehende „Hausbank" als Monopolanbieter finanzieller Ressourcen.[388]

3.3.8. Finanzintermediäre als Unternehmenseigentümer

Das System der Finanzintermediäre fungiert als wichtiger Eigentümer von finanziellen und nichtfinanziellen Unternehmen. Eine Betrachtung des Aktienumlaufs im Jahr 1995 zeigt, daß vom System der Finanzintermediäre 30,3 Prozent des Gesamtumlaufs an Aktien (1.682,0 Mrd.DM) gehalten worden sind. Versicherungen haben insgesamt 12,4 Prozent des Gesamtumlaufs an Aktien gehalten. Auf Banken sind 9,8 Prozent, auf Investmentfonds 7,6 Prozent und auf Bausparkassen 0,5 Prozent des Gesamtumlaufs an Aktien entfallen.[389] Ein gewisser Anteil dieser Bestände am Aktienumlauf reflektiert die zuvor thematisierten gegenseitigen kapitalmäßigen Verflechtungen innerhalb des Systems der Finanzintermediäre. Schätzungsweise handelt es sich bei den Aktienbeständen der Banken jeweils zur Hälfte um Beteiligungen und um Portfoliobesitz. Circa ein Drittel dieser Beteiligungen reflektiert Beteiligungen innerhalb des Bankensektors.[390]

Eine besondere Bedeutung kommt den Universalbanken als Eigentümern von nichtfinanziellen Unternehmen zu. Insgesamt erscheint der Anteil der Banken am gesamten Aktienumlauf recht klein, vor allem wenn berücksichtigt wird, daß ein Teil dieses Aktienbesitzes die kapitalmäßigen Verflechtungen zwischen den Banken und anderen Finanzintermediären reflektiert. Festzuhalten ist hier zunächst, daß der Aktienbesitz der Banken insgesamt wesentlich geringer ist, als es für das deutsche

388 Vgl.BAUMS(1994), S.422-423; EDWARDS/FISCHER(1994), S.142; MÜLBERT(1996), S.51.

389 Vgl.hierzu die Ausführungen in Kapitel D.II.4.3.2.

390 Vgl.BUNDESBANK(1/1997a), S.30 und S.39.

Finanzsystem allgemein unterstellt wird. Allerdings relativiert sich das Bild in einem gewissen Maß, wenn berücksichtigt wird, daß der Aktienbesitz des Bankensektors stark auf die drei Großbanken (Deutsche Bank, Dresdner Bank, Commerzbank) konzentriert ist. Diese vereinigen circa zwei Drittel des gesamten Aktienbesitz der Banken am Unternehmenssektor auf sich. Gerade den drei Großbanken wird unterstellt, daß sie einen intensiven Einfluß auf die deutschen Industrieunternehmen (insbesondere auf die Großunternehmen) ausüben. Dagegen war es dem Sparkassensektor und dem Genossenschaftssektor bis in die sechziger Jahre aufgrund ihrer Satzungen kaum möglich gewesen, Eigenkapital am Unternehmenssektor zu halten. Heute beschränkt sich der Besitz von Eigenkapitalanteilen des Sparkassensektors und des Genossenschaftsektors an Industrieunternehmen hauptsächlich auf die Spitzeninstitute des Sparkassensektors und des Genossenschaftssektors.[391]

Abbildung D.11.:
Aktienbesitz des finanziellen Sektors Ende 1995

Anteil in Prozent am Gesamtumlauf an Aktien	in Prozent
- Versicherungen	12,4 %
- Banken	9,8 %
- Investmentfonds	7,6 %
- Bausparkassen	0,5 %
Insgesamt:	30,3 %

Quelle: Darstellung in Anlehnung an BUNDESBANK(1/1997a), S.29.

4.SYSTEM DER FINANZMÄRKTE
4.1.Charakterisierung

Das *System der Finanzmärkte* umfaßt die Gesamtheit der finanziellen Institutionen des Finanzsektors (Kern), welche die *direkten Finanzierungsbeziehungen* zwischen finanziellen Überschußeinheiten und finanziellen Defiziteinheiten (der inneren Schale) ermöglichen. Darunter fallen organisierte und nicht organisierte Finanzmärkte. Die Betrachtung des Systems der Finanzmärkte richtet sich schwerpunktmäßig auf die Betrachtung der organisierten Wertpapiermärkte. Zunächst wird ein kurzer Blick auf die

391 Vgl.OWEN SMITH(1994), S.319-320, S.358-359 sowie ergänzend BUNDESBANK(1/1997a), S.29-31. Für 1979 geben POZDENA/ALEXANDER(1992), S.572-573 den Anteil der fünf größten deutschen Banken am Eigenkapitalbesitz der Kreditinstitute an den Produktionsunternehmen mit über 50 Prozent an. WENGER(1990), S.156-157 schätzt den Markwert der von den drei Großbanken im Verein mit den beiden großen bayerischen Banken (Bayerische Hypotheken- und Wechselbank und Bayerische Vereinsbank) gehaltenen Beteiligungen auf ein Volumen von mindestens 45 Mrd.DM. In Addition mit den Beteiligungswerten der Allianz-Versicherungs-Holding und der damit über eine wechselseitige fünfundzwanzigprozentige Beteiligung verflochtenen Münchner-Rückversicherungs AG ergibt sich, unter Berücksichtigung der eigenen Börsenwerte dieser sieben Finanzintermediäre sowie des mittelbaren Anteilsbesitzes dieser Unternehmen, eine Kontrolle von rund 45 Prozent des deutschen Aktienmarktes durch die genannten sieben Finanzintermediäre, die WENGER als Kern des bundesdeutschen Finanzsektors bezeichnet.

Umsätze an den deutschen Wertpapiermärkten geworfen, bevor das System der (organisierten) deutschen Finanzmärkte im einzelnen betrachtet und näher charakterisiert wird. Die deutschen organisierten Wertpapiermärkte werden durch die Summe der acht Regionalbörsen gebildet. Unter den Regionalbörsen nimmt die Frankfurter Wertpapierbörse mit großem Abstand die Spitzenstellung ein. Circa drei Viertel des Gesamtumsatzes der deutschen Wertpapierbörsen wird an der Frankfurter Wertpapierbörse abgewickelt.[392] 1995 erreichten die Umsätze an den deutschen Börsen ein Volumen von 8.086,96 Mrd.DM. Der weitaus größte Anteil des Umsatzvolumens entfiel auf Rentenwerte. Davon wiederum bildeten Anleihen von Bund, Bahn und Post den Schwerpunkt des Handelsvolumens. Gegenüber den Umsätzen in Rentenwerten nehmen sich die Umsätze in Aktien an den Wertpapierbörsen recht bescheiden aus. Neben den organisierten Wertpapiermärkten spielen die nichtorganisierten Wertpapiermärkte eine wichtige Rolle im Finanzsektor. Von einer expliziten Quantifizierung dieser Marktsegmente wird im Rahmen der nachfolgenden Ausführungen mangels einer ausreichend gesicherten Datenbasis abgesehen. In den Bereichen, in denen diesen Marktsegmenten eine überragende Bedeutung zukommt, wird dies explizit im Rahmen der nachfolgenden Ausführungen hervorgehoben.

Abbildung D.12.:
Umsätze an den deutschen Börsen 1995

Wertpapierart	Deutsche Börsen insgesamt	Frankfurter Wertpapierbörse
Aktien	**1.683,27 Mrd.DM**	**1.272,73 Mrd.DM**
-inländische	1.643,91 Mrd.DM	1.251,79 Mrd.DM
-ausländische	39,36 Mrd.DM	20,95 Mrd.DM
Optionsscheine	**49,93 Mrd.DM**	**32,99 Mrd.DM**
-inländische	47,74 Mrd.DM	31,17 Mrd.DM
-ausländische	2,19 Mrd.DM	1,83 Mrd.DM
Rentenwerte	**6.353,76 Mrd.DM**	**4.769,50 Mrd.DM**
-davon Bund, Bahn, Post	5.713,48 Mrd.DM	4.378,65 Mrd.DM
Gesamtumsatz:	**8.086,96 Mrd.DM**	**6.075,22 Mrd.DM**

Quelle: Eigene Darstellung; Daten aus DEUTSCHE BÖRSE(8/1996), S.8-12.

4.2.Rentenmarkt
4.2.1.Quantitative Betrachtung

Das *Umsatzvolumen* der deutschen Rentenmärkte betrug 1995 rund 6.353,76 Mrd.DM. Die wichtigste Position am Umsatzvolumen nahmen mit 5.713,48 Mrd.DM Anleihen des *Bundes*, seiner *Sondervermögen* und der *Treuhandanstalt* ein. Der Umsatz in den Emissionen der übrigen öffentlichen Haushalte, in Bankschuldverschreibungen und DM-Auslandsanleihen trat dahinter weitestgehend zurück (Abbildung D.12.). Zu be-

[392] Vgl. DEUTSCHE BÖRSE(3/1995), S.3, S.38; GERKE/RAPP(1994), S.15-16 und ergänzend zur Rolle der Regionalbörsen am deutschen Kapitalmarkt SCHMIDT(1992), S.111-132.

achten ist, daß der größte Anteil der Umsätze in DM-Rentenwerten aufgrund der starken Position der Bankfinanzintermediäre am deutschen Rentenmarkt im außerbörslichen Handel abgewickelt wird. Darüber hinaus existieren Sekundärmärkte für Bundeswertpapiere und DM-Auslandsanleihen in internationalen Finanzzentren, von denen beispielsweise London und Luxemburg zu nennen sind.[393] 1995 betrug der gesamte *Umlauf* an Rentenwerten 3.218,9 Mrd.DM. Davon entfielen auf festverzinsliche Wertpapiere 2.870,2 Mrd.DM. Dies entspricht in etwa 90 Prozent des Umlaufs an Rentenwerten. Variabel verzinste Anleihen (249,7 Mrd.DM), Fremdwährungsanleihen (92,0 Mrd.DM) und Nullkuponanleihen (7,6 Mrd.DM) bilden mit einer Summe von 349,3 Mrd.DM die übrigen zehn Prozent des Umlaufs an Rentenwerten. Angemerkt sei, daß Nullkuponanleihen faktisch bedeutungslos am deutschen Rentenmarkt sind. Auch die 1989 eingeführten DM-Medium-Term-Notes-Programme haben keine große Resonanz erfahren. Eine Einengung der Betrachtung auf die Struktur der festverzinslichen Wertpapiere zeigt, daß Bankschuldverschreibungen (Pfandbriefe, Kommunalobligationen und sonstige Bankschuldverschreibungen der Hypothekenbanken, der Landesbanken, der Kreditinstitute mit Sonderaufgaben sowie der Geschäftsbanken) 56,0 Prozent und Anleihen beziehungsweise Schuldverschreibungen der öffentlichen Haushalte (Emissionen des Bundes und seiner Sondervermögen sowie der Länder und Gemeinden, wobei insbesondere Bundesanleihen und Bundesobligationen zu nennen sind) 43,9 Prozent der umlaufenden festverzinslichen Wertpapiere inländischer Emittenten darstellen. Industrieobligationen waren mit knapp 0,1 Prozent des Umlaufs festverzinslicher Wertpapiere inländischer Emittenten praktisch bedeutungslos.[394]

Abbildung D.13.:
Umlauf festverzinslicher Wertpapiere inländischer Emittenten

Wertpapierarten	in Mrd.DM	in Prozent
- Bankschuldverschreibungen	1.606,5 Mrd.DM	56,0 %
- Anleihen der öffentlichen Hand	1.261,0 Mrd.DM	43,9 %
- Industrieobligationen	2,8 Mrd.DM	0,1 %
Insgesamt:	2.870,3 Mrd.DM	100,0 %

Quelle: Darstellung in Anlehnung an BUNDESBANK(2/1997), S.24.

Der deutsche Rentenmarkt war 1995, gemessen am Umlauf, genauso wie Ende 1994 weltweit hinter den USA und Japan der drittgrößte Markt für Schuldverschreibungen. In Europa liegt der deutsche Rentenmarkt folglich auf der Spitzenposition. (Wird der *Nettoabsatz* festverzinslicher Wertpapiere als Vergleichskriterium herangezogen, dann nimmt der deutsche Rentenmarkt seit 1992 weltweit den zweiten Platz ein.) An den deutschen Wertpapierbörsen ist 1995 insgesamt eine *Anzahl* von 22.280 festverzinslichen Wertpapieren gehandelt worden. Den Löwenanteil nehmen die inländischen festverzinslichen Wertpapiere (21.246) ein, während dahinter der Anteil der ausländischen

393 Vgl.hierzu BUNDESBANK(7/1995), S.18. Auf die Bedeutung ausländischer Finanzzentren für den deutschen Finanzsektor weist ENGELS(1989), S.13-20 hin.

394 Vgl.hierzu grundlegend THOMAS/TREUTLER(1993), S.1215-1222 und die Ausführungen in BUNDESBANK(10/1995), S.58-59; BUNDESBANK(7/1995), S.13-14.

festverzinslichen Wertpapiere (1.034) verschwindet. Abschließend sei hervorgehoben, daß der deutsche Rentenmarkt die sehr große Inanspruchnahme durch die öffentlichen Haushalte und die Kreditwirtschaft aufgrund des deutschen Vereinigungsprozesses ohne Friktionen und Anspannungen bewältigt hat.[395]

4.2.2. Umlauf und Unterbringung von Rentenwerten

Bankschuldverschreibungen und Anleihen der öffentlichen Hand stellen den Großteil der festverzinslichen Wertpapiere inländischer Emittenten dar, wie im vorigen Abschnitt erläutert wurde. In den folgenden Ausführungen werden der Umlauf (Emittenten) und die Unterbringung (Erwerber) von Rentenwerten im Jahr 1995 einer näheren Betrachtung unterworfen.

Abbildung D.14.:
Umlauf und Unterbringung von Rentenwerten 1995

	Nominell (Mrd.DM)	Prozent
EMITTENTEN	**3.218,9 Mrd.DM**	**100,0 %**
a) Inländische nichtfinanzielle Sektoren	**1.303,6 Mrd.DM**	**40,5 %**
davon öffentliche Haushalte	1.199,5 Mrd.DM	37,3 %
davon Unternehmen	104,1 Mrd.DM	3,2 %
b) Finanzielle Sektoren	**1.622,7 Mrd.DM**	**50,4 %**
davon Banken	1.619,3 Mrd.DM	50,3 %
davon Bausparkassen	3,4 Mrd.DM	0,1 %
c) Übrige Welt	**292,6 Mrd.DM**	**9,1 %**
ERWERBER	**3.218,9 Mrd.DM**	**100,0 %**
a) Inländische nichtfinanzielle Sektoren	**881,2 Mrd.DM**	**27,4 %**
davon private Haushalte	737,0 Mrd.DM	22,9 %
davon Unternehmen	117,9 Mrd.DM	3,7 %
davon öffentliche Haushalte	26,3 Mrd.DM	0,8 %
b) Finanzielle Sektoren	**1.632,6 Mrd.DM**	**50,7 %**
davon Banken	1.071,7 Mrd.DM	33,3 %
Bundesbank	*1,0* Mrd.DM	*0,0 %*
Kreditinstitute	*1.070,7* Mrd.DM	*33,3 %*
davon Investmentfonds	330,0 Mrd.DM	10,3 %
davon Versicherungen	204,6 Mrd.DM	6,4 %
davon Bausparkassen	26,3 Mrd.DM	0,8 %
c) Übrige Welt	**705,1 Mrd.DM**	**21,9 %**

Quelle: Darstellung in Anlehnung an BUNDESBANK(6/1996), S.87.

Der *Umlauf an Rentenwerten* wird durch die Banken und die öffentlichen Haushalte als Emittenten dominiert. Banken repräsentierten 50,3 Prozent (und öffentliche Haus-

395 Vgl.hierzu BUNDESBANK(7/1995), S.13; BUNDESBANK(10/1995), S.58-59; IFO/SAKURA(1997), S.96-101 und zu den quantitativen Angaben DEUTSCHE BÖRSE(8/1996), S.8.

halte 37,3 Prozent der emittierten Rentenwerte. Eine Betrachtung der *Unterbringung der Rentenwerte* zeigt, daß die finanziellen Sektoren selbst 50,7 Prozent der Rentenwerte erworben haben. Auf die Banken entfiel immerhin ein Anteil von 33,3 Prozent aller erworbenen Rentenwerte. Von den nichtfinanziellen Sektoren treten vor allem die privaten Haushalte mit 22,9 Prozent als Erwerber von Rentenwerten hervor.

4.2.3. Bedeutung der Bankfinanzintermediäre auf dem Rentenmarkt

Den Bankfinanzintermediären kommt auf dem deutschen Rentenmarkt eine besondere Bedeutung zu. Dies wird dies durch die Ausführungen im vorigen Abschnitt unterstrichen. Dort wurde gezeigt, daß Banken die wichtigsten Emittenten von Rentenwerten (in der Form von Bankschuldverschreibungen) darstellen. Die große Bedeutung der Banken auf dem deutschen Rentenmarkt wird auch durch ihre wichtige Rolle im Rahmen der Begebung von Anleihen des Bundes und seiner Sondervermögen durch das *Bundesanleihekonsortium* belegt: Die technische Abwicklung und Unterbringung von Anleihen des Bundes und seiner Sondervermögen (z.B. Deutsche Bundesbahn, Deutsche Bundespost) bei den Anlegern erfolgt unter Hilfestellung der Bankfinanzintermediäre. Die beteiligten Kreditinstitute bilden unter Führung der Bundesbank das Bundesanleihekonsortium. Insgesamt gehören dem Konsortium 80 Kreditinstitute an. Die Bedingungen der Emission werden im engeren Ausschuß (18 Konsortialbanken) ausgehandelt. Alle Konsortialbanken, nicht jedoch die Bundesbank, übernehmen festgelegte Anteile der Emission und stellen dem Emittenten sofort den entsprechenden Betrag zur Verfügung, so daß die Konsorten das Erfolgsrisiko der Anleiheplazierung übernehmen. Ergänzend zu dem skizzierten Verfahren wird seit Mitte 1990 ein kombiniertes Konsortial- und Ausschreibungsverfahren verwendet. Ein fester Teilbetrag einer Wertpapieremission wird dem Bundesanleihekonsortium zur festen Übernahme angeboten. Ein weiterer (im Betrag offener) Teil wird den Mitgliedern des Konsortiums im Tenderverfahren (Versteigerung) angeboten. In diesem Verfahren liegt das Plazierungsrisiko beim Bund.[396]

Insgesamt kann eine enge Verflechtung der Wertpapiermärkte mit den übrigen Kreditmärkten konstatiert werden. Faktisch erscheinen die Rentenmärkte als „Anhängsel" der Bankfinanzintermediäre. So verwundert es auch nicht, daß die deutschen Bankfinanzintermediäre insgesamt betrachtet am Wachstumsprozeß der Wertpapiermärkte partizipiert haben. Von einer Verdrängung der Banken aus dem Intermediationsprozeß aufgrund der steigenden Wertpapierfinanzierung kann somit nicht gesprochen werden.[397]

---

396 Vgl.BORCHERT(1994), S.228-229.

397 Vgl.hierzu BUNDESBANK(10/1995), S.59. SCHMIDT/HACKETHAL/TYRELL(1997), S.13-15 finden für den Zeitraum von 1981-1996 eine relativ konstante Intermediationsrate in Höhe von circa 70 Prozent der Vermögensansprüche aller nichtfinanziellen Sektoren.

4.3. Aktienmarkt
4.3.1. Quantitative Betrachtung
4.3.1.1. Geringe Anzahl börsennotierter Kapitalgesellschaften

Der deutsche Unternehmenssektor ist bezüglich der Kapitalgesellschaften durch das Vorherrschen der (nicht börsenfähigen) *Gesellschaft mit beschränkter Haftung* geprägt. *Aktiengesellschaften* (einschließlich der *Kommanditgesellschaften auf Aktien*) stellen lediglich einen Bruchteil aller deutschen Kapitalgesellschaften dar. Von den 543.444 in Deutschland existierenden Kapitalgesellschaften waren lediglich 2.934 Kapitalgesellschaften *Aktiengesellschaften* und *Kommanditgesellschaften auf Aktien* (Zahlen für 1993). Davon war (im gleichen Jahr) wiederum nur ein Bruchteil von 664 *Aktiengesellschaften* und *Kommanditgesellschaften auf Aktien* an einer der deutschen Wertpapierbörsen notiert.[398] Der Großteil der deutschen *Aktiengesellschaften* und *Kommanditgesellschaften auf Aktien* bleibt „unnotiert" und somit fern der Börse.

Abbildung D.15.:
Struktur der börsennotierten Aktien 1995

	inländische Aktien	ausländische Aktien	Insgesamt
Amtlicher Handel	522	233	755
Geregelter Markt	173	21	194
Freiverkehr	117	752	869
Summe	812	1.006	1.818

Quelle: Darstellung in Anlehnung an DEUTSCHES AKTIENINSTITUT(1996), S.FB02-1.

1995 sind an den deutschen Wertpapierbörsen 678 inländische *Aktiengesellschaften* notiert beziehungsweise gehandelt worden. Diese repräsentierten einen Kurswert von 826,382 Mrd.DM. Daneben waren 944 ausländische Aktiengesellschaften an den deutschen Wertpapierbörsen im Handel. 1995 wurden wesentlich mehr *Aktien* notiert als Aktiengesellschaften an der Börse notiert waren: Insgesamt wurden 1.818 Aktien an deutschen Wertpapierbörsen gehandelt, davon 755 im „Amtlichen Handel", 194 im „Geregelten Markt" und 869 im „Freiverkehr". An den deutschen Wertpapierbörsen wurden 812 unterschiedliche *inländische Aktien* notiert, davon 522 im „Amtlichen Handel", 173 im „Geregelten Markt" und 117 im „Freiverkehr". Daneben wurden im selben Jahr 1.006 *ausländische Aktien* notiert, nämlich 233 im „Amtlichen Handel", 21 im „Geregelten Markt" und 752 im „Freiverkehr".[399]
Im ersten Quartal 1997 sind die drei oben genannten Marksegmente durch das Marktsegment „Neuer Markt" ergänzt worden. Als Emittenten in diesem Marktsegment sollen kleine und mittlere innovative Wachstumsunternehmen auftreten, die sich in zukunftsweisenden, aber auch traditionellen Branchen bewegen. Diese sollen internatio-

---

398 Vgl.DEUTSCHES AKTIENINSTITUT(1996), S.FB01-2, FB02-2; DEUTSCHE BÖRSE(8/1996), S.28; STATISTISCHES BUNDESAMT (1995), S.132; STATISTISCHES BUNDESAMT(1996), S.132 und ergänzend Kapitel D.III.3.

399 Vgl.hierzu DEUTSCHE BÖRSE(8/1996), S.9, S.28; DEUTSCHES AKTIENINSTITUT(9/1996), S.FB02-1.

nal ausgerichtet sein und die Bereitschaft zur aktiven Investor - Relations - Politik mitbringen. Diese Innovation des Aktienmarktes ist vor allem deswegen notwendig geworden, weil der deutsche Aktienmarkt in seiner bisherigen Struktur nicht für die Beschaffung von Wagnis- oder Gründungskapital für neue, innovative Unternehmen genutzt werden konnte.[400]

4.3.1.2. Enge des Aktienmarktes und geringe Marktkapitalisierung

In absoluten Zahlen stellt der deutsche Aktienmarkt den viertgrößten Aktienmarkt der Welt (mit deutlichem Abstand zu den Vereinigten Staaten, Japan und Großbritannien) dar. Dennoch gilt der deutsche Aktienmarkt gemessen an der wirtschaftlichen Leistung Deutschlands als unterentwickelt. Gemessen am Bruttoinlandsprodukt fällt die *Börsenkapitalisierung* (Kurswert der börsennotierten inländischen Aktien), die Ende November 1996 erstmals die Grenze von einer Billion DM überschritten hat, sehr gering aus. Zudem weist eine nähere Betrachtung des *Umsatzvolumens* des deutschen Aktienmarktes auf eine beträchtliche Konzentration des Umsatzvolumens sowie erhebliche Illiquiditäten hin.[401] Insgesamt betrug 1995 das *Umsatzvolumen* der gehandelten deutschen und ausländischen *Aktien* an allen deutschen Wertpapierbörsen 1.683,27 Mrd. DM. Davon entfielen auf deutsche Aktien 1.643,91 Mrd.DM und auf ausländische Aktien 39,37 Mrd.DM an Umsatz. Einschließlich der in- und ausländischen *Optionsscheine* (49,93 Mrd.DM) betrug die Summe des Umsatzes in diesen Beteiligungstiteln 1.733,2 Mrd.DM.[402] Eine erste Betrachtung der Umsatzstruktur des Aktienmarktes zeigt, daß sich der Umsatz in allen Aktienwerten 1995 zu knapp 98 Prozent auf inländische Werte konzentriert hat. Die Liquidität des deutschen Marktes für Auslandsaktien ist somit in Frage gestellt. Eine Betrachtung der *Konzentration des Umsatzes* führt die Enge des deutschen Aktienmarktes besonders deutlich vor Augen: Beispielsweise betrug 1995 der Umsatz der zehn umsatzstärksten Aktien 56,2 Prozent des Gesamtumsatzes. Eine Betrachtung des 1995 getätigten Anteils am Gesamtumsatz der Aktien der fünf Prozent der größten Unternehmen, (wobei es sich um 34 Unternehmen handelt, die insgesamt 66,9 Prozent der Börsenkapitalisierung ausmachen,) zeigt, daß diese fünf Prozent der größten Unternehmen einen Anteil von 83,4 Prozent des Gesamtumsatzes ausgemacht haben.[403] Dies weist auf beträchtliche Illiquiditäten bei den übrigen inländischen Aktien hin.

1995 hat die Relation der *Börsenkapitalisierung* zum Bruttoinlandsprodukt für Deutschland lediglich rund 27 Prozent betragen. Eine Betrachtung der Börsenkapitali-

---

400 Vgl.MONOPOLKOMMISSION(1998), S.52-58 und DEUTSCHE BÖRSE(10/1996), S.4 sowie ergänzend BUNDESBANK(11/1984), S.43.

401 Vgl.MONOPOLKOMMISSION(1998), S.6-8; BUNDESBANK(1/1997a), S.27-28. Beispielsweise betrug die *Börsenkapitalisierung* in den USA 13,3 Billionen DM, in Japan 4,9 Billionen DM und in Großbritannien 2,5 Billionen DM.

402 Vgl.Kapitel D.II.4.1. zu den Umsätzen an den deutschen Wertpapiermärkten.

403 Vgl.DEUTSCHES AKTIENINSTITUT(9/1996), S.FB06-2 und S.FB06-5.

sierung der inländischen Aktiengesellschaften im Jahr 1995 zeigt, daß die Börsenkapitalisierung des Marktsegmentes „Amtlicher Handel" die gesamte Marktkapitalisierung aller deutschen börsennotierten Aktiengesellschaften bei weitem dominiert. 1995 repräsentierte der Kurswert des Marktsegmentes „Amtlicher Handel" mit 794,952 Mrd.DM rund 96 Prozent der gesamten Marktkapitalisierung aller inländischen Aktiengesellschaften in Höhe von 826,382 Mrd.DM. [404]

Abbildung D.16.:
Börsenkapitalisierung inländischer Aktiengesellschaften 1995

Marktsegmente	Kurswert in Mrd.DM
-Amtlicher Handel	794,952 Mrd.DM
-Geregelter Markt	18,942 Mrd.DM
-Freiverkehr	12,488 Mrd.DM
Summe:	826,382 Mrd.DM

Quelle: Darstellung in Anlehnung an DEUTSCHE BÖRSE (4/1995), S.49.

Werden die *Marktkapitalisierung* und die *Anzahl der börsennotierten Aktiengesellschaften* als Bewertungskriterien herangezogen, dann kann festgestellt werden, daß dem deutschen Aktienmarkt in der internationalen Perspektive keineswegs die Bedeutung wie dem deutschen Rentenmarkt zukommt. Eine naheliegende Begründung für die geringere (internationale) Bedeutung des deutschen Aktienmarktes liegt in der stark mittelständisch geprägten Größenstruktur der deutschen nichtfinanziellen Unternehmen. Gerade die Rechtsform der Aktiengesellschaft wird in Deutschland vor allem von Großunternehmen gewählt.[405] In Kapitel D.III.3. wird der Sektor nichtfinanzielle Unternehmen genauer analysiert.

4.3.2. Umlauf und Unterbringung von Aktien

Die Betrachtung des *Umlaufs* (Emittenten) und der *Unterbringung* (Erwerber) von Aktien, in der neben Forderungsrechten im engeren Sinne auch Ansprüche mit Beteiligungscharakter berücksichtigt werden, ermöglicht ein tiefergehendes Bild der Bedeutung dieses Finanzierungsinstruments, als es die reine Analyse des formalen Aktienmarktes (Kapitel D.II.4.3.1.) ermöglicht hat. Eine derartige Betrachtung erscheint sinnvoll, da nur ein geringer Anteil der deutschen Aktiengesellschaften börsennotiert ist.
In der Bestandsrechnung wird der Gesamtumlauf an inländischen Aktien in die Betrachtung einbezogen. Eine solche Analyse beinhaltet die Beteiligungstitel börsennotierter und nicht börsennotierter Aktiengesellschaften sowie der Kommanditgesellschaften auf Aktien. Aktien, die im Rahmen der Einbringung von Sachwerten und Forderungen oder im Zuge von Fusionen, Kapitalerhöhungen (aus Gesellschaftsmitteln) oder der Umwandlung des Unternehmens aus einer anderen Rechtsform emittiert wur-

404 Vgl.DEUTSCHES AKTIENINSTITUT(1996), S.FB05-2.

405 Vgl.IFO/SAKURA(1997), S.273-274.

den, werden in dieser Gesamtbetrachtung berücksichtigt. Auch Abgänge von Aktien, wie sie beispielsweise durch Verschmelzungen oder Liquidationen von Unternehmen hervorgerufen werden, können in dieser Gesamtbetrachtung der Bestandsgrößen (im Gegensatz zur Finanzierungsrechnung) berücksichtigt werden. Genußscheine werden in der Gesamtbetrachtung der Bestandsgrößen aufgrund der Ähnlichkeit der Ausstattungsmerkmale dem Aktienumlauf zugeschlagen.[406]

Abbildung D.17.:
Umlauf und Unterbringung von Aktien 1995

	Nominell (Mrd.DM)	Prozent
EMITTENTEN	**1.682,0 Mrd.DM**	**100,0 %**
a) Unternehmen	**986,0 Mrd.DM**	**58,6 %**
b) Finanzielle Sektoren	**415,6 Mrd.DM**	**24,7 %**
davon Versicherungen	239,0 Mrd.DM)	14,2 %
davon Banken	172,9 Mrd.DM)	10,3 %
davon Bausparkassen	3,6 Mrd.DM)	0,2 %
c) Übrige Welt	**280,4 Mrd.DM**	**16,7 %**
ERWERBER	**1.682,0 Mrd.DM**	**100,0 %**
a) Inländische nichtfinanzielle Sektoren	**1.026,8 Mrd.DM**	**61,0 %**
davon Unternehmen	708,1 Mrd.DM	42,1 %
davon private Haushalte	245,6 Mrd.DM	14,6 %
davon öffentliche Haushalte	73,1 Mrd.DM	4,3 %
b) Finanzielle Sektoren	**509,4 Mrd.DM**	**30,3 %**
davon Versicherungen	209,4 Mrd.DM	12,5 %
davon Banken	165,3 Mrd.DM	9,8 %
davon Investmentfonds	127,0 Mrd.DM	7,6 %
davon Bausparkassen	7,7 Mrd.DM	0,5 %
c) Übrige Welt	**145,8 Mrd.DM**	**8,7 %**

Quelle: Darstellung in Anlehnung an BUNDESBANK(6/1996), S.91.

Auf der Seite des *Aktienumlaufs* (Emittenten) fällt auf, daß neben den nichtfinanziellen Unternehmen, auf die ein Anteil von 58,6 Prozent der emittierten Aktien entfällt, vor allem die finanziellen Sektoren (im Sinne der Finanzintermediäre) selbst - insbesondere die Versicherungen und die Banken - Aktien als Instrument der externen Eigenfinanzierung genutzt haben. Auf diese beiden Gruppen der finanziellen Unternehmen entfallen 24,5 Prozent der emittierten Eigenkapitaltitel. In Relation zu den von nichtfinanziellen Unternehmen emittierten Eigenkapitaltiteln bewegen sich die von Versicherungen und Banken emittierten Eigenkapitaltitel in einer Größenordnung von 42 Prozent. Auf der Seite der *Aktienunterbringung* (Erwerber) fällt vor allem auf, daß der Großteil von 42,1 Prozent der emittierten Aktien vom (nichtfinanziellen) Unternehmenssektor selbst gehalten wird. Dies weist auf ein erhebliches Maß an Unternehmensverflechtungen zwischen den Aktiengesellschaften hin. Geschätzt wird, daß circa

[406] Vgl.BUNDESBANK(6/1996), S.25-26.

75 Prozent der Aktienbestände inländischer Produktionsunternehmen gegenseitige Kapitalverflechtungen darstellen. Schwerpunkte liegen im Verarbeitendem Gewerbe und den Versorgungsunternehmen.[407] Daneben fällt auf, daß auch die finanziellen Sektoren selbst erhebliche Bestände an Aktien halten. Die Versicherungen halten 12,5 Prozent, die Banken und Bausparkassen 10,3 Prozent und die Investmentfonds 7,6 Prozent des Aktienumlaufes. Bei den Aktienbeständen der Banken handelt es sich jeweils zur Hälfte um Beteiligungen und um Portfoliobesitz. Circa ein Drittel dieser Beteiligungen reflektiert Beteiligungen innerhalb des Bankensektors.[408] Der große Anteil der Banken und Versicherungen am Aktienumlauf dürfte einerseits deren gegenseitige Verflechtung im Rahmen der Tendenz zur Herausbildung von Universalfinanzinstituten, die eine Allfinanzstrategie verfolgen, und andrerseits erhebliche Industriebeteiligungen aufzeigen. Bemerkenswert erscheint in diesem Zusammenhang, daß sich die sieben Kerngesellschaften des privaten Finanzsektors (Deutsche Bank, Dresdner Bank, Commerzbank, Bayerische Hypotheken- und Wechsel-Bank, Münchener Rückversicherungs-AG, Allianz Holding und Bayerische Vereinsbank) gegen die Kontrollmechanismen des Kapitalmarktes mittels Beteiligungsverflechtungen und Depotstimmen vollständig abgeschirmt haben. Zudem kontrollieren diese Kerngesellschaften bei den meisten großen nicht unmittelbar konzernabhängigen Aktiengesellschaften (wie z.B. Daimler-Benz, Bayer, BASF, Hoechst, Schering, Mannesmann, MAN, Linde, Karstadt, Metallgesellschaft, Veba und Continental) entweder über Beteiligungen oder über Depotstimmen die Mehrheit.[409] In Kapitel D.VI.3.2. werden die Unternehmensverflechtungen und der Anteilsbesitz der Kreditinstitute im Zusammenhang mit der Diskussion des deutschen Systems der Corporate Governance wieder aufgegriffen.

4.4.Terminmärkte

4.4.1.Quantitative Betrachtung

Die Deutsche Terminbörse wurde 1990 als vollcomputerisierte erste deutsche Terminbörse gegründet. Im Tagesdurchschnitt wurden an der DTB 1995 rund 232.000 Kontrakte (1994: 235.000 Kontrakte) an *Optionen* und *Futures* gehandelt. Dies entsprach 1995 einem Jahresvolumen von 58.177.309 gehandelten Kontrakten, wovon 33.407.208 auf Optionen und 24.770.101 auf Futures entfielen. Verglichen mit den anderen europäischen Terminbörsen lag die DTB 1995 auf dem dritten Platz. Gemessen an den Optionsumsätzen war die DTB sogar führend in Europa.[410]

---

407 Vgl.BUNDESBANK(1/1997a), S.39; WYMEERSCH(1995), S.301-303 sowie ergänzend die Ausführungen in Kapitel D.III.3.2.2.1. zum Geldvermögen der Produktionsunternehmen.

408 Vgl.BUNDESBANK(1/1997a), S.30 und S.39.

409 Vgl.ADAMS(1994), S.149-151. Die MONOPOLKOMMISSION(1996), S.257-292 verweist darauf, daß die 100 größten deutschen Unternehmen über Kapitalverflechtungen und personelle Verflechtungen miteinander eng verwoben sind. So fungierten im Jahr 1994 aus dem Kreis der 100 größten Unternehmen 47 Unternehmen als Beteiligungsunternehmen und 37 als Anteilseigner. Zudem waren von den 100 größten deutschen Unternehmen 82 über 349 Gemeinschaftsunternehmen verflochten.

410 Vgl.hierzu DEUTSCHE BÖRSE(5/1996), S.7; DEUTSCHE BÖRSE (11/1996), S.2-3.

Abbildung D.18.:
Umsätze und Open Interest an der DTB 1995 (251 Handelstage)

1995	Gesamtbetrachtung	(Optionen)	(Futures)
Kontrakte	58.177.309	33.407.208	24.770.101
Open Interest	1.480.833	1.173.281	307.552

Quelle: Eigene Darstellung in Anlehnung an DEUTSCHE BÖRSE(8/1996), S.13.

4.4.2.Produktpalette

Die Deutsche Terminbörse bietet vor allem Produkte auf der *Aktienseite* und auf der *Zinsseite* an.[411] Auf der *Aktienseite* werden 41 Optionen auf Aktien angeboten. Diese teilen sich in die Gruppe A (21 deutsche Standardwerte) mit verpflichtendem Market Making und die Gruppe B (20 neue Optionen) ohne verpflichtendes Market Making auf. Diese repräsentieren insgesamt ein breites Spektrum der deutschen Wirtschaft. Daneben werden vier weitere Produkte zur Verfügung gestellt, welche sich auf den Aktienindex DAX (beziehungsweise M-DAX) beziehen (DAX-Option, DAX-Future, M-DAX-Option, Option auf den DAX-Future). Auf der *Zinsseite* werden Terminkontrakte zur Abdeckung der wichtigsten Laufzeitspektren angeboten: Der Euromark-Future, mit einem Laufzeitenspektrum von einem und drei Monaten, den BOBL-Future mit einem Laufzeitenspektrum von 3,5 bis 5 Jahren und den BUND-Future mit einem Laufzeitenspektrum von 8,5 bis 10 Jahren. Ergänzt werden diese Produkte durch Optionen auf den BOBL-Future und auf den BUND-Future. Ab Frühjahr 1997 ist zudem ein Schatz-Future eingeführt worden, der das Laufzeitenspektrum für den Zweijahresbereich abdeckt. Mit der Einführung dieses Produktes ist die gesamte DM-Zinsstrukturkurve im Laufzeitenspektrum von einem Monat bis zu zehn Jahren handelbar. (Zur Abdeckung des Laufzeitenspektrums zwischen 15-30 Jahren wurde am 11.03.1994 der BUXL-Future für einen kurzen Zeitraum eingeführt). Zur Absicherung von Wechselkursrisiken wird an der Deutschen Terminbörse lediglich eine US-Dollar/DM- Option gehandelt. Sonstige Instrumente zur Absicherung von Wechselkursrisiken existieren nicht.[412] Im Juli 1996 wurde in Hannover eine Warenterminbörse gegründet. Diese ist als reine Computerbörse am 27.Februar 1998 eröffnet worden. Zunächst wurde der Handel mit Terminkontrakten (Futures) auf Schweine und Weizen aufgenommen.[413]

---

411 Die Angaben zur *Produktpalette der Deutschen Terminbörse* beziehen sich auf den Stand vom November 1996. Von der Orientierung am Bezugsjahr 1995 wurde hier abgewichen, um der Veränderungsdynamik dieses Marktsegments gerecht zu werden.

412 Vgl.DEUTSCHE BÖRSE(11/1996a); DEUTSCHE BÖRSE(8/1996), S.19; DEUTSCHE BÖRSE SPECIAL(3/1997), S.1-3.und die im DEUTSCHE BÖRSE REPORTER(3/1997), S.5 veröffentlichte Statistik (Stand Februar 1997).

413 Vgl.HARTMANN/MEYER-BULLERDIEK(1996), S.724-725; o.V.(1998a), S.17.

4.5. Geldmarkt
4.5.1. Überblick über die Struktur des Geldmarktes

Als Geldmarkt wird der Markt für kurzfristiges Geldkapital bezeichnet.[414] Kennzeichnend für den deutschen Geldmarkt ist die Dominanz unverbriefter Geldmarktgeschäfte. Der Anteil verbriefter Geldmarktgeschäfte ist relativ klein. Verbriefte Geldmarkttitel spielen im Handel mit Zentralbankgeld unter Banken, für die kurzfristige Finanzierung der nichtfinanziellen Unternehmen und die kurzfristige Mittelanlage der nichtfinanziellen Sektoren traditionell eine geringe Rolle. In der vorliegenden Arbeit wird der Geldmarkt in den *Geldmarkt im engeren Sinne* (Interbankengeldmarkt), der durch den Handel in Zentralbankguthaben der Banken untereinander gekennzeichnet ist, und den *Geldmarkt im weiteren Sinne* unterschieden, der darüber hinaus den Handel mit Geldmarktpapieren umfaßt. In dieser Abgrenzung beinhaltet der Geldmarkt im weiteren Sinne den Geldmarkt im engeren Sinne.[415]
Die Aktivitäten der Bundesbank am Geldmarkt sind von den Geldmarktgeschäften der Geschäftsbanken zu unterscheiden. Denn der Einsatz des geldpolitischen Instrumentariums (Rediskontpolitik, Offenmarktpolitik, Mindestreservepolitik), welches sowohl auf die Konditionen im Handel mit Zentralbankguthaben als auch auf die Konditionen im Handel mit Geldmarktpapieren zielt, beeinflußt die Marktkonditionen insgesamt und zielt auf die Veränderung des gesamten am Markt verfügbaren Volumens an Zentralbankguthaben. Die von der Bundesbank angebotenen Refinanzierungsmöglichkeiten stellen aus Sicht der einzelnen Kreditinstitute eine alternative Refinanzierungsquelle dar. Aus diesem Grund fungieren die Konditionen, zu denen die Bundesbank den Kreditinstituten kurzfristig Zentralbankguthaben oder Anlagemöglichkeiten für Zentralbankguthaben bereitstellt, als wesentliche Richtgrößen für die Zinsbildung am Geldmarkt. Für einen Überblick über die geldpolitische Konzeption und das geldpolitische Instrumentarium der Bundesbank wird auf Kapitel D.II.2.3. verwiesen.[416]
Am Geldmarkt im engeren Sinne (Interbankengeldmarkt) direkt sind nur die größten deutschen Kreditinstitute, die Abschlüsse in Millionenhöhe tätigen dürfen, tätig. Geschätzt wird deren Anzahl auf rund einhundert. Das Volumen des Interbank-Geldhandels wird auf circa 40-60 Mrd.DM täglich geschätzt. Dabei entfällt der größte Teil auf Geschäfte in Tagesgeld, was durch die Fixierung des Geldhandels auf die Erfüllung der Mindestreserveanforderungen bedingt wird. Die inländischen Termingeld-

---

414 Vgl.SCHIERENBECK/HÖLSCHER(1993), S.6. Vgl.grundlegend zur Abgrenzung des Geldmarktes DEPPE(1980), S.289-321. Abweichende Abgrenzungen des Geldmarktes finden sich z.B. bei MAINERT (1993), S.1189-1197; SCHIERENBECK/HÖLSCHER(1993), S.6-8; o.V.(1995b), S.695-698.

415 Vgl.BUNDESBANK(10/1995), S.45-50. Nachfolgend wird die von der Bundesbank getroffene Differenzierung in einen *Geldmarkt im engeren/weiteren Sinne* verwendet.

416 Vgl.BUNDESBANK(10/1995), S.46-47. SCHIERENBECK/HÖLSCHER(1993), S.6-7 bezeichnen den Markt zur Refinanzierung der Kreditinstitute durch die Bundesbank als *„Geldmarkt im engsten Sinne"*, wobei als Handelsobjekte einerseits Geldmarktkredite (Diskontkredit, Lombardkredit) und andrerseits Geldmarktpapiere, die im Rahmen der Offenmarktpolitik angekauft werden, genannt werden. Betont wird die zunehmende Bedeutung der Pensionsgeschäfte, bei denen die Bundesbank Wechsel oder Wertpapiere ankauft und sich die Kreditinstitute verpflichten, diese zu einer bestimmten Verzinsung per Termin zurückzukaufen.

märkte sind dagegen recht umsatzschwach, da ein Großteil des DM-Terminhandels an den Euromärkten stattfindet. Am Geschäft zwischen Bundesbank und den Geschäftsbanken dürfte die Teilnehmerzahl der Geschäftsbanken erheblich größer sein. So dürften rund 2.600 Kreditinstitute im Rediskontgeschäft und ca. 1.300 im Wertpapierpensionsgeschäft engagiert sein.[417] Von einer Quantifizierung des Geldmarktsegments wird im Rahmen der vorliegenden Arbeit abgesehen.

4.5.2. Geldmarkt im engeren und weiteren Sinne

Als *Geldmarkt im engeren Sinne* wird der Handel mit Zentralbankguthaben unter Banken abgegrenzt, dieser Markt wird daher auch als Interbankengeldmarkt bezeichnet. Er dient dem horizontalen Liquiditätsausgleich zur Glättung unerwarteter Liquiditätsbedarfe bzw. zur Anlage überschüssiger Liquidität innerhalb des Bankensystems. Überflüssige Zentralbankguthaben werden über diesen Markt den Banken zur Verfügung gestellt, die noch einen Bedarf an Liquidität besitzen, um z.B. ihre Mindestreserveverpflichtungen erfüllen zu können, Bargeld für Abhebungen ihrer Kunden zur Verfügung zu haben und unbare Verrechnungen durchführen zu können. Die wichtigste Stellung auf dem Geldmarkt im engeren Sinne nimmt der *Tagesgeldmarkt* ein. Dieser spielt auch für die Regulierung der Mindestreservepositionen der Banken innerhalb der jeweiligen Kalendermonate eine herausragende Rolle. Neben dem Tagesgeldmarkt sind die Märkte für *Monatsgeld* und *Dreimonatsgeld* als besonders aktive Marktsegmente zu nennen. Die daneben existierenden Märkte für darüber hinausgehende Laufzeiten sind weniger aktiv.[418]

Der *Geldmarkt im weiteren Sinne* wird neben dem Handel in Zentralbankguthaben durch den Handel mit Geldmarktpapieren charakterisiert. An diesem sind außer Banken und Finanzinstituten auch nichtfinanzielle Unternehmen, institutionelle Anleger und nach Wegfall der Einlagenpflicht (§17 Bundesbankgesetz) auch der Bund beteiligt. Der Geldmarkt im weiteren Sinne umfaßte über lange Zeit lediglich *Geldmarktpapiere öffentlicher Stellen* sowie *Privatdiskonte* als Geldmarktpapiere der Banken. Seit 1991 wurden jedoch keine Privatdiskonte mehr begeben. Bei den Geldmarktpapieren der öffentlichen Stellen handelte es sich vor allem um *Schatzwechsel* (Laufzeit bis zu 3 Monaten) und *U-Schätze* (unverzinsliche Schatzanweisungen mit einer Laufzeit zwischen 3 Monaten und zwei Jahren), die jeweils abgezinst begeben werden und sich lediglich in der Laufzeit unterscheiden. Auch Schatzwechsel sind seit längerem praktisch nicht mehr im Umlauf, da die Bundesbank der Begebung unterjähriger Titel der öffentlichen Haushalte aufgrund der dadurch implizierten geldpolitisch unerwünschten Tendenz zur kurzfristigen Finanzierungsbeziehung ablehnend gegenübersteht. Somit sind von den genannten Geldmarktpapieren lediglich die U-Schätze der öffentlichen Hand in Umlauf. Diese werden in *Liquiditätspapiere* und *Finanzierungspapiere* unterschieden. Als *Finanzierungspapiere* werden Wertpapieremissionen in Form von U-

---

417 Vgl.MAINERT(1993), S.1189 und S.1194.

418 Vgl.BUNDESBANK(10/1995), S.45-46.

Schätzen (und zuvor Schatzwechseln) der öffentlichen Hand mit dem Ziel der kurzfristigen Kreditaufnahme der öffentlichen Haushalte bezeichnet. Aktuell werden lediglich U-Schätze mit einer Mindestlaufzeit von einem Jahr begeben. Als *Liquiditätspapiere* werden von der Bundesbank begebene Geldmarktpapiere in Form von U-Schätzen (und Schatzwechseln) bezeichnet. Diese werden zur kurzfristigen Aufnahme von Liquiditätsüberschüssen verwendet und dienen keineswegs der kurzfristigen Kreditgewährung an den Bund, da der Gegenwert dieser Liquiditätspapiere nur zur Einlösung der Papiere am oder vor deren Fälligkeitsdatum verwendet werden darf. Nur für einen kurzen Zeitraum wurden bisher Bundesbank-Liquiditäts-U-Schätze (Bulis) mit mehrmonatigen Laufzeiten zur Beeinflussung der Geldhaltung inländischer Nichtbanken angeboten. Diese Bulis wurden größtenteils von Ausländern erworben. Da die Bundesbank zudem den Geldmarktfonds (Zulassung August 1994) keine Anlagemöglichkeiten zur Verfügung stellen wollte, folgte die Einstellung der Buli-Auktionen. Seit der Abschaffung des staatlichen Emissionsgenehmigungsverfahrens (1.1.1991) können auch kurzfristige Geldmarkttitel von Unternehmen *(DM-Commercial-Paper)* begeben werden. Größere Unternehmen begeben Commercial Paper als verbriefte Forderungen über Kreditinstitute unter Einhaltung eines förmlichen Emissionsprogrammes. Plaziert werden Commercial Paper größtenteils bei institutionellen Anlegern. Ihre Laufzeit beträgt wenige Tage bis zu zwei Jahre. Commercial Paper haben in Deutschland keine große Bedeutung. Begründet wird dies mit der kostengünstigeren Verfügbarkeit von Bankkrediten für kurzfristige Finanzierung. Geldmarktpapiere von Kreditinstituten in Form von Einlagenzertifikaten *(Certificates of Deposit)* haben im deutschen Geldmarkt ebenfalls keine Bedeutung.[419]

5.WÜRDIGUNG

Im Anschluß an die Ausführungen zum deutschen Finanzsektor ist ein erstes Fazit zu ziehen und zu fragen, was ein fiktiver Betrachter aus der bisherigen Betrachtung gelernt hat. Als die drei wesentlichen Bestandteile des deutschen Finanzsektors wurden die Bundesbank, das System der Finanzintermediäre und das System der Finanzmärkte vorgestellt. Die *Bundesbank* legt ein Schwergewicht bei der Erfüllung ihrer grundlegenden Aufgabe der Aufrechterhaltung eines geordneten Geldwesens auf die Währungssicherung (Wahrung der Geldwertstabilität). Sie erfüllt eine Notenbankfunktion, fungiert als Bank der Banken und des Staates (fiscal agent) und verfolgt eine mittelfristig orientierte Geldmengenpolitik (potentialorientierten Geldpolitik mit diskretionären Ausnahmevorbehalten). Die Bundesbank beschränkt sich vor allem auf den Einsatz marktkonformer Instrumente zur Geldmengensteuerung und ist von Weisungen der Regierung unabhängig.[420]

Das *System der Finanzintermediäre* wird durch die große Bedeutung der Bankfinanzintermediäre (BFI) gegenüber den Nichtbankfinanzintermediären (NBFI) ge-

---

419 Vgl.BUNDESBANK(10/1995), S.45-50, S.112-113; BUNDESBANK(5/1993a), S.59-69.

420 Vgl.für eine ausführliche Darstellung Kapitel D.II.2.

prägt. Im System der Bankfinanzintermediäre kann eindeutig von einer Dominanz der Universalbanken gegenüber den dazu komplementären Spezialbanken gesprochen werden. Allerdings tragen auch die Nichtbankfinanzintermediäre in quantitativ bedeutendem Umfang zu den Finanzdienstleistungen des Systems der Finanzintermediäre bei. In bezug auf das System der Finanzintermediäre fallen vor allem die durch kapitalmäßige Beteiligungen gekennzeichneten Verflechtungen innerhalb und zwischen den Bank- und Nichtbankfinanzintermediären auf. Mit Blick auf diese Verflechtungen ist auch die Tendenz zur Herausbildung von Universalfinanzinstituten (Allfinanzansätze) zu betrachten. Unterstrichen werden die gegenseitigen Beteiligungen dadurch, daß Versicherungen, Banken und Investmentfonds (und sonstige finanzielle Institutionen) circa 30 Prozent des gesamten Aktienumlaufs halten. Gleichzeitig weist dies auch auf einen gewissen Grad an kapitalmäßigen Verflechtungen zwischen Versicherungen und Banken mit nichtfinanziellen Unternehmen (große Industrieunternehmen) hin. Hervorzuheben ist jedoch, daß der Anteilsbesitz der Banken an Industrieunternehmen keineswegs so bedeutend ist, wie es teilweise unterstellt wird.[421] Weitere charakteristische Merkmale des Systems der Finanzintermediäre liegen in der abnehmenden Bedeutung von Hausbankbeziehungen und der tendenziell längerfristigen Orientierung der Finanzierungsbeziehungen mit den nichtfinanziellen Sektoren.
Gegenüber dem System der Finanzintermediäre tritt das *System der Finanzmärkte* in der Bedeutung erheblich zurück. Die Betrachtung des Systems der Finanzmärkte richtete sich schwerpunktmäßig auf die organisierten Finanzmärkte. Die größte Bedeutung kommt dem Rentenmarkt zu. Dieser dient vor allem der Finanzierung der öffentlichen Haushalte und der Banken. Als Anleger (Erwerber) treten schwerpunktmäßig Banken(!) und private Haushalte auf. Auf den Rentenmärkten spielen die Bankfinanzintermediäre eine wichtige Rolle. Unterstrichen wird dies auch dadurch, daß für Deutschland (trotz steigender Bedeutung der Wertpapierfinanzierung) keine Disintermediationstendenzen feststellbar sind.[422] Gegenüber dem Rentenmarkt erscheint der deutsche Aktienmarkt als unterentwickelt, was durch die geringe Marktkapitalisierung und geringe Liquidität des Großteils der börsennotierten Aktien unterstrichen wird. Der erst 1990 gegründeten Deutschen Terminbörse kommt ebenfalls eine eher untergeordnete Bedeutung im deutschen Finanzsektor zu. Der Geldmarkt wird insbesondere für die Refinanzierung der Banken und für den Einsatz des geldpolitischen Instrumentariums der Bundesbank genutzt. Weniger ausgeprägt ist der Handel mit einer breiten Palette an verbrieften Geldmarktpapieren (DM-Commercial Paper, Certificates of Deposits). Insgesamt ist der verbriefte Geldmarkt in Deutschland relativ klein.

Zusammenfassend kann die Struktur des deutschen Finanzsektors als stark bankorientiert charakterisiert werden. Dem System der Finanzintermediäre kommt gegenüber dem System der Finanzmärkte eine viel größere Bedeutung hinzu. Dies wird durch die im Zeitablauf der letzten 15 Jahre zu beobachtende recht stabile Intermedia-

---

421 Vgl.hierzu die Ausführungen in Kapitel D.VI.3.2.

422 Vgl.DOMANSKI(1997), S.286-287; SCHMIDT/HACKETHAL/TYRELL(1997), S.13-15.

tionsrate von durchschnittlich 70 Prozent unterstrichen.[423] Gerade die deutschen Universalbanken dominieren die Struktur des Finanzsektors. Ihre Stellung im deutschen Finanzsektor erscheint aufgrund kapitalmäßiger Verflechtungen und Kooperation mit Spezialbanken und Versicherungen (Allfinanz) und aufgrund der starken Stellung auf dem Rentenmarkt als geradezu „krakenhaft". Zu betonen ist allerdings, daß im deutschen Universalbankensektor nur ein geringes Maß an Konzentration festgestellt werden kann. Für die weiteren Ausführungen drängt sich die Frage auf, inwieweit sich diese bankorientierte Struktur in den weiteren Ebenen der Dimension Institutionen und vor allem in den Dimensionen Funktionen und Eigenschaften widerspiegelt. Zu hinterfragen ist, inwieweit die Ausübung der Finanzsektorfunktionen (insbesondere der Finanzierungsfunktion und der Geldanlagefunktion) durch die bankorientierte Struktur beeinträchtigt wird. Auffallend an der deutschen Finanzsektorstruktur ist die geringe Marktkapitalisierung der deutschen Aktienmärkte. Dementsprechend ist eine geringe Bedeutung dieser Märkte für die Corporate Governance zu erwarten. Weiterhin fällt auf, daß speziellen institutionellen Anlegern zur Alterssicherung wie Pensionsfonds praktisch keine Bedeutung zukommt. Industrieobligationen, Commercial Paper, Certificates of Deposit sind als Finanzinstrumente bedeutungslos.

Zu hinterfragen ist jedoch auch, was ein fiktiver Betrachter bisher noch nicht gelernt hat. Nicht mit in die Betrachtung einbezogen wurden die nichtorganisierten „außerbörslichen" Finanzmärkte. Der größte Anteil der Umsätze in DM-Rentenwerten wird aufgrund der starken Position der Bankfinanzintermediäre am deutschen Rentenmarkt im außerbörslichen Handel abgewickelt. Die Quantifizierung dieser Marktsegmente sowie die Abschätzung ihrer Bedeutung im deutschen Finanzsektor erweist sich als schwierig.(Operationalisierungsschwierigkeiten). Viel schwerer wiegt jedoch ein damit verbundenener inhaltlicher Aspekt: Für Bundeswertpapiere und DM-Auslandanleihen haben sich wichtige Sekundärmärkte in internationalen Finanzzentren wie London oder Luxemburg gebildet. Dies wirft die Frage nach der Bedeutung internationaler Finanzzentren einerseits und der Bedeutung der Euromärkte und ihrem Zusammenhang zum deutschen Finanzsystem andrerseits auf: z.B. kommt den Euromärkten für den Handel mit Tagesgeld und Termingeldern (Laufzeiten 1-12 Monate) eine überaus große Bedeutung zu. Zu hinterfragen ist, inwieweit die Beschreibung des Finanzsystems eines Landes an den Grenzen eines Nationalstaates ausgerichtet bleiben soll. Offensichtlich besteht die Möglichkeit, daß sich wichtige Bestandteile des Finanzsystems eines Landes außerhalb seiner Grenzen und hoheitlichen Befugnisse befinden können. ENGELS die These, daß ein Großteil des Finanzvolumens des Finanzplatzes Luxemburg dem Finanzplatz Deutschland (d.h. dem deutschen Finanzsektor) zuzurechnen ist.[424] Die Nichterfassung derartiger Finanztransaktionen kann zu Fehleinschätzungen führen.

---

423 Vgl.hierzu grundlegend SCHMIDT/HACKETHAL/TYRELL(1997), S.13-15 und S.36.

424 Vgl.ENGELS(1989), S.26-28. Gerade die Verknüpfung verschiedener nationaler Finanzsektoren und die Existenz der Euromärkte sollte daher mit in das Kalkül einer Finanzsystembeschreibung einbezogen werden.

III.NICHTFINANZIELLE SEKTOREN („INNERE SCHALE“)

1.STRUKTUR DER „INNEREN SCHALE“

Nach der Betrachtung des Finanzsektors als Kern des Finanzsystems wird die Gesamtheit der *nichtfinanziellen Sektoren* einer intensiven Betrachtung unterzogen. In der Systematik des Schalenmodells werden die nichtfinanziellen Sektoren als *innere Schale* des Finanzsystems aufgefaßt. Diese innere Schale umschließt als Bestandteil der Dimension Institutionen den Finanzsektor als Kern des Finanzsystems. Das Zusammenwirken von Finanzsektor und nichtfinanziellen Sektoren wird in der Systematik des Schalenmodells als funktionale Interdependenz bezeichnet. Im Blickpunkt der nachfolgenden Ausführungen steht die Frage, inwieweit sich die bankorientierte Struktur des Finanzsektors in den Finanzdispositionen der nichtfinanziellen Sektoren widerspiegelt.

Abbildung D.19.:
Schalenmodell des Finanzsystems - Hervorhebung der Ebene nichtfinanzielle Sektoren (innere Schale) der Dimension der Institutionen

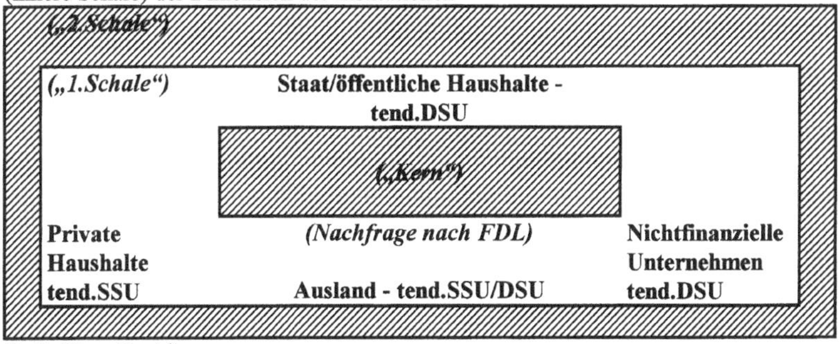

Quelle: Eigene Darstellung.

Im Zuge der Ausführungen werden in systematisch die „finanziellen“ Aspekte der Sektoren *private Haushalte*, *nichtfinanzielle Unternehmen* (unterteilt in die Untersektoren *Produktionsunternehmen* und *Wohnungswirtschaft*) und *öffentliche Haushalte* betrachtet. Zunächst werden die jeweils betrachteten Sektoren abgegrenzt.[425] Neben der Charakterisierung der Sektoren als *finanzielle Überschußeinheiten* bzw. *finanzielle Defiziteinheiten* werden jeweils bestimmte (finanzielle) Charakteristika dieser Sektoren im deutschen Finanzsystem herausgearbeitet. Einen Schwerpunkt der Betrachtung der einzelnen Sektoren stellen deren *Vermögensstrukturen (insbesondere des Geldvermögens)* und deren *Strukturen der finanziellen Verpflichtungen dar.* Die Betrachtung der Struktur dieser *Bestandsgrößen* läßt wesentliche Rückschlüsse auf die in der Vergangenheit getroffenen Finanzdispositionen der nichtfinanziellen Sektoren zu. Vor allem reflektiert sich darin die Bedeutung verschiedener Geldanlageinstrumente und Finan-

[425] Vgl.zur Abgrenzung der einzelnen Sektoren Kapitel D.III.2.1.1., D.III.3.1.1, D.III.4.1.1.

zierungsinstrumente für die verschiedenen Sektoren. Aus der Struktur der Bestandsgrößen läßt sich auch deren zeitliche Orientierung ablesen, so daß die Frage, welchen zeitlichen Horizont die verschiedenen Sektoren ihren finanziellen Dispositionen zugrunde legen, beantwortet werden kann. Ob das Geldvermögen und die finanziellen Verpflichtungen tendenziell eher *längerfristig* oder eher *kurzfristig* sind, ist ein wichtiges strukturelles Merkmal dieser Größen. Vor allem ist zu untersuchen, ob alle betrachteten Sektoren in der betrachteten Volkswirtschaft eine ähnliche zeitliche Orientierung aufweisen. Einen weiteren Schwerpunkt bildet die Struktur der *Geldvermögensbildung* und der *Finanzierung* der nichtfinanziellen Sektoren. Diese Betrachtung der *Stromgrößen* läßt Rückschlüsse auf die aktuellen Finanzdispositionen zu. Gewichtsverschiebungen in den aktuellen Stromgrößen im Vergleich zu den Bestandsgrößen erlauben Folgerungen bezüglich veränderter Präferenzen der nichtfinanziellen Sektoren. Beispielsweise läßt sich aus der Übergewichtung bestimmter Geldanlageformen oder bestimmter Finanzierungsformen deren momentane Attraktivität ablesen. Ebenso lassen sich an den aktuellen Stromgrößen mögliche Differenzen in der zeitlichen Orientierung in bezug zur zeitlichen Orientierung der Bestandsgrößen ablesen.

Eine erste Einordnung der Sektoren erlaubt eine Betrachtung der *gesamtwirtschaftlichen Vermögensbildung*, der *gesamtwirtschaftlichen Ersparnis* und der *gesamtwirtschaftlichen Finanzierungssalden* im Jahr 1995. Die Sachvermögensbildung (Bruttoinvestitionen nach Abzug der Abschreibungen) in Höhe von 320,3 Mrd.DM setzt sich aus der Sachvermögensbildung der Unternehmen und der öffentlichen Haushalte zusammen. Dominiert wird die Sachvermögensbildung durch den Untersektor Wohnungswirtschaft. Nach Abzug der (negativen) Nettokreditgewährung an die übrige Welt ergibt sich eine *gesamtwirtschaftliche Vermögensbildung* in Höhe von 291,5 Mrd.DM. Das *gesamtwirtschaftliche Ersparnisangebot* wird erwartungsgemäß durch die Ersparnis der privaten Haushalte dominiert, auf die 75 Prozent der gesamtwirtschaftlichen Ersparnisbildung entfallen. Doch auch der Unternehmenssektor leistete insgesamt einen erstaunlich gewichtigen Beitrag zur gesamtwirtschaftlichen Ersparnisbildung, wobei insbesondere die Produktionsunternehmen und die finanziellen Institutionen hervorzuheben sind. Das gesamtwirtschaftliche Sparaufkommen wird durch die negative Ersparnis der öffentlichen Haushalte auf das oben genannte Niveau von 291,5 Mrd.DM reduziert. Insgesamt übertraf der erhebliche Mittelbedarf des Staates und der Unternehmen (wie in den vorangegangenen Jahren) das gesamte Sparaufkommen.[426] Dem Mittelaufkommen der privaten Haushalte standen negative Finanzierungssalden der öffentlichen Haushalte und der Unternehmen gegenüber, so daß sich insgesamt eine *gesamtwirtschaftliche Finanzierungslücke* ergeben hat, die von der übrigen Welt geschlossen worden ist. Hervorzuheben ist, daß sich das staatliche Defizit im Beobachtungsjahr in einer Größenordnung von circa 80 Prozent der von den privaten Haushalten den übrigen Sektoren netto (nach Abzug des Mittelbedarfs für den Wohnungserwerb) zur Verfügung gestellten finanziellen Ressourcen bewegt hat.[427] Bemerkens-

---

426 Vgl.auch NEUBER(1987), S.11 zur Ersparnisbildung der Unternehmen.

427 Vgl.BUNDESBANK(5/1996), S.25-26.

wert erscheint zudem, daß das Finanzierungsdefizit des Unternehmenssektors vor allem aus dem Defizit der Wohnungswirtschaft und erstaunlicherweise weniger aus dem Defizit der Produktionsunternehmen resultiert.

Abbildung D.20.:
Gesamtwirtschaftliche Vermögensbildung, Ersparnis und Finanzierungssalden 1995

Position	Mrd.DM
Vermögensbildung insgesamt	**291,5 Mrd.DM**
1.Sachvermögensbildung [a)]	**320,3 Mrd.DM**
1.1. Unternehmen	***260,5 Mrd.DM***
a) Produktionsunternehmen	96,4 Mrd.DM
b) Wohnungswirtschaft	152,4 Mrd.DM
c) Finanzielle Institutionen	11,7 Mrd.DM
1.2. Öffentliche Haushalte	***59,8 Mrd.DM***
2.Nettokreditgewährung an die übrige Welt [b)]	**-28,8 Mrd.DM**
Ersparnis insgesamt [c)]	**291,5 Mrd.DM**
1.Private Haushalte	**220,8 Mrd.DM**
2.Unternehmen	**128,1 Mrd.DM**
a) Produktionsunternehmen [d)]	64,3 Mrd.DM
b) Wohnungswirtschaft [d)]	14,1 Mrd.DM
c) Finanzielle Institutionen	49,8 Mrd.DM
3.Öffentliche Haushalte [d)]	**-57,4 Mrd.DM**
Finanzierungssalden insgesamt [e)]	**-28,8 Mrd.DM**
1.Private Haushalte	**220,8 Mrd.DM**
2.Unternehmen	**-132,4 Mrd.DM**
a) Produktionsunternehmen	-32,2 Mrd.DM
b) Wohnungswirtschaft	-138,3 Mrd.DM
c) Finanzielle Institutionen	38,1 Mrd.DM
3.Öffentliche Haushalte	**-117,2 Mrd.DM**

a) Nettoinvestitionen in Sachanlagen und Vorräte
b) entspricht der Differenz zwischen Ersparnis und Sachvermögensbildung im Inland
c) einschließlich Vermögensübertragungen
d) nach Ausschaltung der Übernahme der Treuhandschulden (205 Mrd.DM) sowie eines Teils der Altverschuldung ostdeutscher Wohnungsunternehmen (30 Mrd. DM) durch den Erblastentilgungsfonds
e) entspricht der Nettokreditgewährung an die übrige Welt
Quelle: Darstellung in Anlehnung an BUNDESBANK(5/1996), S.27.

Im Betrachtungsjahr 1995 haben sowohl private Haushalte als auch die Unternehmen (insbesondere die Produktionsunternehmen) zur gesamtwirtschaftlichen Ersparnisbildung beitragen. Erstaunlicherweise weisen die Produktionsunternehmen nur eine recht bescheidene Finanzierungslücke auf. Tatsächlich stellen einerseits die öffentlichen Haushalte und andrerseits die Wohnungswirtschaft die wichtigsten Defiziteinheiten mit den gewichtigsten negativen Finanzierungssalden dar. Das Bild, daß der Finanzsektor vor allem finanzielle Ressourcen vom Sektor der privaten Haushalte zum Sektor der Produktionsunternehmen bewegt, wie es beispielsweise durch eine Betrachtung des Finanzsystems mit der *Finanzsektor-Realsektor-Perspektive* nahegelegt wird, trifft für das deutsche Finanzsystem im Betrachtungsjahr 1995 nicht zu. Tatsächlich ist der überwiegende Anteil der gesamtwirtschaftlichen Ersparnisbildung zu den Defiziteinheiten öffentliche Haushalte und Wohnungswirtschaft gelenkt worden.[428] Dies impliziert, daß diese Sektoren ebenfalls im Hinblick auf ihre finanziellen Charakteristika in einer Finanzsystembetrachtung gewürdigt werden sollten. Ihre Vernachlässigung in einer Finanzsystembetrachtung würde im Betrachtungsjahr 1995 die gewichtigsten Defiziteinheiten aus der Finanzsystembetrachtung ausgrenzen. Ein Schwerpunkt der Allokation finanzieller Ressourcen vom Sektor private Haushalte (als Überschußeinheit) zu dem Sektor Produktionsunternehmen (als Defiziteinheit) erscheint angesichts der skizzierten Datenlage als fraglich.

Vor dem Hintergrund der Ausführungen zur *gesamtwirtschaftlichen Vermögensbildung, gesamtwirtschaftlichen Ersparnisbildung* und den *gesamtwirtschaftlichen Finanzierungssalden*, werden im folgenden die Sektoren *private Haushalte* (Kapitel D.III.2.), *nichtfinanzielle Unternehmen* (Kapitel D.III.3.), unterteilt in die Untersektoren Produktionsunternehmen (Kapitel D.III.3.2.) und Wohnungswirtschaft (Kapitel D.III.3.3.), und *öffentliche Haushalte* (Kapitel D.III.4.) jeweils in gesonderten Abschnitten in der oben skizzierten Art und Weise im Hinblick auf ihre finanziellen Charakteristika untersucht. Abschließend wird ein Resümee (Kapitel D.III.5.) gezogen, in dem betrachtet wird, was ein fiktiver Betrachter bisher über die nichtfinanziellen Sektoren als der inneren Schale des deutschen Finanzsystems gelernt hat. Darüber hinaus wird das Verhältnis der nichtfinanziellen Sektoren zum Finanzsektor reflektiert.

2.SEKTOR PRIVATE HAUSHALTE

2.1.Charakterisierung

2.1.1.Abgrenzung in der gesamtwirtschaftlichen Finanzierungsrechnung

Der Haushaltssektor („private Haushalte") wird in der gesamtwirtschaftlichen Finanzierungsrechnung der Bundesbank als die Summe der Wirtschaftseinheiten abgegrenzt, die als Endverbraucher von Gütern und Dienstleistungen und als Anleger von Ersparnissen auftreten.[429] Seine Einkünfte ergeben sich vor allem aus der Summe der Arbeitsentgelte und der Einkommensübertragungen. Darunter fallen vor allem Haushalte von *Arbeitnehmern* und *Rentnern*. Die *Selbständigen* werden nur in dem Umfang dem

---

428 Die Betrachtung der Bestände an aufgelaufenen Verpflichtungen der nichtfinanziellen Sektoren zeigt freilich, daß die 1995 beobachteten Finanzierungssalden der nichtfinanziellen Sektoren ein untypisches Bild zeichnen. Tatsächlich verfügen die Produktionsunternehmen (3.638,5 Mrd.DM) über den größten Bestand an Verpflichtungen, gefolgt von den öffentlichen Haushalten (2.131,1 Mrd.DM) und der Wohnungswirtschaft (1.553,1 Mrd.DM). Vgl.Kapitel D.III.5 und D.V.2.2.1.

429 Vgl.BUNDESBANK(6/1996), S.10-12. Die Aufwendungen der privaten Haushalte für den Erwerb von Wohnungseigentum sowie dessen Finanzierung werden mit im Untersektor *Wohnungswirtschaft* (der nichtfinanziellen Unternehmen) nachgewiesen. Begründet wird dies mit dem Argument, daß sich die Gesamtheit der Finanzierungsvorgänge der Wohnungswirtschaft recht zuverlässig erfassen lassen, jedoch ein Mangel an Informationen zur Aufgliederung nach Bauherren (gewerbliche bzw. gemeinnützige Wohnungsunternehmen, Versicherungsunternehmen, private und öffentliche Haushalte) in diesem Sektor besteht. Vgl.kritisch referierend WORMS(1998), S.24-25 und Kapitel D.III.3.3.

privaten Haushaltssektor zugerechnet, in dem sie ihren Unternehmen Mittel für Verbrauch und Ersparnis im privaten Bereich entnehmen. Darüber hinaus werden unter den Haushaltssektor Organisationen ohne Erwerbszweck (Vereine, Gewerkschaften, karitative Verbände, Kirchen, politische Parteien) subsumiert.

2.1.2.Private Haushalte als Überschußeinheit

Der Sektor private Haushalte fungiert als wichtigste *Überschußeinheit* im deutschen Finanzsystem und trägt entscheidend zur Finanzierung des gesamtwirtschaftlichen Vermögensaufbaus bei. 1995 betrug der Anteil der privaten Haushalte circa 75 Prozent der gesamten volkswirtschaftlichen Ersparnisbildung. Im Durchschnitt der letzten fünfundzwanzig Jahre brachte dieser Sektor circa zwei Drittel der gesamtwirtschaftlichen Ersparnisbildung auf und hat somit einen entscheidenden Beitrag zur Finanzierung des gesamtwirtschaftlichen Vermögensaufbaus geleistet.[430] Die Sparquote der privaten Haushalte (bezogen auf das verfügbare Einkommen) betrug 1995 rund 12 Prozent. Im Durchschnitt der letzten fünfundzwanzig Jahre schwankte die Sparquote der privaten Haushalte um 14 Prozent des verfügbaren Einkommens. Mit dieser Sparquote wird der gesamte Anteil der Ersparnis der privaten Haushalte (einschließlich des für den Erwerb von Wohnungseigentum verwendeten Anteils der Ersparnis) an ihrem verfügbaren Einkommen angegeben.[431]

Bemerkenswert ist die im Zeitablauf relativ hohe und konstante Sparneigung der privaten Haushalte. Seit 1980 haben sich weder *Konsumquote* noch *Sparquote* der privaten Haushalte wesentlich verändert. Auch die *Aufteilung der Ersparnisse* in *Geldvermögensbildung* (mehr als vier Fünftel des nicht konsumtiv verwendeten Einkommens) und *Sachvermögensbildung* (rund ein Sechstel des nicht konsumtiv verwendeten Einkommens) ist durch eine große Beständigkeit im Zeitablauf geprägt.[432] Ein langfristig starker Rückgang der Ersparnisneigung ist im Gegensatz zu vergleichbaren Ländern wie den USA, Japan und Frankreich nicht festzustellen. Diese hohe Sparneigung erstaunt angesichts des deutschen Sozialversicherungssystems, das den Bürgern eine sehr weitgehende Absicherung gegen unterschiedliche Lebensrisiken bietet und dafür gleichzeitig hohe Beitragsleistungen beansprucht.[433] Erwartungsgemäß fungieren die privaten Haushalte im deutschen Finanzsystem als die entscheidende Überschußeinheit.

---

430 Vgl.GDV(1996a), S.37-39; BUNDESBANK(5/1996), S.25-30; BUNDESBANK(4/1992b), S.14-15 und ergänzend Kapitel D.III.1. sowie BUB(1985), S.67-87 für eine Analyse der Spartätigkeit der privaten Haushalte. Aus dieser Betrachtung ist der für den Erwerb von Wohnungseigentum (Sachvermögensbildung) verwendete Anteil an der Ersparnis der privaten Haushalte herausgerechnet worden.

431 Vgl.BÖRSCH-SUPAN(1994), S.234-235; BUNDESBANK(4/1992b), S.14-15; DEAN(1991), S.51-58. Definiert ist die *Sparquote* der privaten Haushalte als Prozentanteil der privaten Ersparnis an ihrem verfügbaren Einkommen. Vgl.BUNDESBANK(5/1996), S.36-38.

432 Vgl.BUNDESBANK(7/1996), S.24; BUNDESBANK(5/1996), S.28; BUNDESBANK(4/1992b), S.14-19 und ergänzend NEUBER(1987), S.10-13. Anzumerken ist hier, daß unter die Sachvermögensbildung der Erwerb von Wohnungseigentum durch die privaten Haushalte fällt.

433 Vgl.hierzu BUNDESBANK(10/1993a), S.20; BUNDESBANK(4/1992b), S.19 BUNDESBANK(8/1987), S.41 und BUNDESBANK(1/1984), S.30-35.

2.1.3. Gestiegene Renditeorientierung

In den letzten zwei Jahrzehnten ist eine Tendenz zur stärkeren Renditeorientierung im Anlageverhalten der privaten Haushalte festzustellen. Dies dürfte vor allem zwei Ursachen haben: Zum einen hat das seit Ende des zweiten Weltkrieges bis zu Beginn der siebziger Jahre akkumulierte Geldvermögen eine Größenordnung erreicht, die als Schwellenwert zum Übergang vom *„Notfallsparen"* zum *„ertragsorientierten Vorsorgesparen"* aufgefaßt werden kann. Zum anderen dürften auch die Erfahrungen inflationärer Aushöhlungen der Geldvermögen zu Beginn der siebziger Jahre dazu beigetragen haben. Nach dem zweiten Weltkrieg stand die Bildung schnell liquidierbarer Rücklagen *(Notfallsparen)* bei Banken im Vordergrund. Daneben spielten vor allem die staatlich geförderte Bauspartätigkeit sowie (steuerlich) begünstigte Geldanlagen bei Versicherungen die wichtigsten Rollen bei der Akkumulation von Geldvermögen. Die Umorientierung in den siebziger Jahren zu einem *ertragsorientierten Zweck- und Vorsorgesparen* mit einer stärkeren Renditeorientierung spiegelt sich in renditeorientierten Umschichtungen der Geldanlage bei Banken wider. Die Bedeutung von Bargeld und Sichteinlagen haben erheblich abgenommen. Von traditionellen Sparkonten wurde Geldvermögen in Termingelder und Sondersparformen umgeschichtet. In der längerfristigen Geldanlage haben festverzinsliche Wertpapiere und Rentenzertifikate sowie die Geldanlage bei Versicherungen an Bedeutung gewonnen.[434] Dokumentiert wird diese Entwicklung zur stärkeren Renditeorientierung im Anlageverhalten der privaten Haushalte (Kapitel D.III.2.2.1.).

2.1.4. Selbstalimentation der Ersparnisbildung

Mit knapp 5 Billionen DM (Stand Ende 1995) verfügen die privaten Haushalte über einen beachtlichen Bestand an akkumuliertem Geldvermögen.[435] Die umfangreiche Geldvermögensbildung der deutschen Haushalte führt in Verbindung mit einem gestiegenen Renditebewußtsein zu erheblichen Geldvermögenserträgen in der Form von Zinsen und Dividenden. 1995 flossen den privaten Haushalten 183 Mrd.DM an Vermögenseinkünften zu. Erstaunlicherweise schlägt sich diese überdurchschnittliche Steigerung der Vermögenseinkünfte nicht in einer Veränderung der *Spar-* und *Konsumquoten* nieder. Ein Teil dieser Geldvermögenserträge wird nicht konsumtiv verwendet, sondern wiederum gespart. 1992 hat sich beispielsweise die Summe der Zinsen und Divi-

---

434 Vgl.BUNDESBANK(4/1992b), S.15-16; BUNDESBANK(10/1993a), S.24-25 Verbunden mit der stärkeren Renditeorientierung sowie dem angestiegenen Volumen des Geldvermögens ist ein relativ hohes *Umschichtungspotential des Geldvermögens*, das den Anlegern erlaubt, relativ sensitiv gegenüber Veränderungen von Anlagebedingungen zu sein. Vor allem die Differenzierung der privaten Geldanlage nach Laufzeiten und Anlagearten hat zu einem Ansteigen der Fälligkeitsvolumina beigetragen. So wurden für 1992 die Fälligkeiten aus kurzfristigen Terminkonten, Sondersparformen (einschl. vermögenswirksame Konten), Sparbriefen, Lebensversicherungen, Pensionskassen und festverzinslichen Wertpapieren auf über 500 Mrd.DM geschätzt. Vgl.BUNDESBANK(10/1993a), S.27.

435 Vgl.Kapitel D.III.2.2.1. zu dessen Struktur.

denden in einer Größenordnung von rund 80 Prozent des neu gebildeten privaten Geldvermögens bewegt. (In den fünfziger Jahren betrug diese Relation nur ungefähr 17 Prozent.). Faktisch kommt es durch diese angestiegenen Geldvermögenserträge zur *Selbstalimentation der Ersparnisbildung*.[436]

2.2.Struktur der Gesamtvermögensposition und der Verpflichtungen

2.2.1.Gesamtvermögensposition der privaten Haushalte

2.2.1.1.Geldvermögen als Bestandteil des Gesamtvermögens

1995 betrug das *Geldvermögen* der privaten Haushalte 4.648 Mrd.DM. Finanzintermediäre wie Banken, Versicherungen und Bausparkassen sind die wichtigsten Ansprechpartner der privaten Haushalte für deren Geldanlageentscheidungen. Das Geldvermögen stellt nur eine Komponente der Gesamtvermögensposition dieses Sektors dar. Die Zusammensetzung der Gesamtvermögensposition dieses Sektors private Haushalte steht im Vordergrund der folgenden Ausführungen. Zunächst wird die Struktur des Geldvermögens der privaten Haushalte näher betrachtet.

In der *Geldvermögensstruktur* der privaten Haushalte kommt den Banken eine besonders große Bedeutung zu. Die aggregierte Summe der *Geldanlage bei Banken* repräsentiert insgesamt 40 Prozent des Geldvermögens der privaten Haushalte, so daß von einer dominierenden Stellung der Banken im Geldvermögen der privaten Haushalte gesprochen werden kann. *Spareinlagen* stellen das wichtigste Anlageinstrument im Geldvermögen der privaten Haushalte dar. Mittlerweile sind rund 56 Prozent aller Spareinlagen als Sondersparformen mit relativ attraktiven Zinsen angelegt.[437] *Geldanlagen bei Versicherungen* rangieren hinter den Bankeinlagen als zweitwichtigstes Anlageinstrument. Vorsorgedenken, Neigung zur Risikenabsicherung und steuerliche Bevorzugung reflektieren sich darin. Gerade bei der Aufstockung bestehender Lebensversicherungen beziehungsweise beim Abschluß neuer Lebensversicherungen ist das Bestreben zur (zusätzlichen) privaten Altersvorsorge besonders deutlich erkennbar.[438] Als drittwichtigstes Anlageinstrument finden sich *festverzinsliche Rentenpapiere* in den Portefeuilles der privaten Haushalte. Es handelt sich vor allem um Rentenwerte von Banken, öffentlichen Haushalten und ausländischen Emittenten.

---

436 Vgl.BUNDESBANK(7/1996), S.24; BUNDESBANK(5/1996), S.39; BUNDESBANK(4/1992b), S.16-17. Dies liegt teilweise an den Besonderheiten einiger Geldanlagen: Beim Raten-, Bau- oder Lebensversicherungssparen wird der Zins automatisch dem Kapitalbestand zugeschlagen. Auch bei Nullkuponanleihen ist dies der Fall. Vgl.BUNDESBANK(10/1993a), S.26-27. Anzumerken ist, daß Nullkuponanleihen keine Bedeutung im deutschen Finanzsystem zukommt.

437 Vgl.BUNDESBANK(6/1996), S.48. Wenn berücksichtigt wird, daß auch die Rentenmärkte von den deutschen Universalbanken dominiert werden, tritt die Allgegenwart von Finanzintermediären als Ansprechpartner für Wirtschaftseinheiten mit Geldanlagebedürfnissen besonders deutlich hervor. Vgl.hierzu BUNDESBANK(10/1995), S.42-44.

438 Vgl.hierzu BUNDESBANK(10/1993a), S.25 und ergänzend UTZIG(1996), S.458.

1995 waren rund 77,2 Prozent des Geldvermögens der privaten Haushalte in mediate Geldanlagemöglichkeiten der Finanzintermediäre angelegt. Auf die Bankfinanzintermediäre entfielen 48,0 Prozent und auf die Nichtbankfinanzintermediäre 29,2 Prozent des Geldvermögens der privaten Haushalte. Damit kann eine starke Intermediärorientierung in der Struktur des Geldvermögens der privaten Haushalte festgestellt werden.[439] Insgesamt weist das Geldvermögen der privaten Haushalte einen *längerfristigen Anlagehorizont* auf. Von den 4.648 Mrd.DM sind 68 Prozent längerfristig und 32 Prozent kurzfristig angelegt. Das Geldvermögen der privaten Haushalte entspricht 206,7 Prozent ihres verfügbaren Einkommens, wobei längerfristige Geldanlagen 139,5 Prozent und kurzfristige Geldanlagen 67,2 Prozent ihres verfügbaren Einkommens repräsentieren.

Der *Aktienbesitz* im Geldvermögen der privaten Haushalte spielt mit 5,3 Prozent lediglich eine untergeordnete Rolle.[440] Ein signifikanter Einfluß des Haushaltssektors auf die *Corporate Governance* der Aktiengesellschaften ist daher über den Weg direkter Eigentümerrechte nicht gegeben. Die mit Aktienbesitz verbundene Möglichkeit der aktiven Einflußnahme auf die Unternehmenspolitik ist für die Anlagedispositionen der privaten Haushalte für den Fall des Aktienerwerbs wohl nur in seltenen Fällen ausschlaggebend. Vielleicht besteht in Deutschland aufgrund der *Mitbestimmung* kein Bedarf, über Eigentumsrechte in der Form von Aktien Einfluß auf die Unternehmensführung zu nehmen. Der geringe Anteil der Aktien an den Portefeuilles der privaten Haushalte in Deutschland dürfte auch dazu führen, daß deren Ausgabeverhalten - im Gegensatz zu den angelsächsischen Ländern - kaum durch Wertveränderungen in den (finanziellen) Vermögensbeständen beeinflußt wird. Beispielsweise hatte in Deutschland der Kurseinbruch an den Aktienmärkten im Oktober 1993 - im Gegensatz zu den USA - kaum nachhaltige Auswirkungen auf den Konsum.[441]

---

439 In den mediaten Geldanlagen sind die von Bankfinanzintermediären emittierten Rentenwerte enthalten. Diese repräsentieren die Hälfte der umlaufenden Rentenwerte. Vgl.Kapitel D.II.4.2.

440 Mangelnde Risikobereitschaft dürfte kein Hindernisgrund für ein verstärktes Engagement in Aktien zumindest bei einem Teil des inländischen Anlegerpublikums sein. Als Indiz dient hierbei die Bereitschaft zu spekulativen Anlagen im *grauen Kapitalmarkt*, z.B. in der Form der Abschreibungsgesellschaften. Vgl.BUNDESBANK(10/1991), S.29. Nach Schätzungen des Bundeskriminalamtes gehen der deutschen Volkswirtschaft jedes Jahr circa 40 Mrd.DM durch Anlagebetrug mit zweifelhaften Kapitalanlagen im *grauen Kapitalmarkt* „verloren". Vgl.hierzu o.V.(1997a), S.15. Das Volumen an Finanzmittel, das jährlich in diese unseriösen Kapitalanlagen fließt, widerspricht entschieden der allgemeinen These von der mangelnden Risikobereitschaft des inländischen Anlegerpublikums.

441 Vgl.BUNDESBANK(1/1997a), S.36; BUNDESBANK(7/1996), S.25; BUNDESBANK(6/1996), S.49. ALLEN/GALE(1995), S.190-194 thematisieren den beobachteten Sachverhalt in einer modelltheoretischen Betrachtung des deutschen und amerikanischen Finanzsystems und liefern dazu folgende Überlegung: Die deutschen privaten Haushalte haben einen überwiegend großen Anteil ihres Geldvermögens bei Finanzintermediären angelegt. Diese Intermediärsgeldanlagen unterliegen nur unwesentlichen Kursschwankungen in Crashsituationen. Denn Finanzintermediäre üben eine intertemporale Risikenverteilungsfunktion aus und „federn" (vor allem durch Diversifikation ihrer Portefeuilles) externe Schocks wie beispielsweise Finanzmarktcrashs ab. Die durch Crashs ausgelösten Wertschwankungen wirken sich nicht auf den Wert der Intermediärsgeldanlagen der privaten Haushalte aus. Daher sind die deutschen privaten Haushalte nur einem minimalem Konsumrisiko aus Wertschwankungen ihres Geldvermögens ausgesetzt.

Abbildung D.21.:
Geldvermögensstruktur der privaten Haushalte 1995

Geldanlageart	in Mrd.DM	in Prozent
1.Geldanlage bei Banken	**1.859,1 Mrd.DM**	**40,0 %**
a) Bargelder und Sichteinlagen	408,7 Mrd.DM	8,8 %
b) Termingelder	241,7 Mrd.DM	5,2 %
c) Spareinlagen	1.033,7 Mrd.DM	22,2 %
d) Sparbriefe	175,0 Mrd.DM	3,8 %
2.Geldanlage bei Versicherungen	**850,3 Mrd.DM**	**18,3 %**
3.Festverzinsliche Wertpapiere	**737,0 Mrd.DM**	**15,9 %**
4.Investmentfonds	**353,4 Mrd.DM**	**7,6 %**
5.Aktien [a)]	**245,6 Mrd.DM**	**5,3 %**
6.Geldanlage bei Bausparkassen	**155,1 Mrd.DM**	**3,3 %**
7.Sonstige	**447,0 Mrd.DM**	**9,6 %**
a) Ansprüche gegen Unternehmen aus betrieblichen Pensionszusagen	294,0 Mrd.DM	6,3 %
b) Geldmarktpapiere, Forderungen gegen Sach- und Krankenversicherungsunternehmen sowie gegenüber der übrigen Welt.	153,0 Mrd.DM	3,3 %
Summe:	**4.647,5 Mrd.DM**	**100,0 %**
a) davon kurzfristig angelegt	**1.510 Mrd.DM**	**32,0 %**
b) davon längerfristig angelegt	**3.138 Mrd.DM**	**68,0 %**

a) einschließlich der sonstigen Ansprüche mit Beteiligungscharakter
Quelle: Darstellung in Anlehnung an BUNDESBANK(6/1996), S.48-49.

2.2.1.2.Wandel in der Geldvermögensstruktur

Die Betrachtung der Struktur des *Geldvermögens* der privaten Haushalte 1960 unterstreicht den Trend einer gestiegenen Renditeorientierung. Gleichzeitig weist ein Rückblick auf die 1960 vorzufindenden Struktur des Geldvermögens darauf hin, daß sich der Wandel der Anlegerpräferenzen erst mit zeitlicher Verzögerung bemerkbar macht und tiefergehende Veränderungen im Anlageverhalten sich erst mit zeitlichem Abstand in der Struktur des Geldvermögens widerspiegeln.[442] Die geringe Renditeorientierung der privaten Haushalte im Jahr 1960 zeigt sich daran, daß *Spareinlagen* (ohne Sonderkonditionen) knapp ein Drittel des Geldvermögens bilden. Sie wird unterstrichen durch ein hohes Gewicht von *Bargeld* und *Sichteinlagen* und äußerst geringe Gewichte von *festverzinslichen Wertpapieren* und *Termineinlagen.* Auffallend ist der extrem hohe Anteil der *Aktien* (22,0 Prozent) am Geldvermögen der privaten Haushalte 1960 im Vergleich zu heute.[443] *Investmentzertifikate* waren dagegen 1960 praktisch unbekannt.

---

442 Vgl.BUNDESBANK(10/1993a), S.25.

443 Nach Kriegsende standen die Halter von staatlichen Rentenwerten inflationsbedingt praktisch mittellos da, während der Großteil der Aktienbesitzer nach wie vor über seine Aktienpakete verfügte. Da die meisten deutschen Aktiengesellschaften nach Kriegsende wieder tätig waren, repräsentierten diese Aktien im Jahr 1960 wieder einen entsprechenden Vermögenswert.

Insgesamt waren 1960 rund 67,1 Prozent des privaten Geldvermögens in mediate Geldanlagemöglichkeiten der Finanzintermediäre angelegt. Dabei entfielen 49,1 Prozent des Geldvermögens der privaten Haushalte auf die Bankfinanzintermediäre und 18,0 Prozent auf die Nichtbankfinanzintermediäre.[444] Unter dem Vorbehalt einer zu (lediglich) zwei Zeitpunkten durchgeführten Betrachtung kann für den Zeitraum von 1960-1995 eine zunehmende Bedeutung der mediaten Geldanlagemöglichkeiten der Finanzintermediäre im Geldvermögen der privaten Haushalte festgestellt werden. Denn während der Anteil der mediaten Geldanlagemöglichkeiten im Geldvermögen 1960 bei rund 67,1 Prozent lag, betrug er 1995 immerhin 77,2 Prozent. Gleichzeitig ist ein Rückgang der Bedeutung der Geldanlage bei Banken und Bausparkassen zu beobachten. Während deren Anteil 1960 bei 53 Prozent des Geldvermögens der privaten Haushalte lag, betrug er 1995 nur noch 43,3 Prozent.[445]

Abbildung D.22.:
Geldvermögensstruktur der privaten Haushalte 1960 (Westdeutschland)

Geldanlageart	in Mrd.DM	in Prozent
1.Geldanlage bei Banken	**78 Mrd.DM**	**48,0 %**
a) Bargelder und Sichteinlagen	24 Mrd.DM	15,0 %
b) Termingelder	2 Mrd.DM	1,0 %
c) Spareinlagen	52 Mrd.DM	32,0 %
2.Aktien [a)]	**37 Mrd.DM**	**22,0%**
3.Geldanlage bei Versicherungen	**22 Mrd.DM**	**13,0 %**
4.Geldanlage bei Bausparkassen	**9 Mrd.DM**	**5,0 %**
5.Festverzinsliche Wertpapiere	**6 Mrd.DM**	**4,0 %**
6.Sonstige	**13 Mrd.DM**	**8,0 %**
Summe:	**165 Mrd.DM**	**100,0 %**

a) einschließlich der sonstigen Ansprüche mit Beteiligungscharakter
Quelle: Darstellung in Anlehnung an o.V.(1996), S.508.

2.2.1.3. Verhältnis Geldvermögen zum Gesamtvermögen

Eine Betrachtung der *Gesamtvermögensposition* der privaten Haushalte (für das Jahr 1994) zeigt deutlich, daß das zuvor betrachtete Geldvermögen nicht die wichtigste Position darin einnimmt. *Geldvermögen*, *Grundvermögen* und *Gebrauchsvermögen* der privaten Haushalte summieren sich auf knapp 11 Billionen DM. Nach Abzug der Kon-

---

444 In den mediaten Geldanlagen sind die von Bankfinanzintermediären emittierten Rentenwerte enthalten (circa 28 Prozent der umlaufenden Rentenwerte 1960). Vgl.BUNDESBANK(11/1994), S.141.

445 Vgl.hierzu auch die Ergebnisse der Studie von SCHMIDT/HACKETHAL/TYRELL(1997), S.13-15, welche die abnehmende Bedeutung der Geldanlagen der Bankfinanzintermediäre bei konstanter bzw. steigender Intermediationsrate mit einer Zunahme der Bedeutung der Geldanlage bei Nichtbankfinanzintermediären in Verbindung setzten. Diese Verschiebung in den Geldanlagedispositionen der privaten Haushalte steht auch mit der oben diskutierten stärkeren Renditeorientierung der privaten Haushalte in Einklang, die dazu führt, daß diese verstärkt höher verzinsliche Geldanlagen der Nichtbankfinanzintermediäre (Geldanlagen bei Versicherungen, Investmentzertifikate) nachfragen.

sumschulden und Bauschulden ergibt sich in dieser Betrachtung ein Vermögen von 9,5 Billionen DM. Das Netto-Vermögen der privaten Haushalte ist somit dreimal so groß wie das Anlagevermögen der Unternehmen.[446]

Abbildung D.23.:
Die Struktur des Vermögens der privaten Haushalte 1994

Vermögensart:	in Mrd.DM	in Prozent
-Geldvermögen	4.320 Mrd.DM	20 Prozent
-Grundvermögen	5.400 Mrd.DM	25 Prozent
-Gebrauchsvermögen	1.260 Mrd.DM	6 Prozent
-Forderungen an die Rentenversicherung	10.500 Mrd.DM	49 Prozent
Insgesamt:	21.480 Mrd.DM	100 Prozent

Quelle: Darstellung in Anlehnung an UTZIG(1996), S.457.

Eine erste Relativierung der Bedeutung des *Geldvermögens* (4.320 Mrd.DM) als Bestandteil der Gesamtvermögensposition der privaten Haushalte ergibt sich aus dem direkten Vergleich mit dem Volumen der materiellen Vermögensbestandteile (Sachvermögen). Schon das *Grundvermögen* (5.400 Mrd.DM) ist für sich genommen quantitativ bedeutender als das Geldvermögen. Mit dem *Gebrauchsvermögen* (1.260 Mrd.DM) summiert sich das Sachvermögen auf 6.660 Mrd.DM. Unter die Position *Gebrauchsvermögen* werden dauerhafte Konsumgüter wie Automobile, Möbel und elektrische Haushaltsgeräte mit Vermögenscharakter subsumiert. Allerdings ist hervorzuheben, daß sich seit 1980 der Wert des Geldvermögens (nominal) verdreifacht hat, während sich der Wert des Wohneigentums (nominal) nur verdoppelt hat. Dies entspricht einer finanziellen Vertiefung. Eine zweite Relativierung erhält die Bedeutung der Position Geldvermögen, wenn die *Sozialversicherungssysteme*, insbesondere das System der *gesetzlichen Rentenversicherung* mit in die Betrachtung einbezogen wird. Die Forderungen des privaten Sektors an die gesetzliche Rentenversicherung sind rechtlich verbindlich zugesagt und besitzen demzufolge Vermögenscharakter. Aus diesem Grunde werden diese Ansprüche explizit als Bestandteil der Gesamtvermögensposition der privaten Haushalte betrachtet und quantifiziert. Dies geschieht unabhängig von Zweifeln an der Funktions- und Leistungsfähigkeit staatlicher Sozialversicherungssysteme, die sich in der verstärkten Tendenz zur privaten Vorsorge für das Alter und zur zusätzlichen privaten Absicherung von Risiken reflektieren.[447]

UTZIG wirft die Frage auf, welche Größe ein Kapitalstock aufweisen müßte, damit aus dessen Kapitalerträgen die Leistungen zur gesetzlichen Alterssicherung (Rentenversicherung) erbracht werden könnten. Für die gesetzliche Rentenversicherung liegen hier fundierte Schätzungen der OECD vor. Sie schätzt, daß 1994 der Kapitalstock der geschuldeten Rentenzahlungen und Rentenansprüche dem Dreieinhalbfachen des Bruttoinlandsproduktes des Jahres 1994 entspricht. Der Wert der Rentenansprüche ist mit einem Kapitalstock von 10,5 Billionen gleichzusetzen, welcher größer

[446] Vgl.UTZIG(1996), S.457.

[447] Vgl.UTZIG(1996), S.458.

als das gesamte Geld- und Grundvermögen der privaten Haushalte ist. Gegen die Ansprüche an die gesetzliche Rentenversicherung nimmt sich die *private Altersvorsorge* bescheiden aus: Rund 900 Mrd.DM beträgt das Kapital der privaten Versicherungen. Dazu kommen 300 Mrd.DM in der Form von Ansprüchen auf Betriebsrenten aufgrund von Pensionsrückstellungen. Diese insgesamt beträchtliche Vermögensposition der privaten Vorsorge von 1.200 Mrd.DM entspricht jedoch nur ungefähr 11,5 Prozent des Leistungsumfangs der gesetzlichen Vorsorge.[448]
Einschließlich der Ansprüche an die gesetzliche Rentenversicherung beträgt im Betrachtungsjahr 1994 das Gesamtvermögen der privaten Haushalte 21.480 Mrd.DM. Davon entfällt knapp die Hälfte auf Forderungen gegen die gesetzliche Rentenversicherung. Das gesamte Sachvermögen macht knapp ein Drittel des Gesamtvermögens aus. Dagegen repräsentiert in dieser Gesamtbetrachtung das Geldvermögen nur ein Fünftel des Gesamtvermögens. Deutlich zeigt diese Betrachtung, daß das Geldvermögen trotz seines erstaunlichen Volumens nicht den bedeutendsten Bestandteil des Gesamtvermögens der privaten Haushalte darstellt. Dies ist ein erstaunliches Ergebnis, wenn bedacht wird, daß nur die gesetzliche Rentenversicherung als Bestandteil des Sozialversicherungssystems berücksichtigt wurde, und die Vermögensansprüche an die weiteren Sozialversicherungssysteme (z.B. das Krankenversicherungssystem und die Pflegeversicherung) noch nicht einmal quantifiziert worden sind.

2.2.2. Verpflichtungen der privaten Haushalte

Insgesamt stehen 1995 dem Geldvermögen von 4.647,5 Mrd.DM Verpflichtungen in Höhe von 1.604,0 Mrd.DM gegenüber, die sich in 1.231,9 Mrd.DM für Baukredite und 372,1 Mrd.DM für Konsumentenkredite aufgliedern, so daß ein Nettogeldvermögen von 3.043,5 Mrd.DM bleibt.[449] Die finanziellen Verpflichtungen für *Konsumentenkredite* und für *Baukredite* repräsentieren 1995 rund 71 Prozent des verfügbaren Einkommens, wobei Baukredite rund 55 Prozent und Konsumkredite rund 16,5 Prozent des verfügbaren Einkommens repräsentiert haben. *Baukredite* repräsentieren den gewichtigsten Anteil der finanziellen Verpflichtungen der privaten Haushalte. Der Erwerb von Wohnraum spielt in den Dispositionen über die Vermögensstruktur eine wichtige Rolle. So verfügen mittlerweile rund 50 Prozent aller Haushalte über Haus- und Grundvermögen. (1962/63 betrug dieser Anteil lediglich 38 Prozent.)[450] Die Bau-

---

448 Vgl.UTZIG(1996), S.458; OECD(1995), S.45 sowie NÜRK/SCHRADER(1995), S.3-18 grundlegend zu den Charakteristika der betrieblichen Altersversorgung. Tendenziell hat die private Vorsorge seit Beginn der achtziger Jahre an Bedeutung gewonnen. Der Anteil von Versicherungsvermögen und Betriebsrenten am gesamten Geldvermögen stieg von 24 auf 30 Prozent. Darin dürfte sich das zuvor erwähnte bröckelnde Vertrauen des Sektors private Haushalte in die staatliche Sozialversicherungssysteme, insbesondere in die Funktionsfähigkeit der gesetzlichen Rentenversicherung, widerspiegeln.

449 Vgl.o.V.(1996a), S.508.

450 Vgl.hierzu grundlegend HÄMMERLEIN(1996), S.57-60; LAUE(1993), S.489-491 und ergänzend die Ausführungen in BUNDESBANK(5/1996), S.36-39; BUNDESBANK(10/1993a), S.31; BUNDESBANK(10/1993a), S.28; BUNDESBANK(4/1992b), S.17.

kreditverpflichtungen haben einen überwiegend längerfristigen Charakter und weisen darüber hinaus tendenziell eine feste Zinsbindung auf. Für den Sektor private Haushalte spielen im Rahmen der Deckung seiner Finanzierungslücken vor allem die Universalbanken und die Bausparkassen eine wichtige Rolle. Hervorzuheben ist die überwiegend *längerfristige Orientierung* in den Verpflichtungen der privaten Haushalte (in Analogie zur längerfristigen Orientierung im Geldvermögen). Der Anteil der Kredite an den Sektor private Haushalte, deren Verzinsung bis Laufzeitende oder für eine längere Zeitperiode festgelegt ist, wird auf circa zwei Drittel aller ausstehenden Kredite geschätzt. Vorzeitige Rückzahlungen sind allgemein möglich. Aufgrund hoher Kosten werden diese üblicherweise nicht in Anspruch genommen.[451]

Abbildung D.24.:
Struktur der Verpflichtungen der privaten Haushalte 1995

Verpflichtungsart	in Mrd.DM	in Prozent
1.Baukredite	**1.231,9 Mrd.DM**	**76,8 %**
2.Konsumentenkredite	**372,1 Mrd.DM**	**23,2 %**
a) Bankkredite	345,3 Mrd.DM	21,5 %
b) Sonstige Verpflichtungen	26,7 Mrd.DM	1,7 %
Summe:	**1.604,0 Mrd.DM**	**100,0 %**

Quelle: Darstellung in Anlehnung an BUNDESBANK(6/1996), S.48.

2.3.Struktur der Bildung von Geldvermögen und Verpflichtungen

2.3.1.Geldvermögensbildung

Die *Geldvermögensbildung* der privaten Haushalte für das Jahr 1995 reflektiert im groben die Struktur des Geldvermögensbestandes (1995). Insgesamt fällt in der Geldvermögensbildung der privaten Haushalte (234 Mrd.DM) die *Dominanz der längerfristigen Orientierung* der Geldanlagen (65,2 Prozent) gegenüber der kurzfristigen Geldanlage (34,8 Prozent) auf. Die beobachtete Fristigkeitsstruktur in der Geldvermögensbildung entspricht in etwa der Fristigkeitsstruktur des Geldvermögensbestandes 1995 (längerfristiges Geldvermögen 68 Prozent; kurzfristiges Geldvermögen 32 Prozent).[452]
Die *Geldanlage bei Banken* (34,3 Prozent) dominiert die Geldanlage der privaten Haushalte. Diese ist jedoch insgesamt untergewichtet im Vergleich zum Bestand an Geldvermögen, in welchem Bankeinlagen ein weitaus größeres Gewicht (40 Prozent) einnehmen. Bankeinlagen spielen in der längerfristigen Geldvermögensbildung nur eine untergeordnete Rolle und fungieren vor allem als Instrument der kurzfristigen Geldvermögensbildung. Die stärkere Renditeorientierung der privaten Haushalte manifestiert sich in einer starken Präferenz für den Erwerb von *Rentenwerten* (19,2%) und *Investmentzertifikaten* (8,4 Prozent), die jeweils in den aktuellen Geldanlageentscheidungen stärker gewichtet sind als im Geldvermögensbestand (Rentenwerte: 15,9 Pro-

---

451 Vgl.BOCKELMANN(1996), S.14-21 und S.26-27 sowie Kapitel D.III.3.3. zur Struktur der Baukreditverpflichtungen.

452 Vgl.hierzu Kapitel D.III.2.2.1.1.

zent und Investmentfonds: 7,6 Prozent). In der längerfristigen Geldanlage der privaten Haushalte dominiert 1995 eindeutig die *Geldanlage bei Versicherungen* (28,5 Prozent). Diese ist deutlich übergewichtet im Vergleich zum Bestand der Geldanlage in Versicherungen (21,3 Prozent). Daran zeigt sich die Renditeorientierung und ein tendenziell gestiegenes Bewußtsein für die Eigenverantwortung der Alterssicherung. Die *Geldanlage in Aktien* war 1995 bedeutungslos für die privaten Haushalte und wies sogar einen negativen Wert auf. Dies stellt keinen statistischen Ausreißer dar. Im Durchschnitt der Jahre 1991 bis 1995 war die Geldanlage in Aktien ohne Bedeutung. Somit ist die Geldanlage in Aktien erheblich untergewichtet im Vergleich zum Bestand im Geldvermögen der privaten Haushalte (5,3 Prozent).

Abbildung D.25.:
Struktur der Geldvermögensbildung der privaten Haushalte 1995

Arten der Geldvermögensbildung	in Mrd.DM	in Prozent
1.Geldanlage bei Banken[a)]	**80,31 Mrd.DM**	**34,3 %**
davon kurzfristig	69,34 Mrd.DM	29,6 %
davon längerfristig	10,97 Mrd.DM	4,7 %
2.Geldanlage bei Versicherungen	**66,83 Mrd.DM**	**28,5 %**
3.Erwerb von Rentenwerten	**44,90 Mrd.DM**	**19,2 %**
4.Sonstige Forderungen	**22,30 Mrd.DM**	**9,6 %**
davon kurzfristig[b)]	12,12 Mrd.DM	5,2 %
davon längerfristig[c)]	10,18 Mrd.DM	4,4 %
5.Erwerb von Investmentzertifikaten	**19,62 Mrd.DM**	**8,4 %**
6.Geldanlage bei Bausparkassen	**3,44 Mrd.DM**	**1,5 %**
7.Erwerb von Aktien	**-3,40 Mrd.DM**	**-1,5 %**
Summe	**234,00 Mrd.DM**	**100,0 %**
davon kurzfristig	**81,46 Mrd.DM**	**34,8 %**
davon längerfristig	**152,54 Mrd.DM**	**65,2 %**

a) Bargeld und Sichteinlagen, Termingelder, Sparbriefe, Spareinlagen. *Bargeld und Sichteinlagen* entsprechen mit 23,61 Mrd.DM rund 10,1 Prozent der Geldvermögensbildung. Gleichzeitig wurden erhebliche Umschichtungen von *Termineinlagen* (-23,3 Prozent der Geldvermögensbildung) zu *Spareinlagen und Sparbriefen* (47,5 Prozent der Geldvermögensbildung) vorgenommen.

b) Geldmarktpapiere, Forderungen gegen Sach- und Krankenversicherungensunternehmen sowie gegenüber der übrigen Welt

c) vor allem Ansprüche gegen Unternehmen aus betrieblichen Pensionszusagen

Quelle: Darstellung in Anlehnung an BUNDESBANK(6/1996), S.46-47.

2.3.2.Bildung von Verpflichtungen

Die privaten Haushalte nehmen gesamtwirtschaftlich betrachtet Ersparnisse in der Form von *Konsumentenkrediten* und *Baufinanzierungen* in Anspruch, wodurch der Beitrag der Geldvermögensbildung zum inländischen Ersparnisangebot gemindert wird. *Bankkredite* stellen mit 98,6 Prozent das eindeutig dominierende Finanzierungsinstrument bei Konsumkrediten dar. Bei der Bildung von Verpflichtungen wird die Bedeutung von Bankkredit noch stärker betont als im Bestand an Verpflichtungen für

Konsumentenkredite (92,8 Prozent). Hervorzuheben ist die *Dominanz längerfristiger Verpflichtungen* (81,5 Prozent). Dies entspricht in etwa der Fristigkeitsstruktur des Bestandes an Konsumentenkrediten. Die geringe Bedeutung der Bildung von Verpflichtungen der privaten Haushalte zeigt sich auch in deren Relation zum verfügbaren Einkommen. Die Bildung von Verpflichtungen 1995 entsprach knapp 0,6 Prozent des verfügbaren Einkommens.[453] Die *Verpflichtungen für Baufinanzierungen* werden in der gesamtwirtschaftlichen Finanzierungsrechnung der Bundesbank nicht näher aufgeschlüsselt. Neben den Banken sind vor allem Bausparkassen und Versicherungen in der Baufinanzierung involviert. Hervorzuheben ist, daß die privaten Haushalte (ähnlich wie die Produktionsunternehmen) ihre Sachinvestitionen (Neubauten, Ausbauten und Modernisierungen) mit einem hohen Anteil an Eigenmitteln finanzieren. Diese resultieren einerseits aus angesparten Mitteln bei Bausparkassen und andererseits aus Auflösungen von anderweitigen Geldanlagen bei Banken beziehungsweise Wertpapierpositionen. Eigenleistungen oder die Einbringung von Grundstücken werden ebenfalls zu den Eigenmitteln gerechnet. Diese Eigenfinanzierungsquote betrug seit Mitte der achtziger Jahre knapp die Hälfte der gesamten Wohnungsbauinvestitionen.[454]

Abbildung D.26.:
Struktur der Bildung von Verpflichtungen der privaten Haushalte 1995

Arten der Verpflichtungen	in Mrd.DM	in Prozent
1.Bankkredite	**12,99 Mrd.DM**	**98,6 %**
2.Sonstige Verpflichtungen	**0,19 Mrd.DM**	**1,4 %**
Summe	**13,18 Mrd.DM**	**100,0 %**
davon kurzfristig	**2,44 Mrd.DM**	**18,5 %**
davon längerfristig	**10,74 Mrd.DM**	**81,5 %**

Quelle: Darstellung in Anlehnung an BUNDESBANK(6/1996), S.46-47.

3.SEKTOR NICHTFINANZIELLE UNTERNEHMEN
3.1.Charakterisierung
3.1.1.Abgrenzung in der gesamtwirtschaftlichen Finanzierungsrechnung

In der gesamtwirtschaftlichen Finanzierungsrechnung umfaßt der Unternehmenssektor (*nichtfinanzielle Unternehmen* mit den Untersektoren *Produktionsunternehmen* und *Wohnungswirtschaft*) alle Wirtschaftseinheiten, die in ihrer Hauptfunktion Waren und Dienstleistungen nichtfinanzieller Art produzieren und diese für ein grundsätzlich kostendeckendes Entgelt am Markt anbieten. Der Untersektor *Produktionsunternehmen* wird in der gesamtwirtschaftlichen Finanzierungsrechnung weit abgegrenzt: Im Gegen-

453 Vgl.BUNDESBANK(4/1992b), S.17 und ergänzend Kapitel D.III.2.2.2.

454 Vgl.hierzu MONSCHAW/HICKMANN(1994), S.456-459; BUNDESBANK(4/1992b), S.18; BUNDESBANK(8/1987), S.46. Die BUNDESBANK(5/1996), S.36 betont, daß die volkswirtschaftliche Gesamtrechnung in der Form zu modifizieren ist, daß die private Sachvermögensbildung zumindest in Form des Erwerbs von Wohnungseigentum gesondert dargestellt werden kann. Eine solche Vorgehensweise würde auch eine Analyse der Finanzierung dieser Sachvermögensbildung ermöglichen.

satz zu manchen anderen Ländern werden in dem Sektor Produktionsunternehmen nicht nur *Kapitalgesellschaften*, sondern auch die *Selbständigen* und *Personengesellschaften* sowie alle *öffentlichen Unternehmen* (Staatsunternehmen) unabhängig von ihrer Rechtsform erfaßt. Diese Abgrenzung ermöglicht die Erfassung der Finanzierungsvorgänge des gesamten Sektors der Produktionsunternehmen. Eine solche Abgrenzung erscheint gerade im Hinblick auf die Bedeutung der Personengesellschaften und Einzelunternehmungen in der deutschen Wirtschaft als sinnvoll, da Produktionsunternehmen dieser Rechtsformen einen relativ großen Ausschnitt des Unternehmenssektors repräsentieren.[455] Der Untersektor *Wohnungswirtschaft* wird in der gesamtwirtschaftlichen Finanzierungsrechnung als eigenständiger Bestandteil der nichtfinanziellen Unternehmen abgegrenzt. Dieser Bestandteil ist durch spezielle Finanzierungsstrukturen gekennzeichnet. Die Abgrenzung der Wohnungswirtschaft als eigener Sektor verbessert in erheblichem Maß die Analyse der Finanzierungsvorgänge bei den übrigen Unternehmen (Produktionsunternehmen). Die Wohnungswirtschaft stellt einen funktional abgegrenzten Sektor dar. Die Aufgliederung nach Bauherren ist jedoch aufgrund der Datenlage nicht möglich. Im Sektor Wohnungswirtschaft werden die gewerbliche und nichtgewerbliche Erstellung und Vermietung von Wohnungen einschließlich der Nutzung von Eigentumswohnungen sowie die Gesamtheit der finanziellen Dispositionen betreffend den Altbestand und die Neuerstellung an Wohnungen subsumiert. An diesen Transaktionen sind gewerbliche und gemeinnützige Wohnungsunternehmen, Versicherungsunternehmen, öffentliche Haushalte und private Haushalte beteiligt. Den privaten Haushalten wird unterstellt, daß sie als Unternehmer Wohnungen für den Markt produzieren und im Falle von Eigentumswohnungen beziehungsweise Eigenheimen gleichzeitig als Konsumenten Wohnungsnutzungen nachfragen.[456]

3.1.2. Nichtfinanzielle Unternehmen als Defiziteinheit

Die nichtfinanziellen Unternehmen wiesen im Jahr 1995 eine Sachvermögensbildung (Nettoinvestitionen in Sachanlagen und Vorräte) in Höhe von 248,8 Mrd.DM auf. Davon entfiel der überwiegende Anteil von 152,4 Mrd.DM auf die Wohnungswirtschaft und ein Anteil von 96,4 Mrd.DM auf die Produktionsunternehmen. Dieser Sachvermögensbildung stand eine Ersparnis in Höhe von 78,1 Mrd.DM gegenüber (Produktions-

---

455 Vgl.BUNDESBANK(6/1996), S.11-12. Somit fallen unter die Produktionsunternehmen öffentliche Unternehmen wie die ehemalige *Deutsche Bundesbahn*, die *Deutsche Bundespost* (ohne Postbank), bis zu ihrer Auflösung 1994 die *Treuhandanstalt*, *kommunale Versorgungsunternehmen* und *Zweckverbände mit wirtschaftlichen Aufgaben*, der *Erdölbevorratungsverband*, die *Bundesanstalt für landwirtschaftliche Marktordnung* und einige im Dienste von Unternehmen stehende *Organisationen ohne Erwerbszweck* wie Industriestiftungen, Arbeitgeber- und Wirtschaftsverbände sowie Industrie- und Handelskammern.

456 Vgl.BUNDESBANK(6/1996), S.11-12 und dazu kritisch referierend WORMS(1998), S.24. Dieser weist darauf hin, daß die Wohnungswirtschaft aufgrund der besonderen Determinanten der Bautätigkeit, wie beispielsweise der durch die Zuwanderungsentwicklung geprägten Wohnraumknappheit und der hohen staatlichen Interventionsdichte (Investitionsvergünstigungen, wie z.B. Fördermaßnahmen und Steuervorteile) ein Sonderverhalten aufweist, welches sich in den Finanzierungsstrukturen niederschlägt.

unternehmen 64,3 Mrd.DM und Wohnungswirtschaft 14,1 Mrd.DM), so daß insgesamt ein negativer Finanzierungssaldo in Höhe von -170,5 Mrd.DM auftrat. Die nichtfinanziellen Unternehmen stellen somit eine gewichtige *Defiziteinheit* dar. Hervorzuheben ist, daß die *Produktionsunternehmen* aufgrund ihrer beachtlichen Selbstfinanzierungspotentiale im Betrachtungsjahr 1995 nur einen relativ bescheidenen (negativen) Finanzierungssaldo (-32,2 Mrd.DM) aufweisen, während der (negative) Finanzierungssaldo der *Wohnungswirtschaft* (-132,4 Mrd.DM) ein beträchtliches Volumen aufweist.[457] Der Schwerpunkt der folgenden Ausführungen liegt auf den *Produktionsunternehmen*, da diese im Gegensatz zur *Wohnungswirtschaft* durch komplexere Finanzierungsstrukturen gekennzeichnet sind.

3.2.Produktionsunternehmen
3.2.1.Charakteristika
3.2.1.1.Verbreitung von Rechtsformen

Eine Betrachtung der letzten durchgeführten Arbeitsstättenzählung (1987) zeigt, daß der Großteil der in (West)Deutschland agierenden Unternehmen als *Personengesellschaften und Einzelunternehmen* (1.749.292) und nur ein kleiner Teil aller Unternehmen als *Kapitalgesellschaften* (348.561) geführt worden sind. Hervorzuheben ist, daß unter den *Kapitalgesellschaften* vor allem die Rechtsform der *Gesellschaft mit beschränkter Haftung* (346.371) die wichtigste Rolle spielt. Lediglich 2.190 Unternehmen wurden als *Aktiengesellschaften* oder *Kommanditgesellschaften auf Aktien* geführt, wobei letztgenannte Rechtsform kaum Verbreitung findet.[458]

Abbildung D.27.:
Überblick über Rechtsformen im deutschen Unternehmenssektor 1987

Rechtsform	
1.Kapitalgesellschaften	**348.561**
a) AG's und KGaA:	2.190
b) GmbH's	346.371
2.Personengesellschaften und Einzelunternehmungen	**1.749.292**
Gesamtanzahl:	**2.097.853**

Quelle: Eigene Darstellung mit Daten aus STATISTISCHES BUNDESAMT(1995), S.131-132 und aus DEUTSCHES AKTIENINSTITUT(1996), S.FB-01-3.

Ein genauerer Blick auf die Untergruppe der *Kapitalgesellschaften* im Jahr 1993 zeigt, daß die relativ kleine Zahl der *Aktiengesellschaften* ein Nennkapital von 147,271 Mrd.DM aufwies, während die relativ große Gruppe der *Gesellschaften mit beschränkter Haftung* ein Nennkapital von 235,255 Mrd.DM aufwies. Nur ein Bruchteil

457 Vgl.BUNDESBANK(5/1996), S.25-30 und die Ausführungen in Kapitel D.III.1.

458 Vgl.grundlegend zu den Rechtsformen im deutschen Unternehmenssektor die Ausführungen in EDWARDS/FISCHER(1994), S.75-83 und zu den quantitativen Angaben in DEUTSCHES AKTIENINSTITUT(1996), S.FB-01-3; STATISTISCHES BUNDESAMT(1995), S.131-132.

der *Aktiengesellschaften* (664) war an einer der deutschen Wertpapierbörsen notiert. Die 522 in den Kapitalmarktsegmenten „Amtlicher Handel" und „Geregelter Markt" börsennotierten *Aktiengesellschaften* repräsentierten dabei ein Grundkapital von 78,305 Mrd.DM.[459] In Deutschland verwenden vorwiegend Großunternehmen die Rechtsform der *Aktiengesellschaft.* Dagegen wird die Rechtsform der *Gesellschaften mit beschränkter Haftung* tendenziell von mittelgroßen (mittelständischen) bis großen Unternehmen verwendet. Kleine und mittlere Unternehmen verwenden hauptsächlich die Rechtsformen der *Personengesellschaften* und der *Einzelunternehmungen.*[460]
Nur für den Bruchteil der *börsennotierten Aktiengesellschaften* kommt die Eigenkapitalfinanzierung am organisierten Kapitalmarkt überhaupt in Frage. Ebenfalls auf diese Unternehmen reduziert sich die Möglichkeit der wertpapierunterlegten Fremdfinanzierung (Industrieobligationen) an organisierten Kapitalmärkten. Diese Ausführungen legen nahe, daß der deutsche Aktienmarkt in seiner jetzigen Struktur (und Ausrichtung auf am Markt etablierte Großunternehmen) nicht für die Beschaffung von Wagnis- oder Gründungskapital für neue, innovative Unternehmen genutzt werden kann.[461]

Abbildung D.28.:
Überblick über Kapitalgesellschaften und deren Nennkapital

	Aktiengesellschaften (einschließlich KGaA)	Gesellschaften mit beschränkter Haftung
Anzahl am 31.12.1993	**2.934**	**543.444**
davon börsennotiert (Amtlicher Handel oder Geregelter Markt)	522	(nicht möglich)
Nennkapital (Mrd.DM)	**147,271 Mrd.DM**	**235,255 Mrd.DM**
davon börsennotiert	78,305 Mrd.DM	(nicht möglich)

Quelle: Darstellung in Anlehnung an STATISTISCHES BUNDESAMT (1995), S.132; STATISTISCHES BUNDESAMT(1996), S.132 und DEUTSCHES AKTIENINSTITUT(1996), S.FB01-2; FB02-2.

3.2.1.2. Mittelstandsprägung des deutschen Unternehmenssektors

Für die deutsche Wirtschaft wird oftmals die Bedeutung *mittelständischer Unternehmen* hervorgehoben. Deren Leistungsfähigkeit wird als wesentliches Merkmal der deutschen Volkswirtschaft aufgefaßt. Ihnen wird eine besondere Rolle für das Funktionieren des Wettbewerbs zugemessen. Mittelständische Unternehmen gelten als innovationsbereit und flexibel. Diese Eigenschaften ermöglichen ihnen, sich an wandelnde wirtschaftliche und technische Verhältnisse anzupassen. Im Jahr 1996 repräsentierten die mittelständischen Unternehmen 99,6 Prozent aller umsatzsteuerpflichtigen Unternehmen und beschäftigten rund 68,0 Prozent aller Arbeitnehmer. Sie trugen

---

459 Vgl.hierzu grundlegend EDWARDS/FISCHER(1994), S.76-81 und zu den quantitativen Angaben DEUTSCHES AKTIENINSTITUT(1996), S.FB01-2; FB02-2; STATISTISCHES BUNDESAMT (1995), S.132; STATISTISCHES BUNDESAMT(1996), S.132.

460 Vgl.IFO/SAKURA(1997), S.273-274 und ergänzend BUNDESBANK(10/1992), S.25-33.

461 Vgl.MONOPOLKOMMISSION(1998), S.52-58 und ergänzend IFO/SAKURA(1997), S.273-274.

53,0 Prozent zur Bruttowertschöpfung aller Unternehmen und 44,7 Prozent zur gesamten Bruttowertschöpfung (einschließlich der öffentliche Haushalte) bei. Darüber hinaus haben sie 45,4 Prozent aller Bruttoinvestitionen getätigt und 80,0 Prozent aller Lehrlinge ausgebildet.[462] Trotz der großen Bedeutung der mittelständischen Unternehmen für die deutsche Volkswirtschaft zeigt eine Betrachtung des Zinsaufwandes, daß sich mittelständische Unternehmen tendenziell ungünstigeren Finanzierungsbedingungen ausgesetzt sehen als Großunternehmen.[463] BAUMS verwendet ein recht einprägsames Bild für die Charakterisierung der Struktur des deutschen Unternehmenssektors: Demnach gleicht der deutsche Unternehmenssektor in seiner Struktur einem Wäldchen, das durch wenige sehr große Bäume (Großunternehmen), eine große Anzahl mittelgroßer Bäume (Mittelstand) und eine Menge Unterholz (Handwerker, Ladenbesitzer, kleine landwirtschaftliche Betriebe) gebildet wird.[464]

3.2.2.Struktur des Geldvermögens und der Verpflichtungen

3.2.2.1.Geldvermögen der Produktionsunternehmen

Die Produktionsunternehmen haben 1995 über einen beträchtlichen Bestand an *Geldvermögen* (2.422,7 Mrd.DM) verfügt. Insgesamt überwiegen im Geldvermögen der Produktionsunternehmen kurzfristige Geldanlagen (1.258,3 Mrd.DM) gegenüber längerfristigen Geldanlagen (1.164,5 Mrd.DM). Tendenziell weist der Unternehmenssektor als einziger Sektor im deutschen Finanzsystem eine überwiegend *kurzfristige Orientierung* im Geldvermögen auf. Doch diese kurzfristige Orientierung ist nicht sonderlich stark ausgeprägt, denn längerfristige und kurzfristige Geldanlagen halten sich fast die Waage. Das Geldvermögen besteht ungefähr zu gleichen Gewichten aus der *Geldanlage bei Banken*, der *Geldanlage in Aktien* und dem Bestand an *sonstigen Forderungen*. Der Großteil der *Geldanlage bei Banken* ist kurzfristiger Natur. Bei der längerfristigen Geldanlage haben Banken nur eine sehr untergeordnete Bedeutung.

Der Unternehmenssektor selbst hält in Deutschland rund 40 Prozent (708,1 Mrd.DM) des gesamten (inländischen) Aktienumlaufes in seinem Geldvermögensbestand. Diese Geldanlagen in Aktien werden vor allem zu Beteiligungszwecken gehalten. Als Indizien hierfür können die stetige Entwicklung des Aktienbesitzes der Unternehmen - im Gegensatz zur Entwicklung des Aktienbesitzes der institutionellen Anleger - und der hohe Anteil selbstverwahrter Aktien gesehen werden. Schätzungsweise repräsentieren

---

462 Vgl.BUNDESMINISTERIUM für WIRTSCHAFT(1997), S.1-17 und ergänzend GRÖßL-GSCHWENDTNER(1992), S.14; WALTER(1993), S.19-20. Der Terminus *„wirtschaftlicher Mittelstand"* ist ausschließlich in Deutschland gebräuchlich, während im anglo-amerikanischen und romanischem Sprachraum von kleinen und mittleren Unternehmen gesprochen wird. Die mittelständischen Unternehmen werden als *GmbH's, Personengesellschaften* und *Einzelkaufleute* geführt.

463 Vgl.BUNDESMINISTERIUM für WIRTSCHAFT(1997), S.17; KAUFMANN(1997), S.140-144; BUNDESBANK(10/1993b), S.34; BUNDESBANK(10/1992), S.31. Aufgrund des Gewichtes der mittelständischen Unternehmen im Wirtschaftsprozeß ist zu erwarten, daß sich deren Finanzierungsbedingungen in der gesamtwirtschaftlichen Finanzierungsrechnung widerspiegeln.

464 Vgl.BAUMS(1994), S.412.

75 Prozent der Aktienbestände der Produktionsunternehmen gegenseitige Kapitalverflechtungen. Insbesondere die Großunternehmen sind durch Ring- und Überkreuzverflechtungen miteinander verbunden. Aufgrund der zahlreichen uni- und multilateralen Unternehmensbeteiligungen wird zum Teil von der „Deutschland AG" gesprochen, wenn eine aus den größten deutschen Unternehmen bestehende Gruppe betrachtet wird.[465] Der immens große Bestand an Aktien im Geldvermögen der Produktionsunternehmen stellt ein wichtiges Charakteristikum der deutschen institutionellen Struktur dar. Gerade die hohe Verflechtung durch gegenseitigen Aktienbesitz im Bereich der Großunternehmen wird in der Diskussion des deutschen Systems der Corporate Governance (Kapitel D.VI.3.2.) weiter hinterfragt.

Abbildung D.29.:
Geldvermögensstruktur der Produktionsunternehmen 1995

Geldanlageart	in Mrd.DM	in Prozent
1.Geldanlage bei Banken	**727,5 Mrd.DM**	**30,0 %**
davon Bargeld und Sichteinlagen	497,3 Mrd.DM	20,5 %
2.Geldanlage in Aktien[a)]	**708,1 Mrd.DM**	**29,3 %**
3.Geldanlage in Rentenwerten	**159,1 Mrd.DM**	**6,5 %**
4.Geldanlage in Investmentzertifikaten	**89,9 Mrd.DM**	**3,7 %**
5.Sonstige Forderungen [b)]	**738,1 Mrd.DM**	**30,5 %**
darunter Handelsforderungen [c)]	180,0 Mrd.DM	7,4 %
Summe:	**2.422,7 Mrd.DM**	**100,0 %**
a) davon kurzfristig angelegt	**1.258,3 Mrd.DM**	**51,9 %**
b) davon längerfristig angelegt	**1.164,5 Mrd.DM**	**48,1 %**

a) einschließlich der sonstigen Ansprüche mit Beteiligungscharakter
b) gegenüber der übrigen Welt und gegenüber Versicherungsunternehmen
c) gegenüber der übrigen Welt
Quelle: Darstellung in Anlehnung an BUNDESBANK(6/1996), S.56-57.

3.2.2.2. Verpflichtungen der Produktionsunternehmen

Dem Geldvermögen der Produktionsunternehmen (2.422,7 Mrd.DM) stehen beträchtliche *Verpflichtungen* (3.638,5 Mrd.DM) gegenüber, so daß sich ein negatives Nettogeldvermögen in Höhe von 1.215,8 Mrd.DM ergibt. Insgesamt werden die Verpflichtungen der Produktionsunternehmen durch *Bankkredite* dominiert. Des weiteren fallen in den Verpflichtungen der Produktionsunternehmen der *Aktienumlauf* sowie die sonstigen *Verpflichtungen gegenüber Arbeitnehmern* ins Gewicht. Im Gegensatz zum Geldvermögen der Produktionsunternehmen kann bei den Verpflichtungen wiederum eine *längerfristige Orientierung* konstatiert werden. Gerade bei den kurzfristigen Verpflichtungen der Produktionsunternehmen spielen Bankkredite, die circa zwei Drittel der kurzfristigen Verpflichtungen repräsentieren, die wichtigste Rolle.

465 Vgl.hierzu ADAMS(1994), S.148-153; WYMEERSCH(1995), S.301-303 und MONOPOLKOMMISSION(1998), S.67-70 zur Verflechtung der deutschen Großunternehmen sowie ergänzend BUNDESBANK(1/1997a), S.39; BUNDESBANK(8/1995), S.65

Abbildung D.30.:
Struktur der Verpflichtungen der Produktionsunternehmen 1995

Verpflichtungsart	in Mrd.DM	in Prozent
1.Bankkredite	**1.690,6 Mrd.DM**	**46,4 %**
2.Umlauf von Aktien[a)]	**980,2 Mrd.DM**	**26,9 %**
3.Verpflichtungen aus Rentenwerten	**104,1 Mrd.DM**	**2,9 %**
4.Darlehen der Versicherungen	**82,4 Mrd.DM**	**2,3 %**
u.Bausparkassen	**781,2 Mrd.DM**	**21,5 %**
5.Sonstige Verpflichtungen	252,6 Mrd.DM	6,9 %
a) davon gegenüber Arbeitnehmern [b)]	116,5 Mrd.DM	3,2 %
b) davon Handelsverpflichtungen [c)]		
Summe:	**3.638,5 Mrd.DM**	**100,0 %**
a) davon kurzfristige Verpflichtungen	**841,0 Mrd.DM**	**23,1 %**
b) davon längerfristige Verpflichtungen	**2.797,5 Mrd.DM**	**76,9 %**

a) einschließlich der sonstigen Ansprüche mit Beteiligungscharakter
b) Pensionsverpflichtungen
c) gegenüber der übrigen Welt
Quelle: Darstellung in Anlehnung an BUNDESBANK(6/1996), S.56-57.

3.2.3.Struktur der Bildung von Geldvermögen und Verpflichtungen
3.2.3.1.Geldvermögensbildung der Produktionsunternehmen

Über die Bruttoinvestitionen (408,02 Mrd.DM) hinaus, bestehend aus Sachanlagen (383,63 Mrd.DM) und Vorräten (25,39 Mrd.DM), bildeten die Produktionsunternehmen 1995 ein Geldvermögen in Höhe von 159,13 Mrd.DM. Insgesamt wurde etwas mehr längerfristiges Geldvermögen als kurzfristiges Geldvermögen gebildet. Prinzipiell kennzeichnet sich die Bildung von Geldvermögen durch die gleiche zeitliche Orientierung wie der Bestand an Geldvermögen.[466] Die wichtigste Rolle in der *Geldvermögensbildung* spielte die meist kurzfristige *Geldanlage bei Banken.* Die zweitwichtigste Position der Geldvermögensbildung stellten die *sonstigen Forderungen* dar. Diese wiederum wurden überwiegend durch längerfristige Forderungen gegen die übrige Welt dominiert. Weitere wichtige Komponenten der (längerfristigen) Geldvermögensbildung stellen der *Erwerb von Rentenwerten, Aktien* und *Investmentzertifikaten* dar.

---

466 Die genannten Bruttoinvestitionen entsprechen den zuvor in Kapitel D.III.3.1.2. angesprochenen Nettoinvestition in die Sachvermögensbildung (Sachanlagen und Vorräte) in Höhe von 248,8 Mrd.DM. Vgl.hierzu BUNDESBANK(5/1996), S.27. Die Betrachtung der *Geldvermögensbildung der Produktionsunternehmen* wird ohne Ausschaltung der Transaktionen, die durch die Übertragung der *Schulden der Treuhandanstalt* auf den *Erblastentilgungsfonds* entstanden sind, vorgenommen. Denn durch diese Transaktionen wird die Geldvermögensbildung der Produktionsunternehmen nur unwesentlich verzerrt. Durch Ausschaltung dieser Transaktionen würde sich die Geldvermögensbildung von 159,13 Mrd.DM auf 141,1 Mrd.DM reduzieren. Vor allem in der Position „Sonstige längerfristige Forderungen" (an das Inland) würde sich diese Veränderung bemerkbar machen. Jedoch würde die Fristigkeitsstruktur der Geldvermögensbildung vom Verfasser aus den vorliegenden Quellen in diesem Fall nicht mehr im gewünschten Umfang aufgeschlüsselt werden können. Daher wird auf eine Ausschaltung der genannten Transaktionen in diesem Abschnitt verzichtet.

Abbildung D.31.:
Struktur der Geldvermögensbildung der Produktionsunternehmen 1995

Arten der Geldvermögensbildung	in Mrd.DM	in Prozent
1.Geldanlage bei Banken	**72,39 Mrd.DM**	**45,5 %**
a) davon kurzfristig	62,65 Mrd.DM	39,4 %
darunter Bargeld und Sichteinlagen	*79,85 Mrd.DM*	*50,2 %*
darunter Termingelder und Spareinlagen [a)]	*-17,20 Mrd.DM*	*10,8 %*
b) davon längerfristig [b)]	9,74 Mrd.DM	6,1 %
2.Erwerb von Rentenwerten [c)]	**18,50 Mrd.DM**	**11,6 %**
3.Erwerb von Aktien [d)]	**14,95 Mrd.DM**	**9,4 %**
4.Erwerb von Investmentzertifikaten	**6,60 Mrd.DM**	**4,1 %**
5.Sonstige Forderungen	**46,71 Mrd.DM**	**29,4 %**
a) davon kurzfristig [e)]	7,72 Mrd.DM	4,9 %
darunter Handelsforderungen [f)]	*7,86 Mrd.DM*	*4,9 %*
b) davon längerfristig [g) h)]	38,99 Mrd.DM	24,5 %
Summe	**159,15 Mrd.DM**	**100,0 %**
a) davon kurzfristig	**73,76 Mrd.DM**	**46,3 %**
b) davon längerfristig	**85,37 Mrd.DM**	**53,7 %**

a) Spareinlagen mit dreimonatiger Kündigungsfrist
b) Termingelder und Spareinlagen mit mehr als dreimonatiger Kündigungsfrist; einschließlich Geldanlage bei Bausparkassen
c) einschließlich kurzfristiger Bankschuldverschreibungen und Geldmarktpapiere
d) einschließlich der sonstigen Ansprüche mit Beteiligungscharakter
e) im wesentlichen gegenüber Versicherungsunternehmen und der übrigen Welt
f) gegenüber der übrigen Welt
g) im wesentlichen gegenüber der übrigen Welt
h) einschließlich der Transaktionen, die mit der Übertragung der Treuhandschulden auf den Erblastentilgungsfonds im Zusammenhang stehen

Quelle: Darstellung in Anlehnung an BUNDESBANK(6/1996), S.54-55.

3.2.3.2.Bildung von Verpflichtungen der Produktionsunternehmen

Eine Betrachtung der Struktur der *Verpflichtungen* der Produktionsunternehmen im Jahr 1995 muß um Transaktionen korrigiert werden, die mit der Übertragung der Treuhandschulden an den Erblastentilgungsfonds in Verbindung stehen.[467] Nach deren Ausschaltung ergeben sich für das Jahr 1995 neue Verpflichtungen in Höhe von 186,2 Mrd.DM. Nach Abzug der Geldvermögensbildung (141,1 Mrd.DM) ergibt sich eine negative Nettogeldvermögensbildung der Produktionsunternehmen (-45,1 Mrd.DM). Dominiert wird die Bildung neuer Verpflichtungen der Produktionsunternehmen durch die Neuaufnahme von *Bankkrediten.* Mit großem Abstand folgen *Aktien.* Innerhalb

467 Die Betrachtung der *Bildung von Verpflichtungen der Produktionsunternehmen* wird durch die Transaktionen im Zusammenhang mit der Übertragung der *Treuhandschulden* auf den *Erblastentilgungsfonds* verzerrt und wird daher um diese Transaktionen korrigiert. Ohne Korrektur würden sich für 1995 eine negative Kreditaufnahme und Aktienabsatz in Höhe von -0,32 Mrd.DM ergeben. Vgl.BUNDESBANK(6/1996), S.54. Allerdings kann die Fristigkeitsstruktur aus den (vorliegenden) modifizierten Daten nicht mit der gewünschten Genauigkeit aufgeschlüsselt werden.

dieser Position kommt den Direktinvestitionen aus dem Ausland eine gewisse Bedeutung zu. Diese reflektieren 7,3 Prozent der neu gebildeten Verpflichtungen. Tendenziell überwiegen bei der Neubildung von Verpflichtungen längerfristige gegenüber kurzfristigen Verpflichtungen (hauptsächlich kurzfristige Bankkredite).[468] Somit reflektiert die Bildung der Verpflichtungen tendenziell die *längerfristige zeitliche Orientierung* der Verpflichtungen insgesamt.

Abbildung D.32.:
Struktur der Bildung von Verpflichtungen der Produktionsunternehmen 1995 [a)]

Arten der Bildung von Verpflichtungen [b)]	in Mrd.DM	in Prozent
1.Bankkredite [a) c)]	**143,0 Mrd.DM**	**76,8 %**
a) davon kurzfristig	70,0 Mrd.DM	37,6 %
b) davon längerfristig	73,0 Mrd.DM	39,2 %
2.Absatz von Aktien [d)]	**45,2 Mrd.DM**	**24,3 %**
darunter Direktinvestitionen aus dem Ausland	13,5 Mrd.DM	7,3 %
3.Darlehen von Versicherungen	**2,8 Mrd.DM**	**1,5 %**
4.Absatz von Rentenwerten [a) e)]	**-6,4 Mrd.DM**	**-3,4 %**
5.Sonstige Verpflichtungen	**1,6 Mrd.DM**	**0,8 %**
a) im Ausland	13,6 Mrd.DM	7,3 %
b) im Inland	-12,0 Mrd.DM	-6,4 %
Summe	**186,2 Mrd.DM**	**100,0 %**
a) davon kurzfristig	**70,0 Mrd.DM** [f)]	**37,6 %** [f)]
b) davon längerfristig	**116,2 Mrd.DM** [g)]	**62,4 %** [g)]

a) korrigiert um die Transaktionen, welche in Verbindung mit der Übertragung der Schulden der Treuhandanstalt auf den Erblastentilgungsfonds stehen
b) einschließlich der Beschaffung von Beteiligungskapital
c) im In- und Ausland
d) einschließlich der sonstigen Ansprüche mit Beteiligungscharakter
e) einschließlich Geldmarktpapiere und Investmentzertifikate
f) Wert unterschätzt, genauere Aufschlüsselung mangels Daten nicht möglich
g) Wert überschätzt, genauere Aufschlüsselung mangels Daten nicht möglich
Quelle: Darstellung in Anlehnung an BUNDESBANK(5/1996), S.32.

3.2.4.Finanzierungsstrukturen der Produktionsunternehmen

3.2.4.1.Gesamtwirtschaftliche Finanzierungsrechnung

Eine Betrachtung der *Finanzierungsstrukturen der Produktionsunternehmen* eignet sich hervorragend zur Relativierung der Bedeutung des Gewichtes der extern über den Finanzsektor den Produktionsunternehmen zur Verfügung gestellten Finanzmittel. Das Jahr 1995 stellt aufgrund der Vermögensübertragung der Treuhandschulden (204,5 Mrd.DM) auf den Erblastentilgungsfonds, (die in der gesamtwirtschaftlichen Finanzierungsrechnung als Vermögensübertragung vom Staat auf den Unternehmenssektor verbucht wird), eine gewisse Ausnahme dar. Dadurch wird die Eigenmittelquote im Jahr

---

468 Vgl.die Ergebnisse der gesamtwirtschaftlichen Finanzierungsrechnung für die Jahre 1991 bis 1995, insbesondere die Finanzierung der Produktionsunternehmen, in: BUNDESBANK(6/1996), S.54-55.

1995 erheblich überzeichnet. Die Ausführungen konzentrieren sich daher auf die Jahre 1991 bis 1994.[469] In den Jahren 1991 bis 1995 spielen *intern generierte Eigenfinanzierungsmittel* die wichtigste Rolle für die Finanzierung der Summe der Bruttoinvestitionen (Sachanlagen und Vorräte) und der Geldvermögensbildung der Produktionsunternehmen.[470] Unter intern generierte Eigenfinanzierungsmittel werden Unternehmensersparnis (nicht entnommene Gewinne), Vermögensübertragungen (netto) und Abschreibungen subsumiert. In den (normalen) Jahren 1990 bis 1994 trugen diese Positionen signifikant mehr als die Hälfte zur Finanzierung der Summe aus Bruttoinvestitionen und Geldvermögensbildung der Produktionsunternehmen bei.[471] Werden die Eigenfinanzierungsmittel nur auf die Summe der Bruttoinvestitionen bezogen, dann zeigt sich, daß diese in den Jahren 1991 bis 1994 im Intervall zwischen 69 Prozent bis 86 Prozent der gesamten Bruttoinvestitionen gelegen haben. Verpflichtungen gegenüber Arbeitnehmern *(Pensionsverpflichtungen)* stellen ebenfalls eine interne Finanzierungsquelle (mit Fremdkapitalcharakter) für die Produktionsunternehmen dar.[472] Im Zeitraum von 1991 bis 1994 lag diese Position im Intervall von 1,5 Prozent bis 3,1 Prozent der Bruttoinvestitionen und der Geldvermögensbildung der Produktionsunternehmen. Ihre Berücksichtigung als interne Finanzierungsquelle läßt die Bedeutung der *Gesamtposition interne Finanzierungsmittel* noch größer werden.

---

[469] Vgl.BUNDESBANK(6/1996), S.16-17. Die Betrachtung stützt sich auf die „Ergebnisse der gesamtwirtschaftlichen Finanzierungsrechnung für Deutschland 1990 bis 1995", welche als BUNDESBANK(6/1996) zitiert werden. Diese Studie schließt sich an die Analyse der BUNDESBANK(11/1994) über die „Ergebnisse der gesamtwirtschaftlichen Finanzierungsrechnung für Westdeutschland 1960-1962" an. Im folgenden werden nur die Ergebnisse für den Zeitraum 1990-1995 kommentiert, da sich die Grundtendenz nicht verändert hat und der vorige Zeitraum zum Teil in der Studie von CORBETT/JENKINSON(1996) abgedeckt wird, die in Kapitel D.III.3.2.4.2. gewürdigt wird. Diese stützen ihre Analyse ebenfalls auf Daten der Bundesbank.

[470] Diese Beobachtung der großen Bedeutung der *Innenfinanzierung* stimmt mit einer weiteren Untersuchung der BUNDESBANK(10/1992), S.29-33 über das Finanzmittelaufkommen der deutschen Unternehmen für den Zeitraum von 1978-1989 überein, in welcher festgestellt worden war, daß die *Innenfinanzierung* für den Untersuchungszeitraum die wichtigste Quelle der Unternehmensfinanzierung gewesen ist, wogegen der *Außenfinanzierung* sowohl in der Form der Zuführung von externem Eigenkapital als auch externem Fremdkapital nur eine geringe Bedeutung zugekommen ist. In derselben Untersuchung wird ebenfalls gezeigt, daß *Brutto- und Nettoanlageinvestitionen* in allen Unternehmensgrößenklassen weitgehend synchron zur *Innenfinanzierung* verlaufen sind. Insgesamt läßt sich ein starker Zusammenhang zwischen der Entwicklung von Ertrags- und Finanzierungsverhältnissen und dem Investitionsverhalten der Unternehmen feststellen, so daß die Aussage, daß Unternehmen im Untersuchungszeitraum ihre Investitionen vor allem aus Gewinnen, verdienten Abschreibungen und Rückstellungen finanziert haben, getroffen werden kann. Dies belegt, daß der Innenfinanzierung eine entscheidende Bedeutung für die Finanzierung der Investitionen zukommt.

[471] Hier kann eine Parallele zu der in Kapitel D.III.2.3.2. thematisierten *Bildung von Verpflichtungen der privaten Haushalte* gezogen werden. Dort wurde darauf verwiesen, daß die privaten Haushalte im Rahmen der Wohnungsfinanzierung circa die Hälfte der benötigten Finanzierungsmittel in der Form von *(internen) Eigenfinanzierungsmitteln* aufbringen.

[472] Die Bedeutung der Rückstellungen für eingegangene Pensionsverpflichtungen *(Pensionsrückstellungen)* für die Unternehmensfinanzierung läßt sich daran ermessen, daß diese im Zeitraum von 1980 bis 1990 um 120 Mrd.DM aufgestockt worden sind. Volumenmäßig entspricht diese Aufstockung der gesamten Finanzierungsmittelbeschaffung aus der Emission neuer Aktien im betrachteten Zeitraum. Vgl.BUNDESBANK(10/1991), S.25.

Abbildung D.33.:
Finanzierung der Vermögensbildung der Produktionsunternehmen[a)] 1991-1995

Arten der Finanzierungsmittel *(Alle Angaben in Prozent)*	**1991**	**1992**	**1993**	**1994**	**1995[b)]**
Eigenfinanzierungsmittel (intern)	**54,0**	**54,3**	**57,6**	**62,0**	**100,1**
-Ersparnis (nichtentnommene Gewinne)	-3,3	-6,3	-4,1	1,0	6,8
-Vermögensübertragungen (netto) [b)]	9,0	7,8	7,2	5,5	39,6
-Abschreibungen	48,4	52,8	54,4	55,5	53,7
Kreditaufnahme und Aktienabsatz	**46,0**	**45,7**	**42,4**	**38,0**	**-0,1**
-Bankkredite [b)]	30,0	26,0	18,0	9,6	18,2
-Darlehen der Versicherungen [c)]	0,1	-0,3	-1,1	-0,2	0,5
-Absatz von Rentenwerten [b)]	-0,1	6,5	18,0	17,6	-27,9
-Absatz von Aktien	1,8	2,2	2,4	4,2	5,6
-Sonstige Verpflichtungen	14,2	11,3	5,1	6,8	3,5
davon gegenüber Arbeitnehmern [d)]	*2,7*	*3,1*	*1,5*	*1,5*	*1,4*
davon Handelsverpflichtungen [e)]	*0,8*	*-0,2*	*-0,4*	*2,1*	*1,1*
Summe der Finanzierungsmittel:	**100,0**	**100,0**	**100,0**	**100,0**	**100,0**
Nachrichtlich: Eigenfinanzierungsmittel in Prozent d.gesamten Bruttoinvestitionen	***69,3***	***70,9***	***88,0***	***85,3***	***142,3***

a) bis Ende 1994 einschließlich Treuhandanstalt
b) 1995 einschließlich der Transaktionen, die mit der Übertragung der Treuhandschulden auf den Erblastentilgungsfonds im Zusammenhang stehen
c) einschließlich Bausparkassen
d) Pensionsverpflichtungen
e) gegenüber der übrigen Welt
Quelle: Darstellung in Anlehnung an BUNDESBANK(6/1996), S.55.

Bei der *externen Finanzierung (Kreditaufnahme und Aktienabsatz)* ist im Zeitraum 1991-1995 deren überwiegend längerfristige Orientierung hervorzuheben. Als wichtigstes Instrument der externen Finanzierung fungierten *Bankkredite*. Die Dominanz des Bankkredits ist gerade infolge der Einstellung der Arbeit der Treuhandanstalt Ende 1994 im Jahr 1995 wieder deutlich hervorgetreten.[473] Die außergewöhnliche Bedeutung des Absatzes von *Rentenwerten* in den Jahren 1993 und 1994 resultierte aus dem erheblichen Finanzierungsbedarf der Treuhandanstalt und der Bundespost, die hauptsächlich die Anleihefinanzierung bevorzugt hatten. Nach der Einstellung der Arbeit der Treuhandanstalt überwog 1995 der Anteil der Tilgungen im Bereich der Rentenfinanzierung, so daß ein hoher negativer Wert die Finanzierungsrechnung verzerrt. Dem Absatz von *Aktien* kommt im Vergleich zum Bankkredit nur eine untergeordnete Bedeutung für die externe Finanzierung zu. Jedoch ist zu beachten, daß aus der gesamtwirtschaftlichen Finanzierungsrechnung die Bedeutung von Aktien als Finanzierungsinstrument nicht ganz klar hervorgeht. Denn in die Finanzierungsrechnung der Bundesbank gehen (inländische) Aktien nur insoweit ein, als sie gegen Bareinzahlung oder im Wege des Umtauschs von Wandelschuldverschreibungen emittiert werden.[474]

473 Vgl.hierzu auch BUNDESBANK(6/1996), S.54-55; BUNDESBANK(5/1996), S.34.
474 Vgl.BUNDESBANK(5/1996), S.34; BUNDESBANK(6/1996), S.25-26.

3.2.4.2. Die Studie von CORBETT/JENKINSON

CORBETT/JENKINSON untersuchen die Struktur der Unternehmensfinanzierung in verschiedenen Ländern (Deutschland, Japan, Großbritannien und USA) im Zeitraum von 1970-1989. Im folgenden werden die Ergebnisse der Studie für Deutschland skizziert, die für den deutschen Unternehmenssektor (Produktionsunternehmen) die gesamtwirtschaftliche Finanzierungsrechnung der Bundesbank zugrunde legt.[475]
Wichtigstes Ergebnis für die Struktur der Unternehmensfinanzierung in Deutschland ist die *überragende Bedeutung der intern generierten Finanzmittel (Eigenfinanzierungsmittel und Pensionsrückstellungen)* im gesamten Beobachtungszeitraum. Tendenziell nimmt deren Bedeutung von 1970 bis 1989 noch zu. CORBETT/JENKINSON weisen ausdrücklich darauf hin, daß die (interne) Finanzierung der Unternehmen aus Pensionsrückstellungen eine Eigenart der deutschen Unternehmensfinanzierung darstellt. Der *Bankfinanzierung* kommt im Vergleich zu den intern generierten Finanzierungsmitteln nur eine untergeordnete Bedeutung zu. Insgesamt stellt sie jedoch das wichtigste Instrument der externen Finanzierung dar, wobei hervorzuheben ist, daß deren Bedeutung im Zeitablauf abzunehmen scheint. Als Besonderheit wird auf die längerfristige Orientierung der Bankfinanzierung hingewiesen. Längerfristige Bankkredite repräsentieren über den gesamten Zeitraum (netto) 14,2 Prozent der gesamten Finanzmittel, während der Anteil der kurzfristigen Bankkredite an der Finanzierung der Investitionen einen negativen Saldo aufwies. Der Absatz von *Aktien* und *Rentenwerten* hat im gesamten Zeitraum nur eine untergeordnete Rolle für die Nettofinanzierung von Investitionen gespielt. Allerdings ist die Bedeutung von externem Eigenkapital als Quelle der Finanzierung von Investitionen in der Studie von CORBETT/JENKINSON unterschätzt, da diese nur externes Eigenkapital für Aktiengesellschaften in ihrer Untersuchung berücksichtigt haben. *Kapitaltransfer* spielten lediglich für öffentliche Unternehmen (Staatsunternehmen) eine Rolle. Diese Position beinhaltet die intern generierten Finanzmittel von Staatsunternehmen wie der Bundespost und Bundesbahn sowie die diesen Unternehmen und anderen Branchen (Bergbau, Werften, Landwirtschaft) zufließenden Subventionen. Für den privaten Unternehmenssektor spielt dieser Posten - ebenso wie *Handelskredit* aus dem Ausland - nur eine untergeordnete Rolle. Die Struktur der Unternehmensfinanzierung des „bankorientierten" deutschen Finanzsystems charakterisieren CORBETT/JENKINSON als *intern orientiertes Finanzierungsmuster*.[476]

---

475 Vgl.CORBETT/JENKINSON(1996), S.71-73 und S.89. Den Ansatzpunkt für die Studie von CORBETT/JENKINSON bietet eine Studie von MAYER(1988) über die Finanzierungsstrukturen der Unternehmenssektoren der Industrieländer. Dieser hat in einer bemerkenswerten Studie für den Zeitraum von 1970-1985 gezeigt, daß in Deutschland für die Finanzierung von Investitionen im Unternehmenssektor die *interne Eigenfinanzierung* („retentions") einen Nettobeitrag von 73 Prozent und *Bankkredit einschließlich kurzfristiger Wertpapiere* einen Nettobeitrag von 12 Prozent geleistet haben. Vgl.MAYER(1988), S.1174-1175.

476 Vgl.CORBETT/JENKINSON(1996), S.84-85; CORBETT/JENKINSON(1994), S.20-21. Aus der Analyse von BOCKELMANN(1996), S.28 ist ersichtlich, daß in Deutschland dem Finanzierungsinstrument *Handelskredit* - auch bei Einbeziehung des inländischen Handelskredites in die Betrachtung - im internationalen Vergleich nur eine sehr geringe Bedeutung zukommt.

Abbildung D.34.:
Nettoquellen der Unternehmensfinanzierung für Deutschland 1970-1989

Finanzierungsquellen ***(Alle Angaben in Prozent)***	***1970-74***	***1975-79***	***1980-84***	***1985-89***	**1970-89**
Interne Finanzierung [a)]	*68,6*	*82,8*	*79,8*	*89,1*	**80,6**
Bankfinanzierung [b)]	*15,7*	*8,2*	*11,1*	*9,3*	**11,0**
Absatz von Rentenwerten [c)]	*1,9*	*-2,8*	*-2,1*	*0,4*	**-0,6**
Absatz von Aktien	*0,7*	*0,5*	*-0,5*	*2,4*	**0,9**
Handelskredit [d)]	*-1,4*	*-1,5*	*-2,8*	*-1,8*	**-1,9**
Kapitaltransfer	*6,3*	*9,5*	*9,7*	*8,4*	**8,5**
Andere [e)]	*8,3*	*3,2*	*4,7*	*-7,9*	**1,5**

a) Eigenfinanzierungsmittel und Pensionsrückstellungen
b) kurzfristige und längerfristige Bankkredite, sowie Darlehen der Versicherungsunternehmen
c) einschließlich Geldmarktpapiere
d) nur mit dem Ausland
e) ausschließlich Handelskredit mit dem Ausland, einschließlich Finanzierungsströme zwischen Wohnungswirtschaft und Produktionsunternehmen

Quelle: Darstellung nach CORBETT/JENKINSON(1996), S.77, S.84, S.94-95.

3.2.5.Kapitalstrukturen der Produktionsunternehmen

Für (west-)deutsche Unternehmen ist immer wieder die These einer besonderen Eigenkapitalschwäche beziehungsweise einer *Eigenkapitallücke* aufgestellt worden. In diesem Zusammenhang wird oftmals auf die seit Bestehen der Unternehmensbilanzstatistik der Bundesbank (1965) zu beobachtende tendenziell rückläufige Eigenmittelquote verwiesen. Diese Entwicklung wird als Trend einer kontinuierlichen Auszehrung der Eigenkapitalausstattung der Unternehmen bezeichnet.[477] Anhand der nachfolgenden differenzierten Betrachtung der Eigenkapitalausstattung der Produktionsunternehmen wird gezeigt, daß diese These nicht aufrecht erhalten werden kann.
Bei der Gesamtheit der Unternehmen, die in die Bilanzanalyse der Bundesbank einbezogen sind, hat sich die *Eigenmittelquote* (Anteil von Grundkapital und Rücklagen an der Bilanzsumme) im Verlauf der achtziger Jahre auf knapp 20 Prozent eingependelt. Zu beachten ist jedoch, daß das kräftige Wachstum der Bilanzsummen der Produktionsunternehmen in der zweiten Hälfte der achtziger Jahre allein für die Aufrechterhaltung der Eigenmittelquoten eine erhebliche externe Eigenmittelmobilisierung erforderlich gemacht hat.[478] Vor allem beinhaltet die Gesamtheit der in die Bilanzanalyse (der Bundesbank) einbezogenen Unternehmen neben *Aktiengesellschaften* (und *Kommanditgesellschaften auf Aktien*) auch *Gesellschaften mit beschränkter Haftung* (GmbH's), *Personengesellschaften* und *Einzelunternehmungen*. Aus diesem Grunde

477 Vgl.BUNDESBANK(10/1994a), S.73-74. Diese weist darauf hin, daß die Bedeutung der Eigenmittelquote jedoch relativiert wird, wenn bedacht wird, daß für die Finanzierung neuer Investitionen, wie in Kapitel D.III.3.2.4. gezeigt worden ist, nicht dem *Eigenkapital*, sondern den *Innenfinanzierungsmitteln* eine große Bedeutung zukommt.

478 Vgl.BUNDESBANK(10/1991), S.23-25.

erscheint eine differenzierte Betrachtung nach Größenklassen und Rechtsformen als sinnvoll. So weist die *Gesamtheit der Unternehmen* eine Eigenkapitalquote von 19,50 Prozent auf, während für die Teilgruppe *aller Aktiengesellschaften* eine Eigenkapitalquote von 35,10 Prozent festgestellt wird. Besonders interessant erscheint nun die Differenzierung in börsennotierte versus nicht börsennotierte Aktiengesellschaften. Während für die *nicht börsennotierten Aktiengesellschaften* eine Eigenkapitalquote von 27,90 Prozent festgestellt wurde, beträgt die Eigenkapitalquote für *börsennotierte Aktiengesellschaften* 38,60 Prozent. Eine differenzierte Betrachtung der deutschen *Aktiengesellschaften nach Branchenzugehörigkeit* zeigt, daß sich die Eigenkapitalquoten der deutschen Aktiengesellschaften in Abhängigkeit von den jeweiligen Branchen erheblich unterscheiden.[479]

Abbildung D.35.:
Eigenkapitalquoten der deutschen Unternehmen

	Eigenkapitalquote
1.Unternehmen insgesamt	**19,50 %**
2.Aktiengesellschaften insgesamt	**35,10 %**
a) börsennotierte Aktiengesellschaften	38,60 %
b) nicht börsennotierte Aktiengesellschaften	27,90 %

Quelle: In Anlehnung an DEUTSCHES AKTIENINSTITUT(1996), S.FB04-2.

Auch im Zeitablauf ist das Bild nicht einheitlich: Ende 1990 hat die BUNDESBANK für die *Aktiengesellschaften* (einschließlich der Kommanditgesellschaften auf Aktien) eine Eigenmittelquote von rund 30 Prozent festgestellt. Dieser Untersuchung zufolge hat sich für die Aktiengesellschaften die Struktur der Eigenmittelquote in den achtziger Jahren insgesamt verbessert. Diese Verbesserung der Eigenmittelquote geht bei Großunternehmen mit einem tendenziellen Abbau der langfristigen Bankverbindlichkeiten für Investitionszwecke einher. Auch die wachsende Bedeutung des Anlagenleasing führt zur Reduktion der Sachanlagen und damit zum Anstieg der Eigenmittelquote.[480] In einer anderen Studie der BUNDESBANK werden die Eigenkapitalquoten der *Kapitalgesellschaften* im verarbeitenden Gewerbe im Zeitraum 1982 bis 1991 betrachtet. Festgestellt wird für dieses Segment des Unternehmenssektors eine international vergleichbare Eigenkapitalquote von 30 Prozent. Diese entspricht dem Niveau anderer europäischer Länder (in die Betrachtung sind neben Deutschland noch Frankreich, Spanien, Italien und Frankreich einbezogen).[481] Im Gegensatz zu den Beobachtungen bei den *Großunternehmen* (größtenteils *Aktiengesellschaften*) beziehungsweise bei den *Kapitalgesellschaften* sind bei den *Klein- und Mittelbetrieben* (Umsatz < 100 Mio.DM), die vorwiegend als *Personengesellschaften* und *Einzelkaufleute* geführt werden, deutlich sinkende Eigenkapitalquoten festzustellen, wobei gerade bei

479 Vgl.DEUTSCHES AKTIENINSTITUT(1996), S.FB04-2.

480 Vgl.BUNDESBANK(10/1992), S.26-29; BUNDESBANK(10/1991), S.25.

481 Vgl.BUNDESBANK(10/1994a), S.76-88. Diese weist darauf hin, daß das Datenmaterial der Unternehmensbilanzstatistik für den internationalen Vergleich in verschiedenen Schritten aufbereitet und vergleichbar gemacht wurde.

Kleinunternehmen (Umsatz < 10 Mio.DM) diese Tendenz am ausgeprägtesten ist. Zu beachten ist hierbei jedoch zum einen, daß bei den kleinen und mittleren Unternehmen der genannten Rechtsformen (sowie der GmbH's) die externe Eigenkapitalbeschaffung mit erheblichen Schwierigkeiten verbunden ist, und zum anderen, daß Personengesellschaften und Einzelunternehmungen generell durch einen hohen Anteil an Sachanlagen, niedriges Forderungsvolumen und einen geringen finanziellen Überbau geprägt sind.[482]

3.3. Wohnungswirtschaft
3.3.1. Charakteristika der Akteure

Der Sektor Wohnungswirtschaft stellt einen funktional abgegrenzten Sektor in der gesamtwirtschaftlichen Finanzierungsrechnung dar. Erfaßt werden die gewerbliche und nichtgewerbliche Erstellung und Vermietung von Wohnungen einschließlich der Nutzung von Eigentumswohnungen sowie die Gesamtheit der finanziellen Dispositionen betreffend den Altbestand und die Neuerstellung von Wohnungen. An diesen Transaktionen sind private Haushalte, öffentliche Haushalte, gewerbliche und gemeinnützige Wohnungsunternehmen sowie Versicherungsunternehmen beteiligt.[483]
Insgesamt kommt von den genannten Akteuren dem Sektor der privaten Haushalte die größte Bedeutung an den Transaktionen des Sektors Wohnungswirtschaft zu. Dies zeigt sich daran, daß im Betrachtungsjahr 1995 unter den Verpflichtungen der privaten Haushalte Baukredite in Höhe von 1.231,9 Mrd.DM ausgewiesen worden sind. Das bedeutet, daß von der Gesamtheit der Verpflichtungen des Sektor Wohnungswirtschaft in Höhe von 1.553,1 Mrd.DM insgesamt knapp 80 Prozent dem Sektor private Haushalte zuzurechnen sind.[484] Unterstrichen wird die Bedeutung des Sektor private Haushalte im Sektor Wohnungswirtschaft zudem durch eine Betrachtung der Eigentümerstruktur des Wohnungsbestandes. Vom Gesamtwohnungsbestand entfielen 79,5 Prozent auf private Haushalte, 13,7 Prozent auf gemeinnützige Wohnungsunternehmen oder Genossenschaften, 1,8 Prozent auf freie (gewerbliche) Wohnungsunternehmen und 5,0 Prozent auf sonstige Eigentümer.[485] Faktisch werden im Sektor Wohnungswirtschaft vor allem finanzielle Dispositionen des Sektor private Haushalte für den

---

482 Vgl.hierzu BUNDESBANK(10/1993b), S.34-35; BUNDESBANK(10/1992), S.26; BUNDESBANK(10/1991), S.23. Zu beachten ist, daß sich die Rolle des bilanzierten Eigenkapitals sehr stark für diese Rechtsformen relativiert, da bei diesen Rechtsformen *betriebliche* und *private Sphäre* nicht ohne weiteres getrennt werden können und Privatvermögen jederzeit zur Finanzierung oder Kreditbesicherung herangezogen werden kann. Vgl.hierzu auch die Ausführungen in Kapitel D.IV.2.2. zum Einfluß der Rechtsformen auf die Finanzierungswahl.

483 Vgl.zu dieser Abgrenzung BUNDESBANK(6/1996), S.11-12 und dazu kritisch referierend WORMS(1998), S.42-43. Unterstellt wird, daß die privaten Haushalte als Unternehmer Wohnungen für den Markt produzieren und im Falle von Eigenheimen gleichzeitig als Konsumenten Wohnungsnutzungen nachfragen. Vgl.ergänzend Kapitel D.III.3.1.1.

484 Vgl.Kapitel D.III.2.2.2.zur Struktur der Verpflichtungen der privaten Haushalte.

485 Vgl.KÜHNE-BÜHNING(1994), S.72-74. Dieser bezieht sich auf die im Jahr 1987 durchgeführte Gebäude- und Wohnungszählung in Westdeutschland (alte Bundesländer).

Erwerb und die Erhaltung von Wohnraum erfaßt. Die übrigen 20 Prozent der finanziellen Dispositionen des Sektor Wohnungswirtschaft verteilen sich auf die öffentlichen Haushalte, die gewerblichen und gemeinnützigen Wohnungsunternehmen sowie die Versicherungen. Somit entfällt faktisch nur ein geringer Anteil der Gesamtheit der finanziellen Transaktionen des Sektor Wohnungswirtschaft tatsächlich auf nichtfinanzielle Unternehmen (gewerbliche und gemeinnützige Wohnungsunternehmen), so daß in diesem Sinne die Erfassung der finanziellen Transaktionen der Wohnungswirtschaft als Untersektor der nichtfinanziellen Unternehmen in der gesamtwirtschaftlichen Finanzierungsrechnung irreführend ist.[486]

3.3.2. Struktur der Verpflichtungen

Die Wohnungswirtschaft verfügte im Jahr 1995 über einen Bestand an *Verpflichtungen* in Höhe von 1.553,1 Mrd.DM, wovon 79,7 Prozent *Bankkredite*, 11,2 Prozent *Darlehen der Bausparkassen* (11,2 Prozent) und 9,1 Prozent *sonstige Verpflichtungen* darstellen. Der weit überwiegende Teil der Verpflichtungen der Wohnungswirtschaft ist *längerfristiger Natur.*[487] Die größte Bedeutung für die Finanzierung der Wohnungswirtschaft kommt dem Universalbankensektor zu. Zusammengenommen entfallen 62,9 Prozent der Verpflichtungen der Wohnungswirtschaft auf den Kreditbankensektor (17,1 Prozent), den Sparkassensektor (32,7 Prozent) und den Genossenschaftssektor (13,1 Prozent).

Abbildung D.36.:
Verpflichtungen der Wohnungswirtschaft nach Kreditgebern 1995 (Marktquoten)

Institutsgruppen	Marktquoten in Prozent
Kreditbankensektor	17,1 %
Sparkassensektor	32,7 %
Genossenschaftssektor	13,1 %
Bausparkassen	10,9 %
Realkreditinstitute	16,0 %
Kreditinstitute mit Sonderaufgaben	2,1 %
Versicherungen	8,1 %
Summe:	100,0 %

Quelle: Darstellung in Anlehnung an KÖPFLER(1996), S.630.

---

486 Vgl.zu dieser Einschätzung KÜHNE-BÜHNING(1994), S.84-85. Für einen Überblick über die Wohnungsunternehmen vgl.HÄMMERLEIN(1996), S.71-89.

487 Vgl.grundlegend WORMS(1998), S.44-47 und ergänzend BOCKELMANN(1996), S.26-27. Hervorzuheben ist, daß die längerfristige zeitliche Orientierung der Verbindlichkeiten der Wohnungswirtschaft wesentlich stärker ausgeprägt ist als bei den Produktionsunternehmen. Dies stellt einen wesentlichen Unterschied in den Strukturen der Verbindlichkeiten der Produktionsunternehmen und der Wohnungswirtschaft dar. Die in der gesamtwirtschaftlichen Finanzierungsrechnung ausgewiesene *Geldvermögensbildung der Wohnungswirtschaft* ist verschwindend gering, weswegen auf eine Darstellung des Geldvermögens und der Geldvermögensbildung der Wohnungswirtschaft im Rahmen der vorliegenden Arbeit verzichtet wird.

3.3.3. Finanzierung der Vermögensbildung

Der Sektor Wohnungswirtschaft nahm im Jahr 1995 Bruttoinvestitionen (Aufwendungen für die Neuerrichtung sowie für den Umbau beziehungsweise Ausbau von Wohngebäuden) in Höhe von 261,2 Mrd.DM vor. Nach Abzug der negativen Geldvermögensbildung (-8,0 Mrd.DM) ergab sich insgesamt eine *Vermögensbildung* in Höhe von 253,2 Mrd.DM. Nach Abzug der *sonstigen Finanzierungsmittel* (152,9 Mrd.DM), wobei es sich hauptsächlich um Eigenfinanzierungsmittel und statistisch nicht erfaßte Finanzierungsvorgänge (sowie um Transaktionen aus der Übertragung eines Teils der Altverbindlichkeiten der ostdeutschen Wohnungswirtschaft auf den Erblastentilgungsfonds) handelt, wies dieser Sektor ein *Finanzierungsdefizit* in Höhe von 108,3 Mrd.DM auf. Die Struktur der *Finanzierung* der Vermögensbildung der Wohnungswirtschaft (253,2 Mrd.DM) ist im Jahr 1995 durch die (als Rest) ermittelte Position der *sonstigen Mittel* dominiert worden. Dabei handelt es sich vor allem um Eigenfinanzierungsmittel. Insgesamt kommt den Eigenmitteln eine wichtige Rolle für die Finanzierung der Vermögensbildung der Wohnungswirtschaft zu.[488] Die *Kreditaufnahme* wurde im wesentlichen durch *Bankkredite* charakterisiert, während *Kredite der Bausparkassen* und der *sonstigen Kreditgeber*, nur eine untergeordnete Rolle gespielt haben.

Abbildung D.37.:
Finanzierung der Vermögensbildung der Wohnungswirtschaft 1995

Arten der Finanzierungsmittel	in Mrd.DM	in Prozent
1.Kreditaufnahme	**100,3 Mrd.DM**	**39,6 %**
a) bei Banken [a)]	87,5 Mrd.DM	34,5 %
b) bei Bausparkassen	8,4 Mrd.DM	3,3 %
c) bei sonstigen Kreditgebern [b)]	4,4 Mrd.DM	1,8 %
2.Sonstige Mittel [a) c)]	**152,9 Mrd.DM**	**60,4 %**
Insgesamt:	**253,2 Mrd.DM**	**100,0 %**

a) einschl.der Transaktionen, die mit der Übertragung eines Teils der Altverbindlichkeiten der ostdeutschen Wohnungswirtschaft auf den Erblastentilgungsfonds im Zusammenhang stehen
b) im wesentlichen Versicherungen
c) Eigenfinanzierungsmittel sowie statistisch nicht erfaßte Finanzierungsvorgänge (Restgrößen)
Quelle: Darstellung in Anlehnung an BUNDESBANK(6/1996), S.55.

3.3.4. Finanzierungsstrukturen der Wohnungswirtschaft

Zur Einordnung der Zusammensetzung der Finanzierungsstrukturen des Sektors Wohnungswirtschaft wird (mangels Verfügbarkeit von Daten über den gesamten Sektor Wohnungswirtschaft) die Struktur der Finanzierung der Sachvermögensbildung der privaten Haushalte im Zeitraum von 1970-1991 einer näheren Betrachtung unterzogen. Aufgrund der dominierenden Stellung der privaten Haushalte als Akteur im Sektor

488 Vgl.Kapitel D.III.3.3.4.

Wohnungswirtschaft kann mit dieser Vorgehensweise ein annähernd repräsentatives Bild der Finanzierungsstrukturen der Wohnungswirtschaft gezeichnet werden.[489] Im Zeitraum von 1970-1991 spielte die *Kreditaufnahme* für die Finanzierung der Sachvermögensbildung mit einem durchschnittlichen Anteil von 61,7 Prozent die wichtigste Rolle. Das wichtigste Finanzierungselement der Kreditaufnahme stellten *Bankkredite* dar, auf die durchschnittlich 47,9 Prozent des Finanzierungsvolumens entfielen. Auf *Eigenmittel* entfielen im Zeitraum von 1970-1991 durchschnittlich 38,3 Prozent der Finanzierung der Sachvermögensbildung.[490] Hervorzuheben ist, daß Eigenmittel für die Finanzierung der Sachvermögensbildung der privaten Haushalte eine wichtige Rolle spielen.[491]

Abbildung D.38.:
Finanzierung der Sachvermögensbildung der privaten Haushalte 1970-1991

Jahresdurchschnitte	1970/74	1975/79	1980/84	1985/89	1990/91	**1970/91**
Eigenmittel	**44,5 %**	**30,2 %**	**30,7 %**	**43,7 %**	**46,8 %**	**38,3 %**
Kreditaufnahme	**55,5 %**	**69,8 %**	**69,3 %**	**56,3 %**	**53,2 %**	**61,7 %**
-davon bei Banken	33,4 %	52,0 %	51,3 %	58,3 %	40,6 %	47,9 %
-sonstige Kredite	22,1 %	17,8 %	18,0 %	-2,0 %	12,6 %	13,8 %

Quelle: Darstellung in Anlehnung an DEUTSCHE BUNDESBANK(4/1992b), S.17.

4.SEKTOR ÖFFENTLICHE HAUSHALTE
4.1.Charakterisierung
4.1.1.Abgrenzung in der gesamtwirtschaftlichen Finanzierungsrechnung

In der gesamtwirtschaftlichen Finanzierungsrechnung wird der Sektor *„öffentliche Haushalte"* (bestehend aus den Untersektoren *Gebietskörperschaften* und *Sozialversicherungen*) als diejenigen Wirtschaftseinheiten abgegrenzt, die - funktional betrachtet - hauptsächlich nicht marktbestimmte Dienstleistungen für die „Allgemeinheit" erbringen oder Umverteilungsvorgänge im Volkseinkommen und im Volksvermögen vornehmen. Den überwiegenden Anteil ihres Finanzierungsbedarfes decken die öffentlichen Haushalte durch Zwangsabgaben. Unter die *Gebietskörperschaften* fallen der

[489] Die Sachvermögensbildung der privaten Haushalte umfaßt die von privaten Haushalten als Bauherren erstellten Wohngebäude, unabhängig von ihrer Größe und ergänzt um den damit in Zusammenhang stehenden Grunderwerb (nach Abzug des Erhaltungsaufwandes). Vgl.BUNDESBANK(4/1992a), S.17.

[490] In der gesamtwirtschaftlichen Betrachtung fallen unter die Eigenmittel auch Tilgungen von Baudarlehen, da im Rahmen der gesamten wohnungswirtschaftlichen Aktivitäten den Finanzierungen neuer Wohnungen gleichzeitig die den gesamten privaten Wohnungsbestand betreffenden Absparvorgänge gegenüberstehen, welche den Nettokreditbedarf des Sektor private Haushalte vermindern. Ebenso sind die Einbringung von Grundstücken und Eigenleistungen zu behandeln. Letztere spielen zunehmend beim Ausbau und der Modernisierung eine wichtige Rolle. Vgl.BUNDESBANK(4/1992a), S.18.

[491] WIECHERS(1994), S.445-446 verweist darauf, daß im privaten Wohnungsbau von 1980 bis 1992 selbstgenutzte Eigenheime mit einem Eigenkapitalanteil zwischen 30-40 Prozent finanziert worden sind. MONSCHAW/HICKMANN(1994), S.456-459 zitieren eine Studie, in der für den Zeitraum von 1987-1990 ein Eigenkapitalanteil von 42 Prozent bei der Finanzierung von Eigenheimen ermittelt worden ist.

Bund samt seiner diversen *Sondervermögen* (Bundeseisenbahnvermögen, Entschädigungsfonds, Erblastentilgungsfonds, ERP - Sondervermögen, Fonds Deutsche Einheit, Lastenausgleichsfonds), die *Länder*, die *Gemeinden* und *Gemeindeverbände* sowie die *kommunalen Zweckverbände* mit hoheitlichen Aufgaben. Unter die *Sozialversicherungen* werden die Rentenversicherungen der Arbeiter und Angestellten, die Bundesknappschaft, die Bundesanstalt für Arbeit, die gesetzlichen Kranken- und Unfallversicherungen, die landwirtschaftlichen Alterskassen, die Zusatzversorgungsanstalten für den öffentlichen Dienst und die nicht als Unternehmen geführten Anstalten und Einrichtungen, wie beispielsweise Sanatorien und Krankenhäuser, subsumiert.[492]

4.1.2.Öffentliche Haushalte als Defiziteinheit

Die Vermögensbildung der öffentlichen Haushalte betrug 1995 rund 59,8 Mrd. DM. Zusammen mit der negativen Ersparnis (-57,4 Mrd.DM) wiesen die öffentlichen Haushalte einen stark negativen Finanzierungssaldo (-117,2 Mrd.DM) auf. Mit einem negativen Finanzierungssaldo in einer derartigen Höhe waren die öffentlichen Haushalte im Betrachtungsjahr 1995 die wichtigste *Defiziteinheit* im deutschen Finanzsystem. Erstaunlicherweise beanspruchen im deutschen Finanzsystem die öffentlichen Haushalte (und nicht die Produktionsunternehmen) in erheblichem Ausmaß die gesamtwirtschaftliche Ersparnisbildung. Das staatliche Defizit entsprach 80 Prozent der von den privaten Haushalten (nach Abzug des eigenen Mittelbedarfs für den Erwerb von Wohnraum) anderen Sektoren netto zur Verfügung gestellten Ressourcen.[493] Diese Höhe der Inanspruchnahme privater Ersparnisse durch den Staat war auch in den vorangegangenen Jahren zu beobachten, wenn man für diesen Zeitraum die Neuverschuldung der *Treuhandanstalt* zur staatlichen Neuverschuldung addiert.[494]

---

492 Vgl.BUNDESBANK(6/1996), S.12-13. Der üblicherweise getrennte Ausweis der Untersektoren *Gebietskörperschaften* und *Sozialversicherungen* konnte aus statistischen Gründen für die gesamtdeutsche Betrachtung noch nicht erbracht werden. Eine derartige Trennung erscheint aufgrund der unterschiedlichen Aufgabenkreise dieser Sektoren und ihres unterschiedlichen Finanzierungsverhaltens als sinnvoll. Im folgenden muß die Betrachtung aus zuvor genannten Gründen für die öffentliche Haushalte in ihrer Gesamtheit erfolgen. Sämtliche *Unternehmen im Eigentum der Gebietskörperschaften* (öffentliche Unternehmen) werden unabhängig von ihrer Rechtsform nicht zu den Gebietskörperschaften gerechnet. In gleicher Weise wird mit den im eigenen Namen wirtschaftenden Anstalten verfahren. Diese Wirtschaftseinheiten werden dem *Unternehmenssektor* (nichtfinanzielle Unternehmen) zugerechnet.

493 Vgl.Kapitel D.III.1. Das beträchtliche *Defizit der öffentlichen Haushalte* in Deutschland führte - wie in den anderen westlichen Industrienationen - zu einem *gesamtwirtschaftlichen Finanzierungsdefizit*, das durch die Absorption von Ersparnissen anderer Länder gedeckt wurde. Eine derartige Entwicklung widerspricht der Position der Industrieländer in der Weltwirtschaft. Denn aufgrund ihres erreichten Lebensstandards und angesichts geringer Produktivitätsfortschritte sollten die (entwickelten) Industrieländer anderen weniger entwickelten Staaten mit niedrigerem Wohlstandsniveau und guten Wachstumschancen und insbesondere auch den Entwicklungsländern per saldo Kapital für die Förderung von deren wirtschaftlicher Entwicklung zur Verfügung stellen. Vgl.hierzu BUNDESBANK(8/1996), S.59-60.

494 Vgl.BUNDESBANK(5/1996), S.25-26 und ergänzend OTTNAD(1996), S.25-79 und WELTRING(1997), S.37-47 zur Entwicklung der öffentlichen Haushalte zu einer gewichtigen finanziellen Defiziteinheit im Zeitraum von 1949-1995.

Die BUNDESBANK weist darauf hin, daß diese Entwicklung der Verschuldung der öffentlichen Haushalte zu einem Störfaktor für die Finanzierungsverhältnisse zu werden droht. 1995 betrug die Schuldenquote 57,1 Prozent des Bruttoinlandsproduktes. Vor der deutschen Vereinigung, lag sie beispielsweise im Jahr 1989 noch bei 41,8 Prozent des Bruttoinlandsproduktes. Auf Dauer wird diese Entwicklung der Schuldenquote als nicht tragbar eingestuft, da eine derart starke Inanspruchnahme der Kreditmärkte durch die öffentlichen Haushalte zu Verdrängungseffekten am Kapitalmarkt führen kann. Vor allem beschränkt sie mittelfristig und längerfristig den haushaltswirtschaftlichen Spielraum der Gebietskörperschaften selbst.[495]

4.1.3.Wandel in der Struktur der Verschuldung

Seit Anfang der achtziger Jahre haben die öffentlichen Haushalte ihre Kreditaufnahme vermehrt über den *Absatz von Wertpapieren* und weniger durch *Schuldscheindarlehen* gedeckt. Eine derartige Verhaltensänderung stellt nur eine von vielen Einflußmöglichkeiten der öffentlichen Haushalte auf die Finanzsektorstruktur dar. 1982 kann als Wendepunkt für die Verschuldungsstruktur der öffentlichen Haushalte betrachtet werden. Während noch 1980 und 1981 faktisch die gesamte Neuverschuldung der Gebietskörperschaften über Schuldscheindarlehen realisiert wurde, begann ab 1982 die verstärkte Beschaffung von Finanzmitteln über den Absatz von Wertpapieren. Im Zeitraum von 1989 - 1996 wurden knapp zwei Drittel der Neuverschuldung durch Wertpapiere und knapp ein Drittel durch Schuldscheindarlehen gedeckt. Der verbleibende Rest entfällt auf noch nicht refinanzierte vereinigungsbedingte Altschulden. Die besonders vom Bund bevorzugte Wertpapierfinanzierung wurde jedoch insbesondere im Zeitraum 1994-1996 reduziert und reflektierte nur noch knapp die Hälfte der Neuverschuldung, während ihr Anteil in den Jahren 1990-1993 noch bei rund vier Fünfteln lag. Die Änderungen in der Struktur der Kreditaufnahme und die Hinwendung zu einer Verschuldung in Wertpapieren sind allerdings auf der Ebene des *Bundes* am ausgeprägtesten gewesen. Dagegen blieben bei den *Ländern* Kredite in der Form von Schuldscheindarlehen die wichtigste Finanzierungsquelle. Auf der Ebene der *Gemeinden* erfolgte keine Veränderung.[496] Der Wechsel von einer Verschuldung in Schuldscheindarlehen der Banken hin zu einer Verschuldung in Wertpapieren hat zu einem kräftigen Wachstum des DM-Rentenmarktes geführt.

---

495 Vgl.hierzu BUNDESBANK(5/1996), S.25-26 und grundlegend zu den Gefahren einer stark und stetig wachsenden Staatsverschuldung OTTNAD(1996), S.80-108. Im Jahr 1996 war die Schuldenquote bereits auf 60,3 Prozent des Bruttoinlandsproduktes angewachsen.

496 Vgl.grundlegend BUNDESBANK(3/1997), S.27-28; BUNDESBANK(4/1987), S.14-19 und ergänzend zur Entwicklung und Struktur der öffentlichen Verschuldung WELTRING(1997), S.37-41. Als Begründung für eine derartige Entwicklung wird für die Angebotsseite (d.h.seitens der öffentlichen Haushalte) eine Präferenz für direkter Schuldner - Gläubigerbeziehungen genannt. Zudem wird die Auslandsnachfrage nach Wertpapieren der öffentlichen Haushalte als wichtiger Einflußfaktor genannt. Insbesondere infolge der Aufwertung der D-Mark gegenüber dem US-Dollar ab dem Frühjahr 1985 wuchs die Auslandsnachfrage nach Anleihen öffentlicher Emittenten (insbesondere des Bundes) sehr stark an. Vgl.ergänzend Kapitel D.VI.3.3.zum Einfluß des Staates auf das Finanzsystem.

4.1.4. Bedeutung von Sondervermögen

Im Zuge der Bewältigung diverser Problemlagen wurden jeweils bestimmte Sonderhaushalte beziehungsweise *Sondervermögen des Bundes* gegründet. Nebenhaushalte haben in der Geschichte der Bundesrepublik schon immer eine wichtige Rolle gespielt. Allgemein ist die Struktur der öffentlichen Haushalte durch ein breites budgetäres und außerbudgetäres Formenspektrum geprägt. Im Zuge der deutschen Vereinigung haben Nebenhaushalte und Sonderhaushalte eine neue finanzielle Dimension bekommen. Denn zur Bewältigung der finanziellen Lasten der deutschen Vereinigung wurde hauptsächlich der Kreditweg benutzt, so daß diese ungewöhnlich starke fiskalische Belastung auf einen längeren Zeitraum verteilt werden kann.[497]

Im Rahmen der deutschen Vereinigung wurden mit dem *Fonds Deutsche Einheit*, dem *Kreditabwicklungsfonds*, der *Treuhandanstalt* und dem *Ausgleichsfonds Währungsumstellung* weitere öffentliche Einrichtungen zur Bewältigung spezieller Problemlagen geschaffen. Die Leistungen dieser Fonds waren befristet bis Ende 1994. Ab dem 1.1.1995 ist die bis Ende 1994 aufgelaufene Verschuldung des *Kreditabwicklungsfonds*, der *Treuhandanstalt* und des *Ausgleichsfonds Währungsumstellung* vom neu geschaffenen *Erblastentilgungsfonds* vollständig übernommen worden. Dieser übernahm darüber hinaus am 1.7 1995 die Altverbindlichkeiten der *ostdeutschen Wohnungswirtschaft* (30 Mrd.DM). Im Erblastentilgungsfonds sind somit die wesentlichen finanziellen Erblasten der DDR enthalten. Durch die Bündelung der diversen Sondervermögen wurde wieder ein gewisses Maß an Übersichtlichkeit gewonnen. Die Schuldenstruktur des *Erblastentilgungsfonds* ist vor allem durch die Schuldenstruktur der *Treuhandanstalt* (206,2 Mrd.DM) geprägt. Die *Treuhandanstalt* brachte den größten Teil ihrer Finanzmittel auf dem Wege der Wertpapierfinanzierung auf, wobei insbesondere die Form der Anleihefinanzierung präferiert wurde. Von dem bis Ende 1994 aufgelaufenen Schuldenstand der Treuhandanstalt in Höhe von 206,2 Mrd.DM entfielen 162,0 Mrd.DM auf Wertpapiere und 44,2 Mrd.DM auf Schuldscheindarlehen. Der *Fonds Deutsche Einheit* besaß 1994 Verbindlichkeiten in Höhe von 90,8 Mrd.DM, wovon 54,9 Mrd.DM auf Wertpapiere und 35,9 Mrd.DM auf Schuldscheindarlehen entfielen. Bei den *Sondervermögen* des Bundes nimmt die Wertpapierfinanzierung die wichtigste Stellung ein. Schuldscheindarlehen kommen jedoch bei den Sondervermögen - im Gegensatz zum *Bund* - ebenfalls eine gewisse Bedeutung zu.[498]

---

497 Vgl.hierzu die Ausführungen in WELTRING(1997), S.48-49; BUNDESBANK(5/1993b), S.43; BUNDESBANK(7/1995), S.32. Als Sondervermögen seien beispielhaft das *ERP-Sondervermögen*(Marshallplan), der *Lastenausgleichsfonds* und der *Ausgleichsfonds zur Sicherung des Steinkohleeinsatzes in der Elektrizitätswirtschaft* genannt. Zum 1.1.1994 hat das Sondervermögen *Bundeseisenbahnvermögen* (Integration der Sondervermögen Deutsche Bundesbahn und Deutsche Reichsbahn) nach der Ausgliederung des Unternehmensbereiches der deutschen Bahnen durch die Deutsche Bahn AG die Verwaltung und Tilgung der Altschulden der Deutschen Bundesbahn und der Deutschen Reichsbahn in Höhe von 71,9 Mrd. DM (35.3 Mrd.DM Anleihen und Schatzanweisungen und 36,6 Mrd.DM Schuldscheindarlehen) übernommen.

498 Vgl.WELTRING(1997), S.50-61 und ergänzend die Ausführungen in BUNDESBANK(6/1996), S.16; BUNDESBANK(5/1996), S.34; BUNDESBANK(7/1995), S.19-22 und S.32-33; BUNDESBANK(5/1993b), S.43-44 und S.53.

4.2. Struktur des Geldvermögens und der Verpflichtungen

4.2.1. Geldvermögen der öffentlichen Haushalte

Eine Betrachtung des *Geldvermögens* der öffentlichen Haushalte im Jahr 1995 zeigt, daß diese über einen beträchtlichen Bestand an Geldvermögen in Höhe von 606,8 Mrd.DM verfügen. Dominiert wird das Geldvermögen der öffentlichen Haushalte durch die *Geldanlage bei Banken*, die zu mehr als 70 Prozent aus *Termineinlagen* (mit einer Kündigungsfrist von mehr als drei Monaten) besteht. Darüber hinaus weisen die öffentlichen Haushalte einen erheblichen Bestand an *Wertpapieren (Aktien, Rentenwerte, Investmentzertifikate)* auf und verfügen über erhebliche *sonstige Forderungen* Das Geldvermögen der öffentlichen Haushalte ist überwiegend *längerfristiger Natur.* Eine derartige Fristigkeitsstruktur erstaunt um so mehr, als sich die öffentlichen Haushalte beträchtlichen Finanzierungslücken und einem erheblichen Bestand an Verpflichtungen (2.131,0 Mrd.DM) gegenüber sehen. Zu erwarten wäre in einer solchen Situation eine kurzfristige Orientierung des Geldvermögens der öffentlichen Haushalte, damit diese ihre finanziellen Vermögensbestände zur Deckung der Defizite beziehungsweise zum Abbau des Bestandes an Verpflichtungen, für die Zinszahlungen in erheblicher Höhe anfallen, verwenden können.

Abbildung D.39.:
Geldvermögensstruktur der öffentlichen Haushalte 1995

Geldanlageart	in Mrd.DM	in Prozent
1.Geldanlage bei Banken	**300,6 Mrd.DM**	**49,6 %**
a) davon Termingelder	217,7 Mrd.DM	35,9 %
b) davon Einlagen bei der Bundesbank	0,2 Mrd.DM	0,0 %
2.Geldanlage in Wertpapieren	**109,7 Mrd.DM**	**18,1 %**
(Rentenwerte, Investmentzertifikate, Aktien)		
3.Sonstige Forderungen	**196,5 Mrd.DM**	**32,3 %**
a) an das Inland	74,6 Mrd.DM	12,2 %
b) an die übrige Welt	60,4 Mrd.DM	10,0 %
c) einschließlich gegenüber Versicherungen	61,5 Mrd.DM	10,1 %
Summe:	**606,8 Mrd.DM**	**100,0 %**
a) davon kurzfristig angelegt	**142,0 Mrd.DM**	**23,4 %**
b) davon längerfristig angelegt	**464,8 Mrd.DM**	**73,6 %**

Quelle: Darstellung in Anlehnung an BUNDESBANK(6/1996), S.62-63.

Ein derart hoher Bestand an Geldvermögen erscheint in Anbetracht des gewaltigen Bestandes an Verpflichtungen ökonomisch unvernünftig. Die öffentlichen Haushalte ähneln in ihren Finanzdispositionen einem Wirtschaftssubjekt, das auf dem Sparbuch ein Guthaben von 5.000 DM (mit einer Verzinsung von circa zwei Prozent pro Jahr) hält und gleichzeitig einen Kontokorrentkredit in Höhe von 20.000 DM (zu einer Verzinsung von 12 Prozent pro Jahr) in Anspruch genommen hat. Dieses Wirtschaftssubjekt würde seine Zinsverpflichtungen durch Auflösung des Guthabens und Abbau des Kontokorrentkredites in erheblichem Maß senken können.

4.2.2. Verpflichtungen der öffentlichen Haushalte

Dem Geldvermögen der öffentlichen Haushalte (606,8 Mrd.DM) stehen *Verpflichtungen* in Höhe von 2.131,1 Mrd.DM gegenüber, so daß sich ein negatives Nettogeldvermögen der öffentlichen Haushalte in Höhe von 1.524,3 Mrd.DM ergibt. In den Verpflichtungen der öffentlichen Haushalte spielen inzwischen die Verpflichtungen aus *Rentenwerten* weit vor den *Bankkrediten* die wichtigste Rolle. Darin spiegelt sich die in Kapitel D.III.4.1.3. thematisierte Strukturverschiebung in der Verschuldung der öffentlichen Haushalte von Schuldscheindarlehen (Bankkrediten) zu Verpflichtungen in Wertpapieren wider.[499] In der Fristigkeitsstruktur der Verpflichtungen der öffentlichen Haushalte ist die *Tendenz zu längerfristigen Finanzierungsbeziehungen* im deutschen Finanzsystem besonders deutlich erkennbar. Gegenüber den längerfristigen Verpflichtungen ist der Anteil der kurzfristigen Verpflichtungen verschwindend gering.

Abbildung D.40.:
Struktur der Verpflichtungen der öffentlichen Haushalte 1995

Verpflichtungsart	in Mrd.DM	in Prozent
1.Verpflichtungen aus Rentenwerten	**1.199,4 Mrd.DM**	**56,3 %**
2.Bankkredite	**812,9 Mrd.DM**	**38,1 %**
3.Darlehen der Versicherungen u.Bausparkassen	**37,6 Mrd.DM**	**1,8 %**
4.Verpflichtungen aus Geldmarktpapieren	**8,7 Mrd.DM**	**0,4 %**
5.Verpflichtungen gegenüber der übrigen Welt	**72,5 Mrd.DM**	**3,4 %**
Summe:	**2.131,1 Mrd.DM**	**100,0 %**
a) davon kürzerfristige Verpflichtungen	**65,5 Mrd.DM**	**3,1 %**
b) davon längerfristige Verpflichtungen	**2.065,6 Mrd.DM**	**96,9 %**

Quelle: Darstellung in Anlehnung an BUNDESBANK(6/1996), S.62-63.

4.3. Struktur der Bildung von Geldvermögen und Verpflichtungen

4.3.1. Bildung von Geldvermögen

Die Bildung von *Geldvermögen* der öffentlichen Haushalte ist im Jahr 1995 negativ ausgefallen (-5,33 Mrd.DM). Insgesamt zu beobachten war eine Tendenz zum Abbau kurzfristiger Vermögenspositionen (kurzfristige Geldanlage bei Banken) und zum Aufbau längerfristiger Vermögenspositionen. Insbesondere wurden die *kurzfristige Geldanlage bei Banken* und die *sonstigen Verpflichtungen gegenüber dem Inland* in starkem Maß abgebaut. Insgesamt haben die öffentlichen Haushalte entspart. Eine solche Entwicklung erscheint angesichts des Haushaltsdefizits als sinnvoll. Es verwundert, daß nicht in größerem Umfang, insbesondere aus niedrig verzinsten Beständen an Geldvermögen, entspart wurde.

---

499 Brutto entfielen 1995 mit 2.131 Mrd.DM knapp ein Drittel der gesamten *Verpflichtungen* der nichtfinanziellen Sektoren von rund 6.700 Mrd.DM auf den Staat. Diese Relation hatte 1989 noch ein Viertel und 1979 noch ein Fünftel betragen. Vgl.BUNDESBANK(5/1996), S.30.

Abbildung D.41.:
Struktur der Geldvermögensbildung der öffentlichen Haushalte 1995

Arten der Geldvermögensbildung	in Mrd.DM	in Prozent
1.Geldanlage bei Banken[a)]	**-0,16 Mrd.DM**	
a) davon kurzfristig	-12,41 Mrd.DM	
b) davon längerfristig	12,25 Mrd.DM	
darunter längerfristige Termineinlagen	*12,13 Mrd.DM*	*Werte*
2.Erwerb von Wertpapieren[b)]	**5,25 Mrd.DM**	*nicht*
3.Sonstige Forderungen	**-10,42 Mrd.DM**	*sinnvoll*
a) davon kurzfristig[c)]	6,85 Mrd.DM	
b) davon längerfristig	-17,27 Mrd.DM	
Sonstige Forderungen an das Inland	*-20,95 Mrd.DM*	
Sonstige Forderungen an die übrige Welt	*3,68 Mrd.DM*	
Summe	**-5,33 Mrd.DM**	**100,0 %**
a) davon kurzfristig	**0,23 Mrd.DM**	**4,3 %**
b) davon längerfristig	**-5,56 Mrd.DM**	**104,3 %**

a) einschließlich Bausparkassen
b) Rentenwerte, Investmentzertifikate, Aktien
c) einschließlich gegenüber Versicherungsunternehmen
Quelle: Darstellung in Anlehnung an BUNDESBANK(6/1996), S.60-61.

4.3.2.Bildung von Verpflichtungen

Die öffentlichen Haushalte sind 1995 umfangreiche *Verpflichtungen* (346,49 Mrd.DM) eingegangen. Einen Überblick über deren Zusammensetzung gibt Abbildung D.42.

Abbildung D.42.:
Struktur der Bildung von Verpflichtungen der öffentlichen Haushalte 1995

Arten der Bildung von Verpflichtungen	in Mrd.DM	in Prozent
1.Absatz von Rentenwerten[a)]	**202,16 Mrd.DM**	**58,3 %**
2.Bankkredite[a)]	**143,31 Mrd.DM**	**41,4 %**
a) davon kurzfristig	3,02 Mrd.DM	0,9 %
b) davon längerfristig	140,29 Mrd.DM	40,5 %
3.Darlehen von Versicherungen[a) b)]	**-0,11 Mrd.DM**	**-0,0 %**
4.Absatz von Geldmarktpapieren	**-12,91 Mrd.DM**	**-3,7 %**
5.Sonstige Verpflichtungen[a)]	**14,04 Mrd.DM**	**4,0 %**
a) davon kurzfristig[c)]	0,05 Mrd.DM	0,0 %
b) davon längerfristig[c)]	13,99 Mrd.DM	4,0 %
Summe	**346,49 Mrd.DM**	**100,0 %**
a) davon kurzfristig	**-9,84 Mrd.DM**	**-2,8 %**
b) davon längerfristig	**356,33 Mrd.DM**	**102,8 %**

a) einschl. der Transaktionen, die mit der Übertragung der Treuhandschulden, sowie eines Teils der Altverbindlichkeiten der ostdeutschen Wohnungswirtschaft auf den Erblastentilgungsfonds in Verbindung stehen
b) einschließlich Bausparkassen
c) im wesentlichen gegenüber der übrigen Welt
Quelle: Darstellung in Anlehnung an BUNDESBANK(6/1996), S.60-61.

Die wichtigste Rolle spielte der Absatz von *Rentenwerten*. *Bankkredite* rangierten mit erheblichem Abstand in der Bedeutung dahinter auf dem zweiten Platz. Eine derartige Beobachtung stimmt mit der in Kapitel D.III.4.1.3. konstatierten Präferenz für die Verschuldung in Wertpapieren (gegenüber Schuldscheindarlehen) der öffentlichen Haushalte überein. Hervorzuheben ist die stark ausgeprägte Präferenz der öffentlichen Haushalte für eine *längerfristige Verschuldung*, die sich auch darin bemerkbar macht, daß kurzfristige Verbindlichkeiten abgebaut beziehungsweise durch längerfristige Verbindlichkeiten ersetzt wurden.

4.4. Finanzierungsgewohnheiten von Bund, Ländern und Gemeinden

In den Finanzierungsgewohnheiten von Bund, Ländern und Gemeinden bestehen erhebliche Unterschiede. Dabei ist die Größe der jeweiligen Wirtschaftseinheit positiv mit der Breite der Palette ihrer Finanzierungsmöglichkeiten korreliert. Interessanterweise finden sich im Sektor öffentliche Haushalte ähnliche Finanzierungsgewohnheiten wie im Unternehmenssektor. Bei *Gemeinden* und *Gemeindeverbänden* einschließlich der Krankenhäuser mit kaufmännischem Rechnungswesen spielt die Wertpapierverschuldung vor allem aufgrund des geringen Volumens des Finanzbedarfs keine Rolle. Die Gemeinden und Gemeindeverbände nehmen generell ihre Finanzmittel (Bruttoaufnahme an Finanzmitteln 1994 rund 20 Mrd.DM) direkt bei Kreditinstituten auf. Der Bestand an Verpflichtungen dieses Untersektors betrug 1994 rund 160 Mrd.DM. Bei den *Ländern* (Bestand an Verpflichtungen 1994 rund 460,7 Mrd.DM) hat der Absatz von Wertpapieren eine gewisse Bedeutung gewonnen. 1994 wurde die Neuverschuldung (93,8 Mrd.DM) zu 19,3 Prozent durch Wertpapiere und zu 80,7 Prozent durch Schuldscheindarlehen gedeckt. Als Begründung für die Präferenz für Schuldscheindarlehen werden die über einen langen Zeitraum gewachsenen Beziehungen zwischen den Ländern und bestimmten Kreditinstituten (z.B. den Landesbanken und Girozentralen, an denen die Länder zudem beteiligt sind) und oftmals zu geringe Volumina für Wertpapieremissionen genannt. Daneben werden eine geringere Liquidität der Sekundärmärkte und geringere Kurspflege (als bei Bundesanleihen) als Argumente für eine geringere Nachfrage nach solchen Papieren genannt. Zu beachten ist, daß auch bei einer Verschuldung der Gemeinden und Länder über Schuldscheindarlehen die Rentenmärkte indirekt mitbeansprucht werden. Denn die inländischen Banken refinanzieren einen Großteil der an die öffentlichen Haushalte gewährten Schuldscheindarlehen über die Ausgabe von Kommunalobligationen. Beim *Bund* (Bestand an Verpflichtungen 1994 rund 712,5 Mrd.DM) dominiert die Wertpapierverschuldung. 1994 wurden 91,9 Prozent (107,5 Mrd.DM) aller neuen finanziellen Verpflichtungen (117 Mrd.DM) in der Form von Wertpapierschulden eingegangen. Darunter nehmen *Anleihen* mit 52 Mrd.DM den wichtigsten Platz ein.[500]

---

500 Vgl.DIETZ(1995), S.486-487 und ergänzend BUNDESBANK(4/1995b), S.41-42; BUNDESBANK(4/1987), S.14-18. Für die *westdeutschen Länder* von 1989 bis 1994 ein Rückgang der *Schuldscheindarlehen* am Gesamtbestand der finanziellen Verpflichtungen der Länder von 86 auf 77 Prozent und eine Zunahme der Verschuldung in *Wertpapieren* von 12 auf 22 Prozent festzustellen.

Zusammengefaßt betrachtet ergibt sich das folgende Bild: Die volumenmäßig kleinen Defizite der *Gemeinden* werden fast ausschließlich durch das Universalbankensystem gedeckt. Wertpapierverschuldung spielt auf dieser Ebene aufgrund der geringen Größe der Wirtschaftseinheiten keine Rolle. Die volumenmäßig größeren Defizite der *Länder* werden fast ausschließlich, das heißt zu knapp vier Fünfteln, durch Schuldscheindarlehen der Banken gedeckt. Allgemein wird auf der Ebene der Länder die kritische Größe für die Wertpapierfinanzierung nicht sehr oft erreicht, weswegen diese auf der Ebene der Länder nur eine geringe Rolle spielt. Jedoch ist auf Länderebene eine Zunahme der Wertpapierverschuldung zu beobachten. Das volumenmäßig größte Defizit der öffentlichen Haushalte, das Defizit des *Bundes*, wird fast vollständig durch Wertpapieremissionen gedeckt. Erst auf der Ebene des Bundes gelangt die Wertpapierfinanzierung zu ihrer vollen Bedeutung.

5.WÜRDIGUNG

Im Anschluß an die Ausführungen zu den nichtfinanziellen Sektoren ist ein Fazit zu ziehen und zu fragen, was ein fiktiver Betrachter bisher über die nichtfinanziellen Sektoren einerseits und zu ihrem Verhältnis zum Finanzsektor andrerseits gelernt hat. Der *Sektor private Haushalte* stellt die wichtigste finanzielle Überschußeinheit im deutschen Finanzsystem dar. 1995 haben die privaten Haushalte über ein Nettogeldvermögen in Höhe von 3.043,5 Mrd.DM verfügt.[501] Auffallend ist die im Zeitablauf recht stabile Sparquote, die circa 14 Prozent des verfügbaren Einkommens beträgt. Seit dem Übergang vom Notfallsparen zum ertragsorientierten Zweck- und Vorsorgesparen ist eine gestiegene Renditeorientierung zu beobachten. Sie hat sich in Vermögensumschichtungen zu Geldanlagen mit höherer Rendite bemerkbar gemacht. Ein Großteil der Geldvermögenserträge wird wiederum gespart, so daß es faktisch zu einer Selbstalimentation der Ersparnisbildung kommt. Sowohl das Geldvermögen als auch die Verpflichtungen der privaten Haushalte sind längerfristig orientiert.
Für die Geldanlage der privaten Haushalte spielen die mediaten Geldanlagen der Finanzintermediäre eine herausragende Rolle. Auf die mediaten Geldanlagen der Finanzintermediäre entfallen 77,2 Prozent der Geldanlagen, während auf die nichtmediaten Geldanlagen lediglich 22,8 Prozent des Geldvermögens entfallen. Von den Intermediärgeldanlagen kommt der Geldanlage bei Banken die größte Bedeutung zu. Wird ins Kalkül gezogen, daß die deutschen Universalbanken eine wichtige Stellung auf den deutschen Rentenmärkten einnehmen, dann reflektiert die beobachtete Geldvermögensstruktur der privaten Haushalte die zentrale Bedeutung der Finanzintermediäre und insbesondere der Universalbanken im deutschen Finanzsektor. Nicht verwunderlich erscheint dementsprechend die relativ marginale Bedeutung der Aktie als Anlagemedium der privaten Haushalte. Erstaunlicherweise haben die Intermediärgeldanlagen

---

[501] Im Betrachtungsjahr 1995 verfügten die *privaten Haushalte* über ein Geldvermögen in Höhe von 4.647,5 Mrd.DM, dem Verpflichtungen in Höhe von 1.604,0 Mrd.DM gegenüber standen. Darüber hinaus besaßen die privaten Haushalte einen positiven Finanzierungssaldo in Höhe von 220,8 Mrd.DM. Vgl.hierzu Kapitel D.III.1. und D.III.2.2.

in den Portefeuilles der privaten Haushalte in den letzten dreißig Jahren an Bedeutung gewonnen. Dabei ist jedoch innerhalb des Intermediärsektors eine Gewichtsverschiebung von den Banken zu den Versicherungen und Kapitalanlagegesellschaften zu verzeichnen. Die Verpflichtungen der privaten Haushalte setzen sich zu einem überwiegenden Teil aus Baukrediten (mehr als 75 Prozent) und aus einem relativ geringen Anteil an Konsumentenkrediten zusammen. Im internationalen Vergleich besitzen Konsumentenkredite in Deutschland eine eher nachgeordnete Bedeutung. Für den Großteil aller Kredite der privaten Haushalte ist die Verzinsung bis Laufzeitende oder (zumindest) für einen längeren Zeitraum festgelegt. Insgesamt spielen für die Deckung der Finanzierungslücken der privaten Haushalte die Universalbanken eine sehr wichtige Rolle. Bemerkenswert erscheint an der Betrachtung der privaten Haushalte, daß das Geldvermögen an ihrem Gesamtvermögen nur rund 20 Prozent beträgt. Die bedeutendste Vermögensposition stellen mit einem Anteil von 49 Prozent am Gesamtvermögen die Ansprüche an die gesetzliche Rentenversicherung als Bestandteil des Sozialversicherungssystems dar. Die rahmendeterminierte Struktur des Sozialversicherungssystems spiegelt sich faktisch in der Struktur der Gesamtvermögensposition der privaten Haushalte wider. Der Einfluß des Sozialversicherungssystems auf die Zusammensetzung der Gesamtvermögensposition und des Geldvermögens der privaten Haushalte wird in Kapitel D.VI.3.1. näher betrachtet.

Der *Sektor nichtfinanzielle Unternehmen* (Produktionsunternehmen und Wohnungswirtschaft) stellt die gewichtigste finanzielle Defiziteinheit im deutschen Finanzsystem dar.[502] 1995 hatten die nichtfinanziellen Unternehmen Nettoverpflichtungen in Höhe von 2.768,9 Mrd.DM. Diese setzten sich aus Nettoverpflichtungen der Produktionsunternehmen in Höhe von 1.215,8 Mrd.DM und der Wohnungswirtschaft in Höhe von 1.553,1 Mrd.DM zusammen.

Der *Untersektor der Produktionsunternehmen* weist eine starke Mittelstandsprägung auf. Dies reflektiert sich in der Verbreitung der Rechtsformen. Der überwiegende Teil der Unternehmen (1.750.000) wird als Personengesellschaft oder Einzelunternehmung geführt. Zwar existieren in Deutschland immerhin rund 350.000 Kapitalgesellschaften, jedoch wird die Rechtsform der börsenfähigen Aktiengesellschaft (beziehungsweise der Kommanditgesellschaft auf Aktien) nur von einem Bruchteil (rund 2.200) der Kapitalgesellschaften verwendet. Dabei handelt es sich vor allem um Großunternehmen.

Im Geldvermögen der Produktionsunternehmen überwiegen kurzfristige Geldanlagen in einem geringen Maß gegenüber längerfristigen. Die Verbindlichkeiten der Produkti-

---

[502] Im Betrachtungsjahr 1995 verfügten die *Produktionsunternehmen* über ein Geldvermögen in Höhe von 2.422,7 Mrd.DM, dem Verpflichtungen in Höhe von 3.638,5 Mrd.DM gegenüber standen. Darüber hinaus wurde für die Produktionsunternehmen ein negativer Finanzierungssaldo in Höhe von 32,2 Mrd.DM ausgewiesen. Die *Wohnungswirtschaft* verfügte über Verpflichtungen in Höhe von 1.553,1 Mrd.DM, denen in der gesamtwirtschaftlichen Finanzierungsrechnung kein Geldvermögen gegenübergestellt wurde. Faktisch sind die Verpflichtungen der Wohnungswirtschaft zu circa vier Fünfteln den privaten Haushalten zuzuordnen, so daß deren Geldvermögen (zumindest diesem Anteil) der Verpflichtungen der Wohnungswirtschaft gegenüber steht. Darüber hinaus wurde für die Wohnungswirtschaft ein negativer Finanzierungssaldo in Höhe von 138,3 Mrd.DM ausgewiesen. Vgl.hierzu Kapitel D.III.1, D.III.3.2.2. und D.III.3.3.2.

onsunternehmen weisen dagegen eindeutig die für das deutsche Finanzsystem typische längerfristige zeitliche Orientierung auf. Das Geldvermögen der Produktionsunternehmen verteilt sich zu gleichen Teilen auf die Geldanlage bei Banken, auf Aktien sowie auf sonstige Forderungen. Für die Geldanlage der Produktionsunternehmen (insbesondere für die kurzfristige) spielen die Banken eine wichtige Rolle. Auffallend ist die Tatsache, daß in Deutschland die Geldanlage in Aktien eine sehr große Bedeutung im Geldvermögen der Produktionsunternehmen besitzt. Tatsächlich halten die Produktionsunternehmen circa 40 Prozent des Gesamtumlaufs an Aktien. Schätzungsweise drei Viertel der Aktien werden zu Beteiligungszwecken gehalten. Gerade die bei den als Aktiengesellschaften geführten Großunternehmen zu beobachtenden Beteiligungsstrukturen und Verflechtungen stellen ein wichtiges Charakteristikum der institutionellen Struktur Deutschlands dar. In den Verpflichtungen der Produktionsunternehmen spielen vor allem Bankkredite eine sehr wichtige Rolle, welche knapp die Hälfte aller Verpflichtungen der Produktionsunternehmen ausmachen. Aktien stellen mit weitem Abstand mit gut einem Viertel aller Verpflichtungen das zweitwichtigste Instrument der Verpflichtungen der Produktionsunternehmen dar. Bemerkenswert ist die marginale Bedeutung der Rentenwerte für die Produktionsunternehmen. Eine mögliche Erklärung dafür kann in der mittelstandsgeprägten Struktur des Sektors Produktionsunternehmen liegen.
Eine Gesamtbetrachtung der Zusammensetzung der Unternehmensfinanzierung unterstreicht die Bedeutung der internen Finanzierung (circa 80 Prozent des Finanzierungsvolumens). Als externes Finanzierungsinstrument spielt, wie schon die Betrachtung der Verpflichtungen der Produktionsunternehmen gezeigt hat, vor allem der Bankkredit eine wichtige Rolle, während der Aktienfinanzierung nur eine marginale Bedeutung zukommt. Eine modifizierte Betrachtung der Kapitalstrukturen der deutschen Produktionsunternehmen zeigt darüber hinaus, daß diese sich durchaus auf einem international vergleichbaren Niveau befinden und daß die These einer Eigenkapitallücke der deutschen Produktionsunternehmen mehr als fraglich ist. Insgesamt kommt den Finanzintermediären und insbesondere den Universalbanken sowohl für die Geldanlage als auch für die (externe) Finanzierung der Produktionsunternehmen eine große Bedeutung zu.

Eine Besonderheit *Untersektors Wohnungswirtschaft* ist dessen funktionale Abgrenzung. Die privaten Haushalte stellen den wichtigsten Akteur im Sektor Wohnungswirtschaft dar. Allein vier Fünftel der Verbindlichkeiten der Wohnungswirtschaft sind dem Sektor private Haushalte zuzuordnen. Faktisch werden die gesamten Verpflichtungen des Sektor Wohnungswirtschaft durch Finanzierungsinstrumente der Finanzintermediäre gedeckt. Bankkredite spielen mit vier Fünfteln die wichtigste Rolle. Der übrige Anteil entfällt in etwa zu gleichen Teilen auf Darlehen der Bausparkassen und der Versicherungen. Die Verpflichtungen der Wohnungswirtschaft weisen die für das deutsche Finanzsystem typische längerfristige Orientierung in einem besonders ausgeprägten Ausmaß auf. Die Struktur der Verpflichtungen der Wohnungswirtschaft unterstreicht die wichtige Rolle der Finanzintermediäre, insbesondere der Universalbanken und der Bausparkassen, im deutschen Finanzsystem.

Der *Sektor öffentliche Haushalte*, zu dem die Untersektoren Gebietskörperschaften und Sozialversicherungen zusammengefaßt sind, stellt neben den nichtfinanziellen Unternehmen eine wichtige finanzielle Defiziteinheit im deutschen Finanzsystem dar. Im Betrachtungsjahr 1995 hatten die öffentlichen Haushalte Nettoverpflichtungen in Höhe von 1.524,3 Mrd.DM.[503] Im Sektor öffentliche Haushalte ist seit den achtziger Jahren eine Tendenz zur Verschuldung in Wertpapieren zu beobachten, die auf der Ebene des Bundes am ausgeprägtesten ist. Insgesamt unterscheiden sich die Finanzierungsgewohnheiten von Bund, Ländern und Gemeinden erheblich. Erstaunlicherweise verfügen die öffentlichen Haushalte angesichts ihrer beachtlichen Finanzierungslücken und Verpflichtungen über einen beachtlichen Bestand an Geldvermögen. Sowohl das Geldvermögen als auch die Verpflichtungen der öffentlichen Haushalte weisen die für das deutsche Finanzsystem charakteristische längerfristige Orientierung auf.
Insgesamt betrachtet kommt den Finanzintermediären, insbesondere den Universalbanken, auch für den Sektor öffentliche Haushalte eine große Bedeutung zu. Dies zeigt sich besonders deutlich im Geldvermögen der öffentlichen Haushalte. Bei den Verpflichtungen der öffentlichen Haushalte ist jedoch ein erheblicher Bedeutungsrückgang der Finanzintermediäre als Finanzierungsquelle zu konstatieren, der auf die seit den achtziger Jahren zu beobachtende Präferenz der öffentlichen Haushalte für die Wertpapierfinanzierung zurückzuführen ist. Dies sollte jedoch nicht darüber hinwegtäuschen, daß den Finanzintermediären und insbesondere den Universalbanken gerade für die Finanzierung der Defizite der Gemeinden und Länder eine überragende Bedeutung zukommt. Aufgrund ihrer wichtigen Position im Bundesanleihekonsortium spielen die Universalbanken auch für die Wertpapierfinanzierung der öffentlichen Haushalte eine sehr wichtige Rolle.

Insgesamt zeigt die Betrachtung der finanziellen Charakteristika der nichtfinanziellen Sektoren, daß die Finanzintermediäre (insbesondere die Universalbanken) sowohl für die finanziellen Dispositionen im Geldvermögen als auch in den (finanziellen) Verpflichtungen der Gesamtheit der nichtfinanziellen Sektoren eine überragende Bedeutung besitzen. In diesem Sinn spiegelt sich die bankorientierte institutionelle Struktur des Finanzsektors in den Finanzdispositionen der nichtfinanziellen Sektoren wider, und es kann so von einer funktionalen Interdependenz zwischen Finanzsektor (Kern) und den nichtfinanziellen Sektoren (innere Schale) gesprochen werden.[504]

---

503 Im Betrachtungsjahr 1995 verfügten die öffentlichen Haushalte über ein Geldvermögen in Höhe von 606,8 Mrd.DM, dem Verpflichtungen in Höhe von 2.131,1 Mrd.DM gegenüber standen. Darüber hinaus wurde für die öffentlichen Haushalte ein negativer Finanzierungssaldo in Höhe von 117,2 Mrd.DM ausgewiesen. Vgl.hierzu Kapitel D.III.1 und D.III.4.2.

504 Eine Betrachtung der Gesamtvermögenspositionen und -verpflichtungen der nichtfinanziellen Sektoren führt zu einer Relativierung der Bedeutung des Gewichtes des Finanzsektors und der Finanzintermediäre. Die Betrachtung der Gesamtvermögensposition der privaten Haushalte (Kapitel D.III.2.2.1.) zeigt, daß das Geldvermögen nur rund ein Fünftel ihres Gesamtvermögens ausmacht. Die Analysen der Finanzierungsstrukturen der Produktionsunternehmen (Kapitel D.III.3.2.4.) und der Wohnungswirtschaft (Kapitel D.III.3.3.4.) zeigen, daß der Anteil der externen (vom Finanzsektor) bereitgestellten Finanzierung am Gesamtfinanzierungsvolumen bei rund einem Fünftel (Produktionsunternehmen) bzw. drei Fünftel (Wohnungswirtschaft) liegt. Vgl.hierzu Kapitel D.V.2.1.2., D.V.2.2.2. und D.V.2.3.2.

Bemerkenswert sind darüber hinaus folgende Sachverhalte: Ein wesentliches Merkmal der Finanzdispositionen der nichtfinanziellen Sektoren besteht in der sehr stark ausgeprägten Tendenz zu längerfristigen Finanzierungsbeziehungen. Sowohl die Geldvermögen als auch die Verpflichtungen der nichtfinanziellen Sektoren sind - mit gewissen Einschränkungen für das Geldvermögen der Produktionsunternehmen - längerfristig angelegt. Darüber hinaus fällt der erstaunlich hohe Anteil an Aktien im Geldvermögen der Produktionsunternehmen auf. Diese repräsentieren, wie oben bereits erläutert wurde, Unternehmensverflechtungen insbesonders der Großunternehmen.[505] Bizarr ist daß 1995 nicht die Produktionsunternehmen, sondern die Wohnungswirtschaft und die öffentlichen Haushalte die größten negativen Finanzierungssalden aufgewiesen haben. Gerade die Produktionsunternehmen wiesen einen relativ bescheidenen negativen Finanzierungssaldo auf. Erwartungsgemäß haben dagegen die privaten Haushalte einen großen positiven Finanzierungssaldo aufgewiesen. Eine Betrachtung der Nettogeldvermögenspositionen der nichtfinanziellen Sektoren im Jahr 1995 zeigt, daß die privaten Haushalte mit einem Geldvermögen in Höhe von 3.043,5 Mrd.DM eine finanzielle Überschußeinheit darstellen, während die Wohnungswirtschaft (Nettoverbindlichkeiten in Höhe von 1.553,1 Mrd.DM), die öffentlichen Haushalte (Nettoverbindlichkeiten in Höhe von 1.524,3 Mrd.DM) und die Produktionsunternehmen (Nettoverbindlichkeiten in Höhe von 1.215,8 Mrd.DM) finanzielle Defiziteinheiten darstellen. Überraschenderweise zeigt die Betrachtung der Nettovermögenspositionen, daß nicht die Produktionsunternehmen die gewichtigste finanzielle Defiziteinheit im deutschen Finanzsystem darstellen. Tatsächlich entfallen von den Nettoverbindlichkeiten der nichtfinanziellen Sektoren (4.293,2 Mrd.DM) 36,2 Prozent auf die Wohnungswirtschaft, 35,5 Prozent auf die öffentlichen Haushalte und 28,3 Prozent auf die Produktionsunternehmen.[506] Gerade das der Finanzsektor-Realsektor-Perspektive zugrunde liegende Bild vom schwerpunktmäßigen Transfer finanzieller Ressourcen von den Überschußeinheiten private Haushalte zu den Defiziteinheiten Produktionsunternehmen ist in wesentlichen Grundzügen zu korrigieren. Tatsächlich stellen die Wohnungswirtschaft, die öffentliche Haushalte und die Produktionsunternehmen gleichermaßen wichtige finanzielle Defiziteinheiten dar.

Abschließend ist auch zu hinterfragen, was ein fiktiver Betrachter aus der durchgeführten Analyse nicht gelernt hat. Einige technische Probleme sind im Laufe der Ausführungen aufgetaucht. Beispielsweise war es nicht genau möglich, die Bedeutung der Aktie als Instrument der Unternehmensfinanzierung genau abzuschätzen. Darüber hinaus wäre es aufschlußreich, den funktional abgegrenzten Sektor Wohnungswirtschaft nach Bauherren aufzugliedern, was jedoch aufgrund der Datenlage nicht möglich gewesen ist.[507] Ein beträchtlicher Informationsgewinn würde

---

505 Vgl.Kapitel D.VI.3.2 zu Unternehmensverflechtungen im deutschen Corporate Governance System.

506 In dieser Gesamtbetrachtung der Nettovermögenspositionen der nichtfinanziellen Sektoren müßte eigentlich ein Nettogeldvermögen der privaten Haushalte in Höhe von 4.275,4 Mrd.DM ausgewiesen werden, da im Sektor Wohnungswirtschaft die Gesamtheit der Baukreditverpflichtungen (einschließlich der auf die privaten Haushalte entfallenden Baukreditverpflichtungen) ausgewiesen wird.

507 Vgl.hierzu die Kapitel D.III.3.1.1sowie D.III.3.2.4.

in der Aufschlüsselung des Sektors öffentliche Haushalte in die Untersektoren Gebietskörperschaften und Sozialversicherungen bestehen. Für die gesamtdeutsche Betrachtung ist dies aus statistischen Gründen jedoch bisher nicht möglich.[508]
Ein kritischer Aspekt der inhaltlichen Art liegt in der schwerpunktmäßigen Betrachtung aggregierter intersektoraler Finanzierungsströme. Gerade angesichts der Verflechtungen der deutschen Produktionsunternehmen würde die Betrachtung der intrasektoralen Finanzierungsströme einen Informationsgewinn bringen. Eine Aufschlüsselung der intrasektoralen Finanzströme dürfte jedoch mit gewissen Abgrenzungsproblemen und Schwierigkeiten der Informationsbeschaffung verbunden sein. Auch die gesamten informellen Finanzbeziehungen zwischen und innerhalb der nichtfinanziellen Sektoren sind aus der Betrachtung ausgeblendet geblieben. Eine Abschätzung der Gesamtheit der informellen Finanzbeziehungen dürfte mit gravierenden Informationsbeschaffungsproblemen verbunden sein.

IV. INSTITUTIONELLER RAHMEN („ÄUßERE SCHALE“)

1. STRUKTUR DER „ÄUßEREN SCHALE“

Der *institutionelle Rahmen* umfaßt die Gesamtheit der für das Finanzsystem relevanten Regulierungen. In der Systematik des Schalenmodells bildet der institutionelle Rahmen die *äußere Schale* des Finanzsystems. Diese umschließt als Bestandteil der Dimension Institutionen die innere Schale, welche wiederum den Finanzsektor als Kern des Finanzsystems umfaßt. Im Schalenmodell bildet der institutionelle Rahmen einen integralen Bestandteil des Finanzsystems, durch dessen Ausgestaltung wesentliche Stellgrößen des Finanzsystems festgelegt werden. Im Zuge der folgenden Ausführungen wird die Betrachtung der Ausgestaltung des institutionellen Rahmens des deutschen Finanzsystems auf die drei wesentlichen Rahmenelemente *Finanzsektorregulierung und -aufsicht*, *Rechtsformen der Unternehmen* und *Sozialversicherungssystem* beschränkt. Die (subjektive) Auswahl dieser drei Rahmenelemente orientiert sich an der Frage, was ein fiktiver Betrachter über die Struktur des institutionellen Rahmens für seine Betrachtung des deutschen Finanzsystems (mindestens) wissen sollte. Für die ausgewählten Rahmenelemente wird ein besonders prägender Einfluß auf die Finanzsystemstruktur angenommen.[509] Im Blickpunkt der Ausführungen steht jeweils die Skizzierung wesentlicher Charakteristika der Rahmenelemente.

---

508 Vgl.hierzu die Ausführungen in Kapitel D.III.4.1.1.

509 Der Staat wird in der Systematik des Schalenmodells nicht als Bestandteil des institutionellen Rahmens (äußere Schale) aufgefaßt, sondern im Zusammenhang mit dem Systemcharakteristikum *Einfluß des Staates* in Kapitel D.VI.3.3. gewürdigt. Weitere wichtige Rahmenbedingungen für die Analyse des deutschen Finanzsystems stellen z.B. das deutsche *Insolvenzrecht* und andere das Governancesystem betreffende Regulierungen (z.B.die Entwürfe zum Takeovercode) dar. Diese spielen für das deutsche Insidersystem der Corporate Governance (Vgl.Kapitel D.VI.3.2.) eine wichtige Rolle. Gegenüber den oben genannten drei Rahmenelementen treten diese jedoch in der Bedeutung zurück.

Abbildung D.43.:
Schalenmodell des Finanzsystems - Hervorhebung der Ebene institutioneller Rahmen (äußere Schale) der Dimension der Institutionen

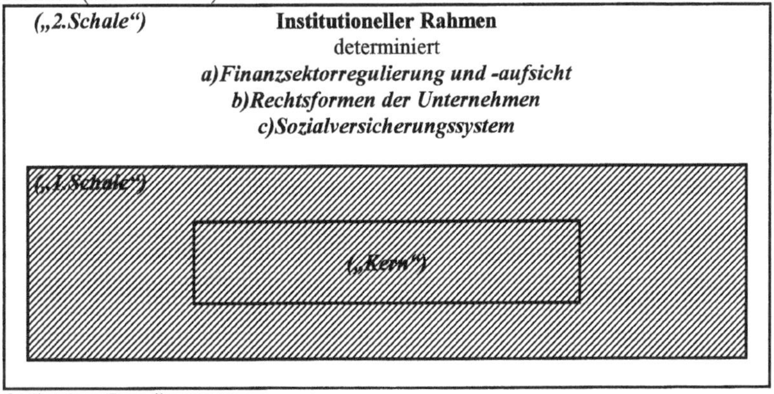

Quelle: Eigene Darstellung.

In Kapitel D.IV.2.1. wird die Struktur der *Finanzsektorregulierung und -aufsicht* näher charakterisiert. Die Ausführungen richten sich schwerpunktmäßig auf die Ausgestaltung der *Bankenregulierung und Bankenaufsicht*. In Kapitel D.IV.2.2. werden die *Rechtsformen der Unternehmen* näher charakterisiert. Diese werden im Hinblick auf ihre Implikationen für die Wahl der Finanzierungsinstrumente (Unternehmensfinanzierung) betrachtet. In Kapitel D.IV.2.3. wird die *Struktur des Sozialversicherungssystems* umrissen. Abschließend wird in Kapitel D.IV.3. ein Resümee gezogen und hinterfragt, was ein fiktiver Betrachter über die drei betrachteten Rahmenelemente des deutschen Finanzsystems gelernt hat. Darüber hinaus wird der strukturprägende Einfluß der drei Rahmenelemente auf das Finanzsystem thematisiert.

2.BETRACHTUNG DER RAHMENELEMENTE

2.1.Finanzsektorregulierung und -aufsicht

Das *Rahmenelement Finanzsektorregulierung und -aufsicht* wird in seinen wesentlichen Grundzügen durch das Gesetz über das Kreditwesen (KWG) geprägt. Darin werden Kreditinstitute (größtenteils Bankfinanzintermediäre) über die Ausübung bestimmter Bankgeschäfte und Finanzinstitute (Nichtbankfinanzintermediäre) über die Erbringung bestimmter Finanzdienstleistungen charakterisiert.[510] Versicherungsunternehmen (Nichtbankfinanzintermediäre) unterliegen nicht den Bestimmungen des KWG, sondern dem Gesetz über die Beaufsichtigung der Versicherungsunternehmen (VAG). Darin werden nach §1 VAG Versicherungsunternehmen als Unternehmen de-

510 Vgl.grundlegend § 1 KWG. Eine hervorragende Studie zur Bankenaufsicht mit den Schwerpunkten Theorie und Praxis der Regulierung stellt BURGHOF/RUDOLPH(1996) dar.

finiert, die den Betrieb von Versicherungsgeschäften zum Gegenstand haben und nicht Träger der Sozialversicherung sind. Einen weiteren wichtigen Bestandteil des Rahmenelementes Finanzsektorregulierung bildet das Wertpapierhandelsgesetz (WpHG). Dessen wichtigste Bestandteile stellen das strafbewehrte Verbot von Insiderhandelsgeschäften, die Regelung der Ad hoc-Publizität kursrelevanter Tatsachen und die Mitteilungs- und Veröffentlichungspflichten bei Veränderungen des Stimmrechtsanteils an börsennotierten Gesellschaften dar.[511]
An der Aufsicht des deutschen Finanzsektors sind unterschiedliche Institutionen beteiligt. Die Aufsicht über die Kreditinstitute obliegt dem Bundesaufsichtsamt für das Kreditwesen mit Sitz in Berlin. Dieses arbeitet als selbständige Bundesoberbehörde mit der Deutschen Bundesbank zusammen. Das Bundesaufsichtsamt für das Kreditwesen gehört zum Geschäftsbereich des Bundesfinanzministeriums und unterliegt dessen Weisungen. Das Bundesamt für das Versicherungswesen mit Sitz in Berlin übt die Aufsicht über die Versicherungsunternehmen zum Schutz der Interessen von Versicherungsnehmern und zur Erhaltung eines funktionsfähigen Versicherungswesens aus und ist als selbständige Bundesoberbehörde ebenfalls im Geschäftsbereich des Bundesfinanzministeriums angesiedelt. Das Bundesaufsichtsamt für den Wertpapierhandel mit Sitz in Frankfurt übt die Überwachung der Einhaltung der Vorschriften des Wertpapierhandelsgesetzes aus. Im Rahmen der ihm zugewiesenen Aufgaben hat das Bundesaufsichtsamt für den Wertpapierhandel nach §4.(1) WpHG Mißständen entgegenzuwirken, welche die ordnungsgemäße Durchführung des Wertpapierhandels beeinträchtigen oder erhebliche Nachteile für den Wertpapiermarkt bewirken können. Das Bundesaufsichtsamt für den Wertpapierhandel ist eine selbständige Bundesbehörde, im Geschäftsbereich des Bundesfinanzministeriums. Neben den Bundesaufsichtsämtern ist auch das Bundeskartellamt an der Finanzsektoraufsicht beteiligt.[512]

Insbesondere dem Gesetz über das Kreditwesen (KWG) kommt im Rahmenelement Finanzsektorregulierung eine besonders wichtige Stellung zu. Gerade da die deutsche Finanzsektorstruktur in ihren wesentlichen Grundzügen durch die Aktivitäten der Bankfinanzintermediäre (Kreditinstitute) geprägt ist, werden nachfolgend die wesentlichen Charakteristika des Gesetzes über das Kreditwesen (KWG) skizziert.[513] In §1.(1) KWG werden Unternehmen dann als Kreditinstitute definiert, wenn sie Bankgeschäfte in einem Umfang betreiben, der einen in kaufmännischer Weise eingerichteten Geschäftsbetrieb erfordert. Davon werden in §1.(3) KWG Finanzinstitute unterschieden, welche bestimmte andere Finanzdienstleistungen erbringen. Die breite Palette der in

---

511 Vgl.DEUTSCHE BÖRSE(9/1995), S.6-7; SCHIERENBECK/HÖLSCHER(1993), S.166-167; Die im Wertpapierhandelsgesetz (WpHG) festgesetzten Insiderstrafbestimmungen sind zum 1.8.1994 und die Vorschriften zur Ad hoc-Publizität zum 1.1.1995 in Kraft getreten. Vor der Verabschiedung des Wertpapierhandelsgesetzes (WpHG) im Rahmen des Zweiten Finanzmarktförderungesetzes verfügte Deutschland faktisch über einen unregulierten Kapitalmarkt. Vgl.DEUTSCHE BÖRSE(3/1995), S.13.

512 Vgl.§4.(1) WpHG; MÜNZER(1992), S.70-71; SCHIERENBECK/HÖLSCHER(1993), S.10-11.

513 Das Gesetz über das Kreditwesen (KWG) löste 1961 das Reichsgesetz über das Kreditwesen von 1934 ab, das als Reaktion auf die Bankenkrise von 1931 geschaffen worden war. Vor diesem Zeitraum war der Bankensektor ein unreguliertes Gewerbe. Vgl.RUDOLPH(1991), S.360-361.

§1.(1) KWG genannten Bankgeschäfte ermöglicht es den Kreditinstituten, als Universalbanken tätig zu sein, die neben dem Einlagen- und Kreditgeschäft (im Sinne des commercial banking) auch das Effekten- und Depotgeschäft (im Sinne des investment banking) betreiben.[514] In Deutschland unterliegen weder Kreditinstitute noch Finanzinstitute irgendwelchen Restriktionen bezüglich der räumlichen Ausdehnung ihrer Geschäftstätigkeiten. Darüber hinaus dürfen Kreditinstitute über Kapitalverflechtungen (beispielsweise über Konstruktionen wie Mutter - Tochterunternehmen) mit Versicherungsunternehmen verbunden und auf diesem Wege im Versicherungsgeschäft tätig sein. Den deutschen Kreditinstituten ist es auch erlaubt, direkte Beteiligungen an nichtfinanziellen Unternehmen (Industriebeteiligungen) zu besitzen.[515] Umgekehrt ist es auch den nichtfinanziellen Unternehmen möglich, Eigentümer von Kreditinstituten zu sein. Der Erwerb von Beteiligungen der nichtfinanziellen Unternehmen an Kreditinstituten und der Erwerb von Kreditinstituten an nichtfinanziellen Unternehmen stehen in vollem Einklang mit der Wirtschaftsordnung Deutschlands. Bezüglich des Erwerbs bedeutender Beteiligungen (im Sinne des Besitzes von 10 Prozent des Kapitals oder der Stimmrechte) an Kreditinstituten werden in §2.b. KWG jedoch eine Reihe von Restriktionen und Anzeigepflichten geknüpft. Dem Bundesaufsichtsamt für das Kreditwesen bleibt darüber hinaus das Recht vorbehalten, den Erwerb bedeutender Beteiligungen an Kreditinstituten zu untersagen. Der Erwerb von Eigentum im Sinne bedeutender Beteiligungen an finanziellen Unternehmen, insbesondere an Kreditinstituten, wird in Deutschland faktisch von der Zustimmung des Bundesaufsichtsamts für das Kreditwesen abhängig gemacht.[516]

Insgesamt unterstreichen diese geringen Restriktionen, denen die deutschen Kreditinstitute in ihrem Geschäftsgebahren unterliegen, daß das strukturelle Spektrum des deutschen Finanzsektors (und insbesondere des Systems der Finanzintermediäre) durch das Konglomeratsprinzip (Vorherrschen von Universalbanken) geprägt ist. Mit dieser Einschätzung deckt sich auch die Tendenz zur Herausbildung von Universalfinanzinstituten, die aus einer Hand Bankdienstleistungen, Versicherungsprodukte und Finanzdienstleistungen von Spezialbanken (beispielsweise von Bausparkassen) anbieten.[517]

---

514 Vgl.BUNDESBANK(10/1995), S.51 und §§ 1.(1) und 1.(3) KWG. Die genannten Paragraphen sind in Kapitel D.II.3.1.1. wiedergegeben.

515 Vgl.FRANKEL/MONTGOMERY(1991), S.273-278. Diese weisen darauf hin, daß in Deutschland (wesentlich) weniger Restriktionen bezüglich der Bankenaktivitäten als in Japan oder den Vereinigten Staaten. Während die Höhe einzelner Industriebeteiligungen der Kreditinstitute nicht betragsmäßig begrenzt ist, unterliegt die Summe der gesamten Anlagen in bestimmte Vermögenspositionen (worunter auch Beteiligungen an Kreditinstituten und Industrieunternehmen fallen) nach §12.(1) KWG der Restriktion der Begrenzung durch das haftende Eigenkapital.

516 Vgl.BUNDESVERBAND DEUTSCHER BANKEN(1995), S.12 und ergänzend §2.b. KWG.

517 Vgl.Kapitel D.II.3.3.1 und D.II.3.3.4. sowie die dort angegebene Literatur. Hervorzuheben ist in diesem Zusammenhang, daß die oben angesprochenen Finanzdienstleistungen jeweils innerhalb von Versicherungen, Banken, Bausparkassen „produziert" werden müssen. Die Produktion dieser Finanzdienstleistungen innerhalb eines einzigen Finanzdienstleistungsunternehmens ist im KWG nicht vorgesehen. Vgl.zur Charakterisierung des strukturellen Spektrums LLEWELLYN(1991), S.211-219 und Kapitel C.II.1.2.2.

Im Gesetz über das Kreditwesen (KWG) wird ein marktwirtschaftlicher Hauptgedanke der Bankenregulierung vertreten, der vor allem darin besteht, den Banken soviel Freiraum für unternehmerische Entscheidungen wie möglich zu lassen. Nicht angestrebt wird eine Kreditlenkung nach planwirtschaftlichen Vorstellungen. Im KWG werden Rahmenvorschriften für die Bilanzstrukturen und das Geschäftsgebaren der Kreditinstitute festgelegt. Ebenso werden die Offenlegungsvorschriften der Kreditinstitute als auch die Eingriffspflichten des überwachenden Bundesaufsichtsamtes festgelegt. Durch die Vorschriften des KWG wird ein zu ermittelndes maximales Gesamtrisiko festgelegt, das von einem Kreditinstitut nicht überschritten werden soll. Das institutionelle Kernstück des Gesetzes über das Kreditwesen (KWG) bildet das oben kurz charakterisierte Bundesamt für das Kreditwesen. Dieses übt die Aufsicht über die Kreditinstitute aus und stellt mit rund 240 Bediensteten eine recht kleine Bundesbehörde dar, die über keinen administrativen Unterbau verfügt. Das Bundesaufsichtsamt für das Kreditwesen ist nach §7 KWG zur Zusammenarbeit mit der Deutschen Bundesbank verpflichtet. Deren Mitwirkung an der Aufsichtsführung ergibt sich aus den sich berührenden Aufgabenfeldern der beiden Institutionen und dem fehlenden administrativen Unterbau des Bundesaufsichtsamtes für das Kreditwesen. Erst im Zusammenspiel mit dem weitverzweigten Netz der Deutschen Bundesbank wird eine ortsnahe Bankenaufsicht ermöglicht.[518] Nach §6.(2) KWG bestehen die Aufgaben des Bundesaufsichtsamtes für das Kreditwesen darin, Mißständen im Kreditwesen entgegenzuwirken, welche die Sicherheit der den Kreditinstituten anvertrauten Vermögenswerten gefährden, die ordnungsgemäße Durchführung der Bankgeschäfte beeinträchtigen oder die erhebliche Nachteile für die Gesamtwirtschaft herbeiführen können. Nach §6.(3) nimmt das Bundesaufsichtsamt für das Kreditwesen die ihm zugewiesenen Aufgaben nur im öffentlichen Interesse war.[519]

Die Durchführung der Bankenaufsicht durch das Bundesaufsichtsamt für das Kreditwesen kann in drei Aufgabenfelder unterteilt werden: Erstens in die Erteilung der Erlaubnis des Betreibens von Bankgeschäften. Als Voraussetzungen dafür sind ein ausreichendes haftendes Eigenkapital, die Zuverlässigkeit und fachliche Eignung der (mindestens zwei) Geschäftsleiter und die Einreichung eines Geschäftsplans zu nennen. Zweitens in die Aufhebung der Erlaubnis des Betreibens von Bankgeschäften. Widerrufsgründe stellen das Nichterfüllen bestimmter Bedingungen zur Erlaubniserteilung, die Nichtausübung der Geschäftstätigkeit und die Gefahr der Nichterfüllung von Verpflichtungen gegenüber den Gläubigern dar. Drittens die laufende Aufsicht: Darunter fallen die Überprüfung der Einhaltung bestimmter Grundsätze (Eigenkapital- und Liquiditätsgrundsätze), die Kontrolle des Spar- und Kreditgeschäftes und die Einleitung von Maßnahmen in besonderen Fällen.[520] Die der laufenden Aufsicht zugrunde liegenden strukturellen Regelungen werden nachfolgend kurz skizziert. Im KWG sind die Regelungen, welche die geschäftspolitische Dynamik (Fristentransformation und

518 Vgl.MÜNZER(1992), S.70-72; SCHIERENBECK/HÖLSCHER(1993), S.111-112.

519 Vgl.o.V.(1995e), S.316-317 sowie §6 KWG.

520 Vgl.SCHIERENBECK/HÖLSCHER(1993), S.113-114.

Kreditexpansion) betreffen und einen erhöhten Anpassungsbedarf der Bankenaufsicht erfordern, als Rahmenvorschriften formuliert worden. Die §§10 und 11 KWG stellen Rahmenvorschriften über Eigenkapital und Liquidität dar, die durch das Bundesaufsichtsamt für das Kreditwesen in Absprache mit der Bundesbank und den Dachverbänden der Kreditinstitute jederzeit geändert werden können. So wird in §10 KWG gefordert, daß die Kreditinstitute über ein „angemessenes haftendes Eigenkapital" verfügen müssen. Nach §11 KWG sind die Kreditinstitute dazu gehalten, ihre Mittel so anzulegen, daß jederzeit eine „ausreichende Zahlungsfähigkeit" gewährleistet ist. Näher spezifiziert werden diese Regelungen durch die Grundsätze I-III. Grundsatz I wird als Eigenkapitalgrundsatz bezeichnet und zielt auf die Haftungsfunktion des Eigenkapitals, wobei die „Angemessenheit des Eigenkapitals" in Relation zu den Verbindlichkeiten des Kreditinstituts geregelt wird. Gemäß Grundsatz I dürfen Kredite und Beteiligungen einer Bank abzüglich der Wertberichtigungen das achtzehnfache des haftenden Eigenkapitals nicht überschreiten. Bei der Bestimmung dieses Verhältnisses werden die Kredite gemäß ihrer Zugehörigkeit zu bestimmten Risikoklassen gewichtet. In Bankengruppen muß die in der Position eines Mutterunternehmens agierende Bank dafür Rechnung tragen, daß der Grundsatz I auch auf der konsolidierten Basis erfüllt wird. Ergänzend werden in Eigenkapitalgrundsatz Ia die Preis- und Wertänderungsrisiken aus bilanzunwirksamen Geschäften auf 60 Prozent des haftenden Eigenkapitals begrenzt. Die Grundsätze II und III werden als Liquiditätsgrundsätze bezeichnet. Im Blickpunkt steht dabei die Begrenzung der Ausübung der Fristentransformation. Grundsatz II richtet sich auf die Finanzierung des längerfristigen Geschäfts. Die Anlagen eines Kreditinstitutes abzüglich der Wertberichtigungen in langfristigen Ausleihungen, Beteiligungen, nicht börsengängigen Wertpapieren, Grundstücken, Gebäuden, der Betriebs- und Geschäftsausstattung dürfen die langfristigen Finanzierungsmittel nicht übersteigen. In Grundsatz III wird die Verwendung kurzfristiger Gelder zur Finanzierung schwer zu mobilisierender Aktiva geregelt. Konkret heißt dies, daß die Summe aus bestimmten kurz- und mittelfristigen Aktiva die Summe bestimmter kurz- und mittelfristiger Finanzierungsmittel (zuzüglich eines Überschusses beziehungsweise abzüglich eines Defizits der Finanzierungsmittel aus Grundsatz II) nicht überschreiten soll. Im Gegensatz zu den globalen Regelungen der §§ 10 und 11 KWG werden in §13 KWG definitiv die Bedingungen für die Vergabe von Großkrediten umrissen. Großkredite dürfen nicht das Achtfache und ein Großkredit nicht die Hälfte des haftenden Eigenkapitals übersteigen.[521]

Abschließend wird kurz das System der Einlagensicherung skizziert. Nahezu die Gesamtheit der im Einlagengeschäft tätigen Kreditinstitute gehört auf freiwilliger Basis einem der von den Verbänden der Kreditwirtschaft gegründeten Sicherungssysteme an. Für die Institute des Kreditbankensektors ist beim Bundesverband deutscher Banken ein Einlagensicherungsfonds gebildet worden, dessen Aufgabe schwerpunktmäßig im Schutz der Anleger besteht. Das Ziel dieses Einlagensicherungsfonds besteht in der reinen Einlagensicherung und nicht in der Sicherung des illiquiden Kreditinstitutes, das

---

521 Vgl.MÜNZER(1992), S.71-78; RUDOLPH(1991), S.362-363.

im Normalfall abgewickelt wird. Die nicht in Wertpapieren verbrieften Verbindlichkeiten gegenüber Nichtbankengläubigern werden im Insolvenzfall je Gläubiger bis zu einer Höhe von 30 Prozent des haftenden Eigenkapitals (zum Zeitpunkt des letzten veröffentlichten Jahresabschlusses der betreffenden Bank) garantiert. Bis zu dieser Sicherungsgrenze sind auch höher lautende Verbindlichkeiten geschützt. Mit einbezogen in den Schutz sind Einlagen im Inland und bei Zweigstellen im Ausland unabhängig von der Währung, in der die Einlagen denominiert sind, und unabhängig davon, ob die Gläubiger Gebietsansässige sind. Bei den Sicherungssystemen des Sparkassensektors und des Genossenschaftssektors steht anders als bei den Instituten des Kreditbankensektors die Abwendung von Zahlungsschwierigkeiten der Kreditinstitute im Vordergrund der Sicherungseinrichtungen. In erster Linie sind diese Sicherungssysteme auf die Erhaltung der einzelnen Institute ausgerichtet. Dadurch wird indirekt auch die Sicherheit der Einlagen gewährleistet. Im Sparkassensektor wird die Sicherheit der Einlagen zunächst durch die Gewährträgerhaftung der Errichtungskörperschaften (Stadt, Kreis) gewährleistet. Darüber hinaus existiert als gruppenspezifisches Sicherungssystem ein Haftungsverbund aus Stützungsfonds der regionalen Sparkassen- und Giroverbände und der Sicherungsreserve der Landesbanken und Girozentralen. Die Kreditinstitute des Genossenschaftssektor verfügen ebenfalls über eine aus einem Garantieverbund und einem Garantiefonds bestehende Sicherungseinrichtung. Daneben ist bei den genossenschaftlichen Kreditinstituten statutengemäß eine Nachschußpflicht der Mitglieder (Genossen) vorgesehen. Bisher wurde durch die Sicherungseinrichtung des Genossenschaftssektors jedoch verhindert, daß überhaupt ein einziger Insolvenzfall aufgetreten ist. Neben den Einlagensicherungssystemen existiert die Liquiditäts-Konsortialbank. Diese wurde 1974 von der Bundesbank unter der Beteiligung aller Gruppen des Kreditgewerbes gegründet. Ihre Aufgabe besteht darin, bonitätsmäßig einwandfreien Kreditinstituten im Bedarfsfalle Liquiditätshilfen zu gewähren.[522]

Als Fazit der Betrachtung des Rahmenelementes Finanzsektorregulierung wird die Hypothese aufgestellt, daß der vor allem durch das Gesetz über das Kreditwesen geprägten Struktur des Rahmenelementes Finanzsektorregulierung ein maßgeblicher Einfluß auf die Ausgestaltung der zu beobachtenden Finanzsektorstruktur (Kern) zukommt. Erst die Ausgestaltung des KWG ermöglicht die Existenz von Universalbanken im deutschen Finanzsektor, die sowohl im Einlagen- und Kreditgeschäft (im Sinne des commercial banking) als auch im Effekten- und Depotgeschäft (im Sinne des investment banking) tätig sein dürfen und darüber hinaus Industriebeteiligungen halten können. Die universalbankenfreundliche Ausgestaltung des KWG stellt die institutionelle Voraussetzung dafür dar, daß als Universalbanken tätige Kreditinstitute eine dominierende Rolle im deutschen Finanzsektor spielen können. Deutlich reflektieren sich die Existenz von gut diversifizierten Universalbanken, die durch das Bundesaufsichtsamt für das Kreditwesen durchgeführte Bankenaufsicht und die freiwilligen Einlagensicherungssysteme der Geschäftsbanken in der Stabilität des Finanzsektors.[523]

---

522 Vgl.BUNDESBANK(3/1996), S.14; SCHIERENBECK/HÖLSCHER(1993), S.163-164.

523 Vgl.zur Stabilität des Finanzsektors auch die Ausführungen in Kapitel D.VI.2.1.

2.2.Rechtsformen

Das *Rahmenelement Rechtsformen der Unternehmen* bezeichnet die Gesamtheit der den Unternehmen für die Ausübung ihrer Geschäfte zur Auswahl stehenden Rechtsformen. Die unterschiedlichen Rechtsformen weisen unterschiedliche Ausgestaltungsmerkmale (Stammkapital, Haftungsrahmen der Gesellschafter, Verhältnis von Gesellschaftern zur Geschäftsführung, Mitbestimmungsregelungen usw.) auf. Die Auswahl einer bestimmten Rechtsform für eine Unternehmung gibt einen bestimmten Rahmen vor, in denen sich die Ausgestaltungsmerkmale der Rechtsformen der Unternehmen bewegen können. Darüber hinaus engen die Rechtsformen die Breite der Palette der den Unternehmen zur Verfügung stehenden Instrumente der internen und externen Unternehmensfinanzierung ein.[524] Mit anderen Worten beeinflußt die Wahl einer Rechtsform sowohl die Wahl der Finanzierungsinstrumente als auch die Konditionen, zu denen diese den Unternehmen zur Verfügung stehen. Aus diesen Überlegungen heraus kommt der im institutionellen Rahmen festgelegten Ausgestaltung der Rechtsformen der Unternehmen eine große Bedeutung zu. Im Blickpunkt stehen wichtige Charakteristika der Rechtsformen der Unternehmen im Hinblick auf die damit verbundenen Implikationen für die Finanzierungswahl.
In Deutschland stehen Unternehmen als Rechtsformen verschiedene Arten der *Kapitalgesellschaften* („Aktiengesellschaft", „Kommanditgesellschaft auf Aktien", „Gesellschaft mit beschränkter Haftung") und verschiedene Formen der *Personengesellschaften* („Gesellschaft bürgerlichen Rechts", „offene Handelsgesellschaft", „Kommanditgesellschaft") beziehungsweise die Rechtsform einer *Einzelunternehmung* zur Auswahl für das Betreiben ihrer Geschäfte offen. Daneben existiert als „Zwitterform" zwischen Kapitalgesellschaft und Personengesellschaft die *GmbH & Co KG*. Bei dieser Kommanditgesellschaft fungiert die Gesellschaft mit beschränkter Haftung (GmbH) als Komplementär. Bei dieser Konstruktion wird der Vorteil der beschränkten Haftung der GmbH mit dem Vorteil der steuerlichen Behandlung als Personengesellschaft verbunden.[525] Der Vollständigkeit halber ist als weitere Rechtsform die *Genossenschaft* zu nennen, der insbesondere im Bankensektor eine gewisse Bedeutung zukommt. Nachfolgend werden Kapitalgesellschaften und Personengesellschaften im Hinblick auf die ihnen offen stehenden Finanzierungsmöglichkeiten gegenübergestellt.

---

524 Vgl.hierzu BUNDESBANK(10/1993b), S.44; EDWARDS/FISCHER(1994), S.93-95.

525 Vgl.hierzu EDWARDS/FISCHER(1994), S.76-83; OWEN SMITH(1994), S.323.
Folgende wichtige Rechtsgrundlagen sind für die unterschiedlichen Rechtsformen zu nennen: Die Rechtsgrundlage für die Aktiengesellschaft bildet das Aktiengesetz vom 6.9.1965 (BGBl. I 1089) mit späteren Änderungen, ergänzt durch das Einführungsgesetz zum Aktiengesetz (EGAktG) vom 6.9.1965 (BGBl I 1185) mit späteren Änderungen. Die Rechtsgrundlage für die GmbH bildet das GmbH-Gesetz i.d.F. vom 20.5.1898 mit späteren Änderungen. Die Rechtsgrundlage für die Offene Handelsgesellschaft bilden die §§ 105-160 HGB. Ergänzend gelten §§ 705ff.BGB über die Gesellschaft bürgerlichen Rechts. Für die Kommanditgesellschaft bildet die Rechtsgrundlage die §§ 161-177 HGB. Ergänzend gelten die Vorschriften über die OHG und die GBR. Für die Gesellschaft bürgerlichen Rechts (GbR) gelten als Rechtsgrundlage die §§ 705-740 BGB. Für die Einzelunternehmung bildet § 18 HGB die Rechtsgrundlage

Typisch für die *Kapitalgesellschaften* ist im Gegensatz zu den Personengesellschaften die kapitalmäßige Beteiligung der Gesellschafter (Stammkapital). Die Kapitalgesellschaften besitzen als „juristische Personen" eine eigene Rechtspersönlichkeit und bedürfen für Vertretung und Geschäftsführung eigener Organe, die gerade nicht mit den Gesellschaftern personengleich sein müssen. Die Anteile der Gesellschafter sind übertragbar. Ein Ausscheiden/Eintreten von Gesellschaftern beeinflußt nicht den Bestand der Kapitalgesellschaft. Die Gesellschafter haften nicht mit ihren persönlichen Vermögen für die Schulden der Gesellschaft. Eine Ausnahme stellt der Komplementär der Kommanditgesellschaft auf Aktien dar. Charakteristisch für die meisten Aktiengesellschaften, weniger jedoch für die Gesellschaften mit beschränkter Haftung, ist der Besitz eines *finanziellen Überbaus* in der Form von Wertpapieren und Beteiligungen. Für Kapitalgesellschaften spielt die *interne Finanzierung* die wichtigste Rolle für die Finanzierung von Investitionen. Kapitalgesellschaften decken ihren Bedarf an langfristigen Finanzmitteln zur Finanzierung von Investitionen vorwiegend im Rahmen der Innenfinanzierung, die auf einem breiten Fundament aus *thesaurierten Gewinnen, verdienten Abschreibungen* sowie *Rückstellungen* und *Rücklagen* steht. Insgesamt besitzen verdiente Abschreibungen die größte Bedeutung für die interne Finanzierung der Kapitalgesellschaften. Jedoch tragen auch thesaurierte Gewinne sowie Rücklagen und Rückstellungen in einem beträchtlichen Ausmaß zu den Eigenmitteln der Kapitalgesellschaften bei. Während die Bedeutung der Rücklagen im Zeitablauf relativ konstant geblieben ist, hat die Bedeutung der Rückstellungen in Form von Steuerrückstellungen und Pensionsrückstellungen erheblich an Bedeutung gewonnen. Gerade die (relativ) große Bedeutung von *Pensionsrückstellungen* ist als Besonderheit der Finanzierung der Kapitalgesellschaften hervorzuheben. Diese haben insbesondere für Großunternehmen erheblich an Bedeutung gewonnen. Beispielsweise haben einige Großunternehmen den Gegenwert ihrer Pensionsverpflichtungen in Form von Wertpapieren angelegt, um die Deckung der Pensionsverbindlichkeiten von den Risiken des Betriebsergebnisses unabhängig zu machen. Pensionsverpflichtungen stellen ein bedeutsames Stabilisierungsinstrument der Unternehmensfinanzierung dar, da sie im Rahmen der Innenfinanzierung langfristig zur Verfügung stehen. Diese Verpflichtungen besitzen allgemein Fremdkapitalcharakter. Nur wo diese stille Reserven enthalten, besitzen sie den Charakter von verdecktem Eigenkapital.[526]

In Anbetracht der großen Bedeutung der internen Finanzierung kommt der externen Finanzierung insbesondere in der Form *längerfristiger Bankkredite* bei den Kapitalgesellschaften nur eine untergeordnete Bedeutung zu. Gerade für die Großunternehmen ist aus diesem Grund eine weitestgehende Entkopplung von den Kreditvergabeentscheidungen des Bankensystems festzustellen. Zudem haben die Großunternehmen im Rahmen eines systematischen Finanzmanagements Bankenfunktionen übernommen, wodurch der zwischenbetrieblichen Kreditvergabe wachsende Bedeutung zukommt.[527]

---

526 Vgl.grundlegend EDWARDS/FISCHER(1994), S.76-81; IFO/SAKURA(1997), S.273-274; o.V.(1993b), S.1785; CORBETT/JENKINSON(1996), S.83-84; BUNDESBANK(10/1993b), S.36-38; sowie ergänzend BUNDESBANK(10/1992), S.27-32.

527 Vgl.BUNDESBANK(10/1993b), S.37; BUNDESBANK(10/1992), S.26-27.

Von den *Kapitalgesellschaften* steht nur der zahlenmäßig geringen (und volkswirtschaftlich sehr bedeutenden) Teilmenge der *Aktiengesellschaften*, der organisierte Kapitalmarkt für die externe Finanzierung in der Form von externem Eigenkapital (Aktien) und externem Fremdkapital (Industrieobligationen) offen. Der überwiegenden Mehrheit der als *Gesellschaft mit beschränkter Haftung* geführten Kapitalgesellschaften bleibt der Gang zum organisierten Kapitalmarkt versperrt. Den Gesellschaften mit beschränkter Haftung sind zudem für die sonstigen Formen der externen Eigenkapitalbeschaffung (Verkauf von GmbH-Anteilen) aufgrund von Informations- und Agencyproblemen sowie der Illiquidität der GmbH-Anteile enge Grenzen gesetzt. Widergespiegelt wird die geringe Bedeutung der externen Eigenkapitalfinanzierung (Aktien) und der externen Fremdkapitalfinanzierung über Wertpapiermärkte (Industrieobligationen) in den marginalen Anteilen dieser Finanzierungsinstrumente in der Zusammensetzung der Unternehmensfinanzierung.[528]

Bei den *Personengesellschaften* und den *Einzelunternehmungen* arbeiten die Gesellschafter beziehungsweise der Einzelunternehmer grundsätzlich persönlich mit und haften im Gegensatz zu den Gesellschaftern der Kapitalgesellschaften mit ihrem gesamten - d.h. auch dem privaten - Vermögen. Bei den Personengesellschaften sind Kapitalbeteiligungen nicht erforderlich. Üblicherweise werden jedoch Kapitalbeteiligungen von den Gesellschaftern erbracht. Bei den Personengesellschaften, die keine „juristischen Personen" darstellen, stehen die Personen als Gesellschafter im Vordergrund und nicht die Kapitalbeteiligung. Die Anteile der Gesellschafter sind regelmäßig nicht übertragbar. Tendenziell besitzen die Unternehmen dieser Rechtsformen auch keinen *finanziellen Überbau* in der Form von Wertpapierbeständen und Beteiligungen. Typischerweise werden die zur Verfügung stehenden Finanzmittel für die Sachvermögensbildung verwendet.[529] Die Beurteilung der Ertrags- und Finanzierungsverhältnisse der Personengesellschaften und Einzelunternehmungen wird erschwert aufgrund der *unklaren Trennung zwischen Unternehmens- und Privatsphäre*. Denn bei Unternehmen dieser Rechtsformen werden häufig Vermögenswerte für betriebliche Zwecke außerhalb des Unternehmens gehalten. Derartige Vermögenswerte tauchen nicht in den Jahresabschlüssen dieser Unternehmen auf, so daß deren wirtschaftliche Lage im Vergleich zu Kapitalgesellschaften der gleichen Umsatzgrößenordnung und Branche ungünstig erscheint. In der Regel bleibt es dem Bilanzierenden bei einigen Vermögensgegenständen überlassen, ob sie der betrieblichen oder privaten Sphäre zugeordnet werden. Beispielsweise können mit der Zuordnung von Finanzanlagen zum Privatvermögen aufgrund der steuerlich günstigeren Behandlung von Veräußerungsgewinnen beträchtliche Steuervorteile erzielt werden. Somit bleibt zu vermuten, daß ein erheblicher Anteil der den Unternehmen dieser Rechtsformen zur Verfügung stehenden finanziellen Ressourcen außerhalb der Unternehmen gehalten wird und demzufolge auch

---

528 Vgl.CORBETT/JENKINSON(1996), S.83-85 zur Zusammensetzung der Unternehmensfinanzierung in Deutschland und EDWARDS/FISCHER(1994), S.72-74 zu den Schwierigkeiten der externen Eigenkapitalbeschaffung für Gesellschaften mit beschränkter Haftung.

529 Vgl.grundlegend EDWARDS/FISCHER(1994), S.81-83; IFO/SAKURA(1997), S.273-274; o.V.(1993c), S.935; o.V.(1993d), S.2573 und ergänzend BUNDESBANK(10/1992), S.32.

nicht in den Bilanzen erscheint. Nichtsdestotrotz stehen diese Finanzmittel den Unternehmen dieser Rechtsformen als Kreditsicherheiten oder als unmittelbare Reserve zur Verfügung.[530]

Im Unterschied zu den Kapitalgesellschaften steht die *Innenfinanzierung* der Personengesellschaften und Einzelunternehmungen auf einer wesentlich schmaleren Basis. Im Rahmen der Innenfinanzierung werden hauptsächlich *verdiente Abschreibungen* und (ergänzend) *thesaurierte Gewinne* verwendet. Dagegen besitzen *Rücklagen* und *Rückstellungen* im Rahmen der Innenfinanzierung dieser Gesellschaften nur eine geringe beziehungsweise keine Bedeutung. Demzufolge reduziert sich das Innenfinanzierungspotential der Personengesellschaften und Einzelunternehmungen erheblich im Vergleich zu den Kapitalgesellschaften, da die letztgenannten Finanzierungsquellen im Gegensatz zu den Kapitalgesellschaften hier nicht oder nur in minimalem Umfang zur Verfügung stehen. Denn für Personengesellschaften und Einzelunternehmungen ist im Gegensatz zu Kapitalgesellschaften die Bildung von *Rücklagen* kaum üblich. Diese nicht haftungsbeschränkten Unternehmen besitzen variable Eigenkapitalkonten, auf denen nicht nur Einlagen und Entnahmen, sondern auch Gewinne und Verluste verbucht werden. Der Ausweis eines gesonderten Kontos für einbehaltene Gewinne in der Form von Gewinnrücklagen erscheint hier nicht sinnvoll. Kapitalrücklagen werden ebenfalls nicht gesondert ausgewiesen. *Steuerrückstellungen* (zur Einkommenssteuer) kommen bei Unternehmen dieser Rechtsformen nicht vor, da die Gesellschafter und Eigentümer dieser Unternehmen mit ihren Einkünften aus den Unternehmen und ihren sonstigen Einkünften der Einkommenssteuer unterliegen. Die Abschlüsse der Personengesellschaften und der Einzelunternehmen sind fast ausschließlich Steuerbilanzen, so daß handelsrechtliche zulässige Rückstellungen überhaupt nur dann eingestellt werden dürfen, wenn diese passivierungspflichtig sind. *Pensionsrückstellungen* spielen bei den Nichtkapitalgesellschaften nur eine sehr geringe Rolle. Darüber hinaus gibt insgesamt betrachtet bei Personengesellschaften und Einzelunternehmungen die Innenfinanzierung die Liquiditätsentwicklung, vor allem der in diesen Rechtsformen geführten Klein- und Mittelbetriebe, nur sehr unvollständig wieder und überzeichnet das Mittelaufkommen tendenziell. Denn bei diesen Unternehmen umfaßt der Jahresüberschuß auch die Arbeitsentgelte und Einkommenssteuern der Firmeneigner. Dementsprechend schlagen sich die Entnahmen der Unternehmer mit negativem Vorzeichen in der Nettozuführung zum Eigenkapital nieder.[531]

Für die Personengesellschaften stellt aufgrund der schmalen Basis der Innenfinanzierung die externe Finanzierung in der Form von *längerfristigen Bankkrediten* das dominierende Instrument der Finanzierung von Investitionen dar. Andere Formen der externen Finanzierung besitzen nur geringe Bedeutung für Personengesellschaften. Beispielsweise sind der externen Eigenkapitalbeschaffung über die Aufnahme neuer Gesellschafter aufgrund von Informations- und Agencyproblemen enge Grenzen gesetzt. Darüber hinaus haben Personengesellschaften keinen Zugang zum organisierten Kapitalmarkt. Zur Finanzierung von Investitionen werden neben der Innenfinanzierung län-

530 Vgl.BUNDESBANK(10/1993b), S.33-35; KAUFMANN(1997), S.150-151.

531 Vgl.BUNDESBANK(10/1993b), S.36-43; BUNDESBANK(10/1992), S.28-31.

gerfristige Investitionskredite herangezogen. Dementsprechend entwickeln sich die längerfristigen Bankverbindlichkeiten dieser Unternehmen parallel zu ihren Sachanlagen. Insgesamt werden längerfristige Geschäftsverbindungen zwischen diesen Unternehmen und den Banken begünstigt. Typischerweise spielen gerade für mittelständische Unternehmen enge Beziehungen zwischen Firmenleitung und Bank eine wichtige Rolle, wodurch Informations- und Transaktionskosten gesenkt werden.[532]

Als Fazit der Betrachtung des Rahmenelementes Rechtsformen der Unternehmen wird die Hypothese aufgestellt, daß die im institutionellen Regulierungsrahmen vorgegebenen Ausgestaltungsmerkmale der den Unternehmen zur Wahl stehenden Rechtsformen die Struktur der Unternehmensfinanzierung maßgeblich beeinflussen. Aus der Ausgestaltung der Rechtsformen gibt sich eine starke Präferenz für Bankkredite als Instrument der externen Finanzierung. Beispielsweise wird bei den zur Gründung einer Kapitalgesellschaft zur Verfügung stehenden Rechtsformen der überwiegenden Mehrzahl der Fälle die Gründung einer GmbH präferiert, die (tendenziell) keinen Zugang zum organisierten Kapitalmarkt besitzt. Darüber hinaus sind bei der Gesellschaft mit beschränkter Haftung den übrigen Möglichkeiten der externen Eigenkapitalbeschaffung (Verkauf von GmbH-Anteilen) ebenso wie bei den Personengesellschaften aufgrund von Informations- und Agencyproblemen sowie der Illiquidität der GmbH-Anteile enge Grenzen gesetzt. Folglich können im Rahmen der externen Finanzierung der Kapitalgesellschaften überhaupt nur Bankkredite eine wichtige Rolle spielen.

2.3.Sozialversicherungssystem[533]

Das *Rahmenelement Sozialversicherungssystem* wird im Hinblick auf die Ausgestaltung der *öffentlich-rechtlichen Pflichtsysteme zur Alterssicherung* näher untersucht. Diese stellen die erste Säule des auf drei Säulen ruhenden deutschen Alterssicherungssystems dar. Die öffentlich-rechtlichen Pflichtsysteme zur Alterssicherung umfassen die gesetzliche Rentenversicherung als Pflichtsystem für die Arbeiter und Angestellten (sowie einige quantitativ weniger bedeutende Personengruppen), die Beamtenversorgung, die Altershilfe für Landwirte sowie die berufsständischen Versorgungswerke. Dominiert werden die Leistungen der öffentlich-rechtlichen Pflichtsysteme durch die *gesetzliche Rentenversicherung*, weswegen sich die Ausführungen zu den öffentlich-rechtlichen Pflichtsystemen auf die Charakteristika

532 Vgl.hierzu grundlegend KAUFMANN(1997), S.144-145; BUNDESBANK(10/1994a), S.86; BUNDESBANK(10/1992), S.27 und EDWARDS/FISCHER(1994), S.72-74 für eine Betrachtung der Schwierigkeiten der externen Eigenkapitalbeschaffung der Personengesellschaften.

533 Das Sozialversicherungssystem umfaßt eine Vielzahl von Sicherungsmechanismen. Zum Sozialversicherungssystem i.e.S. zählen die Alters- und Hinterbliebenenversicherung (Rentenversicherung), die Berufs- und Erwerbsunfähigkeitsversicherung, die Unfallversicherung, die Krankenversicherung und die Arbeitslosenversicherung. Zum Sozialversicherungssystem i.w.S. zählen darüber hinaus die Kriegsopferversorgung, die Sozialhilfe und andere Sozialtransfers (im Rahmen der Wohnungspolitik, der Politik der Ausbildungsförderung und der Familienpolitik). Vgl.LAMPERT(1996), S.220-221. Die nachfolgenden Ausführungen konzentrieren sich nur auf die gesetzliche Rentenversicherung.

der gesetzlichen Rentenversicherung beziehen. Die zweite Säule des deutschen Alterssicherungssystems bildet die *betriebliche Alterssicherung* in der Form von Ansprüchen auf Betriebsrenten. Als Versorgungsformen sind Direktzusagen, Direktversicherungen sowie Pensions- und Unterstützungskassen zu unterscheiden. Von diesen kommt den Direktzusagen die quantitativ größte Bedeutung zu. Die Arbeitnehmer besitzen im Fall der Direktzusagen unmittelbare Ansprüche gegen ihre Arbeitgeber. Zumeist werden für die Finanzierung dieser Versorgungsleistungen in der Bilanz des Unternehmens Pensionsrückstellungen gebildet, die nach dem Anwartschaftsdekkungsverfahren berechnet werden. Diese Finanzmittel stehen den Unternehmen auf dem Wege der internen Finanzierung wieder zur Verfügung. Direktversicherungen schließt ein Unternehmen zugunsten seiner Arbeitnehmer als Einzel- oder Gruppenversicherung ab. Die Arbeitnehmer sind bei dieser Form der betrieblichen Alterssicherung unmittelbar bei den entsprechenden Lebensversicherungsunternehmen anspruchsberechtigt. Schließlich kann die betriebliche Alterssicherung auch auf die rechtlich selbständigen Pensions- und Unterstützungskassen übertragen werden. Von diesen spielen Pensionskassen die wichtigere Rolle. Diese werden in der Form eines Versicherungsvereins auf Gegenseitigkeit betrieben und unterliegen somit der staatlichen Versicherungsaufsicht, was sich positiv auf die Sicherheit der Ansprüche auswirkt. Teilweise können die Unternehmen das bei Pensionskassen angesammelte Vermögen durch Darlehensaufnahme zu ihrer Finanzierung verwenden. Die dritte Säule des deutschen Alterssicherungssystems stellt die *private Vorsorge* dar. Darunter fällt vor allem das bei Versicherungen angelegte Kapital, wozu die Bundesbank das Vermögen bei Lebensversicherungen, Pensions- und Sterbekassen sowie den berufsständischen Versorgungswerken der Selbständigen zählt.[534]

Von den drei Säulen des deutschen Alterssicherungssystems kommt der ersten Säule, d.h. den öffentlich-rechtlichen Pflichtsystemen, mit weitem Abstand die größte Bedeutung zu. Der weitaus größte Teil der Altersversorgung der Bevölkerung wird durch die Leistungen der *gesetzlichen Rentenversicherung* erbracht. Der theoretische Vermögensanspruch der privaten Haushalte gegenüber der gesetzlichen Rentenversicherung bewegte sich im Jahr 1994 in einer Größenordnung von rund 10.500 Mrd.DM. Dagegen bewegten sich die Ansprüche gegenüber der betrieblichen Alterssicherung (2.Säule) in einer Größenordnung von rund 300 Mrd.DM und der Umfang der privaten Vorsorge in einer Größenordnung von rund 900 Mrd.DM. Deutlich unterstreichen diese Größenverhältnisse der Ansprüche, daß der betrieblichen und privaten Vorsorge nur eine ergänzende Bedeutung zur gesetzlichen Rentenversicherung zukommt.[535]

In Anbetracht der großen Bedeutung der öffentlich-rechtlichen Pflichtsysteme zur Alterssicherung werden nachfolgend die wesentlichen Charakteristika der

---

[534] Vgl.grundlegend NÜRK/SCHRADER(1995), S.3-18 und ergänzend die Ausführungen in BUNDESBANK(8/1984), S.30-33; GEBHARDT/THIEDE(1995), S.381-384; UTZIG(1995), S.458-459. Im Rahmen der betrieblichen Alterssicherung spielen *Pensionsrückstellungen* insbesondere aus Steuer- und Liquiditätsgründen die wichtigste Rolle.

[535] Vgl.hierzu UTZIG(1996), S.457-460 und die Ausführungen in Kapitel D.III.2.2.1 sowie ergänzend BUNDESBANK(1/1997a), S.37; NÜRK/SCHRADER(1995), S.19-20.

Ausgestaltung der *gesetzlichen Rentenversicherung* als dem wichtigsten Element der öffentlich-rechtlichen Pflichtsysteme skizziert. Die gesetzliche Rentenversicherung stellt das größte soziale Sicherungssystem Deutschlands dar. Für die Rentenausgaben, d.h. die Leistungen für die Alters-, Invaliden- und Hinterbliebenenversorgung, beliefen sich deren Leistungen (im Jahr 1996) auf 323 Mrd.DM. Zur weiteren Einschätzung der Bedeutung der gesetzlichen Rentenversicherung sei für das Jahr 1992 die Zahl von 35,1 Millionen Menschen genannt, die in der gesetzlichen Rentenversicherung versichert waren (nur alte Bundesländer). In der Bevölkerung im Alter zwischen 15 und 65 Jahren betrug der Verbreitungsgrad der gesetzlichen Rentenversicherung somit 78 Prozent. Im selben Jahr erhielten rund 13,0 Millionen Menschen Leistungen in Höhe von 226 Mrd.DM aus der gesetzlichen Rentenversicherung.[536]

Die gesetzliche Rentenversicherung stellt ein lohn- und beitragsbezogenes Rentenversicherungssystem dar, dessen Leistungen sich seit den Anfängen vor mehr als 100 Jahren von einem bloßen Zuschuß zum allgemeinen Lebensbedarf zu einer Lebensstandardsicherung erhöht haben. Von fundamentaler Bedeutung für die Entwicklung der gesetzlichen Rentenversicherung zu einer Lebensstandardsicherung war die Rentenreform von 1957. Mit dieser Reform wurde die Rentenversicherung zu einem auf der Idee des Generationenvertrages ruhenden lohn- und beitragsbezogenem Versicherungssystem ausgebaut. Eine wesentliche Neuerung dieser Reform war die Einführung einer dynamischen Rente, nach der die Stellung des einzelnen Rentners im Gefüge der Gesamtheit der Rentner auf der Grundlage des Verhältnisses des individuellen versicherten Arbeitsentgelts zum Durchschnittsentgelt ermittelt und die Rentenanwartschaft und Renten jährlich mit Bezug auf die Einkommensentwicklung angepaßt werden. Die Ziele dieser Neuerung bestehen in der Aufrechterhaltung des im Laufe des Erwerbslebens durchschnittlich erreichten Lebensstandards und in der Beteiligung der Rentner am Produktivitätsfortschritt und dem laufenden Einkommenszuwachs der aktiven Arbeitnehmer.Den Versicherungsrenten kommt eine Lohnersatzfunktion zu, wobei sie konkret an die Stelle des aufgrund des Versicherungsfalls „Alter" oder „Invalidität" nicht mehr bezogenen versicherten Entgelts treten. In der im Auftrag des Bundesministeriums für Arbeit und Sozialordnung durchgeführten Studie „Alterssicherung in Deutschland 1992" wurde die durchschnittliche Höhe der Rentenzahlungen (netto) im Jahr 1992 für Männer mit 1.859 DM und für Frauen mit 753 DM beziehungsweise Witwen mit 1.038 DM angegeben. Im internationalen Vergleich bietet die gesetzliche Rentenversicherung Deutschlands einen recht großzügigen Leistungsumfang.[537]

Seit 1969 werden die Leistungen der gesetzlichen Rentenversicherung im Umlageverfahren finanziert. Der jeweils im Erwerbsleben stehende Bevölkerungsanteil finanziert mit seinen Beiträgen die laufenden Renten der Rentenempfänger, wodurch sie einen Anspruch auf die eigene (zukünftige) Rentenzahlung erwerben. Mit der gesetzlichen

---

536 Vgl.hierzu BUNDESMINISTERIUM für ARBEIT und SOZIALORDNUNG(1997), S.115; GEBHARDT/THIEDE(1995), S.382-383.

537 Vgl.hierzu BUNDESMINISTERIUM für ARBEIT und SOZIALORDNUNG(1997), S.115-117; DAVIS(1995), S.66-67; GEBHARDT/THIEDE(1995), S.382-384. Diese beziehen sich explizit auf die Studie „Alterssicherung in Deutschland 1992", die im Auftrag des Bundesministeriums für Arbeit und Sozialordnung erstellt wurde.

Rentenversicherung ist demzufolge ein Generationenvertrag zwischen Alt und Jung verbunden. Solange die Generationensolidarität funktioniert, ist die gesetzliche Rentenversicherung von elementarer Vitalität. Eine Kapitalunterlegung der gesetzlichen Rentenversicherung (Kapitaldeckungsverfahren) mit einer Kapitalakkumulation im Zeitablauf ist seit 1969 endgültig nicht mehr vorgesehen. Bedenkt man, daß die umlagefinanzierte gesetzliche Rentenversicherung den weitaus wichtigsten Bestandteil der Alterssicherung in Deutschland darstellt, verwundert es kaum, daß in Deutschland im Gegensatz zu den angelsächsischen Ländern Finanzinstitutionen wie Pensionsfonds, in denen finanzielles Vermögen zur Altersvorsorge akkumuliert wird, keine wichtige Rolle spielen.[538]

Als Fazit der Betrachtung des Rahmenelementes Sozialversicherungssystem wird die Hypothese aufgestellt, daß die Struktur der gesetzlichen Rentenversicherung einen wesentlichen Einfluß auf die gesamte Finanzsystemstruktur ausübt. Der dadurch vom Rahmenelement Sozialversicherungssystem ausgehende Einfluß auf das Finanzsystem unterscheidet sich wesentlich von den Wirkungen der Rahmenelemente Finanzsektorregulierung und Rechtsformen der Unternehmen, daß diese jeweils nur einen bestimmten Finanzsystembestandteil (den Finanzsektor bzw. den Sektor nichtfinanzielle Unternehmen) prägen.[539] Dagegen beeinflußt die Ausgestaltung der gesetzlichen Rentenversicherung wesentliche finanzielle Charakteristika der inneren Schale (1.Schale) und des Kerns des Finanzsystems. Auf der inneren Schale spiegelt sich die Ausgestaltung der gesetzlichen Rentenversicherung insbesondere in der Struktur des Geldvermögens (bzw. der Gesamtvermögensposition) des Sektors private Haushalte und in der Zusammensetzung der Verpflichtungen des Untersektors Produktionsunternehmen wider. Im Kern beeinflußt die Ausgestaltung der gesetzlichen Rentenversicherung maßgeblich die Zusammensetzung der institutionellen Finanzsektorstruktur. Der *Einfluß des Sozialversicherungssystems* stellt ein wichtiges Systemcharakteristikum des deutschen Finanzsystems dar und wird in Kapitel D.VI.3.1.einer ausführlichen Würdigung unterzogen.

3.WÜRDIGUNG

Im Anschluß an die Ausführungen zu drei Rahmenelementen *Finanzsektorregulierung und -aufsicht*, *Rechtsformen der Unternehmen* und *Sozialversicherungssystem* ist ein Fazit zu ziehen und zu fragen, was ein fiktiver Betrachter einerseits über die Ausgestaltung der Rahmenelemente und andrerseits über ihren Einfluß auf die übrigen Bestandteile des Finanzsystems gelernt hat.

---

538 Vgl.BUNDESMINISTERIUM für ARBEIT und SOZIALORDNUNG(1997), S.116-117; DAVIS(1995), S.5-7 und S.35-36.

539 In Kapitel D.VI.3.1. wird der vom Sozialversicherungssystem ausgehende Einfluß auf das Finanzsystem näher untersucht. Vgl.zum prägenden Einfluß der Ausgestaltung des Alterssicherungssystems auf die Finanzsystemstruktur auch die Ausführungen von DAVIS(1995), S.1-4.

Die Ausgestaltung des *Rahmenelementes Finanzsektorregulierung und -aufsicht* wird maßgeblich durch das Gesetz über das Kreditwesen (KWG) geprägt, welches den Kreditinstituten ermöglicht, als Universalbanken tätig zu sein. Es wird die Hypothese aufgestellt, daß diese die Aktivitäten von Kreditinstituten wenig beschränkende Ausgestaltung des KWG maßgeblich dafür verantwortlich ist, daß die deutsche Finanzsektorstruktur durch die Aktivitäten von Universalbanken geprägt wird. Eine theoretische Abstützung der Hypothese des Einflusses der Ausgestaltung der Finanzsektorregulierung auf die zu beobachtende Finanzsektorstruktur findet sich in GOUXs *théorie des restrictions légales.*[540] Diese besagt, daß sich weit entwickelte Finanzmärkte (insbesondere Aktienmärkte mit hoher Marktkapitalisierung) nur dann entwickeln können, wenn die Aktivitäten der Banken aufgrund der legalen Restriktion Trennbankensystem stark beschränkt bleiben. Im Umkehrschluß ist aus dieser Theorie zu folgern, daß im Falle einer für die Banken wenig restriktiven legalen Restriktion, als Konsequenz der ungehemmten Aktivitäten der den Finanzsektor prägenden Universalbanken wenig entwickelte Finanzmärkte (insbesondere Aktienmärkte mit geringer Marktkapitalisierung) als Ergebnis zu beobachten sind.

Die Ausgestaltung des *Rahmenelementes Rechtsformen* ist im Hinblick auf die Implikationen für die Finanzierungswahl der Unternehmen betrachtet worden. Es wird die Hypothese aufgestellt, daß die Ausgestaltung der Rechtsformen die Zusammensetzung der Unternehmensfinanzierung beeinflußt. Die Rechtsformen sind in Deutschland so ausgestaltet, daß vor allem Einzelunternehmungen, Personengesellschaften (Gesellschaft bürgerlichen Rechts, offene Handelsgesellschaft, Kommanditgesellschaft) oder Gesellschaften mit beschränkter Haftung beziehungsweise Zwitterformen wie die GmbH & Co.KG gegründet werden. Diesen Rechtsformen bleibt der Weg zum organisierten Kapitalmarkt verschlossen. Darüber hinaus sind den übrigen Methoden der externen Eigenkapitalbeschaffung (Aufnahme von Gesellschaftern, Verkauf von GmbH-Anteilen) bei den genannten Unternehmensrechtsformen enge Grenzen gesetzt. Als externes Finanzierungsinstrument werden von Unternehmen dieser Rechtsformen daher vor allem Bankkredite gewählt.
Besonders erstaunlich ist innerhalb der Kapitalgesellschaften die hohe Attraktivität der Rechtsform der Gesellschaft mit beschränkter Haftung gegenüber der Rechtsform der Aktiengesellschaft. Die Rechtsform der GmbH ist für deutsche Unternehmen anscheinend so attraktiv, daß die Entscheidung für die Gründung einer Aktiengesellschaft nur in einer geringen Anzahl der Fälle in Erwägung gezogen wird. Tatsächlich wird die überwältigende Mehrzahl der Kapitalgesellschaften in der Rechtsform der GmbH geführt.[541] Nur den wenigen Aktiengesellschaften steht somit der Weg zum organisierten Kapitalmarkt offen. Daher verwundert es kaum, daß Aktien und Industrieobligationen nur eine marginale Bedeutung für die Unternehmensfinanzierung zukommt.

---

540 Vgl.hierzu grundlegend die Ausführungen in Kapitel B.III.2.1.1.2.

541 Vgl.Kapitel D.III.3.2.1.1. 1993 gab es in Deutschland 543.444 Gesellschaften mit beschränkter Haftung, aber nur 2.934 Aktiengesellschaften und Kommanditgesellschaften auf Aktien.

Die Ausgestaltung des *Rahmenelementes Sozialversicherungssystem* ist im Hinblick auf die Ausgestaltung der öffentlich-rechtlichen Pflichtsysteme zur Alterssicherung, insbesondere der gesetzlichen Rentenversicherung, näher untersucht worden. Die gesetzliche Rentenversicherung stellt insgesamt das wichtigste Instrument der Alterssicherung in Deutschland dar und bietet im internationalen Vergleich ein recht hohes Leistungsniveau. Als Hypothese wird ein prägender Einfluß der Ausgestaltung des Sozialversicherungssystems (insbesondere der gesetzliche Rentenversicherung) auf das gesamte Finanzsystem unterstellt. Dieser wird in Kapitel D.VI.3.1. noch einmal aufgegriffen.

Insgesamt legen die angesprochenen Zusammenhänge zwischen der Ausgestaltung der Rahmenelemente und bestimmten Finanzsystembestandteilen Interdependenzen im deutschen Finanzsystem offen. Erstens „paßt" die Ausgestaltung des KWG zur bankorientierten Finanzsektorstruktur. Zweitens „paßt" die Ausgestaltung der Rechtsformen zu den beobachteten Mustern der Unternehmensfinanzierung. Drittens „paßt" die Ausgestaltung der gesetzlichen Rentenversicherung zu bestimmten Charakteristika des deutschen Finanzsystems.
Wird insgesamt die Gültigkeit der formulierten Hypothesen unterstellt, dann kann von einer wesentlichen Prägung der Finanzsystemstruktur durch die Rahmenelemente *Finanzsektorregulierung und -aufsicht*, *Rechtsformen der Unternehmen* und *Sozialversicherungssystem* gesprochen werden. Der institutionelle Rahmen und die Gesamtheit der darin erfaßten Regulierungen fungiert dann als wichtige Restriktion für die Ausgestaltung wesentlicher Stellgrößen des Finanzsystems. Der institutionelle Rahmen ist damit, wie es NARDOZZI formuliert, ein integraler Bestandteil des Finanzsystems und keine davon losgelöste Summe an gesetzlichen (legalen) Restriktionen, ohne die das Finanzsystem auch von alleine funktionieren würde.[542]

Abschließend ist zu fragen, was ein fiktiver Betrachter aus der durchgeführten Betrachtung der Rahmenelemente nicht gelernt hat. Hier ist vor allem zu problematisieren, daß ein fiktiver Betrachter nichts über die in den Hypothesen vermutete Kausalität gelernt hat. Eine von der Ausgestaltung der Rahmenelemente ausgehende kausale Prägung bestimmter Finanzsystembestandteile kann zwar vermutet, nicht aber bewiesen werden. Beispielsweise könnte ein fiktiver Betrachter einwerfen, daß die durch die Hypothesen beschriebenen Zusammenhänge zwischen der Ausgestaltung bestimmter Rahmenelemente und der Beschaffenheit bestimmter Finanzsystembestandteile lediglich Interdependenzen zwischen diesen beschreiben. Es könnte der Vorwurf erhoben werden, daß die beobachteten Interdependenzen (Korrelationen) zwischen den Ausprägungen verschiedener Merkmale der Finanzsystemstruktur mit kausalen Zusammenhängen zwischen diesen verwechselt worden sind.

---

542 Vgl. NARDOZZI (1992), S. 254.

V.FUNKTIONEN DES FINANZSEKTORS

1.EINORDNUNG DER FUNKTIONEN

In den Kapitelabschnitten D.II.-D.IV. wurden der Kern, die innere Schale und die äußere Schale des deutschen Finanzsystems einer ausführlichen Betrachtung unterzogen. Die zentrale Botschaft dieser institutionell orientierten Betrachtung lag in der Charakterisierung der (institutionellen) Finanzsystemstruktur Deutschlands als stark bankorientiert.

Abbildung D.44.:
Die Dimension der Funktionen im Schalenmodell des Finanzsystems

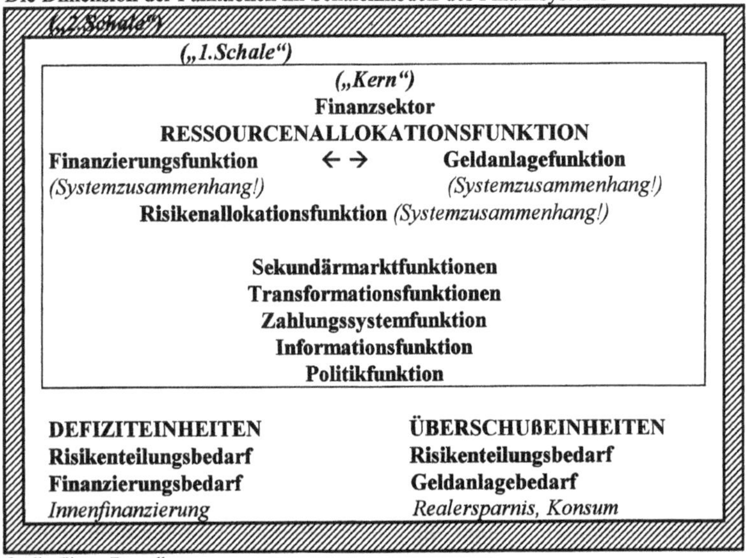

Quelle: Eigene Darstellung.

In der Systematik des Schalenmodells stellen die *Funktionen* neben den zuvor diskutierten *Institutionen* (Kapitel D.II.-IV.) und den anschließend zu diskutierenden *Eigenschaften* (Kapitel D.VI.) eine eigene Dimension des Finanzsystems dar. Als übergeordnete Finanzsystemfunktion wird die *Ressourcenallokationsfunktion* betrachtet. Diese übergeordnete Finanzsystemfunktion wird in acht untergeordnete Finanzsektorfunktionen differenziert. Bei diesen handelt es sich erstens um die *Geldanlagefunktion*, zweitens um die *Finanzierungsfunktion*, drittens um die *Risikenallokationsfunktion*, viertens um die *Sekundärmarktfunktionen*, fünftens um die *Transformationsfunktionen*, sechstens um die *Zahlungssystemfunktion*, siebtens um die *Informationsfunktion* und achtens um die *Politikfunktion*. Die ersten drei die Finanzbedürfnisse der Wirtschaftseinheiten (Geldanlagebedarf, Finanzierungsbedarf, Risikenteilungsbedarf) betreffenden

Finanzsektorfunktionen (Geldanlagefunktion, Finanzierungsfunktion, Risikenallokationsfunktion) werden jeweils um eine Betrachtung des *funktionalen Finanzsystemzusammenhangs* ergänzt. In der Systematik des Schalenmodells ergibt die Gesamtbetrachtung der acht Finanzsektorfunktionen in Verbindung mit der ergänzenden Einordnung in die entsprechenden funktionalen Finanzsystemzusammenhänge die Abbildung der Finanzsystemfunktion Ressourcenallokation.

Die Betrachtung der Finanzsystemfunktion Ressourcenallokation gibt ergänzend zu der zuvor durchgeführten institutionell orientierten Betrachtung Aufschluß über wichtige Strukturinformationen des deutschen Finanzsystems, welche bisher noch nicht erschlossen werden konnten. Das Augenmerk der funktionalen Betrachtung liegt darauf, welche institutionellen Aspekte für die Ausübung der Funktionen charakteristisch sind. Nachfolgend wird in Kapitel D.V.2. jede der untergeordneten Finanzsektorfunktionen nach folgendem Schema charakterisiert: Erstens wird eine allgemeine Abgrenzung der jeweils betrachteten Finanzsektorfunktion vorgenommen. Zweitens wird gefragt, welche Institutionen des Finanzsektors an der Ausübung der jeweiligen Finanzsektorfunktion hauptsächlich beteiligt sind. Drittens wird thematisiert, in welchem Umfang die betrachtete Finanzsektorfunktion überhaupt ausgeübt wird. Problematisiert wird in diesem Zusammenhang, was über die Quantifizierung beziehungsweise Operationalisierung der jeweiligen Finanzsektorfunktion ausgesagt werden kann. Viertens wird gefragt, welche Besonderheiten die Ausübung der jeweiligen Finanzsektorfunktion im deutschen Finanzsystem aufweist. Im Blickpunkt der Ausführungen steht jeweils die Frage, wie sich die stark bankorientierte institutionelle Finanzsystemstruktur Deutschlands auf die Finanzsektorfunktionen auswirkt. In Kapitel D.V.3. wird ein Resümee gezogen und zusammengefaßt, was ein fiktiver Betrachter über die Ausübung der Finanzsystemfunktion der Ressourcenallokation im deutschen Finanzsystem gelernt hat.

2. CHARAKTERISTIKA DER RESSOURCENALLOKATIONSFUNKTION

2.2. Geldanlagefunktion

2.2.1. Geldanlage im Finanzsektor

Was kennzeichnet allgemein die Geldanlagefunktion? Allgemein betrachtet bezeichnet die *Geldanlagefunktion* die Bereitstellung von verschiedenen Geldanlagemöglichkeiten für die finanziellen Überschußeinheiten. Im Blickpunkt der folgenden Ausführungen steht die Abschätzung der Bedeutung des Gewichtes des Systems der Finanzintermediäre für die Geldanlage der nichtfinanziellen Sektoren. Daher werden mediate Geldanlagemöglichkeiten, die von Finanzintermediären angeboten werden, und nichtmediate Geldanlagemöglichkeiten, die von nichtfinanziellen Sektoren angeboten werden und über Finanzmärkte gehandelt werden, unterschieden. Darüber hinaus können sich Geldanlagemöglichkeiten vor allem in den Dimensionen Fristigkeit (kurz-, mittel-, längerfristig), Risikoklasse (Bonität), Art der Verzinsung (fix, variabel, Residualanspruch), Art des Vermögensanspruches (Eigenkapital, Fremdkapital, Mischformen), Handelbarkeit (Möglichkeit vorzeitiger Liquidation) usw. unterscheiden.

Wer übt die Geldanlagefunktion hauptsächlich aus? Zur Beurteilung der an der Ausübung der Geldanlagefunktion beteiligten Institutionen wird die Struktur des Geldvermögens der Gesamtheit der nichtfinanziellen Sektoren einer näheren Betrachtung unterzogen. Dieses bewegte sich im Jahr 1995 in einer Größenordnung von 7.702,9 Mrd.DM. Dominiert wird die Zusammensetzung des Geldvermögens der nichtfinanziellen Sektoren durch die Struktur des Geldvermögens der privaten Haushalte in Höhe von 4.647,5 Mrd.DM. Dieses entsprach knapp dem doppelten Geldvermögen der Produktionsunternehmen in Höhe von 2.422,7 Mrd.DM.[543]

Abbildung D.45.:
Geldvermögensstruktur der inländischen nichtfinanziellen Sektoren 1995

Geldanlageart	in Mrd.DM	in Prozent
1.Geldanlage bei Banken	**2.912,6 Mrd.DM**	**37,9 %**
a) Bargelder und Sichteinlagen	967,6 Mrd.DM	12,6 %
b) Termingelder [a)]	899,8 Mrd.DM	11,7 %
c) Spareinlagen [b)]	1.045,2 Mrd.DM	13,6 %
2.Aktien [c)]	**1.026,8 Mrd.DM**	**13,3 %**
3.Geldanlage in Rentenwerten [d)]	**926,8 Mrd.DM**	**12,0 %**
4.Geldanlage bei Versicherungen [e)]	**850,3 Mrd.DM**	**11,0 %**
5.Investmentzertifikate	**453,5 Mrd.DM**	**5,9 %**
6.Geldanlage bei Bausparkassen	**158,8 Mrd.DM**	**2,1 %**
7.Sonstige Forderungen	**1.379,9 Mrd.DM**	**17,8 %**
a) an das Inland [f)]	615,7 Mrd.DM	8,0 %
b) an die übrige Welt	758,2 Mrd.DM	9,8 %
Summe:	**7.702,9 Mrd.DM**	**100,0 %**
a) davon kurzfristig angelegt	**2.938,8 Mrd.DM**	**38,1 %**
b) davon längerfristig angelegt	**4.764,1 Mrd.DM**	**61,9 %**

a) davon kurzfristig 413,3 Mrd.DM und längerfristig 486,5 Mrd.DM
b) davon kurzfristig 749,8 Mrd.DM (mit einer Kündigungsfrist von 3 Monaten) und längerfristig 295,5 Mrd.DM (mit einer Kündigungsfrist von mehr als 3 Monaten)
c) einschließlich der sonstigen Ansprüche mit Beteiligungscharakter
d) einschließlich kurzfristiger Bankschuldverschreibungen und Geldmarktpapiere
e) Lebensversicherungen, Pensions- und Sterbekassen, berufsständische Versorgungswerke
f) einschließlich Ansprüche aus betrieblichen Pensionszusagen, Handelsforderungen, Forderungen gegenüber Sach- und Krankenversicherungsunternehmen, gegenüber Versicherungen und der übrigen Welt.
Quelle: Darstellung in Anlehnung an BUNDESBANK(6/1996), S.44.

Für die Geldanlage kommt den mediaten von Finanzintermediären angebotenen Finanzinstrumenten die größte Bedeutung zu. 62,9 Prozent des Geldvermögens entfallen insgesamt auf Geldanlagen bei den Finanzintermediären.[544] Dabei spielen die von Bankfinanzintermediären angebotenen Geldanlagemöglichkeiten mit einem Anteil von 43,9 Prozent am Geldvermögen der nichtfinanziellen Sektoren eine dominierende

---

543 Vgl.hierzu die Vermögensstrukturen der privaten Haushalte (Kapitel D.III.2.2.1), der nichtfinanziellen Unternehmen (Kapitel D.III.3.2.2.1) und der öffentlichen Haushalte (Kapitel D.III.4.2.1.).

544 Darin sind die von Bankfinanzintermediären emittierten Rentenwerte enthalten. Diese repräsentieren circa die Hälfte aller umlaufenden Rentenwerte. Vgl.hierzu Kapitel D.II.4.2.

Rolle. Allein auf die Geldanlage bei Banken entfallen 37,9 Prozent des Geldvermögens der nichtfinanziellen Sektoren. Dagegen kommt den von Nichtbankfinanzintermediären angebotenen Geldanlagemöglichkeiten mit einem Anteil von 19,0 Prozent des Geldvermögens der nichtfinanziellen Sektoren eine eher untergeordnete Bedeutung zu. Die Geldanlage bei Versicherungen stellt den wichtigsten Bestandteil der von Nichtbankfinanzintermediären angebotenen Geldanlagemöglichkeiten dar. Als weitere Geldanlagemöglichkeiten der Nichtbankfinanzintermediäre sind die Investmentzertifikate der Kapitalanlagegesellschaften und die Geldanlage bei Bausparkassen zu nennen. Den nichtmediaten direkt von nichtfinanziellen Sektoren auf Finanzmärkten angebotenen Geldanlageinstrumenten kommt eine wesentlich geringere Bedeutung für die Ausübung der Geldanlagefunktion zu als den mediaten Geldanlageinstrumenten. Auf sie entfallen (einschließlich der sonstigen Forderungen) 37,1 Prozent der Geldanlagen der nichtfinanziellen Sektoren. Aktien repräsentieren 13,3 Prozent und Rentenwerte (ohne die von den Finanzintermediären emittierten Rentenwerte) 6,0 Prozent des Geldvermögens der nichtfinanziellen Sektoren. Der Position der sonstigen Forderungen kommt mit einem Anteil von 17,8 Prozent ein erstaunliches Gewicht am Geldvermögen der nichtfinanziellen Sektoren zu. Eine genaue Aufschlüsselung dieser Position ist mit dem vorhandenen Datenmaterial nicht möglich. Insgesamt wird die Ausübung der Geldanlagefunktion durch eine längerfristige zeitliche Orientierung charakterisiert. 61,9 Prozent des Geldvermögens sind längerfristig und 38,1 Prozent des Geldvermögens kurzfristig angelegt. Hervorzuheben ist, daß sich die kurzfristige Geldanlage vor allem aus der kurzfristigen Geldanlage bei Banken zusammensetzt.

Bei der Wahrnehmung der Geldanlagefunktion bestehen markante Unterschiede für die verschiedenen nichtfinanziellen Sektoren. Dies zeigt eine Betrachtung des Gewichtes mediater und nichtmediater Finanztitel im Geldvermögen der privaten Haushalte und der Produktionsunternehmen. Den gewichtigsten Beitrag zum Geldvermögen der nichtfinanziellen Sektoren leistet der Sektor private Haushalte. Dessen Geldvermögen setzt sich zu 77,2 Prozent aus mediaten Geldanlagen und zu 22,8 Prozent aus nichtmediaten Geldanlagen zusammen. Das Geldvermögen der Produktionsunternehmen, das betragsmäßig knapp der Hälfte des Geldvermögens der privaten Haushalte entspricht, setzt sich zu 37,0 Prozent aus mediaten und zu 63,0 Prozent aus nichtmediaten Geldanlagen zusammen. Weitere markante strukturelle Unterschiede werden durch eine Betrachtung der Präferenzen der Sektoren private Haushalte und Produktionsunternehmen für die Verwendung direkter Finanztitel (Aktien, Rentenwerte) als Geldanlageinstrumente aufgedeckt. Private Haushalte präferieren als direkte Geldanlageinstrumente Rentenwerte. Aktien spielen dagegen im Geldvermögen der privaten Haushalte eine untergeordnete Rolle. Produktionsunternehmen präferieren als direkte Geldanlageinstrumente Aktien, wogegen Rentenwerte eine untergeordnete Rolle spielen. Bemerkenswert ist darüber hinaus der Umstand, daß vor allem der Finanzsektor selbst in erheblichem Umfang direkte Finanztitel als Geldanlageinstrumente nachfragt. Vom Aktienumlauf in Höhe von 1.682 Mrd.DM werden 1.026,8 Mrd.DM von den nichtfinanziellen Sektoren und 509,4 Mrd.DM von den finanziellen Sektoren gehalten. Neben Industriebeteiligungen repräsentiert der Aktienbesitz des Finanzsektors auch gegenseitige Verflechtungen im Finanzsektor selbst. Vom Rentenumlauf in

Höhe von 3.218,9 Mrd.DM werden nur 926,8 Mrd.DM von den inländischen nichtfinanziellen Sektoren und immerhin 1.632,6 Mrd.DM von den finanziellen Sektoren selbst gehalten. Insbesondere für den Finanzsektor selbst spielen die Rentenwerte als direkte Geldanlageinstrumente eine wichtige Rolle.[545]

In welchem Umfang wird die Geldanlagefunktion ausgeübt? Die Beurteilung, in welchem Umfang die Geldanlagefunktion durch den deutschen Finanzsektor ausgeübt wird, erfordert erstens eine Methodik, mit der die Funktion quantifiziert, und zweitens ein „ideales" Referenzmodell, mit der die beobachtete Ausübung der Funktion verglichen werden kann. Eine exakte Quantifizierung der Geldanlagefunktion ist mit erheblichen Informationsproblemen verbunden. Besonders problematisch erweist sich jedoch das Fehlen eines Referenzmodells, mit dem zumindest auf Ordinalskalenniveau Aussagen getroffen werden können, ob die Geldanlagefunktion „gut", „durchschnittlich" oder „schlecht" ausgeübt wird.[546] Die Referenzmodellproblematik verhindert eine genaue Bewertung des Umfangs, mit dem die Geldanlagefunktion ausgeübt wird. Statt dessen wird mit Bezug auf die zuvor durchgeführte quantitative Betrachtung folgende Einschätzung zum Umfang der Ausübung der Geldanlagefunktion durch den deutschen Finanzsektor gegeben: Das flächendeckende, engmaschige Bankennetz Deutschlands stellt die Grundlage für die umfassende Versorgung der finanziellen Überschußeinheiten mit Geldanlagemöglichkeiten dar. Diese werden von den finanziellen Überschußeinheiten in beträchtlichem Umfang für den Vermögensaufbau verwendet. Über das Netz der Bankfinanzintermediäre können die finanziellen Überschußeinheiten aufgrund des Universalbankenprinzips ebenfalls Dispositionen über den Erwerb direkter Finanztitel (Rentenwerte, Aktien) treffen. Zum Teil fungieren die Bankfinanzintermediäre im Rahmen des Allfinanztrendes auch als Ansprechpartner für die Geldanlage in Versicherungen und Bausparverträgen. Insgesamt wird eine grundlegende Versorgung der finanziellen Überschußeinheiten mit Geldanlagemöglichkeiten gewährleistet. Einschränkungen in der Ausübung der Geldanlagefunktion werden im nächsten Abschnitt erläutert.

Was fällt an der Ausübung der Geldanlagefunktion auf? Insgesamt kommt den Finanzintermediären und den von ihnen angebotenen mediaten Geldanlageinstrumenten eine überragende Bedeutung für die Ausübung der Geldanlagefunktion zu. Nichtmediate Geldanlageinstrumente spielen im Vergleich zu den mediaten Geldanlageinstrumenten eine eher untergeordnete Rolle. Die stark bankorientierte deutsche (institutionelle) Finanzsystemstruktur wirkt sich somit prägend auf die Ausübung der Geldanlagefunktion

---

545 Vgl.zu diesem Abschnitt die Ausführungen zu den Vermögensstrukturen der privaten Haushalte (Kapitel D.III.2.2.1) und der nichtfinanziellen Unternehmen (Kapitel D.III.3.2.2.1) sowie die Ausführungen zum Rentenmarkt (Kapitel D.II.4.2.) und Aktienmarkt (Kapitel D.II.4.3.). Die fehlenden Anteile am Aktien- und Rentenumlauf werden von der übrigen Welt gehalten.

546 Neben der Quantifizierungsproblematik zieht sich die Problematik eines fehlenden Referenzmaßstabes zur Beurteilung der Ausübung der Finanzsektorfunktionen *(Referenzmodellproblematik)* wie ein roter Faden durch die Ausführungen des Kapitel D.V.2. und stellt eine wesentliche Beeinträchtigung der Beschreibbarkeit der Finanzsektorfunktionen dar.

aus. Auffallend ist auch das hohe Maß an Konservatismus, das die Zusammensetzung des Geldvermögens der nichtfinanziellen Sektoren prägt. Neuartige kurzfristige verbriefte Finanzinstrumente wie Commercial Paper, Einlagenzertifikate (Certificates of Deposit) oder Anteile an Geldmarktfonds spielen für die Geldanlage nur eine geringe Rolle. Darüber hinaus kommt Finanzinstrumenten wie Industrieobligationen, Junk Bonds, Floating Rate Notes und Nullkuponanleihen praktisch keine Bedeutung für die Geldanlage zu. Ebenso sind spezielle institutionelle Anleger zur Alterssicherung wie beispielsweise Pensionsfonds im deutschen Finanzsystem praktisch unbekannt. Zu vermuten ist, daß die bankorientierte Finanzsektorstruktur Deutschlands eher hemmend auf die Einführung der letztgenannten Geldanlageinstrumente wirkt. Insbesondere in Anbetracht schlechter Testergebnisse eines Querschnittes deutscher Banken bei der allgemeinen Anlageberatung und der Anlageberatung für die Alterssicherung ist es mehr als fraglich, ob der deutsche Finanzsektor den finanziellen Überschußeinheiten tatsächlich ein breites Spektrum an attraktiven Geldanlageinstrumenten anbietet beziehungsweise ob im deutschen Finanzsektor nicht doch spezielle institutionelle Anleger zur Alterssicherung (Pensionsfonds) fehlen.[547]

2.1.2. Einordnung in den funktionalen Finanzsystemzusammenhang

Die Ausübung der Geldanlagefunktion durch den Finanzsektor ist in den funktionalen Finanzsystemzusammenhang einzuordnen. Konkret bedeutet dies die Durchführung einer Abschätzung der Bedeutung alternativer im Finanzsystem vorhandener Geldanlagemöglichkeiten im Vergleich zur Bedeutung der Geldanlage im Finanzsektor. Als alternative Geldanlagemöglichkeiten sind vor allem *reales Vermögen* und *immaterielles Vermögen* zu nennen. Anhand einer (partiellen) Betrachtung der Vermögenspositionen der nichtfinanziellen Sektoren private Haushalte, Produktionsunternehmen und öffentliche Haushalte wird die Bedeutung alternativer Geldanlagemöglichkeiten im Vergleich zur Geldanlage im Finanzsektor herausgearbeitet. Das Geldvermögen der nichtfinanziellen Sektoren betrug 1994 insgesamt 7.140 Mrd.DM. Daneben konnte reales Vermögen (Grundstücke, Wohnraum, dauerhafte Konsumgüter, Anlagevermögen) der nichtfinanziellen Sektoren in Höhe von 10.260 Mrd.DM und immaterielles Vermögen der privaten Haushalte (Forderungen gegen die Rentenversicherung) in Höhe von 10.500 Mrd.DM quantifiziert werden. Deutlich zeigt sich, daß die betrachteten

---

547 In einer bundesweiten Testkaufstudie konstatiert *Mercuri International* Deutschland für eine repräsentative Gruppe deutscher Banken (123 Filialen von 8 Großbanken, Sparkassen, Genossenschaftsbanken) eine häufig mangelhafte Anlageberatungsleistung. Selbst der Umgang mit interessierten gehobenen Privatkunden wird als nachlässig, wenig interessiert und vertrieblich zurückhaltend eingestuft. Vgl.o.V.(1998b), S.17. In einer Studie der *Stiftung Warentest* wurde in 196 Geschäftsstellen von 28 Banken eine Anlageberatung für die Neustrukturierung eines Anlegerportefeuilles in Höhe von 60.000 DM und einen monatlich zu sparenden Betrag von 300 DM in Anspruch genommen. Nur 4 Banken erhielten das Testurteil „gut“, lediglich 11 Banken das Testurteil „zufriedenstellend“ und immerhin 13 Banken das Testurteil „mangelhaft“. Auffallend schlecht haben die Sparkassen und Genossenschaftsbanken abgeschnitten, bei denen offenbar ohne Rücksicht auf den Kunden ein großes Bedürfnis besteht, bestimmte (hauseigene) Produkte zu verkaufen. Vgl.o.V.(1997), S.12-18.

Alternativen zur Geldanlage im Finanzsektor von großer Bedeutung für die Geldanlage der nichtfinanziellen Sektoren sind. Insgesamt dürfte die Bedeutung der Geldanlage im Finanzsektor für die nichtfinanziellen Sektoren noch wesentlich geringer sein, als es durch die zuvor durchgeführte Betrachtung impliziert wird. Denn wesentliche nichtfinanzielle Vermögenspositionen sind in der obigen Betrachtung noch gar nicht berücksichtigt beziehungsweise quantifiziert worden. Zu nennen sind hier vor allem immaterielle (nichtbilanzierte) Vermögensgegenstände der Produktionsunternehmen (Patente, Markennamen, firmenspezifisches Know How usw.), immaterielle Vermögensansprüche der privaten Haushalte an die übrigen Bestandteile des Sozialversicherungssystems (wie z.B. die Krankenversicherung, die Pflegeversicherung usw.) und das „Sachvermögen der öffentlichen Haushalte" im Sinne der Infrastruktur einer Volkswirtschaft (Transportwege, Kommunikationsmittel usw.). Darüber hinaus wurde auch keine Quantifizierung des Humankapitals vorgenommen. Dieses dürfte einen beträchtlichen Bestandteil des Vermögens der privaten Haushalte darstellen.

Abbildung D.46.:
Vermögenspositionen der nichtfinanziellen Sektoren 1994

Nichtfinanzielle Sektoren	Geldvermögen	Realvermögen	Immaterielles Vermögen
Private Haushalte	4.320 Mrd.DM	6.660 Mrd.DM	10.500 Mrd.DM
Produktionsunternehmen	2.423 Mrd.DM	3.600 Mrd.DM	keine Angaben
Öffentliche Haushalte	397 Mrd.DM	keine Angaben	keine Angaben
Summe:	**7.140 Mrd.DM**	**10.260 Mrd.DM**	**10.500 Mrd.DM**

Quelle: Eigene Darstellung; Daten aus BUNDESBANK(6/1996), S.40,83; UTZIG(1996), S.457.

2.2. Finanzierungsfunktion

2.2.1. Finanzierung durch den Finanzsektor

Was kennzeichnet allgemein die Finanzierungsfunktion? Allgemein betrachtet bezeichnet die *Finanzierungsfunktion* die Bereitstellung verschiedener (externer) Finanzierungsmöglichkeiten für die finanziellen Defiziteinheiten.[548] Im Blickpunkt steht die Abschätzung der Bedeutung des Systems der Finanzintermediäre für die Finanzierung der nichtfinanziellen Sektoren. Daher werden wiederum mediate und nichtmediate Finanzierungsinstrumente unterschieden. Die Finanzierungsfunktion und die Geldanlagefunktion beschreiben beide aus unterschiedlichen Blickpunkten den Transfer finanzieller Ressourcen zwischen finanziellen Überschuß- und Defiziteinheiten. Daher können sich die Finanzierungsmöglichkeiten nach denselben Merkmalen wie die Geldanlagemöglichkeiten (Fristigkeit, Risikoklassen usw.) unterscheiden.

[548] Die Ausführungen zur Finanzierungsfunktion konzentrieren sich auf die Bereitstellung finanzieller Ressourcen für die finanziellen Defiziteinheiten als Kern der Finanzierungsfunktion. Die weiteren damit verbundenen funktionalen Aspekte (Monitoring- und Kontrollfunktion, Screeningfunktion, Selektion- und Lernfunktion, Primärmarktfunktion) bleiben ausgeschlossen. In Kapitel D.VI.3.2. wird die Monitoring- und Kontrollfunktion im Rahmen des Systems der Corporate Governance aufgegriffen.

Wer übt die Finanzierungsfunktion hauptsächlich aus? Zur Beurteilung der an der Ausübung der Finanzierungsfunktion beteiligten Institutionen wird die Struktur der Verpflichtungen der Gesamtheit der nichtfinanziellen Sektoren einer näheren Betrachtung unterzogen. Diese bewegten sich im Jahr 1995 in einer Größenordnung von 7.691,4 Mrd.DM. Die größten Bestand an Verpflichtungen besaßen die Produktionsunternehmen (3.638,5 Mrd.DM), gefolgt von den öffentlichen Haushalten (2.131,1 Mrd.DM) und der Wohnungswirtschaft (1.553,1 Mrd.DM).[549]

Abbildung D.47.:
Struktur der Verpflichtungen der inländischen nichtfinanziellen Sektoren 1995

Verpflichtungsart	in Mrd.DM	in Prozent
1.Bankkredite [a)]	**4.087,2 Mrd.DM**	**53,1 %**
2.Verpflichtungen aus Rentenwerten [b)]	**1.318,0 Mrd.DM**	**17,2 %**
3.Umlauf von Aktien [c)]	**986,0 Mrd.DM**	**12,8 %**
4.Darlehen der Versicherungen	**247,2 Mrd.DM**	**3,2 %**
4.Darlehen der Bausparkassen	**177,2 Mrd.DM**	**2,3 %**
5.Sonstige Verpflichtungen	**875,7 Mrd.DM**	**11,4 %**
a) davon gegenüber dem Inland [d)]	387,6 Mrd.DM	5,0 %
b) davon gegenüber der übrigen Welt [e)]	488,1 Mrd.DM	6,4 %
Summe:	**7.691,4 Mrd.DM**	**100,0 %**
a) davon kurzfristige Verpflichtungen	**1.025,9 Mrd.DM**	**13,3 %**
b) davon längerfristige Verpflichtungen	**6.665,5 Mrd.DM**	**86,7 %**

a) davon kurzfristig 718,3 Mrd.DM und längerfristig 3.368,9 Mrd.DM
b) einschließlich 14,4 Mrd.DM Verpflichtungen aus Geldmarktpapieren
c) einschließlich der sonstigen Verpflichtungen mit Beteiligungscharakter
d) davon kurzfristig 35,7 Mrd.DM und längerfristig 351,9 Mrd.DM
e) davon kurzfristig 257,5 Mrd.DM und längerfristig 230,6 Mrd.DM
Quelle: Darstellung in Anlehnung an BUNDESBANK(6/1996), S.44.

Analog zur Geldanlage kommt bei der Finanzierungsfunktion den von Finanzintermediären angebotenen mediaten Finanztiteln eine überragende Bedeutung zu. Auf mediate Finanzierungsinstrumente entfallen 67,2 Prozent der Verpflichtungen der nichtfinanziellen Sektoren.[550] Die von Bankfinanzintermediären emittierten Finanzierungsinstrumente repräsentieren 61,7 Prozent der Verpflichtungen der nichtfinanziellen Sektoren; davon allein Bankkredite 53,1 Prozent. Die von Nichtbankfinanzintermediären (Bausparkassen, Versicherungen) bereitgestellten Finanzierungsinstrumente repräsentieren lediglich 5,5 Prozent der Verpflichtungen der nichtfinanziellen Sektoren. Auf nichtmediate von nichtfinanziellen Sektoren angebotene und über Finanzmärkte gehandelte direkte Finanzinstrumente entfallen immerhin (einschließlich der sonstigen Verpflichtungen) 32,8 Prozent aller Verpflichtungen der nichtfinanziellen Sektoren. Dabei kommt den Aktien eine größere Bedeutung zu als den von nichtfinanziellen

549 Vgl.hierzu Kapitel D.III.3.2.2.2., Kapitel D.III.3.3.2. und Kapitel D.III.4.2.2. Auf die privaten Haushalte (Kapitel D.III.2.2.2.) entfallen Konsumentenkredite in Höhe von 372,1 Mrd.DM.

550 Darin sind die von Bankfinanzintermediären emittierten Rentenwerte enthalten. Diese repräsentieren circa die Hälfte aller umlaufenden Rentenwerte. Vgl.hierzu Kapitel D.II.4.2.

Sektoren emittierten Rentenwerten. Insgesamt wird die Ausübung der Finanzierungsfunktion durch eine längerfristige zeitliche Orientierung charakterisiert. 86,7 Prozent der Verpflichtungen weisen eine längerfristige zeitliche Orientierung auf.
Bei der Ausübung der Finanzierungsfunktion bestehen markante Unterschiede zwischen den verschiedenen nichtfinanziellen Sektoren. Dies zeigt eine Betrachtung der Verwendung direkter und indirekter Finanzinstrumente (im Rahmen der externen Finanzierung). Die privaten Haushalte und die Wohnungswirtschaft verwenden ausschließlich indirekte Finanzinstrumente der Finanzintermediäre. Dagegen verwenden die Produktionsunternehmen und die öffentlichen Haushalte neben den indirekten Finanzinstrumenten auch direkte Finanzinstrumente (Aktien, Rentenwerte). Für Produktionsunternehmen stellen indirekte Finanzinstrumente (Bankkredite), auf die ungefähr die Hälfte ihrer Verpflichtungen entfallen, die wichtigste Finanzierungsquelle dar. Als direkte Finanzinstrumente spielen für die Produktionsunternehmen vor allem Aktien, nicht jedoch Rentenwerte, eine wichtige Rolle. Die öffentlichen Haushalte stellen den einzigen Sektor dar, für den direkte Finanzinstrumente eine wichtigere Rolle als indirekte Finanzinstrumente spielen. Mehr als die Hälfte (56,3 Prozent) der Verpflichtungen der öffentlichen Haushalte entfallen auf Rentenwerte. Der übrige Anteil der Verpflichtungen wird vor allem durch Bankkredite gedeckt. Bemerkenswert ist der Umstand, daß vor allem der Finanzsektor selbst in erheblichem Umfang direkte Finanztitel verwendet. Vom Aktienumlauf in Höhe von 1.682 Mrd.DM sind 415,6 Mrd.DM von den finanziellen Sektoren (inländische nichtfinanzielle Sektoren: 986 Mrd.DM) und vom Rentenumlauf in Höhe von 3.218,9 Mrd.DM sind 1.622,7 Mrd.DM von den finanziellen Sektoren (inländische nichtfinanzielle Sektoren: 1.303,6 Mrd.DM) begeben worden. Gerade zur Refinanzierung der Banken spielen die Rentenwerte als direkte Finanzinstrumente eine wichtige Rolle.[551]

In welchem Umfang wird die Finanzierungsfunktion ausgeübt? Statt einer genauen Bewertung des Umfangs der Ausübung der Finanzierungsfunktion (Referenzmodellproblematik) wird mit Bezug auf die durchgeführte quantitative Betrachtung folgende Einschätzung zur Ausübung der Finanzierungsfunktion (in Analogie zur Ausübung der Geldanlagefunktion) gegeben: Das flächendeckende, engmaschige Bankennetz Deutschlands stellt die Grundlage für die umfassende Versorgung der finanziellen Defiziteinheiten mit Finanzierungsmöglichkeiten in der Form von Bankkrediten dar. Diese werden von den finanziellen Defiziteinheiten in beträchtlichem Umfang in Anspruch genommen. Neben Bankkrediten verwenden vor allem die öffentlichen Haushalte und die Banken Rentenpapiere zur Refinanzierung. Neben Bankkrediten verwenden Produktionsunternehmen und der Finanzsektor Aktien zur Deckung ihrer Finanzierungslücken. Darüber hinaus dient die Finanzierung über Aktien zur Herausbildung von Beteiligungsstrukturen. Insgesamt wird eine grundlegende Versorgung der finanziellen Defiziteinheiten mit Finanzierungsinstrumenten gewährleistet. Einschränkungen werden im nächsten Abschnitt erläutert.

---

551 Vgl.grundlegend die Ausführungen zum Rentenmarkt (Kapitel D.II.4.2.) und Aktienmarkt (Kapitel D.II.4.3.). Fehlende Anteile am Aktien- und Rentenumlauf entfallen auf die übrige Welt.

Was fällt an der Ausübung der Finanzierungsfunktion auf? Ebenso wie bei der Ausübung der Geldanlagefunktion spielt bei der Ausübung der Finanzierungsfunktion das System der Finanzintermediäre eine überragende Rolle. Auf mediate Finanzierung entfallen 67,2 Prozent und auf nichtmediate Finanzierung (einschließlich der sonstigen Verpflichtungen) 32,8 Prozent aller Verpflichtungen der nichtfinanziellen Sektoren. Insbesondere die stark bankorientierte deutsche (institutionelle) Finanzsystemstruktur wirkt sich sehr prägend auf die Ausübung der Finanzierungsfunktion aus. Dies wird durch den sehr großen Anteil der Bankkredite (53,1 Prozent) an den Verpflichtungen der nichtfinanziellen Sektoren unterstrichen. In Analogie zur Geldanlagefunktion ist die Ausübung der Finanzierungsfunktion durch ein hohes Maß an Konservatismus geprägt. Die im Zusammenhang mit der Diskussion der Geldanlagefunktion genannten (innovativen) Finanzinstrumente (Industrieobligationen, Junk Bonds usw.) fehlen im deutschen Finanzsektor oder spielen praktisch keine Rolle. Insbesondere erscheint für die Ausübung der Finanzierungsfunktion bedenklich, daß die Banken tendenziell Verbesserungen ihrer eigenen Refinanzierungsmöglichkeiten (beispielsweise in der Form von Zinssenkungen am Geldmarkt) nur sehr zögerlich oder in sehr geringem Maß in Form von Zinssenkungen für Kontokorrentkredite an die nichtfinanziellen Sektoren weitergeben.[552] Darüber hinaus kann für Deutschland die These eines Mangels der Bereitstellung an Wagniskapital (Venture Capital) für Unternehmensneugründungen aufgestellt werden. Schätzungsweise stand in den Vereinigten Staaten im Jahr 1995 rund 20 mal so viel Venture Capital zur Verfügung wie in Deutschland.[553] Die vorigen Ausführungen deuten auf ein beträchtliches Verbesserungspotential für die Ausübung der Finanzierungsfunktion im Hinblick auf Anzahl, Spektrum und Konditionen der angebotenen Finanzierungsinstrumente im deutschen Finanzsektor hin.

2.2.2. Einordnung in den funktionalen Finanzsystemzusammenhang

Die Ausübung der Finanzierungsfunktion durch den Finanzsektor ist in den funktionalen Finanzsystemzusammenhang einzuordnen. Konkret bedeutet dies die Durchführung einer Abschätzung der Bedeutung alternativer im Finanzsystem vorhandener Fi-

---

552 Vgl.hierzu grundlegend BUNDESBANK(10/1996b), S.40-44.

553 Vgl.MONOPOLKOMISSION(1998), S.52-53 und ergänzend SCHMIDT(1988), S.183-188 zur Problematik der Bereitstellung von Venture Capital in Deutschland. Für die Gründungsfinanzierungen stehen in Deutschland nur wenige Ansprechpartner zur Verfügung. 1996 entfielen lediglich 9 Prozent (rund 620 Mio.DM) des Gesamtportfolios der Kapitalbeteiligungsgesellschaften auf Gründungsfinanzierungen. Vgl.BVK(1997), S.74. Daneben steht nur eine Handvoll an Gründungsfinanzierern zur Verfügung. Eine Studie von Mackewitz & Partner belegt, daß weniger als fünf Prozent aller sich um Risikokapital (zur Gründungsfinanzierung) bemühenden Unternehmen dieses auch bekommen. Insgesamt verfügten die sechs führenden deutschen Gründungsfinanzierer 1996 lediglich über einen Bestand an circa 151 Investments mit einem Beteiligungsvolumen in Höhe von circa 672 Mio.DM. Vgl.hierzu o.V.(1997c), S.30. Dagegen haben amerikanische Wagniskapitalfonds nach Schätzung von Price Waterhouse allein 1996 den Betrag von 16 Mrd.DM in 2.000 Unternehmen investiert. Mehr als ein Viertel der Investitionen entfiel auf betreuungsintensive Neugründungen und Anschubfinanzierungen. Parallel dazu wurden 260 Jungunternehmen an die amerikanische Börse gebracht. Vgl.hierzu o.V.(1997d), S.32.

nanzierungsmöglichkeiten im Vergleich zur Bedeutung der Finanzierung im Finanzsektor. Als alternative Möglichkeiten sind vor allem *interne Finanzierungsvorgänge* und *informelle Finanzierungsbeziehungen* zu nennen. Besonders deutlich kann die Bedeutung der vom Finanzsektor bereitgestellten externen Finanzierungsmittel anhand einer Betrachtung der Bedeutung der internen Finanzierung für die nichtfinanziellen Sektoren relativiert werden. Für die deutschen *Produktionsunternehmen* betrug im Zeitraum von 1970-1994 der Anteil der internen Eigen- und Fremdfinanzierung an der Finanzierung von Investitionen durchschnittlich 78,9 Prozent. Von den extern bereitgestellten Finanzmitteln kam die größte Bedeutung den Bankkrediten zu, auf die 11,9 Prozent des Finanzierungsvolumens entfielen. Dagegen waren die Emission von Eigenkapitaltiteln (Aktien) mit 0,1 Prozent und die Emission von Industrieanleihen (und sonstigen Fremdkapitaltiteln) mit -1,0 Prozent des Finanzierungsvolumens praktisch bedeutungslos für die Unternehmensfinanzierung.[554] Für den Sektor *öffentlichen Haushalte* stellten im Zeitraum von 1970-1994 die von ihm erhobenen Zwangsabgaben mit 90,6 Prozent seines Budgets die dominierende Finanzierungsquelle dar. Die wichtigsten externen Finanzierungsinstrumente des Sektors öffentliche Haushalte stellen Bankkredite (Schuldscheindarlehen) und die Emission von Rentenwerten dar. Heute kommt den Rentenwerten eine größere Bedeutung für die externe Finanzierung der öffentlichen Haushalte zu als den Bankkrediten.[555] Auch bei den Verpflichtungen der *Wohnungswirtschaft*, die in der folgenden Betrachtung vollständig dem Sektor private Haushalte zugerechnet werden, kommt den intern generierten Eigenmitteln eine große Bedeutung zu. Im Zeitraum von 1970-1991 lag der Anteil der Eigenmittel bei durchschnittlich 38,3 Prozent der gesamten Sachkapitalbildung. Bei den externen Finanzmitteln kam der Kreditaufnahme mit durchschnittlich 47,9 Prozent der gesamten Sachvermögensbildung die größte Bedeutung zu.[556]

Deutlich unterstreicht die durchgeführte Betrachtung, daß den intern generierten Finanzmitteln eine überragende Bedeutung bei der Finanzmittelbeschaffung der nichtfinanziellen Sektoren zukommt. Insbesondere für die Sektoren öffentliche Haushalte und Produktionsunternehmen ist die Bedeutung der internen Finanzmittel überragend groß und liegt bei neun Zehnteln (öffentliche Haushalte) beziehungsweise rund vier Fünfteln (Produktionsunternehmen) der gesamten Finanzmittelbeschaffung. Lediglich im Sektor Wohnungswirtschaft repräsentieren extern beschaffte Finanzmittel sechs Zehntel der gesamten Finanzmittelbeschaffung. Tendenziell dürfte die Bedeutung der extern über den Finanzsektor beschafften Finanzmittel (Bankkredite, Aktien- und Rentenfinanzierung usw.) noch geringer sein als durch die durchgeführte Betrachtung angedeutet, da in der durchgeführten Betrachtung informelle Finanzierungsbeziehungen vollständig ausgeblendet geblieben sind.[557]

---

[554] Vgl.CORBETT/JENKINSON(1997), S.74 und Kapitel D.III.3.2.4.2.

[555] Vgl.WELTRING(1997), S.91-98 zur Finanzierung der Budgetdefizite der öffentlichen Haushalte und ergänzend die Ausführungen in Kapitel D.III.4.1-4.2.

[556] Vgl.BUNDESBANK(4/1992b), S.17-19.

[557] Tendenziell dürfte den informellen Finanzierungsbeziehungen auch im deutschen Finanzsystem eine signifikante Bedeutung zukommen.

2.3. Risikenallokationsfunktion

2.3.1. Risikenallokation durch den Finanzsektor

Was kennzeichnet allgemein die Risikenallokationsfunktion? Allgemein betrachtet bezeichnet die *Risikenallokationsfunktion* die Gesamtheit der vom Finanzsektor bereitgestellten Mechanismen zur Transformation und Reallokation einer Vielzahl unterschiedlicher „Risiken". Durch diese Mechanismen wird die Herausbildung einer relativ „effizienten" Risikenverteilung in der Volkswirtschaft angestrebt. Diese Abgrenzung der Risikenallokationsfunktion wirft direkt die Frage auf, was unter der Vielzahl unterschiedlicher „Risiken" (Abgrenzung) zu verstehen ist.

Abbildung D.48.:
Übersicht über die risikentransformierenden Finanztitel

Märkte	**Kassamärkte**	**Zukunftsmärkte**	
Risikobereiche		**Futuresmärkte**	**Optionsmärkte**
Zinsen *(systematisch)*	Stripped Bonds Mortgage Backed Securities Zerobonds, Floater	Zinsterminkontrakte Forward Rate Agreements	Optionen auf ZTK [a] Rentenoptionen Caps, Floors, Collars
	Zinsswaps		Swaptions
Wechselkurse *(systematisch)*	Devisenarbitrage	Währungsterminkontrakte Devisentermingeschäfte	Optionen auf WTK [a] Währungsoptionen
	Währungsswaps		
Marktpreise des Risikos *(systematisch)*	Internationale Emissionen Index-Partizipationsscheine	Indexterminkontrakte Indexanleihen	Optionen auf ITK [a] Aktienindexoptionen Bull-/Bear Bonds
Rohstoffpreise u. Absatzgüterpreise *(systematisch)*	Spot Märkte	Rohstoffpreisfutures	Rohstoffpreisoptionen
	Commodity Price Swaps		
Marktwerte von Eigenkapital *(unsystematisch)*	Leveraged Buy Outs Venture Capital Going Public	Aktientermingeschäfte (heute unüblich)	Aktienoptionen Equity Warrants
Marktwerte von Mezzaninen *(unsystematisch)*	Genußscheine Nachrang.Verbindlichkeiten Junk Bonds		Optionsgenußscheine
Marktwerte von Fremdkapital *(unsystematisch)*	Commercial Paper	Standby letters of Credit	Debt Warrants
	Absicherungsfazilitäten (RUFs, NIFs...)		

a) ZTK(Zinsterminkontrakte), ITK(Indexterminkontrakte), WTK(Währungsterminkontrakte)
Quelle: RUDOLPH(1993), S.129.

Zur Abgrenzung unterschiedlicher Risiken wird die Unterscheidung von systematischen und unsystematischen Risiken gewählt. Als systematische Risiken werden die Risikenbereiche Zinsen, Marktpreise des Risikos, Wechselkurse und Rohstoffpreise bezeichnet. Als unsystematische Risikenbereiche werden die Marktwerte von Eigenkapitalanteilen, von Fremdkapitalanteilen und von Mezzanine-Kapital bezeichnet.[558] Für jeden dieser Risikobereiche können vom Finanzsektor risikentransformierende Finanz-

---

558 Vgl. zu dieser Systematik RUDOLPH(1993), S.128-129.

titel auf Kassamärkten und auf Zukunftsmärkten (Futuresmärkte, Optionsmärkte) bereitgestellt werden. Darüber hinaus ist die Gesamtheit der von den Versicherungsunternehmen abgedeckten Risikenbereiche (Leben, Gesundheit usw.) zu nennen. Gerade Kapitallebensversicherungen stellen risikentransformierende Finanztitel dar.

Wer übt die Risikenallokationsfunktion hauptsächlich aus? Wird unterstellt, daß die Bereitstellung risikentransformierender Finanztitel die Voraussetzung der Reallokation von Risiken bildet, dann sind grundsätzlich alle Finanzinstitutionen, die mit der Emission oder dem Handel risikentransformierender Finanztitel betraut sind, an der Ausübung der Risikenallokationsfunktion beteiligt. Eine besondere Bedeutung kommt der Deutschen Terminbörse als Anbieter derivativer Finanzinstrumente zu.[559] Die deutschen Bank- und Nichtbankfinanzintermediäre sind aufgrund ihrer herausragenden Position im deutschen Finanzsektor in erheblichem Maß an der Ausübung der Risikenallokationsfunktion beteiligt. Denn im Rahmen ihrer normalen Geschäftstätigkeit leisten diese Finanzinstitutionen ein erhebliches Maß an Risikentransformation. Bankfinanzintermediäre bilden Portefeuilles von Krediten mit unterschiedlichem Risikengehalt und verringern durch die Streuung der Risiken nach Größen, Branchen, Kundengruppen, Regionen, Währungen usw. das den einzelnen Positionen anhaftende Risiko. Den Bankfinanzintermediären ist es möglich, gegen diese gut diversifizierten Aktivaportefeuilles risikoarme Finanztitel zu emittieren, so daß ihre Einleger und Gläubiger nur ein minimales Restrisiko tragen müssen. Typische Bankrisiken stellen erstens die operativen Risiken (Geschäftsrisiken) dar. Diese umfassen Bonitätsrisiken (Kreditrisiken) und Marktrisiken (Wechselkurs-, Zinsänderungs-,sonstige Marktpreisrisiken). Zweitens sind Transaktionsrisiken, wie beispielsweise Abwicklungsrisiken im Wertpapierverkehr, Kredit- und Liquiditätsrisiken im Zahlungsverkehr usw., und drittens strategische Risiken, wie beispielsweise Risiken aus der Eigentümerstruktur, Standing-Risiken usw., als typische Bankrisiken zu nennen. Während sich die operativen Risiken gedanklich gut isolieren und systematisieren lassen, entziehen sich Transaktions- und strategische Risiken weitestgehend einer solchen Systematisierung. Im Zentrum des Risikenmanagements der Kreditinstitute stehen die operativen Risiken. Darüber hinaus unternehmen die Kreditinstitute erhebliche Anstrengungen zur Abschätzung der Gesamtheit der Bankrisiken.[560] Zur Ausübung der Risikenallokationsfunktion tragen auch die deutschen Finanzmärkte, insbesondere die organisierten Wertpapiermärkte, bei. Diese leisten ein beträchtliches Maß an Risikentransformation, indem sie den Anlegern ermöglichen, gut diversifizierte Wertpapierportefeuilles zu halten, in denen (idealerweise) das gesamte unsystematische Risiko vernichtet wird, so daß von den Anlegern nur das systematische Risiko getragen werden muß. Gerade die Aktienmärkte leisten ein erhebliches Maß an Risikoreduktion.[561]

---

[559] Vgl.zur Deutschen Terminbörse die Ausführungen in Kapitel D.II.4.4.

[560] Vgl.RUDOLPH(1993), S.119-122 sowie RUDOLPH(1987), S.25 zur Risikentransformation von Finanzintermediären. Modelltheoretisch verdeutlichen ALLEN/GALE(1995), S.190-194 das beträchtliche Potential der Banken zum generationsübergreifenden Risikentransfer. Vgl.auch Fußnote 441.

[561] Vgl.RUDOLPH(1987), S.23-25 zur Risikentransformation von Wertpapiermärkten.

In welchem Umfang wird die Risikenallokationsfunktion ausgeübt? Eine empirische Quantifizierung, in welchem Umfang die Risikenallokationsfunktion vom deutschen Finanzsektor ausgeübt wird, kann nicht geleistet werden. Auf der Ebene des Finanzsektors existiert kein Instrument zur Beurteilung des Umfangs an Risikenallokation. Bereits auf der Ebene der einzelnen Bank ist die Beurteilung der eingegangenen Risikoposition mit erheblichen Schwierigkeiten verbunden. Die Risikopositionen, die von den Banken eingegangen werden können, sind in großem Maß durch die quantitativen Normen zur Solvenz- und Liquiditätssicherung des Gesetzes über das Kreditwesen (KWG) begrenzt.[562] Folgende Einschätzung zum Umfang der Risikenallokationsfunktion wird anstelle einer genauen Quantifizierung gegeben: Im deutschen Finanzsektor tragen die Finanzintermediäre (insbesondere die Universalbanken und die Versicherungen) im Rahmen ihrer Geschäftstätigkeit beträchtliche Risiken und sind somit in erheblichem Maß an der Ausübung der Risikenallokationsfunktion beteiligt. Angesichts der geringen Marktkapitalisierung der Aktienmärkte ist davon auszugehen, daß der Beitrag der Aktienmärkte zur Risikenallokationsfunktion wesentlich geringer ist als der Beitrag der Finanzintermediäre.

Was fällt an der Ausübung der Risikenallokationsfunktion auf? An der Ausübung der Risikenallokationsfunktion spiegelt sich die bankorientierte institutionelle Finanzsystemstruktur besonders deutlich wider. Bankfinanzintermediäre und die Versicherungen spielen eine sehr bedeutende Rolle in der Ausübung der Risikenallokationsfunktion. Die Bedeutung der Bankfinanzintermediäre zeigt sich auch an der Organisationsstruktur der Deutschen Terminbörse (DTB) als dem organisierten Markt für derivative Finanzinstrumente in Deutschland. Träger der DTB ist die Gruppe Deutsche Börse AG, an der die deutschen Kreditinstitute 81 Prozent der Eigenkapitalanteile halten. Insgesamt reflektiert die Produktpalette der Deutschen Terminbörse (DTB) die Struktur der deutschen Renten- und Aktienmärkte. Die DTB bietet vor allem derivative Produkte auf der Zinsseite und der Aktienseite an. Zu vernachlässigen ist das Angebot der DTB zur Absicherung von Wechselkursrisiken (nur eine US-Dollar/DM-Option).[563] Als Fazit ist festzuhalten, daß vom deutschen Finanzsektor zwar grundlegende risikentransformierende Finanztitel zur Verfügung gestellt werden, insgesamt jedoch noch ein beträchtliches Entwicklungspotential für derartige Finanztitel besteht.

2.3.2. Einordnung in den funktionalen Finanzsystemzusammenhang

Die Ausübung der Risikenallokationsfunktion durch den Finanzsektor ist in den funktionalen Finanzsystemzusammenhang einzuordnen. Denn in der Gesamtbetrachtung der Volkswirtschaft stellen die vom Finanzsektor angebotenen Risikenteilungsinstrumente nur einen (wenn auch bedeutenden) Anteil der gesamtwirtschaftlichen Risikenallokationsinstrumente dar. Neben den vom Finanzsektor bereitgestellten Risikentei-

---

562 Vgl.BURGHOF/RUDOLPH(1996), Kapitel IV.

563 Vgl.DEUTSCHE BÖRSE(7/1996b), S.6; Kapitel D.II.4.4.und Kapitel D.V.2.4

lungsinstrumenten sind die übrigen von den nichtfinanziellen Sektoren verwendeten oder in Anspruch genommenen Risikenteilungsinstrumente mit in eine Gesamtbetrachtung einzubeziehen. Beispielsweise stellt das staatliche Sozialversicherungssystem (insbesondere die gesetzliche Rentenversicherung, die Krankenversicherung, die Pflegeversicherung, die Arbeitslosenversicherung usw.) ein gewichtiges Instrument zur Risikenteilung dar. Ebenso stellt der Erwerb von Realvermögen (Grundstücke, Wohnraum, dauerhafte Konsumgüter) ein wichtiges Instrument der Risikenverminderung dar. Tendenziell dürfte der Anteil der vom Finanzsektor bereitgestellten Risikenteilungsinstrumente nur einen geringen Anteil an der Gesamtheit der gesamtwirtschaftlichen Risikenallokationsinstrumente ausmachen. Von einer expliziten Quantifizierung der außerhalb des Finanzsektors geleisteten Risikenallokation wird einerseits aufgrund der Abgrenzungsproblematik des relevanten Risikobegriffs und andrerseits aufgrund massiver Operationalisierungs- und Meßprobleme abgesehen.

2.4.Sekundärmarktfunktionen

Was kennzeichnet allgemein die Sekundärmarktfunktionen? Allgemein ermöglichen *Sekundärmarktfunktionen* die Übertragung (Erwerb, Veräußerung) bestehender (vor allem standardisierter) finanzieller Ansprüche. Sie umfassen *Zirkulationsfunktionen* (Kursbildungsfunktion, Clearingfunktion, Liquiditätsausgleichsfunktion) und *Marktbildungsfunktionen* (Konzentrationsfunktion, Standardisierungsfunktion).[564]

Wer übt die Sekundärmarktfunktionen hauptsächlich aus? Die Ausübung der Sekundärmarktfunktionen vollzieht sich im eigentlichen Sinn über das System der organisierten Wertpapiermärkte. Dieses besteht in Deutschland aus acht Regionalbörsen, von denen der Frankfurter Wertpapierbörse die größte Bedeutung zukommt. Vom Gesamtumsatz in Aktien, Rentenwerten und Optionsscheinen (8.086,96 Mrd.DM) sind im Jahr 1995 circa drei Viertel allein auf die Frankfurter Wertpapierbörse entfallen.[565] Darüber hinaus werden auch auf den nichtorganisierten Wertpapiermärkten (Over the Counter-Märkte) Sekundärmarktfunktionen erbracht. Die Ausgestaltung der Ausübung der Zirkulationsfunktionen und Marktbildungsfunktionen ist auf den nichtorganisierten Finanzmärkten (zumindest für den außenstehenden Beobachter) durch ein hohes Maß an Intransparenz gekennzeichnet.

In den letzten Jahren wurden erhebliche Anstrengungen unternommen, die Ausübung der Sekundärmarktfunktionen durch das System der deutschen Börsen effizienter zu gestalten. In diesem Zusammenhang ist der Ausbau der Frankfurter Wertpapierbörse zu einem international wettbewerbsfähigen Wertpapierdienstleistungszentrum zu nennen. Mit der Überführung der Frankfurter Börse von einem öffentlich-rechtlichen zu

---

564 Im Blickpunkt stehen grundlegende Überlegungen zur Ausübung der Sekundärmarktfunktionen. Eine differenzierte funktionale Analyse der Ausübung der Zirkulationsfunktionen und Marktbildungsfunktionen für die wichtigsten Finanztitel (Aktien, Rentenwerte, Optionsscheine) würde den Rahmen der vorliegenden Arbeit überschreiten.

565 Vgl.hierzu die Ausführungen in Kapitel D.II.4.1.

einem privatrechtlichen Träger im Jahr 1991 wurde eine neue Plattform zur Ausübung der Geschäftstätigkeit der Frankfurter Börse geschaffen. Wichtige Schritte zur Verbesserung der Ausübung der Sekundärmarktfunktionen haben beispielsweise die Einführung des computergestützten Kurs-Informations-Service-Systems (KISS) der Frankfurter Wertpapierbörse (1987), die Schaffung des Börsen-Order und Service-System - Computerunterstütztes Börsenhandels- und Entscheidungssystem (BOSS-CUBE) - als Brücke zwischen dem eine Order aufgebenden Kreditinstitut und einem Börsenmakler (1991) und die Umwandlung der 1989 gestarteten Grundstufe des Inter-Banken-Informations-Systems (IBIS 1) in ein Integriertes Börsenhandels- und Informations-System (IBIS 2) im Jahr 1991 dargestellt. Letzteres ist im Jahr 1998 durch das neue elektronische Handelssystem XETRA (Exchange Electronic Trading) abgelöst worden. Wichtige Regulierungen zur Verbesserung der Ausübung der Sekundärmarktfunktionen stellen das Erste und das Zweite Finanzmarktförderungsgesetz dar. Das Erste Finanzmarktförderungsgesetz vom 25.Januar 1990 bildete die Grundlage für die Abschaffung der Börsenumsatzsteuer zum 1.Januar 1991 und der Gesellschafts- und Wechselsteuer zum 1.Januar 1992 und stellte die Voraussetzung für die Ausweitung der Geschäftstätigkeiten der Investmentfonds dar. Mit dem Zweiten Finanzmarktförderungsgesetz vom 26.Juli 1994 wurde das Wertpapierhandelsgesetz (WpHG) geschaffen, welches die Grundlage für das strafbewehrte Verbot von Insidergeschäften, die Neuregelung der Ad Hoc-Publizität und die Einführung eines Bundesaufsichtsamtes für den Wertpapierhandel darstellt. Das Zweite Finanzmarktförderungsgesetz hat in wesentlichem Umfang zur Verbesserung der Liquidität und Transparenz bei der Ausübung der Sekundärmarktfunktionen beigetragen.[566]

In welchem Umfang werden die Sekundärmarktfunktionen ausgeübt? Folgende Einschätzung wird als Annäherung an den Umfang der Ausübung der Sekundärmarktfunktionen gegeben:[567] Das System der acht deutschen Regionalbörsen hat im Jahr 1995 in bedeutendem Umfang Sekundärmarktfunktionen erbracht. Einerseits zeigt sich dies an der beträchtlichen Anzahl börsennotierter Finanztitel. Insgesamt wurden im Betrachtungsjahr 1.818 Aktien, 22.280 festverzinsliche Wertpapiere und 4.575 Optionsscheine an den deutschen Börsen gehandelt. Andrerseits zeigt sich dies an dem beträchtlichen Umsatzvolumen der acht deutschen Börsen in Höhe von 8.086,96 Mrd.DM. Davon entfielen 1.683,27 Mrd.DM auf Aktien, 6.353,76 Mrd.DM auf Rentenwerte und 49,93 Mrd.DM auf Optionsscheine.[568]

Was fällt an der Ausübung der Sekundärmarktfunktionen auf? Besonders auffallend sind die hohen Umsatzkonzentrationen im Aktien- und Rentenhandel. In beiden Marktsegmenten ist das Umsatzvolumen in ausländischen Werten vernachlässigbar klein. Vom Gesamtumsatz in Rentenwerten entfallen knapp 90 Prozent auf Anleihen der

---

566 Vgl.grundlegend RUDOLPH(1992), S.339-355 sowie ergänzend o.V.(1997e), S.33; DEUTSCHE BÖRSE(3/1995), S.6-7; DEUTSCHE BÖRSE(3/1995), S.13.

567 Die Referenzmodellproblematik eine genauere Bewertung der Sekundärmarktfunktionen.

568 Vgl.hierzu grundlegend die Ausführungen der Kapitel D.II.4.1-4.3.

Emittenten Bund, Bahn und Post. Vom Gesamtumsatz inländischer Aktien werden allein 75,7 Prozent durch die 20 umsatzstärksten inländischen Aktien repräsentiert.[569] Es ist anzunehmen, daß die Ausübung der Sekundärmarktfunktionen in den relativ illiquiden Marktsegmenten beeinträchtigt wird.

Es fällt auf, daß die acht deutschen Regionalbörsen für den Handel von Bankschuldverschreibungen praktisch keine Bedeutung besitzen. Fast der gesamte Handel in Rentenpapieren an den Börsen entfällt auf Rentenpapiere der öffentlichen Hand. Tatsächlich vollzieht sich aufgrund der starken Stellung der Kreditinstitute am deutschen Rentenmarkt der Großteil des Handels in DM-Rentenwerten im Interbankenhandel außerhalb des Systems der acht Regionalbörsen. Eine Quantifizierung des außerbörslichen Handels in DM-Rentenwerten und deutschen Aktien ist mit dem vorhandenen Datenmaterial nicht möglich. Es kann jedoch davon ausgegangen werden, daß die nicht organisierten Finanzmärkte in beträchtlichem Maß Sekundärmarktfunktionen erbringen. Auslandsbörsen spielen für den Handel in deutschen Aktien nur eine untergeordnete Rolle. Gemessen am deutschen Umsatzvolumen beträgt das Handelsvolumen deutscher Aktien in London circa 3 Prozent, in Zürich circa 2 Prozent und in Paris weniger als 1 Prozent.[570]

Die starke Stellung der Banken im deutschen Finanzsystem wird besonders deutlich in der Ausübung der Sekundärmarktfunktionen reflektiert. Dies zeigt sich einerseits daran, daß der größte Teil des Handels in DM-Rentenwerten, wie oben bereits erwähnt, im außerbörslichen Handel zwischen den Kreditinstituten abgewickelt wird. Andrerseits zeigt sich dies auch an der Umstrukturierung der dominierenden deutschen Börse, der Frankfurter Wertpapierbörse, im Jahr 1991, bei der diese von einem öffentlich-rechtlichen Träger (Industrie- und Handelskammer, Frankfurt am Main) auf einen privatrechtlichen Träger (Frankfurter Wertpapierbörse AG) überführt worden ist. Denn als Trägergesellschaft der Frankfurter Wertpapierbörse (FWB) sowie der Deutschen Terminbörse (DTB) fungiert die Gruppe Deutsche Börse AG. Deren einhundertprozentige Tochter ist der Deutsche Kassenverein (DKV), dessen Bedeutung für die Abwicklung von Wertpapiertransaktionen im Rahmen der Zahlungssystemfunktion (Kapitel D.V.2.6.) aufgegriffen wird. Insgesamt halten die Kreditinstitute 81 Prozent der Eigenkapitalanteile an der Deutsche Börse AG und stellen somit deren mehrheitliche Anteilseigner dar. Ein Blick in die Gremien der Deutschen Börse AG zeigt darüber hinaus, daß sich beispielsweise deren Aufsichtsrat vorwiegend aus Mitgliedern der Vorstände der namhaften deutschen Universalbanken zusammensetzt.[571] Durch die kapitalmäßige und personelle Verflechtung der Kreditinstitute mit der Deutschen Börse AG wird deren wichtige Rolle für die Ausübung der Sekundärmarktfunktionen unterstrichen.

---

569 Vgl.DEUTSCHES AKTIENINSTITUT(1996), S.FB06-2.

570 Vgl.BUNDESBANK(10/1995), S.59; DEUTSCHE BÖRSE(5/1996), S.12.

571 Vgl.hierzu DEUTSCHE BÖRSE(11/1996b), S.4-7; DEUTSCHE BÖRSE(7/1996b), S.6; DEUTSCHE BÖRSE(5/1996), S.58-63; MONOPOLKOMMISSION(1998), S.87-89.

2.5. Transformationsfunktionen

Was kennzeichnet allgemein die Transformationsfunktionen? Allgemein betrachtet bezeichnen die *Transformationsfunktionen* die Dimensionen, in denen finanzielle Ansprüche durch den Finanzsektor auf dem Weg von finanziellen Überschußeinheiten zu finanziellen Defiziteinheiten verändert werden können. Mit Bezug auf die unterschiedlichen Dimensionen der Transformationsfunktionen wird von der Fristentransformation, der Losgrößentransformation, der räumlichen Transformation und der Risikentransformation gesprochen.

Wer übt die Transformationsfunktionen hauptsächlich aus? Die Transformationsfunktionen werden sowohl vom System der Finanzmärkte als auch vom System der Finanzintermediäre ausgeübt. Allein aufgrund der dominierenden Stellung der Finanzintermediäre, insbesondere der Bankfinanzintermediäre, im deutschen Finanzsektor dürfte quantitativ betrachtet der größte Anteil der Transformationsfunktionen von den deutschen Universalbanken erbracht werden. Bankfinanzintermediäre und Nichtbankfinanzintermediäre leisten in beträchtlichem Umfang Fristen-, Losgrößen-, Risiken- und räumliche Transformation. Durch die Ausübung der Sekundärmarktfunktion kommt auch den Finanzmärkten eine erhebliche Bedeutung für die Ausübung der Transformationsfunktionen zu. Das institutionelle Zentrum zur Ausübung der Sekundärmarktfunktionen bilden die acht Regionalbörsen Deutschlands. Die Handelbarkeit der Finanztitel an den acht Regionalbörsen ermöglicht den Wirtschaftseinheiten eine (nachträgliche) Fristen-, Losgrößen-, Risiken- und räumliche Transformation.[572] Ebenso dienen die an den nichtorganisierten Wertpapiermärkten erbrachten Sekundärmarktfunktionen der nachträglichen Transformation von Finanztiteln. Eine Aussage über die Anzahl der an diesen nichtorganisierten Wertpapiermärkten gehandelten Finanztitel ist mit dem vorhandenen Datenmaterial nicht möglich.

In welchem Umfang werden die Transformationsfunktionen ausgeübt? Für jede der Transformationsfunktionen werden gesondert Überlegungen zum Umfang der Ausübung der jeweiligen Funktion angestellt.[573] Als problematisch erweist sich die Beurteilung, in welchem Umfang das beobachtete Handelsvolumen an den organisierten Finanzmärkten mit der Ausübung der verschiedenen Transformationsfunktionen verbunden ist. Die nachfolgenden Überlegungen beschränken sich aufgrund dieser Zuordnungsproblematik auf die von den Bankfinanzintermediären, insbesondere den Universalbanken, erbrachten Transformationsfunktionen. In den Vordergrund der Betrachtungen der von den Bankfinanzintermediären erbrachten Transformationsleistungen wird die Beurteilung der Ausübung des Umfangs der *Fristentransformationsfunktion* ge-

---

572 Vgl. NABBEN/RUDOLPH(1994), S.2-3 zum Zusammenhang zwischen der Ausübung der Sekundärmarktfunktionen und der Transformationsfunktionen.

573 Für die Betrachtung der Transformationsfunktionen macht sich das Fehlen eines „idealen“ Referenzmodells (Referenzmodellproblematik) als Vergleichsmaßstab besonders gravierend bemerkbar. Wie kann beurteilt werden, ob sich die beobachteten Transformationsleistungen (so fern sie beschreibbar gemacht werden können) auf einem angemessenen Niveau befinden oder nicht?

stellt. Quantifiziert wird das von den Bankfinanzintermediären geleistete Maß an Fristentransformation anhand der Fristigkeitsstruktur der Einlagen und Kredite der nichtfinanziellen Sektoren bei inländischen Kreditinstituten: Die Einlagen (und aufgenommenen Kredite) der inländischen Kreditinstitute in Höhe von 3.245,56 Mrd.DM weisen zu 32,8 Prozent eine kurzfristige und zu 67,2 Prozent eine längerfristige zeitliche Orientierung auf. Dagegen weisen die Kredite an inländische nichtfinanzielle Sektoren in Höhe von 4.144,69 Mrd.DM nur zu 15,8 Prozent eine kurzfristige zeitliche Orientierung auf, wogegen 84,2 Prozent der Kredite durch eine längerfristige zeitliche Orientierung gekennzeichnet sind. Das durch die inländischen Kreditinstitute geleistete beträchtliche Maß an (positiver) Fristentransformation wird durch die im Vergleich zu den Einlagen eindeutig stärker ausgeprägte längerfristige zeitliche Orientierung der Kredite an inländische nichtfinanzielle Sektoren unterstrichen.

Für die Beurteilung der übrigen Transformationsfunktionen werden mangels zuverlässiger aggregierter Daten nur grundlegende Überlegungen zur Ausübung des Umfangs der entsprechenden Funktionen angestellt. Im Hinblick auf die Ausübung der *Losgrößentransformationsfunktion* sind die folgenden Aspekte in die Betrachtung einzubeziehen: Das deutsche Universalbankensystem stellt den finanziellen Überschußeinheiten eine gewisse Palette an attraktiven Geldanlagemöglichkeiten zur Verfügung. Selbst für sehr kleine Volumina finanzieller Ressourcen existieren Geldanlagemöglichkeiten. Ebenso bietet das deutsche Universalbankensystem eine gewisse Palette an Finanzierungsmöglichkeiten an. Auch sehr große Finanzierungslücken einzelner finanzieller Defiziteinheiten können vom Universalbankensystem geschlossen werden.[574]
Aussagen, inwiefern sich die Einlagen der finanziellen Überschußeinheiten und die Verpflichtungen der finanziellen Defiziteinheiten betragsmäßig strukturell unterscheiden, können auf aggregiertem Niveau (mangels Daten) nicht getroffen werden. Möglich ist jedoch die Einschätzung, daß vom deutschen Universalbankensystem die Losgrößentransformation in dem Maß zufriedenstellend ausgeübt wird, daß allein aufgrund der betragsmäßigen Größe eines Finanzierungs- oder Geldanlagebedürfnisses keine Rationierungsphänomene impliziert werden.Für die Ausübung der *räumlichen Transformationsfunktion* wird folgende Überlegung angestellt: Das flächendeckende deutsche Universalbankensystem mit einer Bankstellendichte von durchschnittlich einer Bankstelle pro 1.195 Einwohner gewährleistet die flächendeckende Versorgung der finanziellen Defiziteinheiten und Überschußeinheiten mit Finanzdienstleistungen.[575] Das relativ hohe Maß an Wettbewerb im Bankensektor führt zu relativ einheitlichen Konditionen für Finanzdienstleistungen im gesamten Bundesgebiet.[576] Die relativ einheitlichen Konditionen für Finanzdienstleistungen sind ein Indiz dafür, daß keine gravierenden Ungleichgewichte in der räumlichen Ressourcenallokation bestehen und die räumliche Transformationsfunktion in einem zufriedenstellenden Maß erfüllt wird.

---

574 Vgl.hierzu insbesondere die Ausführungen zur Geldanlagefunktion (Kapitel D.V.2.1.) und zur Finanzierungsfunktion (Kapitel D.V.2.2.).

575 Vgl.hierzu die Ausführungen in Kapitel D.II.3.2.2.2.

576 Vgl.hierzu die Ausführungen in Kapitel D.VI.2.3.

Zur Ausübung der *Risikentransformationsfunktion* wird folgender Gedankengang festgehalten: Die Aktiva der deutschen Universalbanken sind mit beträchtlichen Risiken (z.B.Adreßausfallrisiken, Marktwertänderungsrisiken usw.) belastet. Aufgrund des Risikenmanagements der Universalbanken stellen die Passiva der deutschen Universalbanken (Einlagen, Schuldverschreibungen) für deren Erwerber quasisichere Vermögensgegenstände dar. Dies zeigt sich besonders deutlich an den ausgezeichneten Ratings der Schuldverschreibungen deutscher Universalbanken.[577] In diesem Sinne leisten die deutschen Universalbanken ein zufriedenstellendes Maß an Risikentransformation. Überlegungen zur Operationalisierungsproblematik des von Banken eingegangenen „Risikos" sind bereits im Rahmen der Diskussion der Risikenallokationsfunktion (Kapitel D.V.2.3.) ausführlich dargelegt worden.

Was fällt an der Ausübung der Transformationsfunktionen auf? Gravierend fallen an der Beurteilung der Ausübung der Transformationsfunktionen die mit der Operationalisierung dieser Funktionen verbundenen Schwierigkeiten auf. Aussagen zum Umfang der Ausübung der Transformationsfunktionen werden durch erhebliche Abgrenzungsprobleme der jeweiligen Funktionen erschwert und sind mit beträchtlichen Anforderungen an das empirische Datenmaterial verbunden. Beispielsweise erscheint es unmöglich, die auf den organisierten und nichtorganisierten Finanzmärkten im Rahmen der Ausübung der Sekundärmarktfunktionen erbrachten Transformationsleistungen zu identifizieren. Bei der Fristentransformationsfunktion wiederum, bei der die Quantifizierung relativ gut gelingt, ist es schwierig zu beurteilen, ob die beobachtete Fristentransformation sich auf einem „angemessenen" Niveau bewegt (Referenzmodellproblematik).

2.6.Zahlungssystemfunktion

Was kennzeichnet allgemein die Zahlungssystemfunktion? Allgemein umfaßt die *Zahlungssystemfunktion* die Abwicklung und das Clearing von Zahlungsverpflichtungen sowie von Zahlungen zwischen den Wirtschaftseinheiten, die als Käufer beziehungsweise Verkäufer von Gütern, Dienstleistungen und finanziellen Vermögensgegenständen auftreten. In diesem Sinn beinhaltet die Zahlungssystemfunktion die Abwicklung von güterwirtschaftlichen und finanzwirtschaftlichen Transaktionen. Der schnellen, kostengünstigen und zuverlässigen Abwicklung des Zahlungsverkehrs kommt eine grundlegende Bedeutung in modernen arbeitsteiligen Volkswirtschaften zu.

Wer übt die Zahlungssystemfunktion hauptsächlich aus? Die Zahlungssystemfunktion liegt institutionell betrachtet hauptsächlich in den Händen der deutschen Universalbanken, einiger Spezialkreditinstitute (Postbank, Deutscher Kassenverein) und der Bundesbank. Diese institutionelle Verknüpfung der Ausübung der Zahlungssystemfunktion resultiert vor allem daraus, daß die Abwicklung und Durchführung des

---

577 Vgl.FRANKEL/MONTGOMERY(1990), S.271.

bargeldlosen Zahlungsverkehrs und des Abrechnungsverkehrs - sobald sie einen in kaufmännischer Weise eingerichteten Geschäftsbetrieb erfordert - nach §1.(1).9. Kreditwesengesetz (KWG) eines der Bankgeschäfte darstellt, das ein Kreditinstitut kennzeichnet. Somit sind Nichtbankfinanzintermediäre oder andere Unternehmen von der Abwicklung des bargeldlosen Zahlungsverkehrs per Gesetz ausgeschlossen.[578]
Für die Abwicklung von *Zahlungen für Güter und Dienstleistungen* kommt neben dem baren Zahlungsverkehr insbesondere dem von den Kreditinstituten (in Zusammenarbeit mit der Bundesbank) angebotenen unbaren Zahlungsverkehr eine überragende Bedeutung zu. Zwar werden circa 80 Prozent aller Zahlungsvorgänge durch den baren Zahlungsverkehr (Noten und Münzen) abgewickelt. Diese 80 Prozent aller Zahlungsvorgänge repräsentieren vom Betragsvolumen jedoch lediglich rund fünf Prozent aller Zahlungsvorgänge. Dagegen werden lediglich 20 Prozent aller Zahlungsvorgänge durch den unbaren Zahlungsverkehr (Überweisungen, Lastschriften, Schecks, Kreditkarten) abgewickelt. Diese 20 Prozent der Zahlungsvorgänge entsprechen jedoch circa 95 Prozent des Betragsvolumens aller Zahlungsvorgänge. Für die Abwicklung des unbaren Zahlungsverkehrs spielen die Universalbanken (Kreditbankensektor, Sparkassensektor, Genossenschaftssektor), aber auch die Postbank (als Spezialkreditinstitut), eine sehr wichtige Rolle. Das Fundament der Abwicklung des unbaren Zahlungsverkehrs bildet das Bankkonto (Kontokorrent- oder Girokonto) des Kunden, auf dem alle Zahlungseingänge und Abbuchungen erfaßt werden und das in regelmäßigen Abständen (einschließlich der anfallenden Zinsen) saldiert wird. Mit einem derartigen Konto sind faktisch alle am Wirtschaftsprozeß beteiligten Personen und Unternehmen ausgestattet. So führten die Kreditinstitute Ende 1994 rund 79 Millionen Girokonten für die nichtfinanziellen Sektoren. Als wichtigstes Instrument zur Abwicklung von unbaren Zahlungen fungieren *Überweisungen*, durch die Buchgeld übertragen werden, und durch die im Jahr 1994 knapp die Hälfte (49 Prozent) aller unbaren Zahlungsvorgänge abgewickelt worden sind. Regelmäßig wiederkehrende Zahlungen an den gleichen Empfänger und mit gleichem Zahlungsumfang können durch einen einmalig erteilten Dauerauftrag geleistet werden. *Lastschriften* stehen als weiteres Instrument zur Abwicklung des unbaren Zahlungsverkehrs zur Verfügung und stellen das zweitwichtigste Instrument des unbaren Zahlungsverkehrs dar. Lastschriften haben im Jahr 1994 rund 40 Prozent der Transaktionen des unbaren Zahlungsverkehrs ausgemacht. Lastschriften werden insbesondere für periodisch in wechselnder Höhe wiederkehrende Zahlungen verwendet und stellen vom Zahlungsempfänger ausgestellte Einzugspapiere dar, durch welche von der Bank des Zahlungspflichtigen Forderungen durch Buchgeldübertragung eingezogen werden, (wobei die Zustimmung des Zahlungspflichtigen erforderlich ist). Unterschieden werden die Erteilung einer Einzugsermächtigung (an den Empfänger der Zahlung) und die Erteilung eines Abbuchungsauftrages an die Bank des Zahlungspflichtigen. Durch *Schecks* wurden 1994 lediglich 8 Prozent aller unbaren Zahlungsvorgänge durchgeführt. Bei dem Großteil der in Deutschland zirkulierenden Schecks handelt es sich um Eurocheque-Schecks. Schecks besitzen in Deutschland als Zahlungsmittel erst

---

578 Vgl.EUROPEAN MONETARY INSTITUTE(1996), S.87-88. Darin wird auf S.84-120 ein hervorragender Überblick über das deutsche *Zahlungssystem* in seiner Gesamtheit gegeben.

seit Einführung des Eurocheque-Systems in den siebziger Jahren eine gewisse Bedeutung. Schecks (Eurocheques), die in Verbindung mit der Eurocheque-Karte ausgefüllt werden, sind von der Bank des Scheckausstellers bis zu einem gewissen Garantiebetrag (von derzeit 400 DM) gedeckt, wodurch diese Eurocheque-Schecks faktisch in der Akzeptanz dem Bargeld gleichen. Circa 40 Millionen Bundesbürger besitzen eine *Eurocheque-Karte.* Die Eurocheque-Karte kann (in Verbindung mit einer Geheimzahl) zum Bargeldeinzug von Bankautomaten, zur Nutzung für Electronic Cash (als Point of Sale System) und (künftig) auch als Geldkarte (im Sinne einer elektronischen Geldbörse) genutzt werden. Dagegen waren Ende 1994 nur 10 Millionen *Kreditkarten* im Umlauf. Mit diesen wurden weniger als 3 Prozent aller unbaren Zahlungstransaktionen abgewickelt. Kreditkarten finden in Deutschland als modernes Zahlungsmittel für den unbaren Zahlungsverkehr jedoch eine schnell steigende Verbreitung, wobei der Großteil der ausgegebenen Kreditkarten auf den Marktführer Eurocard (gefolgt von VISA, American Express und Diners Club) entfällt.[579]
Für den Transfer von *Zahlungen zwischen Banken* (Interbankenzahlungsverkehr) fällt als wesentliches Charakteristikum auf, daß die drei Großbanken, der Sparkassensektor, der Genossenschaftssektor und die Postbank über interne Transfermechanismen (im Sinne von Gironetzen) verfügen. Beispielsweise bilden die Sparkassen zusammen mit ihren Girozentralen im bargeldlosen Zahlungsverkehr ein großes Girosystem. Die Abwicklung des (vor allem) unbaren Zahlungsverkehrs (Überweisungs-, Einzugs-, Abrechnungsverkehr) zwischen verschiedenen Instituten und den Gironetzen der einzelnen Institutsgruppen erfolgt über das Gironetz der Bundesbank. Beispielsweise wurden 1994 insgesamt 2,8 Milliarden *Überweisungen, Lastschriften und Schecks* über die Bundesbank geleitet. Diese repräsentierten circa ein Viertel der (unbaren) Zahlungsvorgänge, mit denen die Kreditinstitute von ihren Kunden beauftragt worden sind. Vor allem für den Einzug von Schecks und Lastschriften, weniger jedoch für Überweisungen, wird das Gironetz der Bundesbank im Interbankenzahlungsverkehr genutzt. Die Bundesbank übernimmt jedoch keine Abwicklungsrisiken im Interbankenzahlungsverkehr und führt nur Zahlungen aus, für die ausreichend Deckung besteht.[580]
Für die Abwicklung von *Zahlungen für Wertpapiere* (Effektengiroverkehr) spielt der (zur Gruppe Deutsche Börse) gehörende Deutsche Kassenverein AG, (eine Wertpapiersammelbank), eine sehr wichtige Rolle.[581] Die Abwicklung des Transfers für Wertpapiere erfolgt vorwiegend als stückelose Übertragung. Kennzeichnend für das Erfüllungssystem der deutschen Börsen (im Sinne der Lieferung der Wertpapiere und

---

579 Vgl.EUROPEAN MONETARY INSTITUTE(1996), S.88-97; STEIN(1996), S.16-19.

580 Vgl.BUNDESBANK(10/1995), S.34; EUROPEAN MONETARY INSTITUTE(1996), S.88-89, POZDENA/ALEXANDER(1992), S.570-571; STEIN(1996), S.37-38. Einen hervorragenden Überblick über den *Interbankenzahlungsverkehr* gibt EUROPEAN MONETARY INSTITUTE(1996), S.100-114.

581 Im Betrachtungsjahr 1995 hat der *Deutsche Kassenverein (DKV)* über 90 Prozent der in Deutschland gehandelten Rentenwerte und 75 Prozent der Aktien und Investmentanteile in seinen Tresoren gelagert. Deren Kurswert betrug Ende 1995 circa 8,1 Billionen DM. Seit Januar 1996 sind der Deutsche Kassenverein (DKV) und der Auslandskassenverein (AKV), die bisher nebeneinander existiert haben, im Deutschen Kassenverein (DKV) zusammengeschlossen. Vgl.DEUTSCHE BÖRSE(7/1996a), S.4-5

der Zahlung des Kaufpreises) ist die Girosammelverwahrung und eine vollständige Abwicklung (seit 1970) über den Computer. Wertpapiere ein und derselben Art werden summarisch als Sammelbestand verwahrt. Diese Girosammelverwahrung in Sammelbeständen stellt die Voraussetzung dar, daß im Rahmen der Erfüllung eines Börsengeschäftes der Übergang vom Verkäufer zum Käufer lediglich durch einen Buchübertrag bewirkt wird, wobei der Kaufpreis gleichzeitig im Lastschriftverfahren bei der Landeszentralbank eingezogen wird. Am zweiten Börsentag nach Geschäftsschluß erfolgt die Buchung und somit die Erfüllung der Geschäfte.[582]

In welchem Umfang wird die Zahlungssystemfunktion ausgeübt? Die Referenzmodellproblematik verhindert (abgesehen von der Quantifizierung) eine bewertende Aussage zum Umfang der Ausübung der Zahlungssystemfunktion. Behelfsmäßig wird folgende Einschätzung abgegeben: Mit gewissen Einschränkungen wird - insgesamt betrachtet - die Zahlungssystemfunktion durch die deutschen Kreditinstitute recht gut ausgeübt.

Was fällt an der Ausübung der Zahlungssystemfunktion auf? Für die Ausübung der Zahlungssystemfunktion spielen - ausgehend vom Betragsvolumen der Zahlungsvorgänge - die deutschen Kreditinstitute, insbesondere die Universalbanken, eine überragende Rolle. Neben Bargeld sind insbesondere Überweisungen und Lastschriften als wichtige Zahlungsmittel zu nennen. Der Großteil des Zahlungsvolumens wird durch die beiden letztgenannten Zahlungsmittel auf unbarem Wege abgewickelt. In Anlehnung an das theoretische Konstrukt der „overdraft economy" kann das deutsche Zahlungssystem als ein Überweisungssystem in Verbindung mit (von den Kreditinstituten fest eingeräumten und vertraglich zugesagten) Kreditlinien, die ständig in Anspruch genommen werden können, charakterisiert werden. In diesem Zusammenhang ist die Beobachtung erhellend, daß sich seit 1945 der Bargeldumlauf alle zehn Jahre verdoppelt und das unbare Zahlungsverkehrsvolumen in den gleichen Zeiträumen jeweils verdreifacht hat. Hervorzuheben ist, daß die deutschen Kreditinstitute im letzten Jahrzehnt erhebliche Anstrengungen zur Modernisierung und Beschleunigung des baren und unbaren Zahlungsverkehrs unternommen haben. Als neueste Verbesserung wird auf die Einführung von elektronischem Bargeld (Geldkarte) verwiesen.[583]

2.7. Informationsfunktion

Was kennzeichnet allgemein die Informationsfunktion? Allgemein betrachtet kennzeichnet sich die *Informationsfunktion* durch die Bewertung von Geldanlagemöglichkeiten, Finanzierungsmöglichkeiten, Risikenabsicherungsmöglichkeiten usw. und die Bereitstellung dieser für die Finanzdispositionen der nichtfinanziellen Sektoren relevanten Informationen. Darunter fallen auch Preisinformationen.

---

582 Vgl. Von ROSEN(1993), S.1254; POZDENA/ALEXANDER(1992), S.571 und als Überblick über Wertpapiergeschäfte in Deutschland EUROPEAN MONETARY INSTITUTE(1996), S.115-120.

583 Vgl. STEIN(1996), S.16-17 und zur *overdraft economy* Kapitel B.III.2.1.2.

Wer übt die Informationsfunktion hauptsächlich aus? Die Bereitstellung von Preisinformationen für Geldanlagemöglichkeiten, Finanzierungsmöglichkeiten und Risikenabsicherungsmöglichkeiten erfolgt durch die Gesamtheit der Finanzinstitutionen und Finanzmärkte des Finanzsektors. Informationen über die Ausgestaltung und Konditionen indirekter Finanztitel (Konsumenten-, Hypothekar-, Investitionskredite, Spareinlagen, Termineinlagen, Investmentzertifikate usw.) geben Finanzintermediäre. Informationen über Ausgestaltung und Konditionen direkter Finanztitel (Rentenpapiere, Optionsscheine, Aktien usw.) werden von den Emittenten zur Verfügung gestellt. Insbesondere für die Ausgestaltung und Konditionen börsengehandelter direkter Finanztitel bestehen zahlreiche Informationspflichten, die mit der Börsenzulassung verknüpft sind. Für direkte börsennotierte Finanztitel besteht ein hohes Maß an Transparenz, zu der insbesondere die an den Börsen durchgeführte Preisbestimmung beiträgt. Preise für die an Börsen gehandelten direkten Finanztitel sind von den daran interessierten Wirtschaftseinheiten quasi als freies Gut abrufbar. Preise für Risikenabsicherungsmöglichkeiten werden von den an der Risikenallokationsfunktion beteiligten Institutionen (z.B. an der Deutschen Terminbörse, von den Versicherungsunternehmen usw.) ermittelt.

In welchem Umfang wird die Informationsfunktion ausgeübt? Als (utopisches) Referenzmodell für die Beurteilung des Umfangs der Ausübung der Informationsfunktion kann eine Welt vollkommener Information gedacht werden, in welcher den Wirtschaftseinheiten jederzeit alle für ihre Finanzdispositionen relevanten Informationen kostenlos zur Verfügung stehen. Als (ebenfalls utopische) Ergänzung zu einer solchen vollkommenen Informationsversorgung der Wirtschaftseinheiten kann ein vollkommen informationseffizienter Kapitalmarkt gedacht werden, auf dem jederzeit alle verfügbaren Informationen (auch Insiderinformationen) richtig in den Preisen der Finanzinstrumente reflektiert werden.[584]

Der Umfang der Ausübung der Informationsfunktion ist in Deutschland sehr weit von dem skizzierten (utopischen) Idealzustand entfernt. Hervorzuheben ist jedoch, daß grundlegende, für die Finanzdispositionen der Wirtschaftseinheiten relevante Informationen, wie beispielsweise die Preise börsennotierter direkter Finanzinstrumente oder die Preise indirekter Finanzinstrumente der Finanzintermediäre, den Wirtschaftseinheiten für ihre Finanzdispositionen relativ leicht zugänglich sind. Tendenziell hat sich zudem durch die Regelungen des Wertpapierhandelsgesetzes, wie die Bestimmungen zur Ad hoc-Publizität des §15 WpHG und die Mitteilungs- und Veröffentlichungspflichten bei Veränderungen des Simmrechtsanteils) bei börsennotierten Gesellschaften (§§ 21-30 WpHG), die Transparenz in den organisierten Finanzmärkten erhöht.[585]
Eine wesentliche Restriktion für den Umfang der Ausübung der Informationsfunktion stellen jedoch die im deutschen Handelsgesetz (HGB) zulässigen Bewertungsspielräume für die Aufstellung der Jahresabschlüsse der Kapitalgesellschaften dar. Darüber hinaus geben die von den Kapitalgesellschaften veröffentlichten Informationen selten

---

584 Vgl.zur Theorie informationseffizienter Kapitalmärkte FAMA(1970), S.383-417.

585 Vgl.grundlegend die Bestimmungen der §§ 15, 21-30 WpHG in DEUTSCHE BÖRSE (9/1995), S.50-59 und ergänzend die Ausführungen in DEUTSCHE BÖRSE(3/1995), S.13.

einen grundlegenden Aufschluß über die tatsächlichen Beteiligungsverhältnisse und Verflechtungen innerhalb und zwischen Unternehmens- und Finanzsektor.[586] Insbesondere Gesellschaften mit beschränkter Haftung kommen selten ihren Offenlegungspflichten nach. Vor allem in Unternehmen dieser Rechtsform ist die Ansicht weit verbreitet, daß ihre Jahresabschlüsse niemanden etwas angehen. Die Informationbereitschaft der deutschen Kapitalgesellschaften kann als sehr gering im Vergleich zu Unternehmen in den Vereinigten Staaten gekennzeichnet werden. Die geringe Informationsbereitschaft der deutschen Finanzintermediäre spiegelt sich beispielsweise darin wider, daß verläßliche Angaben zum Volumen des Interbankenhandels in deutschen Rentenwerten und Aktien der interessierten Öffentlichkeit faktisch nicht bereitgestellt werden.[587] Darüber hinaus stellen die in Deutschland vorherrschenden Finanzierungsinstrumente (Kreditfinanzierung und interne Finanzierung) eine wesentliche Einschränkung für die Ausübung der Informationsfunktion dar. Denn im Gegensatz zur direkten Finanzierung über Finanzmärkte entstehen bei der indirekten und der internen Finanzierung keine Informationen (quasi als Nebenprodukte), die andere Wirtschafteinheiten für ihre Finanzdispositionen nutzen können.

Insgesamt wird der Umfang der Ausübung der Informationsfunktion in Deutschland durch eine eher zurückhaltende Informationsbereitschaft charakterisiert. Die Informationsfunktion wird durch den deutschen Finanzsektor in einem wesentlich geringeren Umfang als beispielsweise in den Vereinigten Staaten ausgeübt. Die Frage, in welchem Maß die im Rahmen der Informationsfunktion verbreiteten Informationen auch vollständig und richtig in den Aktienkursen reflektiert werden und von einem „informationseffizienten Kapitalmarkt" gesprochen werden kann, ist mit den für Deutschland vorliegenden empirischen Arbeiten nicht zu beantworten. Als vorsichtige Einschätzung der Informationseffizienz des deutschen Aktienmarktes liegt die Vermutung nahe, daß die Hypothese der schwachen Form der Informationseffizienz des deutschen Aktienmarktes nicht verworfen werden kann und die Hypothese mittelstrenger Informationseffizienz abzulehnen ist.[588]

---

[586] Vgl.ADAMS(1994), S.148-149; IFO/SAKURA(1997), S.99-101. Es wird sich zeigen, ob die zuvor angesprochenen Vorschriften des WpHG tatsächlich geeignet sind, die deutschen Verflechtungsstrukturen des Unternehmens- und Finanzsektors aufzuhellen.

[587] Vgl.o.V.(1997f), S.27 sowie die Ausführungen zu den Sekundärmarktfunktionen (Kapitel D.V.2.4.)

[588] Während SCHIERECK/WEBER(1995), S.3-23; OEHLER(1994), S.939-954; GÖTZ(1990), S.174-195 sogar die These der schwachen Informationseffizienz des deutschen Aktienmarktes in Zweifel ziehen, sehen dazu widersprechend PIEPER/SCHIERECK/WEBER(1993), S.487-503 die These der mittelschwachen Informationseffizienz des deutschen Aktienmarktes bestätigt. Einen Überblick über ältere Studien zur Effizienz des deutschen Kapitalmarktes gibt MÖLLER(1985), S.500-516. Dieser weist auch darauf hin, daß die mit empirischen Tests der Effizienzthese verbundene Problematik der Überprüfung verbundener Hypothesen eindeutige Aussagen zur Informationseffizienz erschwert. Tatsächlich kommt keine der von MÖLLER zitierten Studien zu einer eindeutigen Aussage bezüglich der Informationseffizienz des deutschen Aktienmarktes. SCHNEIDER(1993), S.1434 hingegen bestreitet grundsätzlich die Vereinbarkeit von Informationseffizienz (der schwachen und halbstrengen Form) mit den Existenzbedingungen für Zukunftsmärkte und mit der Tatsache, daß am Kassamarkt der Handel zu Ungleichgewichtspreisen stattfindet, wobei zudem noch eine Marktstufenbildung zwischen Finanztitel nachfragenden Unternehmungen und Marktinsidern einerseits und Marktinsidern und breitem Kapitalmarktpublikum andrerseits stattfindet.

Was fällt an der Ausübung der Informationsfunktion auf? Das völlige Fehlen inländischer informationengenerierender Spezialinstitutionen, wie z.B. Ratingagenturen, stellt eine Besonderheit der Ausübung der Informationsfunktion im deutschen Finanzsektor dar. In anderen Finanzsystemen, wie beispielsweise in den Vereinigten Staaten, stellen Ratingagenturen Informationen über die Bonität von Schuldnern direkter Finanztitel (insbesondere Rentenwerte) in der Form eines Ratings zur Verfügung und tragen somit zur Erhöhung der Markttransparenz in den Märkten für Obligationen (Rentenwerte) und Aktien bei. Erklärbar ist ein Fehlen derartiger Institutionen im deutschen Finanzsektor möglicherweise dadurch, daß auf dem deutschen Rentenmarkt fast ausschließlich Obligationen der öffentlichen Hand und der Kreditinstitute gehandelt werden. Deren Bonität wird allgemein als erstklassig eingestuft. Industrieanleihen, für die ein Rating als Zusatzinformation besonders wichtig ist, spielen dagegen auf dem deutschen Rentenmarkt faktisch keine Rolle, so daß die Existenz von Ratingagenturen nicht notwendig erscheint.[589]

2.8. Politikfunktion

Was kennzeichnet allgemein die Politikfunktion? Als *Politikfunktion* wird die Instrumentalisierung des Finanzsektors durch staatliche Institutionen (Regierung, Zentralbank) zur Durchsetzung bestimmter politischer Vorstellungen und zur Erreichung bestimmter politischer Zielsetzungen bezeichnet.

Wer übt die Politikfunktion hauptsächlich aus? Die Ausübung der Politikfunktion obliegt vor allem der Deutschen Bundesbank. Von der Bundesregierung wird der Finanzsektor nur in geringem Maße zur Durchsetzung bestimmter politischer Vorstellungen genutzt. Dementsprechend beschränkt sich der *Umfang der Ausübung der Politikfunktion* vornehmlich auf die Transaktionen der Bundesbank im Rahmen der Durchsetzung ihrer geldpolitischen Konzeption. Die Beschränkung der Bundesbank auf den Einsatz marktkonformer Transaktionen zur Umsetzung ihrer geldpolitischen Ziele stellt eine *Auffälligkeit bei der Ausübung der Politikfunktion* dar.[590] Bundesbank und Bundesregierung verzichten auf dirigistische Eingriffe in die Ressourcenallokation. Maßnahmen zur (quantitativ bedeutenden) aktiven Kreditlenkung oder Kreditzuteilung an bevorzugte Sektoren spielen in Deutschland keine Rolle. Verzerrungen der Allokation und Preise finanzieller Ressourcen durch dirigistische Eingriffe können für Deutschland nicht festgestellt werden.

---

[589] Vgl.hierzu grundlegend die Ausführungen in Kapitel D.II.4.2. zum deutschen Rentenmarkt. In Deutschland waren 1995 lediglich zwei Niederlassungen ausländischer Ratingagenturen tätig.Vgl.MARWEDE(1995), S.336.

[590] Da der Bundesregierung im Zusammenhang mit der Ausübung der Politikfunktion praktisch keine Bedeutung zukommt und die Bundesbank, ihre geldpolitische Konzeption und Instrumente bereits in Kapitel D.II.2. ausführlich erläutert worden sind, wird von einer über die an der angegebenen Stelle durchgeführten Betrachtung hinaus gehenden funktionalen Analyse der Bundesbank im Rahmen der vorliegenden Arbeit abgesehen.

3.WÜRDIGUNG

Im Anschluß an die Charakterisierung der Ressourcenallokationsfunktion im deutschen Finanzsystem ist ein Fazit zu ziehen und zu fragen, was ein fiktiver Betrachter aus der funktionalen Betrachtung gelernt hat. Insgesamt hat ein fiktiver Betrachter aus der Analyse der Ressourcenallokationsfunktion wichtige strukturelle Informationen über das deutsche Finanzsystem gewonnen. Diese stellen eine wichtige Ergänzung zu der Betrachtung der Dimension der Institutionen dar und werden nachfolgend anhand von drei Thesen zusammengefaßt:

Erstens hat die Analyse der Finanzsektorfunktionen gezeigt, daß die Bankfinanzintermediäre (insbesondere die Universalbanken) aufgrund ihrer herausragenden Position im deutschen Finanzsektor eine bestimmende Rolle für die Ausübung der Finanzsektorfunktionen (sogar für die Ausübung der Sekundärmarktfunktionen) spielen. Faktisch dominieren die Bankfinanzintermediäre die Ausübung der Finanzsektorfunktionen. In diesem Sinn wird die stark bankorientierte institutionelle Finanzsektorstruktur überaus deutlich in der Ausübung der Finanzsektorfunktionen reflektiert.

Zweitens hat die Analyse der Finanzsektorfunktionen gezeigt, daß die Ausübung der Finanzsektorfunktionen in einem recht zufriedenstellendem Ausmaß erfolgt. Keine der Finanzsektorfunktionen wird unzufriedenstellend oder nur mangelhaft ausgeübt. In diesem Sinne „funktioniert" der deutsche Finanzsektor (Kern) und erbringt ein umfassendes Angebot an Finanzdienstleistungen für die nichtfinanziellen Sektoren (innere Schale). Gleichzeitig werden im Rahmen der funktionalen Analyse auch beträchtliche Verbesserungspotentiale für die Ausübung der Finanzsektorfunktionen identifiziert. Für jede der Finanzsektorfunktionen fallen Optimierungsmöglichkeiten im Hinblick auf die Vielfalt der Finanzinstrumente zur Funktionenausübung auf. Beispielsweise könnte die Zahlungssystemfunktion durch die größere Nutzung und Akzeptanz moderner Zahlungsmittel (Kreditkarten, Geldkarten usw.) verbreitert werden. Die Geldanlagefunktion könnte um Geldanlagemöglichkeiten institutioneller Anleger zur Alterssicherung (Pensionsfonds) erweitert werden usw.[591] Gerade die Identifikation von Verbesserungspotentialen für die Ausübung der Finanzsektorfunktionen im Rahmen der funktionalen Analyse geht über die Ergebnisse der institutionell orientierten Analyse der Kapitel D.II.-IV. hinaus.

Drittens hat die Einordnung der die grundlegenden Finanzbedürfnisse der Wirtschafteinheiten (Geldanlagebedarf, Finanzierungsbedarf, Risikenteilungsbedarf) betreffenden Finanzsektorfunktionen (Geldanlagefunktion, Finanzierungsfunktion, Risikenallokationsfunktion) in den jeweiligen funktionalen Finanzsystemzusammenhang gezeigt, daß der Finanzsektor im Systemzusammenhang zwar eine wichtige, aber gleichzeitig (relativ) untergeordnete Rolle im Hinblick auf die Zusammensetzung der Gesamtvermögensposition, die Struktur der Gesamtverbindlichkeiten und die gesamten Mechanismen zur Risikenallokation der nichtfinanziellen Sektoren spielt.

---

591 Im Rahmen der Diskussion über die Finanzsektoreigenschaft der Effizienz der Funktionsausübung des Finanzsektors (Kapitel D.VI.2.4.) werden für jede Finanzsektorfunktion Verbesserungsmöglichkeiten aufgezeigt.

Zu hinterfragen ist jedoch auch, was ein fiktiver Betrachter aus der Analyse der Funktionen nicht gelernt hat. Für die Beantwortung dieser Frage spielt die bedingte Operationalisierbarkeit der Dimension Funktionen eine wichtige Rolle. Denn anders als bei der Beschreibung der drei Ebenen der Dimension Institutionen des deutschen Finanzsystems ist bei der Beschreibung der Dimension der Funktionen die Problematik der Operationalisierbarkeit des Beobachtungsgegenstandes ständig präsent.
Zwei schwerwiegende grundsätzliche Probleme haben die Operationalisierung der Finanzsektorfunktionen entscheidend behindert. Erstens ist in diesem Zusammenhang die Problematik der technischen Operationalisierbarkeit zu nennen. Quantitative Angaben zum Umfang, mit dem die Finanzsektorfunktionen ausgeübt werden, sind mit enormen Anforderungen an das empirische Datenmaterial verbunden. Hinderlich erweist sich zudem, daß für keine der Finanzsektorfunktionen eine umfassende Systematik verfügbar ist, mit der die jeweilige Finanzsektorfunktion vollständig erfaßt und systematisch beschrieben werden kann. Folglich hat sich für eine Vielzahl der Finanzsektorfunktionen bereits deren Quantifizierung als äußerst problematisch erwiesen. Besonders schwer zugänglich für eine Quantifizierung sind die Risikenallokationsfunktion (Kapitel D.V.2.3.), die Transformationsfunktionen (Kapitel D.V.2.5.), und die Informationsfunktion (Kapitel D.V.2.7.). Zumindest teilweise beschreibbar haben sich die Sekundärmarktfunktionen (Kapitel D.V.2.4.) und die Zahlungssystemfunktion (Kapitel D.V.2.6.) machen lassen. Jedoch bleiben selbst in den Fällen, in denen die Finanzsektorfunktionen recht gut quantifiziert werden konnten, wie bei der Geldanlagefunktion (Kapitel D.V.2.1.) und der Finanzierungsfunktion (Kapitel D.V.2.2.) Zweifel, ob die Finanzsektorfunktionen tatsächlich „angemessen" abgebildet worden sind.
Zweitens sind neben den technischen Schwierigkeiten beträchtliche inhaltliche Operationalisierungsprobleme zu nennen. Im Anschluß an die Quantifizierung der Finanzsektorfunktionen beziehungsweise die (behelfsmäßigen) Einschätzungen zum Umfang der Ausübung der Finanzsektorfunktionen macht sich das Fehlen geeigneter Referenzmodelle bemerkbar, mit denen der Umfang der Ausübung der Finanzsektorfunktion bewertet werden kann. Idealerweise sollten mit derartigen Referenzmodellen Aussagen darüber möglich sein, ob die jeweils betrachteten Finanzsektorfunktionen in Anbetracht des Entwicklungsstandes des Finanzsystems „gut", „schlecht" oder nur „durchschnittlich" ausgeübt werden. Das Fehlen geeigneter Referenzmodelle wurde im Rahmen der Ausführungen als „Referenzmodellproblematik" thematisiert. Als einziges Referenzmodell wurde im Rahmen der Charakterisierung der Informationsfunktion die Vorstellung informationseffizienter Kapitalmärkte aufgegriffen. Dieses Referenzmodell hat sich jedoch im Rahmen der Beurteilung der Informationsfunktion als nur bedingt tauglich erwiesen.[592]
Angesichts der thematisierten technischen und inhaltlichen Schwierigkeiten sind die Aussagen der funktionalen Analyse mit wesentlich mehr Unsicherheit behaftet als die Aussagen der institutionell orientierten Analyse (Kapitel D.II.-D-IV.), bei der wesentlich mehr zuverlässiges Datenmaterial vorhanden ist und die Referenzmodellproblematik nicht zum Tragen kommt.

592 Vgl.hierzu Kapitel D.V.2.7.

VI.EIGENSCHAFTEN

1.EINORDNUNG DER EIGENSCHAFTEN

In der Systematik des Schalenmodells stellen die *Eigenschaften* neben den *Institutionen* und den *Funktionen* eine eigene Dimension des Finanzsystems dar. Die Eigenschaften werden unterschieden in *Eigenschaften des Finanzsektors*, die direkt aus dessen institutioneller Struktur resultieren, und *Systemcharakteristika* (Systemeigenschaften), die sich aus der Interaktion mehrerer Finanzsystembestandteile ergeben. Durch die Charakterisierung der Eigenschaften des Finanzsystems werden zusätzlich zur institutionell und funktional orientierten Analyse der Kapitel D.II.-D.V. wichtige strukturelle Informationen über das deutsche Finanzsystem gewonnen.

Abbildung D.49.:
Die Dimension der Eigenschaften im Schalenmodell des Finanzsystems

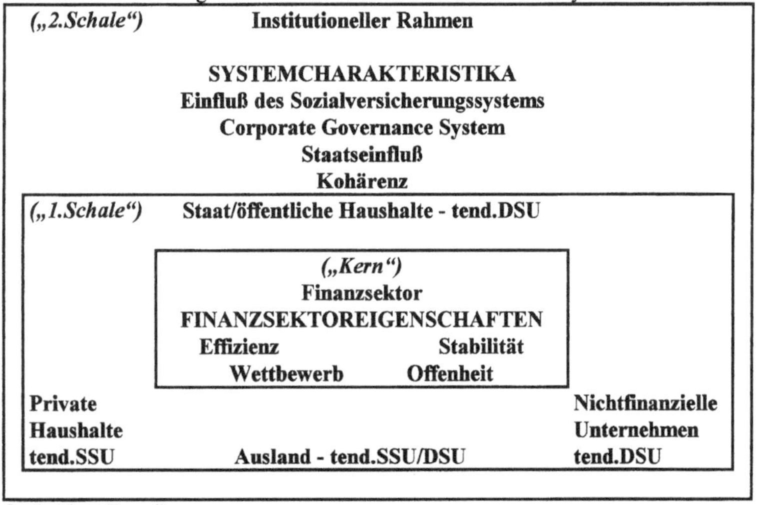

Quelle: Eigene Darstellung.

Kapitel D.VI.2. ist zunächst den *Eigenschaften des Finanzsektors* gewidmet. Die Ausführungen kreisen um die Thematik, inwiefern der deutsche Finanzsektor im Hinblick auf die Eigenschaften *Stabilität des Finanzsektors*, *Offenheit des Finanzsektors*, *Wettbewerb und Art der Preisbildung im Finanzsektor* und der *Effizienz (der Funktionsausübung) des Finanzsektors* beschrieben werden kann. Thesenförmig wird zunächst eine Einschätzung (auf Ordinalskalenniveau) zur Ausprägung der jeweiligen Finanzsektoreigenschaft formuliert und umrissen, an welchen typischen Finanzsektoraspekten (Indikatoren) sich die Eigenschaft hauptsächlich manifestiert. In diesem Zusammenhang werden auch Möglichkeiten einer exakten Quantifizierung der Eigenschaftsausprägung geprüft. Durch diese Vorgehensweise wird systematisch das charakteristische Eigenschaftsprofil des deutschen Finanzsektors herausgearbeitet. In Kapitel D.VI.3. werden die *Systemcharakteristika* des deutschen Finanzsystems einer näheren Betrachtung unterzogen. Die Ausführungen kreisen um die Thematik, wie die wesentlichen Systemcharakteristika beschrieben werden können. Bei diesen handelt es sich um den strukturprägenden *Einfluß des Sozialversicherungssystems*, das *Corporate Governance System*, den *Einfluß des Staates* und die *Kohärenz* des Finanzsystems. Zunächst wird jedes Systemcharakteristikum im Hinblick auf seine Ausgestaltung im deutschen Finanzsystem thesenförmig charakterisiert und anschließend werden die besonderen Strukturmerkmale des Systemcharakteristikums im deutschen Finanzsystem näher beschrieben. In Kapitel D.VI.4. wird zusammengefaßt, was ein fiktiver Betrachter über die Eigenschaften im deutschen Finanzsystem gelernt hat.

2.EIGENSCHAFTEN DES FINANZSEKTORS

2.1.Stabilität

Thesenförmig formuliert kennzeichnet sich der deutsche Finanzsektor durch ein hohes Maß an *Stabilität*. Diese manifestiert sich zum einen in einer beträchtlichen Währungsstabilität (Geldwertstabilität) und zum anderen in einem hohen Maß an struktureller Stabilität. Letztere äußert sich insbesondere in der unangefochtenen Stellung der Bankfinanzintermediäre im deutschen Finanzsektor, einem mäßigen Tempo bei der Einführung von Finanzinnovationen und stabilen Intermediationsraten.

Das Wächteramt über die Geldwertstabilität hat der Gesetzgeber der Bundesbank als deren vorrangige Aufgabe (neben der Aufrechterhaltung eines geordneten Geldwesens) übertragen. Durch ihre geldpolitischen Maßnahmen hat die Bundesbank wesentlich zu dem hohen Maß an Geldwertstabilität in Deutschland beigetragen. Dies spiegelt sich in der moderaten deutschen Inflationsrate wider, die im Zeitraum von 1980-1994 durchschnittlich bei knapp 3 Prozent gelegen hat. Diese konsequente Stabilitätsorientierung in der Geldpolitik der Bundesbank hat zum einen wesentlich die längerfristige Orientierung in den Finanzierungsbeziehungen der Wirtschaftseinheiten gefördert und zum anderen das Auftreten inflationärer Schocks, verbunden mit hohen und stark schwankenden Zinsen, welche eine wesentliche Schwächung des Bankensystems bewirken (können), konsequent verhindert. Gerade inflationäre Schocks haben in anderen Ländern wesentlich zur Verlagerung der Finanzierungsbeziehungen von den Banken zu den Wertpapiermärkten (Disintermediation) beigetragen.[593]

Deutlich unterstrichen wird die strukturelle Stabilität des deutschen Finanzsektorsdurch die im Zeitablauf unangefochtene dominierende Rolle der Bankfinanzintermediäre im deutschen Finanzsektor und eine ausgeprägte Langfristorientierung in den Finanzierungsbeziehungen der Wirtschaftseinheiten. Im deutschen Finanzsektor haben seit der Freigabe der Bankzinsen 1967 keine wesentlichen struktu-

---

[593] Vgl.BUNDESBANK(10/1995), S.22-26 und S.44. Im selben Zeitraum betrug die durchschnittliche Inflationsrate in Großbritannien 6,5%, in Frankreich 5,8% und in den Vereinigten Staaten 5,0%.

rellen Veränderungen stattgefunden. Gefördert wird die dominierende Rolle der Bankfinanzintermediäre im deutschen Finanzsektor durch die Ausgestaltung des Gesetzes über das Kreditwesen (KWG), das den Kreditinstituten erlaubt, als Universalbanken tätig zu sein. Den als Universalbanken tätigen Kreditinstituten ist eine breite Risikenstreuung möglich, die zu der tendenziellen Stabilisierung ihrer Ertragslage beiträgt. Als Folge ist eine geringe Störanfälligkeit des deutsche Bankensystems festzustellen. Bankenkrisen (wie die derzeitige Schwäche des japanischen Bankensystems) oder spektakuläre Bankenzusammenbrüche (wie der englischen Baringsbank) sind in Deutschland in den letzten Jahren nicht eingetreten. Die strukturelle Stabilität des deutschen Finanzsektors zeigt sich auch an dem äußerst behutsamen Umgang bei der Einführung von (bedeutenden) Finanzinnovationen im deutschen Finanzsektor. Beispielsweise wurde die Deutsche Terminbörse (DTB) erst im Januar 1990 eröffnet. Erst im August 1994 hat die Bundesbank ihre Bedenken gegen DM-Geldmarktfonds zurückgestellt und somit deren Markteinführung ermöglicht. Aufgrund dieser Zurückhaltung bei der Einführung von Finanzinnovationen sind in Deutschland die traditionellen Transmissionsmechanismen der Geldpolitik nicht durch diese Finanzinstrumente berührt und die Grundlagen der mittelfristig orientierten Geldpolitik nicht in Frage gestellt worden.[594]
Besonders deutlich zeigt sich die strukturelle Stabilität des deutschen Finanzsektors an der im Zeitablauf relativ konstanten Intermediationsrate. Diese lag von 1981 bis 1996 bei durchschnittlich 70 Prozent. Veränderungen in den Finanzierungsstrukturen sind trotz der steigenden Bedeutung verbriefter Finanzinstrumente nur gradueller Natur. Eine Tendenz zur Disintermediation im Sinne einer Verlagerung der Finanzierung von den Finanzintermediären zu den Finanzmärkten kann in Deutschland nicht festgestellt werden. Auch Finanzinnovationen haben in Deutschland nicht zu einer Disintermediation in diesem Sinne beigetragen.[595]
Offenkundige Instabilitätsfaktoren im deutschen Finanzsektor konnten im Rahmen der durchgeführten Finanzsystembetrachtung nicht identifiziert werden. Im Rahmen der Ausübung der Fristentransformationsfunktion (Kapitel D.V.2.5.) haben die deutschen Banken keine übermäßig großen Risiken übernommen. Andere Instabilitätsfaktoren im Bankensektor, wie beispielsweise eine überaus große Exposure gegenüber Zinsänderungsrisiken, welche zu einer Gefährdung der Solvenz der Kreditinstitute führen kann, sind im Rahmen der durchgeführten Betrachtung nicht erkannt worden. Fehlentwicklungen bei der Einlagensicherung, welche die Kreditinstitute (nach „Vorbild“ der amerikanischen Savings & Loans) zur Übernahme übermäßiger Risiken verleiten könnten, liegen für Deutschland nicht vor. Gerade im Hinblick auf die Beurteilung der Stabilität

594 Vgl.BUNDESBANK(10/1995), S.42-43 und S.55-58; DISCH(1995), S.24-25; DRUMETZ(1992), S.75-76; IFO/SAKURA(1997), S.277-278; RUDOLPH(1992), S.342-348; STEIN(1996), S.8-9. Auch die Konzentration im Bankensektor ist im Zeitablauf recht stabil. Vgl.hierzu MOLYNEUX/ALTUNBAS/GARDENER(1996), S.67 und die Ausführungen in Kapitel D.VI.2.3.

595 Die empirische Studie von SCHMIDT/HACKETHAL/TYRELL(1997), S.13-18 kommt für Deutschland für den Zeitraum von 1981-1996 zum Ergebnis einer konstanten Intermediationsrate in Höhe von circa 70 Prozent und einer zunehmenden Verbriefungsrate. Auch die empirische Studie von DOMANSKI(1997), S.286-287 findet keine Belege für eine Tendenz zur Disintermediation (im obigen Sinne) in Deutschland. Vgl.hierzu auch die Ausführungen in BUNDESBANK(4/1995a), S.19.

des Bankensystems erweist es sich als besonders problematisch, daß systemische Risiken nicht eindeutig identifiziert und erkannt werden können. Diese systemischen Risiken ergeben sich daraus, daß aus dem komplexen Geflecht von Interbankbeziehungen die Gegenparteirisiken der einzelnen Verträge und ihre Korrelationen mit den zugrunde liegenden wirtschaftlichen Risiken weder für die Vertragspartner noch für die Aufsichtsbehörden zu übersehen sind.[596] Besonders schwierig erweist sich die Beurteilung und Einschätzung der Auswirkungen des beträchtlichen Volumens derivativer Geschäfte der Kreditinstitute auf die Stabilität des Bankensystems.[597] Inwieweit aus den beiden letztgenannten Überlegungen wesentliche Einschränkungen für die Stabilität des deutschen Finanzsektors resultieren, ist nicht feststellbar.

2.2.Offenheit

Thesenförmig zusammengefaßt kennzeichnet sich der deutsche Finanzsektor durch ein relativ großes Maß an *Offenheit* nach dem Ausland. Diese manifestiert sich in einem vollständig liberalisierten Geld- und Kapitalverkehr, einem entsprechend großen Maß an Offenheit der Finanzmärkte und einem (formal) respektablen Maß an Offenheit der Bankenmärkte.

Die Offenheit des deutschen Finanzsektors zeigt sich besonders deutlich am vollständig liberalisierten Geld- und Kapitalverkehr. Die vollständige Freizügigkeit des Kapitalverkehrs erlaubt es Inländern, ohne Einschränkungen Kapital in jeder Form im Ausland anzulegen und räumt umgekehrt Ausländern dieselbe Freiheit in Deutschland ein. Kapitalverkehrsbeschränkungen oder Devisenbeschränkungen gibt es im heutigen Deutschland nicht. Die Öffnung des deutschen Finanzsektors wurde recht frühzeitig begonnen. Bereits Ende 1958 wurde die Konvertibilität der D-Mark für In- und Ausländer wiederhergestellt. Im Außenwirtschaftsgesetz von 1961 wurde die Freizügigkeit des Kapitalverkehrs mit dem Ausland im Grundsatz verankert. Die letzten marginalen Hindernisse im Geld- und Kapitalverkehr mit dem Ausland wurden zu Beginn der achtziger Jahre aufgehoben. 1981 wurden mit der Aufhebung der Genehmigungspflicht für den Erwerb inländischer Rentenwerte mit einer Restlaufzeit von bis zu einem Jahr sowie von Geldmarktpapieren durch Ausländer die letzten Reste der Kapitalverkehrsbeschränkungen beseitigt. Die Abschaffung der Ausländerkuponsteuer (auf Zinseinkünfte aus inländischen Rentenwerten) 1984 beendete die Spaltung in einen Markt für DM-Anleihen inländischer Emittenten und in einen Markt für DM-Auslandsanleihen. 1985 wurde der inländische Rentenmarkt für innovative Anleiheformen wie Nullkupon-Anleihen, variabel verzinsliche Anleihen und Anleihen in Verbindung mit Zins- und Währungsswaps geöffnet. Zudem wurden in Deutschland niedergelassene ausländische Konsortialführer (Kreditinstitute in Auslandsbesitz) bei der Emission von DM-

---

596 Vgl.für diese These HELLWIG(1995a), S.737.

597 Vgl.grundlegend zu dieser Problematik RUDOLPH(1987), S.19-22. Bereits 1993 hat sich das durchschnittliche Volumen derivativer Geschäfte aller deutschen Kreditinstitute in einer Höhe von circa 53 Prozent des übrigen Geschäftsvolumens bewegt. Bei den Großbanken repäsentierten die derivativen Geschäfte knapp 183 Prozent des übrigen Geschäftsvolumens. Vgl.BUNDESBANK(10/1993c), S.53.

Auslandsanleihen zugelassen. Trotz der bereits 1981 erfolgten Beseitigung der letzten Hemmnisse im Geld- und Kapitalverkehr wurden die letztgenannten Regelungen als Restliberalisierung des Geld- und Kapitalverkehrs kommentiert.[598] Die Offenheit im Geld- und Kapitalverkehr wird besonders deutlich an den deutschen Finanzmärkten reflektiert. Der Sektor Ausland (übrige Welt) stellt auf den deutschen Finanzmärkten einen wichtigen Marktteilnehmer im Sinne eines Emittenten und Erwerbers von Finanztiteln dar. Eine Betrachtung der Bestandsgrößen des deutschen Renten- und Aktienmarktes im Jahr 1995 zeigt, daß 9,1 Prozent des Umlaufs von Rentenwerten und 16,7 Prozent des Aktienumlaufs vom Sektor Ausland emittiert worden sind. Eine Betrachtung der Erwerber zeigt, daß im gleichen Jahr 21,9 Prozent des Rentenumlaufs und 8,7 Prozent des Aktienumlaufs vom Sektor Ausland gehalten worden sind. Bemerkenswert ist in diesem Zusammenhang, daß eine beträchtliche Anzahl ausländischer Wertpapiere an den deutschen Wertpapierbörsen gehandelt wird. Im Jahr 1995 wurden an den deutschen Börsen 1.034 ausländische Rentenwerte und 1.006 ausländische Aktienwerte gehandelt.[599]

Im Gegensatz zur Offenheit des Geld- und Kapitalverkehrs (sowie der Finanzmärkte) erscheint die Offenheit der deutschen Bankenmärkte als sehr ambivalent. Im Jahr 1995 betrug das Geschäftsvolumen aller 157 in Deutschland tätigen Auslandsbanken, d.h. der Kreditinstitute im Mehrheitsbesitz ausländischer Banken und der Zweigstellen ausländischer Banken, lediglich 4,3 Prozent (326,6 Mrd.DM) des Geschäftsvolumens aller Bankengruppen (7.538,9 Mrd.DM).[600] Eine wichtige Rolle spielen die Auslandsbanken an den Wertpapierbörsen und an der Deutschen Terminbörse. Beispielsweise stellen die Auslandsbanken an der wichtigsten deutschen Börse, der Frankfurter Wertpapierbörse, circa 50 Prozent der Marktteilnehmer und vereinigen rund 30 Prozent des Börsenumsatzes (38 Prozent des Aktienumsatzes und 27 Prozent des Rentenumsatzes) auf sich. Die wichtige Rolle der Auslandsbanken auf den Wertpapiermärkten zeigt sich auch daran, daß Auslandsbanken im Bundesanleihekonsortium rund die Hälfte der Konsortialbanken stellen. An der Deutschen Terminbörse stellen die Auslandsbanken und die ausländischen Wertpapierhäuser 50 Prozent der Marktteilnehmer und vereinigen 52 Prozent der Umsätze auf sich. Insgesamt haben die Auslandsbanken im Bereich derivative Finanzinstrumente (einschließlich des außerbörslichen Over the Counter Handels) die Marktführerschaft erworben. Positiv beeinflußt wurde die Gründung von Tochterbanken ausländischer Kreditinstitute in Deutschland von der oben angesprochenen institutionellen Öffnung des Emissionsmarktes für DM-Auslandsanleihen

---

598 Vgl.hierzu BUNDESBANK(2/1993), S.44-45; BUNDESBANK(3/1992), S.23-25; BUNDESBANK(7/1985), S.14-17. Bemerkenswert ist in diesem Zusammenhang, daß die Bundesbank die Zweigniederlassungen ausländischer Kreditinstitute erst 1992 in das Bundesanleihekonsortium eingeladen und ihnen die Führung von Inlandskonsortien gestattet hat. Vgl.MARWEDE(1995), S.332.

599 Vgl.hierzu Kapitel D.II.4.2. und Kapitel D.II.4.3.

600 Vgl.hierzu Kapitel D.II.3.2.2.1. und Kapitel D.II.3.2.2.2. Nicht berücksichtigt sind in obigen Angaben erstens die zahlreichen Repräsentanzen ausländischer Kreditinstitute, die über kein eigenes bilanzwirksames Geschäft verfügen, und zweitens die Kreditinstitute, die sich im Mehrheitsbesitz ausländischer Unternehmen befinden, in ihren Heimatländern jedoch keine Kreditinstitute (z.B.Wertpapierhäuser) sind. Vgl.BUNDESBANK(1/1987b), S.33.

durch die Zulassung im Inland ansässiger ausländischer Konsortialführer im Jahr 1985.[601] Als wesentliche treibende Kraft für die Öffnung der deutschen Bankenmärkte haben jedoch zweifelsfrei die europäischen Integrationsbestrebungen gewirkt. Mit dem Inkrafttreten der Zweiten Bankrechtskoordinierungsrichtlinie, der Eigenmittelrichtlinie und der Solvabilitätsrichtlinie im Januar 1993 wurde für Kreditinstitute der Europapaß, d.h. das Prinzip der einmaligen Banklizenz, verwirklicht. Besitzt ein Kreditinstitut den Europapaß, dann kann es in allen Mitgliedsländern der Europäischen Union ohne nochmalige Zulassung der nationalen Aufsichtsbehörden tätig werden. Mit Inkrafttreten der Wertpapierdienstleistungsrichtlinie im Januar 1996 wurde der Europapaß für Wertpapierhäuser verwirklicht. Für europäische Finanzinstitute besteht mit der Umsetzung dieser Regulierungen in nationales Recht eine formale Offenheit des deutschen Bankensystems.[602] Erwartungsgemäß sollten mit der Umsetzung dieser Richtlinien verstärkt europäische Kredit- und Finanzinstitute mit komparativen Wettbewerbsvorteilen, wie sie beispielsweise britische Bausparkassen aufgrund ihrer Erfahrungen im wettbewerbsintensiven heimischen Markt besitzen, den Markteintritt nach Deutschland suchen. Trotz der mittlerweile realisierten formalen Offenheit ist (noch) kein verstärkter Markteintritt europäischer Kredit- und Finanzinstitute in den deutschen Bankenmarkt zu beobachten.

Auch vor dem Inkrafttreten dieser Richtlinien bestanden keine überaus großen formalen Hemmnisse für den Markteintritt europäischer Kreditinstitute in das deutsche Bankensystem. Diese mußten für den Markteintritt nach Deutschland lediglich die gleichen Anforderungen wie inländische Kreditinstitute erfüllen. Gerade in Deutschland hat sich dies für ausländische Kreditinstitute besonders schwierig gestaltet.[603] Eindrucksvoll dokumentiert wird dieser Sachverhalt durch den langen Weg zur Eröffnung der ersten britischen Bausparkasse in Deutschland (Bradford & Bingley in Hamburg) im Jahr 1994. Als besonders problematisch erwies sich, daß die Vorschriften und Bürokratie des Bundesaufsichtsamtes für das Kreditwesen nicht auf Anträge ausländischer Institute abgestimmt sind, so daß sich Bradford & Bingley mit erheblichem bürokratischen Aufwand und äußersten Schwierigkeiten bei der Erlangung der Lizenz konfrontiert sahen.[604] Zumindest für außereuropäische Kreditinstitute dürften die diskutierten Schwierigkeiten im Hinblick auf die Erfüllung der Anforderungen zur Erlangung einer Lizenz durch das Bundesaufsichtsamt für das Kreditwesen weiterhin von Relevanz sein und somit ein beträchtliches (informelles) Hindernis für den Markteintritt nach Deutschland darstellen.

---

601 Vgl.BUNDESBANK(10/1995), S.59-60; BUNDESBANK(7/1989), S.16-17; MARWEDE(1995), S.334-336. Die Zahlenangaben beziehen sich auf das Jahr 1994.

602 Vgl.MOLYNEUX/ALTUNBAS/GARDENER(1996), S.31-32; BURGHOF/RUDOLPH (1996), S.195-201. Die für die Einführung des Europapasses für Banken wichtige Zweite Bankrechtskoordinierungsrichtlinie wurde im Rahmen der 4.KWG-Novelle im Jahr 1993 in deutsches Recht umgesetzt. Die für den Europapaß der Wertpapierfirmen relevanten Bestimmungen der Wertpapierdienstleistungsrichtlinie sind mit der 6.KWG-Novelle zu Beginn des Jahres 1998 in deutsches Recht umgesetzt worden. Vgl.o.V.(1998c), S.23; BURGHOF/RUDOLPH(1996), S.195.

603 Vgl.MOLYNEUX/ALTUNBAS/GARDENER(1996), S.18-19.

604 Vgl.o.V.(1994), S.20.

Die Offenheit des deutschen Bankensystems als dem wichtigsten Bestandteil des deutschen Finanzsektors stellt sich ambivalent dar. Trotz der formalen Offenheit (zumindest für europäische Kredit- und Finanzinstitute) ist der Marktanteil der Auslandsbanken insbesondere im Commercial Banking marginal. Möglicherweise werden einer effektiven Durchdringung des deutschen Finanzsektors durch Auslandsbanken tatsächlich enge Grenzen durch das allumfassende Finanzdienstleistungsangebot der deutschen Banken gesetzt.[605] Dies würde implizieren, daß das deutsche Bankensystem tatsächlich durch eine große Offenheit geprägt ist und der Markteintritt ausländischer Kredit- und Finanzinstitute aufgrund der großen Wettbewerbsfähigkeit (beziehungsweise Marktmacht) der deutschen Kreditinstitute als nicht attraktiv erscheint. Andrerseits ist es auch denkbar, daß angesichts des kurzen Zeitraumes seit Inkrafttreten des Europapasses der Markteintritt europäischer Kredit- und Finanzinstitute in den deutschen Bankenmarkt erst noch bevorsteht. Verstärkte Aktivitäten europäischer Kredit- und Finanzinstitute im deutschen Bankenmarkt würden die These der bisher nur eingeschränkten Offenheit des deutschen Bankensystems unterstützen.

2.3.Wettbewerb (und Art der Preisbildung)

Für die Einschätzung des Wettbewerbs und der Art der Preisbildung im Finanzsektor wird das System der Finanzintermediäre, insbesondere der Bankfinanzintermediäre, in den Vordergrund der Betrachtung gerückt. Finanzmärkte treten im Rahmen der Beurteilung des Wettbewerbs und der Preisbildung im Finanzsektor zurück. Für die organisierten deutschen Wertpapierbörsen kann festgehalten werden, daß sich die Preisbildung zu Marktkonditionen vollzieht.[606] Thesenförmig zusammengefaßt zeichnet sich das deutsche System der Bankfinanzintermediäre durch ein (für die relevante Marktform) beträchtliches Maß an *Wettbewerb* aus. Die *Preisbildung* erfolgt in den Bankenmärkten zu Marktkonditionen.[607] Überlegungen zum Wettbewerb im System der Bankfinanzintermediäre werden anhand der Struktur des Bankensektors angestellt. Als Wettbewerbsindikatoren werden die Anzahl der Kreditinstitute und die Konzentration im Bankensektor herangezogen. Darüber hinaus werden Entwicklungen thematisiert, die sich wettbewerbsfördernd auf den deutschen Bankensektor ausgewirkt haben.
Es existiert nur eine geringe Anzahl empirischer Studien zum Wettbewerbsverhalten in europäischen Bankensystemen. Die empirische Studie von MOLYNEUX/LLOYD-

---

605 Vgl.für diese These POZDENA/ALEXANDER(1992), S.560-561 und S.584-585.

606 Für die Beurteilung der Wertpapierbörsen ist nicht Wettbewerb, sondern die Güte der Ausübung der Sekundärmarktfunktionen (Kapitel D.V.2.4.) das relevante Kriterium. Insbesondere hohe Liquidität (und marktgerechte Preisbildung) sind wichtige Kriterien für die Funktionsfähigkeit der Wertpapierbörsen. Wettbewerb zwischen Börsenplätzen, an denen die gleichen Finanztitel gehandelt werden und die nicht über elektronische Handelssysteme integriert sind, ist eher abträglich für deren Liquidität.

607 Bankenmärkte gelten als Domäne natürlicher Monopole bzw. als Märkte ruinösen Preiswettbewerbs. Letzterer kann die Stabilität des gesamten Finanzsektors gefährden. Die Bankenregulierung des KWG gibt einen Rahmen für Kreditexpansion und die Fristentransformation vor. In diesem Sinne wirkt sie negativ auf die Wettbewerbsintensivität des Bankensektors. Vgl.MÜNZER(1992), S.28-32.

WILLIAMS/THORNTON(1994) kommt zu dem Ergebnis, daß die deutschen Banken ihre Erträge quasi unter den Bedingungen monopolistischen Wettbewerbs erwirtschaften und belegt so die hohe Wettbewerbsintensität im deutschen Bankensystem.[608] Zur weiteren Beurteilung des Wettbewerbs im System der deutschen Bankfinanzintermediäre werden nachfolgend einige grundlegende Überlegungen zu dessen Struktur angestellt. Die Öffnung und Liberalisierung des deutschen Finanzsektors wurde recht frühzeitig begonnen und konsequent verfolgt. Bereits 1967 erfolgte in Deutschland eine Zinsliberalisierung, die den behördlich vorgebenen direkten Verbund der Diskont- und Lombardsätze mit den Soll- und Habenzinsen der Banken im Verkehr mit Nichtbanken aufgehoben hat und die Höhe der jeweiligen Sätze den Marktverhältnissen überlassen hat. Wettbewerbsmindernde gesetzliche Beschränkungen für die Preisbildung in den Bankenmärkten existieren seit der Aufhebung der Zinsbindung nicht mehr.[609] Als Indikator für den Wettbewerb im System der Bankfinanzintermediäre kann die Anzahl der Kreditinstitute verwendet werden. In Deutschland gab es im Jahr 1995 insgesamt 3.616 Kreditinstitute mit 64.192 Zweigstellen. Diese hohe Zahl an Kreditinstituten reflektiert ein beträchtliches Maß an Wettbewerb im deutschen Bankensektor.[610] Als weiterer Indikator für den Wettbewerb im System der Bankfinanzintermediäre kann das Ausmaß an Konzentration im Bankensektor verwendet werden. Der deutsche Bankensektor zeichnet sich durch ein relativ geringes Maß an Konzentration aus. Der Anteil der drei Großbanken (Deutsche Bank, Dresdner Bank, Commerzbank) am Geschäftsvolumen aller Bankengruppen (1995) beträgt lediglich 9,2 Prozent. Bemerkenswert ist der Umstand, daß eine Betrachtung des Marktanteils der fünf größten Banken am Geschäftsvolumen zeigt, daß in keinem europäischen Land eine geringere Konzentration im Bankensektor als in Deutschland vorliegt. Im deutschen Bankensektor kann daher auf ein beträchtliches Maß an Wettbewerb geschlossen werden.[611] Als Indikator dafür, daß der Wettbewerb im deutschen Bankensektor noch verbessert werden kann, ist die zögernde Anpassung der Habenzinsen im Gefolge der Zinserhöhungen der Bundesbank zu werten.[612]

Unterstützt wird die These vom relativ hohen Wettbewerb im deutschen Bankensektor durch eine ganze Reihe von Entwicklungen der letzten Jahre, die einen wettbewerbsfördernden Einfluß auf den deutschen Bankensektor ausgeübt haben. Eine dieser Ent-

---

608 Vgl.MOLYNEUX/ALTUNBAS/GARDENER(1996), S.10 und S.68-69. Nach dieser Quelle ist auch die empirische Studie von MOLYNEUX/LLOYD-WILLIAMS/THORNTON(1994) zitiert. Gerade die Quantifizierbarkeit von Wettbewerb und der fehlende Maßstab zur Beurteilung des festgestellten Wettbewerbs stellen erhebliche Schwierigkeiten für empirische Studien zum Wettbewerb in Bankensystemen dar.

609 Vgl.BUNDESBANK(2/1993), S.60-61 und ergänzend Kapitel.VI.2.2. Auch die Preisbildung der D-Mark vollzieht sich zu Marktkonditionen im System freier Wechselkurse. Lediglich innerhalb des europäischen Währungssystems quasifixer Wechselkurse müssen die Kursschwankungen der D-Mark innerhalb der vorgegebenen Bandbreiten bleiben, so daß potentielle Eingriffe der Bundesbank in die Preisbildung denkbar sind.

610 Vgl.MOLYNEUX/ALTUNBAS/GARDENER(1996), S.68-69 sowie Kapitel D.II.3.2.2.2.

611 Vgl.FRANKEL/MONTGOMERY(1990), S.281-284 für die Verwendung von Konzentration als Indikator für Wettbewerb. Die Angaben zur Konzentration sind Kapitel D.II.3.3.1. entnommen.

612 Vgl.GADDUM(1989), S.711.

wicklungen stellt die Angleichung der Leistungsprogramme beziehungsweise der Geschäftsfelder des Kreditbankensektors, Sparkassensektors und Genossenschaftssektors dar, die sich traditionell beträchtlich unterschieden haben. Mittlerweile sind alle drei Bankengruppen in den gleichen Geschäftsfeldern tätig und konkurrieren um Kunden, die traditionell nicht zu ihrer Klientel gezählt haben. Dieser Gruppenwettbewerb trägt gemeinsam mit dem beträchtlichen Maß an Institutswettbewerb innerhalb des Kreditbankensektor zu dem insgesamt relativ hohen Maß an Wettbewerb im deutschen Bankensektor bei.[613] Eine weitere Entwicklung, die für den Wettbewerb im Bankensektor förderlich ist, hat sich im Bereich der Produktionsunternehmen vollzogen. Dort ist insbesondere bei den Großunternehmen die Bedeutung exklusiver Hausbankbeziehungen stark zurückgegangen. Lediglich für Klein- und Kleinstunternehmen spielen Hausbankbeziehungen (im Sinne einer exklusiven Finanzierungsbeziehung) überhaupt eine Rolle. Gerade der Markt für Kredite guter Schuldner ist durch einen starken Wettbewerb der Banken untereinander geprägt.[614] Insbesondere die Kapitalgesellschaften greifen für die Finanzierung ihrer Investitionen in großem Maß auf die Innenfinanzierung zurück. Darüber hinaus haben gerade die Großunternehmen in den letzten Jahren ein ausgefeiltes Finanzmanagement entwickelt. Beide Aspekte führen zu einem beträchtlichen Maß an Unabhängigkeit der genannten Unternehmen von der Kreditfinanzierung.[615] Diese Unabhängigkeit wirkt sich wettbewerbsfördernd auf den Bankensektor aus.Eine weitere für den Wettbewerb im Bankensektor förderliche Entwicklung stellt die europäische Integration dar. Die mit der europäischen Integration verbundene (formale) Marktöffnung des Bankensektors hat dazu geführt, daß die Preise in den Bankenmärkten zu einem größeren Grad marktbestimmt sind. In Deutschland stehen die inländischen Kreditinstitute insbesondere im Wertpapiergeschäft und im Geschäft mit derivaten Finanzinstrumenten in hartem Wettbewerb mit den Auslandsbanken.[616] Darüber hinaus ist zu erwarten, daß durch die Einführung des Euro im Rahmen der Währungsunion der Wettbewerb im deutschen und europäischen Bankensektor weiter erhöht wird.[617]

2.4.Effizienz der Funktionsausübung

Eine quantitative Beurteilung der Effizienz der Ausübung der Finanzsektorfunktionen scheitert (mindestens) an zwei Problemen. Erstens ist es in Kapital D.V.2. nicht gelungen, die Finanzsektorfunktionen in einem für die Effizienzbeurteilung hinreichend ge-

---

613 Vgl.hierzu die Ausführungen in BUNDESBANK(4/1989), S.13-14: BUNDESVERBAND DEUTSCHER BANKEN(1995), S.6-8; DISCH(1995), S.24-25; SCHEIDL(1993), S.221. Vgl.zur Angleichung der Leistungsprogramme im Universalbankensektor Kapitel D.II.3.3.1.

614 Vgl.hierzu die Ausführungen in Kapitel D.II.3.3.7. und die dort angegebene Literatur.

615 Vgl.BUNDESBANK(4/1989), S.14 und die Ausführungen in Kapitel D.III.3.2.4.

616 Vgl.hierzu MOLYNEUX/ALTUNBAS/GARDENER(1996), S.9-11; POZDENA/ALEXANDER(1992), S.584-585 und Kapitel D.VI.2.2. zur Offenheit des deutschen Finanzsektors.

617 Vgl.o.V.(1998d), S.18.

nauen Ausmaß zu quantifizieren. Exakte quantitative Angaben zu der Frage, in welchem Umfang die jeweiligen Finanzsektorfunktionen ausgeübt werden, konnten aufgrund von Operationalisierungsschwierigkeiten nicht gegeben werden. Zweitens erweist sich die Frage nach der Effizienz, mit der eine Finanzsektorfunktion ausgeübt wird, als ebenso schwierig operationalisierbar wie die zugrunde liegende Finanzsektorfunktion selbst. Insbesondere die Möglichkeit der Unterscheidung verschiedener Effizienzdimensionen (Allokationseffizienz, technische Effizienz, fundamentale Bewertungseffizienz, strukturelle Effizienz, Informations - Arbitrage - Effizienz und vollständige Absicherungseffizienz) trägt wesentlich zur Komplexität der Operationalisierung von Effizienz bei. Es verwundert daher kaum, daß empirische Studien zur Beurteilung der Effizienz des gesamten Finanzsektors nicht vorliegen.[618]

Aufgrund der zuvor thematisierten Schwierigkeiten bei der Quantifizierung von Effizienz wird behelfsmäßig folgendes Kalkül für die Beurteilung der Effizienz der Ausübung der Finanzsektorfunktionen im deutschen Finanzsektor verwendet: Es ist zu erwarten, daß sich eine größere Effizienz bei der Ausübung der Finanzsektorfunktionen unter anderem in verbesserten Finanzinstrumenten und Finanzdienstleistungen, einem größeren Volumen an direkten und indirekten Finanzströmen zwischen den finanziellen Überschuß- und Defiziteinheiten und einem zufriedenstellendem Maß an Finanzinnovationen widerspiegelt. Werden die Effizienzgewinne in die Verbesserung der Kapitalausstattung der Finanzinstitutionen gelenkt, dann führt verbesserte Effizienz darüber hinaus zu verbesserten Möglichkeiten zur Risikenabfederung. Insgesamt wird der Finanzsektor durch eine Effizienzsteigerung besser an die Bedürfnisse der Wirtschaftseinheiten angepaßt.[619]

Auf der Grundlage dieses Kalküls wird nachfolgend die *Effizienz* des deutschen Finanzsektors im Hinblick auf die Ausübung der Finanzsektorfunktionen als durchschnittlich beurteilt. Zwar hat sich in den letzten Jahren erstens die Effizienz des gesamten Finanzsektors aufgrund verstärkter Investitionen in technische Innovationen allgemein gesteigert. Auch hat sich die Effizienz des Bankensektors aufgrund der verstärkten Aufmerksamkeit auf das Kostenmanagement tendenziell gesteigert.[620] Dennoch legt die Betrachtung der Finanzsektorfunktionen in Kapitel D.V.2. nahe, daß für jede der Finanzsektorfunktionen noch gewisse Verbesserungspotentiale bestehen, so daß ein größeres Maß an Effizienz der Funktionsausübung des deutschen Finanzsektors realisierbar erscheint. Beispielsweise könnte die Zahlungssystemfunktion durch

---

618 Vgl.zur Multidimensionalität von Effizienz die Ausführungen in Kapitel C.II.3.2.2. BERGER/HUMPHREY(1997) geben einen Überblick über die Methodik und Problematik von Effizienzstudien über Finanzinstitutionen und diskutieren die Ergebnisse von 130 empirischen Effizienzstudien. Tendenziell beziehen sich Effizienzstudien auf Bankeneffizienz. Der Großteil dieser Studien bezieht sich auf US-amerikanische Banken und nur zu einem geringen Maß auf europäische Bankensysteme. Vgl.hierzu MOLYNEUX/ALTUNBAS/GARDENER(1996), S.7-9 und für einen Überblick über europäische Studien zur Bankeneffizienz MOLYNEUX/ALTUNBAS/GARDENER(1996), S.252-274. TICHY(1990), S.357-360 weist darüber hinaus darauf hin, daß kaum europäische Studien zur Bankengröße und Effizienz existieren.

619 Vgl.hierzu MOLYNEUX/ALTUNBAS/GARDENER(1996), S.8-9. Eine ähnliche Annäherung an Effizienz verwendet KAUFMAN(1992), S.11.Vgl.hierzu Kapitel C.II.3.2.2.

620 Vgl.MOLYNEUX/ALTUNBAS/GARDENER(1996), S.55-58 und S.73-76.

die größere Nutzung und Akzeptanz moderner Zahlungsmittel (Kreditkarten, Geldkarten usw.) verbreitert werden. Die Geldanlagefunktion könnte um Geldanlagemöglichkeiten institutionelle Anleger zur Alterssicherung (Pensionsfonds) erweitert werden. Eine Ergänzung der Finanzierungsfunktion könnte durch eine erhebliche Vergrößerung der Bereitstellung von Wagniskapital (Venture Capital) für junge oder neu gegründete innovative Unternehmen bewirkt werden. Die Ausübung der Sekundärmarktfunktionen könnte auf den Aktienmärkten im Hinblick auf eine größere Liquidität der nicht im Deutschen Aktienindex (DAX) enthaltenen Aktien verbessert werden. Im Hinblick auf die Ausübung der Transformationsfunktionen fallen Optimierungsmöglichkeiten für die Ausübung der Fristentransformation auf. Beispielsweise gibt es in Deutschland kaum sehr langfristige Finanztitel, wie beispielsweise Rentenwerte mit dreißigjähriger Laufzeit. Hier liegt noch ein Potential zur Verlängerung des Zeithorizonts der Fristentransformation. Denkbar ist auch eine Ergänzung der Risikenallokationsfunktion um weitere risikentransformierende Finanztitel im Bereich der Zukunftsmärkte. Gerade für die Risikenbereiche Wechselkurse, Rohstoffpreise, Zinsen und Marktpreis des Risikos sind auf den Zukunftsmärkten noch vielfache Möglichkeiten der Schaffung risikentransformierender Finanztitel denkbar. Die Ausübung der Informationsfunktion könnte insgesamt auf ein höheres Informationsniveau der Wirtschaftseinheiten angehoben werden.[621] Die skizzenhaften Überlegungen zu Verbesserungspotentialen der Funktionsausübung im deutschen Finanzsektor deuten darauf hin, daß mit Bezug auf obiges Kalkül für Effizienz noch beträchtliche Möglichkeiten der Effizienzsteigerung des deutschen Finanzsektors bestehen.

3.SYSTEMCHARAKTERISTIKA

3.1.Einfluß des Sozialversicherungssystems

Die Ausgestaltung des Rahmenelementes Sozialversicherungssystem wirkt stark prägend auf die gesamte Finanzsystemstruktur und beeinflußt maßgeblich deren Ausgestaltungsmerkmale. Der *Einfluß des Sozialversicherungssystems* wird im Schalenmodell als wichtiges Systemcharakteristikum des Finanzsystems aufgefaßt.
Die Betrachtung des Rahmenelementes Sozialversicherungssystem wurde in Kapitel D.IV.2.3. im wesentlichen auf die Ausgestaltung der gesetzlichen Rentenversicherung, eingegrenzt. Ein wichtiges Merkmal der gesetzlichen Rentenversicherung besteht darin, daß ihre Leistungen im Umlageverfahren finanziert werden und die Bildung eines Kapitalstockes im Zeitablauf nicht vorgesehen ist.[622] Der Einfluß des Sozialversicherungssystems macht sich zum einen in den Vermögensstrukturen des Sektors private Haushalte (innere Schale) und zum anderen in der Struktur des Finanzsektors (Kern) bemerkbar. An diesen beiden Finanzsystembestandteilen wird das Systemcharakteristikum nachfolgend erläutert.

---

621 Vgl.zu diesem Abschnitt grundlegend die Ausführungen in Kapitel D.V.2.

622 Vgl.hierzu ausführlich Kapitel D.IV.2.3.

Die Ausgestaltung des deutschen Sozialversicherungssystems beeinflußt maßgeblich die Zusammensetzung der Gesamtvermögensposition des Sektors private Haushalte (innere Schale). Um dies sichtbar zu machen, werden die durch Beitragszahlungen erworbenen und rechtlich verbindlich zugesagten Ansprüche gegenüber der gesetzlichen Rentenversicherung als Bestandteil der Gesamtvermögensposition der privaten Haushalte aufgefaßt. Die Betrachtung der Gesamtvermögensposition der privaten Haushalte einschließlich der Ansprüche an die gesetzliche Rentenversicherung in Kapitel D.III.2.2. hat gezeigt, daß die Ansprüche an die gesetzliche Rentenversicherung knapp die Hälfte der Gesamtvermögensposition der privaten Haushalte darstellen. Dadurch wird unterstrichen, daß die Ausgestaltung der gesetzlichen Rentenversicherung die Gesamtvermögensposition der privaten Haushalte charakterisiert. Darüber hinaus werden durch die Ausgestaltung der gesetzlichen Rentenversicherung maßgeblich die Entscheidungen der privaten Haushalte über ihre Vermögensallokation beeinflußt. Dies zeigt sich beispielsweise daran, daß die in den letzten Jahren aufgekommenen Zweifel an der Leistungsfähigkeit der gesetzlichen Rentenversicherung zu erheblichen Veränderungen in den Geldanlageentscheidungen der privaten Haushalte zugunsten der Geldanlage bei Versicherungen geführt haben.[623]

Die Ausgestaltung des Sozialversicherungssystems spiegelt sich zudem in der Struktur des Finanzsektors selbst wider. Insbesondere die Ausgestaltung der gesetzlichen Rentenversicherung nach dem Umlageverfahren wirkt prägend auf die Finanzsektorstruktur. Da eine Kapitaldeckung in diesem Verfahren nicht vorgesehen ist, sind im deutschen Finanzsektor keine Finanzinstitutionen notwendig, welche wie im Falle der Finanzierung des Alterssicherungssystems nach dem Kapitaldeckungsverfahren die akkumulierten Vermögensgegenstände verwalten und anlegen. Dementsprechend finden sich im deutschen Finanzsektor keine institutionellen Anleger, wie Pensionsfonds, deren einzige Aufgabe in der Geldanlage von Vermögen im Rahmen der Alterssicherung besteht. Das Fehlen derartiger institutioneller Anleger spiegelt sich wiederum in der äußerst geringen Marktkapitalisierung der deutschen Aktienmärkte (rund 27 Prozent des Bruttoinlandsproduktes) wider.[624] Als Konsequenz steht den deutschen Aktiengesellschaften nur ein recht enger und gering kapitalisierter Aktienmarkt zur externen Eigenkapitalfinanzierung zur Verfügung.

Die Überlegungen zur strukturprägenden Wirkung des Sozialversicherungssystems legen auch nahe, daß Veränderungen in der Ausgestaltung des Sozialversicherungssystems markante Veränderungen und Verwerfungen im gesamten deutschen Finanzsystem implizieren. Denkbar sind hier die Umstellung der gesetzlichen Rentenversicherung vom Umlageverfahren auf das Kapitaldeckungsverfahren und eine erhebliche Reduktion des Leistungsumfangs der gesetzlichen Rentenversicherung.[625] Bei Eintritt der

---

623 Vgl.hierzu grundlegend die Ausführungen in Kapitel D.III.2.2.

624 Vgl.hierzu die Ausführungen in Kapitel D.II.4.3. Daß sich eine Kapitalunterlegung der Alterssicherung in den Finanzierungsstrukturen widerspiegelt, zeigt sich am Beispiel der betrieblichen Alterssicherung in Deutschland. Pensionsrückstellungen stellen eine wichtige (langfristig verfügbare) Finanzierungsquelle für die deutschen Produktionsunternehmen (innere Schale), insbesondere für die Kapitalgesellschaften, dar. Vgl.hierzu Kapitel D.III.3.2.4.

625 Vgl.hierzu auch Kapitel D.VI.3.4. zur Kohärenz des deutschen Finanzsystems.

genannten (oder ähnlicher) Veränderungen in der gesetzlichen Rentenversicherung ist zu erwarten, daß im deutschen Finanzsektor Pensionsfonds tätig werden. Ebenso ist mit einer Vertiefung des deutschen Aktienmarktes, verbunden mit einem erheblichen Anstieg der Marktkapitalisierung, zu rechnen. In den Gesamtvermögensbilanzen der privaten Haushalte dürfte sich zumindest auf lange Sicht eine Steigerung der Bedeutung des Geldvermögens als Bestandteil der Gesamtvermögensposition bemerkbar machen. Insbesondere eine Rückführung des Leistungsniveaus der gesetzlichen Rentenversicherung würde sich in einer verstärkten Bemühung der privaten Haushalte zur Geldvermögensbildung widerspiegeln, wobei eine verstärkte Präferenz zum privaten Vorsorgesparen (z.B. in Lebensversicherungen) zu erwarten ist. Die skizzierten Veränderungen in der Struktur der gesetzlichen Rentenversicherung würden erhebliche Anpassungsprozesse im deutschen Finanzsystem auslösen und dieses ein großes Stück näher an die Strukturen der angloamerikanischen Finanzsysteme annähern.[626]

3.2. Corporate Governance System

Das *System der Corporate Governance* stellt ein wichtiges Systemcharakteristikum einer Finanzsystemstruktur dar. Das deutsche Corporate Governance System wird in der Literatur als Insidersystem bezeichnet und mit einem längerfristig orientierten Investitionshorizont („long termism“) der Produktionsunternehmen in Verbindung gebracht.[627] Nachfolgend werden drei charakteristische Merkmale des deutschen Insidersystems der Corporate Governance umrissen. In einem ersten Schritt werden Besonderheiten der Struktur des Unternehmenssektors (insbesondere der Eigentümerstruktur) und der Lenkung der Unternehmensaktivitäten erläutert. In einem zweiten Schritt werden die Aufgaben der Banken im deutschen Insidersystem der Corporate Governance charakterisiert und in einem dritten Schritt werden die Bedeutung des deutschen Aktienmarktes und die Natur von Unternehmensrestrukturierungen im deutschen Insidersystem erläutert.

Erstens liegen wesentliche Merkmale des deutschen Insidersystems der Corporate Governance in der Struktur des Unternehmenssektors (Eigentümerstruktur) und in der Lenkung der Unternehmensaktivitäten. Tendenziell besitzen die deutschen Aktiengesellschaften einen Großaktionär (im Sinne eines „controlling shareholder“). FRANKS/MAYER zeigen anhand einer Stichprobe von 171 börsennotierten deutschen Aktiengesellschaften, daß 85,4 Prozent dieser Unternehmen einen Großaktionär besitzen, der mehr als 25 Prozent des Eigenkapitals der Unternehmung hält. Als Großaktionäre fungieren vor allem die Unternehmen selbst (27,5 Prozent) und (reiche) Familien (20,5 Prozent). Daneben finden sich institutionelle Investoren, vor allem Versicherungsunternehmen (12,9 Prozent) und ausländische Unternehmen (9,9 Prozent) als

---

[626] Vgl.hierzu auch die Ausführungen in Kapitel C.II.3.3.1. und die dort angegebene Literatur.

[627] Vgl.zum deutschen Insidersystem FRANKS/MAYER(1994a), S.3-5. BAUMS(1994), S.443-444 weist jedoch darauf hin, daß dieser (theoretisch vermutete) Zusammenhang zwischen dem Governance System und dem Zeithorizont für Investitionen keineswegs eindeutig ist.

Großaktionäre. Banken (5,8 Prozent) treten nur in relativ wenigen Fällen als Großaktionäre auf.[628] Die in der Stichprobe von FRANKS/MAYER angesprochene Bedeutung der nichtfinanziellen Unternehmen als Unternehmenseigentümer wird durch eine Betrachtung des Aktienumlaufs unterstrichen. Der Unternehmenssektor (Produktionsunternehmen) hält einen sehr großen Anteil des Aktienumlaufs in seinem Besitz und fungiert selbst als dominierender Eigentümer des Unternehmenssektors. Die Produktionsunternehmen haben 1995 rund 42 Prozent (705,1 Mrd.DM) des Aktienumlaufs (1.682,0 Mrd.DM) selbst in ihren Portefeuilles gehalten. Geschätzt wird, daß circa 75 Prozent der Aktienbestände inländischer Produktionsunternehmen gegenseitige Kapitalverflechtungen (Ringverflechtungen, Überkreuzverflechtungen) darstellen.[629] Diese Kapitalverflechtungen stellen ein wesentliches Charakteristikum des Insidersystems der Corporate Governance dar.

Die Lenkung der Unternehmensaktivitäten der deutschen Aktiengesellschaften ist tendenziell an mehreren längerfristig mit dem Unternehmen verbundenen Interessengruppen (Stakeholder) orientiert, wie beispielsweise den Aktionären (insbesondere den Eigentümern fester Beteiligungen), den kreditgebenen Banken und der Belegschaft (Mitbestimmung). Besonders die Zusammensetzung des Aufsichtsrates der Aktiengesellschaften reflektiert diese unterschiedlichen Interessengruppen. Dadurch werden neben den Interessen der Aktionäre auch die Interessen der übrigen Stakeholder in der Unternehmenspolitik berücksichtigt. Diese Orientierung am Stakeholder-Value unterscheidet sich maßgeblich von der am Shareholder-Value orientierten Unternehmenspolitik (angloamerikanischer Prägung). Somit kommen den vom Aktienmarkt ausgehenden Preissignalen für die Unternehmenspolitik eher eine nachrangige Bedeutung zu.[630]

FRANKS/MAYER sehen als wichtigste Funktion des Aufsichtsrates in Deutschland die Auswahl des Managements und die Bewertung von dessen Aktivitäten (monitoring

---

628 Vgl.zu den empirischen Untersuchungen FRANKS/MAYER(1994a), S.3-5; FRANKS/MAYER(1994c), S.6-8 und FRANKS/MAYER(1995), S.174-184. Auch in BERGLÖF(1990a), S.151-152; EDWARDS/FISCHER(1994), S.235 und IFO/SAKURA(1997), S.275-277 wird als Charakteristikum der Aktionärsstruktur das Vorhandensein von Großaktionären thematisiert.

629 Vgl.hierzu Kapitel D.II.4.3.2. ADAMS(1994), S.148-158 und HELLWIG(1995b), S.196-199 thematisieren die Verflechtungsstrukturen in Deutschland.

630 Vgl.BUNDESBANK(1/1997a), S.30-31. SCHMIDT/SPINDLER(1997), S.2 unterscheiden zwei unterschiedliche Interpretationen des Shareholder Value Konzeptes. Als Orientierung am *Shareholder Value Konzept im moderaten Sinn* wird die Aufforderung an die Manager verstanden, sich gezielter an den Interessen der Aktionäre zu orientieren, und thematisiert das Prinzipal Agent Problem zwischen Aktionären und Managern, denen zuviel Selbstherrlichkeit vorgeworfen wird. Eine Orientierung am Shareholder Value Konzept im moderaten Sinn richtet sich weniger gegen die Interessen der anderen Stakeholder am Unternehmen. Das *Shareholder Value Konzept im radikalen Sinn* bezeichnet dagegen eine Allianz von Managern und Aktionären, die sich gegen die Interessen der übrigen Stakeholder richtet. Durch das Brechen impliziter Verträge zwischen der Unternehmung und anderen Stakeholdern (vgl.hierzu grundlegend SHLEIFER/SUMMERS[1988]) kommt es zu Reichtumsverschiebungen von den anderen Stakeholdern zu den Aktionären. Besonders eine Orientierung am Shareholder Value Konzept im radikalen Sinne steht im Widerspruch zum deutschen Insidersystem der Corporate Governance. Dieser Aspekt wird insbesondere in Kapitel D.VI.3.4., in dem die Kohärenz des deutschen Finanzsystems diskutiert wird, aufgegriffen.

by commmittee) sowie der Aktivitäten der Angestellten, wobei dem Management einer Aktiengesellschaft große diskretionäre Handlungsspielräume verbleiben und dessen vorzeitige Abberufung sich auf die Fälle offensichtlichen Versagens beschränkt. Als Vorteil der Unternehmensüberwachung durch den Aufsichtsrat (im Sinne des monitoring by committee) wird dessen solide Beurteilung der Unternehmensperformance gewertet.[631]

Zweitens stellen die von den Banken übernommenen Aufgaben ein wesentliches Merkmal des deutschen Insidersystems der Corporate Governance dar. Die kreditgebenden Banken sind als Stakeholder ebenfalls in den Aufsichtsräten der Aktiengesellschaften vertreten. Die Zahl der mit Bankenvertretern privater Kreditinstitute besetzten Aufsichtsräte der 100 größten Unternehmen (nach Umsatzvolumen) nimmt sich mit 99 von insgesamt 1561 Sitzen jedoch recht bescheiden aus. Zuzüglich der Vertreter anderer Kreditinstute sowie der Versicherungen erhöht sich deren Zahl auf 152.[632] Hervorzuheben ist, daß insbesondere die drei Großbanken (Deutsche Bank, Dresdner Bank, Commerzbank) sowie die beiden großen bayerischen Banken (Bayerische Hypotheken- und Wechselbank, Bayerische Vereinsbank) als Aktionäre an den deutschen Aktiengesellschaften beteiligt sind.[633] FRANKS/MAYER weisen jedoch darauf hin, daß die Banken insgesamt nur in einer geringen Anzahl von Fällen (5,8 Prozent der betrachteten 171 größten börsennotierten Aktiengesellschaften) als Großaktionäre mit einer Beteiligung von mehr als 25 Prozent an den Aktiengesellschaften des Unternehmenssektors auftreten.[634]

Der Einfluß der Banken resultiert vor allem aus der Ausübung der Auftragsstimmrechte („Depotstimmrechte") auf den Hauptversammlungen der Aktiengesellschaften (der Produktionsunternehmen) im Namen und Auftrag ihrer Depotkunden. FRANKS/MAYER zeigen, daß die drei Großbanken bei 33 betrachteten

---

631 Vgl.FRANKS/MAYER(1994a), S.13-19. Diese interpretieren das deutsche System der Corporate Governance als Antwort auf die Kreditrationierung der Stakeholder des Unternehmens.

632 Vgl.hierzu die Ausführungen in BUNDESVERBAND DEUTSCHER BANKEN(1995), S.28 und EDWARDS/FISCHER(1994), S.281-282. Diese liefern eine umfassende Analyse der Rolle der deutschen Banken als Financiers der Produktionsunternehmen sowie ihrer Bedeutung als Element des Corporate Governance Systems. Dagegen werden von (externen) Gewerkschaftern und sonstigen Arbeitnehmervertretern 760 Aufsichtsratssitze eingenommen. Vgl.BUNDESVERBAND DEUTSCHER BANKEN(1995), S.28.

633 Vgl.WENGER(1990), S.156-157 und die Ausführungen in Kapitel D.II.3.3.8. sowie die dort angegebene Literatur. EDWARDS/FISCHER(1994), S.238-240 interpretieren die von den Banken gehaltenen Aufsichtsratsmandate weniger als Besonderheit des deutschen Governance Systems, sondern vielmehr als typisches Charakteristikum der deutschen institutionellen Struktur, die dadurch gekennzeichnet ist, daß die großen, voneinander unabhängigen (sowohl finanziellen als auch nichtfinanziellen) Unternehmen gegenseitig in ihren Aufsichtsräten repräsentiert sind. Eine derartige Struktur gewährleistet die Inanspruchnahme einiger Vorteile der hierarchischen Organisationen wirtschaftlicher Transaktionen, ohne dabei auf die Vorteile von Marktanreizen („high-powered market incentives") verzichten zu müssen. Insbesondere kann eine derartige Struktur (beziehungsabhängige) spezifische Investitionen erleichtern und dazu beitragen zu verhindern, daß Vorteile aus längerfristigen Beziehungen zwischen Unternehmen, (die nicht kontrahierbar sind), durch die Gefahr opportunistischen Verhaltens reduziert werden.

634 Vgl.FRANKS/MAYER(1994a), S.4-5.

börsennotierten Großunternehmen (Aktiengesellschaften) im Durchschnitt 45 Prozent der Stimmrechte (aus eigenen Anteilen und der Ausübung von Auftragsstimmrechten) repräsentierten.[635] Die Ausübung der Depotstimmrechte durch die Banken gewährleistet angemessene Präsenzen auf den Hauptversammlungen. Das bei geringen Präsenzen mögliche Zustandekommen der Durchsetzung von Entscheidungen kleiner Minderheiten wird durch die von den Banken garantierte Beständigkeit der Hauptversammlungspräsenzen verhindert. Von einem Mißbrauch des Einflusses der (privaten) Universalbanken („Macht der Banken") auf die Aktiengesellschaften (Produktionsunternehmen) zu Lasten der übrigen Stakeholder kann in Deutschland jedoch nicht die Rede sein.[636] Mit Bezug auf die Summe der gehaltenen Aufsichtsratsitze, den Anteil der gehaltenen Eigenkapitalanteile an börsennotierten Produktionsunternehmen (Aktiengesellschaften) und die Ausübung der Stimmrechte läßt sich deutlich eine Konzentration im deutschen Bankensektor auf die drei Großbanken feststellen. Insgesamt kann in diesem Zusammenhang von einer dominierenden Position der drei Großbanken im deutschen Bankensystem gesprochen werden. Unternehmenskontrolle durch Banken scheint insbesondere in den (relativ wenigen) Fällen der Unternehmen, die keine Großaktionäre besitzen und deren Aktienbesitz im Streubesitz ist, eine wichtige Rolle zu spielen.[637]

Drittens stellen die Bedeutung des deutschen Aktienmarktes und die Natur von Unternehmensrestrukturierungen im deutschen Insidersystem wichtige Merkmale des deutschen Insidersystems der Corporate Governance dar. Der deutsche Aktienmarkt stellt mit seiner geringen Marktkapitalisierung in Höhe von circa 27 Prozent des Bruttoinlandproduktes und der geringen Anzahl von 678 inländischen börsennotierten Aktiengesellschaften (1995) ein relativ unterentwickeltes Segment des deutschen

---

635 Vgl.BAUMS(1994), S.427, der sich auf GOTTSCHALK(1988) stützt; sowie die Ausführungen von FRANKS/MAYER(1994a), S.9-10 und FRANKS/MAYER(1994c), S.13-14. EDWARDS/FISCHER(1994), S.236 betonen, daß sich die (hohe) Bedeutung der (Groß)Banken bezüglich der Ausübung die Auftragsstimmrechte nur relativ schwach in der Anzahl ihrer Aufsichtsratsmandate niederschlägt. Unklar bleiben die Anreize für die Banken, (insbesondere in den Fällen, in denen sie keine Eigenkapitaltitel der betreffenden Unternehmung halten), die ihnen durch die Ausübung der Auftragsstimmrechte zugefallenen Kontrollrechte zum Vorteil der Aktionäre der jeweiligen Unternehmung, (die über keinen Großaktionär verfügt), auszuüben. Als besonderes Handicap (für eine effektive Kontrollausübung) durch die drei Großbanken gilt, daß sich deren Anteilbesitz ebenfalls im Streubesitz befindet.

636 Vgl.hierzu BUNDESVERBAND DEUTSCHER BANKEN(1995), S.5-8 und 15-17; MÜLBERT(1996), S.81-82; WALTER(1993), S.21-22, der sich u.a.auf die Ergebnisse der GESSLER-Komission bezieht. Die Ergebnisse der GESSLER-Komission faßt KRÜMMEL(1980) zusammen.
Die Studie von CABLE(1985) konstatiert für ein Unternehmenssample im Zeitraum von 1968 bis 1972 einen positiven Einfluß des Anteilsbesitzes der Banken auf die Performance der betrachteten Unternehmen. Für dasselbe Sample konstatieren SCHMID(1996a) sowie SCHMID(1996b) ebenfalls einen positiven Einfluß des Anteilsbesitzes der Banken auf die Performance der betrachteten Unternehmen. Für ein Sample aus dem Jahr 1985 geht die Wirkung des Anteilsbesitzes der Banken auf die Performance der betrachteten Unternehmen bei SCHMID(1996a) sowie SCHMID(1996b) nicht über den Einfluß nichtbanklicher Großaktionäre hinaus. WENGER(1990), S.160-167 vertritt dagegen die These, daß ein Mißbrauch der Bankenmacht vorliegt und führt eine Reihe von Beispielen für Machtmißbrauch durch die Banken aus den letzten Jahrzehnten an. Darüber hinaus kritisiert WENGER heftig Methodik und Interpretation der oben erwähnten CABLE-Studie.

637 Vgl.BAUMS(1994), S.423-424, EDWARDS/FISCHER(1994), S.107-123.

Finanzsektors dar. Für die Unternehmensführung kommen den Preissignalen des Aktienmarktes, wie oben bereits erläutert wurde, nur eine untergeordnete Bedeutung zu.[638] Ein aktiver Markt für Unternehmenskontrolle, gekennzeichnet durch das Vorhandensein feindlicher Unternehmensübernahmen (hostile takeovers), ist in Deutschland nicht vorhanden. FRANKS/MAYER berichten für Deutschland von lediglich vier feindlichen Übernahmen seit Ende des zweiten Weltkrieges. Als Disziplinierungsinstrument für das Management spielen (potentielle) feindliche Unternehmensübernahmen keine Rolle. Insbesondere die Möglichkeit der Verhängung von Stimmrechtsbegrenzungen einzelner Aktionäre, (mit Obergrenzen in Höhe von beispielsweise 5/10/15 Prozent der Gesamtstimmen), unabhängig vom gehaltenen Aktienpaket, kann eine potentielle Unternehmensübernahme verhindern.[639]
Für Unternehmensrestrukturierungen spielt einerseits der Verkauf von größeren Unternehmensanteilen am Aktienmarkt, insbesondere außerhalb der formalen Finanzmärkte (Wertpapierbörsen), der im Zusammenhang mit einer schlechten Performance des Managements steht, eine gewisse Rolle und scheint als Substitut für den Markt für Unternehmenskontrolle (nach angloamerikanischem Vorbild) zu wirken. Andrerseits spielen die Universalbanken für die Unternehmensrestrukturierung in Deutschland eine sehr wichtige Rolle. Diesen obliegt zu einem großen Teil die Implementierung und Überwachung von Unternehmensrestrukturierungen.[640]

3.3.Einfluß des Staates

Ein sehr wichtiges Systemcharakteristikum bildet der *Einfluß des Staates* im Finanzsystem. In der Strukturvorstellung des Schalenmodells wird deutlich sichtbar, daß der Staat wie ein Keil die Dimension der Institutionen durchdringt: In der Ebene des institutionellen Rahmens (äußere Schale) manifestieren sich in zahlreichen Gesetzen und Vorschriften die Handlungen des Staates als regulierende Instanz. In der Ebene der nichtfinanziellen Sektoren (innere Schale) tritt der Staat (Sektor öffentliche Haushalte) als finanzielle Defizit- oder Überschußeinheit auf und spielt eine wichtige Rolle als Marktteilnehmer. Im Finanzsektor (Kern) kann der Staat als Eigentümer von Finanzinstitutionen auftreten. Thesenförmig zusammengefaßt spielt der Staat eine sehr wichtige Rolle im deutschen Finanzsystem und übt in allen drei Ebenen der Dimension Institutionen einen großen Einfluß auf das Finanzsystem aus. Verdeutlicht wird die exponierte und gewichtige Stellung des Staates in der deutschen Volkswirtschaft daran, daß (im Jahr 1995) die gesamten Ausgaben des Staates (in der Abgrenzung der Volkswirtschaftlichen Gesamtrechnungen, einschließlich der Treuhandanstalt,) 50,7 Prozent des Bruttoinlandsproduktes betragen haben.[641]

---

[638] Vgl.BUNDESBANK(1/1997a), S.30-31 und zum deutschen Aktienmarkt Kapitel D.II.4.3.1.

[639] Vgl.FRANKS/MAYER(1994a), S.9-10; FRANKS/MAYER(1995), S.187-188.

[640] Vgl.BERGLÖF(1996), S.178-179; FRANKS/MAYER(1994c), S.24-25; WALTER(1993), S.22.

[641] Eigene Berechnungen auf der Grundlage von BUNDESBANK(3/1997), S.54*. Vgl.hierzu ergänzend GDV(1996a), S.17-18.

Für die Erläuterung der Rolle des Staates im deutschen Finanzsystem ist es von Bedeutung, daß sich das deutsche Finanzsystem durch ein hohes Maß der Interessenharmonie zwischen Staat, Finanzinstitutionen und der Industrie (im Sinne der Großunternehmen) auszeichnet.[642]
Die Bedeutung des Staates liegt insbesondere in einer den institutionellen Rahmen (äußere Schale) gestaltenden Instanz. Konkret obliegt es dem Staat, institutionelle Rahmenbedingungen zu schaffen beziehungsweise eine Politik zu betreiben, die es ermöglichen, durch zwischen den verschiedenen Parteien (Banken, Unternehmern beziehungsweise Arbeitgebern, Gewerkschaften beziehungsweise Arbeitnehmern) ausgehandelte Anpassungsprozesse Veränderungen in Deutschland zu bewirken. Gerade das durch den Staat geschaffene stabile politisch - ökonomische Umfeld (Rahmenbedingungen) hält die oben genannten Parteien dazu an, über die sie selbst und ihr Verhältnis zueinander betreffenden Veränderungsprozesse, das heißt über das Wesen und die Wirkungen des organisatorischen, industriellen und institutionellen Wandels, zu verhandeln. Die durch den Staat geschaffenen stabilen Rahmenbedingungen fördern als (sicheres) Umfeld flexible Verhandlungen zwischen den oben genannten Parteien über den sozialen und wirtschaftlichen Wandel. Dabei veranlaßt die Sicherheit dieses Umfeldes die an den Verhandlungen beteiligten Parteien, ihre wirtschaftlichen Ressourcen für Verhandlungen innerhalb des Systems zu verwenden anstatt andere Vertragsparteien auszuschalten beziehungsweise das System insgesamt zu umgehen. Die Beziehungen zwischen den Parteien Banken, Arbeitgebern, Gewerkschaften und Staat sind durch Zusammenarbeit, Kompromisse und die Suche nach Konsenz geprägt.[643]
Beispielhaft manifestiert sich das Rollenverständnis des deutschen Staates im Finanzsystem anhand des für die Unternehmensrestrukturierungen in der ostdeutschen Volkswirtschaft im Zuge der Integration der beiden deutschen Staaten gewählten Instrumentariums. Trotz der in Deutschland reichlich vorhandenen finanziellen Ressourcen und Managementressourcen der privaten nichtfinanziellen Sektoren wurde eine staatliche Agentur (die Treuhandanstalt) mit der Restrukturierung der ostdeutschen Wirtschaft beauftragt. Dies steht im Gegensatz zur Vorgehensweise in anderen osteuropäischen Transformationsländern, in denen die Privatisierung des Unternehmenssektors über Märkte, beispielsweise in der Form von Auktionen, Unternehmensanteilsscheinen, Börsennotierungen usw., vollzogen wurde. Typischerweise wurden die ostdeutschen Unternehmen vor der Privatisierung intensiv durch die Treuhandanstalt restrukturiert. Im Hinblick auf die Privatisierung der Unternehmen wurden neben privaten auch gesamtgesellschaftliche (soziale) Vorteile von der Treuhandanstalt mit in die Betrachtung einbezogen. Neben dem Verkaufspreis wurden insbesondere die regional - industriepolitischen Konsequenzen und die Folgen

---

642 Vgl.WALTER(1993), S.17.

643 Vgl.WEVER/ALLEN(1993), S.183-187 sowie grundlegend ZYSMAN(1983), S.55-95 und ergänzend SCHNEIDER-LENNÉ(1994), S.248-246. Hervorzuheben ist jedoch, daß der Staat (bzw.die Bundesregierung), keine direkten Einflußmög-lichkeiten, (im Sinne von Weisungsbefugnissen), bezüglich der Unternehmenspolitik bzw. der Ressourcenallokation des Unternehmenssektors oder gar des Bankenssektors besitzt

für die Beschäftigung mit berücksichtigt. Nur über die Einschaltung der Treuhandanstalt als einer staatlichen Institution konnten derartige Aspekte im Rahmen der Restrukturierung der ostdeutschen Unternehmen berücksichtigt werden. Bei einer rein privaten Restrukturierung der ostdeutschen Unternehmen über Märkte wäre die Berücksichtigung derartiger Aspekte nicht möglich gewesen wäre. Deutlich manifestiert sich an der Restrukturierung der ostdeutschen Unternehmen das dem deutschen Insidersystem der Corporate Governance implizit enthaltene Mißtrauen in die allokative Effizienz von Finanzmärkten. Die Einschaltung der Treuhandanstalt verhinderte ebenfalls eine rein durch Finanzmärkte determinierte Kontrollallokation im Unternehmenssektor. Denn nur in einer Situation, in der alle potentiellen Unternehmenskäufer gleichen Zugang (zu gleichen Konditionen) zu Kapital besitzen, können durch den Verkauf von Unternehmen (ohne Einschaltung einer Institution wie der Treuhandanstalt) angemessene Eigentums- und Kontrollverhältnisse geschaffen werden.[644]

Auch als Marktteilnehmer spielt der Staat, d.h. die öffentlichen Haushalte (innere Schale), eine wichtige Rolle im deutschen Finanzsystem. Dabei treten die öffentlichen Haushalte insbesondere als Nettonachfrager nach Finanzmitteln in Erscheinung. Die öffentlichen Haushalte haben im Betrachtungsjahr 1995 eine Finanzierungslücke von 117,2 Mrd.DM aufgewiesen. Dies entsprach knapp 3,4 Prozent des Bruttoinlandsproduktes. Die Verpflichtungen der öffentlichen Haushalte summierten sich auf einen Gesamtbestand von 2.131,1 Mrd.DM. Dies entsprach 61,65 Prozent des Bruttoinlandsproduktes. Für die Finanzierung der öffentlichen Haushalte spielen insbesondere Rentenwerte (56,3 Prozent des Bestandes an Verpflichtungen) und Bankkredite (38,1 Prozent des Bestandes an Verpflichtungen) eine wichtige Rolle. Auf dem Rentenmarkt stellen die öffentlichen Haushalte den zweitwichtigsten Emittenten von Rentenwerten dar. Im Jahr 1995 entfielen 37,3 Prozent (1.199,5 Mrd.DM) des Rentenumlaufs in Höhe von 3.218,9 Mrd.DM auf Rentenwerte der öffentlichen Haushalte. Gleichzeitig hatten die öffentlichen Haushalte 18,5 Prozent (761,0 Mrd.DM) der Kredite der Geschäftsbanken in Höhe von (4.145,0 Mrd.DM) in Anspruch genommen. Insbesondere die Präferenzänderung der öffentlichen Haushalte ab dem Jahr 1982 zugunsten der Wertpapierfinanzierung hat maßgeblich das Gesicht der deutschen Wertpapiermärkte verändert. Seit diesem Zeitpunkt hat der deutsche Rentenmarkt erheblich an Volumen gewonnen.[645]

Darüber hinaus manifestiert sich der Staatseinfluß im Finanzsektor (Kern) selbst. Hier ist vor allem die Bundesbank zu nennen, die u.a. als Bank des Staates (fiscal agent) fungiert. Im Finanzsektor sticht jedoch insbesondere die Rolle des Staates als Eigentümer von Finanzinstitutionen ins Auge. Bei den Kreditinstituten des Sparkassensektors handelt es sich bis auf wenige Ausnahmen um öffentlich-rechtliche Unternehmen. Als Gewährträger (Haftungsträger), auf deren Bereich sich das geschäftliche Betätigungsfeld der Sparkassen jeweils beschränkt, fungieren die Gemeinden, Städte und Kreise. 1995 entfielen auf den öffentlich-rechtlichen

---

644 Vgl.CARLIN/MAYER(1994), S.189-191.

645 Vgl.hierzu Kapitel D.II.4.2.2., D.II.3.2.2.3., D.III.4.1.3.

Sparkassensektor knapp 40 Prozent des Geschäftsvolumens aller Bankengruppen. Mit 20.141 inländischen Bankstellen verfügte der öffentlich-rechtliche Sparkassensektor über die meisten Bankstellen in Deutschland. Der öffentlich-rechtliche Sparkassensektor bleibt jedoch in seiner Geschäftstätigkeit frei von dirigistischen Staatseingriffen (Regierungsinterventionen) bezüglich der Ressourcenallokation.[646] Keiner der thematisierten Staatseingriffe führt zu Verzerrungen in der Preisbildung im Finanzsektor. Adminstrative Maßnahmen zur Preisgestaltung sind im deutschen Finanzsektor seit der Liberalisierung der Zinssätze 1967 praktisch unbekannt. Staatliche Bevormundungen in der Form von Kapitalverkehrs-beschränkungen oder Devisenbeschränkungen existieren nicht im deutschen Finanzsektor.[647] Administrative Maßnahmen zur Kreditallokation bleiben auf wenige Kreditprogramme mit einem relativ unbedeutendem Kreditvolumen (im Verhältnis zum gesamten Kreditvolumen der Kreditinstiute) beschränkt.[648] Eine aktive Industriepolitik in Verbindung mit einer massiven Kreditlenkung an förderungswürdige Sektoren wird in Deutschland nicht betrieben. Auch die Bundesbank beschränkt sich im Rahmen der Umsetzung ihrer geldpolitischen Konzeption auf marktkonforme Instrumente.[649]

3.4.Kohärenz[650]

Ein sehr wichtiges Systemcharakteristikum stellt die *Kohärenz* eines Finanzsystems dar. Thesenförmig zusammengefaßt zeichnet sich das deutsche Finanzsystem durch ein hohes Maß an Kohärenz aus. Die Kohärenz des deutschen Finanzsystems manifestiert sich darin, daß die Ausgestaltungen wesentlicher Elemente des Finanzsystems zueinander passen und ein in sich stimmiges und sich stützendes Gesamtsystem bilden. Mit anderen Worten sind wichtige Interdependenzen zwischen wesentlichen Elementen des deutschen Finanzsystems zu beobachten. Dies wird nachfolgend ausgehend von der Dimension Institutionen erläutert.[651]
Die universalbankenfreundliche Ausgestaltung des Rahmenelementes (äußere Schale) Finanzsektorregulierung und -aufsicht ist interdependent zu der beobachteten (stark) bankorientierten Finanzsektorstruktur (Kern). Gerade in einem regulativen Umfeld, wie es durch das Gesetz über das Kreditwesen geschaffen worden ist, können

---

646 Vgl.WALTER(1993), S.17-18 sowie Kapitel D.II.3.2.2 und Kapitel D.II.3.2.3.2.

647 Vgl.Kapitel D.VI.2.2.

648 Dies belegt eine Betrachtung der Geschäftstätigkeit der Deutschen Ausgleichsbank, die als Gründerbank des Bundes fungiert und wesentlich in die Mittelstandsförderung des Bundes integriert ist. Die 1995 gegebenen Kreditzusagen für Existenzgründungs- und sonstige Kredite bewegten sich in einer Größenordnung von 7,755 Mrd.DM.Vgl.DEUTSCHE AUSGLEICHSBANK(1997), S.6-13.

649 Vgl.zu letztgenanntem Aspekt Kapitel D.II.2.3.

650 Die Ausführungen beschränken sich auf die *interne Kohärenz* des deutschen Finanzsystems. Im Vordergrund steht das Aufspüren von *internen Inkohärenzfaktoren*, welche potentiell die interne Kohärenz des deutschen Finanzsystems in Frage stellen. Vgl.hierzu Kapitel C.II.3.3.4.

651 Vgl.in diesem Zusammenhang auch KNOBLING(1996), Kapitel 5 zur Interdependenz zwischen Unternehmensverfassung und Unternehmensfinanzierung.

Universalbanken tätig sein und eine dominierende Position im Finanzsektor einnehmen. Die überragende Position der Universalbanken im Finanzsektor (Kern) spiegelt sich wiederum in den Finanzdispositionen der nichtfinanziellen Sektoren (innere Schale) wider. Für deren Finanzdispositionen stellen die Universalbanken den wichtigsten Ansprechpartner dar. Dies wird in der Systematik des Schalenmodells als funktionale Interdependenz zwischen den Universalbanken (Kern) und den nichtfinanziellen Sektoren (innere Schale) bezeichnet. Unterstützt wird die These der funktionalen Interdependenz zwischen den Universalbanken und den nichtfinanziellen Sektoren durch die funktionale Analyse des Kapitel D.V.; diese belegt deutlich, daß die Universalbanken eine überragende Rolle bei der Ausübung der Finanzsektorfunktionen spielen.[652]
Die Ausgestaltung des Rahmenelementes (äußere Schale) Rechtsformen der Unternehmen ist interdependent zu der Struktur der externen Unternehmensfinanzierung der Produktionsunternehmen. Aus der Ausgestaltung der Unternehmensrechtsformen ergibt sich eine starke Präferenz für Bankkredite als Instrument der externen Unternehmensfinanzierung. In der beobachteten Zusammensetzung der Unternehmensfinanzierung stellen dann auch tatsächlich Bankkredite das wichtigste Instrument der externen Unternehmensfinanzierung dar. In diesem Sinne sind die Ausgestaltung der Unternehmensrechtsformen (äußere Schale), die Zusammensetzung der Unternehmensfinanzierung (innere Schale) und die stark bankorientierte Finanzsektorstruktur (Kern) interdependent.
Darüber hinaus werden durch das Systemcharakteristikum Einfluß des Sozialversicherungssystems Interdependenzen zwischen dem Rahmenelement (äußere Schale) Sozialversicherungssystem, den finanziellen Charakteristika der nichtfinanziellen Sektoren (innere Schale) und der Finanzsektorstruktur (Kern) und durch das Systemcharakteristikum Corporate Governance System (Kapitel D.VI.3.2) Interdependenzen zwischen der Finanzssektorstruktur (Kern) und den nichtfinanziellen Unternehmen (innere Schale) beschrieben.[653]

Insgesamt betrachtet kennzeichnet sich das deutsche Finanzsystem, wie die vorigen Ausführungen nahe legen, durch ein hohes Maß an Kohärenz. Getrübt wird diese recht positive Einschätzung der Kohärenz des deutschen Finanzsystems durch die Tendenz zur Herausbildung und Verstärkung von Inkohärenzfaktoren in den Systemcharakteristika *Einfluß des Sozialversicherungssystems* und *Corporate Governance System*. Diese Inkohärenzfaktoren besitzen das Potential zur wesentlichen Veränderung des deutschen Finanzsystems.
Zunächst werden einige Überlegungen zum deutschen *Sozialversicherungssystem* mit Schwerpunkt auf der gesetzlichen Rentenversicherung angestellt. Als deren wesentliches Merkmal wurde die Finanzierung ihrer Leistungen durch das

652 Vgl.hierzu die Ausführungen der Kapitel D.II.5., Kapitel D.III.5. und Kapitel D.V.3.

653 Vgl.hierzu die Kapitel D.VI.3.1. (Einfluß des Sozialversicherungssystems) und Kapitel D.VI.3.2. (Corporate Governance System) für eine ausführliche Charakterisierung der durch die Finanzsystemzusammenhänge beschriebenen Interdependenzen im deutschen Finanzsystem.

Umlageverfahren herausgestellt. Dieses Finanzierungsverfahren ist grundlegend inkohärent mit der demographischen Entwicklung in Deutschland, die durch eine rasche Alterung der Bevölkerung im Sinne eines überproportionalen Anstieg des Bevölkerungsanteils im Rentenalter bei gleichzeitiger Abnahme der Bevölkerungsanteils im Erwerbsalter gekennzeichnet wird. Heute ist abzusehen, daß in den nächsten fünf Jahrzehnten die Generationen von Erwerbstätigen zahlenmäßig kleiner sein werden als ihre Elterngenerationen. Abgesehen von der Wirtschaftsentwicklung bedingt dies, daß diese Generationen von Erwerbstätigen im Verhältnis zu ihren Rentenansprüchen übermäßig stark mit Beitragszahlungen belastet werden. Deutlich sichtbar wird die ungünstige demographische Entwicklung am Rentnerquotienten: Im Jahr 1996 kommen 48 Rentenempfänger auf 100 beitragszahlende Versicherte. Der Beitragssatz jedes Versicherten beträgt 19,2 Prozent des Arbeitsentgeltes. Bis zum Jahr 2030 wird sich der Rentnerquotient maßgeblich verändern. Dann werden schätzungsweise 91 Rentenempfänger auf 100 beitragszahlende Versicherte kommen. Bei unveränderter Rentenbemessung und ohne grundlegende Reformen der gesetzlichen Rentenversicherung wird der Beitragssatz für jeden beitragszahlenden Versicherten auf 38 Prozent des Arbeitsentgeltes ansteigen müssen.[654]
Die Funktionsfähigkeit der gesetzlichen Rentenversicherung wird jedoch in ihren Grundfesten erschüttert, wenn die Interessen der beitragszahlenden Versicherten nicht mehr im Einklang mit den Interessen der Rentenempfänger stehen. Diese Interessendisharmonie kann folgendermaßen umrissen werden: Einerseits ist zu erwarten, daß die Bereitschaft der erwerbstätigen Generation erheblich nachläßt, die für die Aufrechterhaltung des Rentenniveaus notwendigen Beiträge in der oben genannten zunehmenden Größenordnung zu leisten. Andrerseits ist damit zu rechnen, daß die Rentnergeneration die Aufrechterhaltung des Rentenniveaus einfordert und sich gegen die für die Konstanthaltung der Beitragssätze erforderliche Absenkung des Rentenniveaus sperrt. Werden die Beitragssätze tatsächlich der demographischen Entwicklung folgend angehoben, dann ist damit zu rechnen, daß die gesetzliche Rentenversicherung schon weit vor dem Jahr 2030 an die Grenzen ihrer Finanzierbarkeit stößt. Der drohende Anstieg der Beitragssätze der erwerbstätigen Generation über die Grenzen der Belastbarkeit kann nur mit einschneidenden Veränderungen in der gesetzlichen Rentenversicherung (z.B. Anhebung des Renteneintrittsalters) erreicht werden.[655] Durch die skizzierte demographische Entwicklung sind erhebliche Veränderungen in der gesetzlichen Rentenversicherung zu erwarten. Realistischerweise ist zumindest mit einer erheblichen Reduktion des Leistungsniveaus der gesetzlichen Rentenversicherung zu rechnen. Dadurch werden beträchtliche Anstrengungen zur (zusätzlichen) privaten Altersvorsorge notwendig. In der Diskussion steht darüber hinaus die (schrittweise) Umstellung der Finanzierung der gesetzlichen Rentenversicherung auf ein Kapitaldeckungsverfahren.[656]

---

654 Vgl.hierzu OECD(1995), S.37-46; REISEN(1996), S.170-174; LAMPERT(1996), S.260-264, SACHVERSTÄNDIGENRAT(1996), S.230.

655 Vgl.SACHVERSTÄNDIGENRAT(1996), S.230-231.

656 Vgl.stellvertretend für andere BUNDESBANK(11/1997), S.17-30; QUEISSER(1998), S.17.

Die beiden skizzierten Veränderungen, insbesondere jedoch eine mögliche Kapitalunterlegung der gesetzlichen Rentenversicherung, implizieren erhebliche Strukturbrüche im deutschen Finanzsystem. Von diesen werden nachfolgend Veränderungen im Finanzsektor (Kern) und in den nichtfinanziellen Sektoren (innere Schale) skizziert. Einerseits ist mit wesentlichen Veränderungen in der Struktur des Finanzsektors (Kern) zu rechnen. Vor allem kann davon ausgegangen werden, daß in großem Umfang institutionelle Investoren (wie beispielsweise Pensionsfonds), die Vermögen für die Altersvorsorge verwalten und attraktive Geldanlagemöglichkeiten für die Altersvorsorge anbieten, im deutschen Finanzsektor tätig werden. Impliziert wird dadurch eine erhebliche Vertiefung der organisierten Kapitalmärkte, insbesondere der Aktienmärkte. Auf lange Sicht ist damit zu rechnen, daß die Marktkapitalisierung des deutschen Aktienmarktes im Verhältnis zum Bruttoinlandsprodukt stark anwächst. Möglicherweise etablieren sich die institutionellen Investoren so stark im deutschen Finanzsektor, daß dadurch die führende Rolle der Universalbanken im deutschen Finanzsystem in Frage gestellt wird.[657] Denkbar ist zudem, daß die kurzfristige Performanceorientierung der institutionellen Investoren die ausgeprägt längerfristige Orientierung in den Finanzbeziehungen des deutschen Finanzsystems maßgeblich verkürzt.
Andrerseits ist mit erheblichen Veränderungen in der Struktur des Geldvermögens und der Verpflichtungen der nichtfinanziellen Sektoren (innere Schale) zu rechnen. Zu erwarten ist, daß bei den privaten Haushalten dem Geldvermögen eine größere Bedeutung in der Gesamtvermögensposition zukommen wird. Darüber hinaus wird sich die Zusammensetzung des Geldvermögens der privaten Haushalte stark zugunsten der Vermögensansprüche an institutionelle Investoren verändern. Zudem kann davon ausgegangen werden, daß sich in den Verpflichtungen der nichtfinanziellen Unternehmen (Produktionsunternehmen) ein größeres Gewicht der externen Eigenkapitalbeschaffung über Aktienmärkte bemerkbar machen wird.

Einen weiteren Finanzsystembestandteil, in dem sich Inkohärenzfaktoren bemerkbar machen, stellt das deutsche *Insidersystem der Corporate Governance* dar. Dieses wird durch Unternehmensverflechtungen und Unternehmenskontrolle durch Unternehmensinsider charakterisiert. Traditionell wird das Insidersystem durch niedrige Unternehmenspublizität und einen informellen (statt regelgebundenen) Mechanismus für die Abwicklung finanzieller Transaktionen gekennzeichnet. Das Insidersystem reflektiert einen beträchtlichen Skeptizismus in die allokative Effizienz von Finanzmärkten.[658] In dieses Insidersystem sind in den letzten Jahren etliche systemfremde Elemente des Outsidersystems eingepflanzt worden. Zu nennen ist hier das Wertpapierhandelsgesetz (WpHG) von 1994, insbesondere das darin enthaltene strafbewehrte Verbot von Insiderhandel und die Vorschriften zur Ad-hoc Publizität.[659] Weiterhin ist die Formulierung eines („freiwilligen“) Übernahmekodex zu nennen, der einen Handlungsrahmen

---

657 Vgl.hierzu auch grundlegend die Ausführungen von DAVIS(1993), S.119-120.

658 Vgl.für diese Charakterisierung des deutschen Insidersystems DAVIS(1993), S.119-120.

659 Vgl.DEUTSCHE BÖRSE(9/1995), S.6 und die Ausführungen in Kapitel D.IV.2.1.

für Unternehmensübernahmen absteckt und seit Oktober 1995 gültig ist. Besonders schwer wiegt die tendenziell zunehmende Orientierung der großen börsennotierten Aktiengesellschaften am Shareholder Value Konzept, dessen Zielsetzung (bei einer radikalen Anwendung) diametral entgegengesetzt zur Stakeholder Value Orientierung (einschließlich der Mitbestimmung) des Insidersystems steht.[660]
Um das in Kapitel C.II.3.3.4. verwendete Bild vom mechanischen Uhrwerk aufzugreifen, sind mit der Einführung der genannten systemfremden Elemente etliche Zahnrädchen des deutschen Insidersystems durch Zahnrädchen des Outsidersystems ausgetauscht worden. Dies impliziert eine Wegorientierung vom deutschen Insidersystem und eine beträchtliche Gefährdung von dessen Funktionsfähigkeit. Zwar werden wichtige Elemente des Insidersystems, wie die Unternehmensverflechtungen oder die Rolle der Banken, durch die systemfremden Elemente kaum berührt. Unklar ist jedoch, inwieweit die genannten systemfremden Elemente das deutsche Insidersystem substantiell aufweichen können. Unbekannt ist ebenfalls, wieviele systemfremde Elemente in das Insidersystem eingeführt werden können, bis das ganze System „kippt". Ein Systemwechsel zum Outsidersystem würde mit erheblichen Friktionen einhergehen und das Erscheinungsbild des deutschen Finanzsystems nach amerikanischem „Vorbild" erheblich verändern. Die Herausbildung einer stabilen Synthese von Governanceelementen des Insider- und des Outsidersystems erscheint dagegen unwahrscheinlich.

4.WÜRDIGUNG

Im Anschluß an die Ausführungen zu der Dimension der Eigenschaften des Finanzsystems ist ein Fazit zu ziehen und zu fragen, was ein fiktiver Betrachter aus der Betrachtung gelernt hat. Insgesamt hat ein fiktiver Betrachter aus der Analyse der Eigenschaften wichtige strukturelle Informationen über das deutsche Finanzsystem gewonnen, die wesentlich zur Vervollständigung der Analyse der Dimensionen Institutionen und Funktionen beitragen.
In Rahmen der Betrachtung der *Finanzsektoreigenschaften* ist ein insgesamt recht positives Eigenschaftsprofil des deutschen Finanzsektors gezeichnet worden. Der deutsche Finanzsektor zeichnet sich erstens durch ein hohes Maß an *Stabilität* aus, die sich insbesondere in einem hohen Maß an Währungsstabilität und struktureller Stabilität (unangefochtene Stellung der Bankfinanzintermediäre im Finanzsektor, mäßiges Tempo bei der Einführung von Finanzinnovationen und stabile Intermediationsraten) manifestiert. Zweitens wird der deutsche Finanzsektor durch ein hohes Maß an *Offenheit* nach dem Ausland charakterisiert. Diese manifestiert sich in einem vollständig liberalisierten Geld- und Kapitalverkehr, einem entsprechend großen Maß an Offenheit der Finanzmärkte und einem (formal) respektablen Maß an Offenheit der Bankenmärkte. Drittens wird der deutsche Finanzsektor durch eine marktbestimmte Preisbildung und

660 Vgl.o.V.(1997g), S.19; o.V.(1996b), S.21. SCHMIDT/SPINDLER(1997), S.2 bezeichnen als *radikale Ausrichtung am Shareholder Value Konzept* eine Allianz zwischen Aktionären und Managern, die sich gegen die Interessen der anderen Stakeholder richtet.

ein beträchtliches Maß an *Wettbewerb* im Bankensektor geprägt. Letzterer wird an der hohen Zahl der Kreditinstitute und der niedrigen Konzentration im Bankensektor sichtbar. Viertens kennzeichnet sich der deutsche Finanzsektor im Hinblick auf die Ausübung der Finanzsektorfunktionen durch ein durchschnittliches Maß an *Effizienz*. Diese zurückhaltende Einschätzung der Effizienz wird mit den offensichtlichen Verbesserungspotentialen im Hinblick auf die Ausübung der Finanzsektorfunktionen begründet.
Im Rahmen der Betrachtung der *Systemcharakteristika* sind wichtige Systemzusammenhänge im deutschen Finanzsystem näher gekennzeichnet worden. Mit der Betrachtung der *Systemwirkung des Sozialversicherungssystems* ist der Einfluß der umlagefinanzierten gesetzlichen Rentenversicherung auf die Gesamtvermögensposition und die Geldvermögensallokationsentscheidungen der privaten Haushalte (innere Schale) und die Finanzsektorstruktur (Kern) offengelegt worden. Gerade die Gesamtvermögensposition der privaten Haushalte wird in Deutschland zu einem beträchtlichen Maß durch Ansprüche an die gesetzliche Rentenversicherung charakterisiert. Im Finanzsektor spielen Pensionsfonds als institutionelle Investoren zur Alterssicherung eine vernachlässigbare Rolle. Das deutsche *Insidersystem der Corporate Governance* spiegelt sich erstens in einer durch das Vorherrschen von Großaktionären und beträchtlichen Unternehmensverflechtungen gekennzeichneten Struktur des Unternehmenssektors wider; zweitens in der wichtigen Rolle der Banken in den Aufsichtsräten der Unternehmen und für die Ausübung der Depotstimmrechte und drittens im Fehlen eines aktiven Marktes für Unternehmenskontrolle. Bezüglich des *Einfluß des Staates* ist festzuhalten, daß der Staat im deutschen Finanzsystem eine sehr wichtige Rolle spielt und in allen drei Ebenen der Dimension Institutionen einen großen Einfluß ausübt. Der Staat schafft erstens stabile Rahmenbedingungen für Verhandlungen über industrielle Anpassungsprozesse zwischen Unternehmen, Gewerkschaften und Finanzinstitutionen. Zweitens stellt der Staat eine gewichtige finanzielle Defiziteinheit dar. Drittens fungiert der Staat als wichtiger Eigentümer von Finanzinstitutionen (Sparkassensektor). Abschließend ist festzuhalten, daß sich das deutsche Finanzsystem durch ein hohes Maß an *Kohärenz* kennzeichnet. Beeinträchtigt wird diese durch potentielle Inkohärenzfaktoren im Sozialversicherungssystem und im Insidersystem der Corporate Governance, die große Veränderungen im deutschen Finanzsystem auslösen können.

Zu hinterfragen ist jedoch auch, was ein fiktiver Betrachter aus der Analyse der Dimension der Eigenschaften nicht gelernt hat. Für die Beantwortung dieser Frage spielt die bedingte Operationalisierbarkeit der Dimension Eigenschaften eine wichtige Rolle. Die Einschätzung der Ausprägung einer Eigenschaft ergibt sich jeweils aus der Gesamtbetrachtung verschiedener für die Beurteilung der Eigenschaft relevanter Finanzsystemaspekte (Indikatoren). Problematisch erweist sich generell die Auswahl der für die Beurteilung der jeweiligen Eigenschaft relevanten Finanzsystemaspekte (Indikatoren). Ein inhaltliches Problem liegt erstens darin, daß nicht mit Sicherheit gesagt werden kann, daß alle für die Beurteilung einer Eigenschaft relevanten Indikatoren überhaupt erfaßt worden sind. In diesem Zusammenhang ist auch auf die Schwierigkeit hinzuweisen, daß nicht „bewiesen" werden kann, daß die ausgesuchten Indikatoren überhaupt eine Relevanz für die Ausprägung der jeweiligen Eigenschaft besitzen. Zweitens besteht ein inhaltliches Problem darin, daß nicht mit Sicherheit gesagt werden kann, daß die relevanten Indikatoren auch „richtig" gedeutet worden sind. Neben den inhaltlichen Schwierigkeiten fallen erhebliche technische Probleme bei der Beschreibung der Eigenschaften ins Gewicht. Insbesondere die Quantifizierung der Eigenschaften erweist sich als äußerst schwierig. Anhand einiger ausgewählter Beispiele aus der Analyse der Dimension der Eigenschaften werden die skizzierten Schwierigkeiten nachfolgend verdeutlicht.

Beispielsweise konnten im Zusammenhang mit der Einschätzung der *Stabilität* des Finanzsektors keine Aussagen über systemische Risiken getroffen werden. Diese systemischen Risiken ergeben sich daraus, daß aus dem komplexen Geflecht von Interbankbeziehungen die Gegenparteirisiken der einzelnen Verträge und ihre Korrelationen mit den zugrunde liegenden wirtschaftlichen Risiken weder für die Vertragspartner noch für die Aufsichtsbehörden zu übersehen sind.[661] Für die Beurteilung der genannten Risiken fehlt sowohl das notwendige Datenmaterial als auch ein geeignetes Bewertungsmodell. Ein weiteres Beispiel liefert die Beurteilung der *Effizienz* der Ausübung der Finanzsektorfunktionen. Eine quantitative Beurteilung der Effizienz der Ausübung der Finanzsektorfunktionen scheitert einerseits daran, daß es in Kapital D.V.2. nicht gelungen ist, die Finanzsektorfunktionen in einem für die Effizienzbeurteilung hinreichend genauen Ausmaß zu quantifizieren und zweitens daran, daß sich Effizienz als mehrdimensionales Konstrukt nur sehr schwer beschreiben läßt. Ein letztes Beispiel bildet die Erläuterung der Systemcharakteristika. Gerade bei der Diskussion des *Einflusses des Sozialversicherungssystems* oder der *Kohärenz* können die thematisierten Finanzsystemzusammenhänge nicht streng genommen „bewiesen" werden. Insbesondere könnte ein fiktiver Betrachter den Vorwurf erheben, daß die beschriebenen Finanzsystemzusammenhänge nur „zufällige" Korrelationen von Merkmalsausprägungen des Finanzsystems darstellen und die vermutete kausale Wirkungsbeziehung zwischen den jeweils betrachteten Finanzsystembestandteilen gar nicht besteht.

VII. WÜRDIGUNG DER UMSETZUNG DES SCHALENMODELLS

Wie gelingt die Anwendung des in Kapitel C generierten Beschreibungsmodus Schalenmodell? Diese Frage bildete den Anstoß für die Beschreibung des deutschen Finanzsystems mit dem Beschreibungsmodus Schalenmodell in Kapitel D, mit der einem fiktiven Betrachter ein allgemeines Bild vom deutschen Finanzsystem vermittelt werden sollte. Abschließend ist ein Fazit zu ziehen und die „Leistungsfähigkeit" des Schalenmodells zu beurteilen. Dies geschieht vor dem Hintergrund, daß das Schalenmodell in Kapitel C im Hinblick auf die Anforderungen an einen Beschreibungsmodus überaus positiv eingeschätzt worden ist.[662]

---

661 Vgl. zu diesem Aspekt grundlegend HELLWIG(1995a), S.737.

662 Vgl. hierzu die Ausführungen in Kapitel C.I.4.

Die Leistungsfähigkeit des Beschreibungsmodus Schalenmodell wird zunächst anhand des Kriteriums der *inhaltlichen Operationalisierbarkeit* beurteilt. Die inhaltliche Operationalisierbarkeit wird daran reflektiert, was ein fiktiver Betrachter anhand der Beschreibung des deutschen Finanzsystems auf der Grundlage des Schalenmodells gelernt hat (und was nicht). In diesem Zusammenhang wird die generierte Abbildung des Finanzsystems im Hinblick auf die Erfüllung der an einen Beschreibungsmodus gestellten Anforderungen der Vollständigkeit, der Komplexitätsreduktion und des Sichtbarmachens von Finanzsystemzusammenhängen gewürdigt. Anschließend wird die Leistungsfähigkeit des Beschreibungsmodus Schalenmodell anhand des Kriteriums der *technischen Operationalisierbarkeit* beurteilt. In diesem Zusammenhang wird die Umsetzung des Beschreibungsmodus Schalenmodell im Hinblick auf die an einen Beschreibungsmodus gestellte Anforderung der Berücksichtigung empirischer Aspekte gewürdigt. Abschließend werden einige zusammenfassende Überlegungen zur Leistungsfähigkeit des Beschreibungsmodus Schalenmodell angestellt.

Wie kann die inhaltliche Operationalisierbarkeit des Beschreibungsmodus Schalenmodell beurteilt werden? Einen ersten Eindruck vermittelt die Betrachtung dessen, was ein fiktiver Betrachter im Rahmen der Ausführungen des Kapitels D über das deutsche Finanzsystem gelernt hat.[663]

Insgesamt betrachtet wurde dem fiktiven Betrachter ein informativer und weitreichender Gesamteindruck des deutschen Finanzsystems vermittelt. In einem ersten (dreigeteilten) Arbeitsschritt ist die *Dimension der Institutionen* des deutschen Finanzsystems (Kapitel D.II.-IV.) näher erläutert worden. Den Ausgangspunkt bildete die Betrachtung des *Finanzsektors* (Kapitel D.II.). Eine geradezu „krakenhafte“ Stellung nehmen die Universalbanken im deutschen Finanzsektor, dem Kern des Finanzsystems, ein. Diese dominieren einerseits aufgrund weitreichender (kapitalmäßiger) Verflechtungen mit den Spezialbanken, den Finanzinstituten und den Versicherungen das System der Finanzintermediäre und spielen andererseits aufgrund ihrer wichtigen Stellung auf den (weit entwickelten und kapitalisierten) Rentenmärkten eine herausragende Rolle im System der Finanzmärkte. Insgesamt wird die institutionelle Finanzsektorstruktur Deutschlands als stark bankorientiert charakterisiert.

Im Anschluß an die Betrachtung des Finanzsektors sind die *nichtfinanziellen Sektoren* (innere Schale) im Hinblick auf ihre finanziellen Charakteristika untersucht worden (Kapitel D.III.). Als bemerkenswert hervorzuheben sind erstens die ausgeprägte längerfristige zeitliche Orientierung in den Finanzierungsbeziehungen der nichtfinanziellen Sektoren, zweitens der beträchtliche Anteil von Aktien im Geldvermögen der Produktionsunternehmen (Verflechtungs- und Beteiligungsstrukturen) und drittens die überragende Bedeutung der Ansprüche an die gesetzliche Rentenversicherung in der Gesamtvermögensposition der privaten Haushalte. Insgesamt zeigt die Betrachtung der finanziellen Charakteristika der nichtfinanziellen Sektoren, daß die Finanzintermediäre, insbesondere die Universalbanken, eine herausragende Bedeutung für die Finanzdisposi-

663 Nachfolgend werden lediglich einige wesentliche Charakterzüge des deutschen Finanzsystems dargelegt. Einen ausführlichen Überblick über das deutsche Finanzsystem ergibt die Gesamtschau der Würdigungen der Kapitel D.II.5., D.III.5., D.IV.3., D.V.3. und D.VI.4.

tionen im Geldvermögen und den finanziellen Verpflichtungen der nichtfinanziellen Sektoren besitzen. In den Finanzdispositionen der nichtfinanziellen Sektoren spiegelt sich die stark bankorientierte Finanzsektorstruktur wider. In diesem Sinn kann von einer funktionalen Interdependenz zwischen Finanzsektor (Kern) und den nichtfinanziellen Sektoren (innere Schale) gesprochen werden. Die Betrachtung der Nettogeldvermögenspositionen der nichtfinanziellen Sektoren unterstreicht, daß die Produktionsunternehmen, die Wohnungswirtschaft und die öffentlichen Haushalte relativ gleichbedeutende finanzielle Defizitsektoren darstellen, während die privaten Haushalte den dominierenden finanziellen Überschußsektor repräsentieren. Somit leitet der deutsche Finanzsektor finanzielle Ressourcen von der finanziellen Überschußeinheit private Haushalte zu der Gesamtheit der finanziellen Defiziteinheiten Produktionsunternehmen, Wohnungswirtschaft und öffentliche Haushalte. Dies impliziert die Wichtigkeit der Berücksichtigung der Finanzdispositionen der Gesamtheit der nichtfinanziellen Sektoren in einer Betrachtung des Finanzsystems.[664]
Als letzter Bestandteil der Dimension Institutionen ist der *institutionelle Rahmen* (äußere Schale) näher untersucht worden (Kapitel D.IV.). Im Blickpunkt standen die Rahmenelemente Finanzsektorregulierung und -aufsicht, Rechtsformen der Unternehmen und Sozialversicherungssystem. Die Betrachtung dieser Rahmenelemente hat wichtige Interdependenzen im deutschen Finanzsystem offengelegt: Erstens „paßt" die Ausgestaltung des KWG zur bankorientierten Finanzsektorstruktur. Zweitens „paßt" die Ausgestaltung der Rechtsformen zu den beobachteten Mustern der Unternehmensfinanzierung. Drittens „paßt" die Ausgestaltung der gesetzlichen Rentenversicherung zur bestimmten Charakteristika des deutschen Finanzsystems.
In einem zweiten Arbeitsschritt ist die *Dimension der Funktionen* des deutschen Finanzsektors (Kapitel D.V.) näher charakterisiert worden. Die funktionale Analyse hat wesentlich die zuvor angesprochene „funktionale Interdependenz" zwischen dem Finanzsektor (Kern) und den nichtfinanziellen Sektoren (innere Schale) belegt. Deutlich hat die Analyse der Finanzsektorfunktionen gezeigt, daß insbesondere die Universalbanken aufgrund ihrer herausragenden Position im deutschen Finanzsektor eine dominierende Rolle für die Ausübung der Finanzsektorfunktionen spielen. Somit wird die stark bankorientierte institutionelle Finanzsektorstruktur deutlich in der Ausübung der Finanzsektorfunktionen reflektiert. Die funktionale Analyse hat zudem gezeigt, daß die Finanzsektorfunktionen zwar insgesamt in einem recht zufriedenstellendem Ausmaß ausgeübt werden, aber dennoch (teilweise beträchtliche) Verbesserungspotentiale bestehen. Dies konnte im Rahmen der institutionell orientierten Analyse der Kapitel D.II.-IV. nicht erschlossen werden und stellt ein sehr wichtiges Ergebnis der funktionalen Analyse dar. Darüber hinaus hat die Einordnung der Finanzsektorfunktionen in den jeweiligen funktionalen Finanzsystemzusammenhang gezeigt, daß der Finanzsektor im Systemzusammenhang zwar eine wichtige, aber keineswegs dominierende Rolle im Hinblick auf die Zusammensetzung der Gesamtvermögensposition, die Struktur der Gesamtverbindlichkeiten und der gesamten Mechanismen zur Risikenallokation der nichtfinanziellen Sektoren spielt.

---

664 Vgl.in diesem Zusammenhang Kapitel D.III.5.

In einem dritten Arbeitsschritt ist die *Dimension der Eigenschaften* des Finanzsystems (D.VI.) näher untersucht worden. Die Betrachtung der *Finanzsektoreigenschaften* verdichtet sich zu folgendem Eigenschaftsprofil des deutschen Finanzsektors: Dieser wird durch ein hohes Maß an Stabilität, ein hohes Maß an Offenheit nach dem Ausland, ein beträchtliches Maß an Wettbewerb im Bankensektor und ein durchschnittliches Maß an Effizienz charakterisiert. Letztere Einschätzung resultiert aus den im Rahmen der funktionalen Analyse identifizierten offensichtlichen Verbesserungspotentialen im Hinblick auf die Ausübung der Finanzsektorfunktionen. Im Rahmen der Betrachtung der *Systemcharakteristika* sind der erhebliche Einfluß des Sozialversicherungssystems auf das Finanzsystem, das deutsche Insidersystem der Corporate Governance, der Einfluß des Staates und die Kohärenz des deutschen Finanzsystems erläutert worden. Insbesondere Inkohärenzfaktoren im Sozialversicherungssystem und im Insidersystem der Corporate Governance sind in der Lage, beträchtliche Veränderungen im deutschen Finanzsystem auszulösen.
Die Betrachtung der Dimensionen *Institutionen, Funktionen* und *Eigenschaften* des deutschen Finanzsystems (Kapitel D.II.-D.VI.) zeigt in deutlicher Weise, daß es sich bei diesem Finanzsystem um ein hoch entwickeltes und in sich stimmiges Gebilde handelt. Das deutsche Finanzsystem stellt eine zu den Finanzsystemen angloamerikanischer Prägung alternative Finanzsystemkonfiguration dar. Der oft erhobene Vorwurf, daß das deutsche bankorientierte Finanzsystem unterentwickelt sei, wird durch die Ergebnisse der durchgeführten Finanzsystembeschreibung entkräftet.[665]

Einen weiteren und sehr informativen Eindruck bezüglich der *inhaltlichen Operationalisierbarkeit des Beschreibungsmodus Schalenmodell* vermittelt über die bisherigen Ausführungen hinausgehend die Betrachtung dessen, was ein fiktiver Betrachter im Rahmen der Beschreibung des deutschen Finanzsystems *nicht* gelernt hat. Dies wird anhand einiger ausgewählter Beispiele inhaltlicher Mängel, die im Rahmen der Finanzsystembeschreibung aufgetaucht sind, näher erläutert. Teilweise resultieren diese inhaltlichen Mängel direkt aus technischen Problemen der Operationalisierung bestimmter Finanzsystemaspekte. Diese werden im Anschluß an die Ausführungen zu den inhaltlichen Mängeln in einem getrennten Arbeitsschritt erläutert.
Bei der Beschreibung der *Institutionen* sind in allen drei Ebenen (Kern, innere Schale, äußere Schale) inhaltliche Mängel aufgetaucht. So hat sich bei der Beschreibung des deutschen Finanzsektors *(Kern)* die Frage gestellt, welche Bedeutung die von internationalen Finanzzentren angebotenen oder nachgefragten Finanzdienstleistungen für den deutschen Finanzsektor besitzen. Diese Frage zeigt, daß wichtige Bestandteile (Marktsegmente) eines Finanzsektors außerhalb des Hoheitsgebietes eines Staates liegen können. Derartige Finanzsektorbestandteile sind mit der Systematik des Beschreibungsmodus nicht erfaßt worden. Auf der Ebene der nichtfinanziellen Sektoren *(innere*

---

665 Beispielsweise wird im INTERNATIONAL FINANCIAL REVIEW(Mai 1989), S.1 rezitiert nach POZDENA/ALEXANDER(1992), S.585-586 folgende Beurteilung des deutschen Finanzsystems abgegeben: „*...The German financial system is ... perceived to be underdeveloped and anachronistic. This view, held by many, is truly a paradox, given the significant contribution of Germany to the global economy.*“

Schale) haben sich die Fragen gestellt, welche Bedeutung einerseits den intrasektoralen Finanzströmen innerhalb der einzelnen Sektoren (private Haushalte, nichtfinanzielle Unternehmen, öffentliche Haushalte) zukommt und andererseits welche Bedeutung informelle Finanzierungsbeziehungen für die genannten Sektoren besitzen. Zu den genannten Themenfeldern konnten aufgrund massiver Operationalisierungsprobleme keine inhaltlichen Aussagen getroffen werden.[666] Auf der Ebene des institutionellen Rahmens *(äußere Schale)* ist die inhaltliche Problematik aufgetaucht, daß der in Form von Hypothesen beschriebene prägende Einfluß der Rahmenelemente (Finanzsektorregulierung und -aufsicht, Rechtsformen der Unternehmen und Sozialversicherungssystem) auf die Finanzsystemstruktur, der sich in Interdependenzen zwischen der institutionellen Ausgestaltung der Rahmenelemente und bestimmten Finanzsystembestandteile manifestiert, nicht formal „bewiesen" werden kann. Als Kritik kann geäußert werden, daß die beschriebenen Interdependenzen nur Korrelationen, keineswegs aber von der Ausgestaltung der Rahmenelemente ausgehende kausale Wirkungsbeziehungen zu bestimmten Finanzsystembestandteilen beschreiben.
Bei der Beschreibung der *Funktionen* konnte der im Rahmen der Charakterisierung der Finanzsektorfunktionen als Referenzmodellproblematik thematisierte inhaltliche Mangel nicht abgestellt werden. Als Referenzmodellproblematik wird das Fehlen von „idealen" Bewertungsmodellen als Vergleichsmaßstäbe für die Beurteilung des beobachteten Umfangs der Ausübung der verschiedenen Finanzsektorfunktionen bezeichnet. Aufgrund dieser Problematik ist es nicht möglich, Aussagen darüber zu treffen, ob der jeweils beobachtete Umfang der Funktionsausübung mit Bezug auf den Entwicklungsstand des Finanzsystems „angemessen" ist. Bei der Beschreibung der *Eigenschaften* sind inhaltliche Mängel dahingehend aufgetaucht, daß nicht mit Sicherheit gesagt werden kann, ob einerseits alle für die Beurteilung einer Eigenschaft relevanten Indikatoren überhaupt erfaßt worden sind und andrerseits ob die thematisierten Indikatoren auch „richtig" gedeutet worden sind. In diesem Sinne sind Aussagen über die Ausprägung einer Eigenschaft mit großer Unsicherheit behaftet.

Gerade angesichts der skizzierten inhaltlichen Mängel stellt sich die Frage, wie die mit dem Beschreibungsmodus Schalenmodell generierte Abbildung des deutschen Finanzsystems insgesamt im Hinblick auf die *an einen Beschreibungsmodus gestellten Anforderungen* der Vollständigkeit, der Komplexitätsreduktion und des Sichtbarmachens von Finanzsystemzusammenhängen zu beurteilen ist.[667]
Wie ist die Abbildung des deutschen Finanzsystems auf der Grundlage des Schalenmodells im Hinblick auf das Kriterium der *Vollständigkeit* zu beurteilen?[668] Aus der zuvor durchgeführten zusammenfassenden Betrachtung dessen, was ein fiktiver

---

666 Hervorzuheben ist, daß aus der Systematik des Schalenmodells keineswegs zwingend die Verwendung von Flow of Funds Daten folgt. Die Problematik der Operationalisierung intrasektoraler Finanzströme und informeller Finanzierungsbeziehungen ist vor allem technischer Natur.

667 Vgl.Kapitel A.III.2.2. für die Anforderungen an einen Beschreibungsmodus und Kapitel C.I.4. zur Einschätzung des Schalenmodells im Hinblick auf die Erfüllung dieser Anforderungen.

668 Erwaret wurde, daß das Schalenmodell durch die Erfassung von drei Finanzsystemdimensionen ein großes Maß an *Vollständigkeit* der Finanzsystembeschreibung gewährleistet. Vgl.Kapitel C.I.4.

Betrachter über das deutsche Finanzsystem gelernt hat, geht deutlich hervor, daß mit dem Schalenmodell eine weitreichende Abbildung des deutschen Finanzsystems generiert worden ist. Gerade die multidimensionale Charakterisierung des Finanzsystems anhand der Dimensionen Institutionen, Funktionen, Eigenschaften trägt tatsächlich wesentlich dazu bei, eine Vielfalt struktureller Charakteristika des deutschen Finanzsystems abzubilden. Daß nicht alle interessanten Finanzsystemaspekte erfaßt worden sind, hat die Betrachtung dessen gezeigt, was ein fiktiver Betrachter nicht über das deutsche Finanzsystem gelernt hat. Zusammenfassend wird die Ansicht vertreten, daß sich die Abbildung des deutschen Finanzsystems durch ein relativ großes Maß an Vollständigkeit kennzeichnet. Einzuräumen ist jedoch, daß noch gewisse Verbesserungspotentiale im Hinblick auf die Vollständigkeit der Finanzsystemabbildung bestehen.

Wie ist die Abbildung des deutschen Finanzsystems auf der Grundlage des Schalenmodell im Hinblick auf das Kriterium der *Komplexitätsreduktion* zu beurteilen?[669] Die Beurteilung der mit dem Schalenmodell erreichten Komplexitätsreduktion ist mit einem hohen Maß an Ambivalenz behaftet. Einerseits ist nicht von der Hand zu weisen, daß durch die mit der zuvor erläuterten Hypothese der Schalenstruktur bewirkten Systematisierung des Realitätsausschnittes Finanzsystem ein beträchtliches Maß an Komplexitätsreduktion erreicht wurde. Andererseits ist es offensichtlich, daß die Beschreibung des Finanzsystems mit dem Schalenmodell einen beträchtlichen Umfang einnimmt. Angesichts des gewaltigen Umfangs des Realitätsausschnittes Finanzsystem, der sich aufgrund der Multidimensionalität und der Immaterialität eines Großteils seiner Bestandteile tendenziell einer kompakten Beschreibung entzieht, wird das mit dem Schalenmodell erreichte Maß an Komplexitätsreduktion bei der Beschreibung des deutschen Finanzsystems als beachtlich bewertet.

Wie ist die Abbildung des deutschen Finanzsystems auf der Grundlage des Schalenmodells im Hinblick auf das Kriterium des *Sichtbarmachens von Finanzsystemzusammenhängen* zu beurteilen?[670] Die gesamte Beschreibung des deutschen Finanzsystems auf der Grundlage des Schalenmodells zielt auf das Aufzeigen von Systemzusammenhängen. Dies zeigt sich erstens besonders deutlich daran, daß im Zusammenhang mit der Charakterisierung der institutionellen Finanzsektorstruktur die Frage aufgeworfen wurde, wie sich diese bankorientierte institutionelle Finanzsektorstruktur in den übrigen Ebenen der Dimension der Institutionen und den Dimensionen der Funktionen und der Eigenschaften widerspiegelt.[671] Im Rahmen der weiteren Ausführungen wurde diese Frage konsequent weiterverfolgt. Zweitens zeigt sich dies an der Bestrebung, die strukturprägende Wirkung der Ausgestaltung der Rahmenelemente Finanzsektorregulierung und -aufsicht, Rechtsformen der Unternehmen und Sozialver-

---

669 Erwartet wurde, daß die Hypothese der Schalenstruktur der Dimension der Institutionen und die Integration der Dimensionen Funktionen und Eigenschaften in diese Schalenstruktur in Verbindung mit der Herausarbeitung struktureller Charakteristika ein hohes Maß an *Komplexitätsreduktion* der Finanzsystembeschreibung gewährleistet. Vgl.Kapitel C.I.4.

670 Erwartet wurde, daß die Betrachtung von Interdependenzen und von Systemcharakteristika das *Sichtbarmachen von Finanzsystemzusammenhängen* im Schalenmodell ermöglicht. Vgl.Kapitel C.I.4.

671 Vgl.hierzu Kapitel D.II.5.

sicherungssystem auf die Ausprägungen verschiedener Finanzsystembestandteile sichtbar zu machen.[672] Drittens zeigt sich dies an der systematischen Erläuterung der Systemcharakteristika Einfluß des Sozialversicherungssystems, Corporate Governance System, Einfluß des Staates und Kohärenz.[673] Zusammenfassend wird die Ansicht vertreten, daß sich die Beschreibung des deutschen Finanzsystems auf der Grundlage des Beschreibungsmodus Schalenmodell durch ein relativ großes Maß des Sichtbarmachens von Finanzsystemzusammenhängen kennzeichnet.

Wie kann die technische Operationalisierbarkeit des Beschreibungsmodus Schalenmodell beurteilt werden? Neben der zuvor thematisierten inhaltlichen Operationalisierbarkeit ist die technische Operationalisierbarkeit des Beschreibungsmodus Schalenmodell zu würdigen. Unterstellt wurde im Rahmen der Formulierung des Beschreibungsmodus Schalenmodell, daß dieser *keine unüberwindbaren Anforderungen an das empirisch verfügbare Datenmaterial* stellt.[674] Nach dieser Einschätzung sollte sich das deutsche Finanzsystem mit dem Schalenmodell auf der Grundlage der (öffentlich zugänglichen) empirischen Daten und Informationen gut beschreiben lassen. Aufgrund der Erfahrungen bei der Beschreibung des deutschen Finanzsystems ist diese Einschätzung zu relativieren. Die drei im Schalenmodell thematisierten Finanzsystemdimensionen *Institutionen*, *Funktionen* und *Eigenschaften* lassen sich unterschiedlich gut beschreiben.

Für die Charakterisierung der *Dimension der Institutionen* stehen insgesamt viele „harte" (zuverlässige) Informationen bereit. Auf der Grundlage dieser Daten konnten die formale institutionelle Struktur des Finanzsektors (Kern), die finanziellen Charakteristika der nichtfinanziellen Sektoren (innere Schale) und die Ausgestaltung der Rahmenelemente (äußere Schale) recht gut beschrieben werden. Allerdings waren bereits in der Dimension Institutionen nicht alle gewünschten empirischen Daten verfügbar. Dadurch konnten keine quantitativ abgestützten Aussagen zur Bedeutung der nichtorganisierten Wertpapiermärkte beziehungsweise der Interbankenmärkte und der informellen Finanzmärkte getroffen werden. Auch war es nicht möglich, den funktional abgegrenzten Sektor Wohnungswirtschaft nach Bauherren aufzugliedern oder den Sektor öffentliche Haushalte in die Untersektoren Gebietskörperschaften und Sozialversicherungen aufzuschlüsseln. Zudem konnten keine Aussagen über intrasektorale Finanzströme innerhalb der nichtfinanziellen Sektoren (private Haushalte, nichtfinanzielle Unternehmen, öffentliche Haushalte) und innerhalb des Finanzsektors getroffen werden.

Wesentlich schwieriger erwies sich die Operationalisierung der *Dimensionen der Funktionen und Eigenschaften*. Anders als bei der Beschreibung der drei Ebenen der Dimension Institutionen ist bei der Beschreibung der Funktionen und der Eigenschaften ständig die Problematik der technischen Operationalisierbarkeit präsent. Als besonders problematisch erweist sich der Umstand, daß sich die Dimensionen der Funk-

---

672 Vgl.hierzu Kapitel D.IV.3.

673 Vgl.hierzu Kapitel D.VI.3.

674 Vgl.hierzu die Ausführungen in Kapitel C.I.4.

tionen und der Eigenschaften nur schwer für eine Beschreibung zugänglich machen lassen. Weder für die Funktionen noch für die Eigenschaften sind umfassende Systematiken von Merkmalen verfügbar, anhand derer sich die Funktionen beziehungsweise die Eigenschaften eindeutig beschreiben lassen. Bei der Formulierung von Merkmalen, anhand derer Funktionen und Eigenschaften beschrieben werden können, tritt oftmals das Dilemma zutage, daß die benötigten „harten" (zuverlässigen) Daten selten in der gewünschten Quantität und Qualität zur Verfügung stehen.
Zusammenfassend ist festzuhalten, daß beträchtliche technische Operationalisierungsprobleme mit der Umsetzung des Beschreibungsmodus Schalenmodell in eine konkrete Finanzsystembeschreibung verbunden sind. Dies gilt insbesondere für die wenig greifbaren (immateriellen) Dimensionen Funktionen und Eigenschaften und in begrenztem Ausmaß für die relativ gut beschreibbare (materielle) Dimension der Institutionen. Insgesamt wird das Maß der Umsetzbarkeit des Beschreibungsmodus aufgrund der skizzierten Einschränkungen als befriedigend eingestuft.

Wie ist abschließend betrachtet die Leistungsfähigkeit des Beschreibungsmodus Schalenmodell zu beurteilen? Wird berücksichtigt, daß mit dem Begriff Finanzsystem ein Realitätsausschnitt bezeichnet wird, der durch ein gewaltiges Maß an Komplexität, eine beträchtliche Vernetzung der Systemkomponenten, einen hohen Grad an Intransparenz der Strukturen und Wirkungszusammenhänge sowie eine gewisse Dynamik der Entwicklung charakterisiert wird, dann verwundert es kaum, daß die Operationalisierung des Beschreibungsmodus Schalenmodell mit gewissen inhaltlichen und technischen Mängeln behaftet ist. Trotz der zuvor thematisierten Einschränkungen durch technische und inhaltliche Mängel wird die These aufgestellt, daß mit dem Beschreibungsmodus Schalenmodell eine relativ gut strukturierte und umfassende Finanzsystembeschreibung generiert werden kann, die zudem durch ein beachtliches Maß an Komplexitätsreduktion gekennzeichnet wird und die es darüber hinaus vermag, wichtige Finanzsystemzusammenhänge offenzulegen.
Eine auf der Grundlage des Beschreibungsmodus Schalenmodell generierte Beschreibung eines Finanzsystem zeichnet sich durch eine größeres Maß an Vollständigkeit, eine sinnvollere Art der Komplexitätsreduktion, ein deutlicheres Offenlegen von Systemzusammenhängen aus als Beschreibungen auf der Grundlage der Beschreibungsmodi Finanzsektorperspektive (Kapitel B.II.), Finanzsektor-Realsektor-Perspektive (Kapitel B.III.), Intermediationsperspektive (Kapitel B.IV.) oder funktionale Perspektive (Kapitel B.V.). In diesem Sinn ist mit der Formulierung des Beschreibungsmodus Schalenmodell ein Erkenntnisfortschritt verbunden.

KAPITEL E.: SCHLUßBETRACHTUNG

Den Mittelpunkt der Studie *Beschreibungsmodi für Finanzsysteme* bildete der folgende zentrale Fragenkomplex: *Was ist „das Finanzsystem" und durch welche Merkmale wird es charakterisiert? Welche Abgrenzung des Finanzsystems ergibt sich daraus? Wie sollen Finanzsysteme demzufolge beschrieben werden?* [675]

Die Beschäftigung mit diesem Fragen resultiert aus der Beobachtung, daß im Zusammenhang mit der Diskussion der durch die Europäische Integration ausgelösten Finanzsystemveränderungen (Kapitel A.I.1.), im Zusammenhang mit der Thematik der Entwicklungsländer (Kapitel A.I.2.) und im Zusammenhang mit der Theoriebildung (Kapitel A.I.3.) eine Vielfalt unterschiedlicher Aspekte in Verbindung mit dem Finanzsystem thematisiert werden. Zu beobachten ist jedoch auch, daß nicht nur sehr unterschiedliche Sachverhalte und Problematiken (z.B. Corporate Governance oder Wirtschaftswachstum) im Zusammenhang mit dem Finanzsystem diskutiert werden, sondern daß sehr unterschiedliche Vorstellungen davon nebeneinander existieren, was unter einem Finanzsystem zu verstehen ist. Dies manifestiert sich in einer Fülle unterschiedlicher Definitionen und Abgrenzungen des Finanzsystems. Es existieren eine Vielzahl unterschiedlicher Abbildungen des Realitätsausschnittes Finanzsystem nebeneinander, die durch unterschiedliche Vorstellungen vom Realitätsausschnitt Finanzsystem geprägt sind.[676]

Wie kann es sein, daß vom gleichen Realitätsausschnitt gleichzeitig völlig unterschiedliche Vorstellungen und Abbildungen nebeneinander existieren, ohne daß dies in der Literatur problematisiert oder wenigstens diskutiert wird?
Vor allem verwundert dieser Aspekt deswegen, weil auf Grundlage der unterschiedlichen Finanzsystemvorstellungen auch Handlungsempfehlungen (z.B. für die Gestaltung der Finanzsysteme der Entwicklungsländer und Transformationsländer) ausgesprochen werden. Unterschiedliche Vorstellungen vom Finanzsystem, die sich in den Finanzsystemabbildungen manifestieren, führen jedoch zu fundamental unterschiedlichen Handlungsempfehlungen. Deren Inhalte können zueinander in völligem Widerspruch stehen.[677] Daß überhaupt unterschiedliche Abbildungen des Realitätsausschnittes Finanzsystem (unkommentiert) nebeneinander existieren können, liegt vor allem daran, daß mit dem Finanzsystem ein mehrdimensionaler Realitätsausschnitt bezeichnet wird. Dessen Struktur wird durch ein hohes Maß an *Komplexität*, eine *Vernetzung der Systemkomponenten*, eine *Intransparenz der Strukturen und Wirkungszusammenhänge* und eine gewisse *Dynamik* (der Entwicklung) charakterisiert.[678] Ausgehend von dieser Annahme über die Charakteristika des Realitätsausschnittes Finanzsy-

---

[675] Vgl.hierzu die Ausführungen in Kapitel A.II.

[676] Vgl.hierzu die Ausführungen in Kapitel A.II. und A.III.1.

[677] Vgl.hierzu die Ausführungen in Kapitel A.II.

[678] Vgl.hierzu die Ausführungen in Kapitel A.II.

stem wurde die Hypothese aufgestellt, daß unterschiedliche Abbildungen dieses Realitätsausschnittes vor allem deswegen entstehen, weil der Realitätsausschnitt einerseits aus unterschiedlichen *Fragestellungen* heraus und andererseits auf Grundlage unterschiedlicher *theoretischer Vorstellungen* thematisiert wird. Beide Faktoren - *Fragestellungen und Theorien* - beeinflussen die Abbildung des Realitätsausschnittes maßgeblich.[679]

Zur Beantwortung des zentralen Fragenkomplexes der vorliegenden Arbeit wurde aufbauend auf den skizzierten Überlegungen als Ziel der Arbeit formuliert, in einem ersten Schritt (Kapitel B) zunächst auf der Grundlage der wissenschaftlichen Literatur zum Finanzsystem dessen unterschiedliche Abgrenzungen und die damit verbundenen theoretischen Vorstellungen in verschiedene Beschreibungsmodi des Finanzsystems zu systematisieren, in einem zweiten Schritt (Kapitel C) eine umfassende Strukturvorstellung im Sinne einer Landkarte des Finanzsystems zu generieren, die gleichzeitig einen weitreichenden Beschreibungsmodus des Finanzsystems darstellt, und schließlich in einem dritten Schritt (Kapitel D) diesen Beschreibungsmodus auf die Beschreibung eines real existierenden Finanzsystems anzuwenden und im Hinblick auf seine technische und inhaltliche Operationalisierbarkeit zu überprüfen.[680] Im Rahmen der nachfolgenden Ausführungen werden die wichtigsten Ergebnisse der drei angesprochenen Arbeitsschritte skizzenartig zusammengefaßt.

Das Kapitel B bildete den ersten Hauptteil der vorliegenden Arbeit und stand unter der Fragestellung, *was als Finanzsystem in der Literatur beschrieben wird.* Das Ziel des Kapitels bestand in einer Systematisierung der Literatur bezüglich der verwendeten Beschreibungsmodi und den damit verbundenen Abbildungen des Finanzsystems einschließlich ihres theoretischen Hintergrunds.[681] Die wichtigsten Ergebnisse des Kapitel B liegen in der Abgrenzung und Charakterisierung von vier unterschiedlichen Beschreibungsmodi des Finanzsystems aus der Literatur, nämlich der Finanzsektorperspektive, der Finanzsektor-Realsektor-Perspektive, der Intermediationsperspektive und der funktionalen Perspektive. Diese unterscheiden sich grundlegend dadurch, daß sie jeweils in einer einzigartigen Art und Weise bestimmte Bestandteile des Finanzsystems thematisieren, dadurch eine typische Abbildung des Finanzsystems produzieren und eine eigene charakteristische Abgrenzung des Finanzsystems (Finanzsystemdefinition) hervorbringen. Nachfolgend werden zusammenfassend die Ansatzpunkte der vier Beschreibungsmodi gegenübergestellt.

Die *Finanzsektorperspektive* wird in zwei verschiedene Ausprägungen, die *deskriptive Finanzsektorperspektive* und die *makroökonomische Finanzsektorperspektive*, unterschieden. Der wesentliche Unterschied zwischen diesen beiden Ausprägungen der Finanzsektorperspektive liegt darin, daß in der deskriptiven Finanzsektorperspektive explizit der Finanzsektor das zentrale Erkenntnisobjekt der Ausführungen darstellt, wäh-

---

679 Vgl.hierzu die Ausführungen in Kapitel A.III.2.1.

680 Vgl.hierzu die Ausführungen in Kapitel A.II.

681 Vgl.hierzu grundlegend die Ausführungen in Kapitel B.I.

rend in der makroökonomischen Finanzsektorperspektive die Abbildung des Finanzsektors nur ein Nebenprodukt der theoretischen Auseinandersetzung mit der gesamten Volkswirtschaft darstellt. Aus diesem Grunde sind die Finanzsektorbeschreibungen in der deskriptiven Finanzsektorperspektive wesentlich gehaltvoller und aussagekräftiger als in der makroökonomischen Finanzsektorperspektive, weswegen sich die zusammenfassenden Betrachtungen stärker an der deskriptiven Variante des Beschreibungsmodus orientieren.
Die Betrachtung des *Finanzsystems* richtet sich in der Finanzsektorperspektive vor allem auf *institutionelle Charakteristika des Finanzsektors.* Teilweise werden in einer eher unsystematischen Art und Weise *Finanzsektoreigenschaften* (Offenheit, Stabilität, Wettbewerb, Art der Preisbildung usw.) angesprochen. Selten finden auch einige makroökonomische Größen (Höhe der Zinssätze und staatliche Zinsobergrenzen, Wechselkursregime und Konvertibilität usw.) Eingang in Finanzsektorbeschreibungen. In einigen Ansätzen wird darüber hinaus die Thematik der *Liberalisierung/Deregulierung* des Finanzsektors diskutiert. Alle übrigen Finanzsystembestandteile werden in der Finanzsektorperspektive nicht weiter thematisiert. *Finanzsystemfunktionen* werden grundsätzlich nicht mit in die Finanzsystembeschreibung einbezogen.[682]

Die *Finanzsektor-Realsektor-Perspektive* wird in zwei unterschiedlichen Zusammenhängen verwendet. Einerseits wird sie im Rahmen von *Typologiebildungen* verwendet, in denen vorwiegend die Finanzsystemstruktur im Blickpunkt der Betrachtungen steht. Andrerseits liegt sie *makroökonomischen Ansätzen* zugrunde, in denen hauptsächlich einzelne makroökonomische Phänomene wie Konjunkturschwankungen, Wirtschaftswachstum oder finanzielle Instabilität diskutiert werden. Die Betrachtung des Finanzsystems geht in der *Finanzsektor-Realsektor-Perspektive* über die Beschreibung des Finanzsektors hinaus. Mit einbezogen werden nicht nur die Institutionen des Finanzsektors als *Anbieter von Finanzdienstleistungen,* sondern nichtfinanzielle Sektoren (z.B. der Sektor nichtfinanzielle Unternehmen) als *Nachfrager nach Finanzdienstleistungen.* Tendenziell richtet sich die Aufmerksamkeit jeweils schwerpunktmäßig auf (nur) einen nichtfinanziellen Sektor, so daß z.B. die Zusammensetzung der *Unternehmensfinanzierung* thematisiert wird.
Das *Finanzsystem* umfaßt in der Finanzsektor-Realsektor-Perspektive einerseits den *institutionellen Finanzsektor* (Finanzmärkte, Finanzintermediäre, Zentralbank) und andrerseits *die finanziellen Beziehungen zwischen dem Finanzsektor und den nichtfinanziellen Sektoren.* Mit in die Betrachtung treten verschiedene *Funktionen* des Finanzsektors. Der Finanzsektor fungiert beispielsweise als Instrument zur Finanzierung *(Finanzierungsfunktion)*, Kontrolle *(Kontrollfunktion)* usw. von nichtfinanziellen Unternehmen oder als Instrument zur Geldanlage *(Geldanlagefunktion)*, Vermögenslagerung *(Vermögenslagerungsfunktion)* usw. des Sektors private Haushalte. *Eigenschaften* des Finanzsystems werden in der Finanzsektor-Realsektor-Perspektive nur am Rande thematisiert.[683]

---

682 Vgl.hierzu auch die Ausführungen in Kapitel B.II.1.

683 Vgl.hierzu auch die Ausführungen in Kapitel B.III.1.

Die *Intermediationsperspektive* (Kapitel B.IV.) ist durch eine Gesamtbetrachtung der finanziellen Beziehungen zwischen den finanziellen Überschußeinheiten, bei denen es sich um die nichtfinanziellen Sektoren nichtfinanzielle Unternehmen, private Haushalte, öffentliche Haushalte und Ausland handeln kann, und den finanziellen Defiziteinheiten, bei denen es sich (ebenfalls) um die nichtfinanziellen Sektoren nichtfinanzielle Unternehmen, private Haushalte, öffentliche Haushalte und Ausland handeln kann, gekennzeichnet. Im Blickpunkt steht die Rolle des Finanzsektors als Instrument zur Transmission finanzieller Ressourcen von finanziellen Überschußeinheiten zu finanziellen Defiziteinheiten.
Das *Finanzsystem* umfaßt in der Intermediationsperspektive die *Institutionen des Finanzsektors*, wobei Finanzmärkte und Finanzintermediäre unterschieden werden. Darüber hinaus werden die *Gesamtheit der finanziellen Beziehungen* zwischen dem *Finanzsektor* und den *nichtfinanziellen Sektoren* in die Finanzsystembetrachtung mit einbezogen. Im Blickpunkt steht die vom Finanzsektor ausgeübte *Transmissionsfunktion*, d.h. der Finanzsektor fungiert als Mittler (beziehungsweise Transporteur) finanzieller Ressourcen von den *finanziellen Überschußeinheiten* zu den *finanziellen Defiziteinheiten*. Unterschieden werden die *direkte* Transmission finanzieller Ressourcen über Finanzmärkte und die *indirekte* Transmission finanzieller Ressourcen über Finanzintermediäre. Mit der Ausübung der *Transmissionsfunktion* verbinden sowohl Finanzintermediäre als auch Finanzmärkte die Ausübung von *Transformationsfunktionen* (z.B. *Losgrößentransformation, Fristentransformation, Risikentransformation, Liquiditätstransformation)*. Finanzintermediäre und Finanzmärkte stellen alternative Mechanismen zur Transmission finanzieller Ressourcen dar und stehen außerdem in komplementärem Verhältnis zueinander. *Eigenschaften* des Finanzsystems werden in der Intermediationsperspektive nicht angesprochen.[684]

In der *funktionalen Perspektive* setzt die Finanzsystembetrachtung an den Finanzsystemfunktionen an. Beispielsweise kann die *Ressourcenallokationsfunktion* als übergeordnete primäre Finanzsystemfunktion betrachtet werden, die in sechs untergeordnete Kernfunktionen (*Zahlungssystemfunktion, Ressourcenpoolungsfunktion, Funktion der zeitlichen und räumlichen Transformation, Funktion des Risikenmanagements, Informationsfunktion, Funktion der Bewältigung von Problemen asymmetrischer Information*) differenziert wird.[685] In einer funktionenorientierten Finanzsystembeschreibung wird die institutionelle Struktur des Finanzsystems von diesen Finanzsystemfunktionen ausgehend erschlossen.
Das *Finanzsystem* wird in der funktionalen Perspektive sehr weit abgegrenzt. Faktisch wird die Gesamtheit der institutionellen Mechanismen, die an der Ausübung der Finanzsystemfunktionen beteiligt sind, als Finanzsystem betrachtet. Somit beinhaltet das Finanzsystem weit mehr institutionelle Bestandteile als lediglich die Institutionen des *Finanzsektors*. Beispielsweise spielen bezüglich der Ausübung der Finanzsystemfunktionen auch die *Regierung* und *Familien* eine sehr wichtige Rolle. Durch die strenge

---

684 Vgl.hierzu auch die Ausführungen in Kapitel B.IV.1.

685 Vgl.MERTON(1993), S.21-27 zu dieser Gliederung der Finanzsystemfunktionen.

Orientierung der Finanzsystembetrachtung an den Finanzsystemfunktionen wird unterstrichen, daß das Finanzsystem in die gesamte Volkswirtschaft hineinreicht. Eigenschaften des Finanzsystems bleiben tendenziell im Hintergrund der Finanzsystembetrachtung, können aber theoretisch gut in eine funktionenorientierte Finanzsystembeschreibung integriert werden.

Das Kapitel C bildete den zweiten Hauptteil der vorliegenden Arbeit und stand unter der Fragestellung, *wie das Finanzsystem als Gesamtgebilde umfassend und systematisch beschrieben werden sollte*. Das Ziel des Kapitels bestand in der Konzeption einer differenzierten und umfassenden Strukturvorstellung des Finanzsystems, die als Grundlage einer umfassenden Finanzsystembeschreibung dienen kann. Die Formulierung einer derartigen Strukturvorstellung des Finanzsystems ist vor allem deswegen betrieben worden, weil mit den in der Literatur verwendeten und in Kapitel B abgegrenzten Beschreibungsmodi keine systematischen und umfassenden Abbildungen des weit abgegrenzten Gesamtgebildes Finanzsystem (im Sinne der Arbeitsdefinition des Kapitel A.III.1.) generiert werden können, die den Eigenschaften des Realitätsausschnittes (Komplexität, Vernetzung der Systemkomponenten, Intransparenz der Strukturen und Wirkungszusammenhänge, Dynamik der Entwicklung) auch tatsächlich Rechnung tragen.[686] Zwei wichtige Ergebnisse des Kapitels C sind hervorzuheben. Erstens die Konzeption des *Schalenmodells des Finanzsystems*, das sich durch eine differenzierte, multidimensionale Strukturvorstellung des Realitätsausschnittes Finanzsystem kennzeichnet. Zweitens die Konkretisierung der Vorgehensweise, mit der die Strukturvorstellung des Schalenmodells in den *Beschreibungsmodus Schalenmodell* umzusetzen ist. Mit dem Beschreibungsmodus Schalenmodell wird der Anspruch verknüpft, das *Finanzsystem als Gesamtgebilde* in einer überschaubaren und dennoch aussagekräftigen Art und Weise charakterisieren zu können.

Im Schalenmodell des Finanzsystems werden die drei Finanzsystemdimensionen *Institutionen*, *Funktionen* und *Eigenschaften* thematisiert.[687] Im Vordergrund der Finanzsystembetrachtung steht die Dimension der *Institutionen*. Deren Aufbau wird durch die Hypothese einer Schalenstruktur in drei verschiedene Ebenen differenziert. Unterschieden werden der Finanzsektor als *Kern*, die nichtfinanziellen Sektoren als *innere Schale* und der institutionelle Rahmen als *äußere Schale des Finanzsystems*. *Funktionen* werden im Schalenmodell neben den Institutionen als weitere Finanzsystemdimension berücksichtigt. In der Systematik des Schalenmodells ergibt sich die Abbildung der übergeordneten Finanzsystemfunktion der Ressourcenallokation aus der Gesamtbetrachtung von acht Finanzsektorfunktionen (Geldanlagefunktion, Finanzierungsfunktion, Risikenallokationsfunktion, Sekundärmarktfunktionen, Transformationsfunktionen, Zahlungssystemfunktion, Informationsfunktion, Politikfunktion) und

686 Vgl.grundlegend Kapitel C.I.1. und ergänzend die einzelnen Würdigungen der Beschreibungsmodi in Kapitel B.II.4.*(Finanzsektorperspektive)*, Kapitel B.III.4.*(Finanzsektor-Realsektor-Perspektive)*, Kapitel B.IV.4.*(Intermediationsperspektive)* und Kapitel B.V.4.*(Funktionale Perspektive)*.

687 Vgl.zu den nachfolgenden Ausführungen zum Schalenmodell grundlegend Kapitel C.I.2.

der Einordnung der ersten drei die Finanzbedürfnisse (Geldanlagebedarf, Finanzierungsbedarf, Risikenteilungsbedarf) der nichtfinanziellen Sektoren betreffenden Finanzsektorfunktionen in die jeweiligen funktionalen Finanzsystemzusammenhänge. Neben den Institutionen und Funktionen werden als weitere Finanzsystemdimension die *Eigenschaften* des Finanzsystems thematisiert. Unterschieden wird in *Finanzsektoreigenschaften*, (z.B. Stabilität des Finanzsektors), und in *Systemcharakteristika*, (z.B. das Corporate Governance System). Den Systemcharakteristika kommt im Sinne von Systemeigenschaften eine besonders große Bedeutung für die Charakterisierung des Finanzsystems zu.

Abbildung E.1.:
Überblick über die drei Finanzsystemdimensionen im Schalenmodell

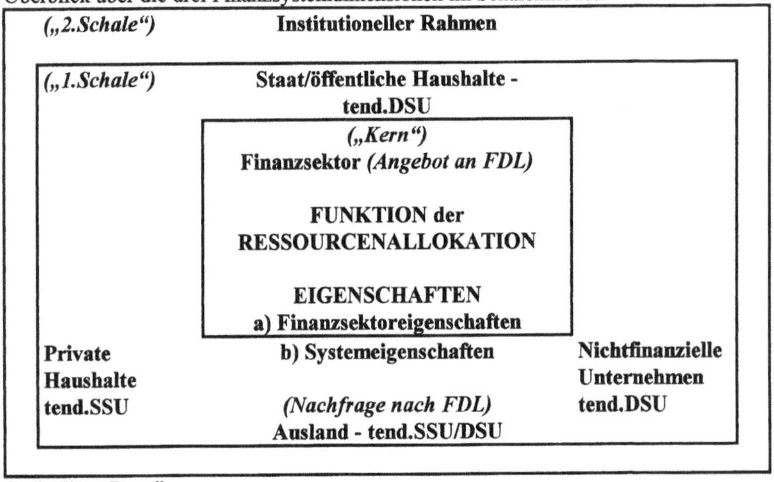

Quelle: Eigene Darstellung.

Das Schalenmodell des Finanzsystems stellt einen *eklektischen Ansatz* zur Finanzsystembeschreibung dar. Der eklektische Rückgriff auf unterschiedliche Theoriebausteine wird als sinnvoll erachtet, da mit keinem der zur Verfügung stehenden theoretischen Ansätze der Realitätsausschnitt Finanzsystem in seiner vielschichtigen Gesamtheit erfaßt werden kann.[688] Eine eklektische Finanzsystembeschreibung auf Grundlage des Schalenmodells wird als *Beschreibungsmodus Schalenmodell* bezeichnet. Dieser ist vor allem durch eine pragmatisch orientierte Vorgehensweise gekennzeichnet. Finanzsystembeschreibungen auf Grundlage dieses Beschreibungsmodus beleuchten den Beobachtungsgegenstand aus unterschiedlichen Perspektiven. Zur Beschreibung des Finanzsystems werden Schnappschüsse der drei Finanzsystemdimensionen angefertigt. Deren Gesamtschau ergibt ein umfangreiches Bild des betrachteten Finanzsystems.[689]

---

688 Vgl.hierzu grundlegend die Ausführungen in Kapitel C.I.3.

689 Vgl.hierzu grundlegend die Ausführungen in Kapitel C.I.4.

Eine Finanzsystembeschreibung auf Grundlage des Schalenmodells setzt an den *Institutionen* an. Die drei Ebenen der Institutionen werden von *innen nach außen* aufgeschlüsselt: Zunächst wird der Finanzsektor als *Kern*, in einem weiteren Schritt die nichtfinanziellen Sektoren als *innere Schale* und in einem nächsten Schritt wichtige rahmendeterminierte Charakteristika als Elemente der *äußeren Schale* des Finanzsystems umrissen. In zwei weiteren Arbeitsschritten werden die Dimension der *Funktionen* und die Dimension der *Eigenschaften* beschrieben.[690]

Mit dem Beschreibungsmodus Schalenmodell wird der Anspruch verbunden, die in Kapitel A.III.2.2. formulierten *Anforderungen an einen Beschreibungsmodus* weitestgehend zu erfüllen.[691] Offensichtlich ist dies für die Anforderungen der *Allgemeinheit* und *Theoriekompatibilität.* Unbestreitbar kennzeichnet sich die weitreichende Erfassung der drei Finanzsystemdimensionen Institutionen, Funktionen und Eigenschaften im Schalenmodell durch ein hohes Maß an *Allgemeinheit.* Vielfältige Fragestellungen können auf der Grundlage einer Finanzsystembeschreibung mit dem Schalenmodell angegangen werden. Ebenso offensichtlich gewährleistet die eklektische Orientierung des Beschreibungsmodus ein hohes Maß an Offenheit für die im Zusammenhang mit der Finanzsystembetrachtung relevanten theoretischen Ansätze. Dadurch ist das Schalenmodell durch ein hohes Maß an *Theoriekompatibilität* gekennzeichnet. Für die übrigen Anforderungen an einen Beschreibungsmodus (Vollständigkeit, Komplexitätsreduktion, Sichtbarmachen von Finanzsystemzusammenhängen, Berücksichtigung empirischer Aspekte) ist die Erfüllung durch den Beschreibungsmodus zwar nicht offensichtlich, aber von seinem Aufbau naheliegend. So wird angenommen, daß das Schalenmodell durch die dreidimensionale Betrachtung des Finanzsystems (Institutionen, Funktionen, Eigenschaften) ein sehr großes Maß an *Vollständigkeit* der Finanzsystembeschreibung gewährleistet. Weiterhin wird angenommen, daß die Hypothese der Schalenstruktur der Institutionen und ihre Verknüpfung mit den Funktionen und Eigenschaften ein sehr großes Maß an *Komplexitätsreduktion* der Finanzsystembeschreibung ermöglicht. Unterstellt wird, daß die Thematisierung von Systemcharakteristika im Schalenmodell zum *Sichtbarmachen von Finanzsystemzusammenhängen* beiträgt. Letztlich wird davon ausgegangen, daß das Schalenmodell mit dem vorhandenen öffentlich zugänglichen Datenmaterial gut operationalisierbar ist und dementsprechend die Anforderung der *Berücksichtigung empirischer Aspekte* erfüllt.[692]

Die Ausführungen des Kapitel D standen unter der Fragestellung, *wie (und ob) die Anwendung des in Kapitel C generierten Beschreibungsmodus Schalenmodell in eine konkrete Finanzsystembeschreibung gelingt.* Das Ziel des Kapitels bestand in der Überprüfung der „Leistungsfähigkeit" im Sinne der technischen und inhaltlichen Ope-

---

690 Vgl.hierzu grundlegend die Ausführungen in Kapitel C.I.4.

691 Vgl.hierzu grundlegend die Ausführungen in Kapitel C.I.4.

692 Im Rahmen der nachfolgenden Würdigung des Kapitels D wird mit Bezug auf die Umsetzung des *Beschreibungsmodus Schalenmodell* in die Beschreibung des deutschen Finanzsystems tiefergehend reflektiert, inwieweit dieser tatsächlich die Anforderungen an einen Beschreibungsmodus erfüllt.

rationalisierbarkeit des Schalenmodells anhand der konkreten Beschreibung des deutschen Finanzsystems.[693]. Zusammengefaßt besteht das wichtigste Ergebnis des Kapitel D darin, gezeigt zu haben, daß das Schalenmodell (trotz aller Einschränkungen im Hinblick auf die technische und inhaltliche Operationalisierbarkeit) tatsächlich einen fruchtbaren und gangbaren Weg zur Abbildung des Gesamtgebildes Finanzsystem darstellt. Dies wird durch die in Kapitel D generierte umfassende und systematische Beschreibung des deutschen Finanzsystems belegt.[694] Zusammenfassend kann die „Leistungsfähigkeit" des Beschreibungsmodus Schalenmodell im Hinblick auf dessen technische und inhaltliche Operationalisierbarkeit als durchaus beachtlich eingestuft werden.[695]

Die insgesamt positive Einschätzung des Beschreibungsmodus Schalenmodell wird deutlich darin reflektiert, daß mit der Beschreibung des deutschen Finanzsystems auf der Grundlage dieses Beschreibungsmodus tatsächlich die in Kapitel A.III.2.2 formulierten *Anforderungen an einen Beschreibungsmodus* in einem recht weitreichenden Ausmaß erfüllt werden.

Die mit dem Schalenmodell generierte Abbildung des deutschen Finanzsystems kennzeichnet sich durch ein relativ großes Maß an *Vollständigkeit*. Einzuräumen ist, daß noch gewisse Verbesserungspotentiale im Hinblick auf die Vollständigkeit der Finanzsystemabbildung bestehen. Diese Einschätzung resultiert einerseits aus der zusammenfassenden Betrachtung dessen, was ein fiktiver Betrachter in Kapitel D über das deutsche Finanzsystem gelernt hat. Daraus geht deutlich hervor, daß mit dem Schalenmodell eine weitreichende Abbildung des deutschen Finanzsystems generiert worden ist. Gerade die multidimensionale Charakterisierung des Finanzsystems anhand der Dimensionen Institutionen, Funktionen, Eigenschaften trägt tatsächlich wesentlich dazu bei, eine Vielfalt struktureller Charakteristika des deutschen Finanzsystems abzubilden. Andererseits unterstreicht die Betrachtung dessen, was ein fiktiver Betrachter nicht über das deutsche Finanzsystem gelernt hat, daß mit dem Schalenmodell nicht alle interessanten Finanzsystemaspekte erfaßt worden sind.[696]

Die mit dem Schalenmodell generierte Abbildung des deutschen Finanzsystems kennzeichnet sich durch ein beachtliches Maß an *Komplexitätsreduktion*. Diese Einschätzung resultiert einerseits aus der Beobachtung, daß mit der durch die Hypothese der Schalenstruktur bewirkten Systematisierung des Realitätsausschnittes

---

693 Das deutsche Finanzsystem wurde für die Operationalisierung des Beschreibungsmodus ausgesucht, da für das deutsche Finanzsystem im Gegensatz zum britischen oder französischen Finanzsystem kaum aktuelle umfassende Finanzsystembeschreibungen existieren. Eine Ausnahme stellt die Arbeit von EDWARDS/FISCHER(1994) dar, in der sich das Augenmerk der Betrachtung insbesondere auf die Rolle der Banken im deutschen Finanzsystem und auf ihre Bedeutung für Unternehmensfinanzierung und Unternehmenskontrolle richtet. Vgl.hierzu auch die Ausführungen in Fußnote 60.

694 Vgl.Kapitel D.VII. für eine ausführliche inhaltliche Zusammenfassung wichtiger Charakteristika des deutschen Finanzsystems.

695 Vgl.Kapitel D.VII. für eine ausführliche Würdigung der Leistungsfähigkeit des Beschreibungsmodus Schalenmodell im Hinblick auf seine inhaltliche und technische Operationalisierbarkeit.

696 Vgl.zu diesem Abschnitt grundlegend Kapitel D.VII.

tatsächlich ein beträchtliches Maß an Komplexitätsreduktion erreicht wurde. Andererseits ist es nicht von der Hand zu weisen, daß die Beschreibung des Finanzsystems mit dem Schalenmodell einen beträchtlichen Umfang einnimmt. Dies wird jedoch angesichts des gewaltigen Umfangs des Realitätsausschnittes Finanzsystem, der sich aufgrund der Multidimensionalität und der Immaterialität eines Großteils seiner Bestandteile tendenziell einer kompakten Beschreibung entzieht, als nicht (sehr) gravierend im Hinblick auf die Beurteilung des erreichten Ausmaßes an Komplexitätsreduktion erachtet.[697]

Die mit dem Schalenmodell generierte Abbildung des deutschen Finanzsystems kennzeichnet sich durch ein relativ großes Maß des *Sichtbarmachens von Finanzsystemzusammenhängen.* Diese Einschätzung resultiert daraus, daß die gesamte Beschreibung des deutschen Finanzsystems auf der Grundlage des Schalenmodells auf das Aufzeigen von Systemzusammenhängen zielt. Dies zeigt sich erstens besonders deutlich daran, daß im Zusammenhang mit der Charakterisierung der institutionellen Finanzsektorstruktur die Frage aufgeworfen wurde, wie sich diese bankorientierte institutionelle Finanzsektorstruktur in den übrigen Ebenen der Dimension der Institutionen und den Dimensionen der Funktionen und der Eigenschaften des Finanzsystems widerspiegelt. Im Rahmen der weiteren Ausführungen des Kapitel D wurde diese Frage konsequent weiterverfolgt. Zweitens zeigt sich dies an der Bestrebung, die strukturprägende Wirkung der Ausgestaltung der Rahmenelemente Finanzsektorregulierung und -aufsicht, Rechtsformen der Unternehmen und Sozialversicherungssystem auf die Ausprägungen verschiedener Finanzsystembestandteile sichtbar zu machen. Drittens zeigt sich dies an der systematischen Erläuterung der Systemcharakteristika Einfluß des Sozialversicherungssystems, Corporate Governance System, Einfluß des Staates und Kohärenz.[698]

Schließlich kennzeichnet sich die mit dem Schalenmodell generierte Abbildung des deutschen Finanzsystems durch ein relativ zufriedenstellendes Maß der *Berücksichtigung empirischer Aspekte.* Insgesamt wird das Maß der technischen Umsetzbarkeit (Operationalisierbarkeit) des Beschreibungsmodus als befriedigend eingestuft. Diese Einschätzung resultiert aus den beträchtlichen, mit der Umsetzung des Schalenmodells in eine konkrete Finanzsystembeschreibung verbundenen technischen Operationalisierungsproblemen. Gerade die wenig greifbaren (immateriellen) Dimensionen Funktionen und Eigenschaften sind mit technischen Operationalisierungsproblemen behaftet. In geringerem Maß gilt dies auch für die relativ gut beschreibbare (materielle) Dimension der Institutionen.[699]

Insgesamt kann mit dem Schalenmodell auf der Grundlage der öffentlich zugänglichen Informationen eine relativ gut strukturierte und umfassende Finanzsystembeschreibung generiert werden, die zudem durch ein beachtliches Maß an Komplexitätsreduktion gekennzeichnet wird und es darüber hinaus vermag, wichtige Finanzsystemzusammenhänge offenzulegen.

---

[697] Vgl. zu diesem Abschnitt grundlegend Kapitel D.VII.

[698] Vgl. zu diesem Abschnitt grundlegend Kapitel D.VII.

[699] Vgl. zu diesem Abschnitt grundlegend Kapitel D.VII.

Wie ist abschließend betrachtet der Beschreibungsmodus Schalenmodell zu würdigen? Das Schalenmodell stellt für die Beschreibung des Gesamtgebildes Finanzsystem einen ansprechenden und realisierbaren Ansatz dar. Als Vorteil ist die klare Differenzierung der Dimensionen *Institutionen, Funktionen* und *Eigenschaften* zu nennen. Die *Schalenstruktur des Finanzsystems* gewährleistet eine sehr gute Übersichtlichkeit der Finanzsystembeschreibung, indem sie die *Institutionen* in die drei Ebenen *Kern (Finanzsektor), innere Schale (nichtfinanzielle Sektoren)* und *äußere Schale (institutioneller Rahmen)* ordnet und diese mit den *Funktionen* und *Eigenschaften* verknüpft. Eine Finanzsystembeschreibung auf Grundlage des Schalenmodells zeichnet sich durch eine größeres Maß an Vollständigkeit, eine sinnvollere Art der Komplexitätsreduktion, ein deutlicheres Offenlegen von Systemzusammenhängen aus als Beschreibungen auf der Grundlage der Finanzsektorperspektive, der Finanzsektor-Realsektor-Perspektive, der Intermediationsperspektive oder der funktionale Perspektive. Insgesamt bietet das Schalenmodell eine umfassende und gut strukturierte Systematik zur Erfassung des Gesamtgebildes Finanzsystem. Das hohe Maß der Allgemeinheit der Formulierung des Schalenmodells ermöglicht die Untersuchung einer Vielzahl von Fragestellungen bezüglich des Finanzsystems. Gleichzeitig erlaubt die umfassende Systematik des Beschreibungsmodus, spezielle Fragestellungen (wie z.B. die Frage nach der Struktur der Unternehmensfinanzierung) in den Finanzsystemzusammenhang einzuordnen.

Auf der Grundlage des Schalenmodells können in weiteren Arbeiten die Finanzsysteme verschiedener Länder nicht nur beschrieben, sondern auch systematisch verglichen werden. Gerade durch die Systematik und Überschaubarkeit des Schalenmodells werden fundierte und systematische Vergleiche von Finanzsystemen möglich. Vor allem ermöglicht das Schalenmodell die Identifikation der Finanzsystemcharakteristika, in denen sich Finanzsysteme markant unterscheiden. Werden die Finanzsysteme von drei Ländern der Europäischen Union (z.B. Deutschland, Frankreich, England) auf der Grundlage des Schalenmodells beschrieben, dann gewährleistet diese Vorgehensweise die Erfüllung einer Voraussetzung für einen möglichst systematischen und umfassenden Finanzsystemvergleich. Den Ansatzpunkt des Vergleichs können beispielsweise die *Institutionen* bilden. Schritt für Schritt können die verschiedenen *Ebenen (Kern, innere Schale, äußere Schale)* der Institutionen verglichen werden und wesentliche Unterschiede und wesentliche Gemeinsamkeiten herausgearbeitet werden. Eine vergleichende Betrachtung der *Funktionen* in den drei Finanzsystemen zeigt darüber hinaus mögliche signifikante Unterschiede in der Ausübung der Finanzsektorfunktionen auf. Die Betrachtung der *Eigenschaften* rundet den Finanzsystemvergleich ab. Neben der vergleichenden Betrachtung der *Finanzsektoreigenschaften* wird vor allem der Vergleich der *Systemcharakteristika* Aufschluß über die Unterschiedlichkeiten beziehungsweise Gemeinsamkeiten der betrachteten Finanzsysteme geben.

Das *Schalenmodell* stellt, wie die vorigen Überlegungen gezeigt haben, ein wichtiges Instrument für die Beschreibung und Analyse einzelner Finanzsysteme und für den Vergleich verschiedener Finanzsysteme dar. Es ermöglicht die systematische und gut strukturierte Durchführung der Beschreibungen, Analysen und vergleichenden Betrachtungen von Finanzsystemen.

LITERATURVERZEICHNIS

a) Zeitschriftenaufsätze und Monographien

ADAMS, Michael:(1994) Die Usurpation von Aktionärsbefugnissen mittels Ringverflechtungin der „Deutschland AG", in: Die Aktiengesellschaft, 39.Jahrgang (1994), S.148-158.

AGHION, Phillipe/ BOLTON, Patrick:(1989) The financial structure of the firm and the problem of control, in: European Economic Review, Vol.33 (1989), S.286-293.

AGHION, Phillipe/ BOLTON, Patrick:(1992) An Incomplete Contracts Approach to Financial Contracting, in: Review of Economic Studies, Vol.59 (1992), S.473-494.

AGHION, Phillipe/ HOWITT, Peter:(1992) A model of growth through creative destruction, in: Econometrica Vol.60 (1992), S.323-351.

AGLIETTA, Michel/ MOUTOT, Phillippe:(1993) L'évolution des structures financières des grandes pays et la prévention du risque de système dans l'union économique et monétaire, in: Cahiers économiques et monétaires, n° 41 (1993), S.55-81.

ALLEN, Franklin/ GALE, Douglas:(1995) A welfare Comparison of intermediaries and financial markets in Germany and the US, in: European Economic Review, Vol.39 (1995), S.179-209.

ALPERS, Michael:(1995) Das nachrepublikanische Finanzsystem. Fiscus und Fisci in der frühern Kaiserzeit, 1.Aufl., Berlin und New York 1995.

AOKI, Masahiko/ DOSI, Giovanni:(1992) Corporate organization, finance and innovation, in: Finance and the Enterprise, hrsg. von Vera ZAMAGNI, 1.Aufl., Academic Press, London u.a. 1992, S.37-61.

AOKI, Masahiko/ PATRICK, Hugh (Hrsg):(1994) The Japanese Main Bank System. Its Relevance for Developing and Transforming Economies, 1.Aufl., Oxford University Press, Oxford u.a. 1994.

AOKI, Masahiko/ PATRICK, Hugh/ SHEARD, Paul:(1994) The Japanese Main Bank System: An Introductory Overview, in: The Japanese Main Bank System. Its Relevance for Developing and Transforming Economies, hrsg. von Masahiko AOKI und Hugh PATRICK, 1.Aufl., Oxford University Press 1994, S.1-51.

ARNDT, H.W.:(1987) The Financial System of Indonesia, in: Savings and Development, Vol.11 (1987), S.305-316.

ARROW, Kenneth/ DEBREU, Gerard:(1954) Existence of an Equilibrium for a competitive Economy, in: Econometrica, Vol.22(1954), S.256-290.

BAIN, A.D.:(1977) Flow of Funds Analysis, in: Surveys of Applied Economics, Vol.2 (1977), S.73-111.

BAIN, A.D.:(1992) The economics of the financial system, 2.Aufl., Basil Blackwell, Oxford(UK) und Cambridge (USA), 1991.

BALTENSPERGER, Ernst/ DERMINE, Jean:(1991) European Banking: Prudential and Regulatary Issues, in: European banking in the 1990s, hrsg. von Jean DERMINE, 1.Aufl., Basil Blackwell, Cambridge, Massachusetts 1990, S.17-37.

BANK FOR INTERNATIONAL SETTLEMENTS:(1995) Financial Structure and the Monetary Policy Transmission Mechanism, 1.Aufl., Basel, März 1995.

BARON, Peter P.:(1992) Liberalisierungsmaßnahmen im japanischen Finanzsystem, in: Die Bank, ohne Jahrgang (1992), S.696-700.

BARR, David G./ CUTHBERTSON, Keith:(1991) The Flow of Funds: Construction and Uses, in: Surveys in Monetary Economics. Volume 2: Financial Markets and Institutions, hrsg. von Christopher J.GREEN und David T.LLEWELLYN, 1.Aufl., Basil Blackwell, Oxford(UK) und Cambridge(USA), S.1-43.

BAUMS, Theodor:(1994) The German Banking System and ist Impact on Corporate Finance and Governance, in: The Japanese Main Bank System. Its Relevance for Developing and Transforming Economies, hrsg. von Masahiko AOKI und Hugh PATRICK, 1.Aufl., Oxford University Press 1994, S.408-449.

BAYER, Kurt:(1990) Der Markt als Instrument von Corporate Control, in: Wirtschaftspolitische Blätter, 37. Jahrgang (1990), S.137-145.

BEECHAM, Julian B.:(1990) The Monetary and Financial System, 3.Aufl., Pitman Publishing, London 1990.

BELLINGER, Dieter/ REIF, Achim: (1994) Lebensversicherungsunternehmen, in: Grundlagen der Wohnungs- und Imobilienwirtschaft, hrsg. von Lidwina KÜHNE-BÜNING und Jürgen H.B.HEUER, 3.überarbeitete und erweiterte Aufl., Frankfurt 1994, S.437-440

BENCIVENGA, Valerie R./ SMITH, Bruce D.:(1991) Financial Intermediation and Endogenous Growth, in: Review of Economic Studies, Vol.58 (1991), S.195-209.

BENTIL, Bernard u.a.:(1988) Rural Finance in Ghana. A Research Study Prepared for the Bank of Ghana, unveröffentlicht, Frankfurt 1988.

BERGER, Pierre:(1975) Émission monétaire et multiplicateur de crédit, in: Éssais en l'honneur de Jean Marchal, Volume 2, 1.Aufl., Cujas, Paris 1975.

BERGER, Allen N./ HUMPHREY, David B.:(1997) Efficiency of Financial Institutions: International Survey and Directions for Future Research, Wharton Financial Institutions Center Working Paper 97-05.

BERGLÖF, Erik:(1990a) Corporate Control and Financial Deregulation, in: Wirtschaftspolitische Blätter, 37. Jahrgang (1990), S.145-154.

BERGLÖF, Erik:(1990b) Capital Structure as a Mechanism of Control: A comparison of Financial Systems, in: The Firm as a Nexus of Treaties, hrsg. von Masahiko AOKI, B.GUSTAVSON und Oliver E.WILLIAMSON, 1.Aufl., London 1990, S.237-262.

BERGLÖF, Erik:(1996) Corporate Governance, in: The European Equity Markets. The State of the Union and an Agenda for the Millenium, hrsg. von Benn STEIL, 1.Aufl., The Brookings Institution, Massachusetts 1996, S.147-184.

BERLE, Adolf A./ MEANS, Gardiner C.:(1968) The Modern Corporation and Private Property, revised edition, New York 1968. Erste Aufl. 1932.

BERNANKE, Ben S./ GERTLER, Mark:(1989) Agency Costs, Net Worth, and Business Fluctuations, in: American Economic Review, Vol.79 (1989), S.14-29.

BERNANKE, Ben S./ GERTLER, Mark:(1995) Inside the Black Box: the Credit Channel of Monetary Policy Transmission, in: Journal of Economic Perspectives, Vol.9 (1995), S.27-48.

BHATT, V.V./ MEERMAN, Jacob:(1978) Ressource Mobilization in Developing Countries, Financial Institutions and Policies, in: World Development, Vol.6 (1978), S.45-64.

BHATTACHARYA, Sudipto/ THAKOR, Anjan V.:(1993) Contemporary Banking Theory, in: Journal of Financial Intermediation, Vol.3 (1993), S.2-50.

BHATTACHARYAY, Biswa N.:(1988) Development of Financial Infrastructure: An International Comparison, in: Savings and Development, Vol.12 (1988), S.307-318.

BISIGNANO, Joseph:(1992) Banking in the European Economic Community: Structure, Competition, and Public Policy, in: Banking Structures in Major Countries, hrsg. von George G. KAUFMAN, 1.Aufl., Kluwer Academic Publishers, Boston, Dordrecht, London 1992, S.155-245.

BOCKELMANN, Horst:(1996) Unterschiede in den nationalen Finanzstrukturen und ihre makroökoökonomische Bedeutung, in: Finanzmärkte, Finanzinnovationen und Geldpolitik, hrsg. von Dieter DUWENDAG, Schriften des Vereins für Socialpolitik. Gesellschaft für Wirtschafts- und Sozialwissenschaften, Neue Folge Band 242, 1.Aufl. Berlin 1996, S.11-39.

BODIE, Zvi/ MERTON, Robert C.:(1995) The Informational Role of Asset Prices: The Case of Implied Volatility, in: The Global Financial System, hrsg. von Dwight B. CRANE u.a., 1.Aufl., HARVARD Business School Press, Boston, Massachusetts 1995, S.197-224.

BÖRSCH-SUPAN, Axel: (1994) Savings in Germany - Part 2: Behavior, in: International Comparisons of Household Saving, hrsg von James R.POTERBA, 1.Aufl., University of Chicago Press, Chicago und London 1994, S.207-236.

BORCHERT, Manfred:(1994) Geld und Kredit. Einführung in die Geldtheorie und Geldpolitik, 3., durchgesehene Aufl., München und Wien 1994.

BORIO, C.E.V.:(1990) Leverage and Financing of Non-financial Companies: An International Perspective. BIS Economic Papers No.27, Bank for International Settlements Monetary and Economic Department, Basel Mai 1990.

BOUMAN, Frits.J.A./ HOSPES, Otto:(1994) Financial Landscapes Reconstructed, in: Financial Landscapes Reconstructed, The Fine Art of Mapping Development, hrsg. von Frits J.A.BOUMAN und Otto HOSPES, 1.Aufl., Westview Press Boulder u.a. 1994, S.3-16.

BREALEY, Richard A./ MYERS, Stewart C.:(1991) Principles of Corporate Finance, 4.Aufl., Mc Graw-Hill, New York u.a. 1991.

BREIG, Hildegard:(1995) Financial Regulation and the Banks´ Role in European Economies, in: European Economic Integration as a Challenge to Industry and Government, hrsg. von R.TILLY und P.J.J. WELFENS, 1.Aufl., Heidelberg 1995. S.325-353.

BREUER, Wolfgang: (1997) Kreditgenossenschaften, Managementsteuerung und der Markt für Unternehmenskontrolle, in: Kredit und Kapital, 30 Jahrgang (1997), S.219-249.

BRYAN, Lowell L.:(1987) The credit bomb in our financial system, in: Harvard Business Review, Vol.65 (1987), S.45-51.

BRYANT, Ralph C.:(1987) International Financial Intermediation, 1.Aufl., The Brookings Institution, Washington 1987.

BUB, Norbert: (1985) Privates Sparen in der Bundesrepublik Deutschland, in: Der volkswirtschaftliche Sparprozess, hrsg. von Werner EHRLICHER und Diethard B.SIMMERT als Beiheft zu Kredit und Kapital, Heft 9, 1.Aufl., Berlin 1985, S.67-88.

BUCHHOLD, Todd G.:(1990) New Ideas from Dead Economists, 1.Aufl., Plume, New York 1990.

BUCKLE, Mike/ THOMPSON, John:(1995) The UK financial system. Theory and practice, 2.Aufl., Manchester University Press, Manchester und New York 1995.

BUNDESMINISTERIUM für ARBEIT und SOZIALORDNUNG: (1997) Übersicht über das Sozialrecht, 4.neubearbeitete u. erweiterte Aufl., Bonn 1997.

BUNDESMINISTERIUM für WIRTSCHAFT: (1997) Unternehmensgrößenstatistik 1997/98 - Daten und Fakten, Studie Nr.96 des Bundesministeriums für Wirtschaft (Studienreihe), Bonn 1997.

BÜSCHGEN, Hans E.:(1970) Universalbanken oder spezialisierte Banken als Ordnungsalternativen für das Bankengewerbe der Bundesrepublik Deutschland unter besonderer Berücksichtigung der Sammlung und Verwendung von Kapital, Gutachten erstattet der Gesellschaft für Bankwissenschaftliche Forschung e.V., Köln 1970, 2 Teile , Bd.17 und 18 der Bankwirtschaftlichen Sonderveröffentlichungen des Instituts für Bankwirtschaft und Bankrecht an der Universität zu Köln.

BÜSCHGEN, Hans E.:(1971) Das Universalbankensystem, 1.Aufl., Frankfurt 1971.

BÜSCHGEN, Hans E.:(1993) Geld und Banken nach dem Zweiten Weltkrieg: Internationale Kapitalbewegungen, Bankensysteme, grenzüberschreitende Kooperationen, in: Europäische Bankengeschichte, hrsg. von Hans POHL, 1.Aufl., Frankfurt 1993.

BUJARD, Helmut:(1988) Die Versicherungsunternehmen in Volkswirtschaft und Finanzsektor, in: Versicherungswirtschaft, Vol.43 (1988), S.816-825.

BUNDESMINISTERIUM für WIRTSCHAFTLICHE ZUSAMMENARBEIT und ENTWICKLUNG(BMZ):(1994) Sektorkonzept Finanzsystementwicklung - Förderung von Sparen und Kredit, in: BMZ - Entwicklungspolitik aktuell, Nr.046, September 1994.

BUNDESVERBAND DEUTSCHER BANKEN:(1995) Daten, Fakten, Argumente. „Macht der Banken". Stellungnahme. Aktuelle Erhebung zu Anteilsbesitz und Aufsichtsratmandaten, hrsg. vom Bundesverband Deutscher Banken, Köln Juni 1995.

BUSSE Von COLBE, Walther/ LAßMANN, Gert:(1990) Betriebswirtschaftstheorie 3 - Investitionstheorie, 3.Aufl., Berlin u.a. 1990.

BVI - BUNDESVERBAND DEUTSCHER INVESTMENT - GESELLSSCHAFTEN: (1997) Daten, Fakten, Entwicklungen, Frankfurt 1997.

BVK - BUNDESVERBAND DEUTSCHER KAPITALBETEILIGUNGSGESELLSCHAFTEN: (1997) Jahrbuch 1997, Berlin 1997.

CABLE, John:(1985) Capital Market Information and Industrial Performance: The Role of West German Banks, in: Economic Journal, Vol.95 (1985), S.118-132.

CAMERON, Rondo/ PATRICK, Hugh T.:(1967) Introduction, in: Banking in the Early Stages of Industrialization. A Study in Comparative Economic History, hrsg. von Rondo CAMERON u.a., 1.Aufl., Oxford University Press, New York, London und Toronto 1967.

CAPRIO, Gerard:(1994) Introduction, in: Financial Reform - Theory and Experience, hrsg. von Gerard CAPRIO, Jr., Izak ATIYAS und James A.HANSON, 1.Aufl., Cambridge University Press, Cambridge, New York und Melbourne 1994, S.1-9.

CAPRIO Jr., Gerard/ ATIYAS, Izak/ HANSON James A. (Hrsg):(1994) Financial Reform - Theory and Experience, 1.Aufl., Cambridge University Press, Cambridge, New York und Melbourne 1994.

CARGILL, Thomas F.:(1991) Money, the Financial System, and Monetary Policy, 4.Aufl., Prentice Hall, Englewood Cliffs, New Jersey 1991.

CARL, Dieter/ FÖRSTER, Wolfgang: (1990) Das neue Recht der Investmentfonds, 1.Aufl., Göttingen 1990.

CARLIN, Wendy/ MAYER, Colin:(1994) The Treuhandanstalt: Privatization by State and Market, in: The Transition in Eastern Europe. Vol.2 Restructuring, hrsg. von Oliver Jean BLANCHARD, Kenneth A. FROOT und Jeffrey D. SACHS, 1.Aufl., University of Chicago Press, Chicago und London 1994, S.189-207.

CHANT, John:(1992) The New Theory of Financial Intermediation, in: Current Issues in Financial and Monetary Economics, hrsg. von Kevin DOWD und Mervyn K.LEWIS, 1.Aufl., Macmillan, Houndsmill, Basingstoke, Hamphire und London 1992, S.42-65.

CHAPRA, M.U.:(1988) Towards an Islamic Financial System, in: Journal of Islamic Economics, Vol.1. (1988), S.1-30.

CHECKLEY, P.:(1990) The Monetary and Financial System, 1.Aufl., Peter Andrew Publishing Company, Droitwich, England, 1990.

CHRISTL, Josef:(1992) Die Bankwirtschaft vor neuen Herausforderungen: Die Europäische Wirtschafts- und Währungsunion, in: Östereichisches Bankarchiv - Zeitschrift für das gesamte Bank- und Börsenwesen, 40.Jahrgang(1992), Nr.12, S.1059-1064.

CHRISTENSEN, Jesper-Lindgaard:(1992) The Role of Finance in National Systems of Innovation, in: National Systems of Innovation. Towards a Theory of Innovation and Interactive Learning, hrsg. von Bengt-ÅKe LUNDVALL, 1.Aufl., Pinter Publishers, London 1992; S.146-168.

CLOWER, Robert/ HOWITT, Peter:(1992) Money, Markets, and Coase, Working paper presented at conference „Is Economics Becoming a Hard Science?“, Paris Oktober 1992.

COASE, Ronald H.:(1984) The New Institutional Economics, in: Zeitschrift für die gesamte Staatswissenschaft, 140.Jahrgang(1984), S.229-231.

CONTI, Guiseppe:(1992) Alternative financial systems in industrial economies, 1970-1985, in: Finance and the Enterprise, hrsg. von Vera ZAMAGNI, 1.Aufl., Academic Press, London u.a. 1992, S.207-246.

COPELAND, Morris A.:(1955) A Study of Moneyflows in the United States, 1.Aufl., New York: National Bureau of Economic Research 1955.

COPELAND, Thomas E./ WESTON, Fred J.:(1988) Financial Theory and Corporate Policy, 3.Aufl., Addison-Wesley Publishing Company, Reading, Massachusetts, 1988.

CORBETT, Jenny:(1987) International Perspectives on Financing: Evidence from Japan, in: Oxford Review of Economic Policy, Vol.3 (1987), S.30-55.

CORBETT, Jenny:(1990) Policy issues in the design of banking and financial systems for industrial finance, in: European Economy, Nummer 43, März 1990, S.207-215.

CORBETT, Jenny/ JENKINSON, Tim:(1994) The Financing of Industry, 1970-89: An International Comparison, Centre for Economic Policy Research Discussion Paper No.948, Mai 1994.

CORBETT, Jenny/ JENKINSON, Tim:(1996) The Financing of Industry, 1970-1989: An International Comparison, in: Journal of the Japanese and International Economies, Vol.10 (1996), S.71-96.

CORBETT, Jenny/ JENKINSON, Tim:(1997) How is investment financed? A Study of Germany, Japan, the United Kingdom and the United States, in: The Manchester School Supplement 1997, S.63-93.

CORBETT, Jenny/ MAYER, Colin P.:(1991) Financial Reform in Eastern Europe: Progress with the wrong Model, Working Paper, London 1991.

CORRIGAN, Gerald:(1990) The Role of Central Banks and the Financial System in Emerging Market Economies, in: Federal Reserve Bank of New York Quaterly Review, Vol.15 (1990), Nr.2, S.1-7.

COX, Andrew:(1986) State, Finance and Industry in Comparative Perspective, in: State, Finance and Industry. A Comparative Analysis of Post-War Trends in Six Advanced Industrial Economies, hrsg. von Andrew COX, 1.Aufl., St.Martins Press, New York 1986, S.1-59.

CRANE, Dwight B.:(1995) The transfer of Economic Resources, in: The Global Financial System, hrsg. von Dwight B. CRANE u.a., 1.Aufl., HARVARD Business School Press, Boston, Massachusetts 1995, S.129-152.

CRANE, Dwight B. u.a. (Hrsg):(1995) The Global Financial System - A Functional Perspective, 1.Aufl., Harvard Business School Press, Boston, Masschusetts, 1995.

CRANE, Dwight B./ BODIE, Zvi:(1996) Form follows Function - The Transformation of Banking, in: Harvard Business Review, ohne Jahrgang (März-April 1996), S.109-117.

DAVID, J.-H.:(1978) Structures bancaires et contrôle monétaire : le cas de la France. Economies et Sociétés, Vol.12 (1978), S.2189-2196.

DAVIDSON, P.:(1978) Money and the Real World, 1.Aufl., Macmillan, Basingstoke u.a. 1978.

DAVIS, Philip E.:(1993) The Development of Pension Funds: An Approaching Financial Revolution for Continental Europe, in: Finance and the International Economy, the Amex Bank Review Prize Essays Nr.7 (1993), hrsg. von Richard O'BRIEN, 1.Aufl., Oxford University Press, Oxford u.a. 1993, S.108-126.

DAVIS, Philip E.:(1995) Pension Funds. Retirement-Income Security, and Capital Markets. An International Perspective, 1.Aufl., Clarendon Press, Oxford 1995.

DAVIS, Lance.E./ NORTH, Douglass.C.:(1971) Institutional Change and American Economic Growth, 1.Aufl., Cambridge 1971.

De BOISSIEU, Christian:(1991) The French Banking Sector in the Light of European Financial Integration, in: European banking in the 1990s, hrsg. von Jean DERMINE, 1.Aufl.; Basil Blackwell, Cambridge, Massachusetts 1990, S.183-226.

De La GENIÈRE, Renaud:(1981) Les fondements de la politique monétaire, in: Banque, ohne Jahrgang (März 1981).

De MOURGUES, Michelle: (1988) La Monnaie. Système financier & théorie monétaire. 1.Aufl., Economica, Paris 1988.

DEAN, Andrew: (1991) Changes in International Saving Behaviour, in: Capital Flows in the World Economy, hrsg. von Horst SIEBERT, 1.Aufl., Tübingen 1991, S.35-65.

DELLI GATTI, Domenico/ GALLEGATI, Mauro:(1995) Keynesian views of financial fragility and business fluctuations (and an addendum), Working Paper Università Cattolica Milan 1995.

DEMBOWSKI, Anke: (1997) Profi-Handbuch Investmentfonds, 1.Aufl., Regensburg, Bonn 1997.

DEPPE, Hans-Dieter:(1980) Geldmarkt und Geldmarktkonzepte, in: Kredit und Kapital, 13.Jahrgang (1980), S.289-322.

DEUTSCHE AUSGLEICHSBANK:(1997) Geschäftsbericht 1996, hrsg. von der Deutschen Ausgleichsbank, Bonn1997.

DEUTSCHE BÖRSE:(3/1995) Jahresbericht der Deutschen Börsen 1994, hrsg. von der Gruppe Deutsche Börse März 1995.

DEUTSCHE BÖRSE:(4/1995) Fact Book 1994, hrsg. von der Gruppe Deutsche Börse April 1995.

DEUTSCHE BÖRSE:(9/1995) Insiderhandelsverbote und Ad hoc-Publizität nach dem Wertpapierhandelsgesetz, hrsg. von der Gruppe Deutsche Börse September 1995.

DEUTSCHE BÖRSE:(5/1996) Geschäftsbericht 1995, hrsg. von der Gruppe Deutsche Börse Mai 1996.

DEUTSCHE BÖRSE:(7/1996a) DKV - Deutscher Kassenverein, hrsg. von der Gruppe Deutsche Börse, Juli 1996.

DEUTSCHE BÖRSE:(7/1996b) DGW - Die Deutsche Gesellschaft für Wertpapierentwicklung mbh, hrsg. von der Gruppe Deutsche Börse, Juli 1996.

DEUTSCHE BÖRSE:(8/1996) Fact Book 1995. Zahlen zur Deutschen Börse, hrsg. von der Gruppe Deutsche Börse, August 1996.

DEUTSCHE BÖRSE:(10/1996) Neuer Markt. Ideen suchen Kapital - Kapital sucht Ideen, hrsg. von der Gruppe Deutsche Börse Oktober 1996.

DEUTSCHE BÖRSE:(11/1996a) DTB - Die Deutsche Terminbörse, hrsg. von der Gruppe Deutsche Börse November 1996.

DEUTSCHE BÖRSE:(11/1996b) FWB - Die Frankfurter Wertpapierbörse, hrsg. von der Gruppe Deutsche Börse November 1996.

DEUTSCHE BÖRSE SPECIAL:(3/1997) Bernchmark Products, hrsg. von der Gruppe Deutsche Börse, 3.3.1997.

DEUTSCHE BÖRSE REPORTER:(3/1997) Ausgabe März 1997, hrsg. von der Gruppe Deutsche Börse März 1997.

DEUTSCHE BUNDESBANK:(1/1984) Die Sparquote der privaten Haushalte in der Bundesrepublik Deutschland im internationalen Vergleich, in: Deutsche Bundesbank Monatsbericht Januar 1984, 36.Jahrgang Nr.1, S.30-35.

DEUTSCHE BUNDESBANK:(8/1984) Betriebliche Altersversorgung in der Bundesrepublik Deutschland, in: Deutsche Bundesbank Monatsbericht August 1984, 36.Jahrgang Nr.8, S.30-37.

DEUTSCHE BUNDESBANK:(11/1984) Unternehmensfinanzierung in großbritannien und in der Bundesrepublik Deutschland, in: Deutsche Bundesbank Monatsbericht November 1984, 36.Jahrgang Nr.11, S.35-46.

DEUTSCHE BUNDESBANK:(7/1985) Zur Freizügigkeit im Kapitalverkehr der Bundesrepublik mit dem Ausland, in: Deutsche Bundesbank Monatsbericht Juli 1985, 37.Jahrgang Nr.7, S.13-24.

DEUTSCHE BUNDESBANK:(1/1987a) Kapitalbildung und Anlagepolitik der Versicherungsunternehmen seit 1979, in: Deutsche Bundesbank Monatsbericht Januar 1987, 39.Jahrgang Nr.1, S.17-31.

DEUTSCHE BUNDESBANK:(1/1987b) Die Auslandsbanken - eine neue Untergruppe in der Bankenstatistik, in: Deutsche Bundesbank Monatsbericht Januar 1987, 39.Jahrgang Nr.1, S.32-37.

DEUTSCHE BUNDESBANK:(4/1987) Strukturveränderungen in der Verschuldung der öffentlichen Haushalte seit 1980, in: Deutsche Bundesbank Monatsbericht April 1987, 39.Jahrgang Nr.4, S.13-24.

DEUTSCHE BUNDESBANK:(8/1987) Private Sach- und Geldvermögensbildung und ihre Finanzierung, in: Deutsche Bundesbank Monatsbericht August 1987, 39.Jahrgang Nr.8, S.41-46.

DEUTSCHE BUNDESBANK:(4/1989) Längerfristige Entwicklung des Bankensektors und Marktstellung der Kreditinstitutsgruppen, in: Deutsche Bundesbank Monatsbericht April 1989, 41.Jahrgang Nr.4, S.13-22.

DEUTSCHE BUNDESBANK:(7/1989) Neue Rahmenbedingungen für DM-Auslandsanleihen, in: Deutsche Bundesbank Monatsbericht Juli 1989, 41.Jahrgang Nr.7, S.16-18.

DEUTSCHE BUNDESBANK:(10/1991) Zur Bedeutung der Aktie als Finanzierungsinstrument, in: Deutsche Bundesbank Monatsbericht Oktober 1991, 43.Jahrgang Nr.10, S.22-29.

DEUTSCHE BUNDESBANK:(3/1992) Finanzplatz Deutschland - Rahmenbedingungen und neuere Entwicklungen, in: Deutsche Bundesbank Monatsbericht März 1992, 44.Jahrgang Nr.3, S.23-31.

DEUTSCHE BUNDESBANK:(4/1992a) Zur Geschäftsentwicklung der Realkreditinstitute seit Anfang der achtziger Jahre, in: Deutsche Bundesbank Monatsbericht April 1992, 44.Jahrgang Nr.4, S.21-32.

DEUTSCHE BUNDESBANK:(4/1992b) Die Entwicklung des Geld- und Sachvermögens westdeutscher privater Haushalte in den letzten zwanzig Jahren, in: Deutsche Bundesbank Monatsbericht April 1992, 44.Jahrgang Nr.4, S.14-20.

DEUTSCHE BUNDESBANK:(10/1992) Längerfristige Entwicklung der Finanzierungsstrukturen westdeutscher Unternehmen, in: Deutsche Bundesbank Monatsbericht Oktober 1992, 44.Jahrgang Nr.10, S.25-39.

DEUTSCHE BUNDESBANK:(2/1993) Die Deutsche Bundesbank. Geldpolitische Aufgaben und Instrumente, Sonderdruck der Deutschen Bundesbank Nr.7, 6.Aufl., Frankfurt Februar 1993.

DEUTSCHE BUNDESBANK:(5/1993a) Der Markt für DM-Commercial Paper, in: Deutsche Bundesbank Monatsbericht Mai 1993, 45.Jahrgang Nr.5, S.59-69.

DEUTSCHE BUNDESBANK:(5/1993b) Die Bedeutung von Nebenhaushalten im Zuge der deutschen Vereinigung, in: Deutsche Bundesbank Monatsbericht Mai 1993, 45.Jahrgang Nr.5, S.43-57.

DEUTSCHE BUNDESBANK:(10/1993a) Zur Vermögenssituation der privaten Haushalte in Deutschland, in: Deutsche Bundesbank Monatsbericht Oktober 1993, 45.Jahrgang Nr.10, S.19-32.

DEUTSCHE BUNDESBANK:(10/1993b) Jahresabschlüsse mittelständischer Unternehmen unterschiedlicher Rechtsform im Vergleich, in: Deutsche Bundesbank Monatsbericht Oktober 1993, 45.Jahrgang Nr.10, S.33-45.

DEUTSCHE BUNDESBANK:(10/1993c) Bilanzunwirksame Geschäfte deutscher Banken, in: Deutsche Bundesbank Monatsbericht Oktober 1993, 45.Jahrgang Nr.10, S.47-64.

DEUTSCHE BUNDESBANK:(4/1994) Finanzkonglomerate und ihre Beaufsichtigung, in: Deutsche Bundesbank Monatsbericht April 1994, 46.Jahrgang Nr.4, S.49-61.

DEUTSCHE BUNDESBANK:(10/1994a) Eigenmittelausstattung der Unternehmen ausgewählter EG-Länder im Vergleich, in: Deutsche Bundesbank Monatsbericht Oktober 1994, 46.Jahrgang Nr.10, S.73-88.

DEUTSCHE BUNDESBANK:(10/1994b) Entwicklung und Bedeutung der Geldanlage in Investmentzertifikaten, in: Deutsche Bundesbank Monatsbericht Oktober 1994, 46.Jahrgang Nr.10, S.49-71.

DEUTSCHE BUNDESBANK:(11/1994) Ergebnisse der gesamtwirtschaftlichen Finanzierungsrechnung für Westdeutschland 1960 bis 1992, Statistische Sonderveröffentlichung der Deutschen Bundesbank Nr.4., November 1994.

DEUTSCHE BUNDESBANK:(4/1995a) Verbriefungstendenzen im deutschen Finanzsystem und ihre geldpolitische Bedeutung, in: Deutsche Bundesbank Monatsbericht April 1995, 47.Jahrgang Nr.4, S.19-33.

DEUTSCHE BUNDESBANK:(4/1995b) Die Finanzentwicklung der Länder seit der Vereinigung, in: Deutsche Bundesbank Monatsbericht April 1995, 47.Jahrgang Nr.4, S.35-50.

DEUTSCHE BUNDESBANK:(7/1995) Der Markt für deutsche Bundeswertpapiere, Sonderveröffentlichung der Deutschen Bundesbank. Juli 1995.

DEUTSCHE BUNDESBANK:(8/1995) Die Entwicklung des Wertpapierbesitzes in Deutschland seit Ende 1989. Eine Auswertung der Depotstatistik, in: Deutsche Bundesbank Monatsbericht August 1995, 47.Jahrgang Nr.8, S.57-69.

DEUTSCHE BUNDESBANK:(10/1995) Die Geldpolitik der Bundesbank, Sonderveröffentlichung der Deutschen Bundesbank, Oktober 1995.

DEUTSCHE BUNDESBANK:(2/1996) Bankenstatistik Februar 1996, Statistisches Beiheft zum Monatsbericht 2/1996.

DEUTSCHE BUNDESBANK:(3/1996) Gesetz über das Kreditwesen, hrsg. als Bankrechtliche Regelungen Nr.2 von der Deutschen Bundesbank, März 1996.

DEUTSCHE BUNDESBANK:(5/1996) Die gesamtwirtschaftlichen Finanzierungsströme in Deutschland 1995, in: Deutsche Bundesbank Monatsbericht Mai 1996, 48.Jahrgang Nr.5, S.25-47.

DEUTSCHE BUNDESBANK:(6/1996) Ergebnisse der gesamtwirtschaftlichen Finanzierungsrechnung für Deutschland 1990 bis 1995, Statistische Sonderveröffentlichung der Deutschen Bundesbank Nr.4, Juni 1996.

DEUTSCHE BUNDESBANK:(7/1996) Die längerfristige Entwicklung des privaten Verbrauchs in Deutschland und seine Bestimmungsgründe, in: Deutsche Bundesbank Monatsbericht Juli 1996, 48.Jahrgang Nr.7, S.17-29.

DEUTSCHE BUNDESBANK:(8/1996) Die mittelfristige Entwicklung der Finanzierungsverhältnisse in den wichtigsten Industriestaaten, in: Deutsche Bundesbank Monatsbericht August 1996, 48.Jahrgang Nr.8, S.17-29.

DEUTSCHE BUNDESBANK:(10/1996a) Kreditentwicklung nach Kreditnehmern und Bankengruppen, in: Deutsche Bundesbank Monatsbericht Oktober 1996, 48.Jahrgang Nr.10, S.49-62.

DEUTSCHE BUNDESBANK:(10/1996b) Reaktionen der Geldmarkt- und kurzfristigen Bankzinsen auf Änderungen der Notenbanksätze, in: Deutsche Bundesbank Monatsbericht Oktober 1996, 48.Jahrgang Nr.10, S.33-48.

DEUTSCHE BUNDESBANK:(1/1997a) Die Aktie als Finanzierungs- und Anlageinstrument, in: Deutsche Bundesbank Monatsbericht Januar 1997, 49.Jahrgang Nr.1, S.27-42.

DEUTSCHE BUNDESBANK:(1/1997b) Bankenstatistik Januar 1997, Statistisches Beiheft zum Monatsbericht 1/1997.

DEUTSCHE BUNDESBANK:(2/1997) Kapitalmarktstatistik Februar 1997, Statistisches Beiheft zum Monatsbericht 2(1997).

DEUTSCHE BUNDESBANK:(3/1997) Die Entwicklung der Staatsverschuldung seit der deutschen Vereinigung, in: Deutsche Bundesbank Monatsbericht März 1997, 49.Jahrgang Nr.3, S.17-32.

DEUTSCHE BUNDESBANK:(10/1997) Der verbriefte Geldmarkt in Deutschland, in: Deutsche Bundesbank Monatsbericht Oktober 1997, 49.Jahrgang Nr.10, S.45-60.

DEUTSCHE BUNDESBANK:(11/1997) Die fiskalische Belastung zukünftiger Generationen mit Hilfe des Generational Accounting, in: Deutsche Bundesbank Monatsbericht November 1997, 49.Jahrgang Nr.11, S.17-30.

DEUTSCHES AKTIENINSTITUT (DAI):(1996) DAI-Factbook 1996. Statistiken, Analysen und Grafiken zu Aktionären, Aktiengesellschaften und Börsen, hrsg. vom Deutsches Aktieninstitut e.V., Frankfurt September 1996.

DEWATRIPONT, M./ MASKIN, E.:(1990) Credit and Efficiency in Centralized and Decentralized Economies, Working Paper, Cambridge, Massachusetts 1990.

DIAMOND, Douglas W.:(1984) Financial Intermediation and Delegated Monitoring, in: Review of Economic Studies, Vol.51 (1984), S.393-414.

DIAMOND, Douglas W./ DYBVIG, Philip H.:(1983) Bank Runs, Deposit Insurance, and Liquidity, in: Journal of Political Economy, Vol.91(1983), S.401-419.

DIETZ, Otto:(1995) Schulden der öffentlichen Haushalte 1994, in: Wirtschaft und Statistik, ohne Jahrgang (Juni 1995), S.485-487.

DISCH, Wolfgang:(1995) Die geldpolitische Konzeption der Banque de France und der Deutschen Bundesbank. Eine vergleichende Analyse der Geldmengenpolitik in Deutschland und Frankreich, erschienen in der Reihe Schriften zur Geldtheorie und Geldpolitik Band 11, hrsg. von Hans-Hermann FRANCKE und Alois OBERHAUSER, 1.Aufl., Pfaffenweiler 1995.

DOMANSKI, Dietrich:(1997) Disintermediationstendenzen im deutschen Finanzsystem und ihre Auswirkungen auf die Rolle der Kreditinstitute - Eine Bewertung aus geldpolitischer Sicht, in: Finanzmärkte, hrsg. von Bernhard GAHLEN, Helmut HESSE und Hans Jürgen RAMSER; 1.Aufl., Tübingen 1997, S.271-291.

DÖRNER, Dietrich:(1994) Die Logik des Mißlingens. Strategisches Denken in komplexen Situationen, 2.Aufl., Hamburg 1994.

DORNBUSCH, Rüdiger/ REYNOSO, Alejandro:(1989) Financial Factors in Economic Development, in: American Economic Review, Vol.79 (1989), S.204-209.

DOSI, Giovanni:(1990) Finance, Innovation and Industrial Change, in: Journal of Economic Behavior and Organization, Vol.13 (1990), S.299-319.

DRUKARCZYK, Jochen:(1989) Finanzierung, 4.Aufl., Stuttgart und New York 1989.

DRUMETZ, Françoise:(1992) Mutations du système financier et politique monétaire. Le cas de l'Allemagne, in: Cahiers économiques et monétaires n° 40 (1992), S.75-81.

DUNKLEY, Peter/ GUTMAN, Peter:(1992) The Monetary and Financial System, 2.Aufl., Osborne Books, Lower Broadheath, Worcester 1992.

DUWENDAG, Dieter (Hrsg.):(1996) Finanzmärkte, Finanzinnovationen und Geldpolitik, hrsg. von Dieter DUWENDAG, Schriften des Vereins für Socialpolitik. Gesellschaft für Wirtschafts- und Sozialwissenschaften, Neue Folge Band 242, 1.Aufl. Berlin 1996.

EDWARDS, Jeremy/ FISCHER, Klaus:(1994) Banks, finance and investment in Germany, 1.Aufl., Cambridge University Press, Cambridge 1994.

EIJFFINGER, Sylvester/ Van RIXTEL, Adrian: (1992) The Japanese financial system and monetary policy: a descriptive review, in: Japan and the World Economy, Vol.4 (1992), S.291-309.

ENGELS, Wolfram:(1989) Industriegigant und Finanzzwerg. Finanzplatz Deutschland - Ein Problemüberblick, in: Institutionelle Rahmenbedingungen effizienter Kapitalmärkte, hrsg. von Wolfram ENGELS, 1. Aufl., Frankfurt 1989, S.11-29.

ERKEL, Stephan: (1997) Die Geldpolitik der deutschen Bundesbank seit Einführung des Geldmengenziels, 1.Aufl., Lohmar, Köln 1997.

EUROPEAN MONETARY INSTITUTE:(1996) Payment Systems in the European Union, hrsg. vom European Monetary Institute, Frankfurt, April 1996.

EUROPEAN MONETARY INSTITUTE:(1997) Die Einheitliche Geldpolitik in Stufe 3, Festlegung des Handlungsrahmens, hrsg. vom European Monetary Institute, Frankfurt, Januar 1997.

FAMA, Eugene F.:(1970) Efficient Capital Markets: A Review of Theory and Empirical Work, in: Journal of Finance, Vol.25 (1970), S.383-417.

FAMA, Eugene F.:(1978) The Effects of a Firm's Investment and Financing Decisions on the Welfare of its Security Holders, in: American Economic Review, Vol.68(1978), S.272-284.

FAMA, Eugene F.:(1980) Banking in the Theory of Finance, in: Journal of Monetary Economics, Vol.6 (1980), S.39-57.

FAMA, Eugene F.:(1985) What's different about banks?, in: Journal of Monetary Economics, Vol.15 (1985), S.29-39.

FAUGÈRE; Jean-Pierre/ VOISIN, Colette:(1992) Le système financier et monétaire international. Crises et mutations, 1.Aufl., Paris 1992.

FAUGÈRE; Jean-Pierre/ VOISIN, Colette:(1994) Le système financier français. Crises et Mutations, 2.Aufl., Nathan, Paris 1994.

FELDERER, Bernhard/ HOMBURG, Stefan:(1991) Makroökonomik und neue Makroökonomik, Fünfte, verbesserte Aufl., Berlin u.a.1991

FELDMAN, Allan M.:(1973) Bilateral Trading Processes, Pairwise Optimality and Pareto Optimality, in: Review of Economic Studies, Vol.40 (1973), S.463-473.

FERRANDIER, Robert/ KOEN, Vincent:(1994) Marchés de capitaux et Techniques Financières, 3.Aufl., Jouve, Paris 1994.

FERRI, Michael G./ KIDWELL, David S.: (1986) Overview of the Financial System, in: Handbook of Financial Markets, hrsg. von Frank J.FABOZZI und Frank G.ZARB, 2.Aufl., Dow Jones - Irwin, Homewood, Illinois 1986, S.5-20.

FISCHER, Bernhard:(1992) Financial Reforms in Developing Countries - Objectives, Scope and Results, HWWA-Report Nr.98, hrsg. vom HWWA-Institut für Wirtschaftsforschung in Hamburg, 1992.

FISCHER, Klaus:(1990) Hausbankbeziehungen als Instrument der Bindung zwischen Banken und Unternehmen. Eine theoretische und empirische Analyse. Dissertation, Bonn 1990.

FRANKE, Günter: (1993) Finanzmärkte - Interdependenzen und Entwicklungslinier, in: Obst/Hintner - Geld-, Bank- und Börsenwesen, hrsg. von Norbert KLOTEN und Johann Heinrich von STEIN, 39.Aufl., Stuttgart 1993, S.1053-1070.

FRANKE, Günter/ HAX, Herbert:(1990) Finanzwirtschaft des Unternehmens und Kapitalmarkt, 2. Verbesserte Aufl., Berlin u.a. 1990.

FRANKEL, Allen B./MONTGOMERY, John D.:(1991) Financial Structure: An international Perspective, in: Brookings Papers on Economic Activity, ohne Jahrgang (1991), S.257-310.

FRANKFORT, Alfred J./ RUDOLPH, Bernd:(1992) Zur Entwicklung der Kapitalstrukturen in Deutschland und in den Vereinigten Staaten von Amerika. Eine vergleichende empirische Untersuchung, in: Schmalenbachs Zeitschrift für betriebswirtschaftliche Forschung, ohne Jahrgang (November 1992), S.1061-1079.

FRANKS, Julian/ MAYER, Colin:(1990) Capital markets and corporate control: a study of France, Germany and the UK, in: Economic Policy, ohne Jahrgang (1990), S.191-231.

FRANKS, Julian/ MAYER, Colin:(1994a) Corporate Control: A Comparison of Insider and Outsider Systems, Working Paper der London Business School und University of Oxford von 1.August 1994.

FRANKS, Julian/ MAYER, Colin:(1994b) Corporate Control: A Synthesis of the International Evidence, Working Paper der London Business School und University of Oxford von 1.August 1994.

FRANKS, Julian/ MAYER, Colin:(1994c) The Ownership and Control of German Corporations, Working Paper der London Business School und University of Oxford vom 29.September 1994.

FRANKS, Julian/ MAYER, Colin:(1995) Ownership and Control, in: Trends in Business Organisation: Do Participation and Cooperation increase Competitiveness: International Workshop, hrsg. von Horst SIEBERT, 1.Aufl., Tübingen 1995, S.171-195.

FRANKS, Julian/ MAYER, Colin:(1997) Corporate Ownership and Control in the U.K, Germany, and France, in: Journal of Applied Corporate Finance Vol.9 (1997), S.30-45.

FRANKS, Julian/ MAYER, Colin/ SORIA, M.:(1991) Corporate Restructuring in Germany, Working Paper der London Business School und University of Oxford 1991.

FRIEDMAN, Milton:(1973) Money and Economic Devlopment, The Horowitz Lectures of 1972, 1.Aufl., Praeger Publishers, New York u.a., 1973.

FRIEDMAN, Milton/ SCHWARZ, A.J.:(1963) A Monetary History of the United States, 1867-1960, 1.Aufl., Princeton University Press, Princeton 1963.

FRIEDMANN, Willy:(1988) Die Mindestreserve im deutschen Finanzsystem, in: Wandlungen des geldpolitischen Instrumentariums der Deutschen Bundesbank, Beiheft zu Kredit und Kapital Heft 10, hrsg. von Werner EHRLICHER und Diethard B.SIMMERT, 1988, S.79-91

FROOT, Kenneth A.:(1995) Incentive Problems in Financial Contracting: Impacts on Corporate Financing, Investment, and Risk Mangement Policies, in: The Global Financial System - A Functional Perspective, 1.Aufl., Harvard Business School Press, Boston, Massachusetts, 1995, S.225-262.

FRY, Maxwell J.:(1988) Money, Interest, and Banking in Economic Development, 1. Aufl., The John Hopkins University Press, Baltimore und London 1988.

GADDUM, Johann-Wilhelm:(1989) Allfinanz, in: Zeitschrift für das gesamte Kreditwesen, 42.Jahrgang (1989), S.710-712.

GARDENER, Edward/ MOLYNEUX, Philip:(1990) Changes in Western European Banking, 1.Aufl., Unwin Hyman, London u.a. 1990.

GdV(1996a): Die deutsche Versicherungswirtschaft. Jahrbuch 1996 des Gesamtverbandes der Deutschen Versicherungswirtschaft e.V., Karlsruhe 1996.

GdV(1996b): Zahlenspiegel der Versicherungswirtschaft 1996, Karlsruhe 1996.

GEBAUER, Wolfgang: (1987) Zur Konzeption der Bundesbankpolitik: Geldmenegen- versus Zinssteuerung, Geld und Währung Working Papers der Goethe Universität Nr.4, Frankfurt, März 1987.

GEBAUER, Wolfgang: (1991) Geld versus Zins: Überlegungen zu einer Europäischen Zentralbankpolitik, Geld und Währung Working Papers der Goethe Universität Nr.18, Frankfurt, März 1991.

GEBHARDT, Karen/ THIEDE, Reinhold:(1995) Alterssicherung in Deutschland, in: Die Angestelltenversicherung, 42.Jahrgang (1995), S.381-386.

GEIS, Heinz-Günter:(1975) Die Rolle der finanziellen Infrastruktur bei der Kapitalbildung, in: Eigenfinanzierung der Entwicklung, hrsg. von Hermann PRIEBE, 1.Aufl., Berlin 1975, S.69-78.

GERKE, Wolfgang/ RAPP, Heinz-Werner:(1994) Strukturveränderungen im internationalen Börsenwesen, in: Die Betriebswirtschaft, ohne Jahrgang (1994), Heft 1, S.5-23.

GERKE, Wolfgang/ STEINER, Manfred:(1995) Handwörterbuch des Finanz -und Bankwesens, 2.überarbeitete und erweiterte Aufl., Stuttgart 1995.

GERMIDES, Dimitri/ KESSLER, Denis/ MEGHIR, Rachel:(1991) Financial Systems and Development: What Role for the Formal and Informal Sectors?, Development Centre Study, hrsg. vom Development Centre of the Organisation for Economic Co-Operation and Development, Paris 1991.

GERSCHENKRON, Alexander:(1962) Economic backwardness in historical perspective, 1.Aufl., The Belknap Press of Harvard University Press, Cambridge, Massachusetts 1962.

GERSCHENKRON, Alexander:(1968) The Modernization of Entrepreneurship, in: Continuity in History and other Essays, hrsg. von Alexander GERSCHENKRON, 1.Aufl., Harvard University Press, Cambridge, Massachusetts 1968.

GERTLER, Mark:(1988) Financial Structure and Aggregate Economic Activity: An Overview, in: Journal of Money, Credit and Banking Vol.20 (1988), S.559-588.

GERTLER, Mark/ ROSE, Andrew:(1994) Finance, public policy, and growth, in: Financial Reform. Theory and Experience, hrsg. von Gerard CAPRIO, Jr., Izak ATIYAS und James A.HANSON, 1.Aufl., Cambridge University Press, Cambridge, New York und Melbourne 1994, S.13-48.

GIBSON, Heather D.:(1996) International Finance. Exchange Rates and Financial Flows in the International Financial System, 1.Aufl., Longman, London und New York, 1996.

GILBODY, John:(1988) The UK Monetary and Financial System. An Introduction. 1.Aufl., Routlege, London und New York 1988.

GÖTZ, Engelbert:(1990) Technische Aktienanalyse und die Effizienz des deutschen Kapitalmarktes, 1.Aufl., Heidelberg 1990.

GOLDSCHMIDT, Paul:(1994) The ECU bond markets - Present and Future, Working Paper prepared for the 8th Annual European Finance Convention, Frankfurt am Main, 28.11.-2.12.1994.

GOLDSMITH, Raymond:(1955) Financial Structure and Economic Growth in Advanced Countries - An experiment in Comparative Financial Morphology, in: Capital Formation and Economic Growth, hrsg. vom National Bureau of Economic Research, New York 1955.

GOLDSMITH, Raymond:(1965) The Flow of Capital Funds in the Postwar Economy, 1.Aufl., National Bureau of Economic Research, New York: 1965.

GOLDSMITH, Raymond W.:(1969) Financial Structure and Development, 1.Aufl., Yale University Press, New Haven und London 1969.

GOLDSMITH, Raymond W.:(1983) The Financial Development of India, Japan, and the United States. A trilateral Institutional, Statistical, and Analytic Comparison, 1.Aufl., Yale University Press, New Haven und London, 1983.

GOLDSMITH, Raymond W.:(1985) Comparative National Balance Sheets. A Study of Twenty Countries, 1688-1978, 1.Aufl., University of Chicago Press, Chicago und London 1985.

GONDRING, Hanspeter: (1989) Finanzmärkte im Wandel. Struktur- und Marktveränderungen im Finanzsystem der USA, 1.Aufl., Frankfurt 1989.

GOODHART, Charles A.E.:(1993) Can we improve the structure of financial systems?, in: European Economic Review, Vol.37(1993), S.269-291.

GOTTSCHALK, Arno:(1988) Der Stimmrechtseinfluß der Banken in den Aktionärsversammlungen von Großunternehmen, WSI-Mitteilungen.

GOUX, Jean-François:(1990) Les fondements de l'économie de découvert. A propos de la théorie de la liquidité de Hicks, in: Revue économique, Vol.41 (1990), S.669-686.

GOUX, Jean-François:(1993) Économie Monétaire et Financière. Théories, Institutions, Politiques, 1.Aufl., Economica, Paris 1993.

GOUX, Jean-François:(1994) La Taxonomie des Systèmes financiers, in: Revue d'économie financière, ohne Jahrgang (1994), S.201-228.

GREEN, Christopher J.:(1987) Flow of Funds, in: The New Palgrave - Dictionary of Money and Finance, hrsg. von Peter NEWMAN, Murray MILGATE und John EATWELL, Volume 2 (F-M), London und New York 1987, S.137-139.

GREEN, Cristopher J./ LLEWELLYN, David T. (Hrsg.):(1991) Surveys in Monetary economics. Volume 2: Financial Markets and Institutions. 1.Aufl., Basil Blackwell, Oxford(UK) und Cambridge(USA).

GREENWALD, Bruce C./ STIGLITZ, Joseph E.:(1987) Imperfect Information, Credit Markets and Unemployment, in: European Economic Review, Vol.31(1987), S.444-456.

GREENWALD, Bruce C./ STIGLITZ, Joseph E.:(1990a) Asymmetric Information and the New Theory of the Firm: Financial Constraints and Risk Behavior, in: American Economic Review Papers and Proceedings, Vol.80(1990), S.160-165.

GREENWALD, Bruce C./ STIGLITZ, Joseph E.:(1990b) Macroeconomic Models with Equity and Credit Rationing, in: Asymmetric Information, Corporate Finance, and Investment, hrsg. von Glenn R.HUBBARD, 1.Aufl., University of Chicago Press, Chicago 1990, S.15-42.

GREENWALD, Bruce C./ STIGLITZ, Joseph E.:(1992) Information, finance and markets: the architecture of allocative mechanisms, in: Finance and the Enterprise, hrsg. von Vera ZAMAGNI, 1.Aufl., Academic Press, London u.a. 1992, S.11-36.

GREENWALD, Bruce C./ STIGLITZ, Joseph E.:(1993a) Financial Market Imperfections and Business Cycles, in: Quaterly Journal of Economics, Vol.108(1993), S.77-113.

GREENWALD, Bruce C./ STIGLITZ, Joseph E.:(1993b) Imperfect Information and Macro-Economic Analysis, Working Paper 1993.

GREENWALD, Bruce C./ STIGLITZ, Joseph E./ WEISS, Andrew:(1984) Informational Imperfections in the Capital Market and Macroeconomic Fluctuations, in: American Economic Review, Vol.74(1984), S.194-199.

GREENWOOD, Jeremy/ JOVANOVIC, Boyan:(1990) Financial Development, Growth, and the Distribution of Income, in: Journal of Political Economy, Vol.98 (1990), S.1076-1107.

GROSFELD, Irena:(1994) Financial Systems in Transition: Is there a Case for a bank-based system?, Discussion Paper No.1062 des Centre for Economic Policy Research, London, November 1994.

GROSSMAN, G./ HELPMAN, F.:(1991) Quality ladders in the theory of growth, in: Review of Economic Studies, Vol.58 (1991), S.43-61.

GRÖßL-GSCHWENDTNER, Ingrid:(1992) Bankenkrise und Finanzsystem: Die USA und BRD im Vergleich, Diskussionsbeitrag Nr. V-95-92 der volkswirtschaftlichen Reihe des Instituts für Volkswirtschaftslehre an der Carl von Ossietzky Universität Oldenburg, Oktober 1992.

GRUBER;Torsten/ OHR, Renate:(1996) Einheitliche europäische Geldpolitik bei unterschiedlichen Finanzstrukturen, in: Wirtschaftsdienst, 12.Jahrgang (1996), S.646-650.

GURLEY, John G./ SHAW, Edward S.:(1955) Financial Aspects of Economic Development, in: American Economic Review, Vol.45 (1955), S.515-538.

GURLEY, John G./ SHAW, Edward S.:(1956) Financial Institutions ans Interrelationships - Financial Intermediaries and the Saving-Investment Process, in: Journal of Finance Vol.11 (1956), S.257-276.

GURLEY, John G./ SHAW, Edward S.:(1960) Money in a Theory of Finance, 1.Aufl., Brookings Institution, Washington D.C. 1960.

GURLEY, John G./ SHAW, Edward S.:(1967) Financial Structure and Economic Development, in: Economic Development and Cultural Change, Vol.15 (1967), S.257-268.

GUTH, Wilfried:(1984) Herausforderungen an das internationale Finanzsystem, in: Internationales Bankgeschäft. Außenhandelsfinanzierung und Risiken im internationalen Geschäft der Banken, hrsg. von Bernd Rudolph, 1.Aufl., Frankfurt 1984, S.11-25.

HÄMMERLEIN, Hans:(1996) Einführung in die Wohnungswirtschaft: Ein Leitfaden in Thesen und Übersichten, 1.Aufl., Baden-Baden 1996.

HAMMEL, Werner:(1975) Die Rolle der finanziellen Infrastruktur bei der Kapitalbildung, in: Eigenfinanzierung der Entwicklung, hrsg. von Hermann PRIEBE, 1.Aufl., Berlin 1975, S.55-68.

HANKEL, Wilhelm:(1991) Capital markets and Financial Institutions in the Development Process, in: Economics Nr.44 (1991), S.32-65.

HANNIG, Alfred:(1992) Die deutsche Entwicklungszusammenarbeit im Geld- und Kreditwesen und die Finanzsysteme der Entwicklungsländer, hrsg. vom Deutschen Institut für Entwicklungspolitik, Berlin 1992.

HARTMANN, Bernd/ MEYER-BULLERDIEK, Frieder:(1996) Deutsche Warenterminbörse vor dem Start, in: Die Bank, ohne Jahrgang (12/1996), S.724-729.

HAWAWINI, Gabriel/ JAQUILLAT, Bertrand:(1991) European Equity Markets: Towards 1992 and Beyond, in: European banking in the 1990s, hrsg. von Jean DERMINE, 1.Aufl.; Basil Blackwell, Cambridge, Massachusetts 1990, S.67-101.

HEIN, Manfred:(1993) Einführung in die Bankbetriebslehre, 2., überarbeitete Aufl., München 1993.

HEINTZELER, Frank:(1992) Neuere Entwicklungen am deutschen und internationalen Kapitalmarkt, in: Schriften des bankwirtschaftlichen Kolloquiums, hrsg. von Bernd RUDOLPH u.a., 1.Aufl., Frankfurt 1992, S.67-88.

HELLWIG, Martin F.:(1981) Bankruptcy, Limited liability, and the Modigliani-Miller Theorem, in: American Economic Review, Vol.71(1981), S.155-171.

HELLWIG, Martin F.:(1991) Banking, Financial Intermediation and Corporate Finance, in: European Financial Integration, hrsg. von Alberto GIOVANINI und Colin MAYER, 1.Aufl., Cambridge University Press, Cambridge u.a. 1991, S.35-72.

HELLWIG, Martin F.:(1995a) Systemic Aspects of Risk Management in Banking and Finance, in: Swiss Journal of Economics and Statistics, Vol.131 (1995), S.723-737.

HELLWIG, Martin F.:(1995b) Comment on Julian Franks and Colin Mayer, „Ownership and Control", in: Trends in Business Organisation: Do Participation and Cooperation increase Competitiveness: International Workshop, hrsg. von Horst SIEBERT, 1.Aufl., Tübingen 1995, S.196-200.

HENRY, Jaques:(1982) Les méthodes post-keynésiennes et l'approche post-classique, in: Actualité économique, ohne Jahrgang, Januar 1982.

HERRING, Richard J./ SANTOMERO, Anthony M.:(1991) The role of the financial sector in economic performance, Working Paper prepared for the Center for business and Policy Studies, SNS, Stockholm, Sweden as part of the Kingdom of Sweden´s productivity Comission, Wharton School, University of Pensylvania, Philadelphia, 1991.

HICKEL, Rudolph/ ROTH, Bernhard/ TROOST, Axel: (1988) Stadtstaat Bremen im föderalen Finanzsystem. Ursachen der Finanzkrise - Neuordnungsvorschläge zum Länderfinanzausgleich, 1.Aufl., Bremen 1988.

HICKS, John:(1975) The Crisis in Keynesian Economics, 2.Aufl., Basil Blackwell, Oxford 1975.

HIELSCHER, Udo: (1993) Börsen und Börsengeschäfte, in: Obst/Hintner - Geld-, Bank- und Börsenwesen, hrsg. von Norbert KLOTEN und Johann Heinrich von STEIN, 39.Aufl., Stuttgart 1993, S.1128-1188.

HIRSCHMAN, Albert:(1970) Exit, Voice, and Loyalty, 1.Aufl., Harvard University Press, Cambridge 1970.

HO, Yan-Ki/ SCOTT, Robert Haney/ WONG, Kie Ann(Hrsg.): 1991 The Hong Kong Financial System, 1.Aufl., Oxford University Press, Oxford u.a.1991.

HOFFMANN, Horst: (1995) Eigenverantwortliche Vorsorge im Sozialstaat, GDV Schriftenreihe des Ausschusses Volkswirtschaft Nr.18, Bonn 1995.

HÖLZLE, Dietrich:(1992) Die Vollendung des Europäischen Binnenmarktes auf dem Finanzsektor, in: Der langfristige Kredit, 43.Jahrgang(1992), S.497-499.

HUBBARD, Glenn R. (Hrsg.):(1990) Asymmetric Information, Corporate Finance, and Investment, 1.Aufl., University of Chicago Press, Chicago und London 1990

IFO/SAKURA:(1997) A Comparative Analysis of Japanese and German Economic Success, hrsg. vom Ifo Institute for economic Research/Sakura Institute of Research, 1.Aufl., Tokyo, Berlin u.a.1997.

IMAI, Ken-ichi:(1992) Japan´s financial system and industrial innovation, in: Finance and the Enterprise, hrsg. von Vera ZAMAGNI, 1.Aufl., Academic Press, London u.a. 1992, S.180-203

INTERNATIONAL MONETARY FUND:(1993) International Capital Markets, 1.Aufl., Washington 1993.

JENKINSON, Tim/ MAYER, Colin:(1992) The Assessment: Corporate Governance and Corporate Control, in: Oxford Review of Economic Policy, Vol.8 (1992), Nr.3, S.1-10.

JENSEN, Michael C./MECKLING, William H.:(1976) Theory of the Firm: Managerial behavior, Agency Costs and Ownership Structure, in: Journal of Financial Economics, Vol.3 (1976), S.305-360.

JOKL, Stefan: (1994) Bausparkassen, in: Grundlagen der Wohnungs- und Imobilienwirtschaft, hrsg. von Lidwina KÜHNE-BÜNING und Jürgen H.B.HEUER, 3.überarbeitete und erweiterte Aufl., Frankfurt 1994, S.432-437.

KAMP, Ernst M./ LANGHEINRICH, Camilla/ STAMM, Friedrich:(1969) Das optimale Finanzsystem, zweite, völlig neubearbeitete und stark erweiterte Aufl., Bonn 1969.

KAUFMAN, George (Hrsg):(1992) Banking Structures in Major Countries, 1.Aufl., Kluwer Academic Publishers, Boston, Dordrecht, London 1992.

KAUFMAN, George G.:(1992) The U.S.financial system: Money, Markets and Institutions, 5.Aufl., Prentice Hall, Englewood Cliffs, New Jersey 1992.

KAUFMANN, Friedrich:(1997) Besonderheiten der Finanzierung kleiner und mittlerer Unternehmen. Ein Überblick über die Problemlage, in: Kredit und Kapital, 30 Jahrgang (1997), S.140-155.

KESTER, Carl W.:(1986) Capital and Ownership Structure: A Comparison of United States and Japanese manufacturing Corporations, in: Financial Management, Vol.15 (1986), S.5-16.

KESTING, Helmut:(1992) Die währungspolitischen Beschlüsse von Maastricht, in: Östereichisches Bankarchiv - Zeitschrift für das gesamte Bank- und Börsenwesen, 40.Jahrgang(1992), Nr.10, S.899-911.

KEYNES, John Maynard:(1936) The General Theory of Employment, Interest and Money, 1.Aufl., Macmillan, London 1936.

KINDLEBERGER, Charles P.:(1958) Economic Development, 1.Aufl., McGraw-Hill Book Company, Inc., New York, Toronto, London 1958.

KINDLEBERGER, Charles P.:(1978) Economic Response. Comparative Studies in Trade, Finance, and Growth, 1. Aufl., Harvard University Press, Cambridge, Massachusetts und London, England 1978.

KING, Robert G./ LEVINE, Ross:(1993a) Financial intermediation and economic development, in: Capital markets and financial intermediation, hrsg. von Colin MAYER und Xavier VIVES, 1.Aufl., Cambridge University Press, Cambridge, Massachusetts, 1993, S.156-189.

KING, Robert G./ LEVINE, Ross:(1993b) Finance, entrepreneurship, and growth. Theory and Evidence, in: Journal of Monetary Economics, Vol.32 (1993), S.513-542.

KING, Robert G./ LEVINE, Ross:(1993c) Finance and Growth: Schumpeter might be right, in: Quaterly Journal of Economics, Vol.108 (1993), S.717-737.

KIYOTAKI, Nobuhiro/ MOORE, John:(1995) Credit Cycles, Working Paper, März 1995.

KIYOTAKI, Nobuhiro/ WRIGHT, Randall.:(1989) On Money as a Medium of Exchange, in: Journal of Political Economy, Vol.97 (1989), S.927-954.

KIYOTAKI, Nobuhiro/ WRIGHT, Randall.:(1991) A Contribution to the Pure Theory of Money, in: Journal of Economic Theory, Vol.53 (1991), S.215-235.

KLOTEN, Norbert: (1993) Geldversorgung und Notenbankpolitik, in: Obst/Hintner - Geld-, Bank- und Börsenwesen, hrsg. von Norbert KLOTEN und Johann Heinrich von STEIN, 39.Aufl., Stuttgart 1993, S.91-136.

KNOBLING, Peter:(1996) Ökonomische Analyse der Interdependenz von Unternehmensverfassung und Unternehmensfinanzierung am Beispiel der börsennotierten Aktiengesellschaft, Dissertation, Frankfurt am Main 1996.

KNOTH, Georg:(1993) Das taiwanesische Finanzsystem, in: Zeitschrift für das gesamte Kreditwesen, 46. Jahrgang (1993), S.80-85.

KÖPFLER, Thilo: (1996) Die Wohnungsbaufinanzierung, in: Kompendium der Wohnungswirtschaft, hrsg. von Helmut W.JENKIS, 3.überarbeitete und erweiterte Aufl., München und Wien 1996, S.627-647.

KOTTMANN, Georg:(1976) Universalbank, in: Handwörterbuch der Finanzwissenschaft, hrsg. von Hans E. BÜSCHGEN, Stuttgart 1976, S.1740-1746.

KREGEL, Jan A.:(1975) The Reconstruction of Political Economy. An Introduction to Post-Keynesian Economics, 1.Aufl., Macmillan, London 1975.

KREMER, Arnold:(1993) The Monetary Policy of the Deutsche Bundesbank and the German Money Market, in: Mathematical Modelling in Economies. Essays in Honor of Wolfgang Eichborn, hrsg. von W.Erwin DIEWERT, Klaus SPREMANN und Frank STEHLING, 1.Aufl., Berlin u.a. 1993, S.650-664.

KRÜMMEL, Hans-Jacob:(1980) German Universal Banking Scrutinized. Some Remarks Concerning the Gessler Report, in: Journal of Banking and Finance, Vol.4. (1980), S.33-55.

KRUGMAN, Paul R./ OBSTFELD, Maurice:(1991) International Economics, Theory and Policy, 2.Aufl., Harper Collins Publishers, New York 1991.

KÜHNE-BÜNING, Lidwina (Hrsg.): (1994): Grundlagen der Wohnungs- und Imobilienwirtschaft, 3.überarbeitete und erweiterte Aufl., Frankfurt 1994.

KÜHNE-BÜNING, Lidwina: (1994) Marktstrukturen und Marktbeteiligte, in: Grundlagen der Wohnungs- und Imobilienwirtschaft, hrsg. von Lidwina KÜHNE-BÜNING und Jürgen H.B.HEUER, 3.überarbeitete und erweiterte Aufl., Frankfurt 1994, S.71-85.

LACOUE-LABARTHE, Dominique:(1980) Analyse Monetaire, 1.Aufl., Bordas, Paris 1980.

LAMPERT, Heinz:(1996) Lehrbuch der Sozialpolitik, 4.überarbeitete Aufl., Berlin u.a. 1996.

LANE, Timothy D.:(1994) Reforming the Financial System, in: The Economics of Transformation. Theory and Practice in the New Market Economies, hrsg. von Alfred SCHIPKE und Alan M.TAYLOR, 1.Aufl., Berlin u.a.1994, S.233-252.

LAUE, Evelyn:(1995) Grundvermögen privater Haushalte Ende 1993, in: Wirtschaft und Statistik, ohne Jahrgang (1996), Nr.6, S.488-497.

LAVOIE, Marc:(1984) The Endogenous Flow of Credit and the Post Keynesian Theory of Money, in: Journal of Economic Issues, Vol.18 (1984), S.771-797.

LAVOIE, Marc:(1985) Credit and Money: The Dynamic Circuit, Overdraft Economies, and Post-Keynesian Economics, in: Money and Macro Policy, hrsg. von Marc JARSULIC, 1.Aufl., Kluwer-Nijhoff Publishing, Boston u.a. 1985, S.63-84.

LEE, Jungsoo:(1991) Financial Sector and Economic Development: A Survey, Asian Development Bank Report No.55, September 1991.

LEHMAN, P.J.:(1979) Le système des réserves obligatoires et le contrôle de la masse monétaire, 1.Aufl., Presses Universitaires de France, Paris 1979.

LELAND, Hayne E./ PYLE, David H.:(1977) Informational Asymmetries, Financial Structure and Financial Intermediation, in: Journal of Finance, Vol.32 (1977), S.371-387.

LEVI, Maurice D.:(1990) International Finance, 2.Aufl., McGraw-Hill, New York u.a. 1990.

LEVINE, Ross(1991): Stock Markets, Growth, and Tax Policy, in: Journal of Finance, Vol.46 (1991), S.1445-1465.

LEVIS, Mervyn K./ WALLACE, Robert H. (Hrsg):(1993) The Australian Financial System, 1.Aufl., Longman Cheshire, South Melbourne 1993.

LEVITT, Theodore:(1983) The globalization of markets, in: Harvard Business Review, Vol.61 (1983), S.92-102.

LEVY-GARBOUA, Vivien/ WEYMULLER, Bruno:(1979) Macroeconomie Contemporaine, 1.Aufl., Economica, Paris 1979.

LLEWELLYN, David T.:(1991) Structural Change in the Britisch Financial System, in: Surveys in Monetary Economics Vol.2: Financial Markets and Institutions, hrsg. von Christopher J.GREEN und David T.LLEWELLYN, 1.Aufl., Basil Blackwell, Oxford(UK) und Cambridge(USA), S.210-259.

LUCAS Jr., Robert E.:(1988) On the Mechanics of Economic Development, in: Journal of Monetary Economics. Vol.22 (1988), S.3-42.

LYGUM, Björn/ PEREÉ, Eric/ STEINHERR, Alfred:(1990) Das Finanzsystem Spaniens, in: Östereichisches Bankarchiv, 36.Jahrgang (1990), S.899-911.

MAAREK, G.:(1978) Monnaie et inflation dans une économie d'endettement, in: Revue d'économie politique, ohne Jahrgang (Januar 1978), S.95-119.

MAINERT, Alf: (1993) Geldmarkt, in: Obst/Hintner - Geld-, Bank- und Börsenwesen, hrsg. von Norbert KLOTEN und Johann Heinrich von STEIN, 39.Aufl., Stuttgart 1993, S.1189-1206.

MANKIW, N.Gregory.:(1986) The allocation of credit and financial collapse, in: Quaterly Journal of Economics, Vol.101 (1986), S.455-470.

MANKIW, N.Gregory.:(1988) COMMENTS „New Issues in Corporate Finance" by Colin Mayer, in: European Economic Review, Vol.32 (1988), S.1183-1186.

MARWEDE, Jan:(1995) Ausländische Banken in der deutschen Community: gute Arbeitsbedingungen?, in: Zeitschrift für das gesamte Kreditwesen, ohne Jahrgang (1995), S.332-339.

MASON, Scott P.:(1995) The Allocation of Risk, in: The Global Financial System, hrsg. von Dwight B. CRANE u.a., 1.Aufl., HARVARD Business School Press, Boston, Massachusetts 1995, S.153-196.

MATTESINI, Fabrizio:(1993) Financial markets, asymmetric information, and macroeconomic equilibrium, 1.Aufl., Darthmouth Publishing Company 1993.

MAYER, Colin P.:(1987) The Assessment: Financial Systems and Corporate Investment, in: Oxford Review of Economic Policy, Vol.3 (1987), No.4, S.i-xvi.

MAYER, Colin P.:(1988) New Issues in Corporate Finance, in: European Economic Review, Vol.32 (1988), S.1167-1183.

MAYER, Colin P.:(1990) Financial Systems, Corporate Finance, and Economic Development, in: Asymmetric Information, Corporate Finance, and Investment, hrsg. von Glenn R.HUBBARD, 1.Aufl., University of Chicago Press, Chicago und London 1990, S.307-332.

MAYER, Colin P.:(1992) The Regulation of Financial Services: Lessons from the United Kingdom for 1992, in: European banking in the 1990s, hrsg. von Jean DERMINE, 1.Aufl.; Basil Blackwell, Cambridge, Massachusetts 1990, S.41-61.

MAYER Colin:(1994) Stock-markets, Financial Institutions, and Corporate Performance, in: Capital Markets and Corporate Governance, hrsg. von Nicholas DIMSDALE und Martha PREVEZER, 1.Aufl., Clarendon Press, Oxford 1994, S.179-194.

MAYER, Colin/ ALEXANDER, Ian:(1990) Banks and Securities Markets: Corporate Financing in Germany and the United Kingdom, in: Journal of the Japanese and International Economies, Vol.4 (1990), S.450-475.

McKINNON, Ronald I.:(1973) Money and Capital in Economic Development, 1.Aufl., Washington, D.C., Brookings Institution 1973.

MERTON, Robert C.:(1990) The Financial System and Economic Performance, in: Journal of Financial Services Research, Vol.4 (1990), S.263-300.

MERTON, Robert C.:(1993) Operation and Regulation in Financial Intermediation: A functional perspective, in: Operation and Regulation of Financial Markets, hrsg. von Peter Englund, The Economic Council, Stockholm1993.

MERTON, Robert C.:(1995) Financial innovation and the management and regulation of financial institutions, in: Journal of Banking and Finance, Vol.19(1995), S.461-481.

MERTON, Robert C./ BODIE, Zvi:(1995) A Conceptual Framework for Analyzing the Financial Environment, in: The Global Financial System, hrsg. von Dwight B. CRANE u.a., 1.Aufl., HARVARD Business School Press, Boston, Massachusetts 1995, S.3-31.

MERTON, Robert K.:(1957) Social Theory and Social Structure, The Free Press, Clencoe, Illinois 1957.

MIERA, Stephanie:(1994) Kommunales Finanzsystem und Bevölkerungsentwicklung, 1.Aufl., Frankfurt u.a. 1994

MINSKY, Hyman P.:(1975) John Maynard Keynes, 1.Aufl., Columbia University Press, New York 1975.

MINSKY, Hyman P.:(1980) Capitalist Financial Processes and the Instability of Capitalism, in. Journal of economic Issues, Vol.14 (1980), S.505-523.

MINSKY, Hyman P.:(1982) The financial - instability hypothesis: capitalist processes and the behavior of the economy, in: Financial Crisis: Theory, History, and Policy, hrsg. von Charles P. KINDLEBERGER und Jean-Pierre LAFFARGNE, 1.Aufl., Cambridge u.a. 1982, S.13-41.

MINSKY, Hyman P.:(1985) The Financial Instability Hypothesis: A Restatement, in: Post-Keynesian Ecomomic Theory: A Challenge to Neoclassical economics, hrsg. von Philip ARESTIS und T. SKOURAS, 1. Aufl., Wheatsheaf Books, Brighton 1985, S.24-55.

MINSKY, Hyman P.:(1986) Stabilizing an Unstable Economy, 1.Aufl., Yale University Press, New Haven und London 1986.

MINSKY, Hyman P.:(1996) Uncertainty and the Institutional Structure of Capitalist Economies, in: Journal of Economic Issues, Vol.30 (1996), S.357-367.

MISHKIN, Frederic S.:(1992a) The Economics of Money, Banking, and Financial Markets, 3. Aufl., Harper Collins Publishers, New York 1992.

MISHKIN, Frederic S.:(1992b) Anatomy of a financial crisis, in: Journal of evolutional Economics, Volume 2 (1992), S.115-130.

MODIGLIANI, Franco/ MILLER, Merton H.:(1958) The Cost of Capital, Corporation Finance and the Theory of Investment, in: American Economic Review, Vol.48(1958, S.261-297.

MÖLLER, Hans Peter:(1985) Die Informationseffizienz des deutschen Aktienmarktes - eine Zusammenfassung und Analyse empirischer Untersuchungen, in: Zeitschrift für betriebswirtschaftliche Forschung, 37.Jahrgang (1985), S.500-517.

MOLYNEUX, Philip/ ALTUNBAS, Yener/ GARDENER, Edward:(1996) Efficiency in European Banking, 1.Aufl., John Wiley & Sons, Chicester u.a. 1996.

MONOPOLKOMMISSION (1996): Wettbewerbspolitik in Zeiten des Umbruchs, Hauptgutachten der Monopolkommission 1994/1995, 1.Aufl., Baden-Baden 1996.

MONOPOLKOMMISSION (1998): Ordnungspolitische Leitlinien für ein funktionsfähiges Finanzsystem, Sondergutachten der Monopolkommission, Februar 1998.

MONSCHAW, Bernd von/ HICKMANN, Rainer: (1994) Besonderheiten der Finanzierung von selbstgenutztem Wohnungseigentum, in: Grundlagen der Wohnungs- und Imobilienwirtschaft, hrsg. von Lidwina KÜHNE-BÜNING und Jürgen H.B.HEUER, 3.überarbeitete und erweiterte Aufl., Frankfurt 1994, S.452-466.

MÜLBERT, Peter O.:(1996) Empfehlen sich gesetzliche Regelungen zur Einschränkung des Einflusses der Kreditinstitute auf Aktiengesellschaften? Gutachten E zum 61. Deutschen Juristentag, Karlsruhe 1996, 1.Aufl., München 1996.

MÜNZER, Christoph:(1992) Bankenaufsicht im Spannungsfeld von statischen Kontrollinteressen und innovativer Dynamik der Finanzmärkte, 1.Aufl., Pfaffenweiler 1992.

MUSSEL, Gerhard:(1991) Grundlagen des Geldwesens, 1.Aufl., Ludwigsburg und Berlin 1991.

NABBEN, Stefan/ RUDOLPH, Bernd:(1994) Funktionen der Börsen als Marktplatz und Dienstleister, hrsg. vom Institut für Kapitalmarktforschung an der J.W. Goethe-Universität Frankfurt am Main in der Reihe Beiträge zur Theorie der Finanzmärkte Nr.6, Januar 1994.

NAISBITT, Barry:(1994) The Monetary and Financial System, in: Banking World, Vol.12 (1994), Nr.3 (März), S.41-43.

NAISBITT, Barry:(1995) The Monetary and Financial System, in: Banking World, Vol.13 (1995), Nr.3 (März), S.45-47.

NARDOZZI, Giangiacomo:(1982) Structural trends of financial systems and capital accumulation: France, Germany, Italy. Comission of the European Communities, Directorate General for Economic and Financial Affaires, Economic Papers No.14.

NARDOZZI, Giangiacomo:(1983) Tre Sistemi Creditizi - Banche ed economia in Francia, Germannia e Italia, 1. Aufl., Bologna 1983.

NARDOZZI, Giangiacomo (Hrsg.):(1988) Sistemi creditizi a confronto, 1.Aufl., Rom 1988.

NARDOZZI, Giangiacomo:(1989) National Specifities and Current Tendencies in Financial Systems, Paper prepared for the conference „Finance and the Entreprise in Historical Perspective", Facolta' di Scienze Politiche, Universita' di Firenze 1989.

NARDOZZI, Giangiacomo:(1990) The Structural Evolution of Financial Systems in the '80s: From its Determinants to its Possible Outcomes, in: Banca Nazionale del Lavoro Quaterly Review No.172, ohne Jahrgang (1990), S.71-89.

NARDOZZI, Giangiacomo:(1992) National specifities and current tendencies in financial systems, in: Finance and the Enterprise, hrsg. von Vera ZAMAGNI, 1.Aufl., Academic Press, London u.a. 1992, S.247-263.

NEAVE, Edwin H.:(1991) The Economic Organization of a Financial System, 1.Aufl., London und New York 1991.

NEUBER, Friedel: (1987) Strukturveränderungen beim Geldvermögen, neue Formen und Internationalisierung der Geld- und Kapitalanlagen, in: Neuere entwicklungen auf den Finanzmärkten, hrsg. von Henner SCHIERENBECK, 1.Aufl., Frankfurt 1987, S.9-18.

NEWMAN, Peter/ MILGATE, Murray/ EATWELL, John (Hrsg):(1987) The New Palgrave - Dictionary of Money and Finance, London und New York 1987.

NISSANKE, Machiko:(1991) Theoretical Issues on Finance and Development: A Critical Literature Survey, Centro Studi Luca D'Agliano - Queen Elizabeth House Development Studies Working Papers N.36, hrsg. vom International Development Centre, Queen Elizabeth House, University of Oxford, Juni 1991.

NOLTING, Hans-Peter/ PAULUS, Peter:(1993) Psychologie lernen. Eine Einführung und Anleitung, 4.Aufl., Weinheim 1993.

NÜRK, Bettina/ SCHRADER, Alexander:(1995) Von der Pensionsrückstellung zum Pensionsfonds: Eine Chance für den deutschen Finanzmarkt, Publikation des Deutsche Bank Research, 22.November 1995.

OBST, Georg/ HINTNER, Otto:(1993) Geld, Bank- und Börsenwesen: ein Handbuch, hrsg. von Norbert KLOTEN und Ulrich von STEIN, 39. völlig neu bearbeitete Aufl., Stuttgart 1993.

OECD:(1995) Auswirkungen der Alterung der Bevölkerung auf den Staatshaushalt, in: OECD Wirtschaftsausblick, Nr.57 (Juni 1995), hrsg. von der OECD (Organisation für wirtschaftliche Zusammenarbeit und Entwicklung), S.37-47.

OEHLER, Andreas: (1994) Verhaltensmuster individueller Anleger - eine experimentelle Studie, in: Zeitschrift für betriebswirtschaftliche Forschung, 46.Jahrgang (1994), S.939-958.

ORDELHEIDE, Dieter/ RUDOLPH, Bernd/ BRÜSSELMANN, Elke:(1991) Betriebswirtschaftslehre und ökonomische Theorie,1.Aufl., Stuttgart 1991.

OSTROY, J.M./ STARR, R.M.:(1974) Money and the Decentralization of Exchange, in: Econometrica, Vol.42 (1974), S.1093-1113.

OTTNAD, Adrian: (1996) Wohlstand auf Pump: Ursachen und Folgen wachsender Staatsverschuldung in Deutschland, 1.Aufl., Frankfurt und New York 1996.

o.V.:(1993a) EWG, Europäische Wirtschaftsgemeinschaft, in: Gabler Wirtschaftslexikon, Band 2 (BI-E), 13.Aufl., Wiesbaden 1993, S.1043-1066.

o.V.:(1993b) Kapitalgesellschaften, in: Gabler Wirtschaftslexikon, Band 4 (I-K), 13.Aufl., Wiesbaden 1993, S.1785-1786.

o.V.:(1993c) Einzelkaufmann, in: Gabler Wirtschaftslexikon, Band 2 (BI-E), 13.Aufl., Wiesbaden 1993, S.935.

o.V.:(1993d) Personengesellschaft, in: Gabler Wirtschaftslexikon, Band 6 (P-SK), 13.Aufl., Wiesbaden 1993, S.2573.

o.V.:(1994) Erste britische Bausparkasse eröffnet in Deutschland, Frankfurter Allgemeine Zeitung, Nr.61, 14.März 1994, S.20.

o.V.:(1995a) Funktionen und Struktur des Kreditwesens, in: Gabler Bank Lexikon, hrsg. von Wolfgang GRILL, Ludwig GRAMLICH und Roland ELLER, 11.vollständig neu bearbeitete und erweiterte Aufl., Wiesbaden 1995, S.675-676.

o.V.:(1995b) Geldmarkt, in: Gabler Bank Lexikon, hrsg. von Wolfgang GRILL, Ludwig GRAMLICH und Roland ELLER, 11.vollständig neu bearbeitete und erweiterte Aufl., Wiesbaden 1995, S.695-698.

o.V.:(1995c) Investmentfonds, in: Gabler Bank Lexikon, hrsg. von Wolfgang GRILL, Ludwig GRAMLICH und Roland ELLER, 11.vollständig neu bearbeitete und erweiterte Aufl., Wiesbaden 1995, S.879-880.

o.V.:(1995d) Kapitalanlagegesellschaft, in: Gabler Bank Lexikon, hrsg. von Wolfgang GRILL, Ludwig GRAMLICH und Roland ELLER, 11.vollständig neu bearbeitete und erweiterte Aufl., Wiesbaden 1995, S.903.

o.V.:(1995e) Bundesaufsichtsamt für das Kreditwesen (BAK), in: Gabler Bank Lexikon, hrsg. von Wolfgang GRILL, Ludwig GRAMLICH und Roland ELLER, 11.vollständig neu bearbeitete und erweiterte Aufl., Wiesbaden 1995, S.316-317.

o.V.:(1996a) Geldvermögen bald über 5 Billionen DM, in: Die Bank, ohne Jahrgang (August 1996), S.508.

o.V.:(1996b) Übernahmekodex schafft ein Stück Aktienkultur in Deutschland, Frankfurter Allgemeine Zeitung, Nr.212, 11.September 1996, S.23.

o.V.:(1997a) Angebot an dubiosen Kapitalanlagen nimmt zu, Frankfurter Allgemeine Zeitung, Nr.37, 13.Februar 1997, S.15.

o.V.:(1997b) Zwischen Zaudern und Zocken, in: Finanztest, ohne Jahrgang (1997), Heft 12, S.12-18.

o.V.:(1997c) In Deutschland entsteht eine Kultur der Gründungsfinanzierung, Frankfurter Allgemeine Zeitung, Nr.293, 17.Dezember 1997, S.30.

o.V.:(1997d) Amerikas Wagniskapital-Industrie hatte 1996 ein Rekordjahr, Frankfurter Allgemeine Zeitung, Nr.32, 15.März 1997, S.32.

o.V.:(1997e) Die Computerbörse Xetra geht in Frankfurt an den Start, Frankfurter Allgemeine Zeitung, Nr.277, 28.November 1997, S.33.

o.V.:(1997f) Deutschland muß Offenlegungspflichten für die GmbH ändern, Frankfurter Allgemeine Zeitung, Nr.283, 5.Dezember 1997, S.27.

o.V.:(1997g) Shareholder Value ist in Deutschland noch in der Startphase, Frankfurter Allgemeine Zeitung, Nr.197, 26.August 1997, S.19.

o.V.:(1998a) Warenterminbörse Hannover beginnt Handel, Frankfurter Allgemeine Zeitung, Nr.13, 16.Januar 1998, S.17.

o.V.:(1998b) Beratungsleistung von Banken oft mangelhaft, Frankfurter Allgemeine Zeitung, Nr.6, 8.Januar 1998, S.17.

o.V.:(1998c) Die Aufsichtsbehörde kann stärker im Anlegerinteresse tätig werden, Frankfurter Allgemeine Zeitung, Nr.18, 22.Januar 1998, S.23.

o.V.:(1998d) Der Euro verschärft den Wettbewerb unter Banken, Frankfurter Allgemeine Zeitung, Nr.14, 17.Januar 1998, S.23.

OWEN SMITH, Eric:(1994) The German Economy, 1.Aufl., Routledge, London und New York 1994.

PATAT, Jean-Pierre:(1987) Monnaie, institutions financières et politique monétaire, 4.Aufl., Economica, Paris 1987.

PENZKOFER, Peter:(1976) Spezialbanken, in: Handwörterbuch der Finanzwissenschaft, hrsg. von Hans E. BÜSCHGEN, Stuttgart 1976, S.1643-1654.

PERLITZ, Manfred/ KÜPPER, Herbert/ LÖBLER, Helge:(1985) Vergleich der Eigenkapitalausstattung deutscher, US-amerikanischer und britischer Unternehmen, in: Zeitschrift für Unternehmens- und Gesellschaftsrecht, ohne Jahrgang (Januar 1985), S.16-49.

PEROLD, André F.:(1995) The Payments System and Derivative Instruments, in: The Global Financial System, hrsg. von Dwight B. CRANE u.a., 1.Aufl., HARVARD Business School Press, Boston, Massachusetts 1995, S.33-80.

PICOT, Arnold:(1991) Ökonomische Theorien der Organisation - Ein Überblick über neuere Ansätze und das betriebswirtschaftliche Anwendungspotential, in: Betriebswirtschaftslehre und ökonomische Theorie, hrsg. von Dieter ORDELHEIDE, Bernd RUDOLPH und Elke BRÜSSELMANN, 1.Aufl., Stuttgart 1991.

PIEPER, Ute/ SCHIERECK, Dirk/ WEBER, Martin:(1993) Die Kaufempfehlungen des „Effecten-Spiegel", in: Zeitschrift für betriebswirtschaftliche Forschung, 45.Jahrgang (1994), S.939-958.

PIESSE, Jenifer/ PEASNELL, Ken/ WARD, Charles:(1995) British financial markets and institutions. An international perspective. 2.Aufl., Prentice Hall, London u.a.1995.

POINTDEXTER, Julius C./ JONES, Charles P.:(1980) Money, Financial Markets, and the Economy, 1.Aufl., West Publishing Company, St.Paul u.a. 1980.

POHL, Hans (Hrsg.):(1993) Europäische Bankengeschichte, 1.Aufl., Frankfurt am Main 1993.

POZDENA, Randall Johnston/ VOLBERT, Alexander:(1992) Bank Structure in West Germany, in: Banking Structures in Major Countries, hrsg. von George G. KAUFMAN, 1.Aufl., Kluwer Academic Publishers, Boston, Dordrecht, London 1992, S.555-590.

PROWSE, Stephen D.:(1996) Corporate Finance in International Perspective: Legal and Regulatory Influences on Financial System Development, in: Economic Review of the Federal Reserve Bank of Dallas, ohne Jahrgang (3.Quartal 1996), S.2-15.

QUEISSER, Monika:(1998) Die Rente mit Kapital unterlegen, in: Frankfurter Allgemeine Zeitung, Nr.20, 24.Januar 1998, S.17.

RADJAN, Raghuran G./ ZINGALES, Luigi:(1994) What do we know about capital structure? Some evidence from international data, NBER Working Paper No.4875, hrsg. vom National Bureau of Economic Research, Cambridge, Massachusetts, October 1994.

RAMAKRISHNAN, R.T.S./ THAKOR, Anjan.V.:(1984) Information reliability and a theory of financial intermediation, in: Review of Economic Studies, Vol.51 (1984), S.415-432.

REISEN, Helmut:(1996) Alterssicherung, Pensionsfonds und die aufstrebenden Aktienmärkte, in: Finanzmärkte, Finanzinnovationen und Geldpolitik, hrsg. von Dieter DUWENDAG, Schriften des Vereins für Socialpolitik. Gesellschaft für Wirtschafts- und Sozialwissenschaften, Neue Folge Band 242, 1.Aufl. Berlin 1996, S.169-189.

REMSPERGER, Hermann:(1989) Erscheinungsformen, Ursachen und Implikationen von Allfinanz-Strategien, in: Die Bank, ohne Jahrgang (6/ 89), S.299-309.

REMSPERGER, Hermann/ ANGENENDT, Uwe:(1990) Strukturwandel im deutschen Universalbankensystem, in: Die Bank, ohne Jahrgang (10/ 1990), S.540-547.

RENVERSEZ, Françoise: (1988) Éléments d'analyse monétaire, 1.Aufl., Dalloz, Paris 1988.

RIESE, Hajo:(1989) Geld, Kredit und Vermögen, in: Internationale Geldwirtschaft, hrsg. von Hajo RIESE und Heinz-Peter Spahn als Band 2 der Studien zur monetären Ökonomie, 1.Aufl., Regensburg 1989, S.1-59.

RODGERS, Colin:(1989) Money, Interest and Capital. A study in the foundations of monetary theory, 1.Aufl., Cambridge University Press, Cambridge u.a. 1989.

ROE, Mark J.:(1990) Political and legal restraints on ownership and control of public companies, in: Journal of Financial Economics, Vol.27 (1990), S.7-41.

ROE, Mark J.:(1991) A Political Theory of American Corporate Finance, in: Columbia Law Review, Vol.91 (1991), S.10-67.

ROE, Mark J.:(1993) Some Differences in Corporate Structure in Germany, Japan, and the United States, in: The Yale Law Journal, Vol.102 (1993), S.1927-1999.

ROMER, Paul M.:(1990) Endogenous Technological Change, in: Journal of Political Economy, Vol.48 (1990), S.71-102.

ROSE, Peter S.:(1992) Money and Capital Markets - The Financial System of an Increasing Global Economy, 4. Aufl., Irwin, Homewood, Illinois 1992.

ROUBINI, Nouriel:(1993) Discussion, in: Capital markets and financial intermediation, hrsg. von Colin MAYER und Xavier VIVES, 1.Aufl., Cambridge University Press, Cambridge, Massachusetts, 1993, S.193-196.

ROUBINI, Nouriel/ SALA-I-MARTIN, Xavier:(1992) Financial Repression and Economic Growth, in: Journal of Development Economics Vol.39 (1992), S.5-30.

RUDOLPH, Bernd:(1983) Zur Bedeutung der kapitaltheoretischen Separationstheoreme für die Investitionsplanung, in: Zeitschrift für Betriebswirtschaft, 53.Jahrgang (1983), S.261-287.

RUDOLPH, Bernd:(1987) Innovationen zur Steuerung und Begrenzung bankbetrieblicher Risiken, in: Bankmangement für neue Märkte, hrsg. von Hans J.KRÜMMEL und Bernd RUDOLPH, 1.Aufl., Frankfurt 1987, S.19-45.

RUDOLPH, Bernd:(1991) Capital Requirements of German Banks and the European Economic Community Proposals on Banking Supervision, in: European banking in the 1990s, hrsg. von Jean DERMINE, 1.Aufl.; Basil Blackwell, Cambridge, Massachusetts 1990, S.357-368.

RUDOLPH, Bernd:(1993) Risikomanagement in Kreditinstituten - betriebswirtschaftliche Konzepte und Lösungen, in: Zeitschrift Interne Revision, 28.Jahrgang (1993), S.117-134.

RUDOLPH, Bernd:(1994) Kapitaladäquanzrichtlinie: Konsequenzen und Gefahren für die Universalbanken, unveröffentliches Thesenpapier, Frankfurt 1994.

RUGGLES, Nancy D.:(1987) Social Accounting, in: The New Palgrave - A Dictionary of Economics, hrsg. von John EATWELL, Murray MILGATE und Peter NEWMAN, Volume 2 (E-J), Macmillan Press, London u.a. 1987, S.377-382.

RYBCZYNSKI, Tadeus M.:(1974) Business Finance in the E.E.C., U.S.A. and Japan, in: The Three Banks Review, Nr.104, ohne Jahrgang (Dezember 1974), S.58-72.

RYBCZYNSKI, Tadeus M.:(1984) Industrial Finance System in Europe, U.S. and Japan, in: Journal of Economic Behavior and Organization, Vol.5 (1984), S.275-286.

RYBCZYNSKI, Tadeus M.:(1985) Financial Systems, Risk and Public Policy, in: The Royal Bank of Scotland Review, No.148 (1985), S.35-45.

RYBCZYNSKI, Tadeus M.:(1986) The Internationalization of the Financial System and the Developing Countries. The Evolving Relationship. WORLD BANK STAFF WORKING PAPER Nr.788, hrsg. von der WELTBANK, Washington 1986.

RYBCZYNSKI, Tadeus M.:(1988) Financial Systems and Industrial Re-Structuring, in: National Westminster Bank Quarterly Review, ohne Jahrgang (1988), Novemberausgabe, S.3-13.

RYBCZYNSKI, Tadeus M.:(1989) Corporate Restructuring, in: National Westminster Bank Quaterly Review, ohne Jahrgang (August 1989), S.18-28.

RYBCZYNSKI, Tadeus M.:(1991) The Sequencing of Reform, in: Oxford Review of Economic Policy, Vol.7(1991), No.4, S.26-34.

SACHVERSTÄNDIGENRAT:(1996) Jahresgutachten 1996/97 des Sachverständigenrates zur Begutachtung der gesamtwirtschaflichen Entwicklung, Drucksache 13/6200 - Deutscher Bundestag, 13.Wahlperiode vom 18.November 1996.

SAINT-ÉTIENNE, Christian:(1990) Financement de l'économie et politique financière, 1.Aufl., Éditions Hachette, Paris 1990.

SAINT-PAUL, Gilles:(1992) Technological choice, financial markets and economic development, in: European Economic Review, Vol.36 (1992), S.763-781.

SCHEIDL, Karl: (1993) Die Geschäftsbanken, in: Obst/Hintner - Geld-, Bank- und Börsenwesen, hrsg. von Norbert KLOTEN und Johann Heinrich von STEIN, 39.Aufl., Stuttgart 1993, S.216-258.

SCHIERENBECK, Henner/ HÖLSCHER, Reinhold:(1993) Bank Ausspanne. Institutionelle Grundlagen der Bank- und Versicherungsbetriebslehre, 3.Aufl. 1993.

SCHMID, Frank A.:(1996a) Banken, Aktionärsstruktur und Unternehmenssteuerung (Teil I), in: Kredit und Kapital, 29.Jahrgang (1996), S.403-427.

SCHMID, Frank A.:(1996b) Banken, Aktionärsstruktur und Unternehmenssteuerung (Teil II), in: Kredit und Kapital, 29.Jahrgang (1996), S.545-563.

SCHIERECK, Dirk/ WEBER, Martin: (1995) Zyklische und antizyklische Handelsstrategien am deutschen Aktienmarkt, in: Zeitschrift für betriebswirtschaftliche Forschung, 47.Jahrgang (1995), S.3-24.

SCHMIDT, Hartmut: (1992) Die Rolle der Regionalbörsen am deutschen Kapitalmarkt heute und morgen, in: Kredit und Kapital, 25 Jahrgang (1992), S.110-134.

SCHMIDT, Reinhard H.:(1981) Grundformen der Finanzierung. Eine Anwendung des neo-institutionalistischen Ansatzes der Finanzierungstheorie, in: Kredit und Kapital, 14.Jahrgang (1981), S.186-221.

SCHMIDT, Reinhard H.:(1988) Venture Capital in Deutschland - ein Problem der Qualität?, in: Die Bank, ohne Jahrgang (1988), S.184-188.

SCHMIDT, Reinhard H.:(1989) Grundzüge der Investitions- und Finanzierungstheorie, 2.durchgesehene Aufl., Wiesbaden 1989.

SCHMIDT, Reinhard H.:(1992) Organisationstheorie, transaktionskostenorientierte, in: Handwörterbuch der Organisation, hrsg. von Erich FRESE, 3. völlig neugestaltete Aufl., Stuttgart 1992, S.1854-1815.

SCHMIDT, Reinhard H.:(1994) Entwicklungsbanken verdanken ihr Aus einer selbstzerstörerischen Kreditvergabe, in: Handelsblatt, Nr.96, 19.05.1994, S.B13.

SCHMIDT, Reinhard H.:(1995) Entwicklungsfinanzierung, in: Handwörterbuch des Finanz -und Bankwesens, hrsg. von Wolfgang GERKE und Manfred STEINER, 2.überarbeitete und erweiterte Aufl., Stuttgart 1995, S.522-531.

SCHMIDT, Reinhard H./ HACKETHAL, Andreas/ TYRELL, Marcel:(1997) Disintermediation and the Role of Banks in Europe: An International Compararison, Paper prepared for the Symposium on 'The Design of Financial Systems and Markets' at the University of Amsterdam, June 1998, Frankfurt October 1997.

SCHMIDT, Reinhard H./ KRAHNEN, Jan P.:(1994) Development Finance as Institution Building, A research study prepared for the International Labour Office, Geneva, Enterprise and Cooperative Development Department, Vorabdruck vom März 1993, veröffentlicht in der 1.Aufl., Westview Press, Boulder, Colorado 1994.

SCHMIDT, Reinhard H./ KROPP, Erhard:(1987) Handbuchreihe Ländliche Entwicklung: Ländliches Finanzwesen: Ein Orientierungsrahmen, 1.Aufl., Eschborn 1987.

SCHMIDT, Reinhard H./ SPINDLER, Gerald:(1997) Shareholder Value zwischen Ökonomie und Recht, Working Paper, Universität Frankfurt, März 1997.

SCHMIDT, Reinhard H./ TERBERGER, Eva:(1996) Grundzüge der Investitions- und Finanzierungstheorie, 3. Vollständig neu bearbeitete und wesentlich erweiterte Aufl., Wiesbaden 1996.

SCHMIDT, Reinhard H./ TYRELL, Marcel:(1995) Finanzsysteme und Unternehmensfinanzierung, unveröffentlichtes Working-Paper, Frankfurt am Main 1995.

SCHNEIDER, Dieter:(1987) Allgemeine Betriebswirtschaftslehre, 3.Aufl., München und Wien 1987.

SCHNEIDER, Dieter:(1993) Wider Insiderhandelsverbot und die Informationseffizienz des Kapitalmarktes, in: Der Betrieb, 46.Jahrgang (1993), S.1429-1434.

SCHNEIDER-LENNÉ, Ellen:(1992) Corporate Control in Germany, in: Oxford Review of Economic Policy, Vol.8 (1992), S.11-23.

SCHNEIDER-LENNÉ, Ellen:(1994) The Role of German Capital Markets and the Universal Banks, Supervisory Boards, and Interlocking Directorships, in: Capital Markets and Corporate Governance, hrsg. von Nicholas DIMSDALE und Martha PREVEZER, 1.Aufl., Clarendon Press, Oxford 1994, S.284-305

SCHULTES, Dieter: (1996) Geldmengenziele und diskretionäre Elemente der Politik der Bundesbank, in: Kredit und Kapital, 29.Jahrgang (1996), S.54-89.

SCHUMPETER, Joseph A.:(1939) Business Cycles, 1. Aufl. New York 1939.

SEIBEL, Hans Dieter:(1990) Informelle Finanzinstitutionen in Entwicklungsländern, in: Genossenschaftswesen. Hand- und Lehrbuch, hrsg. von Juhani LAURINKARI und Johann BRAZDA, 1.Aufl., München und Wien 1990, S.547-563.

SHAPIRO, Alan C.:(1992) Multinational Financial Management, 4.Aufl., Allyn and Bacon, Boston u.a., 1992.

SHAPIRO, Eli:(1985) The financial system, financial regulation and financial innovation, in: Economic Policy and Development: New Perspectives, hrsg. von Toshio SHISHIDO und Ryuzo SATO, 1.Aufl., Dover(Mass.) 1985, S.287-298.

SHARPE, William F./ ALEXANDER, Gordon J.:(1990) Investments, 4.Aufl., Prentice Hall International, London u.a. 1990.

SHAW, Edward S.:(1973) Financial Deepening in Economic Development, 1.Aufl., Oxford Universität Press, New York u.a. 1973.

SHLEIFER, Andrei/ SUMMERS, Lawrence:(1988) Breach of Trust in Hostile Takeovers, in: Corporate Takeovers: Causes and Consequences, hrsg. von Alan J.AUERBACH, 1.Aufl., University of Chicago Press, Chicago und London 1988, S.33-56.

SHMELEVA, Natal'ia:(1994) Property Reform and the Financial System, in: Problems of Economic Transition Nr.37 (Mai 1994), S.25-37.

SIRRI, Erik R./ TUFANO, Peter:(1995) The Economics of Pooling, in: The Global Financial System, hrsg. von Dwight B. CRANE u.a., 1.Aufl., HARVARD Business School Press, Boston, Massachusetts 1995, S.81-128.

STADERMANN, Hans-Joachim:(1994) Geldwirtschaft und Geldpolitik. Einführung in die Grundlagen, 1.Aufl., Wiesbaden 1994.

STATISTISCHES BUNDESAMT:(1995) Statistisches Jahrbuch 1995 für die Bundesrepublik Deutschland, 1.Aufl., Wiesbaden, 1995.

STATISTISCHES BUNDESAMT:(1996) Statistisches Jahrbuch 1996 für die Bundesrepublik Deutschland, 1.Aufl., Wiesbaden, 1996.

STEIN, Jürgen:(1996) Das Bankwesen in Deutschland, 21.Aufl., Köln 1996.

STEMP, Peter J.:(1994) An Introduction to the Economics of Financial Markets, in: The Australien Economic Review, ohne Jahrgang (1994), S.123-139.

STIGLITZ, Joseph E.:(1974) On the Irrelevance of Corporate Financial Policy, in: American Economic Review Vol.64(1974), S.851-866.

STIGLITZ, Joseph E.:(1989) Markets, Market Failures, and Development, in: American Economic Review, Vol.79 (1989), S.197-203.

STIGLITZ, Joseph E.:(1990) Banks versus Markets as Mechanisms for Allocating and Coordinating Investment, Working Paper Prepared for a Conference on Investment Coordination in the Pacific Century: Lessons from Theory and Practice. University of Hawai, Januar 1990.

STIGLITZ, Joseph E.:(1992) The Design of Financial Systems for the Newly Emerging Democracies of Eastern Europe, in: The Emergence of Market Economies in Eastern Europe, hrsg. von Christopher CLAGUE und Gordon C.RAUSSER, 1.Aufl., Basil Blackwell Cambridge(MA) und Oxford(UK) 1992, S.161-184.

STIGLITZ, Joseph E.:(1994) The Role of the State in Financial Markets, in: Proceedings of the World Bank Annual Conference on Development Economics 1993. Supplement to the World Bank Economic Review and the World Bank Research Observer, hrsg. von Michael BRUNO und Boris PLESKOVIC, 1.Aufl., Washington 1994.

STIGLITZ, Joseph E./ WEISS, Andrew:(1981) Credit Rationing and Markets with Imperfect Information, in: American Economic Review, Vol.71(1981), S.393-411.

STIGLITZ, Joseph E./ WEISS, Andrew:(1983) Incentive Effects of Terminations: Applications to the Credit and Labour Markets, in: American Economic Review Vol.73(1983), S.912-927.

STÜTZEL, Wolfgang:(1978) Volkswirtschaftliche Saldenmechanik. Ein Beitrag zur Geldtheorie, 2.Aufl., Tübingen 1978.

SUMMERS, Lawrence H.:(1994) Foreword, in: Financial Reform - Theory and Experience, hrsg. von Gerard CAPRIO, Jr., Izak ATIYAS und James A.HANSON, 1.Aufl., Cambridge University Press, Cambridge, New York und Melbourne 1994, S.xiii-xiv.

SUSSMAN, Oren:(1994) Investment and Banking: Some International Comparisons, in: Oxford Review of Economic Policy, Vol.10 (1994) Nr.4, S.79-93.

SUZUKI, Yoshio:(1987) The Japanese Financial System, 1.Aufl., Clarendon Press, Oxford u.a. 1987.

SZÉKELY, István:(1990) The Reform of the Hungarian Financial System, in: European Economy Nummer 43, März 1990, S.109-123.

TERBERGER, Eva:(1994) Neoinstitutionalistische Ansätze. Entstehung und Wandel - Anspruch und Wirklichkeit, 1.Aufl., Wiesbaden 1994.

THOMAS, Karl/ TREUTLER, Hans-Jürgen: (1993) Kapitalmarkt, in: Obst/Hintner - Geld-, Bank- und Börsenwesen, hrsg. von Norbert KLOTEN und Johann Heinrich von STEIN, 39.Aufl., Stuttgart 1993, S.1206-1239.

THORNTON, John:(1991) The Financial Repression Paradigm: A Survey of Empirical Research, in: Savings and Development, Vol.15 (1991), S.5-17.

THYGERSON, Kenneth J.:(1993) Financial Markets and Institutions: A Managerial Approach, 1.Aufl., Harper Collins, New York 1993.

TICHY, Gunter:(1990) Bankengröße und Effizienz, in: Kredit und Kapital, 23.Jahrgang (1990), S.358-388.

TIMMERMANN, Vincenz:(1985) Veränderungen des Finanzierungssystems aus geldtheoretischer und geldpolitischer Sicht, in: Öffentliche Finanzen und monetäre Ökonomie, Festschrift für Karl Häuser zur Vollendung des 65. Lebensjahres, hrsg. von Wolfgang Gebauer, 1. Aufl., Frankfurt 1985, S.227-234.

TOBIN, James:(1965) Money and Economic Growth, in: Econometrica, Vol.33 (1965), S.671-684.

TOBIN, James:(1984) On the Efficiency of The Financial System, in: Lloyds Bank Review No.153, July 1984, S.1-15.

UTZIG, Siegfried:(1996) Das Vermögen der Deutschen, in: Die Bank, ohne Jahrgang (August 1996), S.457-461.

VALENTINE, T.J.:(1987) Some Critical Problems in the Papua New Guinea Financial System, Islands/Australia Working No.87/7, National Centre for Development Studies, The Australien National University, Canberra, Australia.

Van DAMME, Eric: (1994) Banking: A survey of recent microeconomic Theory, in: Oxford Review of Economic Policy, Vol.10 (1994), S.14-33.

VENET, Baptiste:(1994) Liberalisation financière et développement économique: une revue critique de la literature, in: Revue d'économie financière, n° 29, Sommer 1994.

VIVES, Xavier:(1991) Banking Competition and European Integration, in: European Financial Integration, hrsg. von Alberto GIOVANINI und Colin MAYER, 1.Aufl., Cambridge University Press, Cambridge u.a. 1991, S.9-31.

Von ROSEN, Rüdiger:(1991) The German Financial System After Unification, in: Vital Speeches of the Day, Vol.58 (1991) Nr.4, S.114-117.

Von ROSEN, Rüdiger:(1993) Börsen, in: Obst/Hintner - Geld-, Bank- und Börsenwesen, hrsg. von Norbert KLOTEN und Johann Heinrich von STEIN, 39.Aufl., Stuttgart 1993, S.1239-1262.

WACHTENDORF, Egon: (1997) Kursbuch Investmentfonds, 1.Aufl., Frankfurt 1997.

WAGNER, Helmut:(1993) Reconstruction of the financial system in East Germany: Description and comparison with Eastern Europe, in: Journal of Banking and Finance, Vol.17 (1993), S.1001-1019.

WALTER, Ingo:(1993) The Battle of the Systems: Control of enterprises and the Global Economy, erschienen in der Reihe Kieler Vorträge gehalten im Institut für Weltwirtschaft an der Universität Kiel, Neue Folge 122, hrsg. von Horst SIEBERT, Institut für Weltwirtschaft an der Universität Kiel 1993.

WALTER, Ingo:(1994) Design of Financial Systems and Economic Transformation, in: Bedingungen ökonomischer Entwicklung in Zentralosteuropa. Band 2: Wirtschaftliche Entwicklung und institutioneller Wandel, hrsg. von Jens HÖLSCHER u.a., 1.Aufl.. Marburg 1994, S.183-250.

WALTER, Ingo/ SMITH, Roy C.:(1991) European Investment Banking: Structure, Transactions Flow and Regulation, in: European banking in the 1990s, hrsg. von Jean DERMINE, 1.Aufl.; Basil Blackwell, Cambridge, Massachusetts 1990, S.105-147.

WEBSTER, John D.:(1995) A New Financial System - Keys to Pain Relief, in: The Governments Accountants Journal, ohne Jahrgang (Sommer 1995), S.35-48.

WELTBANK:(1986) Cameroon Financial Sector Report, Document of the World Bank, ohne Ortsangabe 1986.

WELTBANK:(1989) Weltentwicklungsbericht 1989, Finanzsysteme und Entwicklung, 1.Aufl., Frankfurt 1989.

WELTRING, Sylvia:(1997) Staatsverschuldung als Finanzierungsinstrument des deutschen Vereinigungsprozesses, 1.Aufl., Frankfurt u.a. 1997.

WENGER, Ekkehard:(1990) Die Rolle der Banken in der Industriefinanzierung und in der Unternehmenskontrolle am Beispiel der Bundesrepublik Deutschland, in: Wirtschaftspolitische Blätter, 37. Jahrgang (1990), S.155-168.

WEVER, Kirsten S./ ALLEN, Christopher S.:(1993) The Financial System and Corporate Governance in Germany: Institutions and the Diffusion of Innovations, in: Journal of Public Policy, Vol.13 (1993), S.183-202.

WIDMER, Alex W.:(1991) Tendenzen im taiwanesischen Finanzsystem, in: Die Bank, ohne Jahrgang (1991), S.223-228.

WIECHERS, Rüdiger:(1994) Eigenkapital und Wohnungsbaufinanzierung, in: Grundlagen der Wohnungs- und Imobilienwirtschaft, hrsg. von Lidwina KÜHNE-BÜNING und Jürgen H.B.HEUER, 3.überarbeitete und erweiterte Aufl., Frankfurt 1994, S.440-447.

WILLIAMSON, Oliver E.:(1991) Comparative Economic Organization, in: Betriebswirtschaftslehre und ökonomische Theorie, hrsg. von Dieter ORDELHEIDE, Bernd RUDOLPH und Elke BRÜSSELMANN, Stuttgart 1991, S.13-50.

WINKLER, Adalbert:(1997) Finanzsystementwicklung und Wrtschaftswachstum - Anmerkungen aus saldenmechanischer Sicht, unveröffentlichtes Working Paper vom 21.1.1997 vorgestellt im Finanzwirtschaftlichen Kolloquium der Johann Wolfgang Goethe-Universität, Frankfurt.

WOLF, Bernhard:(1984) Zur Bedeutung der finanziellen Infrastruktur in Entwicklungsländern, 1.Aufl., Berlin 1984.

WORMS, Andreas: (1998) Bankkredite an Unternehmen und ihre Rolle in der geldpolitischen Transmission in Deutschland, 1.Aufl., Frankfurt u.a. 1998.

WYMEERSCH, Eddy: (1995) Unternehmensführung in Westeuropa. Ein Beitrag zur Corporate Governance-Diskussion, in: Aktiengesellschaft, ohne Jahrgang (1995), Nr.7, S.299-316.

ZAMAGNI, Vera (Hrsg.):(1992a) Introduction, in: Finance and the Enterprise, hrsg. von Vera ZAMAGNI, 1.Aufl., Academic Press, London u.a.:, 1992.

ZAMAGNI, Vera (Hrsg.):(1992b) Finance and the Enterprise, 1.Aufl., Academic Press, London u.a., 1992.

ZERAH, Dov:(1993) Le système financier français. Dix ans de mutations, 1.Aufl., La documentation Française, Paris 1993.

ZIRNSTEIN, Gottfried:(1983) Aus der Geschichte der Naturwissenschaften - wichtige Daten, in: Kleine Enzyklopädie Natur, hrsg. von Walter GELLERT u.a., 21.durchgesehene Aufl., VEB Bibliographisches Institut Leipzig 1983, S.752-774.

ZYSMAN, John:(1983) Governments, Markets, and Growth, 1.Aufl., Cornell University Press, Ithaca und London 1983.

b) Gesetzestexte

Gesetz über das Kreditwesen (KWG), Bekanntmachung der Neufassung des Gesetzes über das Kreditwesen vom 22.Januar 1996 (BGBl.I S.64), in: Bankrechtliche Regelungen 2, hrsg. von der DEUTSCHEN BUNDESBANK(3/1996), S.16-114.

Gesetz über die Beaufsichtigung der Versicherungsunternehmen (Versicherungsaufsichtsgesetz - VAG), vom 12.Mai 1901 (RGBl.S.139) in der Fassung der Bekanntmachung vom 17.Dezember 1992 (BGBl.1993 I S.2); (BGBl.III 7631-1), zuletzt geändert durch das Gesetz zur Bereinigung des Umwandlungsrecht vom 28.Oktober 1994 (BGBl.I S.3210, 3264), in: Bankrecht, 1.Aufl., Frankfurt 1997.

Gesetz über die Deutsche Bundesbank, vom 26.Juli 1957 (BGBl.I S.745) in der Fassung der Bekanntmachung vom 22.Oktober 1992 (BGBl.I S.1782); (BGBl.III 7620-1) zuletzt geändert durch Gesetz zur Reform des öffentlichen Dienstrechts (Reformgesetz) vom 24.Februar 1997 (BGBl.I S.322, 341), in: Bankrecht, 1.Aufl., Frankfurt 1997.

Gesetz über Kapitalanlagegesellschaften (KAGG), vom 16.April 1957 (BGBl.I.S.378) in der Fassung der Bekanntmachung vom 14.Januar 1970 (BGBl.I S.127); (BGBl.III 4120-4), zuletzt geändert durch Jahressteuergesetz (JStG) 1997 vom 20.Dezember 1996 (BGBl.I S.2049, 2076), in: Bankrecht, 1.Aufl., Frankfurt 1997.

Gesetz über den Wertpapierhandel (Wertpapierhandelsgesetz WpHG), Bekanntmachung vom 26.Juli 1994 (BGBl.Nr.48 vom 30.07.1994, S.1749ff), in: DEUTSCHE BÖRSE(9/1995), S.38-67.

Kolibri 360 GmbH
Ferdinand-Jühlke-Straße 7
99095 Erfurt, Deutschland
produktsicherheit@kolibri360.de

Druck:
CPI Druckdienstleistungen GmbH
im Auftrag der
Kolibri 360 GmbH
Ferdinand-Jühlke-Str. 7
99095 Erfurt